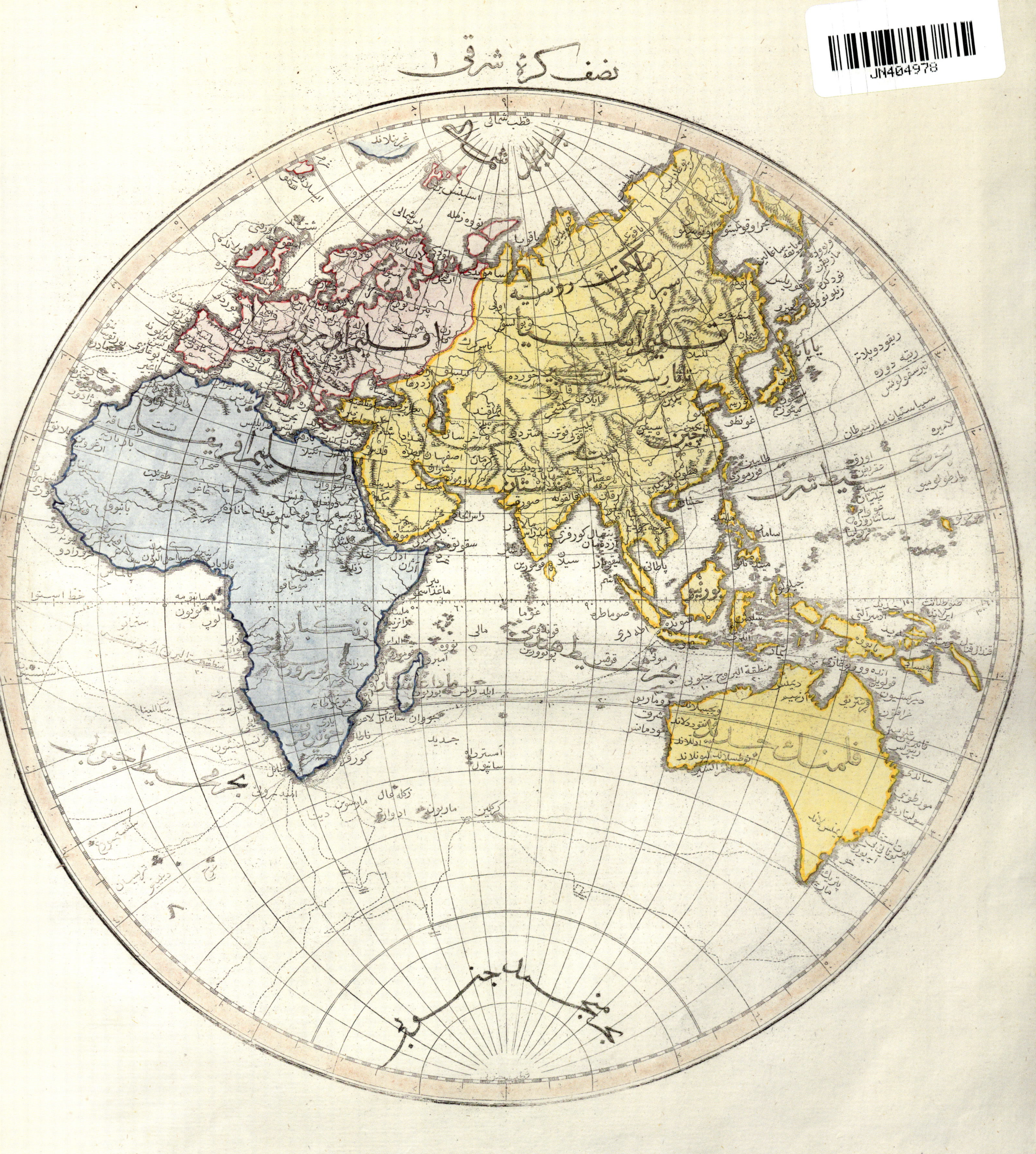
نصف کرهٔ شرقی
اقلیم آسیا
اقلیم افریقا
اقلیم اوروپا
بحر منجمد جنوبی

100개의 지도로 보는

천년의 세계사

1000 Years in 100 Maps

마르틴 스톰스 지음 김종근·이우평·엄주환·김차곤·이두현 옮김

북스힐

SPHÆRA ARMILLARIS COPERNICANA.
ACAD. LUGD. BAT. BIBL.
Sphæra incomparabilis
Bibliothecæ Lugd: Bat:
Excellens ornamentum
Machina isgenioso artificio extructa,
ope et industriâ Bernardi a Cloese restituta,
Etropæ admiratio.

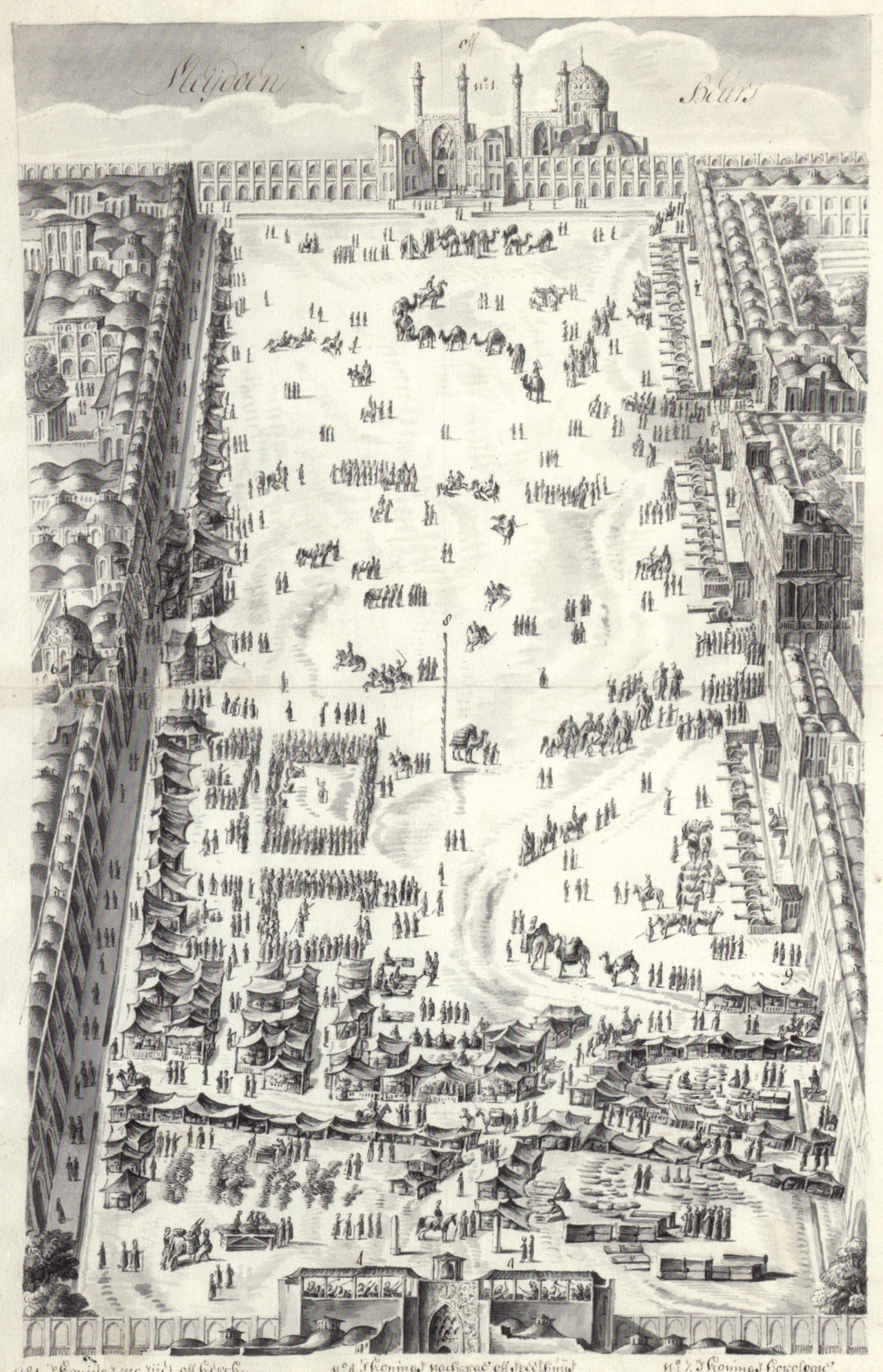

N°1. 'sKonings masjiet off kerck
″ :2. 'sKonings harams off vrouwen huijs poort
″ :3. 'sKonings salaal genaamt Alakapi

N°4. 'sKonings nacharae off speelhuijs
″ :5. de weg na de groote markt gen.t Keiseri
″ :6. de kerck off masjiet van d' konings moeder

N°7. 'sKonings horologie
″ :8. middelpunt van de meijdoen off beurs
″ :9. de weg na Spahan

서문

역사 속에서 중요한 역할을 해 온 지도들을 다룬 책 『100개의 지도로 보는 천년의 세계사(Maps That Made History)』는 단순히 지도와 지도집의 제작 배경을 설명하는 데 그치지 않고, 그들이 지닌 역사적 의미와 영향력에 초점을 맞추고 있다. 이 지도들은 역사를 더 명확히 보여 줄 뿐만 아니라, 때로는 역사의 형성에 기여하기도 했다. 그러나 그 역사가 항상 자랑스러운 것만은 아니다. 예를 들어 레이던 대학교 도서관에 소장된 지도 중 많은 것들이 네덜란드와 유럽 열강의 식민주의 과거를 반영하고 있다. 이러한 이유로, 이 지도와 지도책의 컬렉션은 과거를 연구하는 데 있어 풍부한 역사적 자료를 제공한다.

2022년 레이던이 유럽 과학 도시로 지정된 것을 계기로, 이 특별한 컬렉션을 국립민족학박물관 전시와 함께 네덜란드어 및 영어로 소개할 수 있게 되었다. 이 책은 지도 전시의 풍부함과 컬렉션이 지닌 국제적 성격을 잘 드러내고 있다. 컬렉션의 기초는 1872년 지도 수집가 요하네스 티베리우스 보델 니젠하위스가 방대한 지도 소장품을 레이던 대학교에 기증하면서 마련되었다. 무엇보다 이 책은 학생, 교사, 연구자, 그리고 지도를 사랑하는 모든 이들이 레이던의 특별 자료 열람실에서, 또는 인터넷을 통한 디지털 컬렉션에서 자료를 활용하도록 독려하는 데 목적이 있다.

이 같은 대규모 프로젝트는 많은 사람들의 참여와 열정 없이는 성공할 수 없다. 먼저 이 출판물을 기획하고 추진한 특별 소장품 부서의 마르틴 스톰스, 예프 스카엡스, 카스퍼 반 옴멘, 하를트 베르후번에게 깊은 감사를 드린다. 특히 큐레이터로서 지난 2년간 프로젝트의 핵심 역할을 해 온 마르틴 스톰스는 대부분의 텍스트를 작성하며 프로젝트를 이끌어 왔다.

아울러 편집부에도 감사의 말씀을 전한다. 편집부는 레이던 대학교 인문학부 소속 연구자인 미힐 반 그로센, 안 이자벨 리처드, 알리시아 슈리커와 함께, 서지 역사학자이자 레이던 대학교 도서관을 대표하는 카스퍼 반 옴멘과 하를트 베르후번으로 구성되어 있다.

이 책에 수록된 에세이를 집필한 저자들께도 깊은 감사를 드린다. 수닐 암리스, 에두아르트 반 더 빌트, 피터르 비숍, 예룬 보스, 안드레 바우만, 미리암 더 브루인, 마르코 카보아라, 코엔 더 퀴스터, 조제프 크리스텐슨, 레이먼드 파헬, 카르완 파타흐-블랙, 미코 플로르, 캐리 깁슨, 마리사 그리피언, 샤를 반 덴 호이펠, 헨크 덴 헤이어, 티코 반 데르 호흐, 리브케 야페, 알렉산더 켄트, 데이비드 코렌, 라두 레카, 린 판, 토마스 린드블라드, 아리엘 로페즈, 마르고 루이크파셀, 초린 날반티안, 요케 반 네튼, 데이비드 오네킹, 루드 파이지에, 니크 파스, 노르베르트 페터스, 니디아 피네다 더 아빌라, 유디트 폴만, 마리안 리체마 반 에크, 시루스 샤예그, 자일스 스콧-스미스, 캐롤리엔 스톨테, 리민 테, 해리 퇴니선, 잉게 반 휠레, 브람 반니위엔하위제, 가이 반텀셰, 아르나우트 브롤리크, 로버트-얀 빌레 등 많은 기고자들의 헌신적인 노력이 이 책을 완성하는 데 크게 기여했다. 특히 책의 앞머리를 장식해 준 일랴 레오나르트 페이퍼 작가에게 깊은 영광과 감사를 표한다.

책을 완성하는 데 다양한 방식으로 기여해 준 레이던 대학교 도서관의 모든 직원분들께도 감사의 말씀을 드린다. 아네케 비코프, 사스키아 반 베르헌, 요스 다멘, 카롤라 반 더 드리프트, 마르크 길버트, 케빈 아이덴버그, 도리스 예담스키, 니콜리엔 카르스켄스, 나디아 미슈코프스키 크리프트, 에른스트 얀 뮈닉, 람 응오, 요크 프롱크, 카를로 페르스타일렌, 빈센트 윈터만스 등 많은 분들의 도움으로 이 책이 출판될 수 있었다.

특히, 사진 자료 수집을 담당한 야프 더 브뢰흐트와 재클린 아브라함세에게 깊은 감사를 드린다. 또한 이 책에 수록된 모든 지도들의 디지털화 작업을 담당한 에바 반트 루와 니코 반 루이옌에게도 감사드린다. 아울러 텍스트 번역을 맡아 준 아스테릭, 그리고 내용 편집에 도움을 준 존 스티그와 파울라 반 헤스텔-반트 스히프에게도 진심으로 감사의 뜻을 전한다.

끝으로, 이번 프로젝트에 함께해 준 아우트헤버레이 라노 출판사의 직원들에게도 깊은 감사를 드린다. 마르턴 반 스틴베르헌 대표, 피터르 더 메세마커 사장, 편집자 이네케 반더 베켄스, 탬신 셸턴, 엘스 페터스, 디자이너 스테프 란트소흐트, 그리고 출판사의 모든 직원분들께 진심으로 감사드린다.

그들은 프로젝트 초기 단계부터 이 작업에 대해 큰 열정을 보여 주었으며, 마리케 반 델프트와 레인더 스톰이 집필한 『100장의 고지도로 본 네덜란드 역사(De geschiedenis van Nederland in 100 oude kaarten)』와 벨기에판 『100장의 고지도로 보는 벨기에 역사(De geschiedenis van België in 100 oude kaarten)』라는 기본 개념을 바탕으로 이 책을 서술하였다.

이번 방대한 출판물을 전문성과 열정을 바탕으로 훌륭히 다룬 점에 대해 다시 한번 감사의 뜻을 전한다.

그 결과, 이번 출판물은 10세기에 걸쳐 세계 역사를 담은 100장의 지도로 구성된 아름답고 종합적인 책으로 완성되었다. 이 100장의 지도는 단순히 역사를 기록한 것에 그치지 않고 역사를 만들어 낸 지도들로, 레이던 대학교 도서관이 보유하고 제공하는 수천 점의 지도와 지도책 중에서 선별되었다.

이 책은 역사적, 지도학적 중요성 면에서 레이던 대학교 도서관의 지도와 지도책 컬렉션이 지닌 가치를 충분히 드러내고 있으며, 보델 니젠하위스 또한 이 출판물을 자랑스럽게 여길 것이라고 믿어 의심치 않는다.

쿠르트 더 발더
레이던 대학교 도서관장

목차

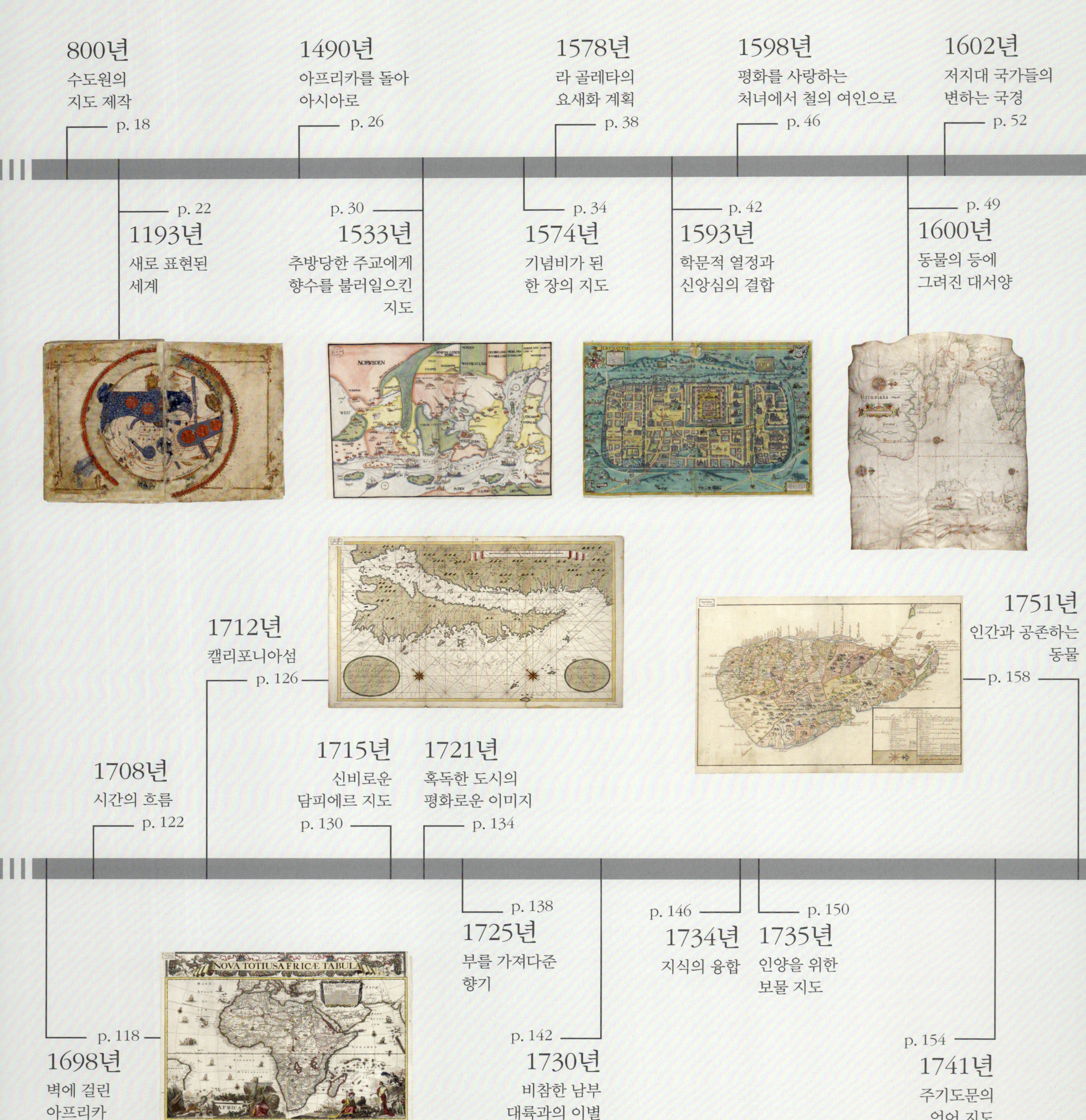

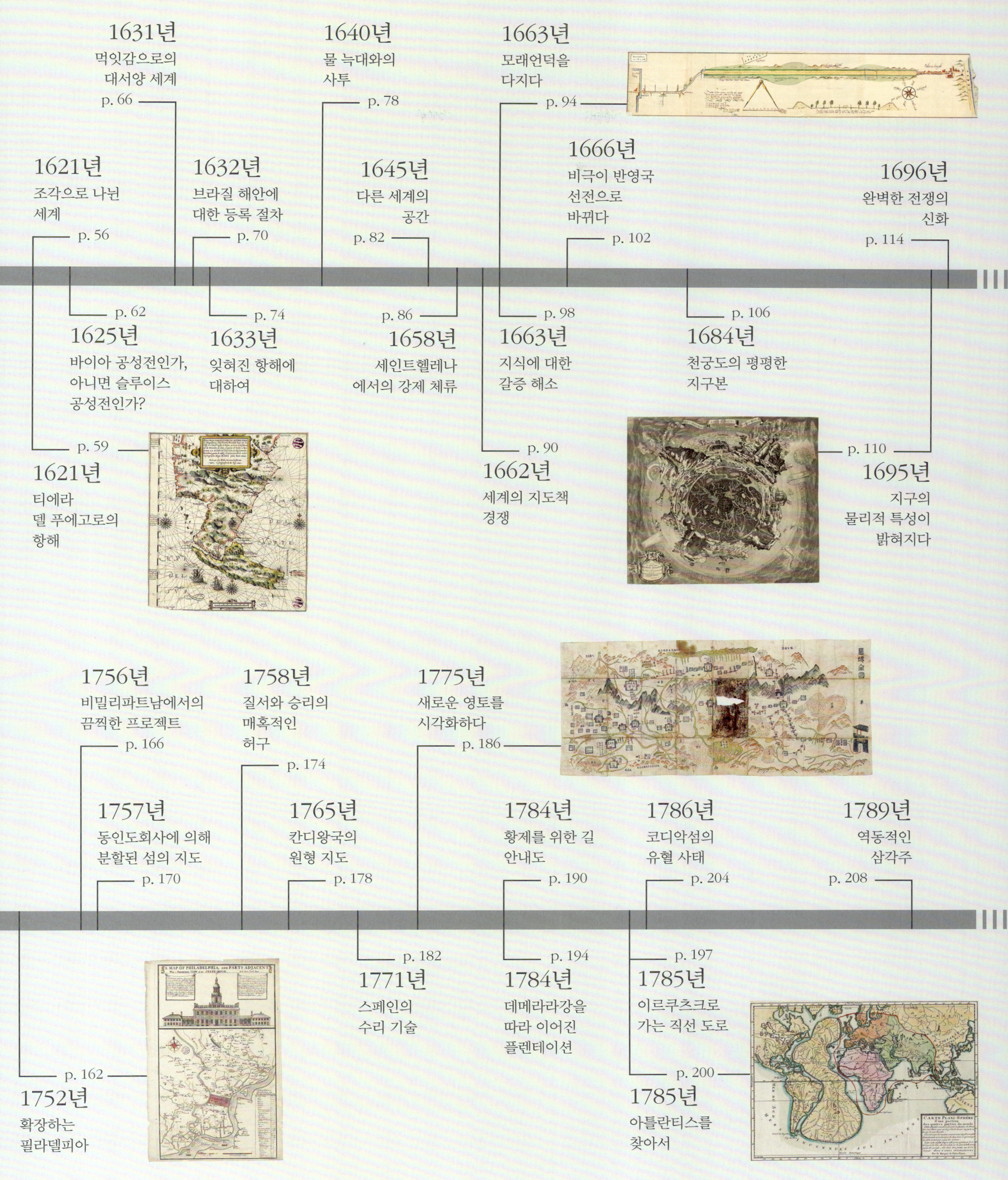

1621년
조각으로 나뉜
세계
p. 56
1621년
티에라
델 푸에고로의
항해
p. 59
1625년
바이아 공성전인가,
아니면 슬루이스
공성전인가?
p. 62
1631년
먹잇감으로의
대서양 세계
p. 66
1632년
브라질 해안에
대한 등록 절차
p. 70
1633년
잊혀진 항해에
대하여
p. 74
1640년
물 늑대와의
사투
p. 78
1645년
다른 세계의
공간
p. 82
1658년
세인트헬레나
에서의 강제 체류
p. 86
1662년
세계의 지도책
경쟁
p. 90
1663년
모래언덕을
다지다
p. 94
1663년
지식에 대한
갈증 해소
p. 98
1666년
비극이 반영국
선전으로
바뀌다
p. 102
1684년
천궁도의 평평한
지구본
p. 106
1695년
지구의
물리적 특성이
밝혀지다
p. 110
1696년
완벽한 전쟁의
신화
p. 114
1752년
확장하는
필라델피아
p. 162
A MAP OF PHILADELPHIA, AND PARTS ADJACENT
1756년
비밀리파트남에서의
끔찍한 프로젝트
p. 166
1757년
동인도회사에 의해
분할된 섬의 지도
p. 170
1758년
질서와 승리의
매혹적인
허구
p. 174
1765년
칸디왕국의
원형 지도
p. 178
1771년
스페인의
수리 기술
p. 182
1775년
새로운 영토를
시각화하다
p. 186
1784년
황제를 위한 길
안내도
p. 190
1784년
데메라라강을
따라 이어진
플렌테이션
p. 194
1785년
이르쿠츠크로
가는 직선 도로
p. 197
1785년
아틀란티스를
찾아서
p. 200
CARTE PLANI-SPHERE
1786년
코디악섬의
유혈 사태
p. 204
1789년
역동적인
삼각주
p. 208

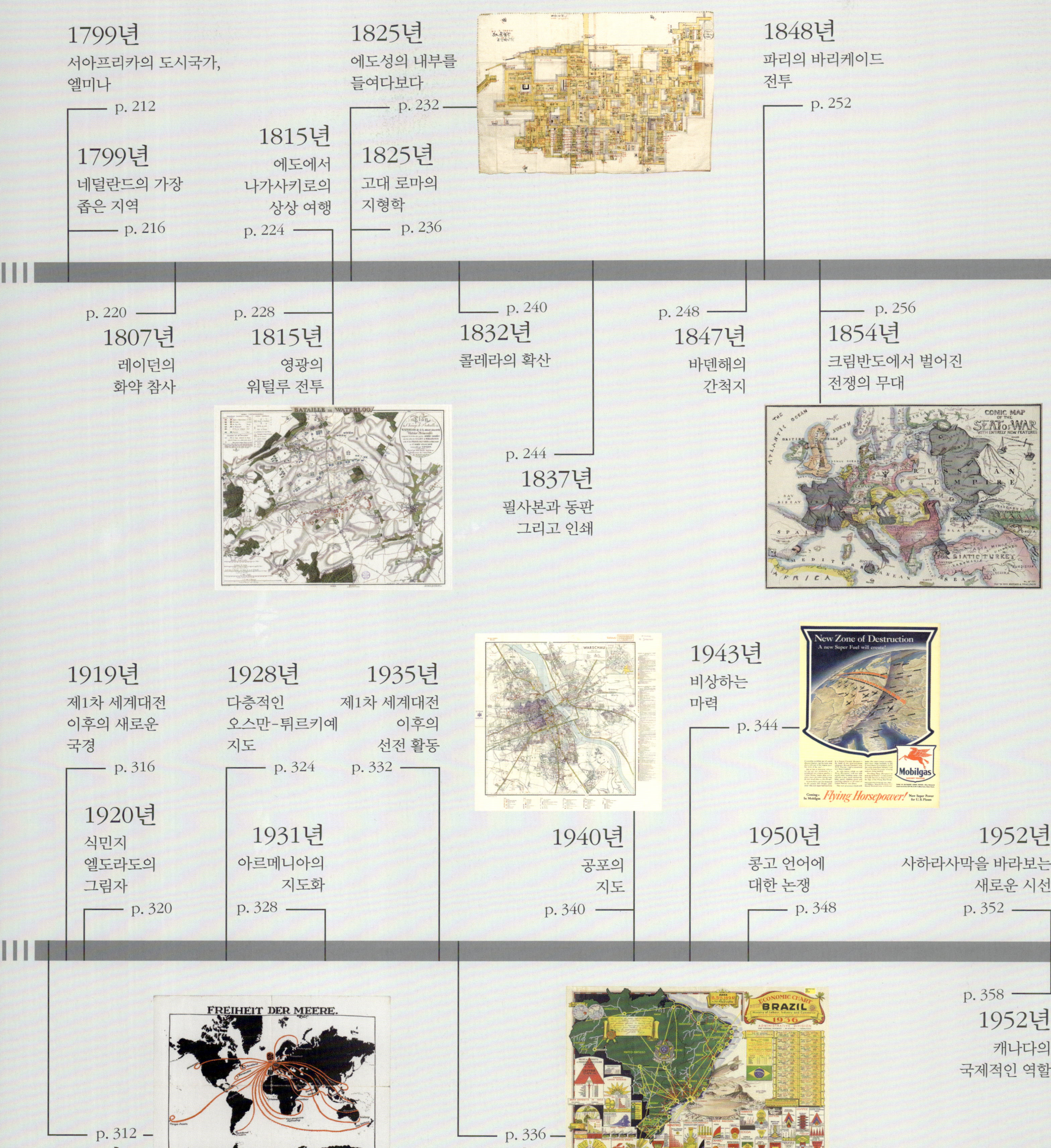

1799년
서아프리카의 도시국가, 엘미나
p. 212

1799년
네덜란드의 가장 좁은 지역
p. 216

1807년
레이던의 화약 참사
p. 220

1815년
에도에서 나가사키로의 상상 여행
p. 224

1815년
영광의 워털루 전투
p. 228

1825년
에도성의 내부를 들여다보다
p. 232

1825년
고대 로마의 지형학
p. 236

1832년
콜레라의 확산
p. 240

1837년
필사본과 동판 그리고 인쇄
p. 244

1847년
바덴해의 간척지
p. 248

1848년
파리의 바리케이드 전투
p. 252

1854년
크림반도에서 벌어진 전쟁의 무대
p. 256

1918년
대영제국의 팽창
p. 312

1919년
제1차 세계대전 이후의 새로운 국경
p. 316

1920년
식민지 엘도라도의 그림자
p. 320

1928년
다층적인 오스만-튀르키예 지도
p. 324

1931년
아르메니아의 지도화
p. 328

1935년
제1차 세계대전 이후의 선전 활동
p. 332

1936년
슈가로프산 위의 비행선
p. 336

1940년
공포의 지도
p. 340

1943년
비상하는 마력
p. 344

1950년
콩고 언어에 대한 논쟁
p. 348

1952년
사하라사막을 바라보는 새로운 시선
p. 352

1952년
캐나다의 국제적인 역할
p. 358

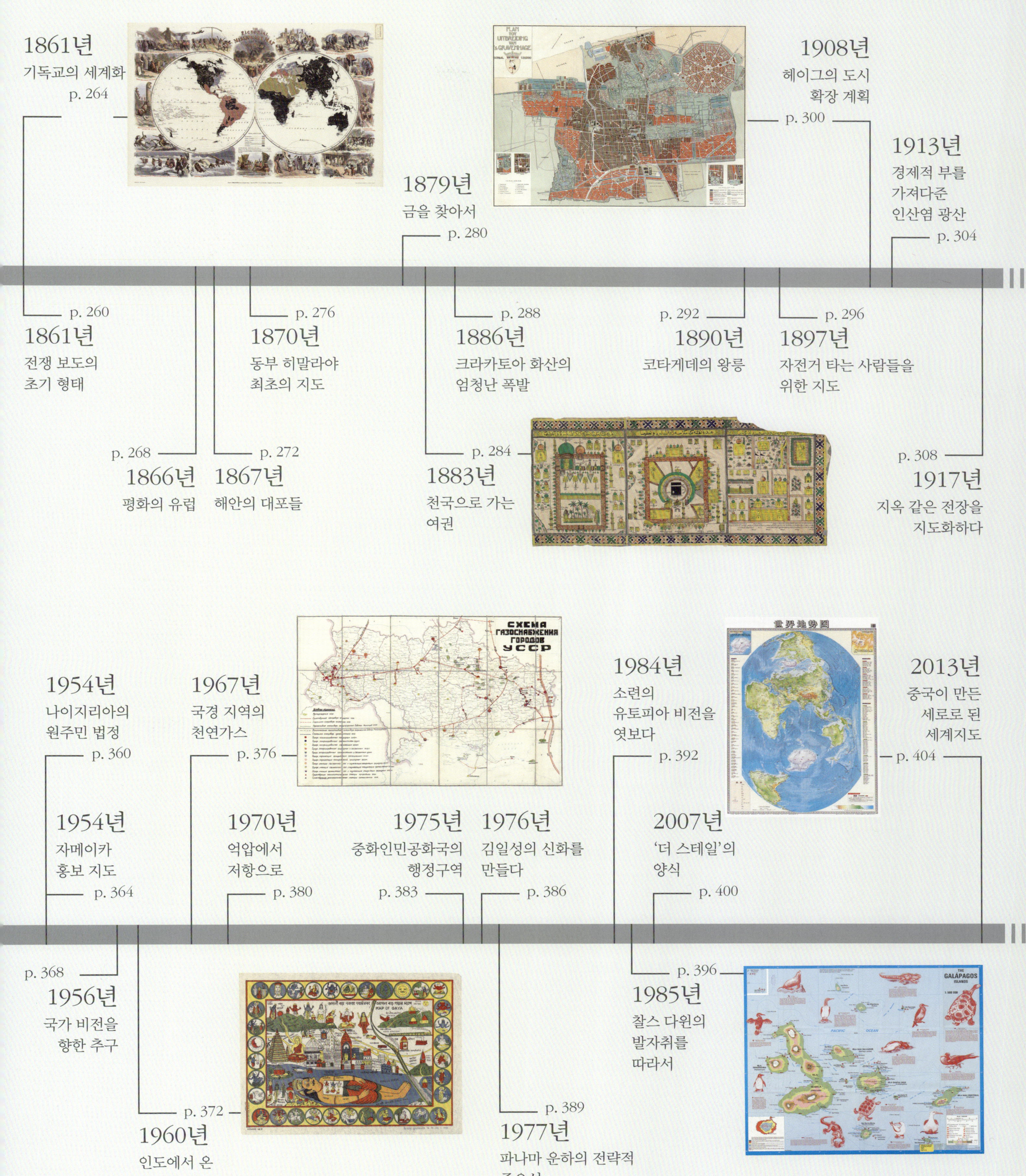
1861년
전쟁 보도의
초기 형태
p. 260
1861년
기독교의 세계화
p. 264
1866년
평화의 유럽
p. 268
1867년
해안의 대포들
p. 272
1870년
동부 히말라야
최초의 지도
p. 276
1879년
금을 찾아서
p. 280
1883년
천국으로 가는
여권
p. 284
1886년
크라카토아 화산의
엄청난 폭발
p. 288
1890년
코타게데의 왕릉
p. 292
1897년
자전거 타는 사람들을
위한 지도
p. 296
1908년
헤이그의 도시
확장 계획
p. 300
1913년
경제적 부를
가져다준
인산염 광산
p. 304
1917년
지옥 같은 전장을
지도화하다
p. 308
1954년
나이지리아의
원주민 법정
p. 360
1954년
자메이카
홍보 지도
p. 364
1956년
국가 비전을
향한 추구
p. 368
1960년
인도에서 온
순례자 지도
p. 372
1967년
국경 지역의
천연가스
p. 376
СХЕМА
ГАЗОСНАБЖЕНИЯ
ГОРОДОВ
УССР
1970년
억압에서
저항으로
p. 380
1975년
중화인민공화국의
행정구역
p. 383
1976년
김일성의 신화를
만들다
p. 386
1977년
파나마 운하의 전략적
중요성
p. 389
1984년
소련의
유토피아 비전을
엿보다
p. 392
世界地势图
1985년
찰스 다윈의
발자취를
따라서
p. 396
THE GALÁPAGOS ISLANDS
2007년
'더 스테일'의
양식
p. 400
2013년
중국이 만든
세로로 된
세계지도
p. 404

여행하는 검지손가락

글_일랴 레오나르트 페이퍼

그것은 어디에서 시작되는 것일까? 우리는 어떻게 다른 장소, 낯선 세계에 대해 인식하게 되는 걸까? 누구나, 설령 특권을 가진 사람이라 할지라도, 세상의 다른 곳을 경험한 후에야 비로소 자신이 태어난 곳을 사랑하게 된다. 어쩌면 그조차도 아닐 수 있다. 익숙한 것은 우리를 유혹하지 않는다. 그것은 이미 익숙한 공간일 뿐이며, 오히려 훗날 눈물이 빗물처럼 흘러내릴 때 돌아갈 안식처가 될 수도 있다.

나는 한 지역에서 태어나 인접한 구역에서 자랐다. 내 동네는 안전하고 평온했지만, 그 경계는 요하네스 반 무크 거리, 윈스턴 처칠 거리, 몬시뇰 베커스란 거리로 둘러싸여 있었다. 어머니는 그 거리 바깥으로 가지 못하도록 했고, 나는 규칙을 따랐다. 그러나 나에겐 더 넓은 세상으로 나아가고자 하는 갈망이 있었다.

최초의 인류 또한 처음 거주했던 동굴에서 결코 평탄한 삶을 살지 못했을 것이다. 식량과 같은 필수 자원은 늘 부족했고, 밤이 되면 더 큰 막대기를 들고 코에 뼈를 꽂은 적들이 습격하는 등 생존을 위협하는 요소는 끊임없이 존재했다. 이러한 환경 속에서 "다른 곳이 더 낫지 않을까?"라는 생각이 드는 건 자연스러운 일일 것이다.

어쩌면 그 시작은 전혀 다른 방식으로 이루어졌을지도 모른다. 모든 것을 촉발한 것은 아마 호기심이 아니었을까. 우리로 하여금 그 너머에 무엇이 있을지 궁금해하도록 만들기 위해 존재하는 듯한 끝없는 지평선이야말로 모든 탐험의 원동력이었을지도 모른다.

로마 문학의 아버지 엔니우스는 이렇게 썼다. "Utinam ne in nemore Pelio." 여기에 담긴 뜻은 이러하다. "신성한 숲에서 최초의 나무가 도끼에 베이지 않았더라면, 최초의 배가 결코 만들어지지 않았더라면 좋았을 것을." 그는 우리의 모든 불행이 시작된 순간을, 벽난로 옆에서 따뜻한 코코아를 마시며 안락하게 머물지 못하고 결국 집을 떠나야 했던 그때로 보았다.

그러나 이는 후대의 시점에서 바라본 견해일 뿐이다. 최초의 나무는 이미 오래전에 베어졌으며, 배들은 지평선 너머를 탐험하기 위해 수세기 전부터 항해를 시작했다. 바로 그것이 인간을 인간답게 만드는 본질이다. 우리가 두 발로 일어서던 순간부터 우리는 걸음을 내디뎠고, 그 여정을 멈춘 적이 없다.

열한 살 무렵, 나는 나만의 나라를 만들었다. 그 이름은 모카니아(Mocania)였다. 그것이 정확히 어디에 있는지는 중요하지 않았다. 다만 충분히 멀리 떨어져 있어 어딘가에 실제로 존재할 법한 곳이면 그만이었다. 그리고 그 나라를 현실로 만들기 위해 내가 가장 먼저 한 일은 지도를 그리는 것이었다.

도시, 강, 산, 그리고 숲을 그려 넣자, 내 상상 속에서 나는 이미 그곳에 도착해 있었다. 이 지도를 통해 나는 어머니가 건너지 못하게 했던 거리들을 넘어설 수 있었다. 지도 덕분에, 나는 더 이상 작은 동네에 머물지 않고 머나먼 새로운 나라에서 살아갈 수 있었다.

어릴 적, 조부모님의 거실 책장에 꽂혀 있던 오래된 지도집을 기억한다. 일요일마다 가족들이 방문하면, 어른들은 현실 세계의 문제를 두고 이야기를 나누었지만, 나는 그 시간 동안 지도집을 꺼내 식탁 위에 펼쳐놓고 마음껏 넘겨볼 수 있었다.

그렇게 일요일마다 나는 손가락 하나로 세계를 여행했다. 정교하고 다채로운 색상의 지도 위를 손가락으로 따라가며, 가상의 여행지들을 떠올렸다. 그곳은 어떤 모습일까? 얼마나 멀리 떨어져 있을까? 그리고 내가 가고 싶은 수많은 장소들은 과연 얼마나 먼 곳에 있는 것일까? 나는 세상에 존재하는 '먼 곳'들의 무한한 가능성에 놀라움을 느끼며, 그곳을 더 알고 싶다는 강한 호기심을 품었다.

일반적으로 지도는 현실을 축소하고 단순화한 도식적 표현이라고 여겨진다. 그러나 이는 명백한 오해이며, 실상은 정반대에 가깝다. 지도는 단순히 세계의 실재를 반영하는 것이 아니라, 세계 자체를 창조하는 역할을 한다. 이는 마치 시가 감정을 창조하는 것과 같은 원리이다.

세계는 우리가 그것을 표현하는 순간 비로소 하나의 전체로 존재하기 시작하며, 지도는 그러한 세계를 가능하게 만든다. 만약 '온 세상이 무대'라면, 지도는 그 무대에서 펼쳐지는 서사를 담은 책과 같다. 책이 쓰이지 않았다면 이야기가 존재할 수 있을까? 마찬가지로, 지도가 없다면 우리가 인식하는 세계 또한 존재할 수 없다.

우리는 자유를 어떤 방향으로든 이동할 수 있는 능력으로 정의한다. 우리는 매 순간 일정한 속도로 시간의 흐름을 따라 나아가지만, 때때

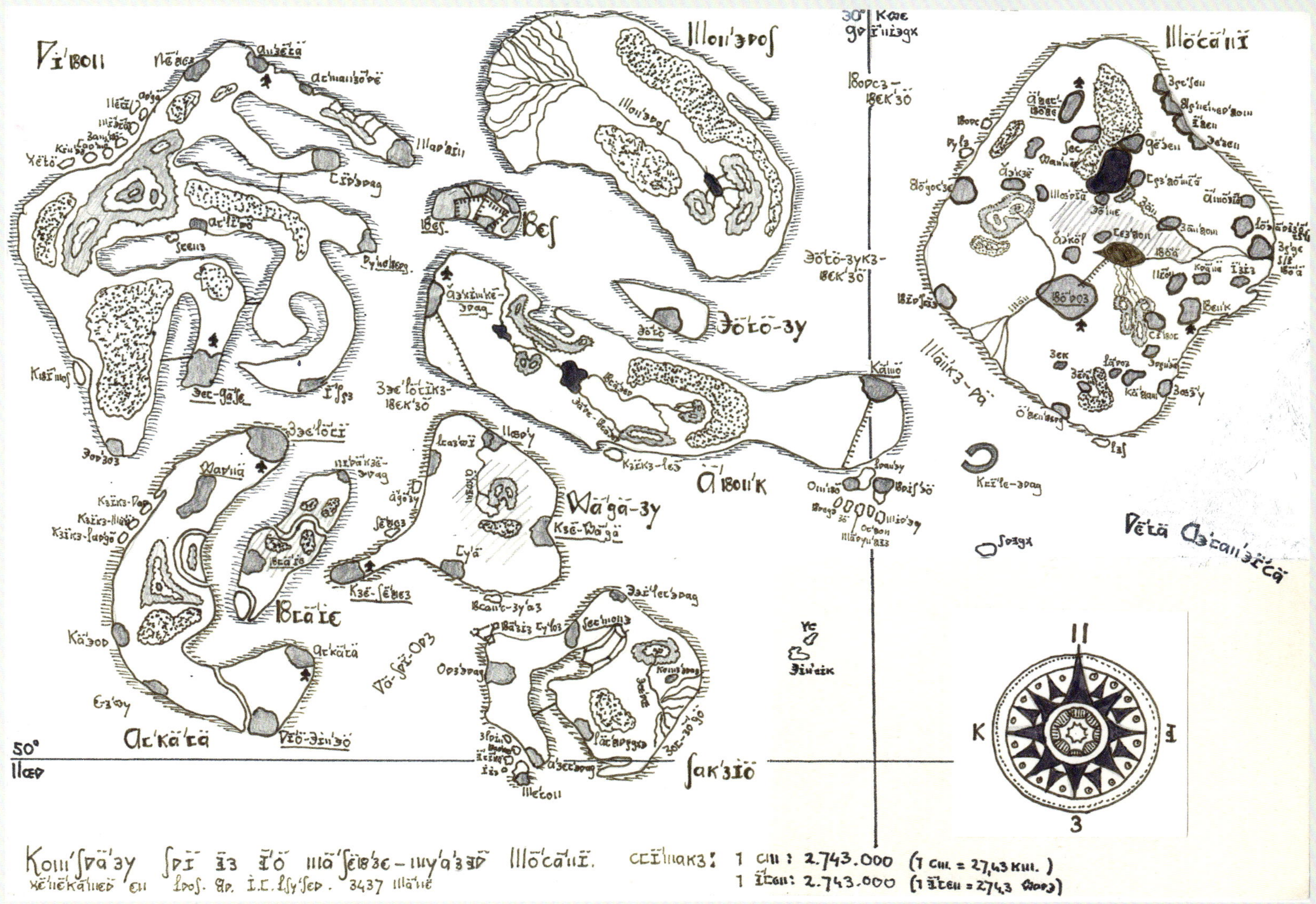

일랴 레오나르트 페이퍼가 창조한 상상의 군도 '모카니아(Mocania)'의 지도는 영국과 프랑스 사이에 있으며, 고유의 언어와 역사를 지니고 있다. (헤이그 문학 박물관 소장)

로 더 빠르게 앞으로 나아가거나 과거로 되돌아가고 싶은 충동을 느낀다. 그렇다면 미래라는 지평선 너머에는 과연 무엇이 존재할까?

낙관적인 일만 가득하지는 않겠지만, 그럼에도 나는 여전히 그곳이 궁금하다. 역사는 끝없이 펼쳐지는 매혹적인 장소들의 연속이며, 적어도 나에게는 그렇다. 나는 최초의 인류가 거주했던 동굴을 방문하고, 시인 엔니우스를 만나보고 싶다. 르네상스 시대의 피렌체에서 봄을 맞이하고, 자금성에서 중국 황제와 차를 마시며, 겨울에는 암스테르담에서 아베르캄프와 함께 스케이트를 타고 싶다.

이 모든 순간을 떠올릴 때, 내가 얼마나 많은 것을 보고 싶어 하는지 생각하면 저절로 눈물이 차오른다. 역사지도는 하나의 기적과도 같다. 이는 전설적인 시대에 대한 동경을 품은 이들에게 시간과 공간을 초월한 여행의 기회를 제공한다. 특히 손끝으로 지도를 따라가며 상상의 여행을 떠날 수 있는 이들에게, 역사지도는 과거의 세계관 속에서 거리를 가늠하고 사고의 영역을 확장하는 창이 된다.

따라서 역사지도를 바라보는 순간 우리는 단순히 지리적 이동을 하는 것이 아니라, 완전히 다른 시간 속으로 들어선 듯한 경험을 하게 된다. 현대의 지도가 오늘날의 세계를 형성하는 것과 마찬가지로, 역사지도는 사라진 도시와 물에 잠긴 대륙, 낯선 경계와 미지의 공백, 그리고 사자와 바다 괴물이 그려진 도상들을 통해 과거의 세계를 생생하게 재현한다. 더 나아가, 그것은 단순한 기록을 넘어, 그 시대를 살아간 이들의 탐구심과 상상력을 오늘날의 독자들에게까지 불러일으킨다.

아마도 이것이 내가 던진 질문에 대한 하나의 답이 될 것이다. 모든 탐험의 시작은 호기심에서 비롯된다. 지도는 그러한 호기심이 구체화된 결과물이며, 역사지도는 과거 사람들이 가졌던 탐구심의 흔적을 담고 있다. 특히 과거에는 세계가 오늘날보다 훨씬 광대하고 미지의 영역이 많았기에, 탐구할 대상 또한 더욱 풍부했다.

낯선 곳에 대한 인식을 일깨우는 것은 결국 우리의 호기심이 이끄는 방향으로 여행할 수 있는 능력이다. 손가락 하나로 지도의 정교한 경계를 따라가며, 우리는 상상 속에서 미지의 세계를 탐험하고 과거의 시대를 경험하게 된다.

지도가 역사를 만든다

1807년 1월 12일, 네덜란드 레이던(Leiden)은 잠시 뉴스의 중심에 섰다. 화약을 싣고 있던 배가 도시 중심부에서 폭발했기 때문이다. 이 폭발로 인해 도시의 중심부가 크게 파괴되었다. 사고 현장에서 멀지 않은 곳에는 당시 아홉 살이었던 요하네스 티베리우스 보델 니젠하위스(Johannes Tiberius Bodel Nijenhuis, 1797-1872)가 살던 집이 있었다. 거대한 폭발음과 그로 인한 파괴는 이 소년에게 큰 인상을 남겼을 것이다. 그의 아버지는 폭발의 영향을 받은 지역이 표시된 지도를 아들에게 선물로 주었다. 이 지도는 젊은 보델 니젠하위스가 지도, 지도집, 그리고 지형학적 이미지에 평생 열정을 가지게 된 출발점이 되었다. 보델 니젠하위스가 1872년에 사망한 후 그의 방대한 컬렉션이 레이던 대학교 도서관에 기증되었다. 보델 니젠하위스 컬렉션은 레이던 대학교 도서관의 다양하고 풍부한 지도 컬렉션의 기반이 되었으며, 현재 도서관의 컬렉션은 약 12만 장의 지도, 5천 권의 지도집, 2만 5천 개의 지형 인쇄물 및 그림을 보관하고 있다.

1807년 화약 참사로 파괴된 레이던의 거리를 보델 니젠하위스의 아버지가 채색한 지도이다.

이 책은 레이던 대학교 도서관 컬렉션에서 선별된 지도들이 수록되어 있으며, 이 지도들은 과거에 지도가 어떻게 다양한 방식으로 '역사를 형성'하는 역할을 했는지를 보여 준다. 이들 중 일부는 그 시대에 남은 유일한 기록으로서 특별한 가치를 지니며, 어떤 지도들은 독특한 형식이나 흥미로운 관점, 사회적 현상을 반영하거나 예술적 가치가 높게 평가되었다. 또한 몇몇 지도들은 중요한 역사적 사건에서 핵심적인 역할을 하기도 하였다. 이 책에 포함된 지도들은 세계 전체와 모든 대륙을 아우르며, 세계지도와 지역 거리 지도에 이르기까지 다양하다. 시대순으로 배열되어 있는데, 가장 오래된 것은 1,000년 이상 되었고, 가장 최근의 것은 21세기에 제작되었다. 이 지도들은 각기 다른 목적으로 제작되었으며, 다양한 주제들을 다루고 있다.

지도와 역사

오래된 지도들은 과거를 단순히 반영하는 것을 넘어 역사의 흐름을 바꾸는 데에도 영향을 미친다. 사실 이는 지극히 자연스러운 당위성을 지니는데, 역사는 언제나 지리적 요소를 포함하고 있으며, 모든 역사적 사건이란 특정 장소에서 발생하기 때문이다. 지리적 경계로 구분된 국가들과 국가 간 연합을 통한 권력 변동 같은 역사적 변화는 지도를 통해 나타낼 수 있다. 예를 들어 전쟁의 발발 지점이나 전투와 포위 작전이 이루어진 장소 등이 지도상에 표시된다. 많은 역사적 사건들이 지역적 또는 세계적 차원에서 지도 제작의 필요성을 부각시켰고, 이러한 지도들은 이후 사람들의 세계관에 중요한 영향을 미쳤다. 또한 지도는 공간의 계획 단계에서 경관이나 공간적 환경에 변화를 주기 위해 활용되었으며, 이를 통해 지도 자체도 역사의 일부가 되었다.

1714년 기욤 드릴이 만든 북반구 지도.

오래된 지도는 주로 제작된 시기에 그 제작자들이 주변 세계를 어떻게 인식했는지를 반영한다. 이러한 지도는 단순히 지리적 정보를 제공하는 것을 넘어, 그 지도를 만든 사람, 의뢰인, 그리고 그 시대의 배경과 상황에 대한 이야기도 함께 전달한다. 때로는 지도에 나타나지 않는 것들이 지도에 실제로 표현된 내용보다 더 많은 정보를 제공할 수 있다. 많은 지도들이 역사적 사건을 주제로 하여 과거의 상황을 재현한다. 이런 지도들을 '역사적 지도'라고 부르며, 당시의 지리적 상황보다는 특정 시대의 사람들이 과거를 어떻게 해석했는지를 중점적으로 나타낸다.

역사가 끊임없이 변화한다는 것은 중요한 사실이다. 우리는 이전 세대와는 다른 시각으로 과거를 바라보며, 이러한 변화의 대표적 예로 식민주의 역사를 들 수 있다. 식민주의는 오랫동안 경제적 이익을 가져다주는 역사로 서술되었지만, 그 과정에서 발생한 착취와 노예제는 종종 간과되었다. 유럽의 무역 중심지에서 활동한 식민지 기업가들의 호화로운 배와 건물, 해외 무역소와 식민지의 아름다운 지도들은 유럽의 확장을 긍정적으로 묘사하는 데 기여했다. 그러나 이는 종종 그 이면의 공포와 권력 불균형을 은폐했다. 현재, '블랙 라이브즈 매터(Black Lives Matter, '흑인의 목숨도 소중하다'라는 의미로 흑인 범죄자에 대한 체포 과정에서 백인 경찰의 과잉 진압에 대해 주로 항의하는 사회 운동을 말한다—옮긴이주) 운동과 같은 사회적 움직임은 백인 중심의 서구인들에게 현실을 직시하도록 하고 있다. 이러한 운동들은 배경, 종교, 성 정체성에 상관없이 포용과 평등을 추구하고 있으며, 역사에 대한 우리의 이해를 높인다.

지구 온난화는 유한한 에너지 자원의 사용을 줄이고 지속 가능한 경제 성장 모델을 재고할 것을 요구하고 있다. 많은 활동가들이 기후 변화에 대응하기 위해 급진적인 대책을 주장하고 있지만, 이러한 대책들을 현실에 적용하기는 어려움이 따른다. 기존 체계는 쉽게 변하지 않고, 강대국들 사이의 영향력 변화는 새로운 분쟁을 초래하며, 이는 기후 목표 달성을 더욱 어렵게 만든다. 최근 코로나-19 팬데믹은 세계가 얼마나 밀접하게 연결되어 있는지를 보여 주었다. 그러나 세계화가 진행되는 상황에서도 모든 국가가 기후 변화를 막기 위해 함께 노력해야 한다는 중요성이 완전히 받아들여지고 있지는 않다.

현재의 주요 문제들은 과거의 사건들과 밀접하게 연결되어 있으며, 이러한 사건들은 공간적 측면에서도 큰 영향을 미친다. 이 책에 포함된 지도들은 이러한 관계를 명확히 보여 준다. 예를 들어, 어떤 지도는 19세기 남아시아에서 유럽으로 확산된 콜레라 대유행의 경로를 시각적으로 보여 주며, 소비에트 연방 시대에 제작된 우크라이나 가스 분포 지도나 최근 중국이 주장하는 북극 지역 영유권 지도는 화석 연료 문제 해결을 위한 다양한 지도를 반영하고 있다. 또한 도시 성장, 도로 및 운하 건설, 주요 도시의 화재나 화산 폭발과 같은 재난을 보여 주는 지도를 통해 지역사(地域史)가 다루어지고 있다. 이러한 지역사는 고립된 현상이 아니라 세계사의 중요한 부분을 이루며, 국제적 발전이 지역에 미치는 영향의 사례들이다. 오래된 지도를 역사적 관점에서 검토하는 것은 역사의 흐름을 더 깊이 이해하는 데 중요한 기여를 한다.

지도 선정

이 책에 수록된 100개의 지도는 지난 1,000년 동안의 세계사를 다양하게 조명한다. 그러나 이 책의 목적은 지도를 사용하여 세계사의 포괄적인 개요를 제시하는 것이 아니다. 지도 선정은 레이던 대학교의 지도 컬렉션에 있는 것들을 바탕으로 하여 다양성을 최대한 반영하고자 했다. 이 컬렉션은 네덜란드 소장품에 기반을 둔 것이기 때문에 자연스럽게 네덜란드 및 서구 중심의 시각을 반영하지만, 페르시아나 중국의 세계관을 보여 주는 지도와 같은 예외적 사례도 포함된다. 또한 중동, 인도, 일본 출신의 비서구 지도들도 수록되어 있으며, 서유럽 언어뿐만 아니라 러시아어, 중국어, 일본어, 아랍어, 아르메니아어, 자바어 등 다양한 언어로 된 지도들이 포함된다. 대부분의 지도는 서구인에 의해 제작되었으나, 비서구 지도는 현지 지식이 중요한 역할을 하는 일이 많았다. 지역 주민들과의 상호작용을 통해 지리적 정보를 획득했고, 때로는 다른 문화와 평등한 기반에서 지식을 교환하기도 했다.

수 세기에 걸쳐 지도 제작은 주로 남성의 활동이었으며, 이는 지도가 남성 중심의 세계관을 반영한다는 점에 주목할 필요가 있다. 이 책에 수록된 지도 중 여성이 기여한 경우는 매우 드물며, 여성이 제작자로 참여한 것들은 대부분 최근의 것이다. 그러나 출판사가 종종 가족 사업으로 운영되었으며 모든 가족 구성원이 일을 했다는 점을 지적할 필요가 있다. 부인들은 대부분 남편의 이름으로 활동했고 인쇄된 지도에는 남편의 이름만 표시되었다. 하지만 여성들은 회사의 일상적인 운영에 종종 적극적으로 관여했으며, 때로는 조각가로 활동하거나 지도에 색을 입히기도 했다. 많은 여성들이 남편 사후 출판 사업을 이어받았지만, 거의 자신의 이름을 사용하지 않고 '고인의 부인'으로 표기했다. 예를 들어, 요하네스 II 반 쿨렌(Johannes II van Keulen, 1704-1755)의 부인 카타리나 부이스(Catharina Buijs, 1714-1781)는 남편의 사후 네덜란드 동인도회사의 공식 지도 제작자가 되었음에도 불구하고 이러한 관행을 따랐다. 근대 초기 네덜란드 지방에서 지도 출판 사업에 관여한 여성은 적어도 40명에 달했다. 한편, 측량사라는 직업에 여성이 참여하기 시작한 것은 20세기가 되어서였다.

레이던 대학교 도서관 컬렉션에서 가장 오래된 지도는 서기 800년경에 제작된 것으로, 중세 유럽에서 알려진 세계를 단순한 도식 형태로 표현한 지도이다. 이후 12세기 말에 제작된 페르시아 세계관을 보여 주는 지도가 수록되어 있다. 서양에서는 르네상스 시대를 거치면서 지도 제작 기술이 크게 발전하였고, 지도를 읽고 이해하는 능력도 향상되었다. 17세기 이후의 지도 선택은 다양한 시대를 고루 반영하려는 노력하에 상대적으로 원활하게 이루어졌다. 이 컬렉션에는 네덜란드, 카리브해 지역, 동남아시아 등이 강조되어 있으며, 달과 하늘의 별들에 대한 지도도 포함되어 컬렉션의 다양한 시각을 반영한다. 또한 지도 제작자가 자국을 중심으로 만든 세계지도를 통해 다양한 관점의 세계관을 보이고 있다. 그리고 영토 분쟁과 관련된 지도뿐만 아니라 종교, 신화, 법률, 교육, 언어학, 경제, 무역, 탐험, 교통, 운하 및 도로 건설, 도시 개발, 수리공학, 농업, 자연, 재난 및 질병, 고고학, 지질학, 관광 및 여가생활에 대한 지도도 포함되어 있다. 워털루 전투(1815)와 같은 역사적 사건을 다루는 지도도 있다. 이 책은 지도가 역사에 미친 영향과 지도학 자체의 발전을 탐구할 예정이다. 측량, 생산 과정, 그리기 및 인쇄 기술, 지도 문서의 물리적 측면에 대해서도 주목하면서, 세계사와 지도학의 역사에 대한 포괄적인 해설을 제공한다.

레이던 대학교의 지도 컬렉션

레이던은 네덜란드 북부에서 최초로 대학을 설립한 도시이다. 레이던 대학교는 1575년에 설립되었으며, 이는 네덜란드 독립 전쟁 당시 스페인군의 포위를 받았을 때 레이던 시민들이 보여 준 용기와 저항에 대한 감사의 표시로 빌럼 오라녜 공(1533-1584, '침묵의 윌리엄'으로 알려짐)이 설립을 결정한 학교이다. 이 대학은 학문 연구를 위한 원고와 서적은 물론 지도와 지도집도 수집하기 시작했다. 1610년 도서관의 인쇄물은 대학이 설립 초기부터 지도, 지도집, 지구본을 소유하고 있었다는 것을 증명한다. 도서관 내부에는 먼지로부터 보호하기 위해 천으로 덮인 지구본들이 테이블과 찬장 위에 있으며, 오른쪽에는 체인으로 연결된 독서대 위에 펼쳐진 세계지도가 있는 지도집이 있다. 오른쪽 벽에는 유럽과 아시아의 지도가 걸려 있고, 왼쪽 창문 아래에는 멜키오르 로르크가 그린 콘스탄티노플의 풍경화가 있는데, 당시 레이던에서 동양 언어와 문화에 대한 관심이 존재했음을 보여 준다. 안타깝게도 과거에 널리 사용되었던 지구본들은 현재 남아 있지 않다. 1600년부터 대학에서는 네덜란드어로 엔지니어와 측량사 과정을 가르치면서 지구본을 많이 사용했지만, 사용 후에는 대부분 폐기되었다.

학자이자 수집가인 아이작 보시우스(Isaac Vossius, 1618-1689)의 도서관은 레이던 대학교 도서관이 인수한 첫 번째 개인 소장 컬렉션으로, 25권의 지도집과 16세기 이탈리아 지도 200여 개를 포함한 원고와 인쇄물을 포함하고 있었다. 그러나 레이던 대학교 도서관이 네덜란드 및 해외에서 주요 지도 컬렉션 중심지로 인정받게 된 것은 1872년, 요하네스 티베리우스 보델 니젠하위스의 사후부터였다. 보델 니젠하위스는 어린 시절부터 레이던의 라펜부르크 운하 근처의 대학 건물 옆에서 살았으며, 오랜 기간 루흐트만스 출판사에서 이사직을 맡았다. 그는 1848년 회사를 에버트 얀 브릴(Evert Jan Brill, 1812-1871)에게 매각한 후 지도 및 지형학 자료 수집에 몰두하였으며, 평생 약 5만 개의 지도와 300권의 지도집을 모아 세계에서 가장 유명한 개인 지도 수집가 중 하나가 되었다. 그의 컬렉션은 수작업으로 그려진 지도, 주석이 달린 지도, 초안 및 디자인 스케치 등 완성되지 않은 자료를 포함하여, 지도 제작 과정의 여러 단계와 과거 지도 사용 방법에 대한 깊은 이해를 제공한다. 보델 니젠하위스는 주로 네덜란드 역사에 집중했지만, 네덜란드 무역 지역, 식민지, 그리고 서유럽 이웃 국가들에도 관심을 가졌다. 사후에 그는 자신의 지도 컬렉션을 레이던 대학교 도서관에 무료로 기증하도록 유언장에 명시했으며, 이 컬렉션은 '왕실 유산'과 마찬가지로 취급되었다. 현재 대학은 이 저명한 컬렉션을 150년 이상 관리하면서 교육과 연구에 활용하고 있고, 이 책의 출판은 그 중요한 이정표 중 하나이다.

1610년 레이던 대학교 도서관의 모습.

콘스탄티노플의 중심부를 묘사한 '콘스탄티노플의 전망' 중 일부로, 멜키오르 로르크의 자화상이 포함되어 있다.

1550년경에 제작된 이 지도는 도르드레흐트 인근에서 발생한 홍수로 침수된 홀란드세 바르트 지역을 묘사하였다. (보델 니젠하위스 컬렉션)

1881년, 레이던 대학교 도서관은 필리프 프란츠 폰 지볼트(Philipp Franz von Siebold, 1796-1866)의 일본 컬렉션을 인수했다. 이 컬렉션에는 약 250개의 지도와 지리학 관련 자료가 포함되어 있으며, 이 중 일부는 손으로 그려진 것이고 일부는 목판 인쇄 방식으로 제작된 것이었다. 이 컬렉션은 아시아 관련 자료를 풍부하게 해 주는 중요 자산이 되었다. 1908년에는 반 퀼렌 출판사로부터 330개의 수작업 해도 컬렉션을 인수하였고, 이는 해도 전문 컬렉션으로 알려졌다. 1963년에 식민지부가 해체된 후, 네덜란드 동인도 관련 부서의 지도와 지도집 컬렉션이 레이던 대학교 도서관으로 이관되었다. 1990년에는 위트레흐트 대학의 지도학 교수 코르넬리스 코만(Cornelis Koeman, 1918-2006)의 개인 컬렉션인 340개의 학교 지도집이 레이던 대학교 도서관의 컬렉션에 추가되었다. 2010년부터는 대학과 연계된 여러 연구소의 도서관과 지도 컬렉션이 레이던 대학교 도서관으로 이관되기 시작했다. 이 중 중요한 도서관으로는 중국학 연구소, 케른연구소(남아시아), 네덜란드 근동지역연구소(NINO), 레이던 아프리카연구센터(ASCL) 등이 있다. 이러한 이관은 레이던 대학교 도서관의 지도 컬렉션을 더욱 풍부하고 다양하게 만들었다.

레이던 대학교 도서관의 컬렉션은 지속적으로 성장해 왔지만, '보델 니젠하위스 컬렉션'이라는 이름으로 불리는 컬렉션이 여전히 가장 대표적이다. 그러나 2013~2014년에 2개의 주요 도서관이 폐쇄되면서 컬렉션의 규모가 거의 두 배로 증가하였다. 2013년에는 암스테르담에

야코부스 루도비쿠스 코르네트가 그린 보델 니젠하위스의 초상화.

위치한 왕립열대연구소 도서관이 폐쇄되어, 이곳의 식민지 유산 컬렉션과 네덜란드 전 식민지에서 수집된 1만 1천 개 이상의 지도가 네덜란드 정부로부터 대여 형식으로 레이던으로 이관되었다. 이 외에도 왕립열대연구소는 라틴아메리카, 아프리카, 아시아 개발도상국의 1만 5천 개의 도로 지도와 지형, 테마 지도가 포함된 현대 지도 컬렉션, 네덜란드 앤틸리스 및 카리브해 지역의 200개 지도가 포함된 쿠만스-유스타티아 컬렉션도 기증했다. 1년 후, 레이던에 위치한 왕립 네덜란드 동남아시아 및 카리브 연구소 도서관 역시 비슷한 상황에 처해, 1만 5천 개 지도를 포함한 전체 도서관 컬렉션이 레이던 대학교 도서관으로 이관되었다. 이러한 컬렉션의 추가로, 레이던 대학교 도서관은 이제 네덜란드 식민지에서 수집된 세계에서 가장 크고 완전한 지도 컬렉션 중 하나를 관리하게 되었으며, 컬렉션의 중점은 동남아시아와 카리브해로 옮겨졌다.

2021년, 지도 수집가 존 스티그(John Steegh)와 해리 퇴니선(Harrie Teunissen)이 1만 7천 개의 지도와 2,300권의 지도집으로 구성된 그들의 컬렉션을 레이던 대학교 도서관에 기증함으로써, 컬렉션의 가치를 크게 높였다. 이 컬렉션은 주로 19세기 및 20세기의 지도로 구성되어 있으며, 기존의 보델 니젠하위스 컬렉션과 매우 잘 조화를 이룬다. 컬렉션에는 수자원 관리, 도시 개발, 민족 관계, 군사 분쟁 등을 다루는 다양한 테마 지도들이 포함되어 있으며, 특히 동유럽과 중동 지역 관련 지도가 두드러진다. 이러한 기증은 레이던 대학교 도서관의 컬렉션을 더욱 체계적이고 다양하게 만들어, 근대사 연구에 더욱 풍부한 자료를 제공하게 되었다.

이 책에 선정된 100개의 지도는 레이던 대학교 도서관이 보유한 방대한 지도 컬렉션의 일부에 불과하다. 이 중요한 지도학적 자원은 일

19세기에 제작된 일본 사할린(가라후토) 지도. 사할린이 아시아 대륙의 일부가 아닌 독립된 섬임을 밝혀내는 역사적 사실을 반영한다. (지볼트 컬렉션)

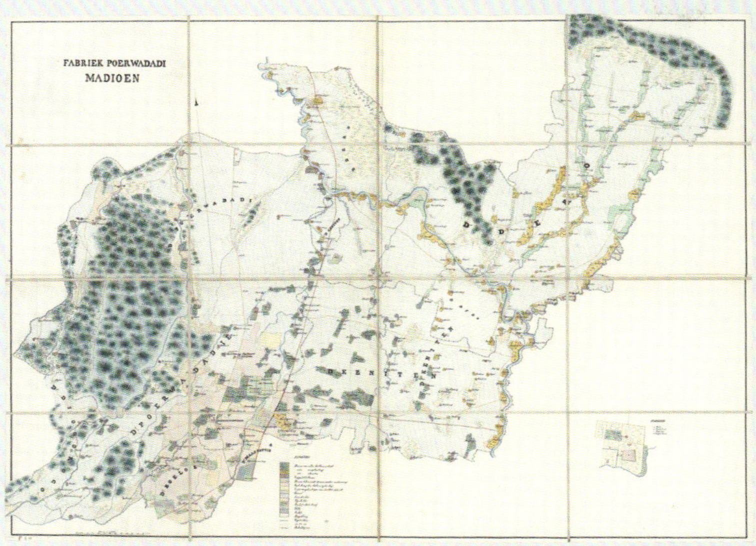

1860년경 자바섬 마디운에 있는 포어보다디에 설탕 공장과 주변 지역을 그린 지도.
(왕립 네덜란드 동남아시아 및 카리브 연구소)

반 대중에게 더 널리 알려질 가치가 있다. 이를 위해 레이던 대학교 도서관은 더 많은 지도를 디지털 형식으로 온라인에 제공하고 있으며(digitalcollections.universiteitleiden.nl), 이곳에서는 고대 지도를 같은 장소의 현대 지도 위에 투사할 수 있도록 지리 좌표 매핑(지도에 정확한 지리 좌표를 부여하는 것)을 제공하고 있다. 이 책이 레이던의 컬렉션을 널리 알리는 데 도움이 되길 희망하며, 연구자, 학생, 그리고 지도에 관심 있는 다른 이들이 이 지도학적 보석을 더 깊이 탐색할 수 있기를 바란다.

편집자를 대신하여, 마르틴 스톰스
지도 및 지도집 큐레이터
레이던 대학교 도서관

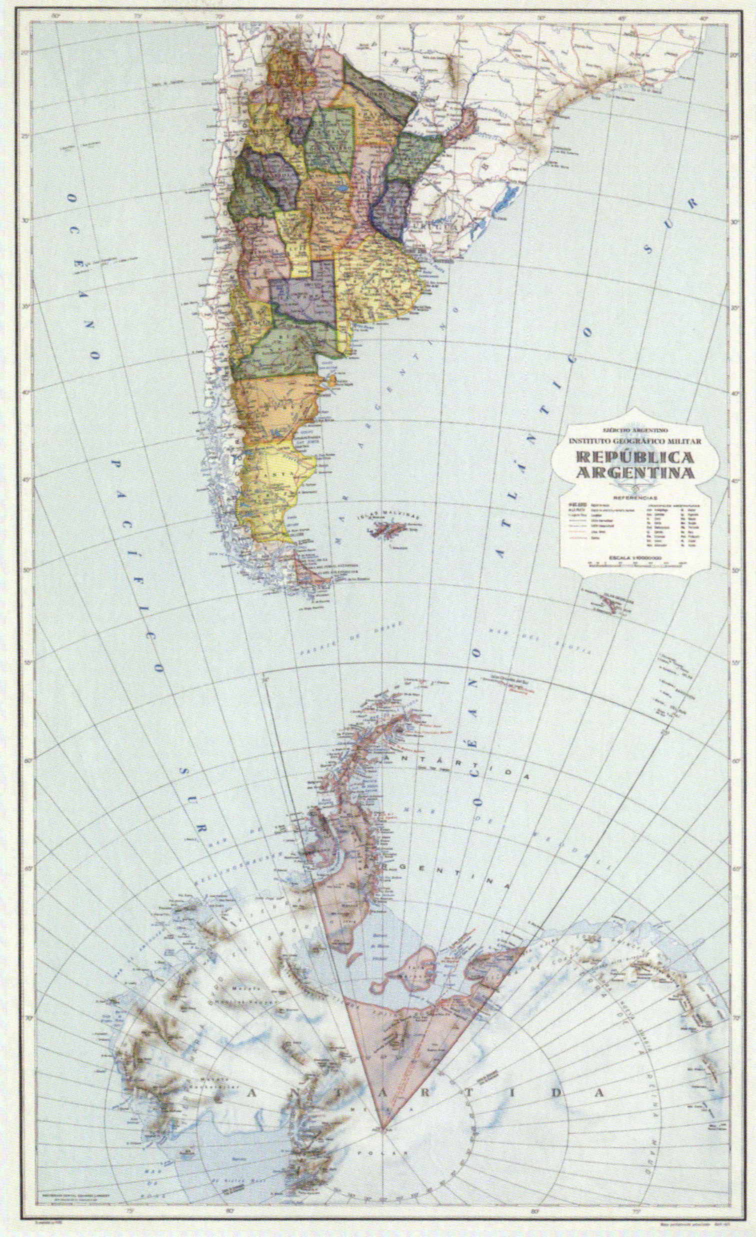

1971년에 제작된 아르헨티나 지도는 아르헨티나가 남극 대륙에 대해 영유권을 주장하는 '파이 조각'을 포함하고 있다.

II. DE ORBE
III DE ASIA
ASIA
EVRO PA
AFRI CA

India. a meridie media tangit. ab occiduo tigri
a septentrione montem caucasu. ubi portae caspi
ae sunt. in hanc regione primus usus inuentus .e.
purpurae. inde primu criniu & corporu ungenta
uenerunt & odores qb; romanoru atq; grecorum
effluxit luxoria. Moedia & psida a regib; medi
o & perso cognominatae. q eas puintias bellundo
adgressi sunt. & qb; moedia ab occasu transuersa
parthia regna amplectitur. a septentrione armoe
nia circumdatur. ab ortu caspios uid&. a meridie
psidam. huius terrae medica arbore gignit quum
alya regio minime parturit. sunt aut moediae
duae maior & minor. Persida tendens ab ortu usq;
ad indos. ab occasu rubru mare hab& ab aqlone ue
ro meridiem tangit ab austro germania q persi
dae adnectitur qb; .e. susa oppidu nobilissimu. In
psida primu orta .e. ars magica ad qua nebroth
gigans post confusione linguaru abiit. ibiq; psas
ignem colere docuit. nã omnes in illis partib; sole
colunt q ipsoru lingua. el dr. Mesopotamia
greca & himologia possid& qd duob; fluuiis am
biatur. nam ab oriente tigrim hab& ab occiduo
eufraten. incipit aut a septentrione int monte
tauru & caucasu. cuius a meridie seqtur babylonia
deinde chaldea nouissime arabia eodemon.
Babyloniae regionis caput babylon urbs .e. a quo
& nuncupata. tam nobilis ut chaldea & assyria
& mesopotamia in eius nom aliquando transierint.
Arabia appellata id .e. sacra. hoc enim significare
interptatur. eo qd sit regio turiferae odores cre
ans. hinc enim greci eodemon. nostri beata nomi
nauerunt. in cuius saltib; & myrrae & cinamu pue
nit. ibi nascitur aues fenix. sardonix gemma &
hyris. melocides & pederota ibi inuenitur. ipsu .e.
& saba appellata. a filio chus q nuncupatus .e. sabu.
haec aut angusto terrae tractu ad oriente uer
sus ad psicum sinu extenditur. cuius septentriona
lia chaldea claudit. occasum sinum arabicus.
Syriam syrus qda phibetur indigena a suo uocabulo
nuncupasse. haec ab oriente fluuio eufrate. ab
occasu mari nostro & aegypto terminatur tangens
a septentrione armoenia & capadochia. a meri
die sinum arabicu. situs eius porrectus in immen
sam longitudine in lato angustior. hab aut in se
puintias conmagena. fenicia & palestina. cuius
pars .e. iudea absq; sarracenis & nabatheis.

Conmagena prima puintia syriae. a uocabulo conmage
urbis nuncupata q quonda ibi metropolis habeba
tur huius .e. a septentrione. ab ortu mesopotamia
a meridie syria ab occasu mmare magnu. Fenix
cathmi frater de thebis aegyptioru in syria
pfectus apud sidone regnauit ea q; puintia ex suo
nomine fenicia appellauit. ipsa .e. ubi .e. tyrus ad que
esaias loqtur. hab& aut ab oriente arabia. a meri
die mare rubru. Palestina puintia philistim urbe
metropolim habuit q nunc dr asculon ex qua ciuitate
omnis circa ea regio palestina .e. nuncupata. huius
ab oriente mare rubru occurrit. a meridiano latere
iudaea excipitur. a septentrionali plaga tyrioru
finib; clauditur ab occasu aegyptio limite termi
natur. Iudaea regio palestinae ex nomine iudae
appellatu ex cuius tribu reges habuit. haec prius
cannan dicta .e. a filio cham. siue a decem channaneoru
gentib; qb; expulsis eam terrae iudaei possiderunt.
Initium longitudinis eius a uico arsa usq; ad uicum iu
liadem porrigitur in q iudaeoru pariter ac tyrioru
communis habitatio .e. Latitudo aut eius a monte libani
usq; ad tiberiadis lacu extenditur. in medio aut iudae
ciuitas hierusolyma .e. quasi umbelicus regionis
totius terrae uariaru opum diues frugib; fertilis
aq's inlustris. opima balsamis. unde secundu elemen
toru gratia existimauerunt iudaei eam pmissam
patrib; terra fluentae melle & lac. cum hic illis dr
resurrectionis progatiua polliceretur. Samaria
regio palestinae ab oppido quoda nomen accepit q
uocabatur samaria ciuitas quonda regalis in israhel
q nunc ab augusti nomine sabastia nuncupatur. haec
regio inter iudaea & gallilea media iac&. incipiens
a uico cuius nom .e. eleas deficiens in terra acrebath
situs eius naturae consimilis nec ullo deferens a iudaea
Gallilea regio palestinae uocatu qd gigneat candidio
res homines qua palestina. haec aut duplex .e.
superior & inferior sibi tamen connexae. syriae
& fenice adhaerentes. terrae earu optima & fe
racx & fructib; satis fecunda. Pentapolis regio
in confinio arabiae & palestinae sita dictu a q'nq;
ciuitatib; impioru q caelesti igne consumptae sunt
terra amplius ab hierusolymis olim uberrima. pro
aut deserta atq; exusta. nam p scelera incolaru
de caelo descendit ignis q regione illa in cineres
aeternos dissoluit. cuius umbrae qda & species in
fauillis & arborib; ipsis & uua adhuc uid&ur. nas

1

800년 — 수도원의 지도 제작

중세 필사본 속의 세계지도

이 지도는 불과 지름 5.4cm밖에 되지 않는 원으로, 위쪽 절반은 아시아 대륙, 아래쪽 절반은 유럽과 아프리카를 보여 준다. 이 원형 지도는 9세기 초 파리, 생 제르맹 드 프레 수도원의 한 수도사가 그렸으며, 이는 최소 100년 이전에 세비야의 이시도르(560-636)가 편찬한 20권짜리 백과사전 『에티몰로기아(Etymologiae)』의 사본을 장식하기 위해 만들어진 것이다. 지도는 매우 단순해서 알파벳 O 안에 T를 그려 넣은 형태로 되어 있다. 프랑스의 수도사는 이 작은 삽화를 가지고 그리스·로마 시기부터 알려진 세계에 대한 매우 기본적인 지도를 만들었다. 이 T-O 지도는 레이던 대학교 도서관에서 가장 오래된 지도이며, 이 책에 수록되어 있는 것 중 가장 작은 지도이기도 하다.

1200년경까지 유럽인들은 아리스토텔레스와 프톨레마이오스와 같은 그리스 학자들의 지리학적 지식을 간접적이고 제한적으로만 접할 수 있었는데, 이는 서로마제국의 멸망과 함께 그리스·로마 시대의 고전이 대부분 분실되었기 때문이었다. 이에 스페인의 세비야 대주교였던 이시도르와 같은 중세의 작가들이 기독교 교리에 부합하는 내용만을 선택하여 라틴어 문헌으로 재구성했다. 당시 서고트왕국의 일부였던 스페인 세비야의 대주교 이시도르는 그의 저서 『에티몰로기아』를 편찬하면서 이러한 방식을 적용했다. 이 백과사전의 열네 번째 책은 지구와 각 대륙을 다루고 있다. 이시도르는 각 대륙에 있었던 국가, 지역, 주민을 설명하고, 그 밖의 섬들과 지명에 대한 어원을 풀어내는데, 『에티몰로기아』 제14권의 가장 오래된 사본에도 작은 T-O 지도가 포함되어 있었다.

지금 우리는 이 원형 세계지도를 90도 오른쪽으로 회전시켰을 때 더 쉽게 인식할 수 있다. 이는 아시아가 동쪽에, 유럽이 아프리카 위에 위치하는 현대의 표준적인 배치와 달리, 이 지도가 동쪽을 상단에 위치시키는 전통적인 방식을 따랐기 때문이다. 이러한 고대의 배치 방식은 현대의 우리에게는 다소 낯설게 느껴질 수 있다. 또한 14세기 후반 도미니크회의 수도승 레오나르도 다티(Leonardo Dati)가 이러한 지도를 'T'와 'O'라고 명명했다는 것은 주목할 만한 사실이다. 그가 교육을 목적으로 작성한 시(詩)인 「라스페라(La sfera)」에는 "O 안의 T는 세계가 세 부분으로 나뉘어진 것을 보여 준다"고 기술하며, 지도의 형태를 설명한다.

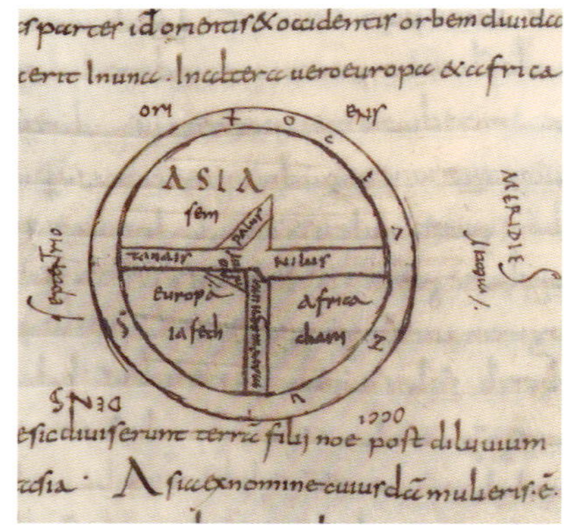

12세기 후반에 작성된 마크로비우스의 주석에 수록된 지도.

이러한 T-O 지도에 더 많은 정보가 기재된 경우도 있다. 그중 하나는 825년에서 850년 사이에 독일의 풀다 수도원에서 부분적으로 필사된 또 다른 『에티몰로기아』에 포함된 지도이다. 이 지도에서 필사자는 오리엔스(동쪽, 위쪽), 메리디에스(남쪽, 오른쪽), 옥시덴스(서쪽, 아래쪽), 그리고 센텐트리오(북쪽, 왼쪽) 등 바람의 방향을 그렸다. 그는 이중선을 사용하여 T와 O를 그렸고, 그 사이에 대륙 주변의 주요 수역의 이름을 추가했다. 세계의 바다는 모든 육지를 둘러싸고 있다. 돈강과 아조프해는 아시아와 유럽을, 나일강은 아시아와 아프리카를 나누며, 지중해는 유럽과 아프리카를 나누는 경계로 표시했다. 풀다 지도는 기독교적 해석에 따른 지도이기도 한데, 노아의 세 아들의 이름인 셈(아시아), 야벳(유럽), 햄(아프리카)이 세 대륙에 기재됐기 때문이다. 성경 창세기에 따르면 홍수 이후 살아남은 노아의 세 아들이 세상의 모든 민족을 창시하였다. 이러한 내용을 명확하게 설명하기 위해 필사자는 지도 아래에 "보라, 노아의 아들들이 홍수 이후에 세상을 나누었다(Ecceic diviserunt terrafili noe post dilivium)"라는 문장을 넣었다.

지도의 동쪽 끝에 그려진 작은 십자가는 여러 의미를 지닐 수 있다. 이 십자가는 성경에서 '세상의 빛', '정의의 태양'으로 불리며 십자가에서 부활한 그리스도를 상징할 수 있다. 또한 창세기에 언급된, 중세 사람들이 동쪽에 실재한다고 믿었던 천국을 표시할 가능성도 있다. 이러한 상징은 중세 지도 제작자들이 종교적 신념과 세계관을 지도에 반영했음을 보여 주며, 그리스도의 부활이나 천국과 같은 신성한 의미를 지리적으로 나타내려 한 것으로 해석될 수 있다.

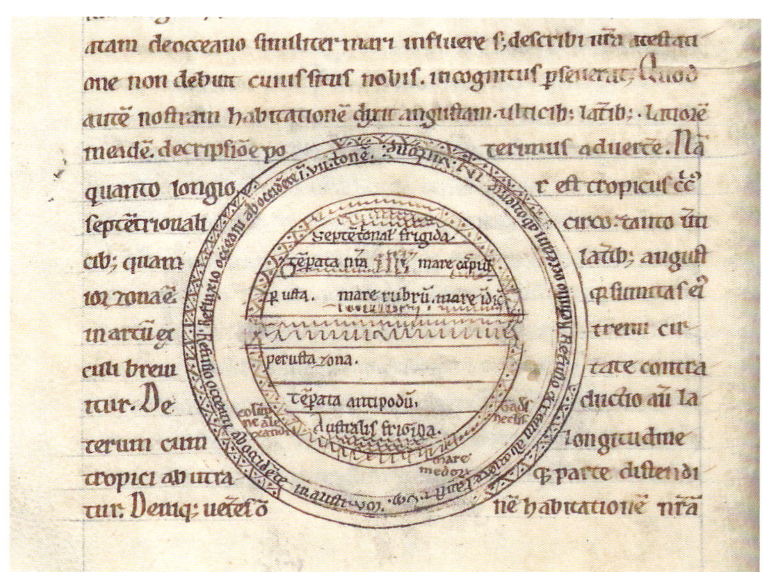

9세기 초반 이시도르가 저술한 『에티몰로기아』에 수록된 지도.

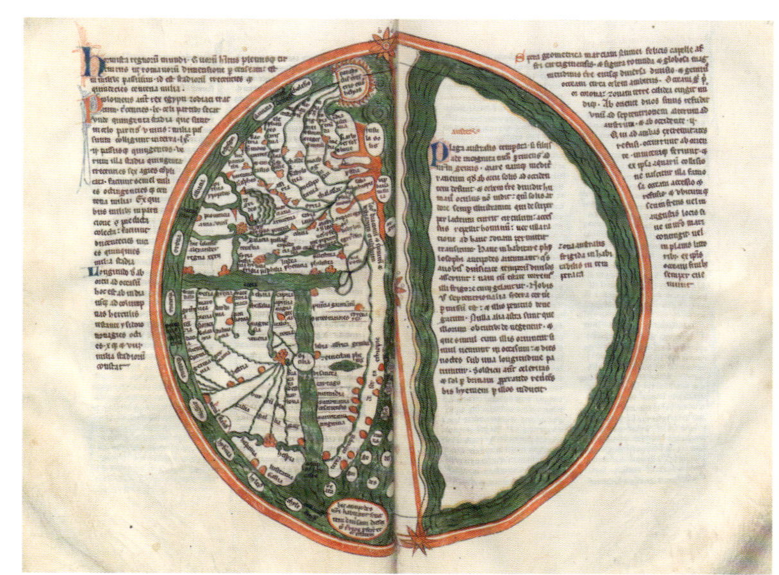

13세기 후반 람베르가 제작한 『리베 플로리두스』에 수록된 지도.

중세 학자들은 오랫동안 지구가 평평한 원반 형태라고 믿었다. T-O 지도의 원형은 지구를 평면으로 표현한 것이다. 그러나 이시도르는 『에티몰로기아』에서 지구가 구(球)라고 가정했다. 그는 책에서 "타는 듯한 열기 때문에 우리에게 알려지지 않은, 남반구의 네 번째 대륙에는 전설적인 대척지 주민들이 살고 있다"라고 기술하였다. 400년경 로마의 정치가이자 작가인 키케로가 쓴 『스키피오의 꿈(Somnium Scipionis)』에 대해 철학자 마크로비우스가 쓴 라틴어 주석에서도 비슷한 견해가 발견된다.

주석에서 마크로비우스는 지구가 구형이라는 점과 지구에 존재하는 5개의 기후대에 대한 설명을 포함하는 다양한 천문학적, 지리학적 이론을 포함한다. 키케로의 본문에 대한 마크로비우스의 주석은 중세에 여러 번 필사되기도 했다. 이는 종종 북쪽을 기준으로 정렬된 원형 세계지도와 함께 제공되었으며, 이 지도는 북반구와 남반구를 모두 포함하여 나타냈다. 특히 1175년에서 1200년 사이에 프랑스에서 필사된 사본들이 대표적이다. 북극과 남극 주변의 두 지역은 얼음처럼 차가운 추위 때문에 사람이 살 수 없는 곳으로, 북쪽 냉대 지역(Septentrionalis frigida)과 남쪽 냉대 지역(Australis frigida)으로 표기되었다. 열대 지역(Perusta zona)은 타는 듯한 무더위로 인해 사람이 살기에 적합하지 않은 곳으로 나타냈다. 이 세 구역 사이에는 온화한 기후를 가진 2개의 거주 가능한 지역이 있다. 그중 하나인 온화한 지역(Temperata nostra)은 북반구에 있는 잘 알려진 지역이다. 다른 하나는 남반구의 온화한 대척지 지역(Temperata antipodum)으로, 대척지 주민의 본거지인 미지의 영역이다. 대척지 주민들은 전통적인 신학적 관점에서 인간의 존재 여부에 대한 의문을 제기하는 어려운 주제로 남아 있었다.

학자들은 T-O 지도와 대상(帶狀) 지도의 정보를 함께 수집하여 독특한 조합을 창조했다. 대표적으로 12세기 초에 생오메르의 람베르(Lambert of Saint-Omer)가 편찬한 독특한 백과사전 『리베 플로리두스(Liber Floridus)』가 있다. 1275년에서 1300년 사이에 제작된 『리베 플로리두스』의 정교한 사본에는 두 페이지에 걸쳐 세계지도가 포함되어 있다. 왼쪽 페이지에는 북반구를 반원형으로 표현한 T-O 지도가 있으며 수십 개의 지명이 있다. 이 지도에서 유럽은 유리한 위치 덕분에 대부분의 공간을 차지한다. 지도의 맨 위인 동쪽에는 지상 낙원을 그려 넣었다. 그러나 남쪽의 아시아와 아프리카는 매우 왜곡되어 있다. 그것은 대상(帶狀) 지도에서 가능한 한 많은 정보를 포함하기로 한 람베르의 결정 때문이다. 그는 공간 부족 때문에 추운 북극 지역을 제외할 수밖에 없었다. 적도의 뜨겁고 사람이 살 수 없는 지역은 적도를 따라 움직이는 태양의 경로와 함께, 접힌 부분을 따라 지도의 중앙에 그려졌다. 오른쪽 페이지에는 원의 나머지 절반이 그려져 있으며, 이곳은 도달할 수 없어 잘 알려지지 않은 남반구의 미지의 대륙이 그려져 있다. 이 반원에는 람베르가 과학 이론과 성경의 모순을 언급한 텍스트만 쓰여 있고, 나머지는 아무것도 기재되지 않았다. 지도의 가장 오른쪽에는 차가운 남극 지역이 표시되어 있다.

T-O 지도는 중세 시대에서 가장 잘 알려진 지도 중 하나이다. 이 지도는 1,100개 이상의 필사본에서 확인할 수 있으며, 단순한 그림 형태로 그려진 경우도 있지만, 중요한 메시지를 전달하기 위해 채색과 상세한 묘사를 더한 경우도 있다. 역사학자들과 지도학자들은 이러한 흥미로운 지도들에서 정보를 해독하는 데 여전히 많은 시간을 할애하고 있다.

제작자: 세비야의 이시도르 **제목**: T-O 지도 **발행지**: 파리
발행일: 약 800~825년경 **기법**: 양피지에 그림 **크기**: 4.5 x 4.5cm
축척: 축척 없음 **방위**: 북쪽이 왼쪽 **소장처**: 아이작 보시우스 컬렉션

اربعه

2

1193년 — 새로 표현된 세계

알-이스타크리의 무슬림 세계관

레이던 대학교 도서관에 보관된 가장 오래된 지도책은 12세기 말에 제작된 페르시아어 필사본 지도책이다. 이 지도책의 제목은 '경로와 영토에 대한 책' 혹은 '도로망과 왕국들에 대한 책'이라는 의미의 『키타브 알-마살리크 알-마말리크(Kitab al-masalik wa'l mamalik)』이다. 책에 수록된 첫 번째 지도는 커다란 붉은 원과 여러 개의 푸른색 지역이 눈에 띄는 도식화된 원형 세계지도이다. 오늘날의 지도 독자들은 이 지도상의 위치를 인식하거나 정확한 위치를 파악하기 어려울 수 있다. 이는 나라들의 지리적 형태가 크게 단순화되어 상징적으로 표현되었기 때문이다. 또한 이 지도는 남쪽이 위로 향하고 있어 위치 인식을 더욱 어렵게 만든다.

현재 전해지고 있는 아랍과 이슬람의 전통 세계지도들은 함께 발견되는 문서들과 분리해서 이해해서는 안 된다. 지도들이 텍스트 자료와 함께 소장되어 있는 것으로 보아, 이슬람 세계에서는 지도가 주로 교육받은 사회 계층과 도시의 엘리트를 위한 것으로 추정된다. 18세기까지 이슬람 세계의 지도는 거의 필사본 형태로 작성 및 유통되었다. 가장 초기의 지리 자료들은 중동 지역의 순례길 및 우편로에 있는 장소들의 목록이었다. 몇몇 저자들은 그 지명 목록을 지리학적인 내용으로 정교하게 다듬었고, 이러한 작업물은 종종 '도로망과 왕국들에 대한 책'이라는 제목이 붙었다. 이런 종류의 글들은 이슬람 세계에서 지리 정보의 표준으로 자리 잡았다.

2세기에 클라우디우스 프톨레마이오스가 저술한 『지리학』과 『천문학 집대성(Kosmographia)』은 그리스의 지리학적 전통을 담고 있었는데, 이는 아랍의 지리학에도 큰 영향을 미쳤다. 프톨레마이오스의 작품은 약 8천 개의 지명과 해당 지역들의 경도 및 위도를 기록한 지도 제작에 대한 지침서로 볼 수 있다. 이러한 지명 목록은 아랍 세계에서도 발견되며, 지명과 해당 좌표로 구성된다. 초기 아랍의 세계지도는 프톨레마이오스처럼 처음에는 지도에 기록되지 않았으며, 일반적으로 투영법이나 정확한 지리적 위치를 기반으로 하지 않았다. 그러나 이러한 지도들은 지구가 구형이며 절반만이 인간이 거주 가능하다는 프톨레마이오스의 생각을 반영하고 있다. 아랍-이슬람 전통에서 가장 초

제작자: 아부 이샤크 이브라힘 이븐 무함마드 알 파리시 알 이스타크리
제목: 『도로망과 왕국들에 대한 책』에 수록된 세계지도
발행지: 페르시아 **발행일:** 1193년(이슬람력 589년)
기법: 필사 지도첩 **크기:** 42 x 62cm **축척:** 약 1:30,000,000
방위: 북쪽이 아래쪽 **소장처:** 동양 컬렉션

알 이스타크리가 그린 아라비아해의 영역 지도.

기의 세계지도 중 하나는 9세기에 칼리프 알마움(al-Ma'mum)의 주도로 제작된 대형 세계지도이다. 불행히도 이 지도는 현재 존재하지 않으며, 우리가 알고 있는 모든 정보는 후대 저작자들의 언급을 통해서 겨우 파악하고 있는 수준이다.

현재 알려진 중세 이슬람 세계의 지도들 중 많은 수가 페르시아의 뛰어난 과학자 아부 자이드 아마드 이븐 살 알 발키(Abu Zayd Ahmad ibn Sahl al-Balkhi, 849/850-934)의 이름을 딴 발키 학파(Balkhi School)의 작품이다. 발키 학파는 후대 무슬림 지리학자들이 초기 연구자들의 성과를 기반으로 발전시킨 것이다. 이 학파의 작품 중에서 11세기부터 19세기까지 기간 동안 남아 있는 필사본 책자는 총 59권에 이른다. 그러나 알 발키의 원본은 남아 있지 않으며, 아부 이샤크 이브라힘 이븐 무함마드 알 파리시 알 이스타크리(Abu Ishaq Ibrahim ibn Muhammad al-Farisi al-Istakhri, ?-957)의 필사본 또한 소실되어 전하지 않는다.

현재 전해지는 가장 오래된 필사본은 1086년에 아부 알카심 무함마드 이븐 하우칼(Abu al-Qasim Muhammad ibn Hawqal, ?-978)에 의해 작성된 것이다. 이 필사본도 발키 학파에 속하는데, 이 학파의 많은 필사본은 3명의 지리학자의 작품을 필사하거나 요약한 것이다. 필사본에는 지중해, 아라비아해, 카스피해 등을 포함한 21개의 지도와 17개의 지역 지도가 포함되어 있다. 이 중 13개의 지도는 이슬람 제국 내에서 페르시아어가 사용된 지역과 관련이 있으며, 나머지 4개의 지도는 아랍어 사용 지역인 아라비아반도, 시리아, 이집트, 이베리아반도 및 북아프리카 지역을 묘사하고 있다.

여기에 표시된 세계지도는 1193년 알 이스타크리가 저술한 『도로망과 왕국들에 대한 책』의 요약본이다. 따라서 보존된 필사본은 사본이며, 이스타크리 사후 2세기가 지난 후에 제작된 것이다. 필사본은 18장의 채색 지도를 포함하고 있으며, 이 세계지도는 발키 학파의 이슬람 세계관 초기 모델을 잘 보여 주는 예로, 페르시아-이슬람 관점에서 본 세계를 전형적으로 묘사한다. 중세 페르시아에서는 세계를 서쪽의 남유럽과 북아프리카부터 동쪽의 중국에 이르기까지로 인식했으며, 이 지도는 남쪽을 위로 향하게 그려져 있다.

지도에 묘사된 지리는 매우 단순하고 전형적인 직선과 곡선으로 도식화되어 있다. 이런 방식은 실제 활용보다는 암기를 용이하게 하기 위해 설계된 것으로 보이며, 지리 교육의 중요한 자산이 되었을 것이다. 이 세계관에서는 아라비아반도를 머리로, 아시아와 아프리카를 날개로, 유럽을 꼬리로 한 새의 모양으로 인식할 수 있다. 이러한 형태는 지도를 상세하게 기억하기보다는 개략적으로 이해하고 암기하기 쉽게 해 주는 역할을 한다.

지도는 인도양과 지중해라는 2개의 주요 바다를 중심으로 어느 정도 대칭을 이루고 있다. 각 바다에는 3개의 큰 빨간 원으로 표현된 3개의 섬이 있으며, 지중해에는 왼쪽에서 오른쪽으로 키프로스, 크레타, 시칠리아가 위치해 있다. 지도에서 붉은 선은 이슬람 제국 내 여러 지역 사이의 국경을 나타낸다. 이러한 구분은 중동과 페르시아에서 상세하게 묘사되어 있으며, 특히 페르시아의 지역 구분이 직사각형의 영역으로 명확하게 나누어져 눈에 띈다. 아랍 세계를 넘어서는 지역으로 갈수록 이러한 구분은 덜 상세하게 표현된다.

알 이스타크리가 그린 지중해의 영역 지도.

러시아, 인도, 티베트, 중국 등 아시아의 여러 국가와 지역은 지도상에서 동심원으로 표현되었다. 아프리카의 나일강과 페르시아만으로 흘러드는 유프라테스강 및 티그리스강이 지도에서는 직선으로 표현되는 경향을 볼 수 있다. 이러한 표현은 강의 흐름을 간단하고 명확하게 나타내기 위한 시각적 기법으로 해석될 수 있다.

발키 학파가 제작한 모든 세계지도는 비록 약간씩 차이가 있지만, 정형화된 형태와 과도한 단순화가 특징이다. 이와는 다르게 유명한 지리학자 무함마드 알 이드리시(Muhammad al-Idrisi, 1100-1165/1166)가 그린 원형 세계지도는 발키 학파의 지도와 유사하면서도, 유럽과 아랍 세계의 지형을 서양인들 눈에 더 띄게 나타냈다. 알 이드리시는 그의 세계지도에 기후대를 추가하여 더욱 세밀한 정보를 제공했다. 발키 학파의 고도로 단순화된 세계지도는 아랍-이슬람 세계의 세계관에 큰 영향을 미쳤으며, 현존하는 필사본 책자들은 초기 자료일 뿐 아니라 이슬람 문화사를 연구하는 데 있어서 독특한 가치를 지니고 있다.

3

아프리카를 돌아 아시아로(1490년)

66
Mare congelatum
Cathayo
quinsay
Mare Indicum orientale
Sinus gangeticus
Sinus Magnus
CEANVS INDICVS
65

3 1490년 — 아프리카를 돌아 아시아로

신대륙 발견의 여명기

15세기 말 유럽인들의 세계관은 빠르고 극적으로 변화하였다. 당시 스페인과 포르투갈은 세계의 바다를 지배했으며, 인도로 가는 최적의 항로를 찾기 위해 고심 중이었다. 그들은 아프리카를 돌아 동쪽으로 항해할 것인지, 아니면 대서양을 통해 서쪽으로 가는 항로를 선택할 것인지 고민했다. 이에 많은 스페인과 포르투갈 탐험대가 이 두 가지 경로를 시험해 보았는데, 그 결과는 서로 달랐다. 1488년, 포르투갈 탐험가 바르톨로메우 디아스(Bartolomeu Dias, 약 1450-1500)는 희망봉을 돌아 항해한 최초의 탐험가가 되어 아시아로 가는 해상 루트를 확보하였다. 이 루트는 홍해를 통과하는 위험한 경로보다 나은 대안이었다. 홍해를 통과하는 경로는 오스만제국과 아랍인들이 유럽으로 향하는 인도 상품의 무역을 통제했기 때문이다. 따라서 디아스의 경로는 포르투갈인들에게 엄청난 경제적인 중요성을 지녔다. 그러나 그의 성과는 종종 그와 동시대인인 바스코 다 가마(Vasco da Gama, 1469-1524)와 크리스토퍼 콜럼버스(Christopher Columbus, 1451-1506)에 의해 가려졌다.

독일의 지도 제작자 헨리쿠스 마르텔루스(Henricus Martellus)가 1490년경에 그린 이 지도는 디아스의 항해 직후 알려진 세계의 모습을 보여 준다. 그는 자신의 원래 이름인 하인리히 해머(Heinrich Hammer) 대신에 라틴어 이름을 사용했던 것으로 추정되며, 1480년부터 1496년 사이에 피렌체에서 활동했다고 알려져 있다. 마르텔루스에 대한 정보는 많지 않지만, 그의 초기 작업 중 하나는 클라우디우스 프톨레마이오스의 『지리학』 사본으로, 이 책에는 고대 지식을 바탕으로 한 세계지도와 26개의 지역 지도가 포함되어 있다. 이러한 작품들은 그 당시 알려진 세계의 지리적 이해를 반영하고 있다.

여기에서 언급된 세계지도는 헨리쿠스 마르텔루스의 『섬들의 그림지도(Insularium illustratum)』에서 발췌한 것이다. 이 지도책은 이탈리아의 사제이자 여행자인 크리스토포로 부온델몬티(Cristoforo Buondelmonti, 약 1385-1430)가 제작한 초기 버전을 기반으로 마르텔루스가 작성하였다. 마르텔루스가 손으로 그린 지도책은 현재 5부만이 남아 있다. 이 중 세계지도를 포함하고 있는 것은 3권에 불과하며, 각 사본의 내용은 서로 다르다. 마르텔루스의 세계지도는 낱장의 필사본 형태로도 남아 있고, 프란체스코 로셀리(Francesco Rosselli, 1445-약 1513)가 제작한 판화 형태의 지도도 존재한다.

제작자: 헨리쿠스 마르텔루스 게르마누스
제목: 『섬들의 그림지도』에 수록된 세계지도 **발행지:** 피렌체
발행일: 약 1490년경 **기법:** 양피지에 필사 **크기:** 33 x 47cm
축척: 약 1:30,000,000 **방위:** 북쪽이 위쪽
소장처: 아이작 보시우스 컬렉션

레이던 대학교 도서관에 소장된 『섬들의 그림지도』는 헨리쿠스 마르텔루스가 남긴 것 중 가장 오래된 지도책으로 추정된다. 이전의 판본들은 크리스토포로 부온델몬티의 작품을 단순히 복제한 것으로 여겨진다. 안타깝게도, 이 필사본은 과거 침수 피해를 입어 세계지도에서 바다의 푸른색이 희미해졌고, 책이 덮였을 때 물감이 반대쪽 페이지로 이염되는 현상도 발생하였다. 마르텔루스의 세계지도에서 특히 주목할 만한 점은 아프리카 대륙이 바다로 완전히 둘러싸여 있으며, 아프리카의 가장 남쪽인 희망봉이 지도의 테두리를 넘어 돌출되어 있어, 문자 그대로 당시 알려진 세계의 한계를 넘어서고 있음을 보여 주는 상징적 장면이라 할 수 있다.

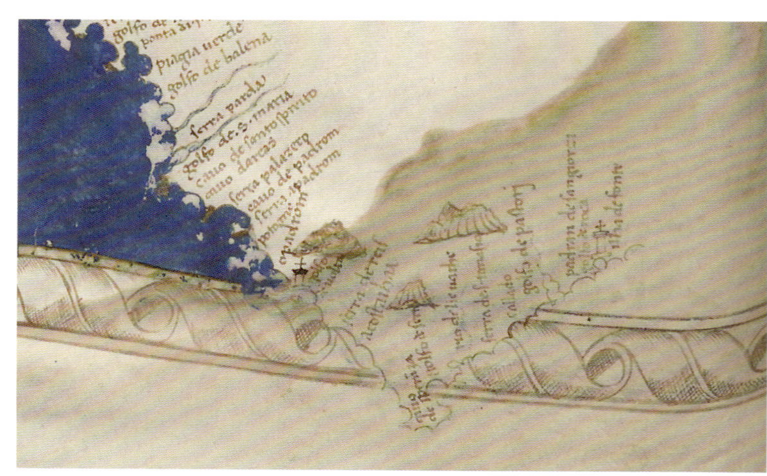

아프리카의 최남단에 있는 희망봉이 지도 밖으로 돌출되어 있다.

영국 도서관에 있는 세계지도.

프톨레마이오스 이후의 세계지도가 그리스어 필사본에 수록되어 있다. (1500-1550 사이의 작품)

마르텔루스의 세계지도에 나타난 아프리카의 묘사는 다른 사본들과 차이가 있다. 특히, '일하 더 퐁테(Ilha de Fonte)'라는 포르투갈어로 '분수섬'이라 불리는 지명이 대륙의 남동쪽 해안선 근처에 있다. 이 지명은 바르톨로메우 디아스가 탐험 중 그 위치를 기록했기 때문에, 해당 날짜를 나타내는 중요한 지표가 되지만, 불행히도 지도가 물에 젖으면서 일부 해안선이 사라지고 말았다. 가장 잘 보존된 세계지도의 사본은 영국 도서관에 있다.

디아스의 탐험 결과로 수정된 아프리카를 제외하면, 마르텔루스의 지도는 주로 클라우디우스 프톨레마이오스가 제작한 고대 세계지도를 기반으로 하고 있다. 지도에서 아시아는 매우 왜곡된 형태로 나타나는데, 특히 '평평한' 인도와 거대한 타프로바나(현재의 스리랑카)가 그려져 있으며, 그 남쪽에는 상상력을 발휘해 '용의 꼬리'로 알려진 가상의 반도가 있다. 이러한 요소들은 당시의 지리적 지식과 인식을 반영하고 있다.

포르투갈인들이 아프리카의 끝을 돌아 인도로의 또 다른 여정을 시작하기까지는 상당한 시간이 필요했다. 마침내 1497년, 바스코 다 가마(Vasco da Gama, 1469-1524)가 이끄는 원정대가 포르투갈을 출발해 인도로 항해를 시작했다. 이 함대는 1498년 5월, 인도의 말라바르 해안에 위치한 무역 도시 코지코드(Kozhikode)에 성공적으로 도착했다. 유럽의 관점에서 디아스와 같은 항해자들의 탐험은 '발견의 항해'였다.

마르코 폴로(Marco Polo, 1254-1324) 덕분에 유럽인들은 극동의 나라들과 왕국들에 대해 어느 정도 인지하고 있었다. 그의 중국 육로 여행에 관한 보고서는 수 세기 동안 아시아에 대한 유럽인들의 주요 정보원이었다. 그러나 바르톨로메우 디아스가 희망봉을 돌아 항해하는 데 성공한 후, 유럽인들은 바다를 통해 해당 지역에 도달할 수 있게 되었고, 이는 향신료 무역과 같은 수익성 높은 상업에 큰 기여를 했다. 이러한 항로는 또한 남아시아와 동남아시아의 경제적 착취 및 식민지화의 시작을 알리는 계기가 되었고, 16세기에는 유럽인들의 아시아 지도 제작이 빠르게 발전했다. 그러나 이 발견은 1492년 크리스토퍼 콜럼버스가 이끄는 스페인 함대의 서쪽 항해에 의해 빛이 바래졌다. 1492년, 스페인 함대가 크리스토퍼 콜럼버스(Christopher Columbus, 1451-1506)의 지휘 아래 서쪽으로 항해했다. 콜럼버스는 인도에 도착했다고 생각했지만, 그가 새로운 대륙인 아메리카를 발견했다는 것은 1506년 그가 사망했을 때 확실해졌다. 그 대륙은 신대륙으로 알려지게 되었지만, 그 발견이 완전히 최초의 것은 아니었다. 레이프 에릭손(Leif Eriksson, 약 970-약 1020)이 이끄는 바이킹들이 약 1000년경에 캐나다 동쪽 해안에 도착했던 것이다. 그러나 이들의 탐험은 크리스토퍼 콜럼버스의 항해와는 달리 아메리카 대륙의 영구적인 식민지화로 이어지지 않았다. 또한 폴리네시아인들도 콜럼버스가 도착하기 훨씬 전에 남태평양을 건너 남아메리카에 도착했을 가능성이 크다. 이러한 사실들은 유럽 중심의 역사 서술에 대한 보다 넓은 시각을 제공한다.

약 2만 년 전, 아시아를 거쳐 아메리카 대륙에 도착한 사람들은 수 세기 동안 그곳에 거주해 왔다. 이 원주민들에게 크리스토퍼 콜럼버스의 도착은 식민지화와 억압의 시작을 의미했다. 많은 원주민들이 유럽인들에 의해 전파된 전염병으로 인해 죽거나 학살당했다. 오랫동안 콜럼버스는 역사책에서 유럽의 번영을 가져온 인물로 칭송받았지만, 현재 그는 식민지화 및 대량 학살과 연관되어 주로 기억된다. 헨리쿠스 마르텔루스가 유럽의 세계관을 바탕으로 지도를 제작했을 때, 그는 자신이 착취와 식민지 확장의 시대를 여는 시점에 있다는 것을 전혀 짐작하지 못했을 것이다. 그의 지도 제작은 모든 면에서 세계사의 중요한 전환점이 되었다.

NORWEGEN
DALIA
DALERNIL
WORDEN SKAG DERN BERGH
WERMELAND
NORWEGEN
WEST
HALLAND
SNDER HALLAND
SCHONEN
CALMARN

NORDEN
HELSING LAND
IS 40 MILE LANG
MEDEL PAD
IS 8 MILE LANG
AENGER MAS
LAND 40
NORBOTE
WESTERBOTE
70
WESTRICH LAND
UPSAEL
OST
FINLAND
SORFINLAND
STOCKHOLM
RUSLAND
SUDEN
LURLAND
LIFFLAND

4 1533년 — 추방당한 주교에게 향수를 불러일으킨 지도

종교개혁 이전의 스웨덴과 발트해 지도

스웨덴의 종교개혁은 1523년에 시작되었는데, 구스타브 1세 바사(Gustav I Vasa, 1496-1560)와 교황 아드리안 6세(Adrian VI, 1459-1523) 간의 새로운 대주교 임명 문제로 촉발되었다. 이 논쟁은 1527년 종교개혁을 통해 발트해 대부분을 차지하던 가톨릭 스웨덴 제국의 종말로 이어졌다. 1531년 개혁파 대주교 로렌티우스 페트리 네리시우스(Laurentius Petri Nericius, 1499-1573)가 임명되면서 스웨덴과 로마와의 관계는 완전히 단절되었다. 페트리는 스웨덴 최초의 루터교 대주교였으며, 현재 스웨덴의 공식 국교는 루터교이다. 이 필사본 지도는 단치히(현재 폴란드의 그단스크)에 로마 가톨릭 주교가 망명 중이던 1533년에 제작한 것으로, 종교개혁 이전의 가톨릭 시기 스웨덴 제국을 보여 준다. 이 지도는 한자 동맹 쇠퇴기의 스웨덴 제국을 반영하며, 당시의 상황을 보여 준다는 면에서 흥미롭다.

수작업으로 화려하게 그려진 이 지도는 열정적인 책 수집가이자 인본주의 학자인 아이작 보시우스(Isaac Vossius, 1618-1689)의 수집품 중 하나이다. 보시우스가 이 지도의 첫 번째 소유자는 아니었으며, 원래 이 지도는 16세기 중반 로마와 베네치아에서 출판된 지도책에 포함되어 있었다. 이 스웨덴 지도는 지도책 중에서 유일하게 손으로 그려진 지도인데, 이탈리아가 아닌 다른 곳에서 제작된 것으로 보인다. 오랜 시간 동안 이 지도에 대한 정보는 거의 알려지지 않았다. 지도가 누구에 의해 그려졌는지, 그리고 어떻게 이탈리아의 수집가 손에 들어갔는지는 여전히 의문이다. 다만 보시우스의 독특한 경력은 스웨덴의 연구자들이 지도의 제작 연대와 제작자의 정체성을 밝히는 데 도움이 될 수 있는 유용한 단서를 제공한다.

보시우스는 손으로 쓴 문서와 인쇄된 고전 문헌에 대한 전문가로, 이러한 자료들을 수집하여 자신의 도서관에 보관했다. 그가 사망한 후, 레이던 대학교 도서관은 그의 원고와 출판물들을 구입했는데, 이 컬렉션에는 24권의 인쇄된 지도책, 4권의 필사본 지도책, 그리고 188장의 낱장 지도가 포함된 3권의 이탈리아어 지도책 등이 포함되어 있었다. 이 중 16세기에 작성된 지도들에는 손으로 그린 스웨덴 지도도 포함되어 있다. 실제로 보시우스는 17세기에 여러 차례 스웨덴을 방문한 경험이 있었으며, 이 경험이 그의 수집 활동에 영향을 미쳤을 가능성이 있다.

1648년 12월, 보시우스는 스웨덴 왕비 크리스티나 1세(Christina I, 1626-1689)의 초청으로 스톡홀름으로 떠났으며, 1649년 3월에 스웨덴 궁정에 도착해 학구적인 여왕 아래에서 학자로 활동했다. 보시우스는 여왕에게 그리스어를 가르쳤고, 1654년 크리스티나 여왕이 퇴위할 때까지 그녀의 개인 사서로 일했다. 크리스티나 여왕이 그에게 월급을 제때 지불하지 못했을 때, 보시우스는 여왕의 도서관에서 보상으로 세 권의 이탈리아어 지도책을 선택할 수 있었다. 이 지도책들이 보시우스의 수집품 목록에 추가된 이유이다. 이 지도들은 아마도 스웨덴이 30년 전쟁(1618-1648) 동안 보헤미아에서 가져온 전리품 중 일부였을 것이다. 스웨덴군은 1648년 프라하성을 점령한 바 있는데 스웨덴의 옛 지도는 나중에 지도책에 추가되었다.

스웨덴 제국의 지도에서 특히 눈에 띄는 것은 발트해, 보트니아만, 그리고 멜라렌에 그려진 항해 경로이다. 멜라렌은 현재 호수이지만, 퇴적물이 쌓여 배가 접근하기 어려워지기 전까지는 오랫동안 중요한 항구로 사용되었다. 지도상에서 스톡홀름은 물에 완전히 둘러싸인 섬으로 표현되어 있으며, 도시 주변의 수중 나무 기둥은 16세기 전반의 스톡홀름을 보여 주는, 다른 풍경화와 일치하는 방어적 특징을 나타낸다. 지도상에는 스톡홀름이 멜라렌의 여러 교역소, 발트해 주변의 항구, 비보르크, 나르바, 탈린, 리가, 그단스크와 항해로로 연결된다. 또한 더 남쪽으로는 덴마크와 북해에 접한 국가들로 가는 항로도 표시되어 있다. 이러한 묘사는 당시 스웨덴 제국의 중요한 항해 및 교역 경로를 잘 보여 준다.

지도는 스웨덴과 그 주변 지역을 비교적 잘 묘사하고 있지만, 전문적인 제도사나 지도 제작자의 작업으로 보기는 어렵다. 특히 스톡홀름과 멜라렌 주변 지역이 다른 지역에 비해 크게 그려져 있으며, 이는 지도 제작의 기본적인 기하학적 기준이나 일정한 척도가 적용되지 않았음을 나타낸다. 추가된 2개의 나침반 장미 역시 실용적인 목적을 제공

제작자: 한스 브라스크 **제목:** 스웨덴 제국 지도 **발행지:** 그단스크
발행일: 1533년 **기법:** 종이에 필사 **크기:** 33 x 45cm **축척:** 축척 없음
방위: 북쪽이 오른쪽 상단 **소장처:** 아이작 보시우스 컬렉션

1539년 베네치아에서 출판된 올라우스 마그누스의 북부 지역 해도.

하지 못하며, 단순히 장식적인 요소로만 보인다. 이 나침반들은 지도에서 북쪽 방향을 알려 주는 기능을 하지 않는다. 실제로 이 지도의 기원은 상업적인 지도 교역보다는 교회에서 찾을 수 있으며, 그것은 종교적 또는 교육적 목적으로 제작되었을 가능성이 높다.

스웨덴의 지도 역사학자 울라 에렌스베르드(Ulla Erensvärd, 1927-2015)는 이 지도를 가톨릭 주교 한스 브라스크(Hans Brask, 1464-1538)가 제작했을 것으로 추정했다. 브라스크와 여러 학자들 간의 서신을 통해 그가 북유럽 지도를 수년간 그려 왔음이 밝혀졌지만, 그동안 그의 작품은 발견되지 않았다. 1513년 브라스크는 스웨덴 린셰핑의 주교로 서품되었으며, 헌신적인 가톨릭 신자로서 활동했다. 그러나 1523년 이후 루터교의 부상으로 가톨릭교회는 점점 더 많은 압력을 받게 되었다. 스웨덴 종교 개혁에서 구스타브 1세에 의해 가톨릭 주교들의 재산이 몰수되면서 브라스크는 단치히(현재의 그단스크)로 이주했다. 당시 단치히는 뤼베크에 이어 발트해에서 두 번째로 중요한 항구였으며, 1530년대에는 스웨덴의 대주교 요하네스 마그누스(1488-1544)와 그의 형제 올라우스 마그누스(Olaus Magnus, 1490-1557)를 포함한 스웨덴 가톨릭 신자들의 망명자 집단이 이곳에 정착했다. 올라우스 마그누스는 단치히에서 북유럽 최초의 현대적이고 상세한 지도인 '북부 지역 해도'를 제작하여 1539년 베네치아에서 출판했다.

브라스크와 올라우스 마그누스가 단치히에서의 망명 생활 동안 만났을 가능성이 높긴 하지만, 함께 지도를 제작한 적은 없다. 최근 연구에 따르면, 이 지도는 가톨릭 스웨덴 제국을 반영한 것으로, '저자'는 브라스크 주교임이 확인되었다. 지도 종이 위의 워터마크는 이 지도가 1533년 이후에 그려진 것임을 나타낸다. 또한 1533년에 폴란드의 지도 제작자 베르나르 와포스키(Bernard Wapowski, 1475-1535)가 쓴 편지는 브라스크가 지도를 그렸다는 것을 암시한다. 이 편지는 외교관이자 인문학자인 요하네스 단티스쿠스(Johannes Dantiscus, 1485-1548)에게 보내졌으며, 와포스키는 편지에서 브라스크에게 노르웨이, 스웨덴, 덴마크의 필사본 지도 2장을 빌려준 것에 대한 감사의 말과 함께 곧 그가 직접 그린 지도를 가질 수 있기를 바란다고 언급했다.

브라스크의 지도는 올라우스 마그누스가 제작한 보다 정확하고 상세한 지도가 출판되면서 그 가치를 잃었고, 결국 인쇄되지 못했다. 하지만 브라스크가 추구한 것은 스웨덴의 정밀한 지도를 제작하는 것이 아니었다. 그의 주된 관심은 사라진 가톨릭 스웨덴에 대한 상세한 기록을 남기는 것이었다. 이러한 향수를 불러일으키는 지도를 통해 브라스크는 단치히에서 살고 있던 작은 가톨릭 망명자 공동체 내에서 이미 변화를 수용한 이들에게 설교하고 있었다. 이는 그가 이루고자 했던 역사적 및 문화적 목적을 반영하는 작업이었다.

LVGDVNVM BATAVORVM OBSIDIONE CINCTVM : A.
DIE ZEE :
Arx Brittanica
Noortwyck
Leewenhorst
Oostgeest
Rynsburch
Cattwyck op den Ryn.
Valckeburch
Hier lach C. Carondelet, en Iuan de nester
Maer Baldeus was die overste, int ront om
Vos kuyl.
Hier lach Cornel marion
Alckemade.
Endegeest.
Poel
Schans
LVGDVNV
LEY
Schans
Die Rynsburgerpoort
Dese schansen waren beset door die naast ghelegen Capiteynen
Die witte poort.
WEST
Zuyck
Die Vliet.
Hier lach Capiteyn Carion
Lips
VOORSCHOTE
Die Vliet.
Hier namen die Baldeusche Spae
Anno 1574. Octob. 3. ende Leyden

t belegge vander Stede van Leyden : Int Jaer ons heeren : 1574.
Schans
Die Per poel
Caghe.
Die keuer.
Die Drecht
Die oude Wateringe
Rodevaartsveen
DIE BRASEM MEER.
Die Spriet
Butterhuys
Schans op die dwors watering
Die Rijs wateringe
CAVORVM.
Steenvelt
Zylhoff
Die lagge Vide
Reguliers
De zyl poort
Den ouden Ryn
Minnebroers
Den niewen Ryn.
Hier lach den Drossaert vant Wedde
LEYDERDORP.
OOST.
Die hooge zyde.
Diehoochvoort poort.
Rodeburch
Roomburch
Hie lach Gerrard van Zichen
En oock inde Caghe, en Dwors waterings
Die Roomburger Wateringe
Die Meerburger Wateringhe
Croensteyn
Lamen
Die Soeterwoudsche vaert
die vlucht voor den Prince van Orangen
Hier lach Capiteyn Diala.
SOETERWOVDE.
TEXEL

5 1574년 — 기념비가 된 한 장의 지도
레이던 공성전을 기록하다

네덜란드 레이던이 탈환된 지 6주 후인 1574년 10월 3일, 한스 리프링크는 그해 여름 동안 도시가 겪은 고난을 묘사한 지도를 만들었다. 이 지도는 주로 군사적 관심을 가진 사람들을 대상으로 만들어진 것으로 보인다. 레이던을 점령하기 위한 작전은 복잡하고 인상적이었으며, 많은 것이 걸린 상황이었다. 리프링크는 나중에 이 군사 작전을 묘사한 또 다른 그림을 그렸는데, 이 그림은 레이던 시청을 위해 제작된 대형 태피스트리에 사용되었다. 이 태피스트리는 레이던 탈환을 기념하는 중요한 조형물로 남아 있다. 오늘날에도 매년 10월 3일은 레이던 탈환일로 기념되고 있다.

1574년 11월 17일, 레이던의 지도 제작자 한스 리프링크(Hans Liefrinck, 1534-1599)는 미드델베그에 있는 자신의 집에서 레이던 공성전에 대한 지도의 마무리 작업을 했다. 이 지도는 스페인 왕 펠리페 2세의 군대를 이끈 프란시스코 더 발데스(Francisco de Valdés)가 몇 달 동안 레이던을 포위한 상황을 묘사하고 있다. 반군 지도자 빌럼 오라녜는 델프트와 레이던 사이의 땅을 대대적으로 침수시키는 군사 작전을 거쳐, 갤리선과 수백 척의 평저선을 이용해 결국 도시에 도달하는 데 성공했다. 하를렘과 암스테르담이 스페인 왕의 손에 넘어간 상황에서 레이던은 네덜란드의 전략적 요충지로서 중요한 위치를 차지했다. 레이던이 함락될 경우, 이제이강 북쪽의 반군은 남홀란트의 도시들과 더 이상 연결될 수 없게 될 것이었다. 따라서 이러한 도시들은 레이던 공성전을 돕기 위해 저지대 배후지를 고의로 침수시킬 준비가 되어 있었다.

브라운과 호겐베르크의 『세계의 도시들(Civitates Orbis Terrarum)』 지도집에 수록된 레이던 지도.

레이던 시민들에게는 구원의 손길이 제대로 닿지 못했다. 도시는 5월 말부터 외부와의 연결이 끊어졌고, 한동안 식량을 구할 수 없었다. 시의회가 남은 식량을 잘 분배하긴 했지만, 주민들은 식량 부족과 전염병으로 큰 고통을 겪었다. 수천 명의 사람들이 목숨을 잃었고, 10월 초까지 시의회는 맥아 빵과 말고기만 유통시켰다. 도시를 해방시키기 위한 홍수 작전은 예상보다 훨씬 어려웠다. 간척지와 수로 사이의 높이 차이에 대한 정확한 지식이 부족해서, 개별 제방을 뚫었을 때 어떤 효과가 있을지 아무도 정확히 알지 못했다. 그래서 배들이 레이던 근처에 도착하는 데 수개월이 걸렸고, 그 후에는 배들이 도시로 항해할 수 있을 정도로 수위를 높이기 위해 폭풍우를 기다려야 했다. 10월 3일, 주테르부제 바르트 수로와 블리에트 운하를 통해 배들이 도시에 도착했다. 그러나 반군은 더 이상 싸울 필요가 없었다. 함대가 가까이 왔을 때, 리프링크가 지도 아래에서 설명한 대로 '발데스의 스페인 군대'는 이미 도망치고 있었다.

리프링크가 지도를 작성한 목적은 주로 포위 과정의 기록을 남기기 위함이었다. 이 지도는 처음에는 군인과 관리자들을 위해 만들어진 것이 분명하다. 하지만 지도를 통해 일반인들도 발데스가 어떻게 포위를 지휘했는지 알 수 있다. 발데스의 주요 전략은 지도 중심에 그려진 레이던을 외부로부터 봉쇄하는 것이었다. 도시는 성벽으로 둘러싸여 있으며, 해자도 갖추고 있지만, 상대적으로 현대적인 요새는 서쪽의 하얀 성문 옆에 위치하고 있다. 이 요새는 성벽에 있는 작고 둥근 탑들보다 더 넓은 사격 범위를 제공한다. 동쪽의 '후추르트포르트(Hoochoortpoort, 현재는 호게워드스포트로 알려진 도시 문) 근처에는 발데스가 설치한 토루가 있는데, 이곳에서 발데스는 도시를 향해 사격할 수 있었다. 또한 수로를 통한 접근도 차단되었다.

레이던 해방을 주제로 한 태피스트리. 한스 리프링크의 지도를 바탕으로 유스트 얀스 란커트가 만들었다. (레이던 라켄할 박물관)

보어쇼텐, 주테르부데, 레이더르프, 발켄부르크 등의 마을들은 요새화되어 있었고, 다양한 토목 공사가 진행 중이었다. 특히 도시 남쪽에 위치한 람멘(Lammen) 토루는 블리에트, 룸부르허 워터링, 주테르부제바르트 수로가 만나는 지점을 방어하는 중요한 역할을 했다. 서쪽의 라인강 양안과 북동쪽의 드와르스 수로 근처에도 토루들이 있었다. 이 토루들과 발데스의 요새들은 합스부르크 가문의 성 안드레아 십자기를 게양했다. 리프링크는 이 지역들을 누가 지휘했는지도 기록하고 있으며, 주테르부데를 포위한 반군 함대는 오라녜 공의 줄무늬 깃발을 휘날렸다.

리프링크는 안트베르펜의 예술가 가문 출신으로, 1565년부터 레이던에 거주하면서 점령전을 겪고 살아남았다. 1578년에는 도시의 거리 계획을 상세하게 담은 지도를 제작했다. 따라서 1587년에 시의회가 레이던 구출 작전을 포함한 전체 작전의 지도와 마을 회관을 위한 태피스트리 제작을 요청한 것은 당연한 일이었다. 이 작업은 1574년 지도와는 전혀 다른 접근 방식을 필요로 했다. 리프링크는 로테르담, 델프트, 레이던 사이의 간척지들이 어떻게 침수되었는지, 함대가 어떤 수로를 따라 항해해야 하는지, 심지어 전투를 어떻게 벌여야 하는지를 보여 주기 위해 삽화를 활용했다. 이를 위해 태피스트리의 경계 부분을 독특하게 디자인했고, 바다, 바람, 전쟁, 천둥을 상징적으로 표현한 카르투슈(cartouche, 끝이 말려 올라간 것 같은 모양의 장식 무늬. 넓은 의미에서는 테두리 장식을 의미한다—옮긴이주)를 추가했다. 이 그림들은 레이던의 예술가이자 도시 관리자인 아이작 반 스와넨버그(Isaac van Swanenburg, 1537-1614)가 그린 것으로 추정되며, 태피스트리는 유약을 바른 도기 장인 유스트 얀스 란커트(Joost Jansz Lanckaert)가 제작했다.

레이던시는 1574년의 사건을 매년 다양한 방법으로 기념하고 있다. 이는 기념 동전, 마을 회관에 새겨진 글과 그림 등으로 표현됐으며, 고다에 있는 성 요한 교회의 포위를 기념하는 스테인드글라스 창을 제작하기도 했다. 테피스트리 지도는 또 하나의 기념비를 제공했다. 이 지도는 보통 시장의 사무실에 걸려 있었지만, 때때로 도시 외부를 포함한 대학의 공식 행사에 맞추어 말아서 이동시키기도 했다. 1872년부터는 레이던의 라켄할 박물관에 소장되어 있다.

제작자: 한스 리프링크 **제목:** 1574년 레이던의 포위 **발행지:** 레이던
발행일: 1574년 11월 17일 **기법:** 동판 인쇄 **크기:** 32 x 46cm
축척: 약 1:15,000~1:30,000 **방위:** 북쪽이 위쪽
소장처: 보델 니젠하위스 컬렉션

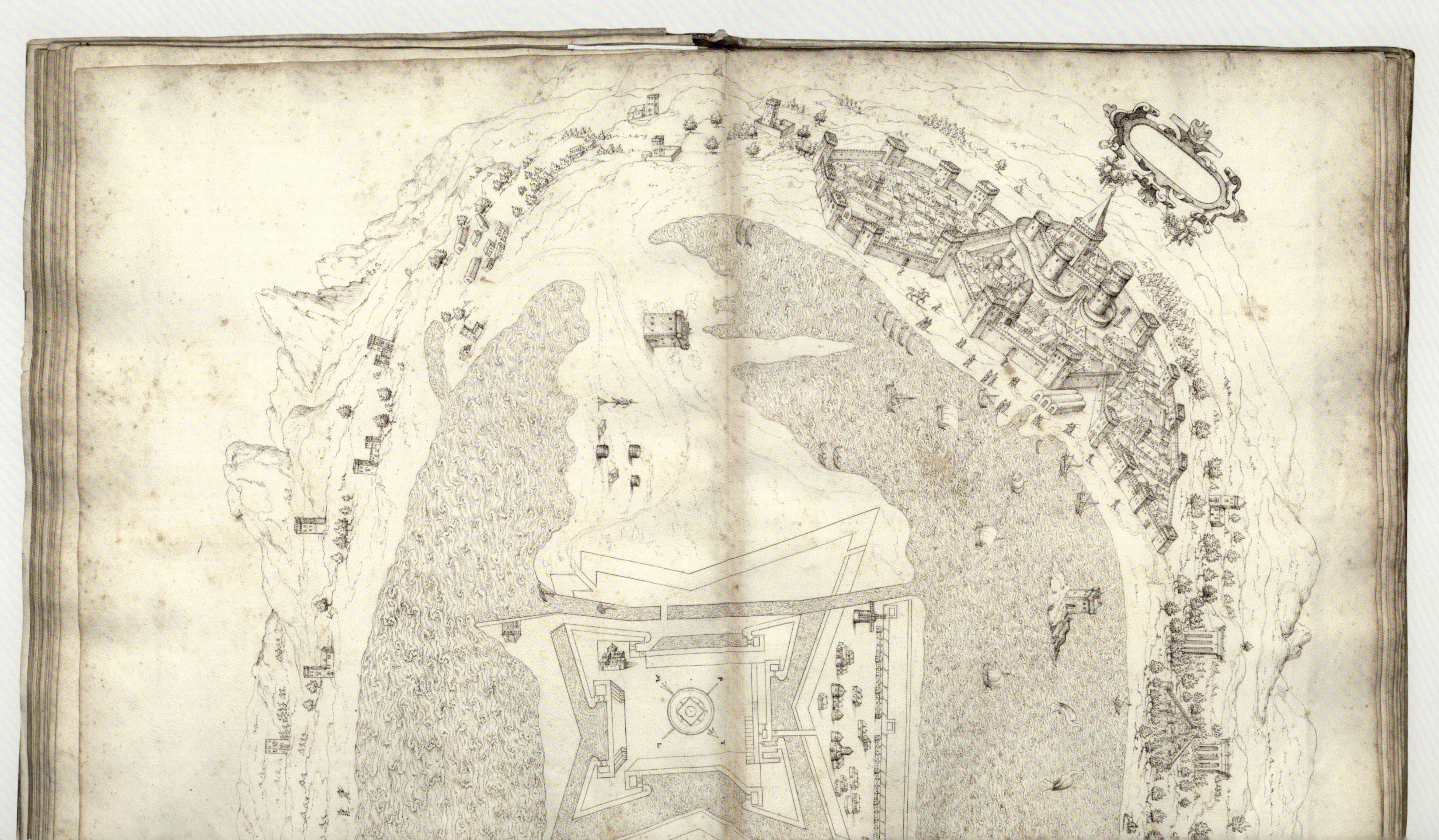

6 1578년 — 라 골레타의 요새화 계획

북아프리카 해안의 스페인 소유 지역에 대한 통제

1535년, 신성로마제국의 황제 카를 5세가 이끄는 기독교 연합군은 튀니지의 튀니스 인근에서 오스만제국의 해군 사령관 하이레딘 바르바로사(Hayreddin Barbarossa)의 함대를 격파하고 라 골레타(La Goletta)의 전초기지 포위를 끝냈다. 라 골레타는 북아프리카 해안에 위치한 스페인의 중요한 식민지였으며, 황제는 이 지역을 오스만제국의 추가 공격으로부터 방어하기를 원했다. 그 결과, 스페인군은 튀니스호수에 있는 치클리섬의 방어를 강화했고, 1535년에는 그곳에 요새를 건설했다. 1554년과 1565년 사이에는 이 요새를 강화하기 위한 계획이 수립되어, 1565년에는 스페인의 기술자 피로 알로이시오 에스크리바(Pirro Aloisio Escrivá)가 4개의 보루가 있는 정사각형 요새를 설계했다. 이 설계는 베를레몽(Berlaymont) 지도책에 나타나 있는데, 요새는 튀니스호수 한가운데 위치하고 있으며, 아라비아 양식의 건물들로 둘러싸여 있고, 특이한 어안(魚眼) 원근법을 사용하여 그려졌다.

1535년의 튀니스 전투는 치열한 전투였다. 카를 5세 황제는 총 3만 명의 병력을 동원하였고, 안트베르펜에서 족쇄에 묶인 개신교 신자들을 노예로 삼아 지중해로 가는 74척의 갤리선을 저어 나아갔다. 또한 300척의 범선들이 전투에 참여하여, 하이레딘 바르바로사의 지휘 아래 튀니스를 점령했던 강력한 오스만 함대에 결정적인 타격을 가했다. 이 승리로 합스부르크 제국은 잠시나마 지중해 지역의 지배권을 되찾았다.

카를 5세는 1536년 튀니스에서 '이교도들'에 대한 승리를 축하하기 위해 로마에서 개선 행사를 준비했고, 승리한 전쟁의 시각적 기록을 만들어 선전 효과를 노리고자 하였다. 10년 후 합스부르크가의 네덜란드 총독이었던 마리아 본 외스터라이히(Maria von Österreich) 여대공은 카를 5세를 대신하여 12개의 태피스트리를 주문했다. 빌럼 더 판메이커(Willem de Pannemaker)가 전함에 승선해 이 전쟁을 그림으로 남겼는데, 예술가 얀 코르넬리스 베르메옌(Jan Cornelisz Vermeyen)의 기록화들을 참고하여 만들었다. 이미 이 중요한 전투를 기념하는 수많은 인쇄물, 그림, 지도가 유통된 바 있었다. 이 이미지들은 단순히 전투 자체를 표현한 것이 아니었다. 유럽의 국가들은 승리의 중요한 요인이었던 요새 건설의 최신 기술에 매우 관심이 많았다. 그 결과, 요새의 계획과 건설, 도시 방어 공사에 사용된 설계와 도면을 기반으로 한 많은 요새의 기본 계획이 유통되었다. 이러한 필사본 지도들은 육지와 바다에서의 공성전과 전투를 그린 그림들과 결합되어, 종종 요새 건설에 직접적으로 관여했던 귀족, 고위 장교, 관리자들에 의해 편찬된 지도집들의 기초가 되었다.

1570년에서 1578년 사이에 편찬된 베를레몽(Berlaymont) 지도집도 그중 하나이다. 라 골레타 요새의 지도는 1561년에서 1565년 사이에 그려진 군사 기술자 피로 알로이시오 에스크리바(Pirro Aloisio Escrivá, 1490-1571)의 설계도를 베낀 것이다. 베를레몽 지도집에는 지중해에서 스페인과 오스만제국 사이의 투쟁을 언급한 다른 지도들도 있다. 예를 들어, 오스만제국의 몰타와 지브롤터 포위전을 보여 주는 지도, 1564년 스페인군의 페뇽 더 벨레스 더 라 고메라(Penñón de Vélez de la Gomera, 아프리카 북부 모로코 해안에 위치한 스페인의 소규모 영토 중 하나로, 본토와는 단 85m의 좁은 모래톱으로 연결되어 있다. 주로 군사적 목적으로 사용되며, 소수의 스페인 군인이 상주하고 있다—옮긴이주)를 공격한 2개의 전투 지도, 그리고 이비자의 근대적인 요새화 지도 등이 있다.

베를레몽 지도집은 라 골레타의 지도와 같이 양면 또는 접힌 지도에 50개의 그림을 포함하고 있다. 이 지도집은 네덜란드 북부와 남부에서 총독 겸 부총독 겸 군사 작전 지휘자였던 히에르그스 남작인 질 더 베를레몽(Gilles de Berlaymont, 1540-1579)의 소유였던 것으로 추정된다.

지도집에는 베를레몽이 도시를 점령한 해인 1575년에 아름다운 카르투슈가 있는 '1575년' 지도와 함께 호벤, 우드워터, 뷰렌, 니우포트의 평면도뿐만 아니라 1577년에 그가 군사 작전을 수행했던 몽메디, 퐁바체, 부비뉴와 같은 아르덴산맥의 알려지지 않은 장소들에 대한 그림도 포함되어 있다.

베를레몽은 브뤼셀에서 행정 기록과 고위 장교들의 개인 수집품을

제작자: 질 더 베를레몽(주문) **제목:** 라 골레타 **발행지:** 미상
발행일: 1570-1578년 **기법:** 종이에 필사 **크기:** 74 x 71.5cm
축척: 10단위 = 10.7cm **방위:** 북쪽이 오른쪽 상단
소장처: 아틀라스 컬렉션

통해 성채와 요새의 설계 도면에 접근할 수 있었다. 이 중에는 가브리오 세르벨로니(Gabrio Serbelloni)도 포함되어 있었는데, 그는 알바 공작 수행단의 일원으로 네덜란드에 왔다. 세르벨로니의 임무는 스페인 지배하에 있는 마을들이 최신 요새를 갖출 수 있도록 하는 것이었다. 그의 작업은 네덜란드의 요새 설계를 모방하는 것뿐만 아니라 지중해 방어 공사에서 노하우를 얻는 데에도 기여했다. 에스크리바와 마찬가지로 세르벨로니는 후에 라 골레타 요새의 설계도를 제작했다. 1570년 오스만제국이 라 골레타와 튀니스를 탈환한 후, 1573년 돈 후안은 이 두 지역의 소유권을 되찾았고, 세르벨로니를 8천 명 규모의 수비대 지휘관으로 임명했다. 세르벨로니는 두 지역을 자신의 도시 디자인을 적용하여 강화하기로 결정했다. 첫 번째 도시 계획은 에스크리바의 '라 골레타 베키아'에 새로운 성벽을 쌓아 더 많은 공간을 확보하고 4개의 전체 보루와 2개의 반 보루를 건설하는 '라 골레타 누오바'였다. 두 번째 계획은 튀니스를 위한 새로운 육각형 요새를 설계하는 것이었다.

세르벨로니는 에스크리바의 도시 설계를 알고 있었을 가능성이 있으며, 심지어 그것을 모방했을 수도 있다. 스페인 왕 펠리페 2세는 튀니스에서 그의 아버지의 승리를 유지하는 것을 중요하게 여겼다. 그래서 그는 1561년에 당대 최고의 이탈리아 군사 기술자 프란체스코 파치오토(Francesco Paciotto)를 마드리드로 불러 북아프리카 해안의 요새화 설계를 평가하게 했다. 1565년에는 에스크리바를 포함한 시칠리아 부왕 돈 가르시아 더 톨레도가 이끄는 라 골레타 시찰 원정이 시작되었다. 세르벨로니는 톨레도 및 파치오토와 밀접한 관계를 맺었다. 에스크리바와 세르벨로니의 지도 사본은 토리노에 있는 사보이 공작들의 소장품이 되었고, 현재는 국가기록보관소에 보관되어 있다.

파치오토의 새 고용주인 에마누엘레 필리베르토(Emmanuel Philibert)가 수집을 시작했고, 그의 아들 샤를 에마누엘레 필리베르토 1세(Charles Emmanuel Philibert I)가 나중에 수집품을 추가했다. 아들은 펠리페 2세의 딸인 스페인의 캐서린 미쉘(Catherine Michelle)을 통해 스페인인들이 의뢰한 그림에 직접 접근할 수 있었다. 토리노 컬렉션의 두 그림(A.S.T. Architettura Militare II fol. 25 및 fol. 27)은 연결된 것으로 보인다. 예를 들어 에스크리바가 서명한 디자인을 바탕으로 한 도면에서, 2개의 보루 뒤에 있는 2개의 포병대 중 하나는 세르벨로니의 이름을 딴 것이다. 세르벨로니의 설계에 기초한 것으로 알려진 다른 그림들도 있지만, 그러한 포병대가 있는 것은 없다.

위에서 언급한 바와 같이, 에스크리바의 설계에 기반한 요새는 1570년 공격에 대항할 수 없었다. 4년 후, 세르벨로니의 설계에 따라 지어진 새로운 요새들은 다시 오스만의 손에 넘어갔다. 그렇게 스페인제국은 오늘날 할크 알 와트(Halq al-Wadt)로 알려진 라 골레타를 영원히 상실하고 말았다.

1535년 튀니스 전투를 묘사한 빌럼 더 판메이커의 태피스트리. (스페인 국립유산 박물관)

IERVSALEM, et suburbia eius, sicut tempore Christi floruit, cum locis, in quibus Christ
Rmo et Illustr.mo D.D. Erneito Archiep. Colon. S. Ro. Imp. Princ. Elect. et per Italiã Archicancell. Episc. Leod. Administ. Hildes. et Frising. Princ. in Stabel. Com. Palat. Rheni. sup. et inf. Baua. Westp. Angar. et Bulli Duci. March. Francimont. &c. Christ. Adrichõ Delp. dedic.
Mons Oliueti
Hortus Oliueti. 188
Gethsemani villa. 187
VAL IOSA PHAT
Torrens Cedron. 202
Sepulchra
Forum materiarum. 130
portæ Ephraim. 151
Platea lata
BEZETHA. 147
SECVNDA CIVITAS. 125
NOVA CIVITAS. 147
Palatium Herodis. 137
Regia
Viuarium
FILIA SION QVÆ
Forum magnum. 46
Antonia arx. 29
Palatium Pilati
Probatica. 70
Archiuum. 50
Acra mons
Amphitheatrum
Rupes eminens. 167
Porta Vetus, et iudiciaria. 166
Castra Chaldæorum. 278
Castra Romanorum. 259
Castra Pompeij
Mons Caluariæ. 235
Christus se tibi. Tu te Christo.
Via in Silo, et Gabaon 246
Monumentum Anani pontificis. 237
Castra Herodis
Mons Gion
VAL LIS RA
OCCIDENS.
SEPTENTRIO.

passus est: quæ religiosè à Christianis obseruata, etiã nũ Venerationi habentur. descripta per Christianum Adrichom Delphum.
SALEM.
Hortus Regius, qui et Hortus conclusus. 189.
Gehennom, Vallis Ennom, & Tophet. 186.
Mons Offensionis. 191.
VALLIS
Cedron. 202.
Vallis Siloe. 205.
Oliuarum. 102.
Via in Iericho, et ad Iordanem. 209.
MONS SION, CIVITAS DAVID. QVÆ ET SVPERIOR. 2.
Mello Vorago. 16. quæ & Platea portæ aquarum, atque Vallis Tyropæon. 16.
Palatium Dauidis, et Regum Iuda. 3.
Arx Sion. 3.
CIVITAS INFERIOR. 26.
Moria. 33.
Forum superius. 12.
Forum rerum Venalium. 47.
Palatium Salomonis.
Domus saltus Libani. 42.
Domus Ananiæ pont. 36.
Domus Annæ pont. 8.
Aceldema. 216.
Castra Assyriorum. 220.
Antrum Iacobi. 218.
Antrum Petri. 219.
Ager fullonis. 217.
MERIDIES.
Vorago seu Vallis profunda. 177.
Via in Bethleem.
Via in Gazam, Aegyptum, & Aethiopiam. 245.
Via in Ioppen, & ad mare. 245.
Fons Gion inferior. 232.
Fons Gion superior. 233.
Torrens Gion. 241.
Silua. 240.
PHA IM. 244.
Candido spectatori.
Coloniæ Agrippinæ. Anno Christi. 1584.

7　1593년 — 학문적 열정과 신앙심의 결합

반 아드리컴의 성서 지리 지도집

예루살렘과 주변 지역을 그린 이 지도는 종교적 성격이 뚜렷하다. 현대에는 이 지도가 당시 지도 제작 기술의 진보를 보여 주는 자료로 관심을 받고 있지만, 크리스티안 반 아드리컴(Christiaan van Adrichem, 1533-1585)의 『성지의 무대(Theatrum Terrae Sanctae)』 지도집 안에 있는 예루살렘 지도는 종교와 지리학이 깊게 연결되어 있었음을 보여 준다는 면에서도 그 의미가 크다. 이 성지 지도책의 제작 목적은 학술적인 성경 연구와 종교적 헌신에 도움이 되는 것이었고, 16세기의 종교개혁과 반종교개혁의 격동의 맥락에서 매우 영향력 있고 성공적인 출판이었다. 망명 생활을 하는 동안, 반 아드리컴은 그의 기독교 세계관을 지도의 형태로 표현했는데, 이것은 이후 수 세대에 걸쳐 학자, 지도 제작자, 신자들에게 영감을 주었다.

예루살렘 지도에 표시된 십자가 길의 일부로, 해당 도시의 종교적 경로를 상징적으로 나타내는 중요한 요소로 간주된다.

제작자: 크리스티안 크루이크 반 아드리컴
제목: 그리스도 시대에 번영했던 예루살렘과 그 교외 지역
발행지: 쾰른　**발행일:** 1584년(지도), 1593년(지도책)　**기법:** 동판 인쇄
크기: 50.5 x 73.5cm　**축척:** 약 1:2,750　**방위:** 북쪽이 왼쪽
소장처: 아이작 보시우스 컬렉션

제목에서 알 수 있듯이, 여기에서는 예수 그리스도가 살았던 시기의 예루살렘과 그 주변 지역이, 그리스도가 방문했던 장소들과 관련된 종교적 헌신과 함께 묘사되어 있다. 예루살렘이 종교적 중심지로서 가지는 역할을 표현하기 위해, 중세 시대부터 이 도시는 원형이나 직사각형으로 그려져 왔다. 비록 1578년 로마에서 출판된 예루살렘의 첫 지도가 기하학적 형태를 띠고 있긴 했지만, 1584년에 출판된 크리스티안 반 아드리컴의 예루살렘 지도는 실측이나 지형의 정확한 묘사를 바탕으로 하지 않았다. 이 지도는 종교적인 특성뿐만 아니라 학술적인 요소도 포함하고 있으며, 이는 지도의 오른쪽 하단 카르투슈에서 확인할 수 있다. 여기에 표시된 250여 개의 숫자는 성경과 다른 자료를 참조한 상세한 텍스트와 연결되어 있다고 설명한다.

크리스티안 반 아드리컴은 1533년 네덜란드 델프트의 가톨릭 가정에서 태어났다. 그는 30대 초반에 사제 서품을 받았으며, 델프트의 성 바바라 수녀원에서 고해성사 신부로 활동했다. 네덜란드 독립전쟁(1568-1648) 동안 저지대 국가들과 스페인 통치자들 간의 갈등으로 인해, 반 아드리컴은 위트레흐트와 메헬렌을 포함한 여러 지역으로 이주해야 했다. 결국 그는 쾰른으로 이주하여 1585년에 그곳에서 사망했다. 반 아드리컴은 1578년 안트베르펜에서 『예수 그리스도의 삶』을 출판하며 작품 활동을 시작했고, 쾰른에서는 성지 지리에 집중하면서 그의 가장 성공적인 출판물들을 발행했다.

1584년, 크리스티안 반 아드리컴은 『예수 그리스도가 살았던 시기의 예루살렘에 대한 지리적 묘사』라는 책을 출판했다. 이 책에는 접이식 형태의 예루살렘 지도가 포함되어 있으며, 발간 이후 베스트셀러가 되었다. 1584년부터 19세기까지 수많은 판본이 발행되었으며, 라틴어 원본은 이탈리아어, 체코어, 영어, 네덜란드어, 스페인어, 독일어, 프랑

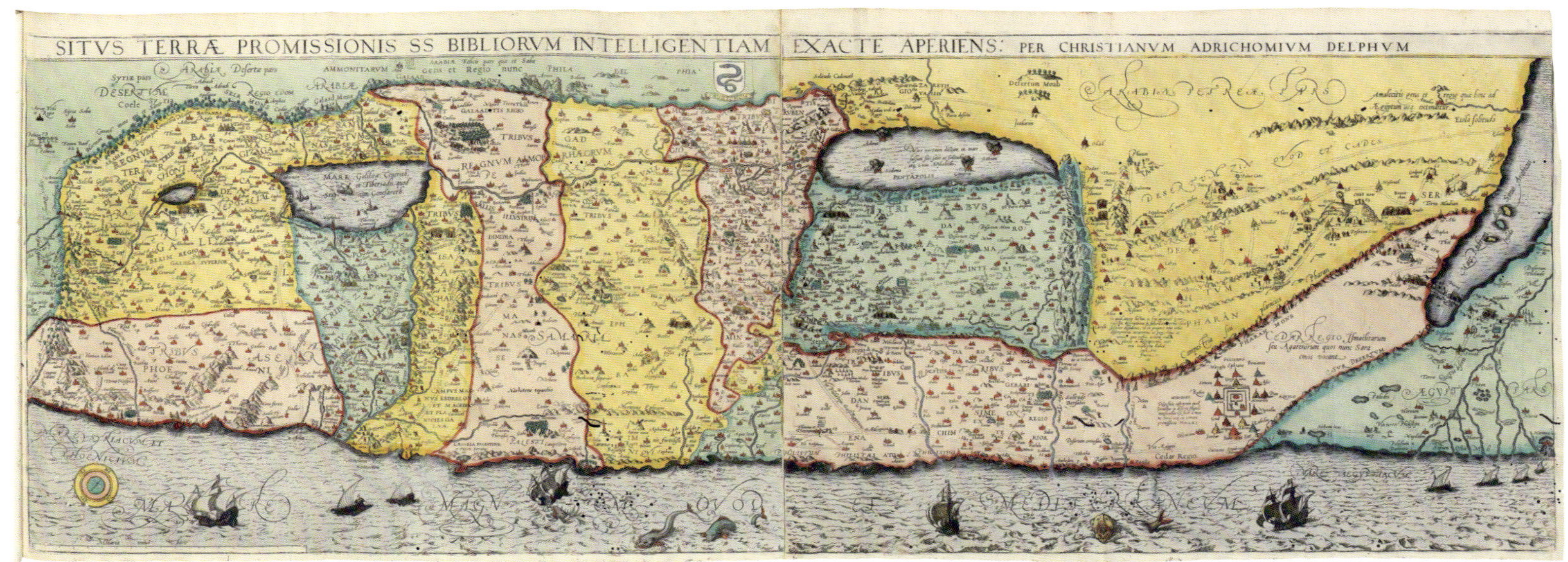

반 아드리켐의 『성지의 무대』 지도집에 수록된 지도.

스어, 폴란드어 등 다양한 언어로 번역되었다. 이 작품에서 반 아드리켐은 가톨릭적 관점에서 예루살렘의 지형을 명시적으로 묘사하고, 가톨릭 신자들이 숭배하는 성지들을 강조한다. 특히 그의 지도는 예수 그리스도의 수난을 묵상하는 십자가의 길 14개 지점을 보여 주는데, 이 경로는 폰티우스 필라투스의 궁전에서 시작하여 칼바리산과 그리스도의 무덤까지 이어진다. 지도는 성경 공부는 물론 십자가의 길에 대한 경건한 기도와 명상에도 유용하게 사용되었다.

반 아드리켐은 1590년에 『성지의 무대』라는 초기 지도집에 예루살렘에 대한 지도와 설명을 포함시켰다. 이 지도는 1593년 쾰른에서 버크만이 인쇄한 반 아드리켐의 지도집 두 번째 판에서 발행된 것이다. '무대(Theatrum)'라는 단어는 체계적인 조직과 지식의 전달에 대한 초기 근대적인 접근을 반영한다. 지도집은 세 부분으로 구성되어 있는데, 첫 번째는 성지에 대한 접이식 형태의 지도와 설명, 두 번째는 이스라엘의 12개 부족과 관련된 지역을 보여 주는 지도, 세 번째는 예루살렘에 대한 추가적인 접이식 지도와 설명, 그리고 지역 전체의 역사에 대한 토론이다. 지도집은 주로 라틴어로 된 설명문과 전설로 구성되어 있으며, 이는 초기 근대의 지도집에서 흔히 볼 수 있는 특징이다. 예를 들어 성지의 지도는 성경에 기록된 각 부족의 지리적 위치에 대한 논의를 포함하고 있다.

지도와 텍스트의 결합은 학자들과 관심 있는 독자들이 성경에 기록된 땅들의 지리를 이해하도록 돕기 위한 것이었다. 반 아드리켐의 지도집은 당시 가장 학식 있는 개신교와 가톨릭의 성직자들을 포함한 학자들 사이에서 영향력 있는 출판물로 자리 잡았다. 종교적 격변의 시기에 성지지리학은 뜨거운 논쟁 주제였다. 또한 16세기 동안 성지는 지도상에서 어떤 개별 국가보다 자주 표현된 지역이었다. 이러한 맥락에서 반 아드리켐의 지도집은 단순한 지도학적 호기심을 넘어서는 의미를 지닌다. 1590년에서 1682년 사이에 출판된 6판의 인기는 이를 증명한다. 이 지도책의 영향은 17세기에 이 책의 지도를 바탕으로 하거나 영감을 받은 예루살렘과 성지의 몇몇 지도에서도 명확히 드러난다.

네덜란드 독립전쟁 중의 유랑에도 불구하고 크리스티안 반 아드리켐은 자신의 가톨릭 신앙을 표현하기 위해 지도집을 활용했다. 가톨릭에서는 성지와 풍경이 중요한 역할을 했으며, 성지 지도는 가톨릭 성경에는 흔하지만 개신교 성경에서는 덜 보편적이다. 개신교의 지도는 주로 독자들이 본문을 이해하도록 돕는 목적이 강했다. 반면, 반 아드리켐의 지도집은 예배와 연구에 적합하도록 설계된 성지들을 보여 주어 개신교 성경에 포함된 지도와는 차별화된다. 그의 작품이 여러 판본으로 출판된 것은 그가 대중의 궁금증과 관심에 응답하여 이 지도집을 제작했다는 것을 나타낸다. 반 아드리켐은 이 지도들을 통해 역사를 기록했다.

8 1598년 — 평화를 사랑하는 처녀에서 철의 여인으로

전시 선전 도구로서의 유럽 지도

이 지도를 보면, 오른손에는 보주(寶珠)를 들고 왼손에는 검을 든 강력한 여왕의 모습을 볼 수 있다. 유럽을 여성으로 묘사하면서, 스페인을 머리로, 이탈리아를 팔로 표현하는 것은 이전에도 볼 수 있었던 발상이지만, 일반적으로 이러한 형식의 지도들은 왼손에 홀(笏, orb and sceptre)을 들고 있었다. 지도 상단에 적힌 '스페인의 유럽(Het Spaens Europa)'이라는 제목은 16세기 후반의 네덜란드인들에게 스페인이 유럽 대륙을 위협하는 절대주의자로 묘사된다는 강한 메시지를 전달한다. 이 지도의 주된 메시지는 "스페인 사람들을 조심하라!"라는 것이었다. 지도 아래의 독일어 텍스트는 왜 네덜란드인들이 스페인의 평화를 받아들일 수 없는지를 설명한다. '스페인의 유럽'이라는 의인화된 지도는 1598년 8월에 제작되었으며, 네덜란드의 반스페인 선전 캠페인의 일환으로 인기를 끌었다. 같은 이름의 간략화된 버전은 엘레르트 더 비어(Ellert de Veer)가 출판한 반스페인 팸플릿의 첫 페이지에도 사용되었다. 이는 단순히 몇 가지 요소를 변경함으로써 지도가 어떻게 전혀 다른 의미를 갖게 되는지를 잘 보여 주는 예이다.

제노포비아(외국인 혐오 감정)를 이용한 선전은 빌럼 오라녜(William of Orange)와 그의 조언자들이 사용한 주요 전략 중 하나였다. 빌럼 오라녜는 네덜란드의 초대 세습 총독이자 스페인과 가톨릭에 저항한 네덜란드 독립 전쟁의 지도자였다. 초기에 빌럼 오라녜는 자신의 반란이 펠리페 2세가 아닌 무자비한 알바 공작의 폭정에 맞선 것임을 주장했다. 그러나 1581년 빌럼이 펠리페 2세로부터 추방 조치를 당해 사과문을 발표했을 때, 그는 점차 스페인 왕을 겨냥하기 시작했다. 펠리페 2세는 1581년 4월 포르투갈의 왕이 되면서 해가 지지 않는 제국의 통치자로 군림했고, 프랑스 내전과 영국의 엘리자베스 1세 여왕과의 대립 속에서도 영향력을 확장했다. 스페인령 네덜란드 시기에 파르마 공작은 네덜란드에서 성공적인 군사 작전을 전개하고 1585년에는 안트베르펜을 점령했다. 이러한 상황은 프랑스인, 영국인, 반군 네덜란드인은 물론 유럽 전역의 개신교인들에게 합스부르크 왕가의 세계 정복 야망을 상징하는 것처럼 보였으며, 이는 '보편적 군주제'라는 용어로 표현되었다. 이 야망의 궁극적인 상징은 1588년 패배할 것 같지 않은 스페인 무적함대를 보내 영국을 침공하려 한 시도였다.

1598년 펠리페 2세가 사망하고 그의 딸 이사벨라와 그녀의 남편 알베르에게 네덜란드가 공식적으로 이양되었을 때, 네덜란드 내의 반스페인 정서를 더 강화할 필요가 있었다. 많은 네덜란드인들이 평화를 선호했기 때문에, 스페인과 계속 전쟁을 원했던 일부 집단은 펠리페 2세의 사망이 상황을 변화시키지 않았음을 명확히 밝혀야만 했다. 이러한 시기에 반스페인 정서를 조장하는 데 중요한 역할을 한 인물이 암스테르담 출신 작가 엘레르트 더 비어였다. 그는 '스페인의 유럽'이라는 지도를 출판했으며, 그 다음 해에는 '유럽의 모든 왕자들을 깨우는 팸플릿'을 출판하여 스페인의 위협에 대해 경고했다. 이러한 출판물은 네덜란드 내에서 스페인에 대한 지속적인 경계와 반대 감정을 부추기는 데 기여했다.

지도에서 유럽을 여성으로 묘사한 것은 이상한 일이 아니다. 이러한 표현의 유래는 제우스가 페니키아의 공주 유로파를 유혹해 크레타로 납치한 신화에서 찾아볼 수 있다. '여성으로서의 유럽(Europe as a woman)' 지도의 창시자는 오스트리아의 인문주의자 요하네스 푸치(Johannes Putsch, Johannes Bucius, 1516-1542)였다. 그는 1534년 아우크스부르크에서 유럽을 처녀로 묘사한 지도를 출판했고 신성로마제국의 황제 페르디난드 1세에게 헌정했다. 푸치는 1542년 자신이 사망할 때까지 페르디난드를 섬겼다. 페르디난드의 동생 카를 5세의 스페인 왕국들은 유럽의 머리를 형성하고, 보주(寶珠)와 홀(笏)은 제국의 존엄성을 상징한다. 이 지도는 합스부르크 왕가의 영광을 묘사하며, 찰스와

제작자: 미상 **제목:** 스페인의 유럽 **발행지:** 쾰른으로 추정
발행일: 1598년 **기법:** 종이에 동판 인쇄 **크기:** 21.6 x 26.2cm
축척: 약 1:18,500,000 **방위:** 북쪽이 오른쪽
소장처: 보델 니젠하위스 컬렉션

세바스티안 뮌스터의 『우주론』에 수록된 '유럽의 여왕' 지도는 유럽 대륙을 여성의 모습으로 표현하였다.

1598년 엘레르트 더 비어가 암스테르담에서 출판한 '스페인의 유럽'은 당시의 정치적 상황을 반영하고 있다.

페르디난드가 분열된 유럽에 평화를 가져다줄 것이라는 희망을 전달한다.

푸치의 묘사는 나중에 다른 사람들에 의해 모방되고 수정되었는데, 대표적인 예가 세바스티안 뮌스터(Sebastian Münster, 1488-1552)의 『우주론(Cosmographia)』이다. 이 지도는 1587년 독일의 프로테스탄트 작가 하인리히 번팅(Heinrich Bünting, 1545-1606)의 출판물, 같은 해에 데벤터의 마티아스 쿼드(Matthias Quad, 1557-1613)가 쾰른에서 출판한 작품, 뮌스터의 1588년 미하엘 본 아이칭(Michael von Aitzing, 1530-1598)의 지도집에서도 찾을 수 있다. 그러나 이러한 이미지들은 더 이상 합스부르크 왕조를 미화하기 위한 것이 아니었으며, 스페인의 커지는 권력으로 인해 이 지도들의 인기가 높아졌을 가능성이 크다. 또한 뮌스터와 같은 작가들은 유럽 전역에 그들의 지도를 판매하는 것을 목표로 했기 때문에 정치적인 색채를 띠는 것을 피했다. 이들 작품은 모두 보주와 홀을 든 유럽 여왕(유로파 레지나)의 모습을 특징적으로 포함하고 있다.

1598년에 제작된 지도는 그 성격이 이전의 지도들과 현저히 달랐다. 먼저, '스페인의 유럽'이라는 제목 자체가 이미지에 새로운 의미를 부여하며, 왕실 홀을 검으로 교체한 것은 이 '스페인의 유럽'이 전쟁을 갈망하는 것처럼 보이게 한다. 유럽은 평화를 사랑하는 처녀에서 전쟁을 수행할 수 있는 철의 여성으로 변모하였다. 스페인의 보편적 군주제에 대한 지지를 강조하고자 여왕의 머리 옆에 배들이 그려져 있으며, 이는 스페인 무적함대와 1588년의 사건들을 직접적으로 연상시키는 표현이다.

팸플릿에 포함된 지도와 비교해 볼 때, 별도로 제작된 지도는 오른쪽 상단에 추가된 장면으로 특별한 의미를 부여하고 있다. 노르웨이 상단에 위치한 작은 섬은 유명한 홀란트 정원을 상징하고 있으며, 이는 홀란트 지방이 외부의 적으로부터 자신을 방어하는 상징으로 표현되었다. 이 적들은 번호가 매겨진 빈 배들로 나타나는데, 그중 하나의 큰 배에는 3개의 머리를 가진 반기독교자로서 교황이 그려져 있다. 이 부분은 '억압받는 네덜란드 지방이 홀란트에게 보낸 두 번째 후렴에 대한 답변' 팸플릿에서 유래했을 가능성이 높다. 팸플릿에 수록된 설명은 지도의 반가톨릭 메시지를 강조하는 데 중요한 역할을 한다.

HET SPAENS EUROPA
Onderganck Vande Spaensche Vloot
Hibernia
Barbaria
AFRICA
Anglia
Schotia
Francia
Belgia
Germania
De Ligueuis Nederlage
Dantzik
Bergen
NORVEGIA
EUROPA
Polonia
Italia
Gretia
Candia
MARE MEDITERRANE
MOSCOVIA
Der Holländer sonderbaere Vorgemald, Vnd EntWerffüng Warumb sei den Spanischen Frieden, nicht Können annemmen, 51
Von innen in Drück aüszgangen im Aügüstüs Anno 1598.

9| 동물의 등에 그려진 대서양(1600년)

9 1600년 — 동물의 등에 그려진 대서양

네덜란드에서 항해 지도를 만들기 시작하다

지도는 종이에 인쇄하는 것이 일반적이지만, 돌, 금속, 나무, 직물, 그리고 염소나 양의 가공된 가죽인 양피지도 사용되었다. 이 대서양 해도는 양피지 위에 제작된 지도의 사례로, 크기는 동물의 가죽 유형에 따라 결정되며, 대략 길이가 1m, 너비가 80cm 정도이다. 이는 양피지 지도가 이것보다 더 큰 경우가 거의 없는 이유이기도 하다. 우리가 실제로 보고 있는 것은 동물의 등이다. 위쪽 모서리의 둥근 모양은 앞다리 힘줄의 부착 부위를 명확하게 보여 준다. 바다를 가로지르는 긴 항해 동안 거칠게 다뤄질 수밖에 없었기 때문에 종이보다 튼튼한 양피지에 제작되었다.

1585년 안트베르펜이 함락된 이후, 저지대 국가들에서 스페인 지배에 대한 반란이 일어나면서 암스테르담은 세계적인 항구, 중요한 상업 중심지, 그리고 문화 및 학술의 요람으로 급성장하였다. 암스테르담은 서적 및 지도 제작의 중심지로도 부상했으며, 16세기 말 아시아로 향하는 네덜란드인의 첫 항해를 준비하는 과정에서 중요한 역할을 하였다. 1602년 네덜란드 동인도회사 설립 이전부터 이러한 항해는 이미 이루어지고 있었다. 그 준비 작업 중 하나는 항해에 사용할 지도를 그리는 것이었다. 이로 인해 암스테르담과 주변 지역에 지도 제작자들이 생겨났고, 그들은 북홀란트 지도학파로 알려지게 되었다. 이 학파에서 가장 저명한 지도학자는 엔쿠이젠 출신 항해사 루카스 얀스 바게네르(Lucas Jansz Waghenaer, 1533/34-1606)였다. 1583년부터 1584년까지 그는 『항해의 거울(Spieghel der Zeevaert)』을 레이던에 있는 플란틴 출판사에서 인쇄하였다. 이것은 서유럽과 북유럽의 해안만을 대상으로 한 최초의 해양 지도집이었다.

바다를 가로질러 긴 항해를 해야 하는 배들은 장거리 항해용 해도인 '양안해도(overzeilers, 해안과 맞은편 해안이 나타나는 해도)'를 필요로 했다. 이 당시 상대적으로 항해 경험이 부족했던 네덜란드인들은 주로 스페인과 포르투갈 같은 해양 강국들의 지도를 참조하여 이러한 지도를 제작하였다. 이 두 국가는 이미 세계의 바다를 한 세기 동안 항해해 왔다. 특히 1488년 포르투갈의 탐험가 바르톨로뮤 디아스가 희망봉을 돌아 항해했고, 4년 후 크리스토퍼 콜럼버스가 아메리카를 '발견'함으로써 해양 항해에 동기를 부여했다. 비록 스페인과 포르투갈이 그들의 해도 정보를 기밀로 유지했지만, 네덜란드의 정보원들은 이들 지도를 입수하는 데 성공했다.

이 지도를 만든 코르넬리스 도에즈(Cornelis Doedz, 1560-1613)는 북홀란트의 지도 제작자 중 하나였다. 그는 1593년에서 1606년 사이에 에담에서 지도 제작자로 활동했다. 도에즈는 그의 해도에 '인드 비에르 헴스킨데렌(Inde Vier Heemskinderen, 네덜란드 및 플랑드르 지역에서 유래된 중세 문학 속 전설적인 네 형제에 관한 이야기이다—옮긴이주)'이라는 그의 작업실 이름을 사용해 서명했는데, 작업실은 에담의 부어하벤 거리에 위치해 있었다. 1600년부터 대서양을 그린 그의 해도는 포르투갈의 해도와 스페인의 해도들을 바탕으로 그린 것으로 추정된다. 예를 들어, 지도에는 네덜란드 지명이 거의 없고, 일부 유럽 국가들의 이름만 우측 하단에 표시되어 있다. 아프리카의 엘미나 요새가 자랑스럽게 포르투갈 국기를 휘날리며 묘사된 것은 이 지도가 아마도 포르투갈의 해도를 모방한 것임을 보여 준다.

이 해도는 대서양 전체 해안을 표시하고 있으며, 희망봉이 지도의 왼쪽 하단에 위치해 있어 서인도제도뿐만 아니라 동쪽 방향으로의 항해에도 사용할 수 있었다. 이로 인해, 대서양 장거리 해도는 아시아로 가는 뱃길에도 활용되었다. 이는 항해의 첫 구간인 희망봉까지 사용되었으며, 선박들은 여기에서 보급을 받은 후 아시아로 향하는 경로를 계속 이어 갔다.

도에즈의 지도에서 가장 자세한 정보는 카리브해와 북아메리카 및 남아메리카 지역에서 찾을 수 있다. 특히 중앙아메리카는 정확하게 표현되어 있으며, 태평양에 면한 서해안이 이미 지도화되었고, 멕시코만과 카리브해 사이 지역의 섬들, 예를 들어 쿠바와 히스파니올라섬(현재의 아이티와 도미니카공화국의 섬)이 명확하게 식별된다. 남미 내륙에는 아마존과 오리노코강이 '페루비아나'로 표시되어 있다. 후자의 강은 1600년 이전에 유럽인들에 의해 탐험된 것으로, 도에즈가 지도를 가능한 한 최신의 정보를 반영하기 위해 노력하고 있음을 보여 준다. 눈에

제작자: 코르넬리스 도에즈 **제목:** 대서양 해도
발행지: 인데 비에르 헴스킨데렌, 에담 **발행일:** 1600년
기법: 양피지에 필사 **크기:** 101 x 81cm **축척:** 약 1:14,000,000
방위: 북쪽이 오른쪽 **소장처:** 보델 니젠하위스 컬렉션

1740년 아이작 더 그라프(Isaak de Graaf)가 만든 인도양 항해 지도. 암스테르담에서 출판.

띄는 점은 지도상에서 두 강이 태평양과 연결되어 있지만, 실제로는 그렇지 않다는 것이다. 지도의 정확도는 북쪽으로, 특히 대서양 연안에서 멀어질수록 떨어지며, 이는 당시 유럽인들이 어떤 지역을 가장 철저히 탐험하고 지도화했는지 잘 보여준다. 그들은 카리브해 지역에 대해 남아메리카 내륙이나 북아메리카 북부보다 더 많은 정보를 가지고 있었다.

네덜란드 동인도회사가 설립되기 2년 전인 1600년과 1601년에만 28척의 배가 네덜란드에서 동인도로 출항했다. 귄터 실더(Günter Schilder)가 쓴 책 『북홀란트 지도학파에 대한 종합적 연구』(2017)에서는 각 선박이 최소한 하나의 대서양 지도를 가지고 있었을 것이라고 추정한다. 또한 아메리카로 항해한 배들도 있었다. 북홀란트 지도학파가 손으로 그린 초기의 항해도는 현재 30여 개 정도 남아 있는데, 그중 11개만이 네덜란드 동인도회사 해도의 선구로 간주된다. 나머지 지도들은 동인도회사 설립 이후에 제작되었거나 벽걸이 지도로 장식적 기능을 했으며, 동인도회사와 직접적인 관련이 없다. 실더는 도에즈의 대서양 지도가 초기에 수집가나 딜러의 소유가 되었고 그 덕분에 현재까지 남아 있는 것이라고 추정하고 있다. 사용한 흔적이 없다는 것은 이 지도가 희망봉으로 가는 배에 실려 간 것인지 확실하게 알 수 없다는 것을 의미한다. 이 지도에서 나타나는 세부적인 나침반 장미와 축척은 주로 장식적 목적으로 그려졌으며, 유사한 지도에서 이러한 장식이 드문 것은 아니다.

18세기 중반까지, 때로는 그 이후에도, 지도 제작자들은 해도 제작에 양피지를 사용했으며, 17세기와 18세기에는 수많은 수작업 해도가 종이에 그려진 채로 남아 있다. 그러다 18세기 후반, 동인도회사가 지리적 정보를 비밀로 유지하던 정책을 종료하면서, 인쇄된 항해 지도가 점차 이를 대체하기 시작했다.

Maris Britannici pars
GAL
VIMEUX
COMTE
LI
AE
PARS
BRESIS
MERIDIES. SUYTH.
BUILLON
Kempelandt
Comitatus
Horn
DUCATUS
MONTIS
PARS
ZE

GEOGRAPHICA.XVII.
INFERIORIS GERMANIÆ
REGIONUM TABULA, DE INTEGRO MULTIS IN LOCIS
emendata. anno 1602. a I. Hondio
Hæ Regiones à quibusdam viris doctis perperam Belgium vocãtur, nam ex C.I. Cæsare constat eas ferè extra Belgium esse sitas: meritò autem Germaniæ ascribuntur; eo quod Incolæ maxima ex parte, tum origine, tum lingua sunt Germani. verum Atrebates, Hannonij, Namurcenses; pars item aliqua Flandriæ, Brabantiæ, Limburgi & Lutzenburgi Gallicè loquuntur. Harum Regionum fines sunt, ab Aquilone et occasu, Oceanus Germanicus, à Meridie Lorenum Cãpania & Picardia, ab ortu Rhenus, et Mosa amnes: Aere humidiori, sed tamen salubri gaudent, piscosis et navigabilibus fluvijs Rheno, Mosella, Mosa, Scalde & alijs irrigãtur. gaudent maxima frugum et omnis generum animalium, quæ ad hominum necessitatem & delitias requiruntur, copia. ornatæ sunt opulentissimis urbibus. necnon munitissimis et populosissimis, oppidis egregijs, pagis eximijs, commodissimis portubus & incredibili navium copia, quarum præcipuarum in hac tabula imagines cũ earundẽ magnitudine et forma apposuimus. Incolæ vel externorum testimonio ut olim. ita etiam nunc virtute militari sunt celeberrimi, laboriosi præterea, diligentes, ingenio mirabili pollentes. artibus omnibus maximè dediti et navalis artis peritissimi; varia addiscunt idiomata, mercaturam utrque sexus solertissimè exercet. Cæterum mulieres pulchræ, sed honestissimæ sunt.
Illustrissimis, Nobilissimis amplissimis et consultissimis Domin. Do Ordinibus fœderat. Infer. Germaniæ Regionum
FRANCISCUS DUX ALENCONIUS
ROBERTUS DUDL. COMES LICESTRIÆ
SEPTENTRIO
NOORTH
DIE ZUYDER ZEE
Germanici Maris Sinus
TEXEL
Vlielandt
Schellinck
Amelandt
Schiermonikoog
Borckum
FRISIAE PARS
ORIENTALIS
TRANSISULANA PROVINCIA
Drente
ZUTPHANIA
DUC GELDR
PROVINCIA
THEM COMITATUS
Munster
OCEANUS GERMANICUS

10

1602년 — 저지대 국가들의 변하는 국경

17개 주에 대한 역사와 지리 수업

이 인상적이고 특별히 커다란 네덜란드 지도는 1602년에 출판되었다. 이 지도는 피터르 반 덴 키어(Pieter van den Keere, 1571-1646)가 4개의 동판을 사용하여 제작했으며, 당시의 지도 제작 유행을 반영한 것이다. 과거 네덜란드는 '벨기카(Belgica)' 또는 '게르마니아 인페리오르(게르마니아 지역의 남부—옮긴이주)'로 불렸으며, 17개 주로 구성되었다. 이는 고대 로마 시대에 라인강 하류 지역을 지칭하는 지리적 용어로, 오늘날의 네덜란드, 벨기에, 룩셈부르크, 독일 일부 지역을 포함한다. 지도를 출판한 요도쿠스 혼디우스(Jodocus Hondius, 1563-1612)는 독자들에게 이 지역의 지형, 지리, 역사, 정치, 경제, 무역 등 다양한 정보를 전달하고자 했다. 지도는 17세기 사람들에게는 특별히 이례적이지 않았을 수 있지만, 현대적 관점에서 보면 다양한 놀라운 특징과 요소를 지니고 있다. 이 지도는 네덜란드 독립 전쟁 중에 만들어졌는데, 정작 전쟁의 직접적인 흔적은 보이지 않는다. 또한 저지대 국가들이 하나의 연합체로 표현되어 있지만, 실제 당시의 정치 상황과는 차이가 있었다.

"저지대 독일의 17개 지방 지도… 많은 곳에서 수정되었다." 이 수정이 정확히 어떤 부분에 대한 것이고, 이전의 어떤 판본과 비교되는지는 분명하지 않지만, 확실히 여러 지점에서 개정이 이루어진 것만큼은 분명하다. 지도는 현재 네덜란드, 벨기에, 룩셈부르크, 그리고 프랑스 북부 일부를 포함하는 지명으로 가득 차 있다. 오늘날에는 마을과 마을이 일반적으로 점이나 음영 지역으로 표시되지만, 이 지도에서는 각 마을이 교회로 나타나 있다. 더 큰 마을들은 몇 채의 집으로 둘러싸인 교회로 묘사되어 있다. 많은 강들이 마을 사이를 흐르고 있지만, 도로는 표시되어 있지 않다.

제목에는 17개의 주가 나열되어 있고, 그 아래에는 하나의 왕관 아래 통합된 17개의 문장(紋章, coats of arms)이 보인다. 그러나 지도상에서 17개 주를 식별하기는 쉽지 않다. 주 이름을 나타내는 글자들이 다양한 크기로 지명들 사이에 흩어져 있기 때문이다. 예를 들어, 'Brabantia'와 'Frisia'는 'Groninga'와 'Lutzenburg'보다 더 큰 글씨로 표시되어 있다. 점선은 별도의 지역을 구분하지만, 이는 국가가 17개보다 훨씬 많은 조각으로 나누어져 있음을 의미한다.

지도는 이 지역을 통일된 전체로 봐야 한다는 것을 분명히 보여 주고 있지만, 1602년에는 전혀 그렇지 않았다. 위트레흐트 동맹(1579년), 배교령(1581년), 안트베르펜 함락(1585년)을 거치며, 북부의 7개 주는 남부로부터 영구적으로 분리되었다. 공화국의 남부와 동부 국경은 분쟁 중이었으며, 군사적 상황에 따라 지속적으로 바뀌었다. 네덜란드의 7개주 연합 공화국은 1602년에 수립된 정치적 실체였다. 이 지도는 과거의 상태를 그대로 반영하며 독립 전의 모습을 보여 줄 뿐만 아니라, 독립 이후 이상적인 상태를 표현하고 전 지역의 통합을 염원하는 뜻을 담고 있다. 이러한 지도는 18세기까지 장기간에 걸쳐 인쇄되었다.

북쪽을 지도의 위쪽에 두는 것은 관습이지만, 17세기 초에는 아직 이 관습이 적용되지 않았다. 이 지도에서는 서쪽이 맨 위에 위치해 바다를 향한 국가라는 개념을 강조한다. 이 지도가 네덜란드 동인도회사가 설립된 해인 1602년에 인쇄된 것은 우연이 아닐 수 있다. 이 지도가 항해용으로 사용되지는 않았지만, 북해, 바덴해, 자이더르해에는 해도에서 흔히 볼 수 있는 특징들이 두드러지게 나타난다. 구체적으로 나침반과 나침반 선뿐만 아니라, 모래톱의 정확한 위치도 볼 수 있다. 또한 바다에는 장식이 아니라 백과사전적 지식을 전달하기 위해 스물여섯 가지 다른 유형의 배가 그려져 있다. 이 배들은 'Leydsche Caegh

디릭 할스가 1625년경에 그린 이 작품은 즐거운 사교 모임을 묘사하고 있으며, 배경의 왼쪽에 지도가 있다.

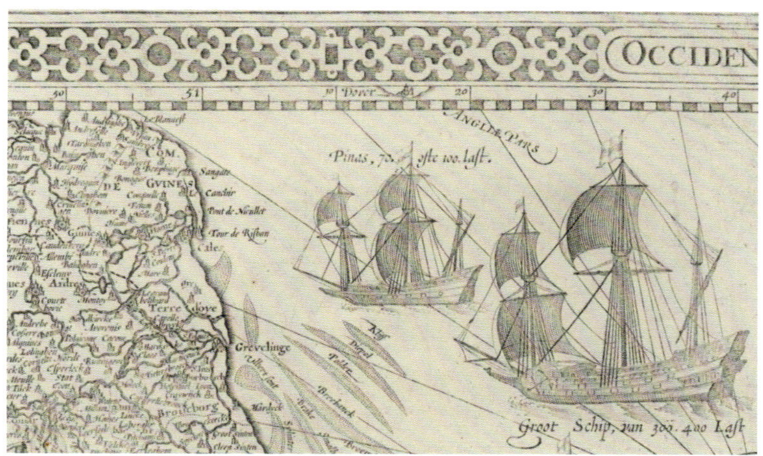

지도 테두리 안에 묘사된 '피나스(Pinas)', '그루트 십(Groot Schip)' 및 도버(Dover)의 세부 사항은, 해당 지역의 항해와 해상 교통의 중요성을 표현하고 있다.

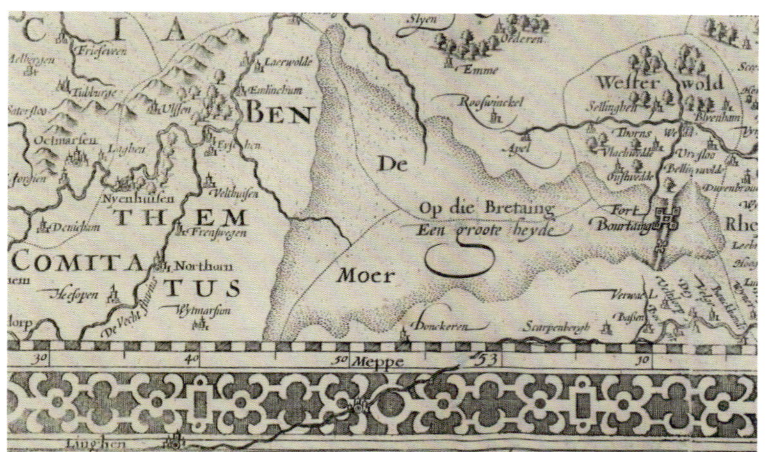

지도의 상단 왼쪽 모서리에 보이는 담피에르의 지도.

(레이던시의 옛 이름)', 'Swols veerschip(네덜란드의 도시 즈볼레를 운항하던 페리선)', 'Utrechtsche schietschuy(네덜란드 도시 위트레흐트를 운항하던 선박)' 등 지역별 특성을 반영한 다양한 유형으로 나타나며, 각각의 배는 견딜 수 있는 하중을 라스트(1라스트=약 2,000kg) 단위로 기록하고 있다. 이 중 최대 적재량이 300~400라스트인 가장 큰 배는 동인도회사의 선박일 가능성이 크다.

지도에서 가장 명확하게 정의된 경계는 육지와 바다 사이의 경계이다. 이 경계는 창조의 셋째 날부터 시작된 가장 근본적인 구분으로, 적어도 17세기 사람들에게는 그러했다. 하지만 이 경계는 국경 변화에 대한 역사가들의 연구에서는 거의 주목받지 못했다. 지도는 특정 시점을 담은 스냅샷과 같아서, 남쪽과 동쪽의 국경처럼, 네덜란드 서쪽의 국경도 변화하는 중이었다.

지도에서 희미한 점선은 서로 다른 지역 사이의 경계를 표시한다. 국가 간의 경계는 오히려 더 모호하게 표현되어 있다. 유일한 차이점은 표시된 장소의 수가, 특히 동쪽보다는 남쪽으로 갈수록 더욱 뚜렷하게 감소한다는 점이다. 프랑스 역시 도시와 마을로 가득 차 있지만, 그것들은 표시되지 않았다. 바로 아래, 장식 스트립 사이의 경계에는 '메페(Meppe)'와 '링겐(Linghen)'이라는 단어가 있다. 오늘날 메펜과 링겐은 독일에 있지만, 당시에는 네덜란드 동부에 속해 있었으며 모리스 오라녜 백작이 그 지역들을 장악했다. 지도의 상단 부분은 국경을 넘어 영국의 일부 지역, 특히 도버를 나타내고 있다,

오른쪽 상단의 큰 카르투슈 안에는 이 지역의 통치자들의 초상화가 순서대로 나타나 있다. 구체적으로 스페인의 펠리페 2세로 시작해서, 펠리페의 이복 여동생인 파르마 총독 마가렛, 그리고 10개의 초상화, 그리고 마지막으로 모리츠 왕자의 초상화가 뒤따른다. 이들 중 일부는 거대한 제국을 다스렸고, 다른 이들은 북부 네덜란드의 총독으로 활동하며 일부 논란의 중심에 있기도 했지만, 이러한 차이점은 그들의 초상화만으로는 알 수 없다. 그러나 작은 활자를 읽어 보면, 빌럼 오라녜 공 이후부터 통치자들이 '연방', 즉 공화국을 의미한다는 것을 알 수 있다. 모리츠 초상화 옆에는 '왔노라, 보았노라, 이겼노라(Venit, Vidit, Vicit)'라는 문구가 추가되었다.

지도 왼쪽 상단에 역사의 또 다른 단면이 나타나 있다. 이 지도는 1304년으로 추정되는 '담피에르 지도(Dampierre map)'이며, 카르투슈에 쓰인 라틴어 텍스트에 더 많은 역사적 지식이 포함되어 있다. 이 텍스트는 율리우스 카이사르까지 거슬러 올라가 그가 이 지역을 '벨기카'라고 불렀다고 설명한다. 다음은 지역과 강의 목록이다. 본문에는 지역의 습하지만 건강에 좋은 공기, 높은 인구 밀도, 농업과 가축으로부터의 혜택 등이 언급되어 있다. 저자는 또한 지도에 그려진 많은 배들을 통해 네덜란드인들이 군사적 문제, 예술 및 무역에 얼마나 능숙한지, 그리고 네덜란드 여성들의 아름다움과 존경받을 만한 성품을 칭찬하였다.

이런 식으로 혼디우스는 지도를 보는 이들에게 지리와 역사에 대한 교훈을 제공하고자 했다. 사람들이 이 메시지를 받아들였는지는 명확하게 알 수 없다. 그러나 디릭 할스(Dirck Hals)의 그림은 이 사항에 대해 시사점을 준다. 이 그림에서는 사교 모임을 보여 주는데, 지도가 그곳에 눈높이로 걸려 있다는 사실은 모임에서 지도가 화제가 될 수 있음을 의미한다. 21세기의 관점에서 지도를 보는 사람들은 1602년에 출판된 지도가 반드시 1602년의 상황을 묘사한 것은 아니라는 것을 깨달아야 한다. 그리고 항상 세부적인 내용을 읽는 것이 중요하다는 것을 기억해야 한다.

제작자: 피터르 반 덴 키어(조각), 요도쿠스 혼디우스(발행)
제목: 지리학 제17권, 저지대 독일의 지도 **발행지:** 암스테르담
발행일: 1602년 **기법:** 동판 인쇄 **크기:** 155 x 221cm
축척: 약 1:600,000 **방위:** 북쪽이 오른쪽
소장처: 보델 니젠하위스 컬렉션

11

1621년 — 조각으로 나뉜 세계

요하네스 얀소니우스의 지구본 제작

고대에도 피타고라스, 플라톤, 아리스토텔레스와 같은 철학자 및 수학자들은 지구가 구체임을 확신했다. 당시에도 지구본이 제작되었으나 현재까지 남아 있는 것은 없다. 현재 알려진 가장 오래된 지구본은 '에르다펠(Erdapfel)'로, 뉘른베르크의 상인이자 지리학자인 마르틴 베하임(Martin Behaim, 1459-1507)에 의해 제작되었다. 이 지구본에는 같은 해에 '발견'된 아메리카 대륙이 포함되어 있지 않다. 지구본은 지구의 곡면을 직접적으로 표현할 수 있어 평면 지도에서 발생하는 왜곡이 없다는 것이 큰 장점이다. 초기의 지구본들은 모두 수작업으로 만들어져 각각 독특한 특성을 가졌다. 지구본에 대한 수요가 증가하면서 제조업자들은 인쇄기를 활용하여 지구본을 보다 쉽게 생산할 수 있는 방법을 모색하기 시작했다. 이는 지구의 표면을 여러 조각으로 나누고 각 조각의 지도를 인쇄한 다음, 수작업으로 구체 위에 붙이는 방식으로 이루어졌다.

1507년 마르틴 발트제뮐러의 지구본에 관한 내용으로, 1969년에 재구성되었다.

프랑스 생 디에 출신의 독일 지도 제작자 마르틴 발트제뮐러(Martin Waldseemüller, 1470-1520)는 지구본 인쇄의 선구자로 추정된다. 1507년부터 제작된 그의 지구본 조각은 12개의 부분으로 나뉘어져 있으며, 각 부분은 경도 30도 간격으로 구성되었다. 이 조각들은 북극점에서 남극점까지 이어지는 자오선이 극지방으로 갈수록 좁아지는 구조를 가지고 있다. 16세기에는 지구본을 쌍으로 제작하는 관습이 있었는데, 하나는 지구를, 다른 하나는 천체를 나타냈다. 천체 지구본은 별들을 실제 하늘의 거울 이미지로 구체적으로 표현하였으며, 이는 지구본이 천체 지구본의 중심에 위치함을 의미한다. 따라서 관찰자는 중심에서 바라보아야 정확한 관점을 얻을 수 있다.

16세기와 17세기 동안 암스테르담은 지구본 생산의 유럽 중심지가 되었다. 초기에는 야콥 플로리스 반 랑그렌(Jacob Floris van Langren, 1525-1610)과 그의 아들 아놀드(1571-1644), 헨드릭(1574-1648)이 네덜란드에서 지구본 제작자로 활동했다. 17세기 초, 암스테르담에 기반을 둔 지도 제작자 요도쿠스 혼디우스(Jodocus Hondius, 1563-1612)와 빌럼 얀스 블라우(Willem Jansz. Blaeu, 1571-1638)가 주요 인물로 등장했다. 이들은 서로 경쟁하면서 점점 더 크고 세밀하게 장식된 지구본 한 쌍을 제작했다. 1617년부터 블라우는 지름이 10cm에서 68cm에 이르는 다양한 크기의 지구본을 생산하기 시작했다.

얼마 후, 블라우는 지도 제작 시장에서 요하네스 얀소니우스(Johannes Janssonius, 1588-1664)라는 라틴어 이름으로 더 잘 알려진 새로운 제작자 얀 얀스 주니어와 경쟁하게 되었다. 얀소니우스는 아른헴의 출판 사업자 얀 얀스 시니어의 아들이며, 1612년에 요도쿠스 혼디우스의 딸과 결혼하여 같은 해 혼디우스가 사망한 후 장인의 출판 사업을 장모, 매부 및 처남들과 함께 이어받았다. 암스테르담에서 얀소니우스는 옵트 바테르(Op 't Water, 현재의 담락) 거리에 자신의 출판사를 설립했으며, 이는 그의 주요 경쟁자인 블라우의 출판사 바로 옆에 위치했다. 블라우는 원래 빌럼 얀스(Willem Jansz)라는 이름을 썼지만, 새로운 이웃과 구별되기 위해 '블라우'라는 성을 사용했다.

얀소니우스가 지구본 제작 사업에 등장하면서 상업화와 경쟁의 새로운 단계가 시작되었다. 암스테르담의 지구본은 얀소니우스가 지구본을 인쇄하기 위해 기존의 구리판을 사용하기 시작할 때까지 독창적인 제품이었다. 그가 한 유일한 변화는 출판사에 자신의 이름을 추가한 것이었다. 엘리자베스 혼디우스(Elisabeth Hondius, 1589-1627)와의 결혼 덕분에, 그는 장인과 엘리자베스의 삼촌 피터르 반 덴 키어(Pieter van den Keere)의 동판을 사용할 수 있었다. 얀소니우스가 제작한 다섯 쌍의 지구본 중 네 쌍은 오래된 동판을 사용하여 인쇄되었다. 얀소니우스가 만든 유일한 새로운 천구의·지구본 쌍은 1621년에 만들어졌다. 그 세트에서 살아남은 것은 지구본의 조각들을 담은 1장의 시트뿐이다. 여기서도 가족 관계가 역할을 했다. 이 지도는 피터르 반 덴 키어의 조카인 아브라함 구스(Abraham Goos)가 새겼다.

비록 얀소니우스가 암스테르담 시장에서 가장 중요한 지구본 생산자는 아니었지만, 그가 새로 인쇄한 지구본은 꽤 혁신적이었다. 독자들에게 보내는 메시지에서 그는 지도에 최근 발견한 것들을 추가했다고 명시적으로 밝혔다. 그는 빌럼 코르넬리스 쇼텐(Willem Cornelisz Schouten, 1577-1625)과 야콥 르 메르(Jacob Le Maire, 1585-1616)의 발견들을 언급했다. 1615년 그들은 네덜란드 호른에서 동인도로 가는 서쪽 항로를 택하기 위해 출항했다. 그들은 그 시점까지 네덜란드인들에게 알려지지 않은 해협을 발견했고, 그것을 르 메르(Le Maire) 해협이라고 불렀다. 이 통로를 통해 마젤란해협을 피해 호른곶과 티에라 델 푸에고 주변을 항해할 수 있었다. 또한 네덜란드 동인도회사의 헌장에 명시된 마젤란해협의 제한을 우회하는 방법이기도 했다. 여행 동안 쇼텐과 르 메르는 남태평양에서 다양한 폴리네시아 섬들을 발견했는데, 르 메르는 네덜란드로 돌아오는 항해 중에 사망했다. 쇼텐과 르 메르의 발견으로 얀소니우스는 새로운 지구본을 제작하게 되었다. 이 발견들 외에도 이 지도는 대부분 피터르 반 덴 키어가 1614년에 만든 지구본에서 복사되었다.

불행하게도, 얀소니우스가 제작한 특이한 지구본의 조립된 실물은 하나도 남아 있지 않다. 우리는 레이던 대학교 도서관의 컬렉션에 있는 지구본 조각들의 독특한 인쇄물 세트 덕분에 그것의 존재를 알고 있을 뿐이다. 2018년엔 남아 있는 지구본 조각을 기반으로 지구본의 디지털 모델이 만들어졌다. 대학 도서관에서 열리는 감동의 보물 전시회를 위해 지구본 조각의 이미지를 종이에 인쇄하고, 이것을 오려 낸 뒤 폴리스티렌 구에 접착함으로써 복제품이 만들어졌다. 이와 같은 시연을 통해 지구본 사용자들에게 보내는 메세지가 별도의 삽화에 담겼다는 사실이 밝혀졌다. 그것은 미지의 남부 대륙 즉 '테라 오스트랄리스 인코그니타(Tera [sic] Australis Incognita)'에 해당되는 비어 있던 공간에 카르투슈의 형태로 새겨져 있었다. 디지털을 활용한 재조립 작업은 또한 아브라함 구스의 작업이 얼마나 정확했는지를 보여 주었다. 그의 정밀함 덕분에, 지도 이미지들이 지구본 조각들이 맞닿는 이음새에서 완벽하게 정렬되었다. 이를 통해 400년이 지난 후, 얀소니우스의 지구본이 17세기에 어떤 모습이었을지에 대한 그림이 명확해졌다.

1666년 얀소니우스의 후계자들이 출판한 『아틀라스 콘트랙투스(Atlas contractus)』의 표제 페이지이다. 지구본에 앉아 있는 요하네스 얀소니우스(오른쪽)가 그의 장인 요도쿠스 혼디우스 및 게라르두스 메르카토르와 함께 그려져 있다.

제작자: 아브라함 구스(조각), 요하네스 얀소니우스(발행)
제목: 반복된 수리적 및 지리적 작성 방식으로 그린 세계지도
발행지: 암스테르담 **발행일:** 1621년 **기법:** 동판 인쇄
크기: 41 x 27cm **축척:** 약 1:80,000,000 **방위:** 북쪽이 위쪽
소장처: 보델 니젠하위스 컬렉션

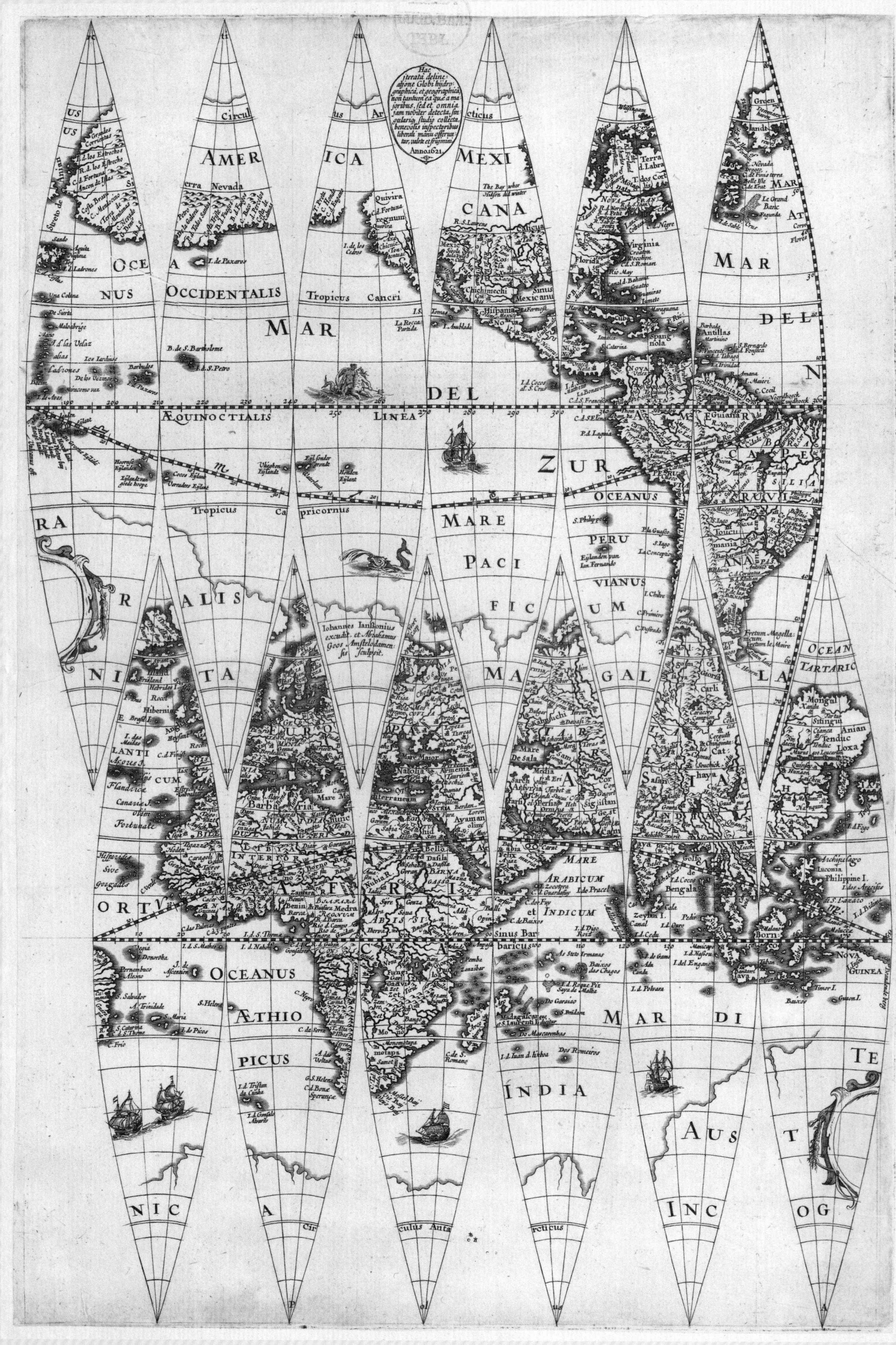

11 조각으로 나뉜 세계(1621년)

RECONOCIMIENTO DELOS ESTRECHOS
de Magallanes y San Vicente Mandado hazer por Su Mg. en el Real Consejo de Indias partieron de Lisboa en 27. de Setienbre de 1618. yllegaron de buelta a San Lucar. a 9. de Iulio de 1619. Cabo de dos Canuelas Bartolome garcia de nodal y Capitan Goncalo de nodal. Cosmographo Diego Ramires, piloto Iuan manço.
Echa por don Pedro teixeira Ealberras,
Cosmographo de Su Mg.
MAR DEL NORTE
MAR DEL SVR
ISLA
ESTRECHO DE S. VICENTE
I. les Coronados
Rio de los Camarones
C. de S. Elena
C. de S. Iorge
Punta Gorda
Baya de San Iulian
Cabo de las barras
R. de Gallegos
C. de las Virgenes
C. del Espiritu Santo
C. de Peñas
C. Corço
Los Apostoles
I. de diego Ramires
I. de Courbes sculpsit

12

1621년 — 티에라 델 푸에고로의 항해
스페인 탐험대들의 남아메리카 탐사

고대부터 유럽인들은 남반구에 큰 대륙이 있을 것이라고 생각했다. 2세기 그리스의 지리학자 프톨레마이오스는 북반구의 알려진 육지들에 대한 균형추로서 미지의 대륙이 필요하다고 주장했다. 그러나 적도 주변의 열대 지역은 너무 뜨거워서, 그 대륙에 도달하는 것은 불가능하다고 여겨졌다. 이 미지의 남부 대륙, 즉 '테라 오스트랄리스 인코그니타(Terra Australis Incognita)'는 16세기부터 유럽의 세계지도에 등장하기 시작했는데, 특히 남태평양의 많은 부분을 차지할 것으로 추정되었다. 그러나 미지의 대륙을 발견하기 위해 항해를 떠난 유럽 탐험가들은 바다 외에는 거의 발견하지 못했고, 신화 속의 남부 대륙은 점차 잊혀져 18세기에는 지도에서 완전히 사라졌다. 17세기 초의 이 지도는 먼 남부 대륙이 여전히 유럽인들이 생각한 세계의 일부였던 시기, 남아메리카 남쪽 끝으로의 스페인 원정을 기록하고 있다.

15세기 말, 스페인의 아메리카와 포르투갈의 아프리카 및 아시아에 대한 탐험과 영토 주장은 세계를 2개의 동등한 반구로 나누는 결과를 가져왔다. 1494년 토르데시야스 조약에서, 두 유럽 강대국은 대서양에서 각각의 영향권을 나누는 경계선에 합의했다. 이 경계선은 북극에서 남극까지 이어지는 직선으로, 그리니치에서 서쪽으로 약 47도 떨어진 곳에 있었다. 이 선의 서쪽 지역은 스페인의 영향권에 속했고, 포르투갈은 이 선의 동쪽을 자유롭게 지배할 수 있었다. 지구 반대편, 동아시아 어딘가에 있는 선의 위치는 아직 지도화되지 않았다. 이 상황을 명확히 하기 위해 두 나라는 새로운 탐험을 계획했다.

스페인은 16세기 초 남아메리카의 남단을 돌아 아시아로 가는 해상 루트를 찾고 있었다. 스페인에서 일하던 포르투갈 항해사 페르디난드 마젤란(Ferdinand Magellan, 1480-1521)은 1519년에 대서양과 태평양을 연결하는 해협을 발견했다. 그곳은 그의 이름을 따서 마젤란해협으로 불리었다. 스페인 사람들은 해협 남쪽의 땅이 미지의 남쪽 땅의 일부일 것이라고 생각했다. 마젤란은 해협을 넘어 태평양을 건너 항해를 떠났지만 필리핀에서 사망하고 말았다. 하지만 그의 함대 중 하나인 빅토리아호는 1522년에 스페인으로 돌아올 수 있었고, 역사상 세계를 일주한 최초의 배가 되었다.

네덜란드 탐험대가 훨씬 더 남쪽으로 가는 길을 찾기까지는 한 세기가 더 필요했다. 그 탐험을 주도한 사람은 아이작 르 메르(Isaac Le Maire, 1558/1559-1624)였다. 그는 처음에는 네덜란드 동인도회사의 주요 주주였으나 갈등이 생긴 후 1614년에 자신의 호주 회사(Australian Company)를 설립했다. 그는 이 원정을 통해 동인도회사의 범위에 포함되지 않은 아시아로 가는 바닷길을 찾아 미지의 남부 대륙을 발견하기를 희망했다. 탐험선 엔드라흐트호와 호른호는 1615년 6월 14일 텍셀(Texel)에서 출항했다. 원정대를 지휘한 것은 빌렘 슈텐(Willem Schouten, 1577-1625)과 아이작의 아들 야콥 르 메르(Jacob Le Maire, 1585-1616)였다. 비록 호른호는 화재로 침몰되었지만, 쇼텐과 르 메르는 엔드라흐트호에서 항해를 계속했다. 1615년 1월 25일, 그들은 르 메르 해협이라는 더 남쪽의 항로를 발견했다. 그들은 남아메리카의 가장 남쪽 끝을 돌았는데, 많은 선원들의 고향과 잃어버린 배에 경의를 표하기 위해 이 지역을 케이프 혼(Cape Horn)이라고 불렀다. 엔드라흐트호는 대륙의 끝을 남쪽으로 돌아 태평양으로 계속 나아갔다. 스페인인들이 테라 오스트랄리스(남부 대륙)의 일부라고 생각했던 땅은 후에 티에라 델 푸에고 섬으로 밝혀졌다. 마젤란해협을 통과하는 길은 어렵고 위험했기 때문에 그것은 중요한 소식이었다. 네덜란드의 발견 소식이 스페인에 전해지자, 스페인인들은 즉시 함대를 보내 이 주장을 확인하고자 했다. 그들은 자신들의 배를 노리는 민간인들과 해적들이 이 항로를 통해 자기들보다 태평양에 먼저 도착할 것을 우려했다.

스페인 왕 펠리페 3세(1578-1621)는 1618년부터 1619년까지 폰테베드라 출신의 두 형제, 바르톨로메 가르시아 더 노달(Bartholomé

제작자: 페드로 테세이라 알베르나스(지도 제작), 디에고 라미레스 더 아렐라노(천문), 장 더 쿠르브(조각), 페르난도 코레아 더 몬테네그로(발행)
제목: 마젤란해협 및 산 비센테 해협의 탐사 지도 **발행지:** 마드리드
발행일: 1621년 **기법:** 종이에 동판 인쇄 **크기:** 39.5 x 34cm
축척: 약 1:3,500,000 **방위:** 북쪽이 위쪽
소장처: 보델 니젠하위스 컬렉션

RELACION
DEL VIAJE QVE POR
ORDEN DE SV MAG.D
Y ACVERDO DEL REAL CONSEJO
de Indias. Hizieron los Capitanes
Bartolome Garcia de Nodal, y Gonçalo
de Nodal hermanos, naturales de Ponte
Vedra, al descubrimiento del Estrecho
nuebo de S. Vicente y reconosim.to
del de Magallanes.

A DON FERNANDO CARRILLO
Cauallero del abito de Santiago. Presidente
en el mismo Consejo.

CON PRIVILEGIO
En Madrid. Por Fernando Correa
de Montenegro. Año. 1621.

1621년 가르시아 더 노달 형제의 항해 기록을 담은 인쇄본.

García de Nodal, 1574-1622)과 곤살로 가르시아 더 노달(Gonzalo García de Nodal, 1569-1622)의 지휘 아래 항해를 명령했다. 선원들 중에는 항해사 겸 천문학자인 디에고 라미레스 더 아렐라노(Diego Ramírez de Arellano, 1580-1624)와 쇼텐 및 르 메르와 함께 탐험에 참여했던 여러 명의 네덜란드 선원들이 포함되어 있었으며, 이들은 요리스 반 스필베르겐(Joris van Spilbergen, 1568-1620)의 지휘하에 1614년부터 1617년까지 세계 일주를 한 경험도 있었다. 네덜란드 선원들의 참여가 가능했던 이유는 스페인과 네덜란드 공화국 사이에 이루어진 12년간의 휴전 기간 덕분이었다. 공동의 경제적 이익을 위해 정치적 경쟁은 잠시 멈추었다. 가르시아 더 노달의 원정대는 르 메르 해협을 통과한 후, 티에라 델 푸에고 섬을 돌아 마젤란해협을 통해 서쪽에서 돌아왔다. 그들이 티에라 델 푸에고 섬 남쪽에 있을 때, 폭풍으로 인해

1621년에 라미레스가 만든 지도. (마드리드 국립도서관)

남쪽으로 밀려났고, 그들은 대륙의 서쪽 해안을 향해 큰 호를 그리며 항해했다. 결과적으로, 그들은 티에라 델 푸에고 섬의 남서쪽 해안을 보지 못했다. 그래서 지도상에 그 해안은 물결선으로 표시되어 있다. 그러나 이 때문에 그들은 티에라 델 푸에고가 테라 오스트랄리스 인코그니타의 반도가 아닌 섬이라는 것을 확인할 수 있었다.

라미레스는 이 지역과 그들이 선택한 경로를 보여 주는 지도를 그려서 원정 보고서를 작성했고, 그것은 현재 마드리드 국립도서관에 보관되어 있다. 1621년, 페르난도 코레아 더 몬테네그로(Fernando Correa de Montenegro)가 마드리드에서 가르시아 더 노달 형제의 항해에 대한 설명을 담은 인쇄물을 출판했다. 이 출판물은 라미레스가 그린 필사본 지도를 바탕으로 한 남아메리카 남단의 인쇄 지도를 포함하고 있다. 인쇄된 지도에서 탐험 경로가 누락되었을 수도 있지만, 이 지역의 그림은 쇼텐과 르 메르의 보고서에 있는 지도보다 훨씬 정확하다. 이 지도들은 또한 스페인 사람들이 처음에 르 메르 해협을 '산 비센테 해협(Estrecho de San Vicente)'이라고 불렀다는 것을 보여 준다. 몬테네그로가 출판한 책이 전 세계에 퍼지면서, 그것은 남미 최남단에 대한 새로운 지리적 지식을 널리 전파했다.

LA RIVEE DE L'ARME NAVALLE DE SPAIGNE DEVANT LA BAYE AV BRESIL, ITEM LES ARTICLES

Accordees aux Hollandois. & la prise de deux sens piece de Caron, avec gran nombre d'Or & d'argent & autre richesse, sans Don Fredrique de Tolida.

Portret de BRESIL.

1. LE Coronel Olendois qui estoit dans la ville de S Sauueur de Labaye des saincts en la Prouince du Bresil le 30. Dauril 1625. Lequel recit & arriue a Lisbona en Portugal le 30. de Iuin & la mesme annee en vn vaiseau que lon nomme Caranelle, & depuis arriue Abruaelle le 24. ensuiuant.

2. Le Mercredy 30. Dauril le Seigneur Don Frederique de Toledo sestant resolu de donner lassaut a ceste place le lendemain qui estoit jour S. Iacques & S. Philippe, lennemy, fist signe auec vn Estandart que lon iroit vers loox, ledit Don Frederique enuoya aussi tost sauoir ce quilz vouloient cestoit pour faire quelque accord, on traicte, auec eux mais du commancement on ne se pouuoit accorder dautant que lennemy demandoit trop de choses pour estre en lestat quil estoit.

3 Enfin ilz s'acorderent & fut dit que lennemy sortiroit & lesseroit la place auec toute l'Artillerie vaiseaux & munitions, armees viures marchandise or & argent ioyaux & nauires & finalement tout ce qui se retrouuoit en ladite place de la Baya. Que ledict Coronel Olandois donneroit ce mesme jour vne porte auec son corps de garde audit Seigneur Don Frederique en dedans les muraille de lad. ville, & que led. Don Fredrique, leurs donneroit ostage a leurs contantement & satisfaction de seureté, de leurs personnes.

Le S. Don Frederique au nom de sa magestad acorde que le Coronel Guillermo Stop auec tous les Ministres, Capitaines & Officiers & autres persones de charge, sortiroient, auec leurs armes & les Soldats auec lespee, seulement, & encore quelle seroit liee, ayant chacun diceux la liberte de sortir auec leurs habits & trois chemise & que toutes autres personnes tāt de Mer que de terre lesquels sont venues de Hollande auec led. Colonel, comme Olandois, alemans, Englois, François sortiroient aux mesmes conditions.

Fut accorde quilz auroient des batteaux du Roy pour leur embarquer, & nō des leurs auec viures pour trois mois & demy & tout ce qui conuient a vn tel voyage pour eux retourner en Hollande auec toute seurete & mesme quelque piece de fer, auec passeport pour les garētir, des batteaux Despaigne quilz pouroient renconter, desquelz il ne pouroient estre en aucune façon offencees ny mal traictez moyennant quilz ne se destouruent pas de leurs droit chemin pour retourner en leurs pays & donneront ostages pour asseurance de batteaux du Roy, & pour le fretage a eux faict des matelots

A este dit que tous ceux qui sortiront de lad. ville seront visitez par personnes denomez de Don Frederique pour recognoistre si ilz emporterons quelque chose contreuenant a l'accord.

Que les prisonniers qui seront en l'exercite de Don Fredrique seront restituez sans qui leurs soit faict aucun tort. Ceux qui sont sortiz de lad. ville de la Baya tant Soldats que mariniers estoient au nombre de deux mil hommes sans les mores & esclaues qui estoient la dedans. Estoit signé *Don Fedriques de Toledo. Le coronel Guillaume Stop.* Il a esté trouue en ceste ville enuiron deux cents pieces d'Artillerie tant grande que petites, quelque munition de guerre grande quantite de Zecina, qui est quelque espece de grain de ses quartiere la, & autres viures six cēt pipes de vin estimees a mil reaux chacune qui font deux cent cinquante florins de ceste monoye, quatre cent mil escus en monoye d'Or & d'Argent, lingos & autres choses de ceste qualite.

Iouxte la Copie venant de Spaigne. M. DC. XXV.

Vvarachtich verhael van't Accoort van Bresilien.

GOens-dach den 30. April den Heere Don Frederijck van Toleden geresolveert zijnde te doen assailleren dese plaetse / den anderen-dach smorghens wesende den Feest-dach van S. Jacques ende S. Philippus den Vyandt gaf teecken met eenen standaert datmen hem soude approcheren / den voorschreven Don Frederijck soude terstondt yemandt om te weten wat dat zy begheerden. Het was om seecker accordt te maecken / wien heeft met hun ghetracteert / maer mē kost in't v'Eirsten niet accorderen / aenghesien den Vyandt versocht te vele puncten / nietteghen-staende hy in groote noot was.

In't lesten sy zijn veraccordeert gheweest / ende is ghecondiționneert ghewest / dat den Vyandt soude de plaetse verlaeten / ende soude begheven allen het Gheschut / Schepen / ende Munitien / Wapenen / Victaillen / Coop-manschappen / Gout ende Siluer / Juweelen / Meublen / Morianen / Slaven / Peerden / Sloupen / ende Finelijck allen het ghene dat Inde voorschreven plaetse worde bevonden inde voorschreven Baeye.

Den voorschreven Coronel Olandoes soude over-geven den selven avont een poorte met het wacht aenden voorschreven Don Frederijck binnen de mueren derselver Stadt / ende dat den Don Frederijck hun soude bevrijden naer hun kontentement van hun lijfven ende andersints.

Den voorsz. Don Frederijck inden naem van zijne maiesteyt heeft gheaccordeert dat den Coronel Guilhelmon Stop met allen zijne Ministeren / Capiteynen ende Officieren ende andere luyden van offitie souden wt trecken met hun wapenen / ende de Soldaeten met het rapier alleneliijcken / ende noch moeste de selve vast ghebonden zijn / hebbende elck van hun liberteyt ghehadt wt te trecken met hunne kleederen ende drye hemden / eñ dat allen andere persoonen soo ter zee als te wateren ende eerden / sanden / oock wt trecken mette selve conditien / als Hollanders / Duytschen / Enghelschen / Franschoysen / is oock gheaccordeert dat sy souden hebben Schepen om hun t'embarqueren met vivres voor drye maenden en half / ende allen t'ghene dat sy van doen hadden voor hun voyage om te keeren naer Hollandt / maer en mochten niet van hun Scheptuen hebben / ende om dat sy mochte daer toe gheraecken met beter asseurantie / is hun toeghelaeten te vuercen met hun eenigher yser stucken ende is hun ghegheven passepoort om hun te bevrijden vande Spaensche Schepen die sy mochten rencontreren om dat zy in eenigher manieren niet en souden zijn qualijck ghetracteert / inghevalle sy houden den rechten Berch om naer Hollandt te vaeren / ende sullen ghehouden zijn pandt te laeten tot asseurantie vande voorschreven Schepen vanden Koninck / ende voor de betalinghe aen hun ghedaen vande Boots-ghesellen. Is oock ghecondiționneert dat allen die ghene die wt de voorsz. Stadt trecken souden / souden t'samen gevisiteert worden by gedenomineerde persoonen by Don Fredrick om te bemercken oft sy mede souden draghen dat soude contravenierē / het voorsz. accoord. Dat de ghevanghenen die bevonden sullen worden onder de macht vā Don Frederick / sullen gerestitueert worden sonder dat hun eenich leet sal gedaen worde.

De ghene die wt de voorsz. Stadt van Baya soo Soldaeten als Schippers waren in getal twee duysent mannen / sonder de Moren eñ Slaven die daer inne waeren.

In die Stadt zijn bevonden gheweest 200. stucken van grof-geschut soo groot als ghemeyne ende kleyne / eenighe munitien van oorloghe / groot quantite de Zecina / die seker specie is van graenen die wassen in dat quartier eñ andere victaillien / 600. Pypen van wynen oft vaders gheestimeert duysent realen t'stuck maeckende 250. guldens in die munte vier hondert duysent Croonen in Goudt ende Siluer / Lingos en noch meer.

Ghedruckt naer die Copye van Spaignien. Den 28. Junius 1625.

1625년 — 바이아 공성전인가, 아니면 슬루이스 공성전인가?

브라질에서 온 가짜 뉴스

익명의 제작자가 만든 브라질의 살바도르 다 바이아(Salvador da Bahia) 도시 지도는 언뜻 보면 평범한 마을 지도처럼 보인다. 하지만 이 지도가 역사적 중요성을 갖게 된 이유는 제작자도 예상치 못했을 것이다. 이 지도는 17세기 초에 사용된 '뉴스 지도'의 형식을 지니고 있는데, 이는 텍스트와 이미지를 활용해 다수의 독자에게 당시의 주요 사건을 전달하는 방식을 말한다. 지도에 그려진 뉴스는 1625년 4월 스페인과 포르투갈의 해군 연합이 바이아 더 토도스 오스 산토스(Bahia de Todos os Santos)•를 되찾은 사건이다. 1624년 5월, 네덜란드 서인도회사의 함대가 이베리아 연합왕국으로부터 만과 마을을 장악한 후, 브라질은 국제적 주목을 받았다. 특히 모든 유럽의 개신교도들은 스페인과 포르투갈의 치욕적인 패배에 기뻐했다. 암스테르담의 유명 지도 제작자 클라스 얀스 비셔(Claes Jansz Visscher)는 이베리아-아메리카 제국이 실제로 얼마나 취약한지를 지도로 보여 주었다. 따라서 스페인의 홍보 전문가들이 11개월 후에 이 마을을 탈환한 것을 찬양하기 위해 같은 접근법을 사용한 것은 놀라운 일이 아니다. 이 뉴스 지도들은 소규모 미디어 전쟁이라고 부를 수 있는 사례이다.

이 지도를 만든 익명의 제작자는 당시 스페인 제국의 일부였던 남부 네덜란드에서 활동했던 사람으로 보인다. 문제는 그가 살바도르 다 바이아 주변 지역의 지리를 전혀 모른다는 점이었다. 이미 유럽 전역에 재탈환 소식이 퍼져 있었기 때문에, 시간이 부족했던 그는 창고에서 잠자던 오래된 목판을 사용할 수밖에 없었다. 이 목판화는 원래 1621년 9월 스페인군의 슬루이스(Sluis) 포위전을 묘사한 것으로, 제작자는 새로운 용도에 맞게 수정을 가했다. 예를 들어 그는 브뤼헤(Bruges), 담메(Damme), 아르덴부르크(Aardenburg), 그리고 슬루이스와 같은 지명들을 삭제하고, '브라질(Bresil)'과 '몬테뉴(Montaignes)'와 같은 단어들을 추가했다. 후자는 이전에 제우스 플란데런(Zeeuws-Vlaanderen)의 모래언덕이었던 '산'을 나타낸다. 4년 후 군대의 움직임은 '접근(les approachs)'이라는 단어와 함께 지도상에 새로운 역동성을 불어넣었다. 지도 제작자는 또한 목판 밑부분에 이것이 정말로 "브라질을 묘사한 것"이라고 썼다.

이 뉴스 지도를 구매한 많은 사람들이 부정확성을 간파했는지에 대해서는 논란의 여지가 있다. 17세기 초 유럽에서의 브라질에 대한 지식은 극히 제한적이었으며, 대부분은 가정과 고정 관념에 기반을 두었다. 뉴스 지도를 읽는 사람들 중 바이아 더 토도스 오스 산토스가 네덜란드 서부 쉘트와 전혀 비슷하지 않다는 사실을 아는 사람은 거의 없었을 것이다. 그리고 아마도 당시에는 지금처럼 지리적 정확성이 그렇게 중요하지 않았을 수도 있다.

오히려 더 중요했던 것은 돈 파드리케 더 톨레도(Don Fadrique de Toledo) 제독이 지휘하는 스페인-포르투갈 연합 함대의 승리에 대한 자세한 묘사였다. 그는 스페인으로 귀환했을 때 진정한 해상 영웅으로 환영받았다. 이 기록은 매우 방대하여 '주석'으로 간주하기 어려울 정도이며, 네덜란드 군대의 굴욕적인 항복과 패배한 적군이 신대륙을 떠날 수 있도록 허용한 파드리케의 관대함을 묘사하고 있다. 또한 출판사는 네덜란드 세력의 항복과 이탈에 대한 설명을 프랑스어와 네덜란드어로 모두 추가했다. 그것은 지도 제작자인 암스테르담의 출판사 비셔가 1년 전에 했던 것과 같이 국제 독자층을 대상으로 했다는 것을 시사한다. 이 뉴스 지도는 안트베르펜의 출판사인 아브라함 베르호벤의 직원 누군가에 의해 만들어졌을 가능성이 높은데, 원래 이 출판사는 스페인의 선전과 거의 유사한 뉴스를 전문적으로 다루었다. 이 출판사는 몇 년 전 슬루이스 포위전의 지도를 출판했을 뿐만 아니라 국제 유통망을 가지고 있었기에, 다언어 텍스트는 상업적 관점에서 가치가 있었다.

제작자: 미상 **제목:** 브라질 앞바다 만에 도착한 스페인 해군
발행지: 미상 **발행일:** 1625년 **기법:** 목판화 및 활자 인쇄
크기: 40.2 x 30.7cm **축척:** 약 1:120,000 **방위:** 북쪽이 위쪽
소장처: 보델 니젠하위스 컬렉션

• 포르투갈어로 '모든 성인의 만(灣)'이란 뜻으로, 브라질에서 가장 큰 만이며 전략적으로 매우 중요한 곳이었다. 식민지 시대에는 남반구에서 가장 큰 수출항 중 하나였으며, 설탕 무역과 아프리카 노예무역에서도 중요한 역할을 했다.

13

아브라함 베르호벤이 1621년 슬루이스 포위전에 대해 제작한 뉴스 지도. (암스테르담의 국립미술관 소장)

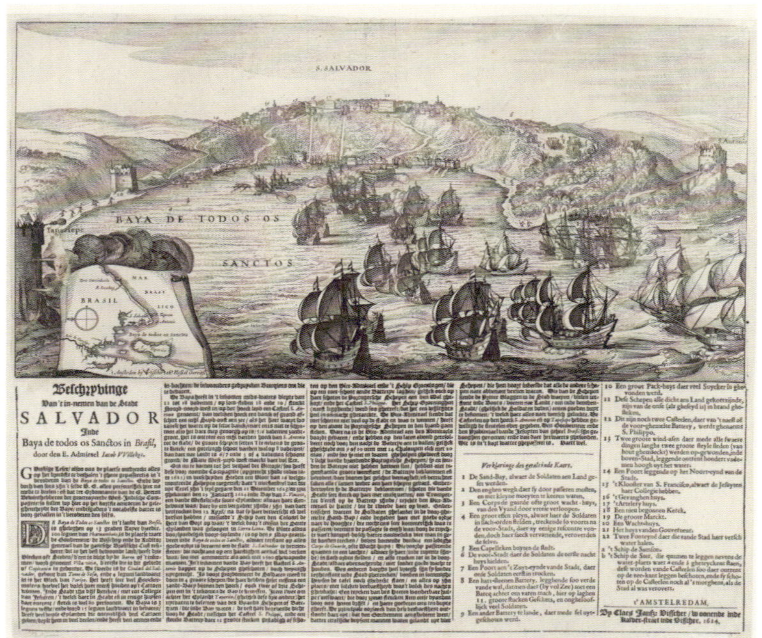

네덜란드인에 의한 살바도르 점령에 대한 뉴스 지도. 클라스 얀스 비셔 제작. 1624년. (암스테르담 국립미술관 소장)

그러나 이 뉴스 지도 뒤에 있는 야심찬 계획이 실제로 실현되었는지는 불분명하다. 이 출판물의 다른 사본은 알려져 있지 않으며, 이는 국제적인 영향의 증거가 있는 다른 많은 17세기 뉴스 지도들과 대조적이다. 아마도 뉴스 지도가 급하게 편집되었기에 상업적으로 성공하지 못했을 것이다. 제목의 첫 두 단어인 'La rivee'는 'l'arrivée'의 오타로, 철자 오류는 시간에 쫓겨 이 지도가 급히 만들어졌음을 보여 준다. 게다가 지도 제작자들은 최소 20년 전부터 목판보다는 세부적인 묘사가 가능한 동판 인쇄를 선호했으며, 이로 인해 바이아 뉴스 지도는 시대에 뒤떨어진 구식으로 보였다. 또한 텍스트가 종이 위에 부주의하게 배열되고 다양한 글꼴과 크기의 혼합으로 인쇄되는 등 1625년의 전문 인쇄업자 베르호벤이 분명 부끄러워했을 법한 방식이었다. 이러한 명백하게 보이는 결함들은 아마도 더 자세히 조사해 보면 매우 인상적으로 보였을 지리적 변화보다 독자들에게 더 큰 인상을 주었을 것이다.

1621년 슬루이스 포위전에 대해 프란스 호겐베르크가 만든 뉴스 지도.

한편 지도는 1621년 스페인의 슬루이스 포위전을 나타낸 지리적 표현을 4년 후 브라질의 바이아 더 토도스 오스 산토스에 관한 뉴스 지도로 어설프게 재사용된 특이한 사례이다. 이러한 수정은 지도 제작 실천에 대한 흥미로운 통찰을 제공하는데, 하나는 작업장의 효율성과 신속한 이익을 얻고자 하는 동기가 17세기 초 소비자들이 익숙해진 지리적 정밀함과 상충된다는 점이다. 다른 하나는 강력한 정치적인 목적 때문에 가짜 뉴스가 만들어지는 것이 최근에만 일어난 일이 아니라는 점이다. 예전부터 가짜 뉴스는 존재했다. 1625년 유럽에서는 브라질에 대한 지리 지식이 부족한 상태였고, 이 때문에 독자들은 지도의 정확성을 확인할 수 없었다. 이 때문에 지도 제작자는 슬루이스 지도를 바이아 지도로 바꿔치기하는 계산된 도박을 했던 것이다. 하지만 이 도박이 성공했는지는 확인하기 어렵다. 분명한 것은 17세기에도 지도 정보를 사용하는 이들이 속임수에 주의해야 했다는 사실이다.

DE EYLANDEN ENDE VASTELANDEN VAN WESTINDIEN OP DE NOORDZEE:
curiooslijck betrocken,
met Octroy
van de Hoogh Moghende Heeren de Staten Generael der vereenighde Nederlanden:
ende den E.E. Heeren Bewindhebberen der Geoctroyeerde west Indische Compagnie ghedienstigh opghedraghen,
door Hessel Gerrits.
COSTA DE LA FLORIDA.
ACAD. LUGD. BAT. BIBL.
CVBA
YVCATAN.
NVEVA ESPAÑA.
HONDVRAS
NICARAGVA.
COSTA RICA
VERAGVA
CVBA
Het Canael tusschen Havana, den Cuba, en de Tortugas en Martyres aen Cabo de la Florida, in groot besteck.
Tot Amsterdam, bij Hessel G

Plaets van de Bermuda in de Pascaert.
De Bermuda is gheleyt omtrent op de streeck soo als die wordt beseylt van by de Caicos, van by Mona, ende van by Anguilla ende Sombrera uytlopende: Maer die ghene die het Canael van Bahama uytcomen (welcke veeltyts door de stroom herdt om Oost ghevoert worden) moghen, is het dat sy genootsaeckt syn op de trá van de Bermuda te comen, daer na uytsien als sy met haer Steck in desen syn N. en S. met Saona.
La Bermuda
Tropicus Cancri
ESPANOLA
Barbada
Dominica
S. Vincent
Granada
Tabago
Trinidad
VENEZVELA.
Paria.
GVAIANA.
NVEVO REYNO.
Cartagena
Sta. Martha.
Duytsche mylen 15 op een graedt
Spaensche leguas 17½ op een graedt
Engelsche leagues 20 op een graedt
op Margarita ende daer by
a Macanao
b Porto Mosquito
c Porto magno
d S. Pedro
e Morro negro
f I. Cohaua
g I. Coetza
hoeck vande Doelestraet.

14 1631년 — 먹잇감으로의 대서양 세계

헤셀 게리츠와 네덜란드 서인도회사의 설립

스페인 왕 펠리페 4세의 거대한 제국이 1625년에서 1650년까지의 기간 동안 적대적인 공격에 취약했다는 것은 공공연한 비밀이었다. 또한 매년 아메리카 대륙에서 스페인으로 운송되는 은이 스페인의 지정학적 전략의 약점이라는 것도 잘 알려져 있었다. 그러나 공격이 정확히 언제 어디서 일어날지 예측하기는 무척 힘든 일이었다. 80년 전쟁(1568-1648) 기간 동안, 신생 네덜란드 7개 주 공화국은 스페인으로의 은 수송을 막기 위해 전력을 다했다. 네덜란드가 1630년 브라질에서 있었던 정복 전쟁에서 승리한 후, 새로운 네덜란드 서인도회사의 이사들은 암스테르담의 지도 제작자 헤셀 게리츠(Hessel Gerritsz, 1581-1632)가 만든 이 지도를 가지고 다음 해에 어디를 공격할지를 계획할 수 있었다.

1621년 6월 3일에 설립된 네덜란드 서인도회사는 당시의 진취적인 기업가들에게 큰 기대와 희망을 주었다. 사실 이 회사의 계획은 15년 전부터 준비되어 있었으나, 1606년 스페인-네덜란드 외교 관계 개선의 일환으로 중단되었고, 1609년부터 1621년까지는 12년간 휴전의 영향을 받았다. 전쟁이 재개된 직후 네덜란드 서인도회사가 설립된 것은 예상된 바였다. 이 회사는 아시아에서 활동하는 네덜란드 동인도회사보다 더 적극적으로 스페인 왕에 맞서 새로운 전선을 개척할 전쟁 도구로 의도되었다. 이런 면에서, 1630년 브라질 정복은 네덜란드 서인도회사가 스페인에게 가한 첫 번째 타격이었다. 브라질 북동부의 레시페(Recife)에 네덜란드가 거점을 마련한 것은 전략적으로 중요한 사건이었는데, 이는 설탕 무역뿐만 아니라 항구를 떠나는 선박들이 카리브해로 항해하여 스페인의 배들을 공격할 수 있었기 때문이다. 이는 스페인 왕이 현재 파나마의 포르토벨로(Portobelo)와 콜롬비아에 있는 카르타헤나(Cartagena)와 같은 핵심 거점들을 강화하기 위해 지속적으로 투자하도록 유도했다.

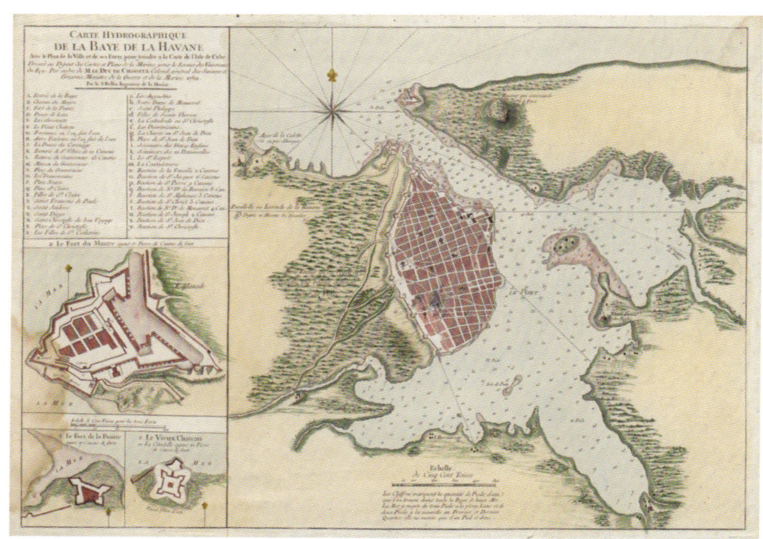

1762년 자크 니콜라 벨린에 의해 제작된 아바나만의 지도.

언뜻 보기에, 헤셀 게리츠의 서인도제도와 아메리카 대륙에 대한 묘사는 다소 정적으로 보일 수 있다. 그러나 그 지도는 양피지에 인쇄되어 있어 장기간 사용하기에 적합했다. 실제로 1631년부터 이 기념비적인 항해 지도는 아메리카 대륙에서 다음 단계의 해상 공격 작전의 출발점이 되었고, 1640년대 중반까지 지속적으로 사용되었다.

1617년부터 공식적으로 네덜란드 동인도회사의 지도 제작자로 활동한 게리츠는 네덜란드 서인도회사에서 같은 직책을 맡지는 않았지만, 서반구에서의 네덜란드 확장 계획에 관심이 많았다. 당시 대서양 세계에 대한 지식의 경계를 이해하기 위해서는 당대에 만들어진 지도를 보면 된다. 스페인이 통제하던 플로리다반도의 웅장한 묘사, 과대 표현된 바하마제도들, 유카탄과 멕시코 본토를 잇는 상대적으로 가느다란 육교, 그리고 쿠바의 비교적 짧은 동서축 길이는 네덜란드가 카리브해 북부 지역의 정확한 정보를 가지고 있지 않았음을 시사한다. 반면 파나마 지협에서부터 기아나제도의 최서단에 이르는 남아메리카의 북쪽 해안은 서인도제도의 자연적인 외곽 경계를 형성하는 섬들이 고리 형태로 상세하게 묘사되어 있다. 이것은 게리츠가 이들 지역을 직접 여행한 네덜란드 모험가들이 경험한 내용을 바탕으로 지도를 그릴 수 있었기 때문이다. 1628년 게리츠는 서인도제도를 정확하게 묘사하기 위해 아드리아엔 얀스 파테르 제독(Admiral Adriaen Jansz Pater, ?-1631)이 이끄는 탐험대와 함께 여러 차례 카리브해를 여행하기도 했다. 따라서 이 지도는 부분적으로 지도 제작자 자신의 관찰에 기초해서 작성된 것이다.

서인도제도는 1625년에서 1650년까지 네덜란드 서인도회사의 중요한 거점 중심지로 남아 있었다. 게리츠의 지도에 있는 쿠바 북서부

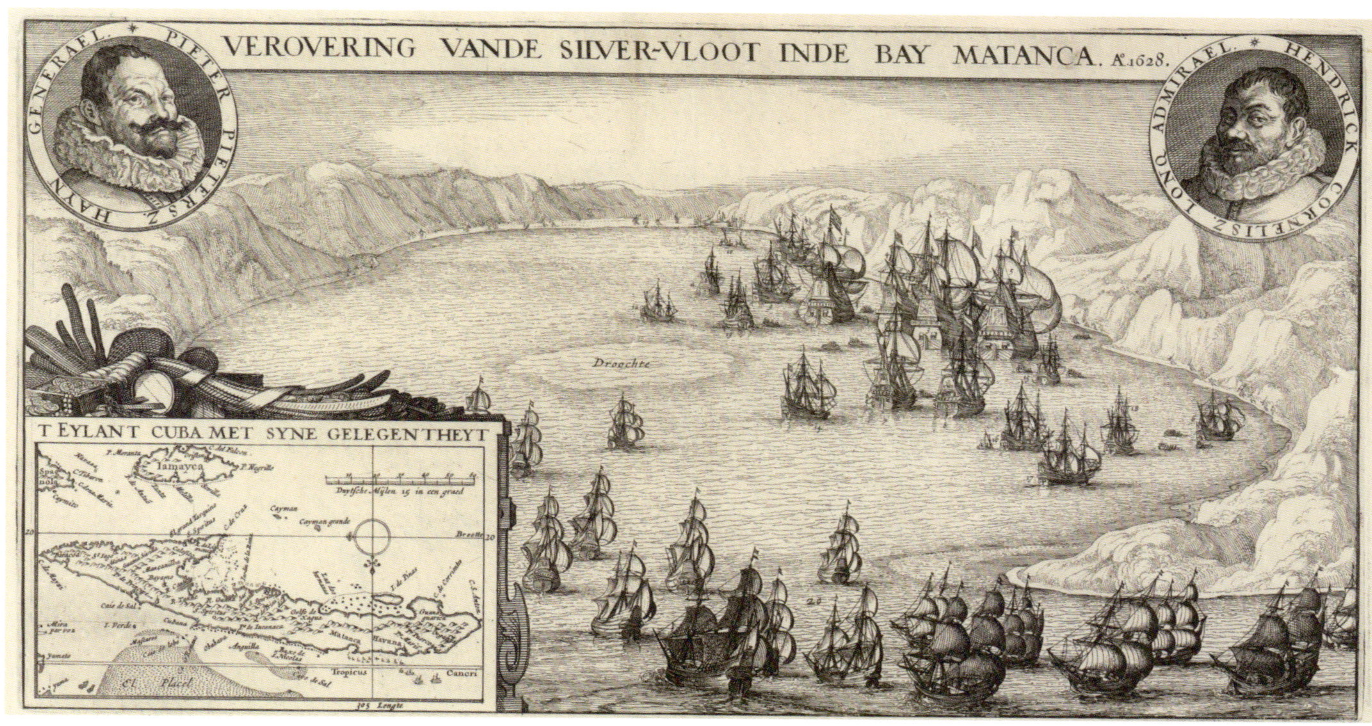

1628년 피에트 하인이 마탄자스만에서 은 함대를 탈취한 사건에 대한 뉴스 지도. 클라스 얀스 비셔 제작. (Amsterdam, Rijksmuseum)

해안은 왼쪽 하단 모서리에 상세 지도를 삽입해 강조되고 있다. 16세기 후반부터 스페인 왕의 두 편의 정기적인 은 수송함대는 카리브해 전체에서 가장 좋은 자연 항구 중 하나인 아바나에서 출발하고 있었다. 그들은 각각 멕시코 베라크루스와 포르토벨로에서 출발한 후 아바나에서 합류하여 카디스(Cádiz)로 돌아오는 위험한 여정을 함께했다. 게리츠가 자신의 지도에 쿠바의 상세 지도를 제작하여 삽입하기 3년 전, 역사는 이미 지도 제작자에게 올바른 방향을 제시하고 있었다. 네덜란드 서인도회사의 지휘관 피에트 하인(Piet Heyn, 1577-1629)은 1631년 아바나에서 동쪽으로 80km 떨어진 마탄자스만에서 스페인 수송선 일부를 점령했다. 이 지역은 정확히 게리츠의 지도가 상세하게 표현한 지역의 한가운데에 해당한다. 네덜란드 서인도회사에 고용된 수많은 다른 제독들과 함대 선장들은 피에트 하인의 훌륭한 발자취를 따르려고 했지만, 그들 중 누구도 스페인의 은 수송 함대를 납치하는 데 성공하지 못했다. 그래서 얀 얀스 반 호른, 마르틴 티센, 피터르 아드리안츠 이타는 네덜란드 국민들의 집단 기억에는 남지 못했다. 코르넬리스 졸(Cornelis Jol, 1597-1641)은 인력 부족으로 돈 카를로스 더 이바라가 이끄는 스페인 은 함대를 납치하지 못했고 결국 스페인 은 함대는 플로리다해협을 통해 탈출하였다.

그럼에도 불구하고 몇몇 의외의 성과가 있었다. 이후 몇 년 동안, 헤셀 게리츠의 양피지 지도는 네덜란드 서인도회사가 카리브해에서 여러 영토적 성공을 거두는 데 중요한 역할을 했다. 1634년에 정복된 퀴라소(Curacao)는 이후 수십 년간 대서양 노예무역에서 중요한 연결고리가 되었다. 1630년대에 보나이르(Bonaire)와 세인트 마틴(Saint Martin), 그리고 미국 본토 해안에 있는 토바고섬이 네덜란드 서인도회사의 손에 넘어갔다. 이 섬들 중 일부가 여전히 네덜란드 왕국의 일부로 남아 있는 것은 헤셀 게리츠의 지도 덕분에 시작된 공격적인 지정학적 전략의 성과로 볼 수 있다.

제작자: 헤셀 게리츠 **제목:** 서인도제도와 육지를 정교하게 그린 지도
발행지: 암스테르담 **발행일:** 1631년 **기법:** 양피지에 동판 인쇄
크기: 51 x 71cm **축척:** 약 1:650,000 **방위:** 북쪽이 위쪽
소장처: 보델 니젠하위스 컬렉션

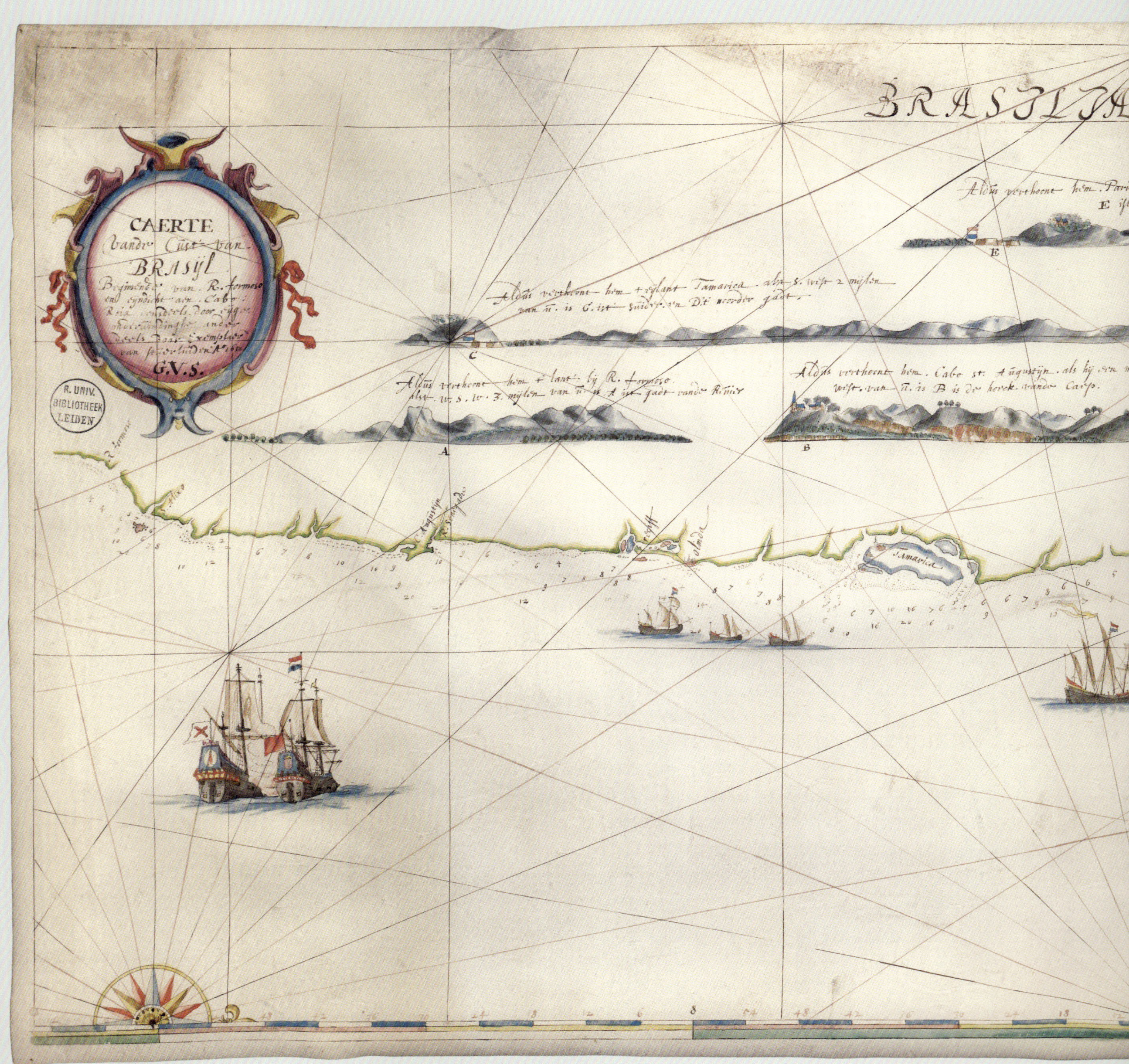
CAERTE
vande Cust van
BRASYL
R. UNIV.
BIBLIOTHEEK
LEIDEN

ÆRS
Pariba
Duytsche mylen .15. voor een graedt

15 1632년 — 브라질 해안에 대한 등록 절차

겔라인 반 스타펠스의 희귀한 항해 지도

네덜란드 동인도회사의 무역 지역과 비교할 때, 네덜란드 서인도회사가 활동한 대서양 지역의 수작업 해도는 상대적으로 적게 남아 있다. 1621년 설립된 서인도회사는 헤셀 게리츠(Hessel Gerritsz, 1581-1632)를 공식 지도 제작자로 고용했으며, 그는 회사의 지도 독점 공급자로 활동했다. 게리츠가 사망한 후 블라우(Blaeu)와 빙분(Vingboons) 가문이 주요 지도 제작자로 활동했지만, 그들이 공식적인 지도 공급자로 임명되었는지는 확실하지 않다. 1630년 헨드릭 론크(Hendrick Lonck, 1568-1634)의 지휘하에 네덜란드는 포르투갈로부터 전략적으로 중요한 장소인 브라질의 레시페와 올린다를 탈환했다. 다음 해에 그들은 브라질의 북동쪽 해안 지역 전체에 영향력을 확장할 수 있었다. 네덜란드인들은 브라질에 오래 머무르지는 않았고, 1654년에 포르투갈이 해당 지역을 되찾았다. 네덜란드령 브라질 북부 지역을 나타내는 이 양피지 지도는 네덜란드인들의 초기 거주 기간 동안 겔라인 반 스타펠스(Gelein van Stapels)가 작성했다. 이 지도는 그 지역을 손으로 그린 마지막 지도 가운데 하나이다.

겔라인 반 스타펠스의 출생 시기와 장소는 확실하지 않으나, 벨기에 플랑드르 출신일 가능성이 높다. 1612년에 그는 네덜란드의 블리싱겐(Vlissingen)에 있는 네덜란드 개혁 교회의 교인이 되었다. 1625년부터 1634년까지, 반 스타펠스는 네덜란드 서인도회사의 젤란트 상공회의소에서 근무하였으며, 여러 차례 카리브해로 항해를 떠났다. 1625년에 반 스타펠스는 그로에네 드라크호를 타고 와일드 코스트라 불리는 기아나와 수리남 해안지대와 소앤틸리스제도를 항해했다. 1628년 그는 다시 중앙아메리카로 떠났는데 이번에는 포르투인호의 선장으로 항해하였다. 1629년부터 1630년까지 아마존, 기아나, 카리브해를 항해하였고, 이때 그가 꼼꼼히 작성한 일지는 현재까지 남아 있다. 이 항해에 대한 설명에는 그가 그린 여러 지도도 포함되어 있으나, 브라질 해안의 지도 외에는 알려진 것이 거의 없다. 1631년에는 야거호의 선장으로 브라질로 출항하여 리오그란데 하구에서 벌어진 해전에 참가했고, 1632년 11월 젤란트로 돌아온 후, 그는 다시 한번 아메리카로 여행을 떠났다. 1633년 그는 형 제인과 함께 야거호를 타고 기아나 카옌(Cayenne)으로 항해했다. 겔라인 반 스타펠스에 대한 마지막 기록은 네덜란드 서인도회사의 문서에서 찾을 수 있다.

1634년 6월 1일, 젤란트 지방의 관리자이자 농장 소유자인 아브라함 반 페레(Abraham van Pere)는 카리브해 탐험에 관한 계약을 맺었다. 계약서에 따르면, 선박은 목재를 싣기 위해 섬에서 기다리고 있던 반 스타펠스를 찾아야 한다고 명시되어 있다. 반 스타펠스는 그 섬에서 사망한 것으로 보이는데, 이후 기록에서 그에 대한 언급이 없기 때문이다.

1631년 중반부터 1632년 중반까지 브라질의 네덜란드 식민지 초기에 반 스타펠스는 레시페에 본부를 두고 잠시 선장직을 맡았다. 그는 항해도를 포함한 배의 장비를 관리했다. 아마도 이 해도는 주 정부를 위해 그렸을 것이다. 반 스타펠스는 지도를 작성함에 있어 일부는 자신의 경험을 바탕으로 하였고, 나머지는 동료들이 제공한 정보를 바탕으로 작성했다고 언급했다. 그가 어떤 지도를 근거 자료로 사용했는지는 알려지지 않았으나 포르투갈의 해도를 사용했을 가능성이 높다. 이 해도는 네덜란드 서인도회사의 고위 관리인 요하네스 반 발베크(Johannes van Walbeeck, 1602-1649)가 이끈 탐험의 결과로 작성되었으며, 그는 1630년 봄 이 지역의 해안을 지도화하기 위해 탐험대를 조직했다. 반 스타펠스의 지도는 이후 정교하게 보완된 버전일 것이며, 1632년에 네덜란드 7개 연합 공화국의 의회에 보내진 사본으로 추측된다.

이 브라질 해안의 양피지 지도는 해도의 모든 요소를 갖추고 있다. 지도 전체에는 나침반 선이 바로 그어져 있다. 왼쪽 아래와 오른쪽 모서리에는 반 스타펠스의 항해 일지에 나타난 것과 같은 스타일의 나침반 장미가 2개 있다. 오른쪽 하단의 카르투슈에는 축척 막대가 있고, 위도는 아래쪽 여백을 따라 표시되었다. 묘사된 해안의 부분은 남쪽으로 약 5도에서 9도 사이의 위도를 포함한다. 해도의 또 다른 특징은 해안선과 해안 종단면을 조합한 삽화가 있다는 것이다. 반 스타펠스는 곶, 하구, 섬, 정착지로만 해안선 지도를 만들었다. 추가로 해상 깊이와 얕은 여울을 기재했다. 왼쪽에는 레시페와 올린다가 표시되어 있고 조금 더 북쪽에는 타마리카섬(현재의 이타마라카)과 정착지가 그려져 있

1630년 콜롬비아 산타 마르타에 대한 네덜란드의 공격을 기록한, 반 스타펠스의 선박 항해 일지에 수록된 지도. (Middelburg, Zeeuws Archief)

다. 더 북쪽으로 가면 파리바(현재의 주앙 페소아 근처의 파라이바)의 하구와 정착지가 보이고, 리오그란데강의 어귀에는 네덜란드인들이 퀼렌(Keulen, 현재의 나탈)이라고 부르는 요새가 보인다. 내륙에 그려진 4개의 해안 윤곽은 해안이 어떻게 생겼는지 보여 준다. 반 스타펠스는 해도의 맨 남쪽 끝, 헤시피 남쪽의 성 아우구스티누스 곶, 이타마라카섬, 그리고 파라이바강에서 볼 수 있는 리오 포르모소강의 윤곽을 그렸다. 지도 제작자는 후자의 두 곳에 네덜란드 국기를 추가했다. 그러나 파라이바는 아직 네덜란드가 점령하기 전이었다. 네덜란드 공화국은 1634년까지 포르투갈로부터 파라이바를 점령하지 못했다.

바다에 있는 몇몇 배들에도 네덜란드 국기가 그려졌다. 왼쪽에는 네덜란드 함선이 스페인-합스부르크 제국의 국기인 부르고뉴 십자가를 달고 있는 함선과 싸우고 있다. 대포의 연기가 배들 사이에 자욱하다. 1631년에 반 스타펠스는 리오그란데 해전을 경험했지만, 그는 이 장면을 실제보다 더 남쪽으로 그렸다. 아마도 1630년 네덜란드의 레시페 정복을 묘사한 것일 수도 있다. 그리고 마지막으로, 맨 오른쪽에 그려진 바다 괴물을 볼 수 있다. 17세기 초반에 이미 바다 괴물들이 해도에서 점차 사라졌기 때문에 흥미로운 요소이다. 카르투슈, 배, 바다 괴물, 그리고 색상으로 완성된 해안 윤곽은 이 해도가 처음에는 항해나 다른 실용적인 용도로 사용되지 않았음을 나타낸다. 이는 네덜란드 공화국의 의회를 위한 전시용 사본으로 작성되었다는 설명과 잘 들어맞는다.

네덜란드 동인도회사가 18세기 중반까지 자신의 무역 지역에 대한 상세한 지도 자료를 비밀로 유지하려 했던 반면, 네덜란드 서인도회사는 17세기부터 대서양 지역의 자료를 공개하기 시작했다. 반 스타펠스가 그의 지도를 그린 지 얼마 지나지 않아, 네덜란드령 브라질의 해안 지도가 인쇄되기 시작했다. 예를 들어, 빌럼 혼디우스는 벽 지도를 출판했고 요안 블라우는 1647년에 게오르크 마르크그라프에 의해 혼합된 육지와 바다 지도를 제작했다. 1683년에는 요하네스 반 퀼렌의 상세한 항해 지도집인 『새롭고 거대한 빛나는 해양 횃불(De Nieuwe Groote Lightende Zee-Fakkel)』 제5권이 등장했다. 여기에는 아프리카와 브라질의 해안이 수록되어 있다. 이런 출판물들의 결과로, 반 스타펠스가 그린 해도는 기능을 잃었고 더 이상 복사본이나 수정된 버전을 그릴 필요가 없어졌다.

제작자: 겔라인 반 스타펠스
제목: 브라질 해안 지도-포르모소강에서 로이아 곶까지
발행지: 레시페 **발행일:** 1632년 **기법:** 양피지에 필사
크기: 38 x 83cm **축척:** 약 1:570,000 **방위:** 북쪽이 오른쪽
소장처: 보델 니젠하위스 컬렉션

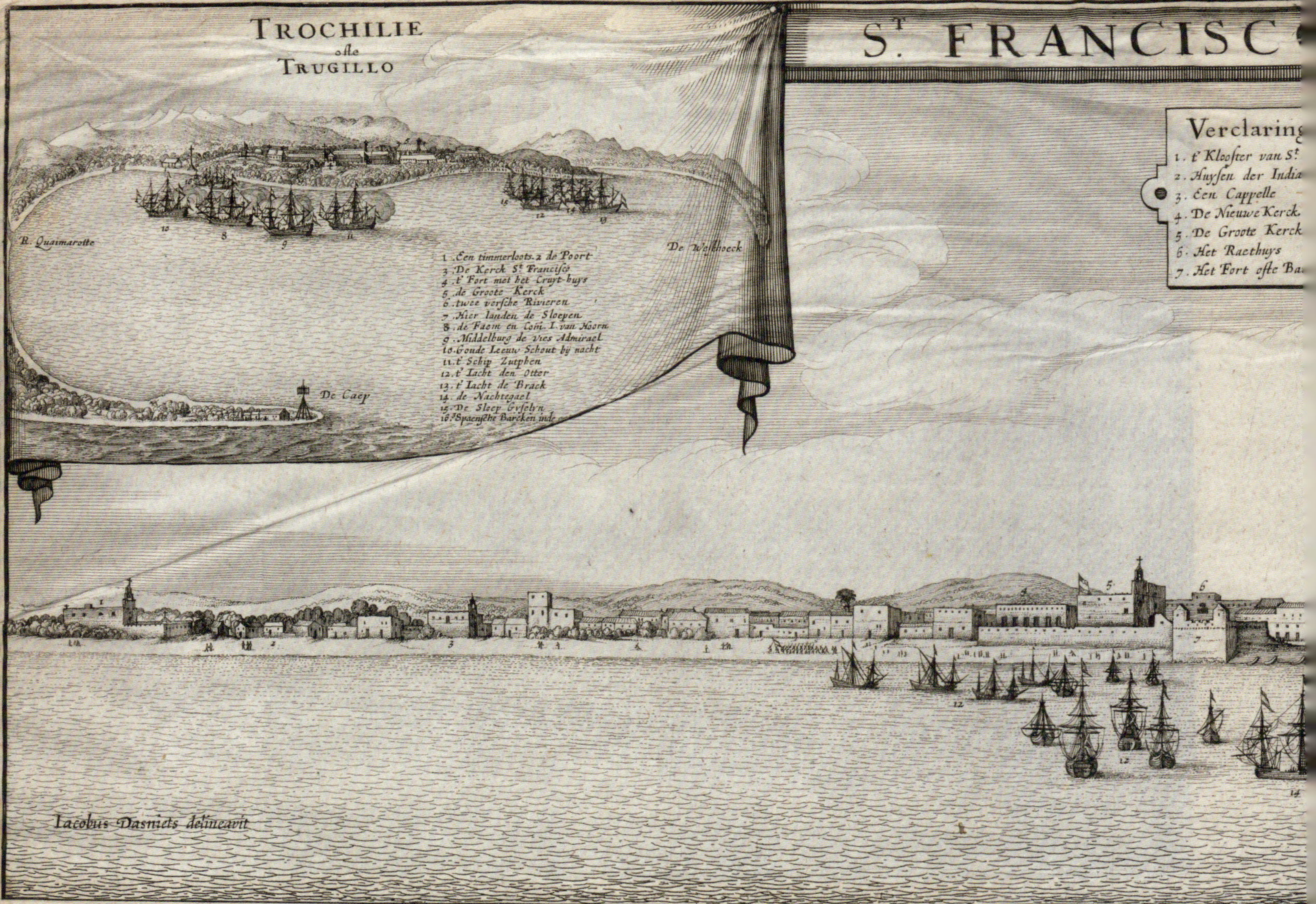

Cort en bondigh verhael van de gelegentheydt ende 't veroveren der Steden St. Francisco de Campetie, ende Trochille, beyden ghelegen in West-Indien.

De E. E. Heeren Bewind-hebberen der Geoctroyeerde West-Indische Compagnie/ om gewichtige redenen goet ghevonden en beraemt hebbende/ uyt hare Vergaderinghe twee vanden haren te senden naer Pharnambuco/ om aldaer het Commando ofte opper-gebiedt uyt haerder alder name te voeren/ hebben daer toe beweeght den E. Heer Mathijs van Ceulen, ende den E. Heer Iohan Gyselijn, en is naer alle behoorlijcke preparatie en gegeben instructie/ de ghemelte E. Heer van Ceulen uyt Texel 't zeyl gegaen den 8. October 1632. met 3. wel gemonteerde Schepen/ als/ de Fama, Zutphen, en 't Jacht den Otter, op hebbende te samen ontrent 450. koppen/ ende souden ...

... egael, ende de Sloep Gyselijn vande Vloot gheschepden/ ... den last haer mede ghegeven/ de resterende Schepen zeylen ... Vaderlant/ en zijn door Gods genade het Gadt van Texel ... men den 11. November 1633.

Briefve & naifve relation de la situatio... prinse des villes S. Francisco de Campeche & Tr... és Indes Occidentales.

MESSIEURS les Directeurs de la Com... Octroyee des Indes Occidentales, ayans po... raisons de grande importance trouvé bon ... voyer deux de leur Assemblee à Fernambuco pour ... mander de leur part avec pleniere commission, chois... cest effect les Seigneurs Matthieu van Keulen & Jea... selin, & apres deue preparation, ledit Sieur van K... chargé de toute instruction, partist de Texel le huic... jour du mois d'Octobre l'An 1632. avec trois N... bien esquippez, appellez la Fame, Zutphen & Lout... quippez environ de quatre cents cinquante hommes, ... autres Navires le Lyon Rouge & Middelbourg le... voyent suivre de Zelande avec ledit sieur Gijselin, & ... arresté qu'ils se trouveroyent l'un l'autre soubs l'I... May ou de Sainct Vincent, ou lesdits trois navires fu... mez vindrent à la rade le douziesme de Novembre ... mais n'y trouvans que fort peu de rafraischissement, ... partirent deux jours apres, sans attendre les deux n... de Zelande, laissans en terre un petit Coffre avec ... pour adviser lesdits navires de ce qu'ils auroyent a... Le 23 du mesme mois ils apperceurent un navire ... gnol de quelques quatrevingts Tonneaux, venant de... dera vers Parayba, chargé de cent cinquante Pipes d... de Canarie, linge, voiles, estoffes de diverses couleurs ... les Soldats, & quantité de confitures, Marmelades, ... gues de Chevres, Aulx, Oignons & choses semblabl... vindrent merveilleusement bien à point. Le Mais... Patron du navire, un Prestre, & les autres Matelo... rent distribuez és navires de la Flotte, & le navire ... gnol fust esquippé de quelques gens de la Flotte, &

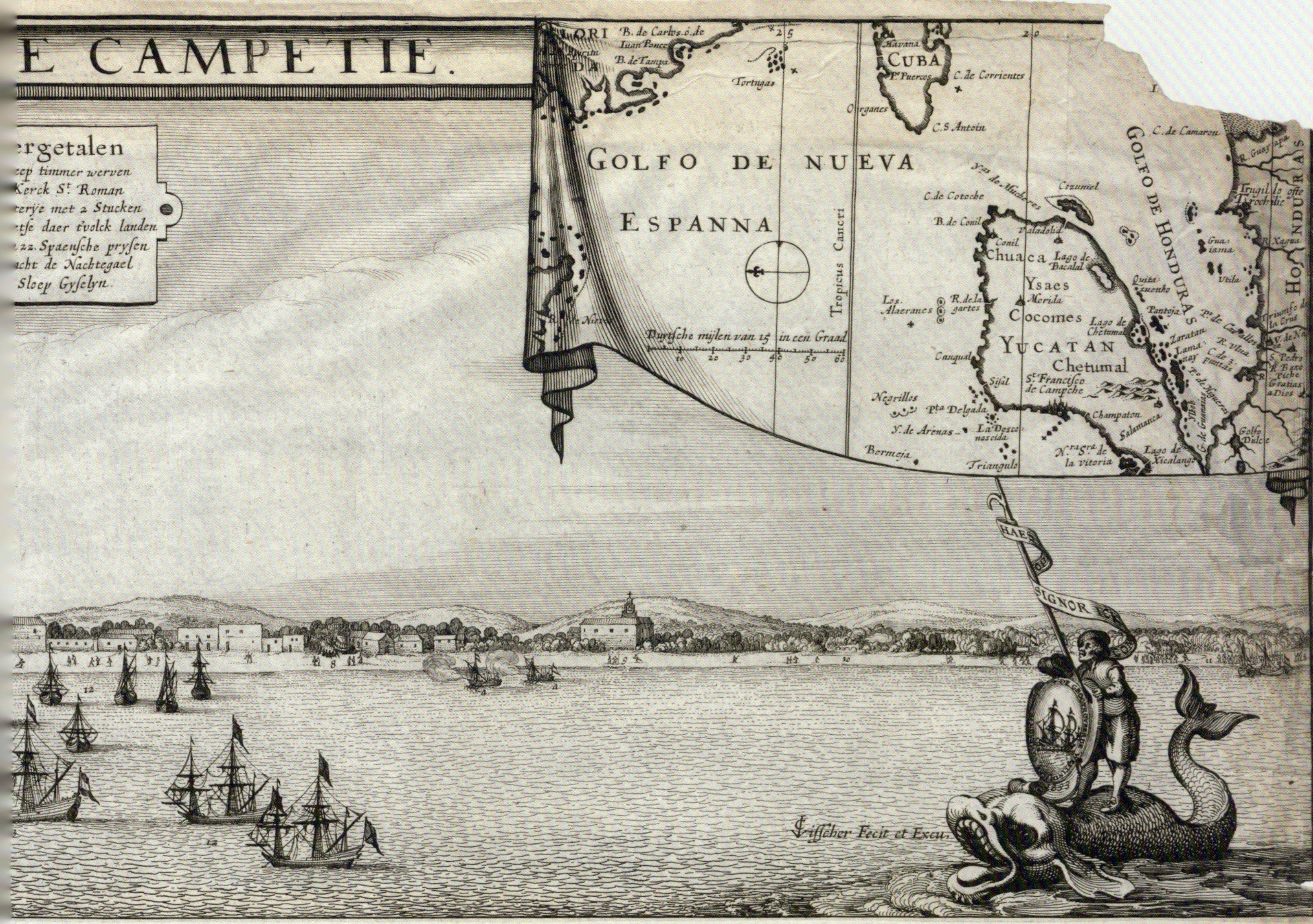

…nbre les quatre navires arriverent heureusement …ıbuco, ou ledit Seigneur van Keulen fust reçeu …de joye & resiouissance, plusieurs Chalouppes …enues accueillir, & à son entree on fist tirer tous …s des Forts. Incontinent apres l'arrivee desdits …s on commença à mettre ordre aux choses neces… …Colonel Wardenborg, le Lieutenant & plusieurs …s principaux Officiers eurent charge de retourner …nde, demeurant le maniemẽt des affaires és mains …s van Keulen, Gijselijn & ceux qu'ils establirent …s Conseilliers. Or comme ils avoyent grand desir …r les desseins de la Compagnie, ils prindrent reso… …faire esprouver & sentir aux Espagnols la puis… …ge conduite & valeur des Hollandois. A ceste fin …squipper une Flotte de huict navires, appellees … Middelbourg, Lyon doré, Zutphen, le Patache …e Brachet, le Rossignol & la Chalouppe Gijselijn. …res furent esquippez de courageux Officiers, Sol… …latelots qui s'y embarquerent le 23 & 24 d'Avril … & le Sieur Gijselijn les fist passer monstre le 26 … Ludolph Teugel estoit Commandeur de ces …s. Toutes choses estans apprestees, on haussa les …ur le soir, & le lendemain Jean Ieansson van Horn …andeur de la Flotte fist appeller au bord de son na… …s ceux du Conseil, leur faisant jurer le serment de … quoy faict, il fist ouvrir la secrete instruction, de… …t a un chascun son advis touchant les moyens de la …ecuter au plus grand profit de la Compagnie. Alors …i ordonné quelle portion de viande & boire qu'on …oit a chasque homme journellement, afin de ne … en disette & manquement par la longeur du voya… …tre inconvenient. Le deuxiesme de May tout le … fust derechef appellé à bord du Commandeur, le… …donna que le Patache Loutre, le Brachet, & la Cha… …Gijselijn iroyent vers Marangan, pour veoir s'il y … quelques navires Espagnols, & les prendre s'il y …noyen. Le septiesme de May fust donné à tous les … l'ordre qu'ils avoyent de observer, & lors toute la …passa la Ligne, arrivant le 20 au dessoubs de l'Isle …e, ou par advis du Conseil fust resolu de envoyer en … Vice Admiral Pieter Iansson, & le Secretaire Ja… …sniets pour traiter avec le Gouverneur de ladite …btenir quelques rafraischissements. Ledit Gouver… …nglois de nation reçent ces Deputez fort amiable… … promettant de leur fournir & accommoder tout ce …esiroyent, car ladite Isle est habitee, gouvernee & …e par les Anglois. Le Conseil ordonnà aussi une … mesure & poids en la viande, à cause de certaine …ration qui se commençoit à eslever parmy les gens, …aussi commandé soubs peine de la vie qu'un chascun …e contenter, sans faire aucune opposition aux Offi… …Le 27 la Flotte partant de là, fist voile vers Sainct …t pour y faire provision de bois, eau, & autres cho… …essaires, & y estant arrivé le 28 le Patache Brachet y … le dernier de May avec la Chaloupe Gijselijn. Le …t fust en ce lieu raccommodé, & entretant y arriva … Patache Loutre. Le 10 de Iuin les navires estans …ourveus de toutes leurs necessitez partirent de là. Le …it mois fust commandé à tous les Charpentiers de …s Affusts, remparer les hunes, & faire que les navi-res fussent hors de danger d'estre percez à coups de Mousquets. Le 28 dudit mois le navire Lyon d'or & le Patache Loutre chargé de tous les Barrils vuides de la Flotte fust envoyé au Cap **Tiboron**, pour les remplir d'eau fraische & quelques Chalouppes allerent à terre pour faire provision de Pommes d'Orange. Ledit navire & chalouppes retournerent le 30 en la Flotte, & repartirent l'eau & pommes en portions esgales parmy les autres navires. Cela faict ils poursuivirent leur voyage & le deuxiesme de Juillet le navire Rossignol & la Chalouppe Gijselijn apres que la Flotte fust passee entre l'Isle Cuba & Jammaica furent envoyez au Cap de la **Croix**, pour veoir s'ils y trouveroyent quelques Barques pour entendre aucunes nouvelles. Le 5 de Juillet la Flotte s'arresta soubs l'Isle appelle *les petits Caymans*, pour y prendre des tortues, & le lendemain furent distribuees cent tortues si grandes qu'il faloit avoir douze hommes pour en mettre une a bord des navires. Le 7 retournerent les deux chalouppes susdites du **Cap de la Croix** amenans une barque chargee de Cuire, Miel, grais de Porc & autres denrees: mais les gens de l'esquipage s'estoyent sauvez en terre. Le lendemain ceste barque fust deschargee, & à chasque Chambre fust assignee sa part, lors on fist enfonçer la barque. Ce mesme jour furent visitez les armes de tous les Soldats: car le temps de exploicter le dessein approchoit. Le 13 de Juillet ils descouvrirent de loing le Cap & eschaugette de **Truxillo**, & le 15 ils entrerent en la Baye, ou les plus grands navires jetterent l'Ancre à trois brasses d'eau, environ deux heures apres midy, gueres loing de la ville & Chasteau, les Pataches & une Chaloupe se mirent un peu plus bas vers le midy, comme nostre Carte represente, pour desembarquer les Soldats sans danger. Le susdit Colonel Ludolff Tugel mist pied à terre avec 250 Soldats & 50 Matelots, les distribuant en cinq esquadrons, & marcha droit contre la ville, car on ne sçavoit trouver aucun chemin a travers de la forest pour assaillir la ville par derriere. Ceux du Chasteau tirerent force Canonnades contre les navires, dont les bales estoyent de six, douze, voire 24 livres de fer, & les navires ne manquoyent à leur respondre en mesme Ton. Entretant les Soldats s'approcherent jusques au dessoubs de l'Artillerie, jettans Grenades à main dans le Chasteau qu'ils assaillirent à l'instant, & chasserent l'Espagnol non seulement hors du Chasteau, ains hors la ville, & incontinent ils prindrent les biens & marchandises qu'ils trouverent és maisons & magasins, & apporterent le tout au Chasteau. Ils osterent aussi les Cloches hors des Tours, & les firent mener à bord des navires avec 14 Canons, tant de fer que de bronze, & trois barques Espagnoles furent enfonçees. Le lendemain le feu s'esprist en la partie Orientale de la ville, sans sçavoir comment, & les maisons n'estans couvertes que de fueilles de Palmites qui bruslent comme Soulphre, en un moment tout ce quartier de la ville fust bruslé. Ce mesme feu embrasa aussi le Magazin a poudre dans le Chasteau qui fust renversé & abbatu par terre, & en oultre tous les meubles & despouilles qu'on y avoit apporté de la ville, furent brûlez, ce qui fust veritablement un grand malheur en suite d'une si notable victoire. A la prinse de ceste ville furent tuez 9 Hollandois, & 15 Espagnols, & trois prins prisonniers, entre lesquels estoit un Connestable appellé Michel de Lubecq, lequel fust par le Conseil envoyé vers le Gouverneur **Iuan de Miranda**, qui s'estoit retiré au bois, pour luy signifier, que promptement il eust a fournir cinq mil Reaux de huict, ou ils feroyent abattre, renverser & ruiner de fonds en comble tous les edifices, maisons & murailles restez debouts. Le Gouverneur envoya par escript une responce pleine de toute humilité & submission; Mais le Conseil ne se souciant de ces complimens Espagnols, renvoya ledit Lubec pour la deuxiesme fois avec charge de apporter responce & resolution absolue. Le Gouverneur demanda deux Ostagers, qui luy furent promptement envoyez, à sçavoir le Capitaine **Corneille Iol** & *Alexandre Lonc*, Lors vint le Gouverneur accompagné du Pagador Royal nommé *Don Pedro de Velasco*, apportans quelque vaisselle d'argent & une chaisne d'or, presentant le tout au Conseil, avec declaration sur sa Foy & honneur qu'ils n'avoyent moyen de fournir d'avantage. Le Conseil s'en contentant, ne fist plus rien ruiner en la ville. Le 21 de Juillet, les navires estans raccommodees & pourveues d'eau fraische, la Flotte s'en partist. Le 5 d'Aoust la Chaloupe amena à bord du Conseil cinq Espagnols prisonniers qu'ils avoyent trouvé dans une barque vuide en la Riviere **Rio de Lagartos**, où ils alloyent charger du Sel; ladite barque fust enfoncee, Le 8 d'Aoust la chalouppe ayant trouvé dans **Choemoe** une barque vuide sans voiles, y bouta le feu. Le 11 d'Aoust ils descouvrirent de loing une ville, & un des Espagnols prisonniers declara que c'estoit **San Francisco de Campeche**, mais ils n'y peurent encores arriver le 12, à cause de la grande calme. Le lendemain 13 d'Aoust ils y vindrent avec le Patache Rossignol & la chalouppe Gijselijn, d'autant que les autres navires, à cause des bancs & escueils ne pouvoyent approcher la ville de trois ou quatre lieues. Le navire Zutphen esquippé de 60 soldats s'estoit escarté de la Flotte, on avoit maintenant bien a faire de ces gens là, & le Conseil trouva bon de armer autant de Matelots en leur place, & ainsi furent les Soldats mis à terre par les Chalouppes, environ une petite demy lieue de la ville, comme nostre Carte represente exactement. Les Espagnols voyans si petit nombre de gens, sortirent hors de leurs retrenchemens, venans droit à nos soldats. Mais les Chalouppes (qui estoyent esquippees chascune d'un petit Canon, portant bale de six livres de fer) tirerent à travers de leurs trouppes, de sorte qu'ils perdirent trois de leurs plus braves Capitaines, & entretant les Soldats accourans les chargerent si rudement qu'ils furent contraints de se retirer dans leurs retrenchemens bastiz au milieu du chemin hors la ville, mais ils en furent bientost chassez dehors, tant par les chalouppes (marquées avec la lettre A) qui costoyans la rive ne cessoyent de tirer au travers des Espagnols, que par la violence de nos Soldats qui les poursuivoyent de grand courage, & les repousserent jusques à une batterie de deux Canons, qu'ils firent jouer contre nos gens, lesquels se jetterent de telle roideur sur les Espagnols qu'ils n'eurent moyen de les recharger, ains furent contraints de abandonner la place denotee en nostre Carte par le nombre 10 s'enfuyans vers le Marché qu'ils avoyent barricadé avec toutes les rues y correspondantes, plantans deux Canons aux avenues de chasque rue. Mais les nostres suivans de trop prés les fuyards ils entrerent pesle mesle avec les Espagnols au milieu de les barricades. Les Espagnols saisiz d'estonnement par ceste merveilleuse & incroyable animosité des Hollandois, quitterent le party & prindrent la fuitte, abandonnans toutes choses, & se sauverent hors la ville. Le Capitaine Mayor appellé **Iuan de Vargas** se retirà au Convent de Sainct François. Ainsi nos gens se rendirent Maistres de la ville environ le midy. Apres midy survindrent quelques Indiens, demandans quartier; & aussi 2 Cavalliers de la part du Capitaine Mayor, parquoy le Conseil trouva bon d'envoyer vers luy le Secretaire Jacob Dasniets, avec charge de luy demander s'il vouloit rançonner la ville, prisonniers, navires & barques prinses en la rade. Lesdits Cavalliers accompagnerent le Secretaire jusques au susdit Convent, d'ou le Gouverneur sortant, le vint reçevoir fort honorablement, nonobstant la blessure reçeue en sa jambe, autour de laquelle il avoit lié une serviette. Le sieur Dasniets entré luy fist rapport de ce que le Conseil luy avoit enchargé. Le Capitaine fist responce, Qu'il ne pouvoit enfraindre l'ordre de sa Majesté, & que sa reputatiõ & honneur ne luy permettoit faire aucun accord avec eux, & d'ailleurs disoit il, Si vous avez au jourdhuy victoire, demain il pourra estre mon tour, & selõ la coustume de la guerre, il donna au Secretaire une lettre ouverte, presq; de la mesme teneur que dessus, laquelle le Secret. rendist au Conseil, estant retourné sur le soir en la ville, accompagné des susdits Cavalliers. Le Conseil voyant que par menaces ils ne profiteroyent gueres, à cause que les edifices estoyent trop forts, bastiz de pierre dure d'enhaut jusques en bas, & qu'il ne faisoit pas seur de s'arrester longuement en ce lieu, firent vuider tous les Magazins soubs bonne escorte, y trouvans grande quantité de bois Campeche, & firent embarquer les Canons, Cloches, Ammunitions, & autres marchandises en leur barques & chaloupes, & bruslerent une douzaine de barques Espagnolles, enquoy ils furent deux jours empeschez. Le 16 dudit mois tous les Soldats se embarquerent, ayans sceu que de tous costez accouroyent trouppes Espagnolles pour secourir la ville, & desia 2000 Espagnols s'en estoyent approchez, qui tascherent à surprendre nos gens la nuict precedente: mais n'oserent rien attenter à cause de la bonne garde qu'on y faisoit. Ainsi fust obtenue ceste heureuse victoire, & tout le butin chargé és navires qui en firent distribution le 18, 19 & 20 dudit mois, & vendirent quelques barques aux Espagnols, qui racheterent aussi quelques prisonniers, les autres furent relaschez gratuitement, car on n'en pouvoit attendre aucun profit. Tout cela faict, ils firent voile, & venans le 18 de Septembre autour de Havana le Patache Loutre, le Rossignol & la Chalouppe Gijselijn se partirent de la Flotte, suivans la charge qu'on leur avoit donné. Les autres navires prindrent la route de Hollande, & par la grace de Dieu entrerent en l'embouchure de Texel l'onziesme de Novembre l'an Mil six cents trente trois.

t' AMSTERDAM, By Claes Jansz Visscher, woonende inde Kalver-straet. Anno 1633.

16

1633년 — 잊혀진 항해에 대하여

멕시코와 온두라스의 보물선을 찾아서

세인트 프란시스코 더 캄페티(St. Francisco de Campetie)에서 보이는 질서정연하게 배치된 함대와 잘 방어된 도시의 모습은 평화로운 분위기를 전달한다. 그러나 실제 상황은 이와 다르다. 암스테르담의 조각가 클라스 얀스 비셔(Claes Jansz Visscher, 1587-1652)가 제작한 이 대형 '뉴스 지도'는 1633년 여름 네덜란드 서인도회사가 원정 중 온두라스의 트루히요(Trujillo, 왼쪽 상단의 삽입 지도 참조)와 멕시코의 산 프란시스코 더 캄페체(San Francisco de Campeche)시를 일시적으로 점령했던 상황을 묘사하고 있다. 이 지도는 네덜란드와 스페인의 80년 전쟁 당시, 네덜란드 서인도회사가 정책과 홍보를 전략적으로 관리한 모습을 보여 주며, 처음에는 소규모 작전처럼 보였던 카리브해 지역의 군사 활동이 점차 지정학적 중요성을 가지게 되는 과정을 반영하고 있다.

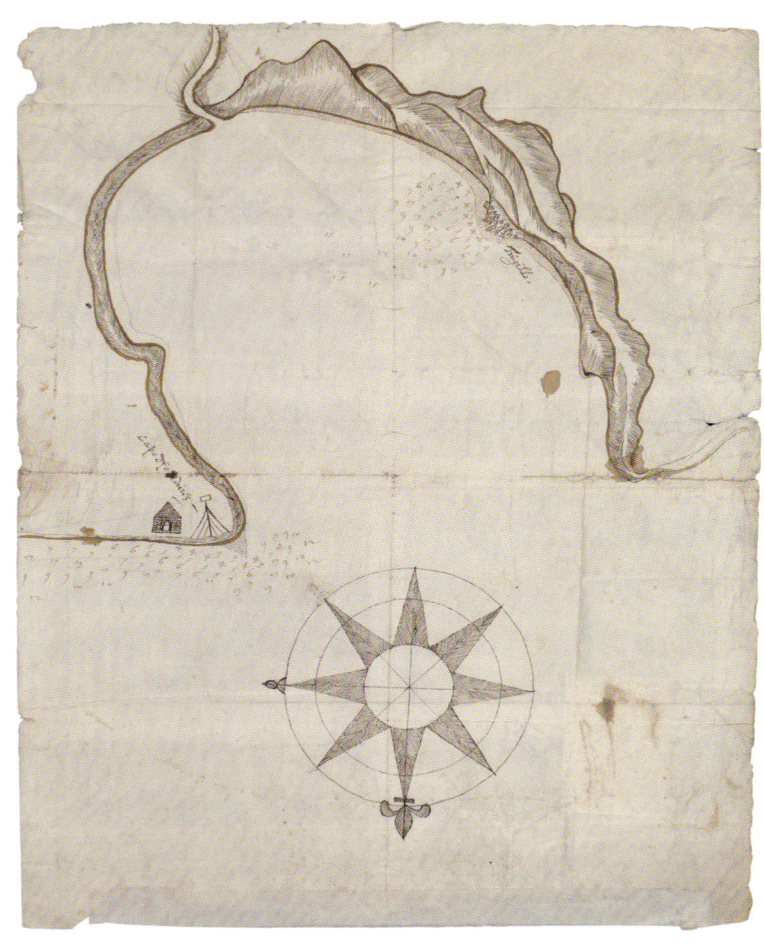

1633년경 익명의 지도가가 그린 트루히요 만 지도. (네덜란드 국립기록보관소)

17세기 동안 매년 스페인 보물선단은 아메리카 식민지에서 본국으로 부를 실어 날랐다. 1628년 9월, 네덜란드 해군 제독 피에트 하인(Piet Heyn, 1577-1629)은 쿠바 해안에서 스페인 보물선단 중 일부 선박을 나포했다. 이로 인해 서인도회사는 상당한 재정적 여유를 가질 수 있었다. 그러나 하인의 사망 이후, 헤렌(Heeren XIX)으로 알려진 네덜란드 서인도회사를 운영했던 19명의 이사들은 브라질의 점령과 착취에 집중하느라 카리브해에 관심을 두지 않았다. 1632년이 되어서야 아메리카에서 스페인으로의 부의 이동을 방해하는 새로운 계획이 만들어졌다. 그해 19명의 이사들은 이례적으로 그들 중 정치적 지배 계층(공직을 독점한 부유한 가문)에 속한 2명의 이사를 아메리카 대륙으로 파견하기로 결정했다. 브라질에 도착한 마티아스 반 쿨렌(Matthias van Ceulen)과 요한 기셀링(Johan Gijsselingh)은 온두라스로의 원정을 명령하면서, 스페인인들이 본국으로 은을 운송하는 것을 막는 것을 목표로 삼았다. 원정대는 400명의 선원과 500명의 병사를 태운 10척의 배로 구성되어 있었는데, 서인도회사로서는 비교적 작은 규모였다. 그들은 1633년 4월에 브라질의 페르남부코(Pernambuco)에서 얀 얀스 반 호른(Jan Jansz. van Hoorn) 제독의 지휘하에 출항했다. 그러나 그들이 온두라스의 트루히요를 공격했을 때 항구에는 스페인 보물선이 없었고, 마을은 사실상 버려진 상태였다. 이에 제독은 멕시코 유카탄반도의 목재 항구인 캄페체로 항해하기로 결정했다. 스페인 함대의 격렬한 저항에도 불구하고, 그는 목재와 코코아를 실은 9척의 스페인 배를 나포할 수 있었다. 펠리페 4세와 그의 조언자 올리바레스(Olivares)에게 이 사건은 직접적인 재정적 손실보다 간접적인 손해가 더 컸다. 이제 카리브해에 더 많은 함정을 보내야 했고 다른 곳에 함정을 배치할 수 없게 되었기 때문이다.

서인도회사의 원정이 완전한 성공을 거두지는 못했지만, 이를 긍정

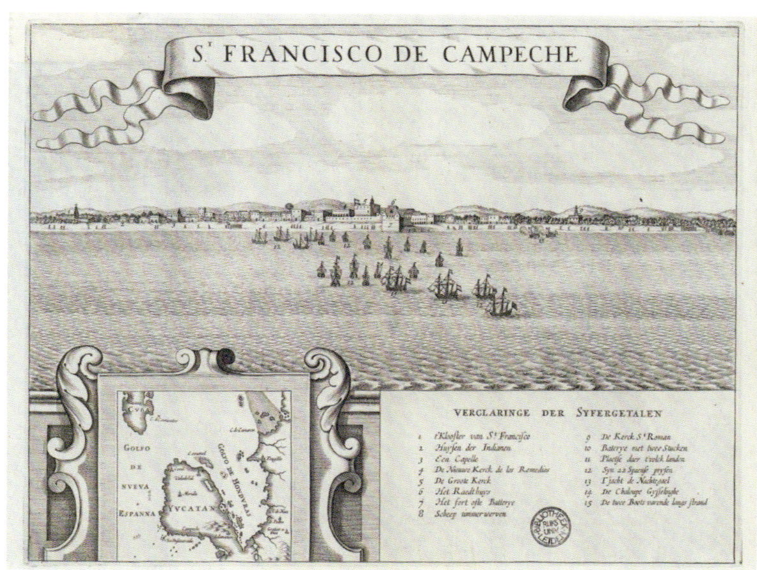

1644년경 레이던의 출판사 보나벤투라와 아브라함 엘스비어가 출판한 삽화.

1675년 아렌트 로게베인이 저술한 항해 안내서. '타는 늪(Het brandende veen)'에서 볼 수 있는 유카탄 해안 지도.

적인 뉴스로 전환하는 데에는 문제가 없었다. 이 사건을 상업적으로 선전하기 위해 서인도회사는 암스테르담의 판화가 비셔를 고용했다. 비셔는 트루히요와 캄페체에서의 사건을 다룬 그의 뉴스 지도 한 구석에 의도적으로 온두라스에서의 사건들을 배치하였으며, 지도의 상당 부분을 유카탄에서의 예기치 못했던 성공에 할애했다. 비셔는 동판에 이 그림을 새겨 넣기 위해 원정에 참여했던 서인도회사의 직원 야코부스 다스니에츠의 스케치를 참고했다. 이 뉴스 지도는 관련 소식을 원하는 네덜란드 공화국의 고향 사람들과 이익을 갈망하는 네덜란드 서인도회사 주주들에게 목격담으로 광고할 만했다. 이러한 뉴스 지도는 한편으로는 공화국 전역에 '좋은 소식'을 퍼뜨리는 데, 다른 한편으로는 군사적 업적의 기억을 기록하고 고정하는 데 목적이 있었다.

우리는 17세기의 증언 목록과 장르화를 통해 비셔의 대서양 뉴스 지도가 종종 액자에 넣어져 거실이나 부엌 벽에 걸려 있었다는 것을 알고 있다. 확실히 지도의 주인이 네덜란드 서인도회사와 어느 정도 관련이 있다면, 이것은 그들의 애국심을 보여 주고, 고객들에게 그들의 투자로부터 어떻게 이익을 얻는지 강조하기 충분했다. 비셔는 네덜란드어와 프랑스어로 된 긴 주석을 인쇄하여 다른 나라의 독자들 또한 네덜란드 서인도회사의 성공에 감탄하도록 하였다. 지도에 첨부된 본문에서 비셔는 탐험의 중요성과 반 쿨렌과 요한 기셀링을 브라질로 보내기로 한 네덜란드 서인도회사의 결정을 강조했다.

캄페체에 대한 공격의 본질은 충동적인 기습 공격으로, 함정 내에서 내린 결정의 핵심적인 부분은 코르넬리스 졸(Cornelis Jol, 1597-1641) 부제독에 의한 것이었음을 시사한다. 졸은 한쪽 다리를 잃었기 때문에 '나무 의족[네덜란드어로 우테베(Houtebeen), 스페인어로 피에 더 팔로(Pie de Palo)]'이라는 별명을 얻었다. 원정이 끝난 후, 반 호른이 이미 나포된 배들과 함께 공화국으로 돌아올 때, 코르넬리스 졸은 실제로 쿠바 해안에서 스페인 보물 선단과 마주쳤으나 행동을 취할 만큼 충분한 배나 병사가 없었다. 트루히요와 캄페체에 대한 공격 이후, 졸은 대서양에서 8년 동안 네덜란드 서인도회사의 주요 함대 사령관으로 활동했다. 그 기간 동안 졸은 자신의 유명한 전임자 피에트 하인의 업적을 따르려고 노력했으며, '피에 더 팔로'라는 이름은 스페인 아메리카의 모든 항구에서 공포의 대상이 되었다. 그는 피에트 하인이 10년 전에 했던 것처럼 1638년에 스페인의 은 수송 함대를 나포하는 데 거의 성공했다. 하지만 그는 다시 실패하였고, 이 실패에 대해 졸은 결정적인 순간에 부하들이 용기를 잃었다고 비난했다. 비록 네덜란드 의회가 그의 용기에 대한 보상으로 금 사슬과 메달을 상으로 주었음에도 불구하고, 이 점은 졸의 오점으로 남았다.

트루히요와 캄페체에 대한 네덜란드의 공격은 멕시코, 온두라스는 물론 네덜란드에서도 집단 기억의 일부가 되지 못했다. 이는 당시 이 군사 작전이 말 그대로 큰 뉴스거리였던 점과 완벽하게 비교된다. 이 뉴스 지도는 42.7×62.6cm 크기의 큰 지도였다. 비셔의 지도는 동시대와 현대 역사학자들의 인식 사이에 얼마나 큰 차이가 있을 수 있는지 보여 준다. 반 호른과 졸이 실제로 트루히요에서 스페인 보물 함대를 찾았다면, 의심할 여지없이 그것은 네덜란드 역사에 중요 사건으로 포함되었을 것이고, 그들의 업적은 피에트 하인의 경우처럼 오늘날에도 기억됐을 것이다. 현재 그들이 온두라스와 멕시코에서 은 수송 함대를 찾았던 사건은 당시 비셔의 홍보 활동에도 불구하고 완전히 잊혀졌다.

제작자: 클라스 얀스 비셔(발행), 야코부스 다스니에츠(화가)
제목: 산 프란시스코 더 캄페체 **발행지:** 암스테르담 **발행일:** 1633년
기법: 동판 인쇄 및 활자 인쇄 **크기:** 42.7 x 62.6cm **축척:** 해당 없음
방위: 해안선이 남쪽 **소장처:** 보델 니젠하위스 컬렉션

Museum Bodleianum
NIEWE CAERTE.
Verthonende hoe ende in wat manieren de Haerlemmer Leytsche,
ende Spieringh Meeren, met alle hare vaste ende afgespoelde Lemyten
op de beste seeckerste ende Profytelyckste Royinge ende voeten Bedyckt
soude mogen worden aengewesen ende uytgeleyt onder het teken van,
A.B.C. Geinventeert door Jacob Bartelz. Veris, op't versoeck ende
LEYDEN.
Sassem.
Gasthuis Landt
Roovers Broeck
Kaech.
Kager Meer.
Leyerdorp.
Hons dycke Polder.
BRASEM MEER
Mole Polder
De Gouwe
Oude Wetering
Nieuwe Wetering
WEST ENDE
VAN HEELS MEER
SPECTATORI.
Quis furor, o Batavi! peregrinas quærere terras?
Unda satis terræ nostra, palusque tenet.
Occiduas nempe inter aquas, hanc inter eoas,
Quæritis? en proprias adiacet inter aquas.
Eloquar? an sileam? respondent omnia ripæ:
HARLEMUM, Harlemio mallet abesse lacu.
Quin populatori LUGDUNUM obmurmerat alueo,
Quæque undis peperit nomina, vellet agris.
Forsitan AMSTELIÆ trmor et tremor innatat arci,
Tam prope crudeles dum speculatur aquas.
Tam male vicinas TIA dum tot faucibus undas,
Et geminum renuit Cattus amare, mare.
Finierant: cum Finitimo gens accola RHENO,
Atque paludosis incola clamat aquis.
Hic ubi campus avus, proavis collegit aristas,
Disperiit rapido gurgite, fluctus edax.
Mergimur, ach nobis, LACUS ut LUPUS, imminet agnis!
Pande leoninam turba Batava manum;
Tuque tuam, ter magne tuis Heroibus, HEROS:
Ecce, alio terram littore quæris? habes,
I: R: Ingelius,
een Ghemeen Hollants Myl
Rynlantsche Roeden van 12 voet
een Uro Gaens

Aenwysinge vande NIEWE CAERTE, verthonende, de bedyckinge vande Haerlemmer, ende Leydiche, Meer,
A De Ringsloot.
aa Treck weeh. van Haerlem. op Leyden.
B 3. Oude uytwaterende Sluysen omtrent 't Huys ter Hart;
C 1. uytwaterent Gadt, van nieus inde oude Haerlemmer, Dyck te leggen.
D De uytwaterende Vaert van nieus te verbreeden loopende van Haerlem. doorden. ouden Dyck inde Boesen H.
E Een groote uytwaterende schut Sluys, off nieu Sparendam, met syn kolck, te leggen op het Eylandt van Ruichoirt, met 2, Hoofden om de Schuering te maken. ende voort wachten ende leggen vande Schepen om te schutten,
F 6. uytwaterende verlaten van hout off steen te, leggen inden Dyck G:
G De niewe Dyck over de Eylanden van Ruichoirt te maken,
H De Boesem begreepen tusschen den Dyck G: ende oude Haerlemmer Dyck.
I Plemp werck voorde 3: Sluysen B: om mette treckschuyten recht door nae Haerlem te varen sonder overloopen,
K 1. uytwaterende verlaet inde hoogen Dyck by, Slooterdyck ende daer omtrent.
L Een schutsluys te leggen inde Ringsloot omtrent 't Huys te Vraegh voorde Huysluyden oock om het water aldaer te stutten om door Leyden te doen stroomen by overvloet, van water sal de Sluys op gewonnen worden op de manier als aenden Leytschen Dam.
M De groote Schutsluys voorde Schepen comende van Haerlem op der Gou, oock om het water aldaer te, stutten dattet door Leyden moet stromen.
N De groote steenen Beer te leggen inde Stats Gracht tot Leyden
O De nieu te delven wetering strekende vande Wyde A. tot inde Ryngsloot. voorde Schepen van Haerlem nae der Gou
P 8. Overtoomen ten dienste vande Huysluyden.
Q 2. Schot deuren om 't water vande Velserdyck te schutten.
R 15: Stryckmolens malende het water uytte Ringsloot int Y
S Een Sluys off Spuy om 't water door Haerlem te doen stromen ende des noot synde het water daer door te tappen nae 't huys ter Hart,
HAERLEM.
Berckeroode
De hout vaert
Bennebroeck
Heemstede
't Huys te Heemste
Schalckwycker Weck
de Waerdt
Sparendam
Velser Dyck
Lage Weck
Vliet
Lutke Meer
OOST DORP
Slooten
Slooter Meer
Den Overtoom
Haerlemmer Vaert
HET
Den Hoorn
Y E,
Amsterveen
AMSTELREDAM,

17

1640년 - 물 늑대와의 사투
하를레메르메이르를 배수하다

암스테르담의 스키폴 공항이 자리 잡고 있는 지역은 과거 '물 늑대(Water Wolf)'•라는 명칭으로 알려진, 네덜란드 최대 호수 하를레메르메이르(Haarlemmermeer)가 존재했던 곳이다. 대다수의 여행자들은 잘 몰랐던 사실이겠지만, 현재 국제적인 교통 허브로서 기능하는 스키폴은 원래 호수의 바닥이었는데 호수는 19세기에 배수되었다. 이 지역의 간척 작업은 17세기 초부터 계획되었으며, 약 1640년 야콥 바텔즈 베리스(Jacob Bartelsz Veris, 1584-1653)가 야심차게 제안한 프로젝트였다. 그가 만든 3개의 대형 지도와 상세한 계획 설명은 간척 이전의 장기적인 제안과 논의, 그리고 다양한 관계자들 사이의 복잡한 상호작용을 이해하는 데 중요한 자료가 되고 있다. 하를레메르메이르의 위협적인 환경에도 불구하고, 네덜란드인들이 어떤 방식으로 이 지역의 간척 작업을 성공적으로 수행할 수 있었는가에 대한 질문은 여전히 유의미한 연구 주제이다.

중세 시대만 해도 하를레메르메이르, 레이드세메이르(Leidsemeer), 스피어링메이르(Spieringmeer)는 비교적 작은 호수였지만, 이탄(泥炭) 채취와 파도에 의한 침식으로 인해 둑이 파괴되면서 호수가 확장되었다. 특히 강한 서풍으로 인해 동쪽 제방이 침식된 영향이 컸다. 1477년과 1508년에 발생한 해일과 제방 붕괴가 호수 확장의 마지막 단계였다. 결국 3개의 호수가 합쳐져 하나의 큰 분지를 형성했고, 이 분지는 바다와 단절된 하를레메르메이르로 알려지게 되었다. 새로운 호수는 네덜란드 지방에 속한 땅을 잠식하며 성장했고, 이것이 하를레메르메이르가 '네덜란드 사자'를 위협하는 길들여지지 않은 '물 늑대'로 묘사된 이유이다.

호수 전체를 배수하고 매립하려는 계획은 17세기 초부터 있었다. 이는 이제이강의 북쪽에 있는 북부 홀란트의 많은 호수들에도 적용되었다. 그러나 19세기가 되어서야 하를레메르메이르의 물이 빠졌고 네덜란드는 마침내 '물 늑대'를 이겨 낼 수 있었다.

하를레메르메이르의 배수 계획이 그려진 최초의 지도는 1630년경에 작성되었다. 가장 잘 알려진 계획 중 하나는 수력공학자 얀 아드리안츠 리흐워터(Jan Adriaansz Leeghwater, 1575-1650)의 계획이었다. 그는 이전에 벰스터(Beemster)호수의 배수 작업에 참여한 경험이 있었다. 1629년, 그는 제방을 쌓고 배수하여 호수를 건조시키기 위한 아이디어를 설명하는 지도를 그렸다. 1641년, 마침내 하를레메르메이르 배수 계획이 담긴 책을 출판했지만, 리흐워터의 아이디어는 계획 단계에 머물렀고 실행되지는 못하였다.

1640년 암스테르담의 부동산 중개인 야콥 바텔즈 베리스(Jacob Bartelsz Veris)가 제안한 계획은 상대적으로 덜 주목받았으나 보다 현실적이고 성공적인 접근을 보였다. 이 계획은 라인란트(Rijnland) 지역의 수자원 관리 당국에서 심도 깊게 논의될 정도였다. 하지만 다양한 이해관계의 충돌로 인해 복잡한 과정을 겪었다. 리흐워터는 주로 상업적 이익을 목표로 배수 계획을 추진하며 지역 공동체의 이익을 크게 고려하지 않았던 반면, 베리스는 수리공학적 문제 해결에 초점을 맞추고 다양한 이해관계자들에게 유익한 방안을 모색하려는 목표를 가졌다. 이 두 계획은 각각의 접근 방식에서 확연한 차이를 보였다.

야콥 바텔즈 베리스는 알스미어, 슬로텐, 라익 등의 지역 마을을 대표하는 다양한 지주와 마을 의원들에 의해 위촉되었다. 이 지역의 주민들은 호수의 북동쪽과 동쪽에 주로 거주하여 제방의 침식으로 인한 위험이 가장 큰 사람들이었다. 그러나 수리 전문가들은 이렇게 넓은 유역이 배수되면 라인란트의 물 방류에 부정적인 영향을 미칠 것을 우려했다. 하를렘, 레이던, 암스테르담 등의 도시들도 선박 연결이 줄어들고 도시 운하의 물을 다시 채워 넣는 것이 더 어려워질 것이기 때문에 토지 매립에 강력히 반대했다. 레이던이 반대를 한 이유는 하나 더 있었는데, 이 계획이 카트위크 배수 시설의 건설 계획과 상충된다는 것이었다. 하를렘은 스파르네강의 침수를 우려하였고, 어업권을 잃을 위기에 처한 어업인들과의 갈등도 있었다. 네덜란드주와 라인란트 수

제작자: 야콥 바텔즈 베리스
제목: 하를레메르메이르, 레이드세메이르, 스피어링메이르 및 관련 습지 지역을 가장 안전하고 효율적인 방식으로 매립하기 위한 지도
발행지: 암스테르담 **발행일:** 약 1640년경 **기법:** 양피지에 필사
크기: 63.5 x 93.5cm **축척:** 약 1:36,000 **방위:** 북쪽이 오른쪽
소장처: 보델 니젠하위스 컬렉션

• 네덜란드와 같이 해수면과 가까운 지역에서는, 해일이나 홍수를 '물 늑대'로 비유하여 그 위험성을 나타냈었다.

자원 관리 당국에 의석을 가진 하를렘과 레이던시는 계획을 막을 수 있는 위치에 있었다.

베리스는 실제로 그의 계획에서 여러 중요한 이익들을 고려했으며, 그중 하나는 도시들 사이에 넓은 바지선 운하를 건설하는 것이었다. 이는 오염된 도시 운하의 물을 새롭게 하는 해결책이 될 수도 있었다. 그러나 다양한 이해관계에 직면하여, 수자원 관리청은 그의 계획을 거부했고, 호수의 배수 작업은 수 세기를 더 기다려야 했다. 얼마 지나지 않아 조금씩 수정된 도면들이 등장하였다. 리흐워터 역시 그의 계획을 수정하여, 하를렘에서 레이던까지 이어지는 바지선 운하와 같은 베리스의 계획의 요소들을 그의 책의 후기 판에 포함시켰다.

베리스 계획의 증거로 양피지에 그려진 3개의 지도가 남아 있다. 이 지도들은 오른쪽 상단 모서리의 다른 삽화들을 포함해 미세한 차이만 보인다. 라인란트 수도 당국의 기록 보관소에 있는 사본은 수도 관리청의 문장이 그려져 있고, 에르프헤드 레이던 엔 옴스트레켄(Erfgoed Leiden en Omstreken)의 사본에는 암스테르담의 문장이 그려져 있다. 이는 베리스가 모든 이해관계자들에게 그의 지도 사본을 보냈을 수도 있다는 점을 보여 준다. 주요 지도 중 하나는 레이던 대학교 도서관에 보관되어 있으며, 이 지도는 한 발로 서서 다른 발의 발톱으로 돌을 잡고 있는 학을 묘사하고 있다. 그것은 경계심을 나타내는 고대의 상징이다. 새 주위의 타원형 테두리 안에 있는 글은 "깨어나서 행동하라: 너무 늦었다"라는 메시지를 전한다. 베리스의 모든 지도 사본에는 중앙 상단에 "단결은 힘이다(Endracht maeckt macht)"라는 문구와 함께 7개 연합 네덜란드 공화국의 문장이 그려져 있다.

3개의 지도에는 또한 왼쪽 하단에 라틴어 시를 포함하는 큰 카르투슈가 있는데, 이 시는 잉겔리우스(I.R. Ingelius)가 쓴 것이며, 그의 라틴어 이름은 요한 레이니에시 잉겔스(Johan Reyniersz. Ingels, 약 1595-약 1654)이다. 그는 암스테르담의 가톨릭 변호사였고, 위대한 문학가 피터르 코르넬리스존 후프트(Pieter Corneliszoon Hooft, 1581-1647)의 친구였으며, 작가와 학자들의 모임인 뮤더 서클(the Muider Circle)의 일원이었다고 한다. 이 시에서 잉겔리우스는 세 도시의 이익을 언급하고 네덜란드 사자에게 물 늑대를 물리치라고 주장했다.

잉겔리우스의 시는 1640년 이후에 등장한 지도의 인쇄본에는 누락되어 있다. 지도의 인쇄본에는 '물 늑대에 대한 농부들의 불만'이라는 제목의, 베리스가 같은 장소에서 쓴 시가 포함되어 있다. 시에서 그는 호수를 늑대로 묘사하고 암스테르담, 하를렘, 레이던에게 더 이상 기다리지 말고 행동할 것을 촉구한다. 그는 학 주위의 경계 부분에 거의 같은 문구를 써넣어 그들에게 간청한다: "세 마을은 훌륭하고 부유하다. 늦었으니 깨어나라, 늑대가 당신을 삼키기 전에 그를 쫓아내라." 또 다른 지도에는 유명한 네덜란드 시인이자 극작가인 주스트 반 덴 본델(1587-1679)의 시가 포함되어 있다. 그 또한 네덜란드 사자에게 물 늑대를 없애 줄 것을 요구했다. 모든 버전의 지도에는 패배한 늑대의 가죽을 발톱으로 찢는 사자가 카르투슈 위에 그려져 있다.

하를레메르메이르의 배수와 관련한 베리스의 계획은 네덜란드 도시들이 가진 강력한 영향력을 드러낸다. 베리스의 주요 의뢰인 중 하나인 라익 마을은 17세기 후반 하를레메르메이르에 의해 잠길 위험에 처해 있었다. 이후 여러 계획이 수립되었지만, 해당 지역은 1852년이 되어서야 매립되었다. 더욱이, 1916년에는 스키폴 요새 인근의 슬로텐과 알스미어 사이 지역이 군사 비행장으로 바뀌었다. 공항은 초기 시절 이후 크게 확장되었고 이제는 남부 지역인 스키폴-라익(Schiphol-Rijk)의 이름만이 사라진 마을을 떠올리게 한다.

베리스가 제작한 지도 세 부분에 나타난 다양한 문장: 라인란트 수자원 관리청, 암스테르담, 그리고 학 문장. (라인란트 지역 수자원 관리 당국, Leiden, Erfgoed Leiden en Omstreken (only "Hoogheemraadschap van Rijnland" is mentioned)

LIMBVS AVSTRALIS.

PLINIVS lib. II.

Omnium admirationem vincit novißimum sidus, terrisque familiarißimum, et in tenebrarum remedium ab natura repertum, LVNAE. Multiformi hæc ambage torsit ingenia contemplantium, et proximum ignorari maxime sidus indignantium.

HÆC NVSQVAM VULGATA, GENERI TAMEN HVMANO MAXIME VTILIA, IMO NECESSARIA,

MICHAEL FLORENTIVS VAN LANGREN

Mathematicus et Cosmographus Regius

ORBI TERRARVM PROPONIT.

GLOBVM LVNAREM vt familiarißimum terris sidus, ita maximè incognitum, Geographice, summoq. cum studio et labore describendum, et Ser.^mae Belgarum Principi ISABELLÆ CLARÆ EVGENIÆ Hispaniarum Infanti, repræsentandum A°. CIↃ.IↃC.XXVIII. susceperam. Quæ pro incredibili suo in has artes affectu me sibi Lunam contemplanti, imò verò se mihi adeße voluit, et simul sideris arcana spectare. Cum igitur consideraret quanti ea eßent momenti, me in Hispaniam cum litteris a se scriptis misit, vt Potentißimo Regi PHILIPPO IV. has obseruationes offerrem, et ipsius nomine in lucem darem, quæ viam Astronomicam ad Longitudines et distantias locorum terrestrium, nec non ingentes craßosque Geographiæ errores corrigendos, securè aperirent, ita quidem vt etiam nauigationi maritimæ vsui eße possent. Quæ adeo Magno placuerunt Regi, vt me sæpius ad se vocari iußerit, quò Cælum et Lunam tubo optico ipse intueretur; quin etiam hanc descriptionem Selenographicam, siue Geographiam Lunarem, LVMINA AVSTRIACA PHILIPPICA nuncupari permiserit, et nominis sui auspicio in notitiam hominum venire. Placuit etiam vt virorum clarorum nomina Montibus et Insulis luminosis ac resplendentibus globi Lunaris, quæ ad distinctionem facerent, imponerentur, quibus in futurum vti liceret in obseruationibus et correctionibus Astronomicis, Geographicis, atque Hydrographicis: literisque ad Ser.^mam Principem ISABELLAM in responsum mißis, significauit, vt sumptus neceßarij suppeditarentur: sed cùm Augustißima Heroina, cuius bonitas, pietas, iustitia, et clementia orbi nota est, me A°. CIↃ.IↃC.XXXIV. ex Hispaniâ redeunte, è terris in cælos remeaßet, inspectura cominus tanta miracula, nescio quâ iniquitate temporum, inceptum hoc meum interruptum est, et fauore suo destitutum hæsit; ita vt periculum fuerit, ne, quemadmodum magis magisque iam diuulgatur, alius quispiam id occuparet, publicumque suo nomine faceret. Tandem, postquam Excell.^mus D. EMMANVEL DE MOVRA Y CORTEREAL Marchio De Castel Rodrigo, et Belgicarum prouinciarum Burgundiæq. Gubernat. etc. Sanctioris Ærarii consult.^s edoctus, huius rei curiositatem et vtilitatem, atque æternum ex eâ REGI decus oriturum præuidit, hanc Selenographiam hoc modo publicari permisit. Hoc igitur incitati decreto (quod bono publico fiat) primum hoc Plenilunium PHILIPPICVM publicamus, proprijs Regum et Principum nominibus collustratum, (qui hodiè in Europâ rerum potiuntur, scientiarumque Mathematicarum sunt patroni, fautores, atque Mæcenates,) aliquorum etiam veterum et recentiorum, qui in hoc genere excellunt, ingeniiq. sui præclaris monumentis, laudem et famam sibi compararunt: quocirca etiam edemus librum in honorem illorum. Dolemus plurimum nos hactenus non potuiße rescire (quod tamen breui futurum speramus) nomina et merita cæterorum qui his in artibus alibi eximii sunt, vt Globo nostro splendenti pariter inscribamus. Triginta autem phases crescentis et decrescentis Lunæ iam paratæ, propediem prodibunt, in quibus distinctè exprimimus singulas Lunæ particulas, vt insulas montiumq. vertices a continenti sæpißime auulsas quæ Lunâ crescente momento temporis apparent, eâque decrescente subito euanescunt, quod primum et diurnum fere, inueniendæ Longitudinis auxilium est. Adiungemus insuper inter plurima alia noua, eximia et maximè vtilia, longam et luculentam Eclipsium seriem, quas praxi nostrâ facillimâ atque accuratâ, multis iam annis studiosè obseruauimus, vmbrâ scilicet terræ particulas hasce Lunares tegente vel retegente, quod alterum sed eximium Longitudinis inuestigandæ auxilium est, vnde falsa illa ne dicam impoßibilis, tam Antiquorum, quam Neot.^rum principij, medii, finis, digitorumq. Eclipticorum obseruatio corruit, quæ proculdubio cum cæteris tot errorum in Geographia commißorum causa fuit. Hæc sunt illorum aliqua quæ A°. CIↃ.IↃCXXXI iussu S.^mae P.^ae demonstrauimus Viris Doctiß.^is Claris.^s et in hac arte celeb.^mis ad id constitutis E. Puteano, G. Wendelino, et in Hispania mandante Rege, I. della Faille, et B. Petit, vt censuris ipsorum penes me reseruatis atque etiam in lucem emißis, sufficienter liquet. Sed, harum scientiarum studiosi sciant, me vnius tantum Plenilunij faciem dare, in exemplum variarum, quas è Cælo delineauimus; inconstans enim semper, et mutabilis fit Lunæ facies, a motu nempe corporis sui libratorio, quâ maculæ nunc in Ortum vel Occasum, nunc in Austrum vel Boream promoueri videntur, cuius librationis iam dudum a nobis excogitatam hypothesim, cum materiali globo Lunari motum hunc accuratè repræsentante, ac singulis insularum, montium, partiumque interuallis ornato in publicum proferemus, vnde, et ipsius poli, ecliptica, meridianorum initium, regionum, singularumq. Lunæ partium Longitudines et latitudines innotescent. Ne qua vero in obseruationibus Astronomicis et Geographicis confusio oboriatur, mutatis forsitan a quocumque hisce Lunæ partium denominationibus, magnam harum schematum copiam, gratis, toti orbi communicauimus, qua in præsenti viros de his studijs bene meritos, eorumq. defensores ac Mæcenates veneramur. Qua de causa summa cum animi submißione, hanc Lunæ imaginem Regibus, Principibus, ac harum celeberrimis artium Amatoribus consecratum imus, ac rogamus vt præsentem nominum institutionem æqui bonique consulant, nihilq. mutent, et eo quo offerimus affectu, accipiant. Si præterea vellet operâ meâ vti quispiam, aut Eclipsin Solarem aut Lunarē aliudue quid mecum communicare, obnixè eum rogo, vt Bruxellam destinare litteras suas, easque Illustrißimo Dnō LAMORALDO Comiti de TASSIS inscribere non grauetur: is quippe me eiusmodi honore afficere voluit, vt pro singulari suo in omnes ingenuas et viro Principe dignas artes, præsertim a mathesi non alienas studio; etiam opem suam mihi non recusarit. Bruxellæ V. Idus Februarij CIↃ.IↃC.XLV.

Regio diplomate prohibetur nominum huius figuræ immutatio, sub poenâ indignationis, et exemplarium quæcunq. effictio sub poenâ confiscat.^is et trium florenor. Dato Brux. 3. Martij 1645. Ro. vt. Goltignies.

1645년 — 다른 세계의 공간

달 지도 제작 과정에서의 정치적 요소, 우정, 경쟁

17세기 초 등장한 망원경은 달에 대한 이해를 새로운 차원으로 이끌었다. 이전까지는 달이 주로 제국주의와 전쟁을 둘러싼 정치적 논평의 매개체로 사용되었다. 하지만 17세기에 접어든 후, 달의 이미지는 우주지리학적(cosmographical) 관점에서 재해석되었다. 특히 1645년 브뤼셀에서 출판된 신문 전지 형태의 달 지도는 달의 명명법을 최초로 포함한 출판물로 알려져 있다. 이러한 달의 이미지는 당시의 새로운 천문학적 지식과 지리학적 탐구의 도구로써 기능했으며, 주권에 대한 의례적 지지 및 유럽 정치에 대한 재치있는 애국적 해석을 제시하였다.

이 지도는 80년 전쟁을 끝내기 위한 베스트팔렌 조약(1648년에 서명된 평화 조약으로, 근대 국가 체제의 기초를 마련하고 유럽 국가들 사이의 주권을 인정하는 데 큰 역할을 했다—옮긴이주) 직전, 종교개혁에 반대한 브뤼셀에서 만들어졌다. 저자 미카엘 플로렌트 반 랑그렌(Michael Florent van Langren, 1598-1675)은 브뤼셀에 있는 스페인 왕실 우주지리학자(cosmographer)였다. 지구본과 천구본으로 유명한 네덜란드 지도 제작자 집안에서 자란 그는 성실한 발명가이기도 했다. 그는 지도 제작자이자 수문학자로서 라인-뫼즈 운하의 설계와 지도 제작에 참여했으며, 브라반트 지역 지도를 제작하여 블라우 출판사에서 출판했다. 또한 브뤼셀의 양조 산업을 개선하고 홍수를 막기 위한 해결책도 제안했다. 군사 기술자로서 플랑드르 해안에서 배를 나포하는 방법은 물론, 군인들이 위험한 강을 건널 때 익사하는 것을 막기 위해 팽창하는 가죽 가방과 같은 신기한 것들을 발명했다. 그가 만든 신문 전지 크기의 달 지도는 천문학에 대한 그의 평생의 헌신을 증명한다. 초기 달 지도는 기술적인 기능을 넘어서, 근대 초기 세계에서 우주지리학, 인문주의, 예술 및 정치 사이의 끊임없는 상호작용을 상기시킨다. 이 지도는 공공 및 개인 소장품을 통틀어 매우 드문 것이다.

이 지도와 관련된 이야기는 지도 속 달 그림 아래의 카르투슈에 적혀 있다. 1627년 반 랑그렌은 오스트리아의 대공비이자 스페인령 네덜란드의 총독인 이사벨라 클라라 에우제니아와 함께 달을 관측했다. 반 랑그렌은 가장 밝은 달 표면의 지도가 경도 결정 문제를 해결하는 데 도움이 될 것이라고 주장하며, 자신의 프로젝트 실행 및 출판에 그녀가 지원하도록 설득했다. 예술과 과학에 후원을 아끼지 않던 독실하고 호기심 많은 이사벨라는 그의 마드리드 스페인 왕실 방문을 적극적으로 후원했다. 이 플랑드르 우주지리학자는 펠리페 4세와의 면담을 허락받았으며, 펠리페 4세는 달 지도에 여러 지역들을 왕국의 저명한 인물들의 이름을 따서 명명하는 것에 동의했다. 이사벨라가 1633년에 사망하자, 반 랑그렌은 왕실에서 해고되어 브뤼셀로 돌아갔다. 그의 발명품이 대중에 공개된 것은 그로부터 10년 뒤, 1644년 네덜란드 남부의 총독이 된 포르투갈 외교관 카스텔 로드리고(Castel Rodrigo, 1590-1651) 후작의 도움 덕택이었다.

신문 전지 크기의 종이에 제시된 물체는 밤하늘에서 가장 친숙한 형태이자, 반 랑그렌의 가장 큰 기술적 혁신이었다. 지도가 공개될 당시 달 그림은 하늘에서 최대 단계로 확대된 크기를 보여 준 것은 아니었다. 이것은 오랜 기간 동안 단편적인 망원경 관측을 통해 파악된 달 이미지를 재구성한 것이었다. 달의 표현에 나타난 세부 사항은 경도를 설정하는 데 이상적인 역할을 할 수 있었다. 따라서 달 지도는 지구상의 지도를 제작하는 데 적절한 것으로 인식되었다. 궁극적으로 이것은 확장되는 제국의 넓이와 소유물을 나타내는 데 사용될 것이었다.

지도 제작자의 기술적이고 정치적인 야망은 지도 제작의 수사학과 불가분의 관계에 있다. 반 랑그렌은 달의 황반을 '오스트리아 펠리페의 빛나는 별들(Luminaries of Philip of Austria)'이라고 명명했다. 이 상징적인 행위로 보건대, 그가 스페인 왕조의 영역을 우주 공간에 투영하고 확대시키는 것을 목표로 했음을 알 수 있다. 또한 이 지도의 독자들은 달의 가장 밝은 지역이 왕의 이름을 따서 '오세아누스 필리피쿠스(Oceanus Philippicus, 오세아누스는 일반적으로 달의 평원이나 '바다'를 지칭하는 용어이다—옮긴이주)라고 명명되었다는 것을 알 수 있다. 그리고 그 주변 지역들은 합스부르크 왕가를 암시하고 있었다. 왕실 우주지리학자가 군주에게 이 신세계를 바치는 것은 놀라운 일이 아니었다. 거기에 더해 그는 교묘하게 그의 고향과 개인적인 충성심을 달의 지명에 부여하였다. 달의 반대편 바다에 반 랑그렌은 절대적 후원자였던

제작자: 미카엘 플로렌트 반 랑그렌
제목: 만월의 빛, 오스트리아-펠리페 가문의 영광 **발행지:** 브뤼셀
발행일: 1645년 **기법:** 동판 인쇄 **크기:** 51.9 x 42.8cm
축척: 약 1:9,000,000 **방위:** 해당 없음
소장처: 보델 니젠하위스 컬렉션

18

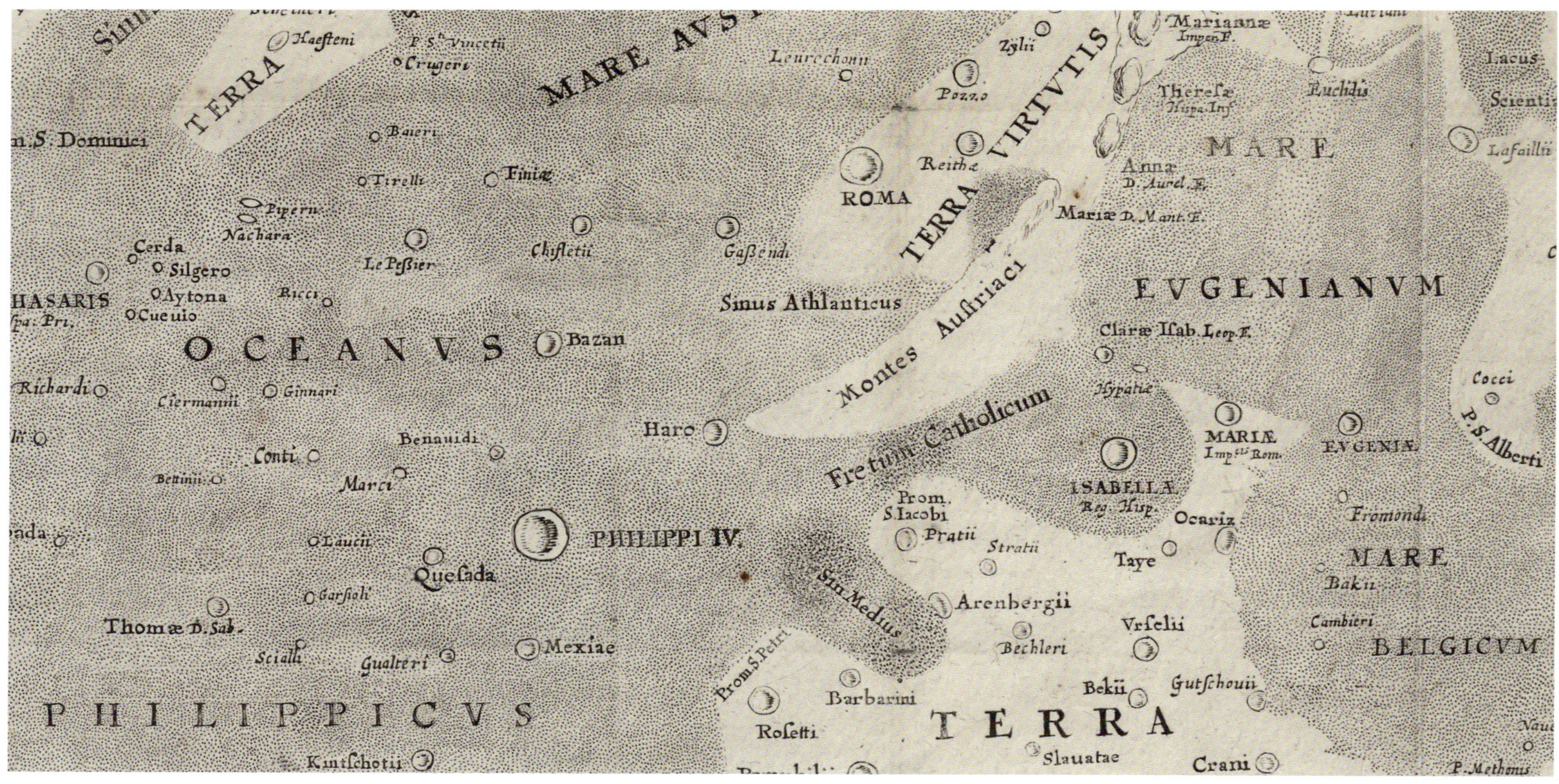

가톨릭해협은 펠리페 4세의 대양과 이사벨라 클라라 에우제니아의 바다, 그리고 벨기에해를 연결한다.

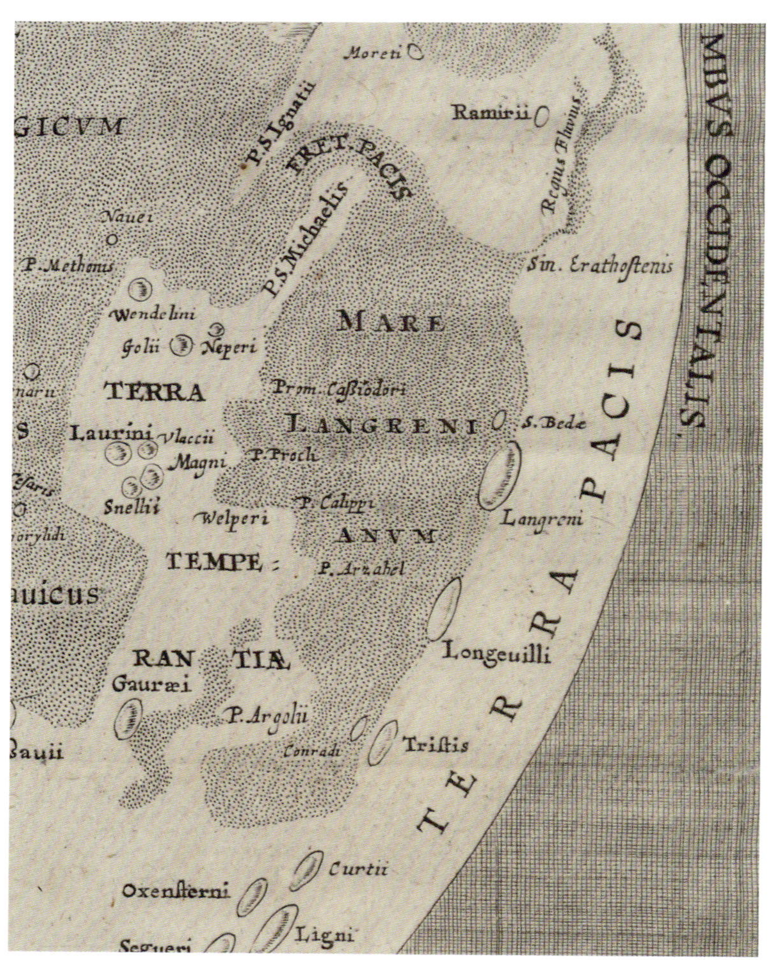

지도 제작자가 자신의 가문 이름을 드러내고 있다.

이사벨라의 이름을 부여하였다. 그녀의 이름 아래에는 브뤼셀해가 있고, 더 아래에는 네덜란드의 역사적 지역을 기념하는 시누스 바타비쿠스(Sinus Batavicus, 영어로 '바타비아 만' 또는 '바타비안의 만'이란 의미로, 현재의 네덜란드 지역에 거주했던 고대 게르만족 부족을 가리킨다—옮긴이 주)가 있다. 오른쪽에 부여된 마레 랑그레니아눔(Mare Langrenianum, 마레는 바다를 의미하며 랑그레니아눔은 지도 제작자인 반 랑그렌의 성에서 유래되었다. 반 랑그렌이 달 지도 제작에 기여한 것에 대한 경의를 표하는 이름이다—옮긴이주)이라는 지명은 그의 성(姓)을 활용한 것이다.

그러나 이 달 지도는 그의 충성심이 투영된 것 이상의 상황들을 담고 있었다. 반 랑그렌은 가톨릭과 개신교 정치인들 및 여성들의 이름을 지도에 새겼다. 당시 전쟁 중이던 네덜란드의 선거인단, 대공, 이탈리아 왕자들도 나란히 새겨졌다. 또한 지도가 인쇄되었을 당시 평화협상을 위해 뮌스터에 모였던 군사 외교관들의 이름이 눈에 띄게 나타나 있다. 그리고 종교에 상관없이 인문학자, 자연철학자, 천문학자, 그리고 다른 학자들의 이름이 달에 새겨졌다.

마지막으로, 달에 새겨진 이름들은 조화, 평화로운 인간의 행동과 연구의 이상을 상기시켰다. 명예의 땅, 덕의 땅, 품위의 땅, 노동의 땅, 정의의 땅, 지혜의 땅, 화평의 땅, 절제의 땅 등이 대표적인 예이다. 17세기 중반의 유스티누스 립시우스(1547-1606)와 아브라함 오르텔리우스(1527-1598)와 프란스 호겐베르크(1535-1590)의 지리적인 작품들을 읽었을 때, 이 비문들은 통합되고 정의로운 세상을 창조하려는 네오스토이의 윤리적 열망과 연관되었을 것이다. 그러나 반 랑그렌의 창조는 세계주의적 이상의 완전한 도구가 아니었다. 네덜란드 지도 제작 문화

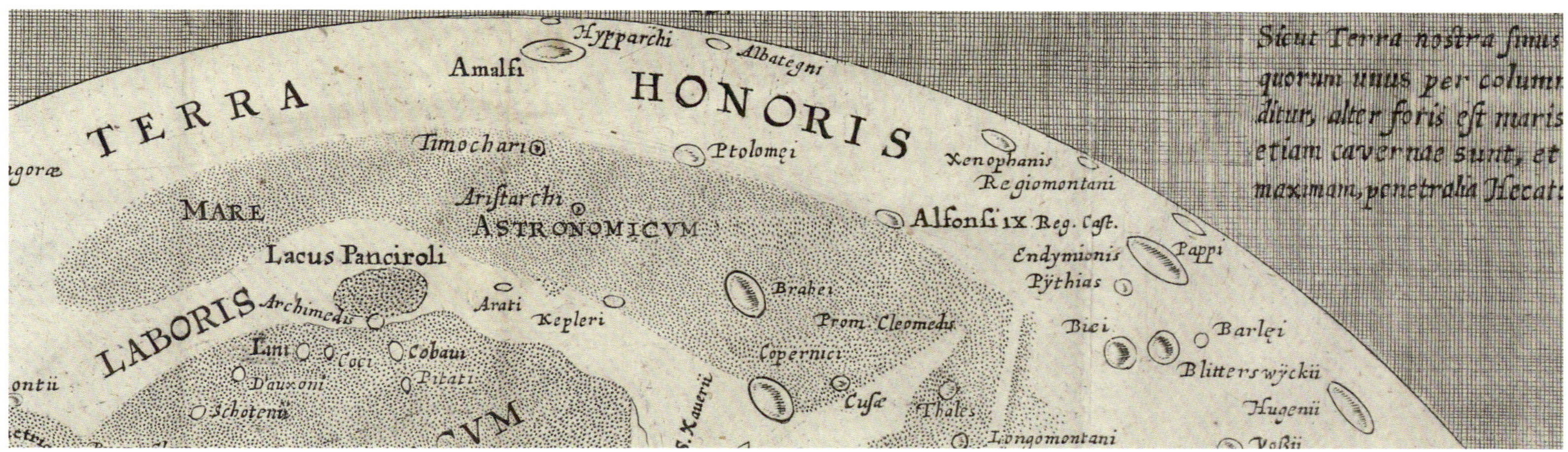

과거와 현재의 학자들은 명예의 땅에 이름이 새겨져 있다.

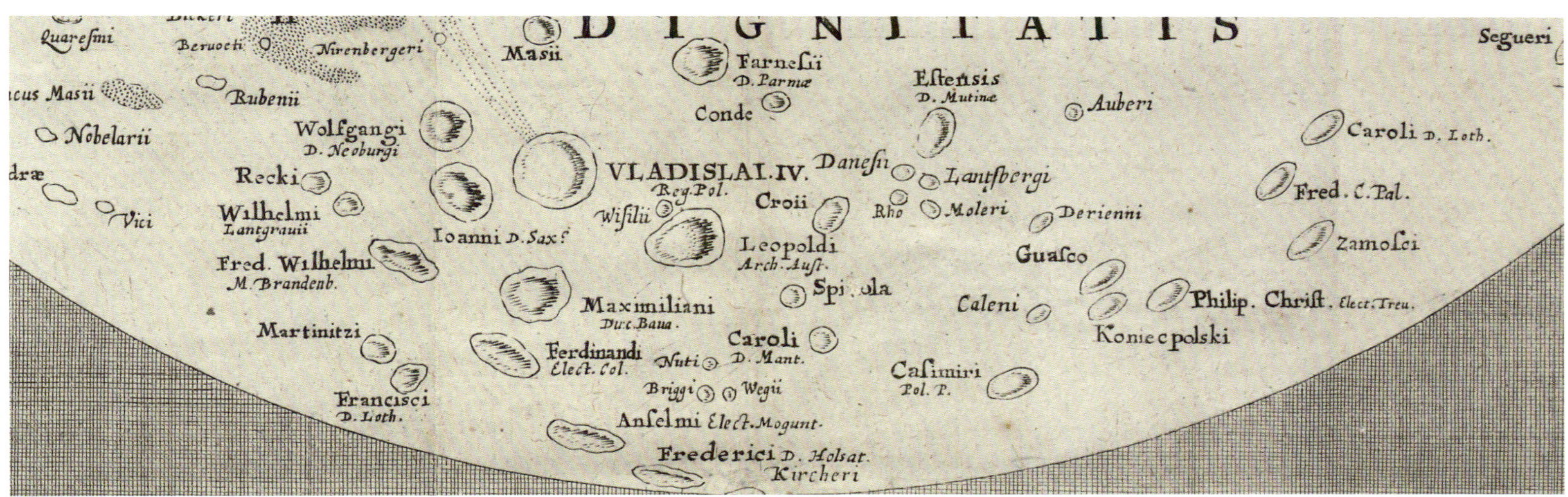

유럽의 군주들은 위엄의 땅에 표현되었다.

를 훈련받은 지도 제작자에게 이러한 가치는 전쟁과 경제 분쟁의 오랜 세월 후에 마침내 평화 협상이 임박했다는 것을 고려할 때 더욱 중요했을 것이다. 이 달 지도 프로젝트는 유럽의 정치적 얽힘에 대한 철학적 논평을 전달했다. 달은 '저 세상의 무대'였다.

지도 제작자와 그의 가장 가까운 협력자 2명 사이의 서신에서 확인되는 것은 이 명명법의 작성이 명확한 개인적인 의제와 분리할 수 없다는 점이다. 달에 새겨진 지명들은 브뤼셀의 반 랑그렌과 그의 가장 가까운 두 인물, 즉 마드리드 인도위원회에서 우주지리학자로 활동한 안트베르펜 예수회의 장 샤를 델라 페일(Jean-Charles della Faille, 1597-1652)과 인문주의자이자 루벤에 있는 콜레키움 트릴링구에 대학의 교수 에리키우스 푸테아누스(Erycius Puteanus, 1574-1646) 사이의 긴 서신 교환을 통해 확립되었다. 이 편지들에 따르면, 달 지명 명명법은 반 랑그렌과 그의 대화 상대들이 특정 의무를 가진 선택된 청중들에게 매력을 발산하기 위해 고안한 것이었다. 푸테아누스의 제자였던 폴란드 대사의 이름을 따서 달의 이름을 지은 것이나, 마드리드의 왕궁에서 사적인 정보로 델라 페일을 도왔던 스페인 외교관의 이름을 따서 달의 이름을 지은 것은 이들의 충성스러운 행동이었다. 반 랑그렌은 논쟁적인 달 지도를 함께 출판하기로 약속한 요하네스 헤벨리우스(Johannes Hevelius, 1611-1687)와 같은 자연철학자들을 달의 지명에 넣는 것을 주저하지 않았다. 그런 의미에서 달의 이름을 짓는 것은 고객과 후원자 사이의 관계를 강화하기 위한 전략이었다. 동시에 원하는 사회적 관계를 구축하기 위한 수단이기도 했다. 달 지명 명명법은 초기 현대 지식 형성에 필수적인 후원, 경쟁, 협력의 정치에 대한 예리한 인식을 통해 만들어졌다.

Uitlegginge van deze Caarte
A De Heeren Valley.
B De krake Valley.
C De kerkvalley.
D De drooge Valley.
E De Suuring Valley.
F De appel valley.
G De Ree van St Helena
H Meeuwe klippen.
I De Jagers Hutten van Peerle
K Ditto van Orangien.
L Van de Hector
M Vande leeuw.
N Van Malacca.
O Van d' Achilles.
P Van d' Oude leeuw.
Q Waterevallen.
R De Boxbergen
S De piek vanwaar 'thele Eylandt overziet
T De pampelmoeze Valley
V De valleye van Spoken.
W De Tafelbergh.
Op de gelegentheyt van Sant Helena.

De Kerck-Valley van 't Eylant Sant Helena. A° 1659.

19 1658년 — 세인트헬레나에서의 강제 체류

바다에 있는 재보급지 현장의 독특한 그림

1657년 가을, 네덜란드 동인도회사의 함대가 현재 인도네시아 자카르타인 바타비아를 출발해 네덜란드로 향했다. 이는 당시 아시아의 네덜란드 식민지를 관할하던 인도 평의회 사무총장 코엔스(Koenes)의 명령에 따른 것이었다. 1658년 봄, 이 함대는 남대서양 중앙에 위치한 세인트헬레나섬에 도착했다. 1502년 포르투갈인에 의해 발견된 이후, 세인트헬레나는 유럽으로 가는 항로에서 중요한 보급지 역할을 해 왔다. 기함 페렐호가 선원들의 괴혈병 치료를 위해 2달간 세인트헬레나에서 머물렀을 때, 이 배에 탑승 중이던, 여행자이자 예술가 요한 니우호프(Johan Nieuhof)는 섬의 다양한 모습을 그림으로 남겼다.

요한 니우호프(1618-1672)는 네덜란드 오버이젤주와 국경을 맞댄 독일 벤트하임의 울센에서 태어났다. 모험에 대한 열정으로 그는 당시 세계적인 무역망의 중심지였던 암스테르담으로 향했다. 그는 코르넬리스 얀 비첸(Cornelis Jan Witsen)과 니콜라스 비첸(Nicolaes Witsen)의 권유를 받아 1640년에 서인도회사에 입사하였고, 그들과 함께 브라질로 항해하며 9년 동안 머물렀다. 회사 간부들의 지시에 따라 그는 주변 지역, 특히 포르투갈인들이 이전에 점령했던 영토들을 탐험했다. 이후 그는 네덜란드 공화국으로 돌아왔지만, 네덜란드 동인도회사를 위해 동인도로 향했다. 1654년에는 '최초의 스튜어드'로서 동인도회사의 중국 황실 사절단으로 떠났다. 1657년에는 바타비아로 돌아왔지만, 같은 해에 다시 네덜란드로 떠나 코엔스가 지휘하는 함대에 합류했고, 쇠약해진 선원들과 함께 세인트헬레나에서 2달을 보냈다. 1658년에 그는 동인도로 돌아와 네덜란드 동인도회사에서 여러 직책을 맡아 아시아 전역을 항해했다. 1663년에는 인도 말라바르 해안의 코일란(Coylan)에 있는 동인도회사의 최고 상인으로 임명되었다. 그는 1671년까지 암스테르담으로 돌아가지 않았으며, 탐험에 대한 열정으로 다시 동쪽으로 향했다. 그는 선원들에게 신선한 물을 공급하기 위해 마다가스카르 머더러스(Murderers)만에 상륙을 지시한 후 실종되었다. 그가 3일 후에도 돌아오지 않자, 배는 출항하여 항해를 계속했다. 이후 희망봉에서 니우호프를 수색하기 위해 원정대가 조직되었지만, 그의 흔적은 발견되지 않았다.

요한 니우호프는 자신의 여행기를 출판하여 명성을 얻었다. 그의 중국 황제 사절단에 대한 책은 1665년에 출판되었고, 브라질과 동인도 여행에 관한 기록은 1682년에 사후 출판되었다. 니우호프는 『동인도의 여러 지역을 통한 바다와 육지 여행(Zeeen Lant-reize door verschidegewesten van Oostindien)』이라는 저서에서 세인트헬레나에서의 경험을 약 2페이지에 걸쳐 기술했으며, 이 책에는 처치 밸리(Church Valley)를 바라보는 해안 도면이 포함되어 있다. 또한 보델 니젠하위스 컬렉션에는 니우호프의 여행기에 포함되지 않은 2개의 원본 그림이 수록되어 있는데, 이들은 세인트헬레나의 조감도 및 처치 밸리 안쪽을 묘사한 것으로, 두 그림 모두 'J. Nijhov'이라는 서명이 들어가 있다.

니우호프가 그린 조감도는 그리 정확하지는 않지만 매우 상세하다. 그의 그림은 올페르트 다퍼(Olfert Dapper)가 1668년에 발행한 『아프리카 지역에 대한 정확한 설명(Naukeurige beschrijvinge der Afrikaensche gewesten)』에서 세인트헬레나 지도로 새겨진 판화의 원본이었다. 하지만 원본 그림은 1668년에 인쇄된 지도와 16세기와 17세기에 출판된 몇 개의 다른 섬의 지도보다 훨씬 더 많은 정보를 포함하고 있다. 지도상의 글자로 표시된 장소는 오른쪽에 설명되어 있다. 니우호프는 8개의 계곡을 보여 주는데 그중 6개는 섬의 북서쪽에 있다. 여행기에서 그는 특히 길가 옆에 황폐한 포르투갈 예배당이 있는 처치 밸리와 과일(오렌지, 석류, 라임)이 풍부하기 때문에 그렇게 불리는 더 서쪽의 애플 계곡(Apple Valley)을 언급한다. 바다로 돌출된 일부 바위는 갈매기 능선으로 표시했다. 그는 또한 2개의 폭포와 여러 개의 산을 언급한다. 섬 중앙에는 '전체 섬을 내려다보는 봉우리', 즉 현재 다이애나스 피크로 알려진 산이 있다.

제작자: 요한 니우호프(화가)
제목: (좌) 세인트헬레나섬의 모습, (우) 세인트헬레나섬의 커크 계곡
발행지: 세인트헬레나 **발행일:** 1658년 **기법:** 종이에 필사
크기: 각 40 x 51cm **축척:** (좌) 약 1:50,000, (우) 해당 없음
방위: (좌) 북쪽이 오른쪽 하단, (우) 북서쪽 방향을 바라본 시점
소장처: 보델 니젠하위스 컬렉션

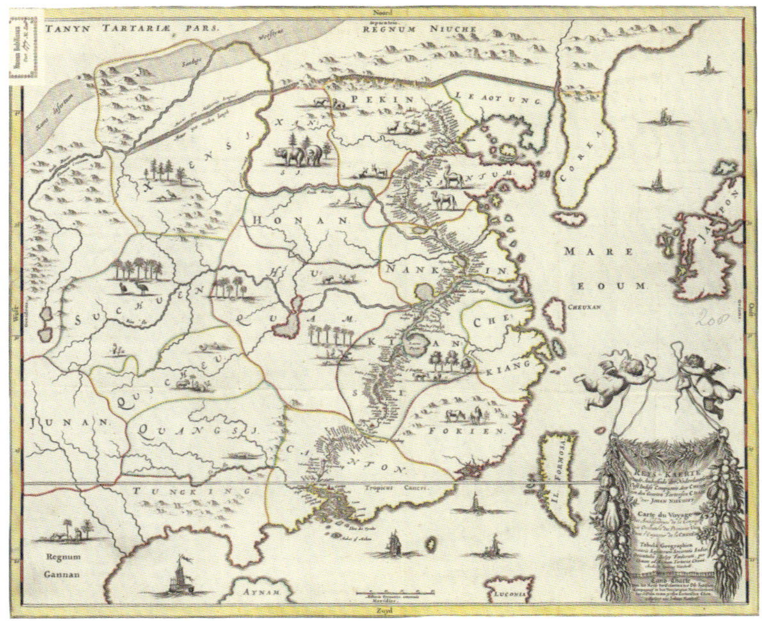

요한 니우호프의 1665년 작품으로, 네덜란드 동인도회사가 중국과 '대타타르의 참(당시 중앙아시아 또는 몽골 지역을 지배하던 타타르족의 지도자나 황제를 가리킴)'으로 파견된 대사단의 여정을 묘사한 지도.

요한 니우호프의 초상화, 1670년.

섬 전역에 걸쳐 7개의 사냥 오두막이 그려져 있는데, 이것은 섬 앞바다에 정박한 각 배의 선원들을 위한 오두막이다. 처치 밸리의 '군대 텐트'의 야영지뿐만 아니라 각 오두막 옆에도 네덜란드 국기가 그려져 있다. 지도 내 다른 요소들과 달리 깃발은 유일하게 채색되어 있다. '설명'에서 보고된 7척의 배 이름은 출판된 여행 책자에 언급된 것과 대체로 일치한다. 다만 『니우호프의 여행기(Zee en lant-reize)』에 따르면 함대는 8척으로 구성되어 있었다. 이 책은 프린스 빌럼(the Prins Willem)과 율리시스(Ulysses)를 언급하고 있는데, 둘 다 지도에 나와 있지 않다. 여행기에 등장하는 게크룬데 레이우(Gekroonde Leeuw)는 지도상의 레이우(Leeuw) 또는 오우데 레이우(Oude Leuw)로 추정된다. 니우호프의 그림에서 섬 주변에 정박한 많은 배들은 예술적 허용으로 해석될 수 있다.

포르투갈인들이 그 섬을 발견했을 때, 그곳에는 사람이 살지 않았다. 그들은 16세기에 염소와 멧돼지를 풀어 주고 과일나무를 심었다. 세인트헬레나에 정박하여 보급을 받으려는 선원들은 이러한 자원을 이용할 수 있었다. 이 그림에는 남자들이 개와 함께 무리를 지어 사냥하거나 멧돼지를 쫓거나 새들에게 총을 쏘는 것이 그려져 있다. 다른 그림은 또한 남자들이 새를 쏘고 멧돼지가 긴 장대에 꽂혀 야영지로 옮겨지는 모습을 묘사하고 있다. 지도 오른쪽 하단에 있는 그림에서는 낚시꾼이 자랑스럽게 자신의 포획물을 들고 있으며, 사살된 멧돼지가 뒤집혀 누워 있다. 모자를 쓰고 창을 들고 있는 인물은 함대 사령관인 코엔스일 수도 있지만 니우호프가 자화상을 그렸을 가능성도 있다. 마지막으로, 이 그림은 음식과 물의 풍부함을 찬양하는 「세인트헬레나의 찬가(Ode op de gelenheet van Sant Helena)」라는 제목의 시를 포함하고 있다.

네덜란드 동인도회사원들의 세인트헬레나 강제 체류를 담은 이 지도와 지형 그림은 독특한 통찰을 제공한다. 최종적으로 출판된 여행 보고서와 함께, 이 두 그림은 당시 섬의 상황에 대한 목격자의 기록을 제공하기 때문이다. 해당 시기 섬에 관한 다른 그림이 남아 있지 않아, 니우호프의 그림은 섬의 지형학적 특성과 보급 절차가 어떻게 조직되었는지에 대한 중요한 시각적 자료로 남아 있다. 지도에는 여행 보고서와 같은 문서 자료에서 찾을 수 없는 정보가 포함되어 있는데 섬 전역에 퍼진 사냥터와 다양한 지형 이름이 그 예이다. 음식과 신선한 물의 중요성 또한 분명히 드러난다. 니우호프의 세인트헬레나 지도는 지도학적 정확성의 뛰어난 사례는 아니지만, 오늘날까지 동인도제도로의 항해 중 주요 보급지로서의 섬의 핵심적 역할을 이야기해 준다.

PERSIÆ PARS.
Cabul
INDIA INTRA GANGEM
MOGOR
INDOSTAN
INDIA EXTRA GANGEM
BENGALA
ORIXA
Golfo de Bengala, olim Sinus Gangeticus
SIAM
CAMBODIA
Insulæ Maldivæ
Linea Æquinoctialis
MARE INDICVM.
Nobmo Fortmoq; Viro et Heroi
D. LAVRENTIO REAL
Equiti, Indiæ Orient. ol. Gubernatori Su:
premo, nup. Thalaßiarchæ claßis Britannici
Vicario, et nomine Ord. Belgicæ Fœd. ad
Regem Daniæ Legato, Vrbis Amsterdamens.
Senatori et Scabino, nec non Concilii Socie:
tatis Indicæ Orientalis Assessori, vario lite:
rarum ac doctrinæ genere claro, Tabulam
hanc D.D. Guiljelmus Blaeu.

Corea insula
IAPON
TOKOESY
I. Formosa
Tropicus Cancri
OCEANVS
CHINENSIS
INSVLÆ
PHILIP
PINÆ
MINDANAO
Illas de Ladrones
Archipelago de S.Lazaro
Linea Æquinoctialis
CELEBES
Terra dos Papous
Nova Guinea
Tropicus Capricorni
Milliaria Germanica sub latitud.
150
160
170
30
20
10

20

1662년 — 세계의 지도책 경쟁

블라우와 얀소니우스의 지도 경쟁

1570년, 아브라함 오르텔리우스(Abraham Ortelius, 1527-1598)는 안트베르펜에서 최초의 근대 세계 지도책인 『세계의 무대(Theatrum Orbis Terrarum)』를 출판했다. 이 지도책은 이전에는 볼 수 없었던 일관된 디자인의 지도 시리즈를 한 권의 책으로 묶은 것이었다. 1585년, 네덜란드 반란 중 스페인에 의해 재점령된 안트베르펜은 이후 암스테르담에게 지도 및 지도책의 주요 생산 및 판매 중심지 자리를 내주었다. 많은 남부 네덜란드의 지도 제작자, 조각가 및 출판업자들이 네덜란드의 항구 도시로 이주했다. 그중 하나인 요도쿠스 혼디우스는 게라르두스 메르카토르(Gerardus Mercator, 1512-1594)의 지도책에 사용된 구리판을 구입했다. 1606년에 혼디우스는 암스테르담에서 출판된 최초의 대규모 지도책인 『메르카토르-혼디우스 아틀라스』를 제작했다. 네덜란드에서 이렇게 큰 형식의 지도책을 출판한 최초의 출판자는 빌럼 얀스 블라우(Willem Jansz. Blaeu, 1571-1638)였다. 그러나 그의 가족 회사 형태의 지도책 제작은 그의 아들 요안 블라우(Joan Blaeu, 1598/99-1673)에 의해서 본격적으로 시작되었다. 한편 혼디우스의 사위 요하네스 얀소니우스(Johannes Janssonius, 1588-1664)가 혼디우스의 출판 사업을 이어받아 블라우 가문의 최대 경쟁자가 되었다. 이 두 가문의 경쟁은 마침내 1660년대에 600개 이상의 지도가 수록된 블라우의 9권짜리 『대 아틀라스(Atlas Maior)』의 출판으로 이어졌다.

얀소니우스는 현재 암스테르담의 담락(Damrak)이라 알려진 곳에 자리한, 블라우의 출판사 바로 옆에 자신의 출판사를 차렸다. 두 출판사 간의 경쟁은 1620년 얀소니우스가 블라우의 항해 안내서 『항해를 위한 빛(Licht der Zeevaert)』을 자신의 이름으로 출판하면서 본격화되었다. 이로 인해 블라우는 자신의 성을 명시할 수밖에 없었는데, 이는 '빌럼 얀스(Willem Jansz.)'만 쓰기에는 이웃인 '얀 얀스(Jan Jansz.)'의 이름과 너무 비슷하다고 여겼기 때문이다. 1630년대부터, 이 두 출판사들은 서로를 능가하려고 상대방을 부지런히 모방하기 시작했다.

빌럼 블라우가 1630년에 출판한 첫 번째, 비교적 간소한 지도책은 『아틀란티스 부록(Atlantis Appendix)』이었으며, 이는 오르텔리우스와 혼디우스가 이전에 출판한 아틀라스를 보완하기 위해 기획되었다. 하지만 블라우 부자는 곧 독립적인 지도책을 출판하기 시작했다. 더 많은 지도책을 만들기 위한 경쟁이 시작된 것이다. 1635년까지, 사용 가능한 지도 수는 이미 200개 이상으로 증가했으며, 이는 블라우가 처음으로 2권의 지도책을 출판하게 된 계기가 되었다. 얀소니우스는 300개 이상의 지도를 포함하는 3권짜리 지도책으로 이를 능가했다. 이후 점점 더 많은 지도가 더 많은 권수로 포함되었다. 때로는 이전 지도책에서 사용된 구리판이 업데이트되지 않고 재사용되기도 했다. 심지어 얀소니우스는 16세기 말에 제작된 메르카토르의 지도책 지도들을 계속 사용했다. 1658년에는 블라우와 얀소니우스가 각각 400개 이상의 지도를 포함하는 6권짜리 지도책을 출판했다.

요안 블라우는 메르카토르가 실현하지 못했던 아이디어를 활용하여 그의 지도책을 전 세계의 나라와 도시, 바다는 물론 하늘의 별까지 모두 포함하는 광범위한 우주지리학으로 확장하려 했으나 성공하지 못했다. 반면 얀소니우스는 그의 『새로운 아틀라스(Atlas Novus)』를 우주지리학의 기준으로 재구성하였다. 10권짜리 기존 지도책에 그의 도시 지도책과 안드레아스 첼라리우스(1595년경-1665)의 천문 지도책인 『우주의 조화(Harmonia Macrocosmica)』를 추가한 것이다. 『새로운 아틀라스』는 '해양 세계'와 '고대 세계'에 대한 별도의 섹션을 가지고 있었으며, 이는 블라우의 『아틀라스 작품(atlas oeuvre)』에서는 찾아볼 수 없는 요소들이다. 이에 블라우는 1660년대에 그의 유명한 『대 아틀라스』로 대응했는데, 이 지도책은 언어별로 9권에서 11권으로 출판되었다. 이 지도책은 사본들이 인쇄되었고 지금까지 남아 있다. 상업적으로 보면, 블라우는 아틀라스 경쟁에서 승리했다. 그러나 블라우와 얀소니우스의 지도책을 비교했을 때, 블라우가 모든 점에서 '승리'한 것은 아

제작자: 빌럼 얀스 블라우(지도 제작), 요안 블라우(발행)
제목: 동양이라 불리는 인도와 그 인근 섬들 **발행지:** 암스테르담
발행일: 1634년 **기법:** 종이에 동판 인쇄 **크기:** 42 x 51cm
축척: 약 1:20,000,000 **방위:** 북쪽이 위쪽
소장처: 보델 니젠하위스 컬렉션

1659년에 만들어진 자바 지도는 네덜란드 동인도회사의 자료를 기반으로 하여 얀소니우스가 출판한 지도책에 수록되었다.

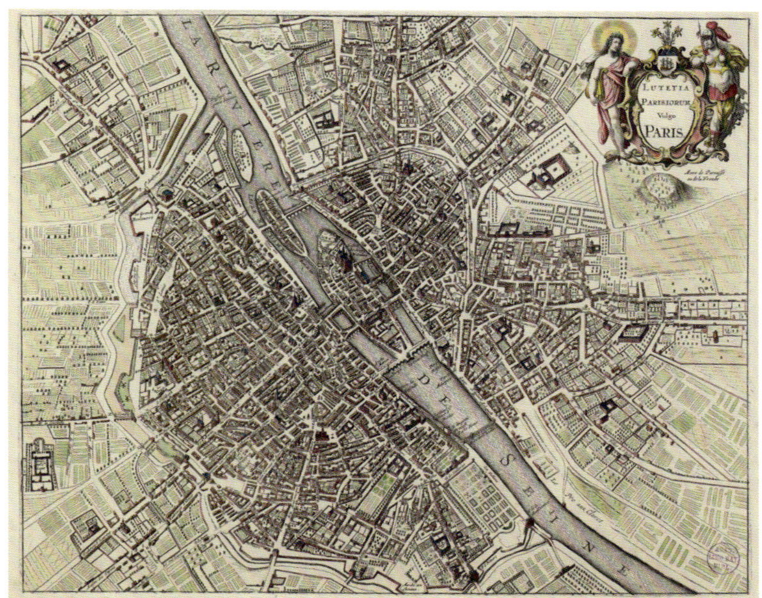

1657년 얀소니우스의 도시 지도책에 실린 파리의 거리 지도.

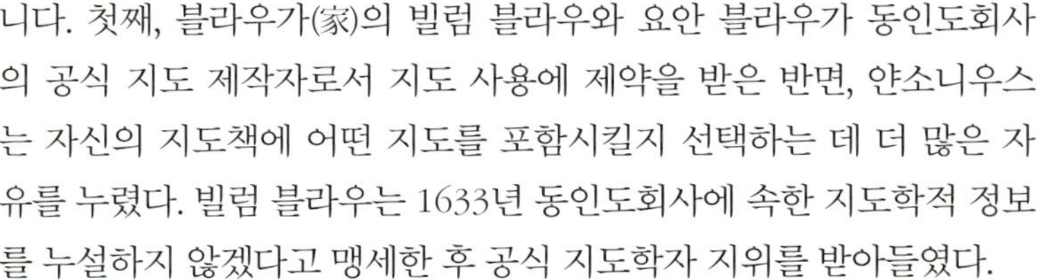

니다. 첫째, 블라우가(家)의 빌럼 블라우와 요안 블라우가 동인도회사의 공식 지도 제작자로서 지도 사용에 제약을 받은 반면, 얀소니우스는 자신의 지도책에 어떤 지도를 포함시킬지 선택하는 데 더 많은 자유를 누렸다. 빌럼 블라우는 1633년 동인도회사에 속한 지도학적 정보를 누설하지 않겠다고 맹세한 후 공식 지도학자 지위를 받아들였다.

동인도회사의 해상 경로와 무역 지역에 대한 모든 지도는 손으로 그려진 것이었으며, 블라우는 이러한 정보를 인쇄된 상업용 지도책에 포함할 수 없었다. 1634년부터 블라우는 아시아 일부 지역의 지도 6장을 포함시켰지만, 이들은 비교적 작은 규모의 개요 지도였다. 하지만 얀소니우스는 네덜란드 동인도회사에서 일하지 않았기 때문에 동인도회사 영토의 상세한 지도를 자신의 지도책에 포함시킬 수 있었다. 1650년대에 그는 남태평양, 인도양, 벵골만, 실론, 자바, 수마트라, 보르네오, 반다제도, 일본 지도를 그의 아틀라스에 추가했다.

요안 블라우는 1655년에 『중국 아틀라스』를 출판했다. 이 아틀라스는 가톨릭 선교사 마르티노 마르티니(Martino Martini, 1614-1661)가 중국에서 암스테르담으로 가져온 지도를 바탕으로 만들어졌다. 이 『중국 아틀라스』는 중국 개요 지도, 중국의 15개 지방 지도, 그리고 일본과 한국 지도로 구성되어 있다. 그것들은 동인도회사의 지도가 아니라 원본 중국 지도를 기반으로 하였다. 사실, 중국 내부는 동인도회사의 영토가 아니었다. 『중국 아틀라스』는 나중에 『대 아틀라스』에 포함되었다. 1659년에 블라우는 동인도제도의 해도집을 준비하고 있다고 발표했다. 하지만 이 프로젝트는 과도한 비용 때문에 동인도회사의 이사들에 의해 보류되었다. 아마도 기밀 정보가 유출될 가능성 때문에 이러한 결정이 이루어졌을 것이다. 최초 해도집은 요하네스 2세 반 퀼렌(Johannes II van Keulen, 1704-1755)이 출판한 『새롭고 위대하며 빛나는 바다의 횃불(Nieuwe Groote Lichtende Zee-Fakkel)』이라는 지도책의 제6권이다. 블라우와 마찬가지로, 반 퀼렌은 상업 출판업자 겸 동인도회사의 지도 제작자로 활동했다.

얀소니우스는 다른 면에서도 블라우를 능가했다. 1657년, 얀소니우스는 전 세계 도시의 500개의 거리 지도와 도시의 풍경을 담은 도시 지도책을 출판했다. 얀소니우스는 『세계의 도시들(Civitates Orbis Terrarum)』을 출판한 조르주 브라운(Georg Braun, 1541-1622)과 프란스 호겐베르크(Frans Hogenberg, 1535-1590)로부터 구입한 동판을 사용할 수 있었다. 비록 그의 도시 지도책에 있는 모든 지도가 원본은 아니었지만, 새롭게 조각된 149개의 거리 계획도를 포함되었다.

블라우는 대규모 도시 지도책 출판 계획을 세웠으나 이를 실현시키지 못했다. 그는 자신의 인쇄기와 출판사의 능력을 과대평가했는데, 이 때문에 그의 지도책을 다른 출판물과 동시에 생산해야만 했다. 그는 1649년에 네덜란드 도시들과 1663년에 이탈리아 일부 지역에 대한 책을 출판하는 것 이상의 진전을 보이지 못했으며, 이 책들은 가끔 그의 『대 아틀라스』에 부속 권으로 포함되기도 했다.

두 출판사가 제작한 지도책은 각기 장단점을 지니고 있었다. 하지만 이들의 치열한 경쟁은 제품의 질을 전례 없는 수준으로 향상시켰고, 페이지와 권수도 점차 늘어났다. 두 출판사 모두 상업적 성공을 목표로 하면서 가능한 한 많은 지도를 지도책에 수록하고자 했다. 이 과정에서 때때로 양이 질을 앞선 것은 사실이다. 예를 들어, 블라우의 지도책에서는 중국이 지나치게 강조되었으며, 다른 나라들은 상대적으로 적은 관심을 받아 간혹 단 하나의 개요 지도로만 표현되기도 했다. 얀소니우스의 지도책 또한 내용 배치가 균등하지 않았다. 하지만 블라우의 출판물들은 원본 지도를 더 많이 포함하였고, 그 결과 상업적으로 큰 성공을 거두었다. 이로 인해 블라우의 『대 아틀라스』는 역사상 최고의 지도책 중 하나로 평가받고 있는데, 이웃과의 경쟁 없이도 이런 명성을 얻을 수 있었을 거라고 단정을 내리긴 어렵다.

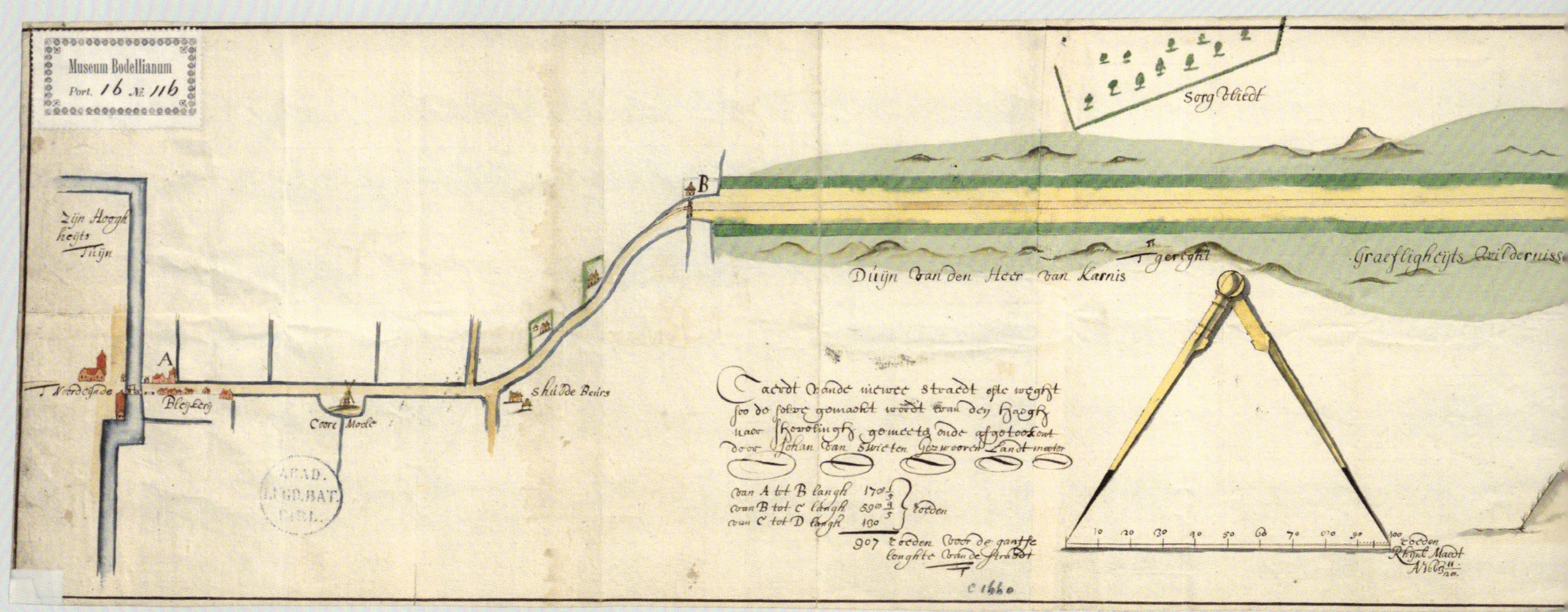
Museum Bodellianum
Port. 16 N. 116
Sorgvliedt
Duijn van den Heer van Karnis

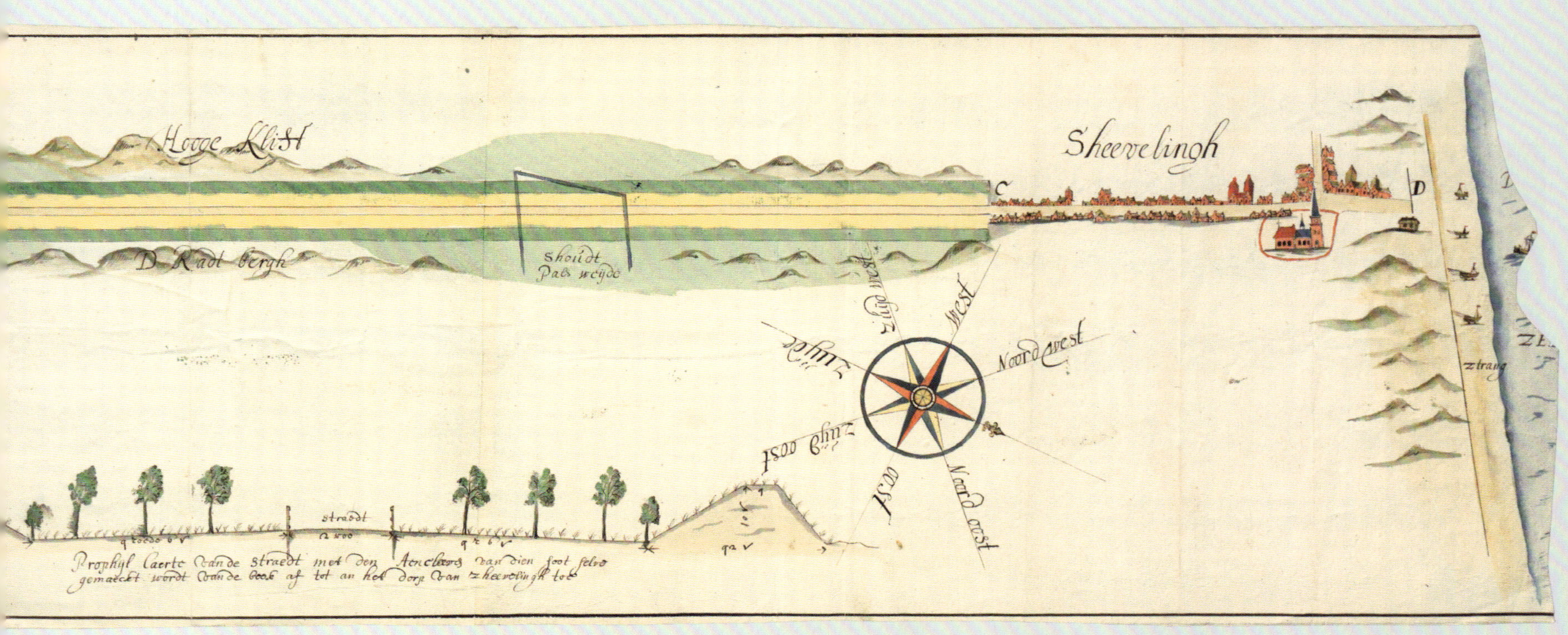
Hooge Klift
Sheevelingh
D. Raet bergh
straedt
Prophyl Caerte van de straedt met den Aenclevs van dien soot selve
gemaeckt wordt van de boos af tot an het dorp van Sheevelingh toe

21

1663년 — 모래언덕을 다지다

스헤베닝겐으로 가는 길을 닦다

17세기에는 포장된 도로가 거의 존재하지 않았다. 특히 시골에서는 포장도로를 찾아볼 수 없었다. 일부 국가에서 도시 간 이동을 용이하게 하기 위해 견인로가 있는 운하를 건설하는 정도였다. 네덜란드에서는 17세기 후반이 되어서야 최초의 포장된 도로가 건설되었는데, 네덜란드 헤이그시에서 3km 떨어진 스헤베닝겐(Scheveningen)까지 가는 도로였다. 난관은 모래언덕이었다. 1653년에 과학자 콘스탄틴 휘겐스(Constantijn Huygens, 1596-1687)가 모래언덕을 통과하는 도로를 설계했으나, 실제로 도로를 건설할 때에는 그의 설계가 아닌 무명의 토지 측량가 요한 반 스위튼(Johan van Swieten, 1632-1694)의 설계를 사용했다. 하지만 도로 설계의 공로는 휘겐스에게로 돌아갔다.

토머스 더 키저가 1627년에 그린 콘스탄틴 휘겐스와 그의 서기의 초상화. (런던 국립미술관 소장)

그라벤하게[Gravenhage, 또는 덴하그(Den Haag), 헤이그의 옛 명칭] 주민들 사이에서 해안과의 적절한 연결 통로가 없다는 불만이 커지고 있었다. 스헤베닝겐에서 도시로 여행하고 싶은 방문객들은 모래언덕을 통과해야 하는 어려운 상황에 처했고, 이것은 헤이그의 통치자들이 외국 손님을 환영하는 방식으로 적합한 방법이 아니었다. 이에 건축가이자 시인, 외교관이었던 콘스탄틴 휘겐스는 시의회로부터 노면 도로 건설 계획을 설계하도록 지시받았지만, 그의 제안은 높은 비용으로 인해 시의회에서 거부당했다. 델프랜드 수자원 위원회의 재무 책임자 코르넬리스 미켈스 소에텐스(Cornelis Michielsz. Soetens. 1588-1669)가 견인로가 있는 운하를 건설하자는 대안을 제시했지만, 이는 더 큰 비용이 들 것으로 판명되어 시의회는 계획을 포기해 버렸다.

1660년에 영국 왕 찰스 2세가 헤이그에서 영국으로 돌아갈 때, 그의 수행단은 스헤베닝겐의 해변에 도착하는 데 어려움을 겪었다. 이 일을 계기로, 시의회는 예산 문제 때문에 포기했던 스헤베닝겐으로 가는 도로 건설 계획을 다시 추진하기로 결정했다. 그들은 휘겐스(Huygens)와 소에텐스(Soetens)의 이전 계획을 재검토했지만, 요한 반 스위튼이라는 젊은 토지 측량사에게 작업을 맡겼다. 스위튼의 지휘 아래, 도로에 대한 최종 계획이 완성되었다. 도로 건설 작업은 1663년 8월 22일에 시작되었고 2년 후인 1665년에 새로운 도로가 공식적으로 개통되었다.

1663년 11월 28일 날짜가 찍힌, 손으로 그린 스위튼의 설계도가 보

제작자: 요한 반 스위튼 **제목:** 헤이그에서 스헤베닝겐까지 새로 만든 도로 지도 **발행지:** 헤이그 **발행일:** 1663년 11월 28일 **기법:** 종이에 필사 **크기:** 17 x 90cm **축척:** 약 1:4,500 **방위:** 북쪽이 오른쪽 하단 **소장처:** 보델 니젠하위스 컬렉션

존되어 있다. 이때까지 측량이 진행되었고, 스위튼은 이러한 측량을 바탕으로 지도를 작성할 수 있었다.

도로가 지나는 길은 헤이그의 도시 운하 바로 바깥에서 시작하여 왕실 도로인 노르데인데(Noordeinde, 남서쪽에 '왕실의 정원'이 있음)로 이어진다. 이 길은 햇볕에 표백하기 위해 세탁물이 방치된 산업용 세탁소와 도시 바로 외곽에 있는 옥수수 방앗간을 지나 '슈드 더 보어(Schud de Beurs)' 농장에서 서쪽으로 돌아간다. 그리고 나서 도로는 북-북서 방향으로 꺾인다. 이곳은 모래언덕(사구)을 직선으로 가로지르는 스헤베닝겐 도로의 시작점이다. 그리고 그레플리히츠 와일더니스(Graeflicheijts Wildernisse, 백작이 소유한 미개간지), 후게 플리프트(Hooge Klift) 및 라트베르그(Radt bergh, 개척지)를 가로지른다. 이 도로는 스헤베닝겐의 주요 거리인 오늘날의 카이저스트라트(Keizerstraat)와 연결된다. 교회와 해변에 놓인 작은 배를 포함하여 어촌 마을이 자세하게 그려져 있고, 스위튼은 지도 아래에 도로의 단면도를 그려 놓았다. 도로 자체는 폭이 2로드(약 7.5m)였고 양쪽에는 나무로 있는 구역이 있는데, 이는 9로드와 6피트(약 35m 이상)로 이루어져 있다. 그리고 그 너머에는 양쪽에 둑이 있어 언덕의 모래가 도로로 들어오지 못하게 했다.

스헤베닝겐 도로가 완성된 후, 프레더릭 더 위트(De wit, 1629/1630-1706)가 제작한 인쇄 지도가 암스테르담에 등장했다. 더 위트의 지도는 도로가 평평하지 않고 대신 양쪽 끝에서 중간에 후게 클리프트 방향으로 약간의 경사가 있음을 보여 준다. 봄철 밀물 때 도로를 따라 도시로 바닷물이 들어오는 것을 원하지 않았기 때문이다. 이 계획의 추가적인 장점은 도로 건설을 위해 모래언덕의 모래를 덜 파도 된다는 것이었다. 완만한 경사의 장점은 곧 드러났다. 개통 이후 1665년 12월 5일 첫 번째 폭풍우가 몰아쳤을 때, 도로의 경사 덕분에 도시로 바닷물이 들어오지 않다는 것이 충분히 입증되었다.

스헤베닝겐 도로의 성공적인 건설과 인쇄된 지도는 토지 측량사로서 젊은 스위튼의 명성을 확실히 알리는 계기가 되었다. 그러나 스위튼은 콘스탄틴 휘겐스의 그림자에서 벗어날 수 없었다. 1667년에 휘겐스는 헤이른 반 즈위컴(Heer van Zuylichem)이라는 필명으로 『스헤베닝겐까지의 헤이그 해안 도로(*De zee-straet van 'sGraven-hage op Schevening*)』를 출판했다. 이 책은 주로 제스트라트(Zeestraat, 해안 도로)에 대한 37페이지 분량의 찬사로 구성되어 있으며, 성공적인 스헤베닝겐 도로의 정신적 아버지인 휘겐스에게 경의를 표하는 글도 포함되어 있다.

더 위트의 인쇄 지도에도 라틴어로 '콘스탄터(Constanter)'라고 서명된 6줄의 시가 있는데, 이 시에서 휘겐스는 부드럽고 모래가 깔린 땅 위의 포장된 길을 찬양했다. 1713년 헤이그의 인쇄업자 레빈 반 다이크(Levijn van Dijck, 1711년에서 1726년 사이에 활동)가 지도를 다시 인쇄했다. 이 판본에 네덜란드어로 쓰인 휘겐스의 시가 들어 있었다. 그는

1667년 콘스탄틴 휘겐스의 『스헤베닝겐까지의 헤이그 해안 도로』에 수록된 로메인 더 후게(Romeyn de Hooghe)의 스헤베닝스 거리의 그림.

단단한 것과 부드러운 것의 대조를 보여 주며, 그들의 상품을 도시로 가져와야 했던 스헤베닝겐의 어부들에게 말했다.

Dear fishwives, early to rise to the mart
Your patch was too soft, which made it hard:
Is it a poor plight?
But now the road is hard and makes it light.
친애하는 어부의 아내 여러분, 일찍 일어나서 시장에 나가야 하는데
가는 길에 모래가 너무 많아 힘드셨지요.
많이 고단하셨나요?
그러나 이제 그 길을 단단하고 환하게 만들었습니다.

분명히 스헤베닝겐 도로는 외국 고위 인사뿐만 아니라 스헤베닝겐의 어부들에게도 도움이 되었다. 1963년 이 지도에 묘사된 바와 같이, 휘겐스와 반 스위튼의 계획과 노력 덕분에 헤이그 시장까지 오는데 오랜 시간이 걸리지 않게 되었다.

程全圖
康熙二年癸卯上元吉旦
姑蘇王君甫發行
冰海
大西洋
西南海

大明九
萬國大全圖說
閱此圖者萬國大全圖也
先以太極生兩儀兩儀生
四象四象變八卦八卦化
與萬物人無無以盡經理
之妙居今而不搏乎先定
兩京十三首疆域後審禹
貢九州及春秋戰國秦漢
唐宋元建國都形勝江湖
河海名山大川五嶽四瀆
淮四源流黃河江漢必窮
源極流而會通衛水二河
又國家轉漕要渠兩京十
三省各府州縣衛分宣慰
司宣撫司軍民府按撫司
長官司大黑路者各直各
省之大界小黑路者各直
各省所屬府分之小界又
併各府所屬州縣在各府
之東西南北與東北西北
東南西南古今人物事跡
出處所近中國奉貢之國
日本國琉球國朝鮮國高
麗國安南國交趾國占城
國三佛濟國真臘國滿剌
國暹羅國爪哇所近中國
之大國也其餘小國書倫
與邊各國所出人物與相
大東洋
東南海
太平海
大明京省九邊外國府州縣路程圖

22

1663년 — 지식에 대한 갈증 해소

후기 제국주의 중국의 세계관

이 지도는 중국 제국 후기 대중의 세계관을 보여 준다. 일본의 우메무라 야하쿠(1700년경 활동)가 인쇄한 이 지도는 17세기 후반 청나라 초기에 활동한 왕 준푸가 만든 지도를 충실히 복제한 것이다. 이 지도는 산, 강, 행정구역과 같은 일반적인 지리 정보를 제시함으로써, 제국과 그 너머 지식에 대한 수요를 충족시켰다. 또한 역사적으로 중요한 인물과 사건과 관련된 장소들에 대한 간략한 설명을 제공하고, 주변 국가들과 외국을 소개했다. 지도 제작자는 아시아 국가들뿐만 아니라, 유럽, 아프리카 및 아메리카 등의 주요 대륙, 해양 및 국가의 존재도 인식하고 있었다. 이 모든 정보는 명나라(1368-1644)와 예수회 선교사 및 개인 인쇄업자가 만든 지도를 통해 수집되었다.

1700년경 일본 교토에서 활동한 우메무라 야하쿠가 인쇄한 이 지도는, 1663년 왕 준푸가 제작한 원본 지도의 복제본이다. 쑤저우 출신의 왕 준푸는 쑤저우 목판화 제작의 선구자로서, 그의 작업은 최소 4개의 인쇄물에서 볼 수 있다. 쑤저우 판화는 다양한 색상을 사용한 단판 인쇄로, 저렴한 대량 생산 방식 덕분에 중국 남부에서 일본에 이르는 중산층 도시민 사이에서 큰 인기를 얻었다. 우메무라는 왕 준푸의 지도를 얻어 이를 재인쇄한 것으로 보인다. 이 특별한 지도는 네덜란드 출신 외교관이자 중국학자, 작가, 수집가인 로버트 반 굴릭(Robert van Gulik, 1910-1967)이 1930년대부터 1960년대까지 일본에서 활동하면서 소장한 것들이다.

지도 상단에 있는 왕 준푸의 설명은 많은 구성 요소에 독자의 주의를 집중시킨다. 구체적으로 명나라의 두 도시(북경과 남경)와 13개 성, 역사와 명승지의 수도, 주요 강, 호수, 산, 대양과 운하, 행정 단위와 성, 현의 경계, 역사적 인물들의 짧은 전기, 그리고 12개의 주요 조공국과 약 40개의 외국 국가들의 이름이 관심을 끈다. 또한 '네 방향의 영역에 대해 배우려는 사람들은 집을 떠나지 않고도 과거와 현재를 이해할 수 있다'는 문구는 지도의 매력을 더하며, 이 지도를 통해 독자가 세계에 대한 깊은 이해를 얻을 수 있음을 시사한다.

왕 준푸가 청나라 초기에 제작한 이 지도는 명나라의 행정 지리를 보여 준다. 지도는 행정 단위의 위계를 나타내기 위해 다양한 기호를 사용했다. 현(縣)은 이중 선이 있는 원으로, 부현(副縣)은 직사각형으로, 군(郡)은 타원형으로 표현되었으며, 수비대와 통행로는 사각형이 사용되었다. 손으로 칠한 노란색과 녹색 음영은 특정 현(縣)을 나타낸다. 이 지도는 역사적으로 중요한 인물 및 사건과 관련된 장소들에 대해 간략히 설명하는데, 예를 들어, 곡부(曲阜)는 공자(기원전 551-479), 안회(기원전 521-481), 맹자(기원전 372-289)와 같은 중국 초기 사상가들과 연관되어 있다. 지형적 특징으로는 황하를 포함한 강, 호수, 산이 나타나 있으며, 명나라 주변의 봉우리들은 제국의 경계를 명확히 표시한다.

왕 준푸의 지도는 명나라 시대의 여러 지도 제작자들이 축적한 작업을 바탕으로 제작되었다. 지도는 1644년 남경에서 조 준위가 만든 '9개 방위 지역의 현장 배치도, 인간 존재도, 그리고 왕국의 여행 경로의 완전한 지도'를 거의 그대로 재현한 것이다. 조 준위의 지도는 1583년에 지명태(池明泰)가 개인적으로 만든 '9개 성의 토지 배분도'와 '과거와 현재의 인간사'를 기반으로 하였다. 지명태의 지도에 대한 행정 정보는 대부분 명나라 지리의 궁정 조사인 명나라 종합 관보에서 발췌한 것이다. 조 준위와 왕 준푸의 지도 제목에 있는 '9개의 방어 지역'은 만리장성을 따라 세워진 9개의 방어 요새를 가리키며, 이 방어 지역은 왕조 전체에 걸쳐 지속된 방어 체계를 의미한다. 이 지도에서 만리장성은 국경의 구분과 방어의 중요성을 시각적으로 강조한다. 또한 지도의 왼쪽 열에는 북쪽에 위치한 30개의 수비대와 고개가 나열되어 있으며, 각 위치와 수도까지의 거리에 대한 간략한 정보가 제공된다.

'만국'이라는 용어는 1602년 예수회 학자 마테오 리치(Matteo Ricci, 1552-1610)가 만든 '세계 만국 지도'에서 처음 사용되었다. 왕 준푸의 지도가 만들어질 무렵 마테오 리치의 세계지도는 이미 널리 유통되고 있었다. 마테오 리치는 자신의 세계지도에 경도와 위도선을 그렸지만 조 준위는 경도선만 그리고 위도선을 그리지 않았으며 왕 준푸는 둘 다 그리지 않았다. 왕 준푸의 지도는 마테오 리치의 지식과 세계에 대

제작자: 왕 준푸(지도 제작), 우메무라 야하쿠(인쇄)
제목: 명나라의 9개 방어 구역, 사람들, 여행 경로, 만국의 정보를 담은 지도 **발행지:** 교토 **발행일:** 1663년 이후 **기법:** 종이에 필사
크기: 125 x 121cm **축척:** 해당 없음 **방위:** 북쪽이 위쪽
소장처: 반 굴릭 컬렉션

청나라 17세기, 왕 준푸의 만국조공도. (영국 박물관 소장)

한 전통적인 중국인의 이해 사이의 타협을 보여 준다. 그는 아시아 국가에 대해 잘 알고 있었지만, 유럽과 아프리카 및 아메리카를 포함한 주요 대륙과 해양의 존재도 알고 있었다. 그러나 왕 준푸는 외국의 크기를 줄이고 명나라 제국의 중심성을 강조하는 방향을 선택했다. 지도에 표기된 외국의 이름에는 프랑스, 사마르칸트 같은 실제 장소뿐만 아니라, 고대 중국 문헌 『산해경』에 등장하는 상상의 영역인 '가슴에 구멍이 뚫린 사람들의 나라', '털 많은 남자들의 나라' 같은 곳들도 혼합되어 있다. 이러한 이름들은 왕 준푸의 쑤저우 목판화 중 하나인 '만국조공도(萬國朝貢圖)'에도 나타난다.

지도와 인쇄물은 모두 명나라가 정치적, 문화적 위치가 세계적으로 어느 정도인가를 보여 준다. 조공은 명나라 시대에는 정치적 현실이 아니었다. 왜냐하면 조공 제도는 주변 국가들과의 무역 체계로써 기능했기 때문이다. 지도는 왼쪽 열에 조공국과 외국을 나열하고 그들의 위치와 명나라 수도까지의 거리를 간략하게 소개한다. 조공국들은 그들의 관습, 상품, 조공 경로에 대한 더 자세한 정보와 함께 본 지도에 소개된다. 예를 들어, 첸라(Zhenla, 현재의 캄보디아와 라오스 지역에 위치한 고대 왕국)왕국에 대한 주석은 "그 땅은 각 변이 3,500 km인 정사각형 모양이다. 잔청(Zhancheng, 현재의 베트남)은 동쪽에 있다. 남부 지역 대부분의 정착촌은 불교를 믿고 풍족한 생활을 하고 있다. 그들은 명나라 초기에 공물을 바쳤으나, 더 이상 공물을 바치지 않는다"라고 쓰여 있다. 지도 하단에는 두 수도와 13개 주에 대한 각각의 중요한 정보가 나열되어 있으며, 여기에는 토지 분배, 행정 조직, 인구, 생산물 및 세금에 대한 정보가 있다.

왕 준푸의 지도는 명나라 정부, 예수회 선교사, 개인 인쇄업자들로부터 수집된 정보를 결합하여 17세기 중국의 영토적 자신감을 보여 준다. 이는 광범위한 무역 네트워크의 중심에 위치한 중국의 특징을 강조하고 있다.

GRONDT DER STADT LONDON MET NIEUW MODEL EN HOE DIE AFGEBRANDT IS.
Nieuw Model om de afgebrande Stadt London te herbouwen
THAMESIS FLU
SOUTH WARKE
't Brandent London.
t'Amsterdam Gedruckt by Frederick de Wit inde Calverstraet by den Dam inde Witte Pas kaert.
EEUWIGE GEDENCK-TEKENEN, Van de Engelse en Nederlantse OORLOGH en VREEDE.
A. Zee-slagh tusschen d'Engelse en Nederlanders, den 13 Junij 1665.
B. Engelse aenval in Bergen in Noorwegen, den 12 Augustij 1665.
C. Victorieuse Zeeslag tusschen d'Engelse en Nederlanders, den 11, 12, 13, 14 Junij 1666.
D. Den Brant, van de Schepen in 't Vlie, en op der Schelling, den 19 en 20 Aug. 1666.
E. De Brandt van Londen, den 12, 13, 14 en 15 September 1666.
F. 't Veroveren van 't Eylant Schapey en 't Fort Schiranesse. Den 20 Juny 1667.
G. 't Verbranden van d'Engelse Oorlog-schepen op de Rivier van Rochester, den 22 en 23 Juny 1667.
H. Het sluyten van de Vrede te Breda. Op den 31 July Anno 1667.
I. De Publicatie of Afkondingh vande Vrede te Breda. Den 24 Augusti 1667.
K. Victory en Vreughde-Vuuren, gehouden op den 7 September Anno 1667. ter gedachtenis van d'Engelse en Nederlandse Vrede.
t'AMSTERDAM,
Gedruckt by FREDERICK de WIT, Konst-verkooper in de Kalverstraet, inde Witte Pas-Kaert.

GRONDT DER STADT LONDON MET NIEUW MODEL EN HOE DIE AFGEBRANDT IS.
THAMESIS FLU
SOUTH WARKE
Tot Amsterdam Gedruckt by Frederick de Wit inde Calverstraet by den Dam inde Witte Paskaart.
EEUWIGE GEDENCK-TEKENEN, Van de Engelse en Nederlantse OORLOGH en VREEDE.
A. Zee-slagh tusschen d'Engelse en Nederlanders, den 13 Junij 1665.
B. Engelse aenval in Bergen in Noorwegen, den 12 Augustij 1665.
C. Victorieuse Zeeslag tusschen d'Engelse en Nederlanders, den 11, 12, 13, 14 Junij 1666.
K. Victory en Vreughde-Vuuren, gehouden op den 7 September Anno 1667. ter gedachtenis van d'Engelse en Nederlandtse Vrede.
t'AMSTERDAM,
Gedruckt by FREDERICK de WIT, Konst-verkooper in de Kalverstraet, inde Witte Pas-Kaert.

23 1666년 — 비극이 반영국 선전으로 바뀌다

프레더릭 더 위트의 런던 대화재 뉴스 지도

인구 밀집 지역은 종종 재난으로 인해 큰 비극의 무대가 된다. 최근 역사를 보면, 이런 지역들이 테러리스트의 공격 대상이 되거나 전염병, 홍수, 지진, 쓰나미, 화재, 전쟁, 건물 붕괴, 폭발, 폭동, 난파선, 비행기 추락 등으로 심각한 피해를 입은 경우가 많다. 이러한 비극은 세계 여러 지역에서 발생하고 있으며, 영국의 수도 런던도 이러한 사건들로부터 자유롭지 못했다. 2005년 7월 7일에 발생한 충격적인 테러 공격, 1940년부터 1941년까지 이어진 독일 공군의 폭격 등이 그 예이다. 이전에도 런던은 두 차례의 큰 재난을 겪었다. 1665년에 발생한 대역병으로 7만 명 이상이 사망했으며, 전염병에서 겨우 회복한 런던은 1666년 9월 대화재를 경험했다. 이는 유럽 역사상 가장 충격적인 화재 중 하나로 기록되고 있다.

유럽의 대부분 도시들은 과거에 적어도 한 번 이상 대규모 화재를 경험했다. 이러한 화재는 건물들에서 시작하여 전체 구역 혹은 전 마을로 확산되곤 했다. 이 시기의 마을들은 현재보다 화재에 더 취약했는데, 그 주된 이유는 목조 건축물들이 밀집해 있었고, 요리, 조명, 작업장에서의 불 사용이 일상적이었기 때문이다. 이에 따라, 마을 당국은 벽돌이나 돌로 건물을 지을 것을 권장하고, 밤에 불을 끄거나 화재 감시대를 지정하는 등의 예방 조치를 취했다. 또한 불을 빨리 진압할 수 있도록 양동이와 우물에 쉽게 접근할 수 있게 했다. 그럼에도 불구하고 이러한 노력들은 큰 효과를 보지 못했다. 도시의 화재 발생은 전기의 도입과 함께 목조 주택들이 벽돌과 석재로 대체되기 시작한 19세기에 이르러서야 감소하기 시작했다.

런던 대화재는 1666년 9월 2일 일요일에 발생하여 며칠 동안 지속되었다. 화재는 런던 브리지에서 멀지 않은 푸딩 레인(Pudding Lane, 런던 중심에 위치한 짧은 골목)에 있는 빵집의 부주의로 인해 시작되었다. 건조한 여름 날씨와 강한 동풍으로 인하여 화재가 급속도로 확산되었으며, 많은 런던 시민들이 당황하여 결단력 있게 행동하지 못했다. 혼란 속에서 일부는 도망가거나 심지어 약탈을 시도했다. 몇 안 되는 방화선은 별 효과가 없었다. 화요일이 돼서야 바람이 잦아들었고 사람들은 불을 끌 수 있었다. 그리고 9월 7일 금요일에야 화재를 완전히 진압할 수 있었다. 이 화재로 인해 오래된 중심지인 도시와 서쪽의 교외 지역은 황폐화되었다. 약 1만 3천 채의 가옥, 87개의 교회, 52개의 길드 집회소가 불에 탔다. 특이한 것은 공식 집계 결과 사망자는 6명에 불과하였으며, 빈민층 희생자에 대한 기록은 남아 있지 않다는 점이다.

도시 화재는 보통 오랫동안 영향을 미친다. 대화재 이후 대대적인 도시 재건이 진행되었다. 중세 시대의 복잡한 도로망을 직선 도로로 재배치하려는 계획이 곧 수립되었지만, 많은 주민들이 자신들의 재산권을 주장하면서 불만을 제기했다. 결국, 수십 년에 걸쳐 설계, 잔해 제거, 복원 및 건설이 이루어졌고 마침내 잿더미 속에서 새로운 도심이 탄생했다. 거리는 확장되고 직선화되었다. 템스강 부두가 넓어졌고, 과거의 목조 주택들은 비슷한 스타일의 벽돌집으로 대체되었다. 또한 수많은 공공 건물들과 교회들이 재건되었다. 재건 작업으로 인해 1675년에서 1711년 사이에 크리스토퍼 렌(Christopher Wren, 1632-1723) 경이 설계한 영국 바로크 양식의 새로운 세인트 폴 대성당이 지어졌다. 18세기에 세계를 지배할 대영제국의 수도로서, 런던은 인상적이고 현대적이며 안전하고 깨끗한 대도시로 단기간에 재탄생했다. 대화재는 비극적인 사건에서 오히려 도시의 영광으로 변모하게 했거나 적어도 시민들이 그렇게 여기게 만들었다.

하지만 실제 상황은 이상적인 재건 계획과는 거리가 멀었으며, 런던 대화재의 여파를 극복하는 데는 상당한 시간이 필요했다. 화재에 대한 책임을 묻는 과정에서 손해 배상 청구가 이루어졌고, 이로 인해 식량, 건축 자재, 모래 등의 부족 현상이 발생했다. 정치인들 중 일부는 자신들의 정치적 이익을 위해 대화재 사건을 이용했다. 전쟁 상황에서 볼 수 있는 것처럼, 비극의 기억을 유지하고 피해자들에게 감정을 불러일으키는 기념품이 제작되었다. 또한 상업 출판사들은 이 비극적 사건을 상업적으로 활용하고자 뉴스, 이야기, 지도를 시장에 출판했다. 이 모든 요소가 런던 대화재의 복잡한 사회적, 경제적 여파를 드러내면서 도시 재건의 어려움을 보여 주었다.

런던에서는 재난 지도가 많이 만들어지지 않았다. 런던에서 만든 것

제작자: 프레더릭 더 위트(발행) **제목:** 런던의 지도와 화재 발생 경과
발행지: 암스테르담 **발행일:** 1666-1667년 **기법:** 종이에 동판 인쇄
크기: 39.5 x 53.5cm(지도) / 60.5 x 54.5cm(도판 전체)
축척: 약 1:20,000 **방위:** 북쪽이 위쪽 **소장처:** 보델 니젠하위스 컬렉션

1675년 조세파 제인 배틀후크(Josepha Jane Battlehooke)의 <런던 대화재> 그림. (런던 박물관 소장).

으로는 런던에 정착하여 대화재를 직접 경험한 보헤미아 출신의 화가 벤체슬라우스 홀라(Wenceslaus Hollar, 1607-1677)의 작품이 유일하다. 네덜란드는 그러한 뉴스와 이야기를 지도로 발행하는 오랜 전통을 가지고 있었기 때문에, 암스테르담에 기반을 둔 지도 출판업자 프레더릭 더 위트(Frederick de Wit, 1630-1706)가 이 주제를 선택한 것은 놀라운 일이 아니다. 위트의 '런던시의 평면도 및 화재 발생 경과'는 순수한 문서적인 가치를 지니고 있다.

지도는 네덜란드 독자들에게 대화재 전후의 런던의 모습을 보여 준다. 피해 지역은 회색으로 음영 처리되어 있으며 그 주위에 점선이 그려져 있고 별표로 화재가 시작된 지점을 표시하고 있다. 그러나 이 지도는 어떤 면에서 신뢰성이 떨어진다. 더 위트는 지도를 가능한 한 빨리 출판하고 싶었다. 시간과 비용이 드는 2개의 구리판 작업 대신에 더 위트는 불에 탄 런던의 도시를 재건하기 위한 새로운 모델의 지도에 날개본을 붙였는데, 이는 실제로는 구현되지 않은 설계였다. 이렇게 해서, 비극적인 사건이 상업적 이익을 위한 제품으로 바뀌었다.

더 위트가 여러 버전을 출판한 것을 보면, 지도는 많이 팔린 것으로 추측된다. 1666년 10월 19일 사건이 일어난 지 한 달 조금 넘게 지나서, 그는 《진실한 하를렘(Oprechte Haerlemse Courant)》이라는 신문에 '불에 탄 모든 것을 완벽하게 보여 주는 런던 도시의 평면도'에 대한 광고를 냈다. 사실 그것은 그가 나중에 추가할 날개본이 없는 불완전한 지도였으며, 제목은 '런던의 지도와 화재 발생 경과(Platte grondt der stadt London met aenwysinghe hoe die afgebrandt is)'였다. 도시 주변은 거의 보여지지 않는다. 다만 지도 아래를 보면, 화재에 대한 설명을 프랑스어와 네덜란드어로 인쇄한 텍스트가 있다. 하지만 뉴스 지도를 발행한 사람이 더 위트만은 아니었다. 10월 23일 출판업자인 마커스 빌럼즈 도어닉(Marcus Willemsz. Doornick)은 런던 대화재에 대한 '새로운 완전한 지도'를 광고했다.

더 위트는 나중에 날개본과 다른 제목으로 새 버전의 지도를 출판했다. 지도 아래의 텍스트는 주로 제2차 영국-네덜란드 전쟁(1665-1667)의 군사적 충돌을 다루고 있다. 마지막 세 단락은 1667년 9월 브레다 조약의 서명, 발표 및 축하에 관한 것인데, 이는 나중에 텍스트가 추가되었고 1667년 가을에 지도가 출판되었음을 의미한다. 런던 대화재는 이제 영국과 네덜란드 간의 전쟁과 직접적으로 연결되어 있었다. 대화재에 대한 설명은 네덜란드 상선을 파괴하고 테르셸링(Terschelling)섬의 마을인 서부 테르셸링을 약탈한 영국인의 기습 기습 공격, 즉 홈즈(Holmes)의 본파이어 사건(Bonfire, 영국 함대가 네덜란드의 블리강 하구를 습격한 사건으로, 140척의 대형 상선 함대를 파괴하는 데 성공한다. 하지만 이 와중에 서부 테르셸링이 불타 버렸고 이는 네덜란드의 분노를 일으켰다—옮긴이주) 직후에 등장한다. 런던의 폐허가 테르셸링섬의 폐허보다 훨씬 더 오래 남을 거라고 예측했고, 이러한 비극을 반영국 선전으로 사용했다.

VERKLARINGE

Van de Nieuwe gepractiseerde

PLATTE GLOBE,

Waar door op een korte en gemackelyke wys veel Hemel-klootse Werkstukken kunnen ontbonden werden, zonder eenige draden of Linialen van nooden te hebben.

Het werk overtreft alle andere in het gebruyk, also men daar op vyfderley dingen te gelyk kan vinden: Voor eerst, vind men op den Horisont, in wat Gewesten of streek de Son op en ondergaat. Ten 2de. vint men ook op dezelve plaats op wat uur de Son op en ondergaat. Ten 3de. vintmen onder den Horisont de uuren wanneer de scheemering 's morgens begint en 's avonts eyndigt. Ten 4de. vint men boven de Horisont de uuren van den dag en nagt so dikwils als men begeert, door het pylen van de Son of Starren op een Compas. Ten 5de. vint men de uuren van den dag of nagt met de Son-of Sterrenstreek, door't hoogmeten van de Son of Sterren. Alle dese dingen kan men gelyk vinden zonder't Instrument te verdrayen, als het maar op de Pools hoogte gestelt, en de Sons of Starren declinatie bekent is, en dat zonder eenige hulpmiddelen van liniaals of draden, maar alleen door het gezigt.

Noyt voor dese by imant zo uytgegeven, en in't ligt gebragt door
I. R. *Liefhebber der Matematische Konsten.*

Te AMSTERDAM,

By JOANNES LOOTS, Boekverkooper in de Nieuwe Brugsteeg in de Jonge Lootsman. 1723.

GLOBUS
hooghten seer
voor Stierlieden
N Scorpius
S libra
V Virgo
8 Serpentarius
p Serpens
i Hercules
h Bootes
18 Serenissima Serpentis
19 Lucidissima Corona
17 Arcturus
16 Cor Scorpy
15 Spica virginis
a ursa minor
Q Corvus
Sat.
don.
dings.
Son.
Vry.
Woons.
maen.
Gemini
C Cancer
L Leo
E Canis major
F Canis minor
K Hydra
b ursa major
6 Castor
7 pollux
8 Cor Leonis
9 Cauda Leonis
13 Cor Hydra
12 Sirius
Gedruckt By J: Robyn met Prevelegie
voor 15 Jaren.

24

1684년 — 천궁도의 평평한 지구본

회전하는 별이 빛나는 하늘의 역동성

중세 후기부터, 지구본은 3차원 구체 형태로 대륙들의 정확한 비율을 표현하는 도구로 인식되었다. 이보다 오래전에는, 지구본은 천체, 특히 하늘의 별들을 표현하는 데 사용되었다. 현재 알려진 가장 오래된 천체구는 서기 150년으로 거슬러 올라간다. 그것은 하늘을 어깨에 지고 있는 로마의 아틀라스 조각상의 일부였다. 천체구는 천체의 특정 표면이 아닌 하늘 전체를 묘사했기 때문에, 움직이는 천체(태양, 달, 행성)는 보이지 않았다. 하늘의 별들을 편리한 평면 형태로 나타내기 위해, 회전 부분이 있는 볼벨(Volvelle)이 사용되었다. 1684년 네덜란드의 수학자이자 천문학자, 지도 제작자인 안드레아스 반 루흐텐부르크(Andreas van Luchtenburg, 1643-1709)는 별자리와 그들의 변화하는 위치를 표현한 '평면 지구(Platte globus)'를 출판했다. 그것은 상단에 장착된 회전하는 조각과 함께 컬러로 조각된 동판으로 구성되었다. 이 기구는 특정 날짜에 하늘이 어떻게 보일지 예측할 수 있게 해 준다.

약 1685년경, 안드레아스 반 루흐텐부르크가 양피지에 인쇄한 '새로운 천상의 거울(Nieuwe hemels Spiegel)'의 복제본.

안드레아스 반 루흐텐부르크는 네덜란드 젤란트 주의 톨린 출신으로 교사 경력이 있었다. 루흐텐부르크는 매우 존경받는 수학자, 천문학자, 연감 제작자로 인정받았으며, 나중에는 로테르담과 암스테르담에 정착하여 '하늘, 지구 및 바다 측정 기술의 교육자'로 일했다. 1681년에 그는 『하늘의 진행 상황을 실제와 같이 표시한 거의 모든 사람을 위한 학습』이라는 책을 출판했다. 종이 위의 이 평면적 표현은 로테르담의 인쇄업자인 피터르 반 베인브루게(Pieter van Wijnbrugge)가 발행하였는데 여기에는 천체의 배치나 천문학적 현상을 나타내는 것, 즉 '헤멜스-플레인(Hemels-pleyn)'이라고 불리는 천체 지도에 대한 설명이 포함되어 있다. 루흐텐부르크는 또한 자신의 교육 서비스를 광고하기 위해 이 출간물을 사용했는데 광고 문구는 다음과 같다. "수학 예술에 대해 더 배우고 싶은 사람은 누구든지 수학자인 루히텐부르기우스(Luchtenburgius)에게 오라. 원하는 모든 것을 가르쳐 주겠다."

루흐텐부르크가 만든 최초의 하늘 지도에 대한 사본은 전해지지 않지만 이후 판본들은 암스테르담 출판업자 로비인(Robijn, 1649?-1707/1717)에 의해 1685년경에 출판되었고, 약 1700년에는 암스테르담의 코르넬리스 2세 당케르츠(Cornelis II Danckerts, 1664-1717)에 의해서도 출판되었다. 이 두 판본 중 첫 번째 판본은 양피지에 인쇄되었다. 상대적으로 튼튼하지만 인쇄하기 어려운 양피지를 선택한 것은 배에 승선하는 선원들이 지도를 사용할 수 있도록 하기 위해서였다. 종이 지도는 금방 찢어지지만 양피지는 비바람에 훨씬 더 강했다. 천체 지도의 왼쪽 상단에는 니콜라우스 코페르니쿠스(Nicolaus Copernicu, 1473-1543)의 태양 중심설을 따르는 태양계가 그려져 있다. 지구와 행성들은 태양을 중심으로 공전하며 지구가 태양계의 중심이 아니라는 것을 보여 준다. 태양 주위를 도는 지구의 움직임은 오른쪽 상단에 '태양의 부동성과 지구 통과에 대한 자연적 증거'라는 설명과 함께 표시되었다.

몇 년 후, 루흐텐부르크는 천체에 대한 자신의 생각을 더욱 발전시켰고, 천체들을 그의 표현 방식으로 상상해 보았다. 이번에는 하늘의 움직임을 보여 주기 위해 별자리가 그려진 하늘 그림 위에 움직이는 평면 지도를 탑재한 볼벨 형태를 선택했다. 작은 원은 특정 순간에 보이는 하늘 부분이 그 경계 내에 정확하게 포함되도록 배치하였다. 그의 혁신적인 천체 지도는 1684년에 '모든 위도에 대한 평면 지구본, 선원에게 매우 유용함(Platte globus op alle polushoogten seer dienstigh voor Stuerlieden)'이라는 제목으로 출판되었다. 이 지도는 암스테르담 편집자 요하네스 로빈이 인쇄했으며 그는 이전에도 천제 지도를 제작한 경험이 있는 편집자였다. 움직이는 부분이 있는 이 지도에는 소책자도 함께 첨부되었다. 소책자에서 루흐텐부르크는 자신이 만든 천체 지도의 사용법을 설명한다. 로테르담의 헨리쿠스 고데우스(Henricus Goddaeus, ?-1682)의 미망인과 암스테르담의 로빈은 둘 다 평평한 지구본과 함께 설명서를 인쇄했다. 이 표본은 요하네스 루츠(Johannes Loots)가 1723년 인쇄한 베르클라링게(Verklaringe)의 후기 판본으로, 이는 루흐텐부르크의 별의 회전 지도, 또는 평면구(문자 그대로 '하늘의 평면')라고 불리는 별의 지도가 오랫동안 사용되었음을 보여 준다.

평평한 지구본은 교육 분야에서도 사용되었다. 특히 루흐텐부르크 자신이 로테르담의 바인스트라트에서 이탈리아어 및 선박 부기와 함께 천문학, 기하학 및 항법 교사로 강의에 활용했다. 그는 학생들에게 하늘에서 볼 수 있는 것들과 행성, 별 및 기타 천체가 서로에 대해 어떻게 위치를 바꾸는지 가르치기 위해 평평한 지구본을 사용했다.

이러한 평면구는 오늘날에도 여전히 사용된다. 평면구는 하늘을 바라보는 위치에 따라 보이는 하늘의 일부가 달라지기 때문에, 각 지역에 대해 서로 다른 평면구 면을 만들어야 한다. 식민지 시대에 사이먼 빌럼 비셔(Simon Willem Visser, 1884-1963)는 특별히 네덜란드 동인도 제도에서 사용하기 위한 평면구인 '열대 지역을 위한 회전 가능한 별자리 지도(Draaibare Sterrenkaart voor de Tropen)'를 설계하여 골판지에 인쇄하고 1924년에 처음 출판했다. 당시 비셔는 자바섬의 웰테브레덴에 있는 천문대에서 연구자로 근무했으며, 후에 위트레흐트에서 응용기상학, 기후학 및 해양학 교수가 되었다. 양면 천체도는 지평선 위에 있는 하늘의 별들이 남과 북을 바라보고 있는 모습을 나타낸다. 비셔의 지도는 네덜란드어, 자바어, 말레이어의 세 가지 언어로 작성되었다.

17세기에 루흐텐부르크는 그의 제자들에게 달력과 달력을 계산하는 데 사용하는 전문 분야인 연대기 과학을 가르쳤다. 예를 들어 율리우스력과 그레고리력에 관한 주제에 대한 일반적 이론에 대해 자신만의 견해를 가지고 있었다. 루흐텐부르크는 두 접근 방식 모두에 동의하지 않았고, 그래서 그는 자신만의 '루흐텐부르크력'을 개발했다. 그는 또한 자신의 계산을 기반으로 일식에 대한 정확한 예측을 할 수 있다고 주장했으며, 그렇게 일식을 계산한 최초의 네덜란드 과학자가 되었다. 루흐텐부르크에 따르면 1695년 12월 6일에 일식이 있을 예정이었다. 놀랍게도 그가 맞았다! 네덜란드의 하늘에서는 개기 일식이 아니더라도 그가 예측한 날짜에 실제로 일식이 있었다. 불행하게도 그날은 매우 흐린 날이었기 때문에 루흐텐부르크가 맞았다는 것을 아무도 알 수 없었다.

1924년 웰테브레덴에서 출판된 사이먼 빌럼 비셔의 '열대 지역의 회전 가능한 별자리 지도' 초판본.

제작자: 안드레아스 반 루흐텐부르크(지도 제작), 야코부스 로비인(발행)
제목: 항해자를 위한 극지 고도별 평면 지구본 **발행지:** 암스테르담
발행일: 1684년 **기법:** 종이에 동판 인쇄 **크기:** 39 x 39cm
축척: 해당 없음 **방위:** 해당 없음 **소장처:** 보델 니젠하위스 컬렉션

NATUURKUNDIGE
AAN DE
ED: GROOT MOG:
HEEREN STAATEN
VAN
HOLLANDT en WESTVRIESLANDT,
wordt dese
NATUURKUNDIGE AARDKLOOTS ONTVOUWINGE
onderdaniglyk opgedragen:
van den Autheur

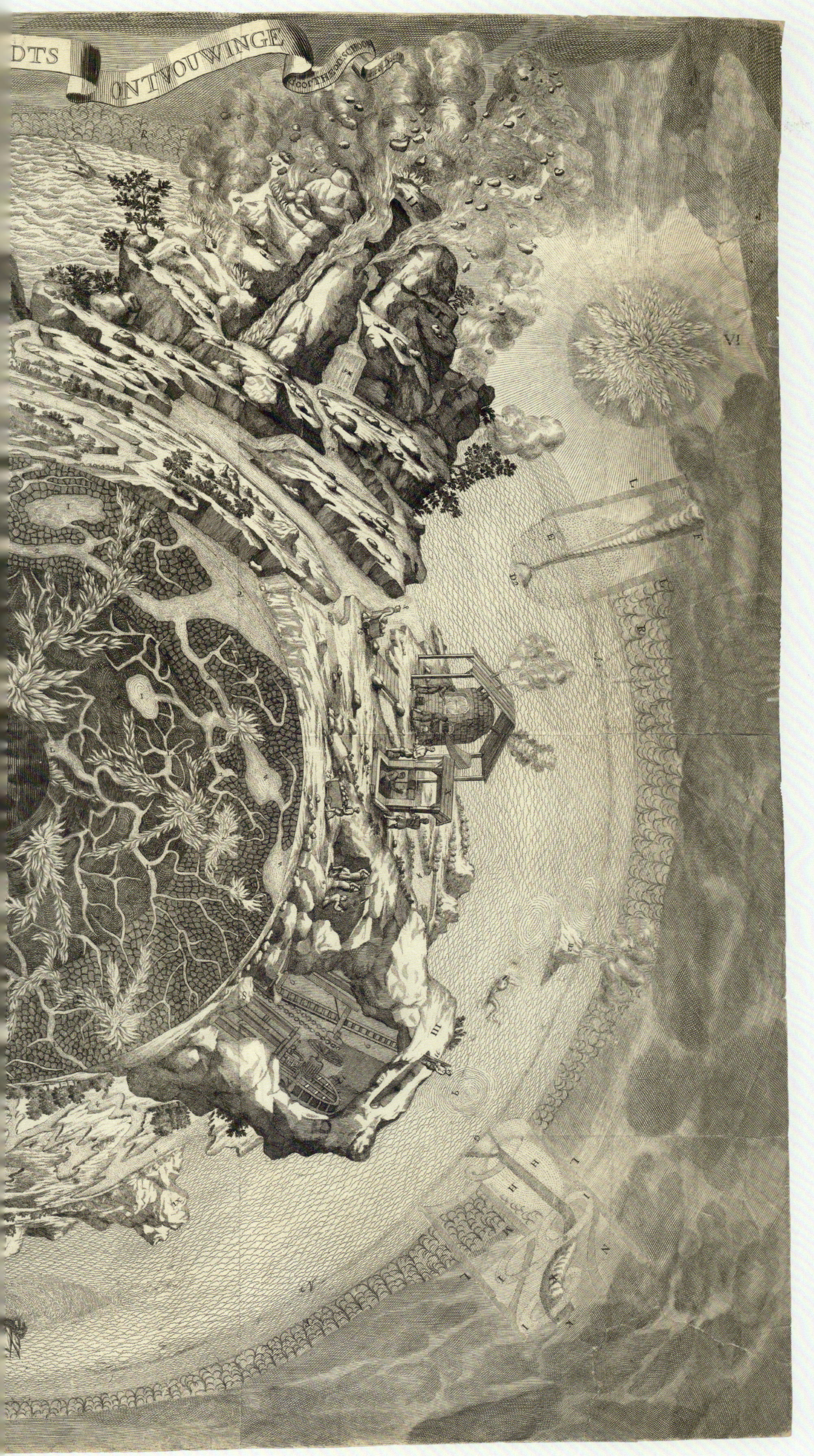
DTS
ONTVOUWINGE

25

1695년 — 지구의 물리적 특성이 밝혀지다

지구 내부에 대한 환상적인 표현

지도는 지구 표면과 하늘의 별뿐만 아니라 지구 내부에 대해서도 만들 수 있다. 17세기 말, 헤이그 출신의 의사이자 과학자인 테오도로스 스쿤(Theodorus Schoon, 1656-?)은 그의 저서 『지구의 물리적 특성이 밝혀지다(Natuurkundige aardkloodts ontvouwinge)』를 통해 지구의 지질에 대한 자신의 견해를 밝혔다. 이 책은 지구의 단면을 보여 주며 지구 내부에 대한 광범위한 설명을 하고 있다. 스쿤은 지구가 흙으로 된 외부 지각, 금속 및 광물이 있는 암석층, 돌과 암석 조각으로 이루어진 층 그리고 마지막으로 빠르게 움직이면서 연소 물질로 가득 찬 핵으로 구성되어 있다고 생각했다.

테오도로스 스쿤은 헤이그의 여러 약국에서 일했고 그 후 레이던에서 의학을 공부했다. 그는 르네 데카르트(René Descartes, 1596-1650)의 철학에 심취하여 경험적 연구, 논리적 분석 및 자연에 대한 기계론적 해석의 중요성을 강조했다. 1695년의 저서는 1692년에 스쿤이 출판한 『식물에 대한 진정한 연습과 해부(Waare oefening en ontleding der planten)』라는 책에서 시작되었다. 이 책에서 그는 담배 식물의 특성과 담배의 재배와 가공법에 대해 서술했다. 그는 담배의 자연적인 성장에 대한 소개로 2장을 할애했고, 하늘, 천체 및 행성 등에 대해서도 서술했다. 다양한 동판 판화들이 그 장들을 설명해 주었는데, 그중 하나는 지구의 단순한 단면이었다. 스쿤은 그 이후 몇 년 동안 지구의 내부에 관한 자신의 생각을 발전시켰을 것으로 보이며, 이는 1695년에 별도로 출판된 동판 판화를 통해 확인된다.

스쿤이 지구 내부가 어떻게 생겼는지 상상한 최초의 사람은 아니다. 1664-1665년에 독일의 예수회 신자이자 학자인 아타나시우스 키르허(Athanasius Kircher, 1602-1680)는 그의 책 『지구 내부의 세계(Mundus subterraneus)』에서 지구 내부를 묘사한 지도 시리즈를 제작했다. 스쿤은 분명히 키르허의 지도에서 영감을 얻었을 것이다. 스쿤의 지도는 키르허의 '화석의 이상적인 체계(Systema Ideale Pyrophylaciorum)'와 매우 비슷한데 이 지도에서 지구의 중심에 있는 불은 지하의 복잡한 '호수'와 '강' 시스템을 통해 지구 표면에 도달하며 화산 분출로 나타난다. 키르허는 1637년과 1638년에 에트나산과 베수비오산을 방문했을 때 화산지질학에 매료되었다. 베수비오산은 키르허가 방문하기 7년 전에도 분화한 적이 있었다. 그럼에도 불구하고, 키르허와 그의 추종자들은 지구 표면 아래를 측정할 수 없었기 때문에, 그들의 연구는 단지 추측에 그쳤다.

키르허의 이론은 그가 화산 주변과 분화구에서 발견한 물질에 대한 경험적 연구에 근거를 두고 있으며, 이는 그의 상상력을 크게 자극했다. 그의 다른 인쇄물은 지하 수로가 어떻게 서로 연결되어 있는지 보여 준다. 예수회 신자였던 키르허는 지질학적 이론이 성경의 창조 이야기와 일치해야 한다는 굳은 종교적 신념을 가지고 있었다.

테오도로스 스쿤은 키르허의 이론을 바탕으로 그의 지도를 결합하여 일관성 있는 전체를 형성하고, 지구 내부 표현에 더 많은 세부 사항을 추가했다. 스쿤은 또한 2장의 보조 시트에 설명을 추가했는데, 이 시트는 지도 인쇄물 아래에 부착할 수 있도록 했다. 지도 인쇄물의 이

제작자: 테오도루스 스쿤(지도 제작), 엘리자베스 더 용(발행)
제목: 지구의 물리적 특성이 밝혀지다 **발행지:** 헤이그 **발행일:** 1695년
기법: 동판 인쇄 **크기:** 65.5 x 72.5cm **축척:** 해당 없음
방위: 해당 없음 **소장처:** 보델 니젠하위스 컬렉션

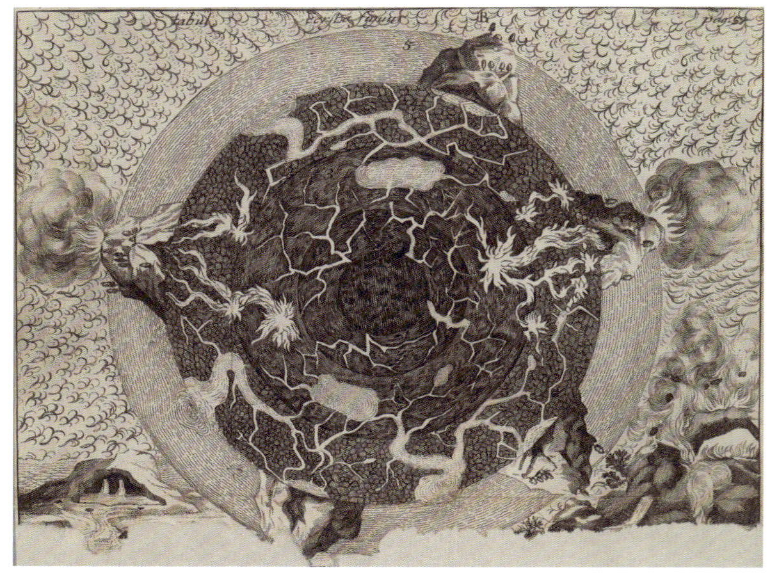

1692년, 테오도로스 스쿤이 『식물에 대한 진정한 연습과 해부』에 삽입한 그림. (네덜란드 국립도서관)

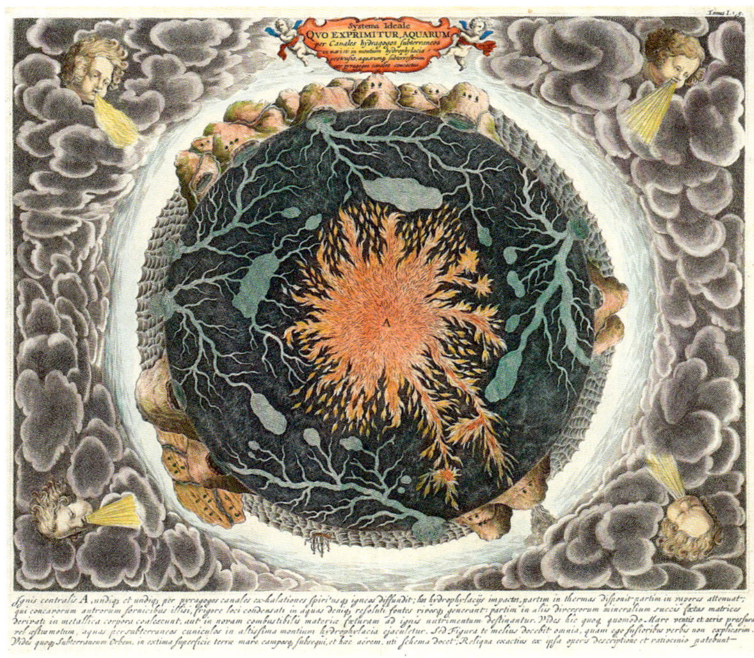

1668년 아타나시우스 키르허가 작성한 '물의 이상적 시스템을 표현하는 방식' 그림.

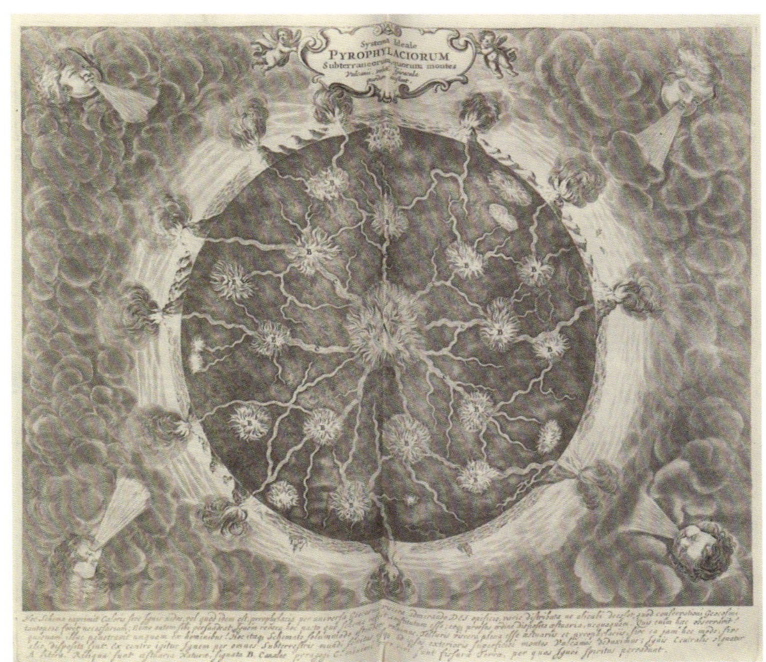

1668년 아타나시우스 키르허가 작성한 '이상적 화염 저장 시스템' 그림.

미지는 설명문의 주석에 해당하는 문자와 숫자로 표시되었다. 지도의 기초는 지각에서 불타는 핵에 이르기까지 4개의 층으로 이루어졌다. 이것은 수로와 소용돌이의 지하 시스템과 "유성 물질, 역청, 석유, 나프타 등을 태우는 정맥"과 함께 나타난다. 베수비오 화산(I)과 에트나 화산(II)은 각각 왼쪽과 오른쪽에 상단에 뚜렷하게 묘사되어 있다. 두 화산 모두 키르허의 인쇄물에서 모방한 것이다. 스쿤은 베수비오를 언급하며 "이 산은 티투스 베스파시아누스 시대에 불탔으며 여전히 불, 바위, 물, 금속 등을 뿜어 낸다"라고 썼다.

에트나의 그림은 가장 유명한 화산 중 하나로 폭발 당시 바위가 날아다니는 모습을 극적으로 묘사한 것이다. 두 화산 사이에 소용돌이가 있는 산이 보인다. 바닥에는 용광로, 물레방아, 사다리 위의 광부 등 채굴 활동이 있는 여러 "금속 산"이 있다. 일부 바다 괴물들은 바다에서 볼 수 있고, "지진으로 인해 바다에 던져진 산과 바위"와 "물 소용돌이"도 볼 수 있다. 인쇄물 하단에는 배가 소용돌이 속으로 가라앉거나 "끔찍하고 무자비하게, 모든 것을 휩쓸어 나가는 거대한 소용돌이"에 빠지는 모습이 그려져 있다. 이 복잡한 인쇄물에서 테오도로스 스쿤은 지구 표면 아래의 세계와 외계 세계를 결합하는 데 성공했다. 지도의 가장자리에는 기상 현상이 묘사되어 있으며 태양과 달도 볼 수 있다.

이 지도의 또 다른 흥미로운 점은 엘리자베스 더 용(Elisabeth de Jong)이라는 여성이 출판했다는 것이다. 수 세기 동안 남성들이 출판산업과 지도 제작의 역사를 지배했지만, 근대 초기에는 여성 지도 제작자와 지도 발행인도 있었다. 대부분은 남편이 사망한 후 가족 출판 사업을 이어받으면서 일을 시작하였다. 여성들은 아마도 다른 상황에서도 출판에 중요한 역할을 했을 테지만, 남편의 이름으로 활동했기 때문에 눈에 띄지 않았다. 그러나 헤이그의 더 용은 이러한 관례에서 예외였다. 그녀는 남편 빌럼 코엔라즈가 1685년 사망한 후 인쇄 및 지도 판매 사업에 종사했는데, 다양한 인쇄물과 지도에 자신의 이름을 올렸다. 이 출판물에 첨부된 본문에는 "헤이그에서, 미망인 엘리자베스 반 린(Elizabeth van Lin), 법원에 인쇄 판매인"이라고 명시되어 있다. 그녀의 다양한 출판물 포트폴리오에는 크림프너와드(Krimpenerwaard, 1696)의 지역 수자원 당국의 지도와 크노커 요새(Fort Knokk, 1712)의 평면도가 포함되어 있다.

키르허의 『지구 내부의 세계』에 제시된 모델은 지구 내부에 대한 사람들의 생각에 오랫동안 영향을 미쳤다. 테오도로스 스쿤의 종합 지도 또한 그 모델의 훌륭한 사례로써 역사를 새로 썼다. 하지만 키르허와 스쿤의 생각은 대부분 환상으로 드러났다. 나중에 실증적인 연구를 수행하는 것이 가능해지면서 현재 지질학적 지식은 훨씬 더 진실에 가까워졌다. 비록 지구 내부에 대한 우리의 생각이 부분적으로 여전히 이론적인 가정을 기반으로 하고 있지만, 새로운 통찰력과 측정은 미래에 더 정교한 연구로 이어질 수 있을 것이다.

26 1696년 — 완벽한 전쟁의 신화

윌리엄 3세의 나무르 점령 전쟁

1695년 8월 30일, 잉글랜드, 스코틀랜드, 아일랜드의 왕이자 네덜란드 공화국의 총독인 윌리엄 3세는 생브르강 근처 살지네스(Salzinnes) 수도원에서 쌍안경으로 상황을 살폈다. 그의 군대는 저 멀리 보이는 나무르(Namur)성을 치열하게 공격하고 있었다. 그날 수천 명의 병사가 유럽에서 가장 강력한 방어선 요새 중 하나인 나무르성을 점령했다. 나무르성의 점령은 대동맹 국가들(네덜란드 공화국, 영국, 오스트리아 및 기타 여러 동맹국)과 루이 14세의 프랑스 사이에서 벌어진 9년 전쟁(1688-1697)의 전환점이 되었다. 이 포위전은 1660년에서 1720년 사이에 전쟁의 규모가 확대되는 과정을 잘 보여 준다. 군대의 규모가 10만 명을 넘기도 했으며, 이는 희생자 수가 대폭 증가했음을 의미하기도 한다. 나무르 점령전에서는 2만 명의 군인이 사망했다. 나무르의 계획도는 점령 과정을 보여 주지만 희생자들에 대해서는 언급이 없다.

나무르 점령전은 윌리엄 3세와 루이 14세뿐만 아니라 당대 가장 유명한 군사 기술자인 세바스티앙 르 프레스트 더 보반(Sébastien Le Prestre de Vauban, 1633-1707)과 멘노 반 코호른(Menno van Coehoorn, 1641-1704) 장군을 라이벌로 만들었다. 보반은 1692년에 대동맹 국가들(네덜란드 공화국, 영국, 오스트리아 및 기타 여러 동맹국)로부터 나무르성을 점령한 후 몇 년 동안 요새의 방어 시설을 강화했다. 성문에는 '항복할 지언정 무력으로 점령되지는 않겠다'라는 문장이 새겨져 있었다. 그러나 코호른은 1695년에 요새를 재점령했다. 그의 유명한 저서인 『새로운 요새 건축(Nieuwe Vestingbouw)』은 나중에 『새로운 요새화 방법』이라는 제목으로 인쇄되고 번역되었다. 코호른은 성벽의 약한 부분에 집중적으로 대포 사격을 가한 다음 보병을 투입해 습격함으로써 요새를 점령할 수 있다고 주장했다. 그것이 바로 나무르 요새를 점령한 방식이었다.

점령전은 대체로 상당한 파괴를 동반하며 적의 심장부에 공포를 심는 것을 목표로 했다. 프랑스인들은 이 목적을 충실히 이행하는 데 주저하지 않았다. 윌리엄 3세가 나무르를 포위하는 동안 프랑스군은 주로 브뤼셀의 민간인을 대상으로 집중 공격을 펼쳤다. 그 결과 2,000채의 주택과 17개의 교회, 그리고 수도원이 파괴되었다. 그러나 점령전은 포위하고 있는 공격군에게도 큰 희생을 요구하는 것이었다. 7월 27일, 윌리엄 3세는 직접 400명의 네덜란드군과 영국군을 이끌고 방어용 토루로 가서 '적의 엄청난 사격에도 불구하고' 진지를 구축하였다.

제작자: G. 트로스트 **제목:** 나무르의 도시 및 성채, 그리고 관련 요새에 대한 공격을 포함한 계획도 **발행지:** 미상 **발행일:** 약 1696년
기법: 종이에 필사 후 아마포에 부착 **크기:** 141.5 x 143cm
축척: 약 1:5,000 **방위:** 북쪽이 오른쪽 상단
소장처: 보델 니젠하위스 컬렉션

나무르 점령전은 두 단계로 진행되었다. 8월 3일 도시가 항복한 후 동맹군은 요새에 집중 포화를 퍼부었다. 이 폭격으로 인해 코호른 요새와 카소테 탑의 벽에 구멍이 생겼다. 8월 30일, 2만 명의 동맹군이 2개의 요새와 테라 노바(Terra Nova) 요새를 습격했다. 돌격대들은 성채 안으로 들어갈 수 있었지만 그 과정에서 막대한 손실을 입었다. 영국군은 몇 시간 만에 1,350명의 병사를 잃었다. 그야말로 피바다였다. 그 시점에서 방어하던 프랑스군은 밤낮으로 계속되는 박격포 사격의 귀청을 찢는 소음으로 인해 완전히 사기가 꺾였다. 프랑스는 결국 9월 1일 요새를 포기했다.

나무르 계획도는 뫼즈강과 생브르강이 만나는 지점에 위치한 나무르의 마을과 성채를 보여 준다. 이 지도는 잉글랜드 사자와 스코틀랜드 유니콘 사이에 있는 왕과 총독의 아름답게 그려진 문장에서 알 수 있듯이, 공격 부대의 관점에서 본 것이다. 눈에 띄는 특징은 문장(紋章) 뒤에 솟아오르는 무기들이다. 이는 폭력을 옹호하면서 정적이고 깨끗하며 피를 흘리지 않는다는 것을 보여 준다. 왼쪽 상단에 있는 범례는 방어 시설, 대동맹군 세력의 공격(접근) 및 프랑스의 반격이 어떻게 표시되어 있는지를 설명한다. 그 요새들과 특히 붉은 선으로 표시된 대포의 사격 범위는 지도가 도시와 성채의 폭격에 대한 정보를 제공하고 있음을 암시한다. 지도는 화염과 함께 박격포 포대와 대포의 위치를 매우 정확하게 묘사하는데, 지도에는 높이 차이와 자연 장벽, 포병을 이동할 때 중요한 작전 정보도 나와 있다.

이 색채 필사본 지도는 나무르 점령전 직후인 1696년에 제작되었을 것이다. 저자는 'G. Trost'라고 쓰여져 있는데, 아마도 독일의 지도 제

포병 장군이자 군사공학자인 바론 멘노 반 코호른의 초상화. (리이크스 박물관)

테라 노바 요새(C), 코호른 요새(D), 카소테 탑(E).

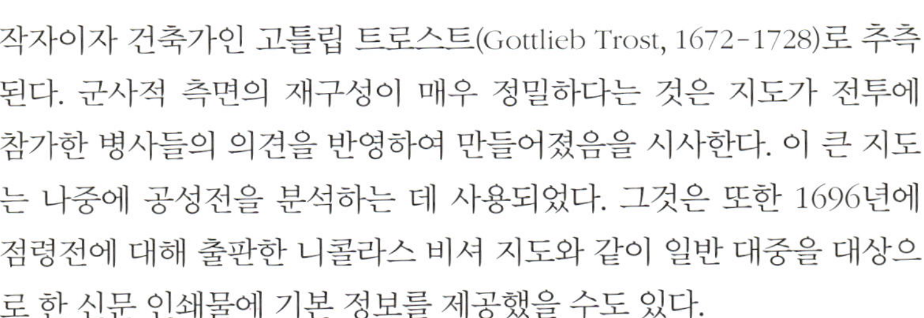

작자이자 건축가인 고틀립 트로스트(Gottlieb Trost, 1672-1728)로 추측된다. 군사적 측면의 재구성이 매우 정밀하다는 것은 지도가 전투에 참가한 병사들의 의견을 반영하여 만들어졌음을 시사한다. 이 큰 지도는 나중에 공성전을 분석하는 데 사용되었다. 그것은 또한 1696년에 점령전에 대해 출판한 니콜라스 비셔 지도와 같이 일반 대중을 대상으로 한 신문 인쇄물에 기본 정보를 제공했을 수도 있다.

지도에 표시되지 않은 것을 상상해 보는 것도 흥미롭다. 유명한 지리학자 브라이언 할리(Brian Harley)는 그러한 '지도적 공백'의 중요성을 강조했다. 예를 들어 군사 지도에는 사람이 없는 경우가 많다. 이것은 그들이 전쟁의 잔인함을 묘사하고 있지 않다는 것을 의미한다. 그것은 전술을 공부하는 장군들에게 의도치 않은 영향을 미칠 수 있다. 그들은 전쟁을 게임으로 간주하도록 유도되며 전투 중에 일어나는 병사들의 죽음과 부상을 마주하지 않는다.

이 지도를 통해 나무르 점령전을 분석한 군 참모들은 지도상의 공백을 의식하지 않고 받아들였을 것이다. 대대는 작은 블록으로 표현되고 공격은 글자로 나타나지만, 실제 인간이나 전쟁의 참혹함에 대한 언급은 없다. 예를 들어, 8월 30일의 대규모 학살에 대한 언급도 지도에서는 찾아볼 수 없다. 하나의 예외가 있다면, 뫼즈 강둑에 위치한 잠베스(Jambes) 마을의 일부 집들이 불타고 있다는 것이다. 이는 정확히 동맹군의 대포와 박격포가 요새를 겨냥한 사격선 안에 있다. 동맹군이 요새에 집중적인 포화를 퍼부으려고 그곳에 집결한 것은 사실이지만, 마을에 불을 질러 동맹군의 진격을 늦춘 것은 프랑스군이었다. 따라서, 지도에 묘사된 모든 파괴 행위는 적에 의해 일어난 것이다.

이 지도가 역사의 흐름을 바꾸었는지는 정확히 알 수 없지만, 분명이는 특정한 지도 양식을 보여 준다. 군대는 17세기 후반에 기하급수적으로 증가했으며, 요새를 점령하기 위해 포격과 함께 배치되었다. 이 지도는 그러한 점령전이 어떻게 수행되었는지 잘 보여 주면서도, 전쟁과 관련된 인간의 고통은 교묘하게 감추고 있다.

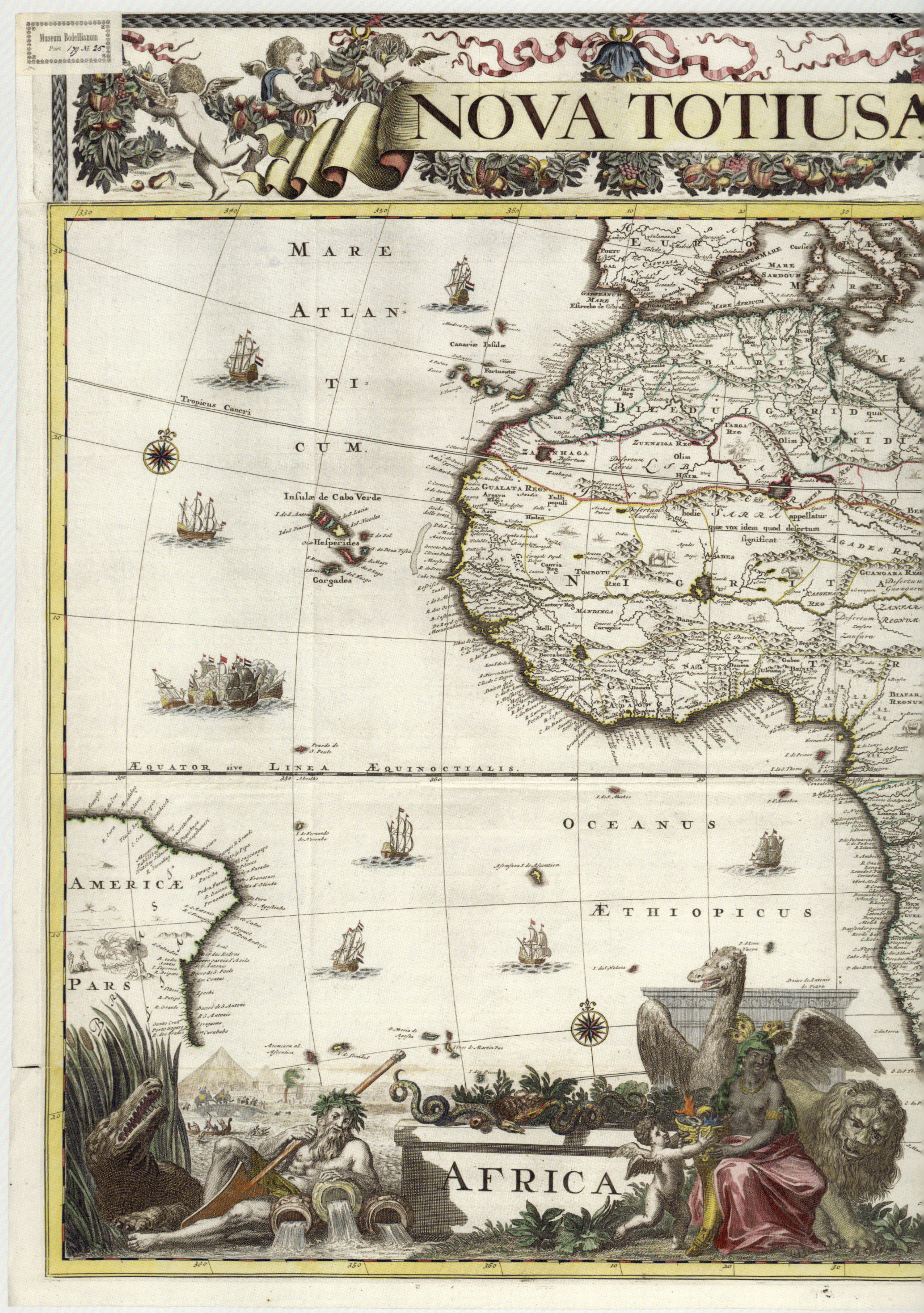
Museum Bodellianum
NOVA TOTIUS A
MARE ATLANTICUM
Tropicus Cancri
Insulæ de Cabo Verde
Hesperides
Gorgades
Canariæ Insulæ
Fortunatæ
ÆQUATOR sive LINEA ÆQUINOCTIALIS
OCEANUS
ÆTHIOPICUS
AMERICÆ PARS
AFRICA

RICÆ TABULA
ASIÆ
ARABIA
PARS
FELIX
MARE
ARABI
CUM
OCEANUS
ORIENTA
LIS
MADAGASCAR
S. LAURENTII INS.
Insulæ Maldivæ
ASIA MINOR
NUBIA
ZIBIT
DANGALI
ADEL
MAGADOXA
I. BORMEESTER

27 1698년 — 벽에 걸린 아프리카

식민주의와 노예무역을 상징하는 벽 지도

대항해 시대와 유럽의 영토 확장은 새로 발견된 대륙과 멀리 떨어진 문명들을 통해 세계에 대한 인식을 변화시켰다. 그러나 이러한 탐험과 확장은 유럽의 질병 전파, 원주민들에 대한 경제적 및 군사적 억압, 노예 노동 및 착취를 초래했다. 특히 네덜란드의 대서양 아프리카 노예무역은 네덜란드의 황금 시대를 열었고, 동인도회사와 서인도회사, 그리고 그들에게 투자한 상인들에게 경제적 이익을 가져다주었다. 희귀하게 발견되는 아프리카 대륙 지도인 '아프리카 전체의 새로운 지도(Nova Totius Africae Tabula)'는 아마도 동인도회사나 서인도회사의 사무실, 또는 유력 상인의 거주지에 전시되었을 것이다. 이 벽 지도는 네덜란드 지도 제작자들이 아프리카에 대한 자신들의 지리적 지식을 과시하면서도 유럽의 식민지 확장과 노예제에 대한 논란을 상징적으로 드러내는 작품으로 해석될 수 있다.

이 시기는 포르투갈 선원들이 마데이라섬(Madeira, 1419년), 아조레스 제도(Azores, 1427년), 아프리카 해안(1434년)을 발견하면서 시작되었다. 얼마 지나지 않아 최초의 흑인 노예가 거래되었고, 포르투갈은 아르긴(Arguin)섬에 최초의 교역소를 세웠다. 포르투갈인들은 아프리카 서부 해안을 따라 남쪽으로 탐험을 계속하여 팔마스곶을 거쳐 엘미나에 이르렀고, 그곳에서 막대한 이익을 주는 금광을 발견했다.

16세기까지 포르투갈은 아프리카의 상당 부분을 지배했다. 상 투메(Sao Tomé)와 프린시페(Principe)에서 사탕수수 농장이 운영되기 시작했고, 브라질 식민지가 확장되면서 대규모 노예무역이 본격적으로 시작되었다. 1580년에는 스페인과 포르투갈이 동맹을 맺고 이베리아 연합을 결성했으며, 이로 인해 포르투갈은 네덜란드와 80년 전쟁에 휘말리게 되었다. 1633년에 네덜란드는 아르긴섬을 정복했고 몇 년 후 엘미나(Elmina)도 네덜란드 영토가 되었다.

아프리카 서해안의 노예무역은 거의 네덜란드의 손에 넘어갔다. 현재 케이프타운이 위치한 아프리카 최남단에서 얀 반 리베크(Jan van Riebeeck)는 1653년 동인도회사의 요청으로 케이프 식민지를 세웠다. 케이프의 농장은 동인도로 떠나기 전 몇 주 동안 이곳에 정박해 있는 네덜란드 동인도회사 선박들에 과일과 채소를 공급하기 위해 만들어졌다.

1655년경, 암스테르담의 얀 마티즈(Jan Mathijsz, 1627-1687)는 아프리카 대륙의 벽 지도 중 하나를 제작하여 인쇄하였다. 이 지도는 상단에 제목 목록이 추가되었으며, 하단에는 5개의 지형 모습이 인쇄되었다.

17세기에 주요 지도 인쇄 회사와 소규모 인쇄업자들은 일반 지도와 지도책 외에도 벽에 걸 수 있는 큰 지도를 제작했다. 이 벽 지도들은 종종 2개에서 6개, 때로는 16개 이상의 인쇄판으로 만들어졌다. 지도의 가장자리는 별도의 삽화, 제목 각인, 또는 장식적인 테두리로 꾸며졌다. 예를 들어, 암스테르담, 레이던, 로테르담 등 네덜란드의 대도시 지도는 여백에 도시 스카이라인과 문장이 포함된 삽화와 함께 인쇄되었다. 지방이나 수자원 관리 기관, 유럽의 식민지 확장 시대를 반영한 대륙이나 전 세계의 벽 지도도 제작되었다. 이 벽 지도들은 부직포에 접착하여 벽에 걸거나 나무 기둥에 말아 부착했다. 하지만 오랜 세월을

제작자: 필리프 티데만(제도), 길리엄 반 데르 구웬(조각), 요아힘 보르미에스터(발행) **제목:** 아프리카 전체의 새로운 지도
발행지: 암스테르담 **발행일:** 약 1698년 **기법:** 종이에 동판 인쇄
크기: 69 x 96cm **축척:** 약 1:13,000,000 **방위:** 북쪽이 위쪽
소장처: 보델 니젠하위스 컬렉션

보르미에스터가 그린 아메리카 지도. (미시간 대학교 클라크 도서관)

1655년경 얀 마티즈가 만든 아프리카 지도, 니콜라스 비셔 2세(1649-1702)가 제작한 지도집 안에 포함되어 있다. (La Jolla, Barry Ruderman Antique Maps)

보르미에스터가 만든 아시아 벽 지도.

견뎌 낸 벽 지도는 드물며, 현존하는 지도는 희귀하고 귀중한 물건이 되었다. 벽 지도는 상인의 집, 지방 자치 단체의 공공건물, 서인도회사나 동인도회사의 사무실 벽에 걸려 눈에 띄는 전시물로 활용되었다.

17세기 중반 마티즈(Mathijsz)의 아프리카 지도 동판은 그가 사망한 후 다른 출판사에서도 사용되었으며 남겨진 복사본은 극소수에 불과하다. 1696년경에는 이 동판이 4대륙 시리즈를 재발행한 출판사 코르넬리스 당케르츠(Cornelis II Danckerts, 1664-1717)의 소유가 되었다. 그리고 1705년경에 프레더릭 더 위트(Frederick de Wit, 1629/1630-1706)가 아프리카 대륙의 지도를 다시 인쇄하였다. 이러한 과정은 네덜란드 노예무역이 절정에 달하면서, 아프리카 지도에 대한 수요가 높아진 것으로 해석된다.

이를 반영하여 암스테르담 지도 제작자 요아힘 보르미에스터(Joachim Bormeester, 16??-1702)는 자신만의 대륙 지도를 제작했다. 보르미에스터는 이미 1685년에 세계 벽 지도를 출판했지만 그의 다른 작품은 거의 남아 있지 않다. 아프리카 대륙 벽 지도의 이 버전은 1698년경에 등장했다. 이 지도는 주로 마티즈의 이전 버전을 모방하여 2개의 큰 동판으로 제작되었다. 보르미에스터는 지도 여백의 카르투슈와 장식을 위해 제도사인 필리프 티데만(Philip Tideman, 1657-1705)을 고용했다. 예술가로서 티데만은 지도 장식을 전문으로 했다. 지도의 전체 디자인은 종종 암스테르담 지도 출판사에서 일했던 플랑드르 조각가 길리엄 반 데르 구웬(Gilliam van der Gouwen, 1657-1716)이 판에 옮겼다. 마티즈와 마찬가지로 보르미에스터는 4개의 대륙 지도 시리즈를 출판했다. 아시아와 미국의 유사한 지도들이 남아 있는데, 그곳에서 보르미에스터는 같은 예술가들을 활용했다. 분명 유럽 지도도 있었을 테지만, 현재까지 알려진 것은 없다.

보르미에스터는 4개의 지도에 동일한 제목 조각을 사용했다. 자세히 보면 제목에 'AFRICAE'의 'AF'와 'IC'가 덧붙여 있는 것을 볼 수 있다. 이를 제거하면 'EUROPAE'가 된다. 아시아 지도에는 원문 위에 'ASIAE'가 붙어 있다. 그 단어가 더 짧아서 지도의 제목 띠 장식에 공백이 생겼다. 보르미에스터만이 이 접근 방식을 사용한 것은 아니다. 다른 벽 지도 출판사들은 값비싼 구리 값을 절약하기 위해 범용의 제목 조각을 사용했다. 그가 사망한 후 그의 4개의 대륙 지도에 대한 판은 발행인 테오도르스 당케르츠(Theodorus Danckerts)에게 전해졌고, 그는 그것들을 요하네스 반 쾰렌(Johannes van Keulen, 1654-1715)에게 판매했다.

17세기부터 출판된 다양한 버전의 벽 지도로 인해 서양에서 아프리카에 대한 인식이 오랫동안 영향을 받았다. 중세 시대에는 풍요로운 문명을 가진 대륙으로 인식되던 아프리카의 이미지는 식민지 시대를 거치면서 변화하였다. 이 기간 동안 아프리카의 여러 도시, 강, 그리고 다른 지역이 지도에 표시되었으나, 서양인의 아프리카 지식은 주로 해안 지역에 한정되었다. 이 벽 지도들은 대륙의 윤곽을 보여 주었지만, 중앙아프리카는 18세기 말까지도 유럽인들에게 여전히 미지의 땅으로 남아 있었다.

IDEA HISTORIÆ UNIVERSALIS.
NOA
SEM
CHAM
JAPHET
FROTHO
MONARCHIA PERSARUM
CYRUS
XERXES I.
MONARCHIA GRÆCORUM
ALEXANDER M.
MONARCHIA ROMANORUM
CÆSAR
AUGUSTUS
CONSTANTINUS M.
CAROLUS MAGNUS
LUDOVICUS PIUS
LOTHARIUS
CAROLUS CRASSUS
CANUTUS M.
TAMERLANES
MAGNUS DUX RUSSIÆ.
REX POLONIÆ.
REX BORUSSIÆ.
REX SUECIÆ.
REX DANIÆ.
REGINA M:BRITANNIÆ.
REX FRANCIÆ.
RESP: BELGICA.
RESP: HELVETICA.
IMPERATOR ROMAN,
EL: BAV:
EL: PAL:
EL: HAN:
EL: SAX:
EL: BRAN:
PAPA ROMANUS.
REX HISPANIÆ.
REX PORTUGALI:
IMPERATOR TURCICUS.
REX PERSIÆ.
REX INDIÆ.
PRINCEPS CRIMENSIS.
IMPER: TAR:SINIC,
REX ÆTHIOPIÆ.
1708.

1708년 — 시간의 흐름

세계 역사를 지도로 제작한 가장 오래된 방법

역사학자들은 고대부터 역사를 이해하고 전달하기 위해 다양한 시각적 방법들을 개발해 왔다. 이러한 방법 중 하나로, 17세기 후반에는 세계 역사를 강이나 해류 흐름을 사용하여 표현하는 '연대표 지도'가 처음으로 제작되었다. 이러한 연대표 지도는 일반적인 지리 지도와는 구별되며, 구체적인 지역을 나타내기보다는 비지리적 정보를 공간적 형태로 시각화하는 것을 목적으로 한다. 초기 예시들에서는 역사적 사건을 강의 합류와 분기로 표현하며, 시간의 흐름을 강물로 나타내어 과거(지도의 상단)에서 현재(지도의 하단)로 이어지는 모습을 보여 준다. '연대표 지도'는 기존의 수직적 연대표를 시각적으로 확장한 형태라고 할 수 있다.

현재까지 알려진 가장 오래된 연대표 지도는 1708년에 제작된 것으로, 네덜란드의 역사가이자 서적상인 요한 빌럼 셸레(Johan Willem Scheele)가 디자인하였다. 이 지도는 당시 통치자들, 그리고 성경의 노아와 그의 세 아들 사이의 관계를 시각적으로 나타내고 있다. 셸레는 이미 1682년경에 이러한 연대표 지도의 디자인 작업을 시작했으며, 이 방식으로 역사를 표현한 최초의 사람 중 하나로 인정받고 있다. 그의 초기 디자인의 원본은 현재까지 남아 있지 않다. 1706년에 셸레는 당시 독일의 유명한 학자이자 역사가인 고트프리트 빌헬름 라이프니츠(Gottfried Wilhelm Leibniz, 1646-1716)와 의견을 나누었는데, 셸레는 네덜란드에서 라이프니츠의 대리인으로 활동하며 그에게 책을 보내주었다. 라이프니츠는 셸레의 아이디어에 "불쾌하지 않은 정도(nicht wenig artig)"라는 다소 미온적인 찬사를 보내며, 아이디어 개선을 위한 몇 가지 조언을 해 주었다. 셸레가 라이프니츠의 조언을 받아들였는지는 명확하지 않지만, 그의 연대표의 첫 번째 인쇄본은 1708년 암스테르담 판화가 요제프 멀더(Joseph Mulder, 1658-1742)에 의해 판화로 출판되었다. 이 연대표 지도는 셸레의 저서인 『다양한 역사적 및 계보학적 관찰을 제시하는 모음집, 역사에 열정을 가진 학자가 마련하고 동판에 그려진 것들로 구성된 것』을 위한 것으로, 멀더가 조각한 역사적 및 계보학적 인쇄물 시리즈로 구성된 희귀한 판화 모음집이었다. 그러나 이 판화는 주로 족보 가계도 표현이 주를 이루던 다른 판화와 이미지의 조화를 이루지 못했고, 동판은 결국 1745년 하를렘 출판사인 요하네스 마쇼른(Johannes Marshoorn)의 소유가 되었다. 그는 1745년에 동판에 묘사된 『다양한 역사 및 역사적 논평을 보여 주는 잡학서들』이라는 제목의 네덜란드어 판본을 출판했으며 1746년에는 또 다른 라틴어 판본을 출판했다. 레이던의 네덜란드판 판본에는 제목 페이지 앞에 묶인 연대표 지도가 첨부되어 있으며, 그 옆에는 운문 형식의 설명이 추가되었다.

셸레의 초기 연대표 지도는 희귀하여 거의 알려져 있지 않았다. 전문적인 소수의 연구에서도 학자들은 대체로 셸레의 지도를 인식하지 못하는 것 같다. 예를 들어, 미국 역사가 로젠버그(Rosenberg)와 그래프턴(Grafton)은 2010년에 발표한 『시간의 지도학(Cartographies of Time)』에서 셸레의 지도를 언급하지 않는다. 프리드리히 슈트라스(Friedrich Strass)의 『시간의 흐름(Der Strom der Zeiten)』이 문헌에서 가장 오래된 연대표 지도로 잘못 인용되는 경우가 많다. 이 지도는 1803년 베를린에서 처음 출판되었고 이후에 다른 언어로 재인쇄되었으며, 그만큼 많이 모방되었다. 슈트라스는 역사의 흐름을 시각적으로 표현하는 아이디어를 누구에게도 얻지 않았다고 주장했다. 그러나 1830년 더크 버딩(Derk Buddingh)에 따르면, 슈트라스의 지도는 거의 100년 전에 인쇄된 셸레의 지도와 매우 유사하여 그가 그것에 대해 잘 알고 있었을 것으로 보인다. 버딩 자신도 셸레의 개념을 기반으로 네덜란드 역사에 대한 연대표 지도를 디자인했다. 그의 『네덜란드 왕국의 시간 조각 또는 역사적 지도』는 1830년 암스테르담의 디데리히 형제에 의해 출판되었다.

셸레의 시간의 역사적 흐름은 중앙의 지도 상단에서 성경의 족장 노아와 함께 시작된다. 지도에 따르면, 지구상의 모든 인류는 노아의 세 아들 야벳(Japheth), 셈(Shem), 함(Ham)의 후손들로 표현된다. 중앙 상단에 위치한 '셈(Shem)'이라는 이름 아래에는 두드러지게 큰 섬이

제작자: 요한 빌럼 셸레(디자인), 요제프 멀더(조각), 요하네스 마쇼른(발행) **제목:** 보편 역사에 대한 개념은 마치 물처럼 흐르며 지나간다(사무엘서 2장 14절) **발행지:** 하를렘 **발행일:** 1708년 **기법:** 동판 인쇄 **크기:** 68.2 x 49.4cm **축척:** 해당 없음 **방위:** 해당 없음 **소장처:** 보델 니젠하위스 컬렉션

28

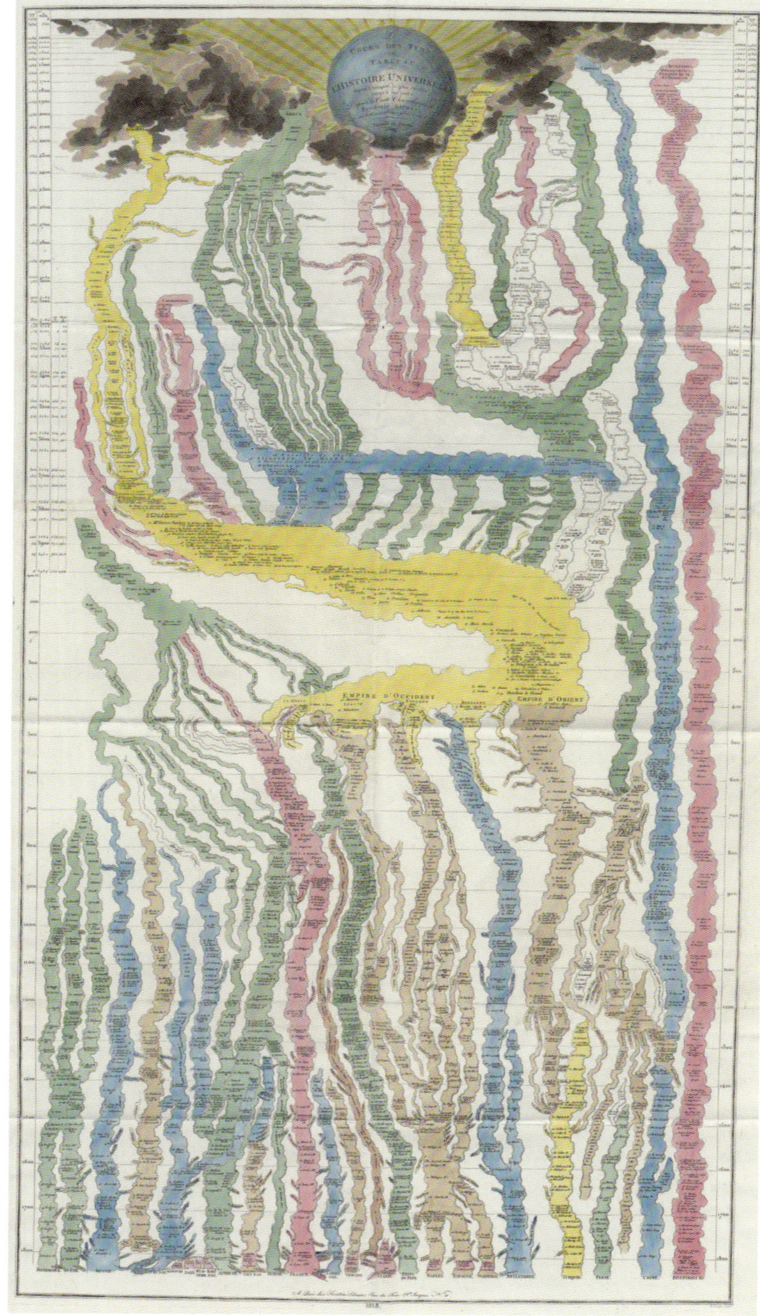

1818년 파리에서 출판된 프리드리히 슈트라스의 『시간의 흐름』 연대표 지도.

AAN DEN

BESCHOUWER

DEZER

KUNSTPLAAT.

Gy, die verwondrend vraagt, wat SCHEELE, door deez' Plaat
Vol Watren, breed en ſmal, den Volke wil vertoonen?
Weet, hy van Noäch af, en zyne laatre Zoonen,
De Lotgevallen van de Waereld hier verſtaat.

Hy toont en Naam' en Tyd' der oude Monarchyen,
Wat Heerſchers waren, als met Goddelyk ontzach,
En volgt de leidraad van verloopen Eeuwe en tyen,
Van op- en ondergang, tot zynen Levensdag.

Een Algemeene Schets, zeg ik, tot onze tyden:
Wat Volken uitgebreid, als Water, wyd en breed;
Hoe ingekrompen, die droeve ondergang moeſt' lyden,
En men door vuur en zwaard den ruimen loop afſneed.

Dit ſchetſt hy na Gods Woord, by Samuel * beſchreven.
Voorts toont hy onder aan, door Stroomen, groot en kleen,
Wat Sterke Volken zyn, wat Mindere nu leven;
Ten nut der Vinding-kunſt, en voor het algemeen.

* II. Sam. 14: 14. *Want wy zullen den dood ſterven, en wezen als Water, dat ter aarden uitgeſtort zynde, niet verzamelt en word.*

1745년 하를렘에서 출판된 셸레의 『수집된 잡다한 자료들(Verzamelde mengelstoffen)』에 수록된, 운문 형식의 연대표 지도 설명.

표시되어 있으며, 이 섬에는 아시리아와 유대의 왕들의 이름들이 열거되어 있다. 섬 아래로는 다양한 강들이 그려져 있고, 이 강들은 페르시아의 통치자들이 나열된 커다란 호수로 흘러 들어간다. 그 중심에는 그리스의 알렉산더 대왕의 이름이 등장하여 이 목록을 마무리 짓는다.

셸레의 지도에서는 한 호수가 로마제국을 대표하는 다른 호수와 여러 작은 섬들로 구분되어 있으며, 이 호수의 오른쪽에는 성모 마리아, 예수, 베드로의 이름이 표시되어 있다. 이어서 아래쪽으로는 샤를마뉴 제국이 위치해 있고, 다양한 유럽 왕조의 역사가 지도의 왼쪽 부분에 그려져 있다. 이 지도상의 강은 러시아, 폴란드, 프로이센, 스웨덴, 덴마크, 영국(여왕 포함) 및 프랑스의 통치자들에 이르기까지 다양한 유럽 국가들을 연결하고 있다. 중앙에는 7개국 연합으로 이루어진 네덜란드 공화국과 스위스가 위치해 있다. 오른쪽 부분에는 요제프 1세를 마지막 황제로 하는 신성로마제국과 바이에른, 팔츠, 하노버, 작센, 브란덴부르크의 통치자들이 나열되어 있다. 더 오른쪽으로는 교황, 스페인과 포르투갈의 왕, 오스만제국의 술탄이 언급되고 있다. 유럽 외의 지역에서는 주로 아시아의 페르시아, 인도의 통치자들이 언급되며, 이들 뒤에는 '타르-시니크 제국(Imper Tar-Sinic)', 즉 중국의 황제가 표시되어 있다. 셸레의 지도상의 이 강은 노아에서 시작하는 것이 아니며, 다른 강들과는 거의 연결되어 있지 않다. 아프리카는 지도의 오른쪽 상단에서 시작되는 작은 시냇물로, 다른 여러 강을 가로지르며 중국의 오른쪽으로 흘러 '에티오피아의 왕(Rex Aethiopiae)'으로 이어진다. 지도의 가장자리에는 중간 지점에서 시작하는 또 다른 시냇물이 있는데, 그 근원지는 '아카마픽틀리(Acamapixtli)'라는 이름이 붙은 작은 호수이다. 이는 1375년에 아즈텍의 테노치티틀란을 통치한 최초의 통치자이다. 이 시냇물을 따라 아래로 내려가면 만코 카팍(Manco Capac)의 이

유럽 바깥의 왕조들을 나타낸 지도로 주 지도의 우측 하단에 있다.

름이 나타나는데, 이 연대기는 정확하지 않다. 잉카제국의 창시자인 만코 카팍은 아카마픽틀리보다 훨씬 이전인 13세기 초에 살았던 것으로 여겨진다. 이 시냇물을 더 따라 내려가면 새로운 대륙의 발견 시기, '1492년에 발견된 아메리카(America detecta 1492)'가 나타난다. 이러한 표현은 지도상에서 역사적 사건들의 시간적 순서를 나타내는 방식을 반영한다.

셸레의 '역사의 지도'는 많은 지리적 지도들처럼 기독교와 유럽 중심적인 관점에서 그려졌다. 그는 주로 구대륙에 초점을 맞추었으며, 대부분의 공간을 유럽의 민족과 문화로 채웠다. 실제로 이 연대기 지도는 제작 당시의 시대적 배경과 당시 사람들의 역사 인식을 반영한다. 셸레는 이러한 형태의 '역사' 지도를 제작함으로써 연대기 지도라는

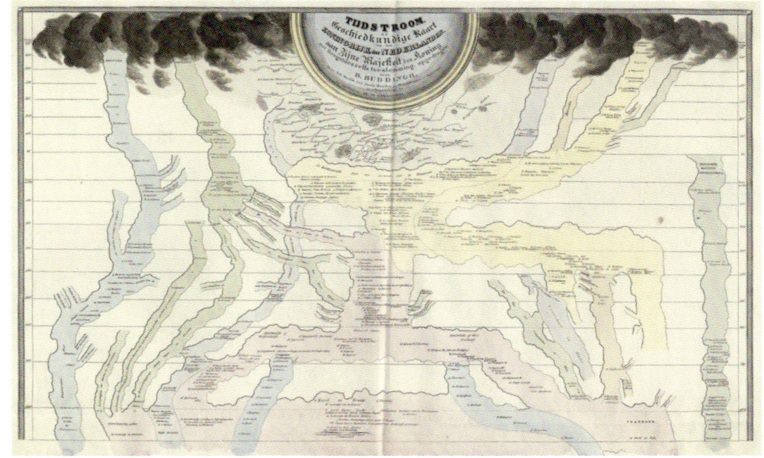

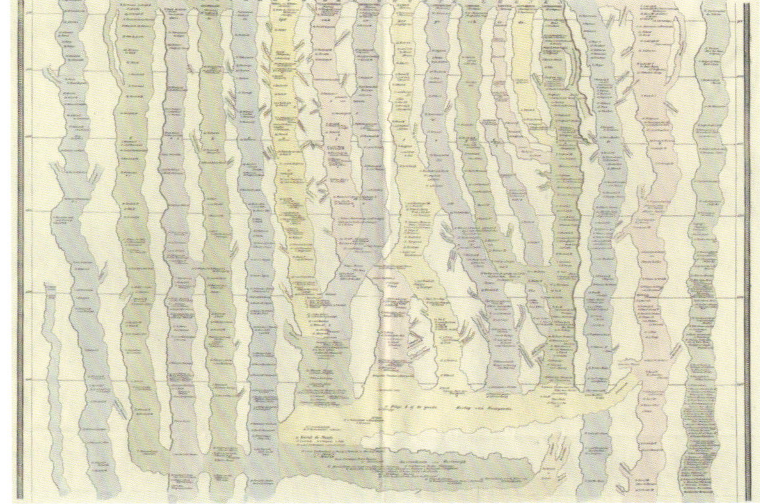

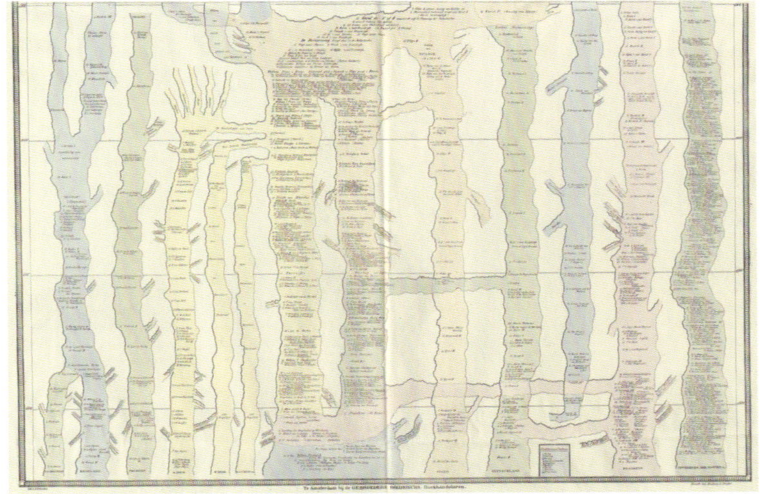

1830년 암스테르담의 디데리히스 출판사에서 출판된 더크 버딩의 『네덜란드 왕국의 역사적 지도』.

장르의 시작을 알렸고, 이는 프리드리히 슈트라스에 의해 대중화되어 19세기에 다양한 국가에서 모방되었다.

캘리포니아섬(1712년)

Duitsche Mylen
Nova Granada
Nova Gallissia
Californja of Mar Vermello anders de Straat tussen Granada en t Eyland California
Costa de Perlas
B. St. Juan
P. de los Pacos
I. de Alcatraces
B. Barnabo
California
C. de Cedros
Cazones
I. de Alcatrases
Roca Partida
I. Amblada
Tot
Amsterdam
by
G. Van Keulen
aan de Nieuwen
Bingh

29

1712년 — 캘리포니아섬

황금 왕국의 신비로운 지도 제작법

캘리포니아를 섬으로 그린 것은 제국주의 신화와 현실 사이의 중요한 연결점을 보여 준다. 이 지도는 1712년에 발견되었으나, 당시에는 완전히 이해되지 못했다. 18세기가 되어 북미 서부 해안의 탐험을 통해 캘리포니아가 사실은 대륙의 일부라는 사실이 밝혀졌음에도 불구하고, 네덜란드의 지도 제작자 제라르 반 쿨렌(Gerard van Keulen, 1678-1728)은 여전히 캘리포니아를 태평양의 섬으로 표기했다. 이러한 표현은 당시 유럽 식민지와의 접촉 속에서 캘리포니아가 겪은 고립을 상징적으로 나타낸 것이다. 스페인이 1769년 샌디에이고에 정착지를 세우고 '알타 캘리포니아(Alta California)'•라고 명명하기까지는 약 50년이 더 걸렸다. 이 지리학적 오류는 단순한 지리적 실수를 넘어서 신화적이고 상징적인 의미를 갖는다.

캘리포니아 섬에 대한 이해의 출발점은 지도가 아닌, 가르시 로드리게스 더 몬탈보(Garci Rodríguez de Montalvo, 약 1450-1505)가 저술한 기사도 소설 『플란디안의 모험』에 있다. 몬탈보는 1482년 무슬림 지배하의 그라나다에서 스페인 재정복(레콩키스타)에 기여한 공로로 기사 작위를 받았다. 이 작품의 현존하는 가장 오래된 사본은 1510년경의 것으로 추정되지만, 이는 1490년대에 몬탈보가 집필을 시작한 더 큰 규모의 다섯 권짜리 기사도 소설 『아마디스 더 가울라(Amadís de Gaula)』의 일부였다.

기사도 소설 『플란디안의 모험』의 배경은 콘스탄티노플에서 있었던 기독교도와 '이교도' 간의 전투이다. 이교도들은 신화 속 캘리포니아섬의 전사 여왕의 도움을 받았는데 이 섬은 "인도의 동쪽, 지상 낙원이라 불리는 장소와 매우 가까운 곳에 위치해 있다"고 묘사된다. 이 캘리포니아는 "검은 피부를 가진 여성들만 거주하는 곳으로, 아마존 부족처럼 남성은 존재하지 않았다. 그들은 강인하고 튼튼한 체격에 뜨거운 용기와 대단한 힘을 가졌다." 캘리포니아는 "섬 전체에 금 이외의 다른 금속이 없는" 풍족함을 자랑했다. "강하고 아름다운" 여왕 칼라피아의 이름은 아랍어 칼리파(khalifa) 또는 칼리프에서 유래한 것으로, 그녀는 "세계를 탐험하고 풍부한 보물을 쟁취하고자" 하는 열망을 가지고 콘스탄티노플의 전투에 참여했다가 패배하고 포로가 되었다. 후에 그녀는 기독교로 개종했다.

스페인 정복자 에르난 코르테스(Hernán Cortés, 1485-1547)는 멕시코 태평양 연안에 보낸 원정대에서 칼라피아 여왕을 만날 것으로 기대했다. 만남 여부와 상관없이 코르테스는 확실히 그녀의 황금 왕국을 찾기를 바랐다. 로드리게스 데 몬탈보의 이야기는 스페인 사람들이 섬으로 오인하기 쉬운 좁은 땅인 바하반도에 도달할 무렵까지 계속 회자되었다. 코르테스는 1535년에 현재의 라파스(La Paz) 주변에 식민지를 세웠으나, 이 식민지는 1년밖에 지속되지 않았다.

1579년, 영국의 항해사 프랜시스 드레이크(Francis Drake, 1540-1596)는 북서 항로를 찾기 위한 여정 중 오늘날의 몬터레이만과 샌프란시스코 사이 어딘가에 정박했는데, 이때 캘리포니아에 '노바 앨비온(Nova Albion, 새로운 잉글랜드)'이라는 다소 서정적이지 않은 이름을 붙였다. 태평양에서 영국의 위협과 멕시코와 필리핀 간 해상 루트를 개선하려는 필요로 인해 스페인은 세바스티안 비스카이노(Sebastián

1625년 런던에서 출판된 헨리 브릭스의 '아메리카의 북부' 지도. (존 카터 브라운 도서관)

• 알타 캘리포니아(Alta California)는 스페인 식민지 시대와 그 이후 멕시코 시대의 북미 식민지 기간 동안 지금의 미국 캘리포니아주와 네바다, 유타, 애리조나, 와이오밍의 일부를 가리키는 용어였다.

1650년 파리에서 출판된 니콜라 상송 다브빌의 '북아메리카' 지도. (스탠퍼드 대학교 도서관)

Vizcaíno, 1548-1624)를 1602년 탐사 임무에 파견했는데, 이 탐험대는 샌프란시스코 북쪽의 멘도시노 곶에 도달했다. 그러나 이후 거의 한 세기 동안 탐험은 소강 상태에 빠졌다. 그 사이, 비스카이노 항해에 동행했던 사제이자 우주지리학자 안토니오 더 라 아센시온(Antonio de la Ascensión)의 기록이 유럽 전역에 퍼지기 시작했다. 아센시온은 캘리포니아가 섬이라고 결론지었고, 이를 표현한 지도들이 제작되었다.

캘리포니아가 섬으로 묘사된 초기 사례 중 하나는 1625년 런던에서 헨리 브릭스(Henry Briggs, 1561-1630)에 의해 출판된 지도에서 찾아볼 수 있다. 지도에는 캘리포니아가 "한때 서부 대륙의 일부로 여겨졌으나, 네덜란드인에 의해 탈취된 스페인 해도를 통해 아름다운 섬으로 밝혀졌다"고 기록되어 있다. 또한, 이 섬은 프랑스의 지도 제작자 니콜라 상송 다브빌(Nicolas Sanson d'Abbeville, 1600-1667)의 1650년 지도 '북아메리카(Amerique Septentrionale)'와 네덜란드의 지도 제작자 피터르 구스(Pieter Goos, 1616-1675)의 1666년 '해양 아틀라스(Zee-Atlas)' 지도에도 등장한다. 그러나 17세기 후반에 멕시코에서 활동한 예수회 선교사인 에우세비오 프란시스코 키노(Eusebio Francisco Kino, 1645-1711)는 캘리포니아로 가는 육로가 있다고 믿었으며, 그는 현재 애리조나에 해당하는 길라강에 도달했다. 그의 1701년 지도는 캘리포니아가 대륙과 연결되어 있음을 증명했다.

18세기 중반까지, 반 퀼렌 가문은 암스테르담에서 최고의 지도 제작자 중 하나로 자리 잡았다. 이 가문은 네덜란드 동인도회사에 지도를 주요 공급하는 동시에 수백 종의 다양한 해양 안내서도 계속 판매했다. 창립자 요하네스의 아들 제라르 반 퀼렌(Gerard van Keulen, 1678-1726)은 수작업 항해도 제작에 열심이었으며, 이 항해도들은 연안 항해를 돕고 회사의 더 큰 지도집을 보완하는 역할을 했다. 캘리포니아에 대한 이 지도는 추정되는 757개의 항해도 중 하나였다. 지도는 반 퀼렌 가문이 이전에 발행했던 버전을 기반으로 했지만, 몇 가지 미묘하고 설명하기 어려운 차이점을 가지고 있었다.

1666년 피터르 구스가 제작한 '노바 그라나다와 캘리포니아섬' 지도. (뉴욕 주립 도서관)

지도의 오른쪽 하단의, 지도 제작자의 서명이 있는 원 안에는, "네덜란드인에 의해 1616년에 발견된 5개의 산으로 된 섬('t Eyland de 5 bergen ontdekt door de hollanders 1616)"이라는 메모가 있는 작은 섬이 표시되어 있다. 이 섬은 '세인트 토마스'섬 근처에 위치하는데, 이전의 구스(Goos) 지도집에 나와 있지만 '네덜란드'섬은 나오지 않는다. 반 퀼렌은 이후 지도에 이 섬을 추가했지만, 그 이유는 명확하지 않다. 아마도 이는 오랜 기간 적대 관계였던 스페인이 영유권을 주장한 지역에 네덜란드의 영향력을 보여 주려는 시도였을 것이다. 더 북쪽에는 영국의 '노바 앨비론'섬의 지명 중 하나를 슬며시 추가했다. 이 작은 섬은 나중에 1728년 반 퀼렌 지도책의 개정판에서 이름 없는 녹색 점으로 다시 등장하며, 여전히 캘리포니아를 대륙과 분리된 것으로 표현했다.

지리적 오류와 미스터리로 가득함에도 불구하고, '노바 그라나다와 캘리포니아섬(Nova Granada en 't eijland California)'은 독특한 역사적 및 지도학적 가치를 지니고 있다. 적어도 수 세기에 걸친 잘못된 위치 지정은 신화와 꿈의 바다에서 캘리포니아섬을 더 오랜 시간 떠 있게 했으며, 이곳에서 칼라피아 여왕은 조금 더 오래 통치할 수 있었다.

제작자: 제라르 반 퀼렌 **제목:** 노바 그라나다와 캘리포니아섬
발행지: 암스테르담 **발행일:** 1712년 **기법:** 종이에 필사, 나침반선은 동판 인쇄 **크기:** 59 x 99.5cm **축척:** 약 1:4,100,000
방위: 북쪽이 왼쪽 상단 **소장처:** 반 퀼렌 컬렉션

GROTE
ZEE
VERE
MIDDEL
BOURG
VLISSINGE
SLUYS
OOST
BURGH
RODEN
BURGH
DAMME
BIER
VLIET
SANDT
LANDT
VAN
DOOR DON JOSEPH DE HARO

BROU WERS HAVE
ZIRIK ZEE
LANT VAN VOOREN
PHILIPPE LAND
BRA BAN TIA PARS
GOUS
RIEMERS WAEL
ZUYT
BEVE LANDE
LE TUSSCHEN ZEELANT ENDE DE VIER AMBAGTEN GENAEMDT DE HONDT.
HULST
AXEL
ANTWERPEN

30

1715년 — 신비로운 담피에르 지도

17세기와 18세기의 지도 제작과 관련된 연쇄적 전파

17세기나 18세기 토지 측량사 중에서 담피에르 지도를 만들지 않은 측량사가 있다면 그는 진지하지 못한 사람으로 여겨졌을 것이다. 네덜란드와 벨기에의 도서관들과 기록 보관소들은 담피에르의 신비한 지도들을 다수 소장하고 있다. 담피에르 지도 중에 같은 것은 하나도 없으며 모두 다른 측량사가 작성했다. 하지만 그들은 서로의 작품을 모방했는데, 마지막 측량사는 마치 지도가 연속적인 것처럼 그의 이름을 제작자 목록에 추가했다. 예를 들어, 슬루이스(Sluis, 네덜란드 남서부에 위치한 도시)의 더 파우(J.D. de Pau)는 1649년에 담피에르 지도를 제작할 때, 리벤 반 투이네(Lieven van Thuyne)가 만든 지도를 모방했다. 왜 그 모든 토지 측량사들이 같은 지도를 계속 베꼈는지, 그리고 그것이 그 지도의 이름을 딴 13세기 플랑드르의 담피에르(Guy of Dampierre, 1226-1305) 백작과 무슨 관련이 있는가는 여전히 의문이다.

여기에 소개된 주요 지도는 1715년 요셉 더 하로(Don Joseph de Haro, 1681-1731)가 만든 테이블 크기의 접이식 담피에르 지도이다. 제목에서 알 수 있듯이, 지도는 플랑드르와 젤란트의 전체 지방을 부분적으로 보여 주며, 중앙에는 시각적으로 두드러지게 표현된 스켈트강이 있다. 도시, 마을, 모래언덕, 강, 수로, 운하, 제방, 도로 등이 표준화된 방식으로 표현되어 있다. 왼쪽 아래에는 카르투슈가 있는데 담피에르 백작이 생존했던 당시의 플랑드르의 상황을 보여 준다. 더불어 이 문서는 1173년과 1377년 11월 12일에 발생한 홍수로 여러 개의 교구가 침수된 사건을 언급한다. 또한 지도 제작자는 지도에 빌링겐(Wielingen)

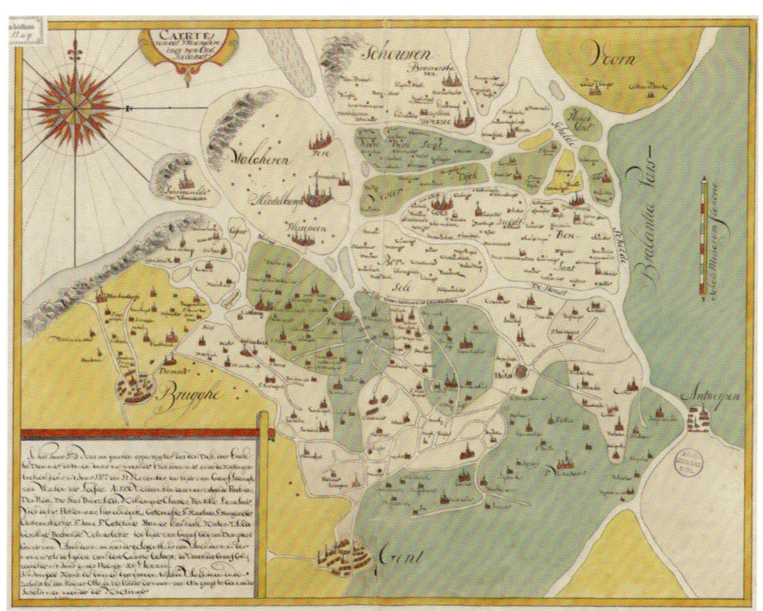

UB 레이던의 지도 모음집에서 가져온 다양한 색상의 담피에르 지도.

수로와 혼테(Honte)강에 문장을 하나씩 추가했다. 빌링겐 수로와 혼테강은 지금의 스켈트강을 형성하고 있다. 빌링겐 수로에 있는 문장은 다른 담피에르 지도에서도 찾을 수 있다. 그에 따르면 "980년에 오토(Otto) 2세 황제는 플랑드르와 젤란트 사이의 모래언덕을 파서 빌링겐 운하를 건설했다"고 기록되어 있다.

이 모든 문서들은 담피에르 지도에 신비감을 더해 준다. 예를 들어, 10개 이상의 담피에르 지도를 수집한 요하네스 티베리우스 보델 니젠하위스(Johannes Tiberius Bodel Nijenhuis, 1797-1872)조차도 이 지도들의 내막을 잘 알지 못했다. 그는 여러 복사본 문서에 "나는 이 지도의 내력을 잘 모르겠다"고 기록했다. 어쨌든, 담피에르 지도는 '오래된 역사적 지도'로 분류되며 이는 대략 17세기에서 18세기의 중세 시대의 상황을 보여 준다. 이 지도는 담피에르 백작이 1251년부터 1302년까지 플랑드르 지방을 통치한 시기로 거슬러 올라간다. 처음에는 그의 어머니인 마르가레타(Margareta, 1202-1280)와 함께 통치했다가 1278년부터는 단독으로 통치했다. 담피에르 백작은 1302년 7월 11일 쿠르트라이(Courtrai)에서 벌어진 골든 스퍼스 전투에서 보병대가 기병대를 물리친 최초의 사건으로 두각을 나타낸 주요 인물 중 하나였다. 많은 역사가들이 이 사건을 대규모 도시 민병대가 귀족의 기병대를 압도하는 보병 혁명으로 보았다. 동시에 골든 스퍼스 전투는 플랑드르 백작과 그의 영주인 프랑스 왕 사이의 정치적 갈등의 정점이었으며, 부유한 플랑드르 도시의 사회 경제적 긴장을 반영한다. 벨기에를 지배하는 프랑스어를 사용하는 엘리트로부터 플랑드르 해방의 상징으로 여겨지는 이 전투는 헨드릭 콘사이언스(Hendrik Conscience, 1812-1883)의 유명한 역사 소설 『플랑드르의 사자(De Leeuw van Vlaenderen)』에 의해 대중의 집단 기억 속에 각인되었다.

지도에는 담피에르 가문이 하이노(Hainault) 출신의 귀족 가문 아베

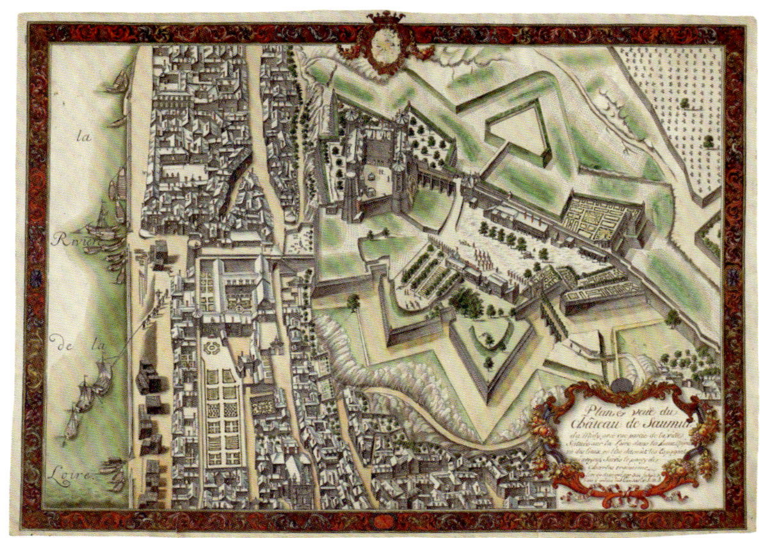

1711년경 요셉 더 하로가 제작한 소뮈르 요새와 소뮈르 도시 지도. (소뮈르 시 아카이브)

1617년 리벤 반 투이네에 의해 제작된 이 낡은 지도는 현존하는 가장 오래된 담피에르 지도로 추정된다. (겐트 국립기록보관소)

네스(Avesnes)와 관련된 잘 알려져 있는 않은 갈등을 상기시켜 주기도 한다. 콘스탄티노플의 마르가레타는 플랑드르와 하이노 출신의 백작 부인이었다. 마르가레타의 첫 번째 결혼에서 낳은 아이들은 하이노 가문의 지위를 물려받았지만, 훨씬 부유한 플랑드르 가문을 승계하지는 못하였다. 그 대신 그녀의 두 번째 결혼에서 낳은 자녀인 빌렘 담피에르(Willem of Dampierre, 1196-1231)에게 플랑드르 가문이 승계되었다. 그럼에도 불구하고, 네덜란드와 젤란트를 획득한 아베네스 가문의 자손들은 여전히 플랑드르 지역에 관심을 가졌다. 그들의 목표는 스켈트강 어귀에 위치해 전략적, 경제적으로 중요한 젤란트 베베스텐셸데(Zeeland Bewestenschelde), 현재의 발헤렌(Walcheren), 주이드(남) 베벨란트(Zuid-Beveland), 노르트(북) 베벨란트(Noord-Beveland)였다.

담피에르 지도는 담피에르 가문과 관련이 없으며, 그들의 이름은 과거의 영광스러운 시절을 모호하게 상기시키기 위해 단순히 추가된 것일 가능성이 높다. 결국, 이 지도들은 독일 황제 오토 2세(Otto II, 955-983)와 플랑드르의 루이 2세 백작(Louis of Male, 1330-1384)을 언급하고 있다. 이 두 사람은 플랑드르와 젤란트의 경계 지역에서 발생한 제방 붕괴와 홍수로 인해 경관, 사회, 정치, 법적 상황이 변화한 것과 직접적인 관련이 있다. 혹시 담피에르 지도는 수로에 관한 갈등이나 주장을 해결하는 데 도움을 줄 목적이었을까? 어쩌면 이 지도는 겐트시가 혼테강과 북해와 짧은 연결 고리를 가졌던 과거를 보여 주어, 16세기와 17세기에도 이에 대한 권리를 지속적으로 가지고 있었음을 나타내고자 했던 것이 아닐까? 만일 그러했다면, 겐트 선원들은 안트베르펜과 담메(Damme)를 통한 일반적인 해상 루트를 피할 수 있었을 것이다.

이러한 질문들에 대한 명확한 해답을 찾기 위해서는 추가적인 연구가 필요하다. 예를 들어, 최초의 담피에르 지도를 누가 어떤 맥락에서 제작했는지는 여전히 불분명하다. 일부 담피에르 지도들은 1540년에 야콥 호렌바우트(Jacob Horenbaut)가 제작한 지도에서 유래했다고 주장하지만, 호렌바우트가 그보다 훨씬 나중에 살았고 작업했기 때문에 이는 정확하지 않다. 다른 지도들은 투르네의 수도원이나 겐트의 플랑드르 회의 기록에서 원본을 찾을 수 있다고 언급하지만, 이 원본 지도들의 흔적은 아직 발견되지 않았다. 그 대신 17세기와 18세기의 많은 복사본이 존재한다. 어쩌면 담피에르 지도 제작은 토지 측량사들이 훈련 중에 그들의 능력을 보여 주는 일종의 표준 시험이었을 수도 있다. 이와 관련하여, 요셉 더 하로의 사례는 흥미롭다. 기병대 대장의 아들이었던 그는 프랑코-스페인 군대에서 경력을 쌓았지만, 1706년에 오스트리아에 포로로 잡혔다. 프랑스 군대로 돌아온 후, 그는 반역 혐의를 받았고—지도 절도를 포함하여—프랑스 루아르 지역의 소뮈르 요새에 수감되었다. 놀랍게도, 그는 감옥에 있는 동안 1711년에 소뮈르(Saumur)의 정밀한 조감도를 제작했다. 1716년에 그는 루마니아로 떠나 티미쇼아라(Timişoara)의 지도를 제작했다. 그가 어떻게 그리고 왜 1715년에 대형 크기의 담피에르 지도를 제작했는지는 여전히 미스터리로 남아 있다.

제작자: 요셉 더 하로 **제목:** 젤란트와 플랑드르 일부 지역 지도
발행지: 미상 **발행일:** 1715년 **기법:** 종이에 필사, 아마포에 부착
크기: 143 x 211.5cm **축척:** 약 1:40,000 **방위:** 북쪽이 위쪽
소장처: 보델 니젠하위스 컬렉션

Port 305
ZEEKAARTEN
№ 7
Bay en Stadt
Loand de S.t Paulo
gelegen aan de Kust van
Angola In Guinea
Loando de S.t Paulo
De Kust van
ANGOLA.
2 Duytsche Mylen 15 in een Gradt
Originele

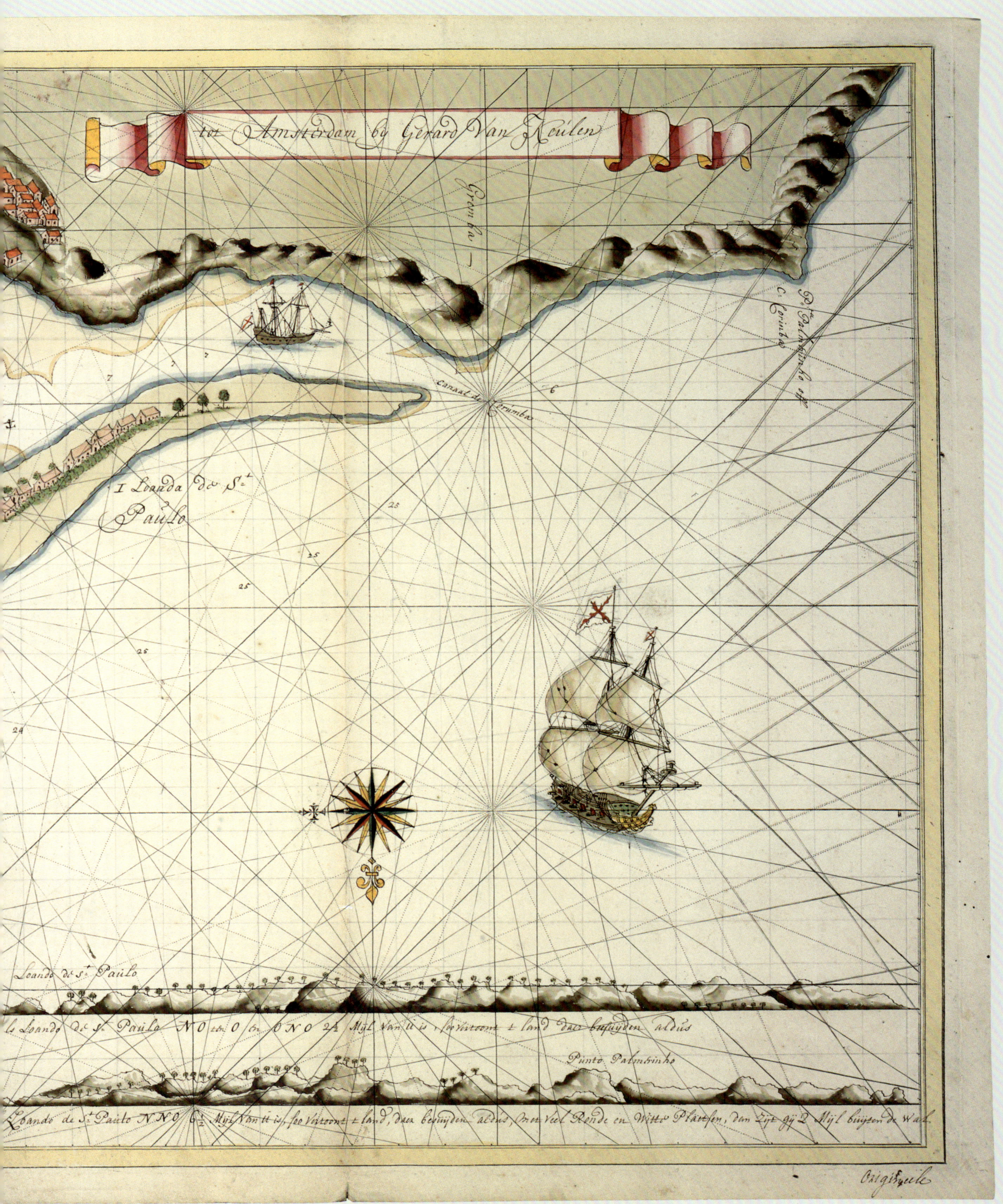
tot Amsterdam by Gerard van Keulen
Grenha
Canaal de Corumba
I Loanda de St Paulo
C. Corimba
Pta Palmerinho off
Loando de St Paulo
ls Loando de St Paulo NO en O en ONO 2½ Myl van u is, soo vertoont t land daer besuyden aldus
Punto Palmbrinho
Loando de St Paulo NNO 6½ Myl van u is, soo vertoont t land, daer besuyden aldus, met veel Ronde en Witte Plaetsen, dan zyt gy 2 Myl buyten de Wal
Origineele

31 1721년 — 혹독한 도시의 평화로운 이미지

루안다, 대서양 횡단 노예무역의 중심지

포르투갈 항해사 디오고 캉(Diogo Cão, 1440년경-1486년경)은 콩고강 어귀와 현재의 나미비아 해안 지역을 최초로 탐험한 유럽인이었다. 그는 1485년 두 번째 항해에서, 자신이 몬데구오(Mondeguo)라고 불렀던 콩고 남쪽 강을 지나갔는데, 이 강은 이후 벵고(Bengo)라는 이름으로 알려졌다. 이 강의 바로 남쪽에는 카브라스제도(Ilhas das Cabras)라는 길게 이어진 섬이 있었다. 90년 지난 후, 포르투갈인들은 최북단 섬 반대편의 만 기슭에 상파울루 더 루안다(São Paulo de Luanda)라는 정착지를 건설했다. 제라르 반 쿼렌(Gerard van Keulen, 1678-1726)의 1721년 지도에는 루안다가 배들을 위한 정박지와 바다로부터 정착지를 보호하는 역할을 하는 섬(현재는 일하 더 루안다Ilha de Luanda로 알려져 있음)을 가진 마을로 그려져 있다. 지도에는 만에 정박된 다섯 척의 배와 코룸바(Corumba) 운하를 통해 바다로 나가는 것처럼 보이는 한 척의 배가 그려져 있다. 또한 섬과 만을 따라 기독교 신앙을 상징하는 집들과 2개의 십자가를 가진 교회도 그려져 있다. 그러나 루안다가 당시 수만 명의 아프리카인을 아메리카 대륙으로 수송했던 대서양 횡단 노예무역의 중심지였다는 표시는 지도 어디에도 보이지 않는다.

'루안다'라는 이름은 지도 제작자인 아놀드 플로리스 반 랑그렌(Arnold Floris van Langren, 1571-1644)이 1596년 만든 서아프리카 지도에서 처음 등장했다. 그러나 실제로 이 지역에 대한 상세한 이미지와 지도는 17세기에 들어서야 비로소 나타났다. 1641년 8월, 네덜란드 서인도회사 부대가 루안다를 정복한 뒤 1648년까지 점령했다. 네덜란드의 점령 기간 동안 여러 예술가와 지도 제작자들이 루안다와 그 주변 지역에 대한 지도를 제작했다. 제라르 반 쿼렌은 그러한 지도들에 대해 잘 알고 있었을 것이며 이를 활용하여 자신의 필사본 해도를 준비한 것으로 추정된다. 필사본 해도들은 기존에 알려지지 않았던 정보들을 기반으로 하고, 선박의 선장들과 선원들로부터 얻은 새로운 항해 정보를 보충하여 작성되었을 것이다. 1704년에 암스테르담에서 지도책과 해도를 전문으로 하는 부친의 출판사를 이어받은 제라르 반 쿼렌은 출판인으로서 뿐만 아니라, 1721년에는 루안다 지도를 포함한 500개 이상의 대규모 필사본 지도를 제작한 재능 있는 지도 제작자로서 활동했다. 그의 회사는 선박의 항해에 유용한 지도 사본을 공급하는 등 다양한 업적을 이루었다.

지도에서 묘사된 루안다 마을은 아프리카 내부와 해안을 연결하는 광범위한 무역 네트워크의 핵심 지점이자, 노예들이 모이는 종착지였다. 16세기 말부터 포르투갈인들은 루안다를 통해 아프리카에서 온 수천 명의 노예를 상투메섬과 브라질의 식민지 설탕 농장에서 일하게 했다. 1630년에서 1654년 사이에는 네덜란드가 루안다와 주변 지역을 점령하면서, 브라질 북동부 농장으로 가능한 많은 아프리카 노예를 수송하는 것을 목표로 했다. 내륙에서의 은동고(Ndongo)왕국과 콩고 사이의 오랜 분쟁 및 마탐바(Matamba) 전사들의 노예 습격으로 인해, 아프리카인들은 계속해서 해안으로 공급될 수 있었다. 심지어 1648년 8월에 포르투갈 제독 살바도르 코레이아 더 사(Salvador Correia de Sá, 1594-1688)가 루안다를 탈환한 후에도 브라질과의 노예무역은 줄어들지 않았다.

네덜란드가 1640년대에 루안다를 점령한 시기에 만들어진 계획도.

1647년 발라에우스의 『브라질리아에서 8년간의 사건들』에 나타난 루안다의 해안 경관.

노예가 된 아프리카인들은 처음에는 주로 설탕 농장에서 일했지만, 17세기 말에 포르투갈인들이 브라질 남동부의 미나스제라이스(Minas Gerais)에서 금을 발견하면서 상황이 변했다. 많은 포르투갈 이민자들이 금을 채굴하기 위해 이 지역에 정착하고자 했고, 그들은 앙골라에서 노예를 들여와 금광에서 힘든 노동을 시켰다. 초기에는 아프리카인들이 리우데자네이루에서 미나스제라이스까지 약 50일이 걸리는 육로를 통해 이동해야 했는데, 이 과정에서 상당한 사망 위험이 있었다. 그러나 1711년 포르투갈인들은 새로운 육로를 통해 이동 기간을 10-12일로 대폭 줄일 수 있었다. 이러한 변화는 노예 공급에 즉각적이고 분명한 영향을 미쳤다. 18세기 초반 노예무역상들은 21,250명의 아프리카인을 루안다에서 리우데자네이루로 보냈지만, 1711년에서 1720년 사이의 10년 동안 이 숫자는 76,600명으로 급증했다.

제라르 반 퀼렌은 루안다의 노예무역이 번성했던 시기에 필사본 지도를 만들었지만, 그 지도는 아프리카에서 벌어진 잔혹한 무역에 대해서는 어떠한 기록도 보여 주지 않는다. 지도 속 루안다는 평화로운 마을처럼 보이지만, 이는 외형적 인상에 불과하다. 1575년 정착지가 세워진 후 1867년 노예무역이 끝날 때까지 280만 명 이상의 아프리카인들이 루안다에서 아메리카(대부분 브라질) 식민지로 강제 이송되었다. 이로 인해 루안다는 서아프리카에서 노예무역의 가장 중요한 중심지가 되었고, 그 이후에는 현재의 베냉(Benin)에 해당하는 우이다(Ouidah)가 이를 물려받아 100만 명이 넘는 노예가 강제 이송되었다.

얀 반 브로스터호이젠(Jan van Brosterhuyzen, 1596-1650)의 루안다 지도는 1645년에서 1647년 사이에 만들어진 것으로, 아마도 게오르크 마르크그라프(Georg Marcgraf, 1610-1644)의 그림을 기반으로 했을 것이다. 두 사람은 모두 네덜란드령 브라질의 총독이자 1641년 루안다 정복을 명령했던 존 모리스 반 나사우-시겐(John Maurice van Nassau-Siegen, 1604-1679)이 고용한 인물들이다. 이 지도는 제라르 반 퀼렌의 지도보다 주변 지역을 적게 나타내고 있으며 배의 정박지, 수심, 또는 루안다 섬의 표시 등이 포함되어 있지 않다. 대신에 더 많은 건물이 표현되어 있다. 1640년대에 루안다는 식민지 개척자들과 수천 명의 아프리카인이 노예가 되어 브라질로 수송될 날을 기다리며 머무는 현실적인 도시였다.

지도에는 예수회 수도원과 카푸친 수도원이 표시되어 있는데, 앙골라의 포르투갈 성직자들은 노예들을 기독교로 개종시키는 데 있어 중요한 역할을 했다고 알려져 있다. 특히 이들은 노예들이 브라질로 보내기 전 침례식에서 일정한 역할을 했을 것이다. 또한 지도에는 루안다의 사오 미구엘(São Miguel) 요새도 나타나 있다. 이 역시 반 퀼렌의 지도에서는 볼 수 없다. 이 요새는 적의 공격을 격퇴하기 위해 16세기에 지어졌으나 1641년 네덜란드의 루안다 점령을 막을 수는 없었다. 나중에 포르투갈인들은 마을을 탈환했고, 루안다를 보호하기 위해 요새를 강화하고 새로운 방어 시설을 구축했다. 루안다는 다시 탈환되지 못했고 노예무역은 그 어느 때보다 번성했다.

제작자: 제라르 반 퀼렌
제목: 앙골라 기니 해안에 위치한 성 파울루 만과 루안다
발행지: 암스테르담 **발행일:** 1721년 **기법:** 동판 인쇄 및 종이에 필사
크기: 59 x 99.5cm **축척:** 약 1:95,000 **방위:** 북쪽이 왼쪽
소장처: 반 퀼렌 컬렉션

De drie gebroeders
Waccasieuw
Vijff negerijen
Lilleböy
Eatoe
Lala
Twee duytsche Mijlen

Capalala
Mamalla
Eietoelamme
Wakkal
Eielas

32

1725년 — 부를 가져다준 향기

정향의 수도가 된 암본

네덜란드 동인도회사를 대표하는, 손으로 그려진 지도들은 보델 니젠하위스 수집품 중 가장 귀중한 지도학적 자료에 속한다. 이 지도 역시 그중 하나이다. 지도상의 큰 글자는 지도가 현재의 인도네시아 암본(Ambon)에 해당하는 암보이나(Amboina)섬을 나타낸다는 것을 보여 준다. 암보이나섬은 히토(Hietoe)반도와 레이티모르(Leytimor)반도로 구성되어 있다. 반도와 이를 연결하는 다리는 암본만을 둘러싸고 있으며 게의 집게발과 비슷한 모습이다. 안타깝게도 지도의 제작자는 알려지지 않았다. 18세기 초로 추정되는 날짜와 수집가인 보델 니젠하위스가 "원주민이 그린 것"이라고 쓴 짧은 메모만이 이 지도에 대한 유일한 정보이다. 그러나 지도를 자세히 살펴보면 외국인을 대상으로 만들어졌음을 알 수 있다.

1692-1701년 럼피우스의 『암보니아의 허브 책』에 실린 정향 식물 그림.

네덜란드 동인도회사와 서인도회사는 그들의 전성기 동안 세계에서 가장 광범위한 해양 및 지리 지도 컬렉션을 보유하고 있었다. 이들은 전 세계를 아우르는 해도를 비롯해 해안 지역 지도, 항구, 마을, 요새의 평면도, 여행 일지 및 기록물을 가지고 있었다. 회사는 신뢰할 수 있는 자료를 얻기 위해 지도 제작 원정대를 파견하여 수로 측정을 하기도 했다. 예를 들어 측량 나침반, 측심선, 측량 막대 등이 연안 해역과 해협의 깊이를 측정하는 데 사용되었다. 회사는 양질의 지도에 대한 수요를 충족시키기 위해 전문 지도 제작자를 고용했다.

동인도회사의 지도 제작자들은 네덜란드에 있는 여섯 회사 사무실에서 근무하거나 희망봉, 코로만델해안(인도), 실론, 바타비아(지금의 자카르타), 암본 등 해외 교역소에서 상주했다. 이 암본 지도는 동인도회사의 주요 지도 제작자 감독 아래에서 일하던 현지 지도 제작자가 만든 것으로 추정된다. 지도에 그려진 재료를 고려할 때 아마도 섬에 상주하면서 그린 것으로 보인다. 상선에 실린 지도는 거의 양피지에 그려졌으며, 종이에 그린 지도는 사무실에서 사용하거나 항구의 상인들이 사용하기 위한 것이었다. 또한 이 지도는 분명히 실용적인 목적을 지녔으며 다른 사본을 위한 견본 역할을 했을 것이다. 저명한 지도 제작자인 요도쿠스 혼디우스(Jodocus Hondius, 1563-1612)나 빌럼 블라우(Willem Blaeu, 1573-1638)와 같은 인물들은 자신들의 지도책에 실린 지도의 가장자리를 장식하고 신화 속 생물과 기타 장식으로 활기를 불어넣었다. 그들은 또한 가능한 한 지도에 대한 자세한 정보도 추가하였다. 이 지도는 풍부한 색채를 사용하면서도 담백한 느낌을 나타내고 있다.

왼쪽 아래에는 당시 해운업계에서 일반적으로 사용되던 길이 단위인 'Twee Duijtsche Mijlen'(대략 15km, 직역하면 '2독일 마일'이며, 과거 네덜란드 및 독일에서 사용하던 거리 단위이다—옮긴이주)을 볼 수 있다. 지도 제작자가 해안선과 다양한 해안 정착지에 주의를 기울였다는 점에

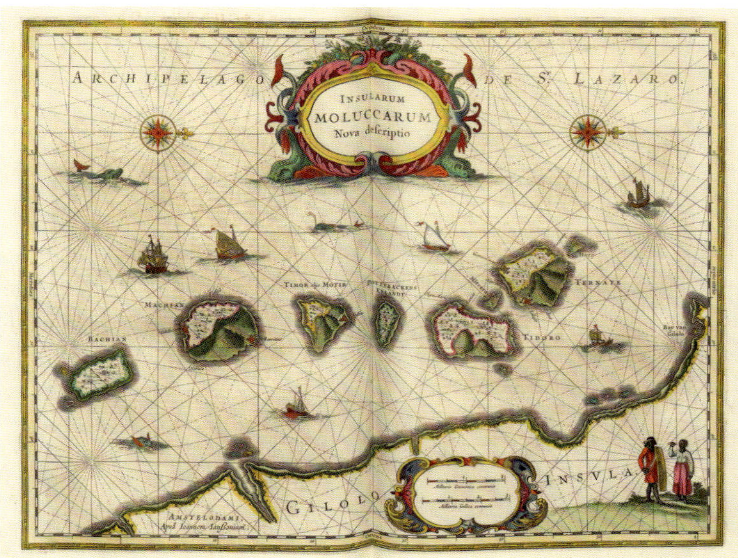

1633년 요하네스 얀소니우스가 제작한 몰루카 지도.
왼쪽에서 두 번째 섬이 마키안섬이다.

서 이 지도가 해도임을 알 수 있다. 섬 전체가 오래전부터 지도로 그려졌음에도 불구하고, 지도의 안쪽은 몇 개의 산을 제외하면 이상할 정도로 비어 있다. 산과 야자나무 군락, 해안을 따라 있는 요새, 모스크, 교회 탑 및 기타 건물의 그림은 주로 연안 방향을 따라 그려진 랜드마크를 의도한 것으로 보인다. 다른 해상의 세부 사항도 역시 추가되어 있다. 암본만과 연안의 다른 장소에 표시된 작은 숫자는 항해하거나 계류하는 선박을 위해 깊이를 알려 준다. 선박에 위험이 될 수 있는 바위와 모래톱도 자세하게 표시되어 있다.

그러나 이 지도가 가진 진정한 의미는 작게 건조시켜 말린 꽃봉오리, 즉 정향(丁香)을 이해해야만 알 수 있다. '손톱'을 뜻하는 라틴어 'clavus'에서 유래한 정향은 커피, 담배, 아편과 같은 마약과 함께 수 세기 동안 사람들을 매혹시켜 왔다.

후추, 계피, 육두구 등 모든 향신료는 각자의 이야기를 담고 있다. 그 이야기에는 먼 바다 항해, 피비린내 나는 전투, 식민지 지배, 자본가의 이윤 추구와 같은 친숙한 요소가 포함되어 있다. 정향 또한 암본을 주요한 배경으로 하는 나름의 이야기를 들려준다. 정향으로 인해 암본이 지도에 등장하였다. 박물학자이며 동인도회사 상인이자 암본에 장기간 거주한 게오르크 에버하르트 럼피우스(Georg Everhard Rumphius, 1627-1702)가 암본을 세계 정향의 수도라고 부른 것은 우연이 아니다. 그의 저서 『암보니아의 허브 책(Het Amboinsche Kruid-boek)』에서 럼피우스는 상록수인 정향나무를 향해 "내가 아는 모든 나무 중에서 가장 훌륭하고 가장 장식적이며 또한 가장 귀중한 나무"라는 찬사를 보냈다. 정향의 꽃봉오리는 가을에 가지 끝에 다발로 나타나며 옅은 녹색에서 붉은색으로 변한다. 꽃봉오리는 며칠 동안만 수확이 가능하며 이후에는 터져서 향기를 잃는다. 그러나 럼피우스가 'tsjenkeh(네덜란드어로 정향)'라고 부르는 정향이 암본과 밀접한 연관이 있긴 하지만, 지도를 그린 이는 암본이 정향나무의 기원지는 아니라고 설명한다. 럼피우스의 식물학 기록에 따르면 향신료 작물은 최근에야 그곳에 도입되었다. 실제 원산지를 찾으려면 지도에서 절반의 백합 문양으로 표시된 화살표를 따라 북쪽으로 가야 한다. 북쪽으로 향하는 화살표는 세렘(Ceram)반도의 호아모알(Hoamoal)을 지나 할마헤라(Halmahera)의 북부 몰루카(Molucaa)섬과 테르나테(Ternate), 티도레(Tidore) 및 마키안(Makian)으로 이동한다. 마키안은 럼피우스의 『암본의 국가 기록(Ambonsche lant-beschrijvinge)』에서 "정향의 어머니"로 묘사되어 있다. 실제로 정향이 마키안에서는 자연적으로 자랐기 때문에 부분적으로 그가 맞다고 할 수 있다. 그러나 아마도 16세기에 북부 몰루카의 다른 섬에도 야생 정향 숲이 있었을 것이다. 게다가, 이 섬들은 수 세기 동안 정향을 재배하던 전통을 가지고 있었다. 이로 인해 더 남쪽에 있는 암본섬이 어떻게 '정향의 수도'가 되었는지에 대한 의문이 생긴다.

15세기말, 자바와 말레이시아, 마카사르 항구 등지에서 정향에 대한 수요가 증가함에 따라 남부 섬들로 정향 재배가 확산되었다. 목사이자 학자인 발렌타인(François Valentijn)은 그의 저서 〈구 동인도와 신 동인도(Old and New East Indies)〉에서, '모체 정향'이 마키안 섬에서 대나무 통에 담겨 호아모알로 운송된 뒤, 암본 섬에 이식되었다고 기록하고 있다. 암본에서 처음으로 정향을 수확한 직후 유럽인들이 나타나 통제권을 장악했다. 16세기 초부터 포르투갈인들은 정향 무역을 독점하려 했지만, 이를 달성한 것은 네덜란드 동인도회사였다. 발렌타인(Valentijn)은 회사가 "이 향신료의 절대적인 지배자"가 된 과정을 자세히 설명한다. 그는 네덜란드 동인도회사가 암본과 몰루카 사람들에게 "이성을 깨닫게" 만들기 위해 "정향나무의 빈번한 제거"와 "장기간의 전쟁"에 의존해야 했다고, 고용주를 기쁘게 할 유창한 용어로 설명한다. 그는 불법 무역과 불법 경작에 대응하기 위한 정기적인 원정과 반복되는 군사 작전, 그리고 역사에 '암본 대전쟁' 또는 '호아모알 대전쟁(1651-1658)'으로 기록될 전쟁에 대해 언급하고 있다.

정향 무역을 위해 벌어진 전쟁은 얀 피터르스존 코엔스(Jan Pieterszoon Coens, 1587-1629)가 반다제도에서 육두구와 메이스의 독점권을 놓고 벌인 학살만큼이나 폭력적이었다. 엄청난 파괴와 유혈 참사 후에 동인도회사는 암본과 인근 섬인 오마(하루쿠)의 울리아세르섬(리스), 호니모아(사파루아), 노에사 라오엣(누사 라우트) 등에서 정향 재배에 집중하였다. 암본의 지도는 이 섬이 정향 재배의 중심지가 되고, 동인도회사가 무역 독점의 전성기에 암본의 향기로운 향신료로 막대한 부를 축적한 시기를 상징적으로 보여 준다.

제작자: 미상 **제목:** 암보이나의 네덜란드 동인도회사 지도
발행지: 미상 **발행일:** 약 1725년 **기법:** 종이에 필사 **크기:** 53 x 97cm
축척: 약 1:85,000 **방위:** 북쪽이 오른쪽 상단
소장처: 보델 니젠하위스 컬렉션

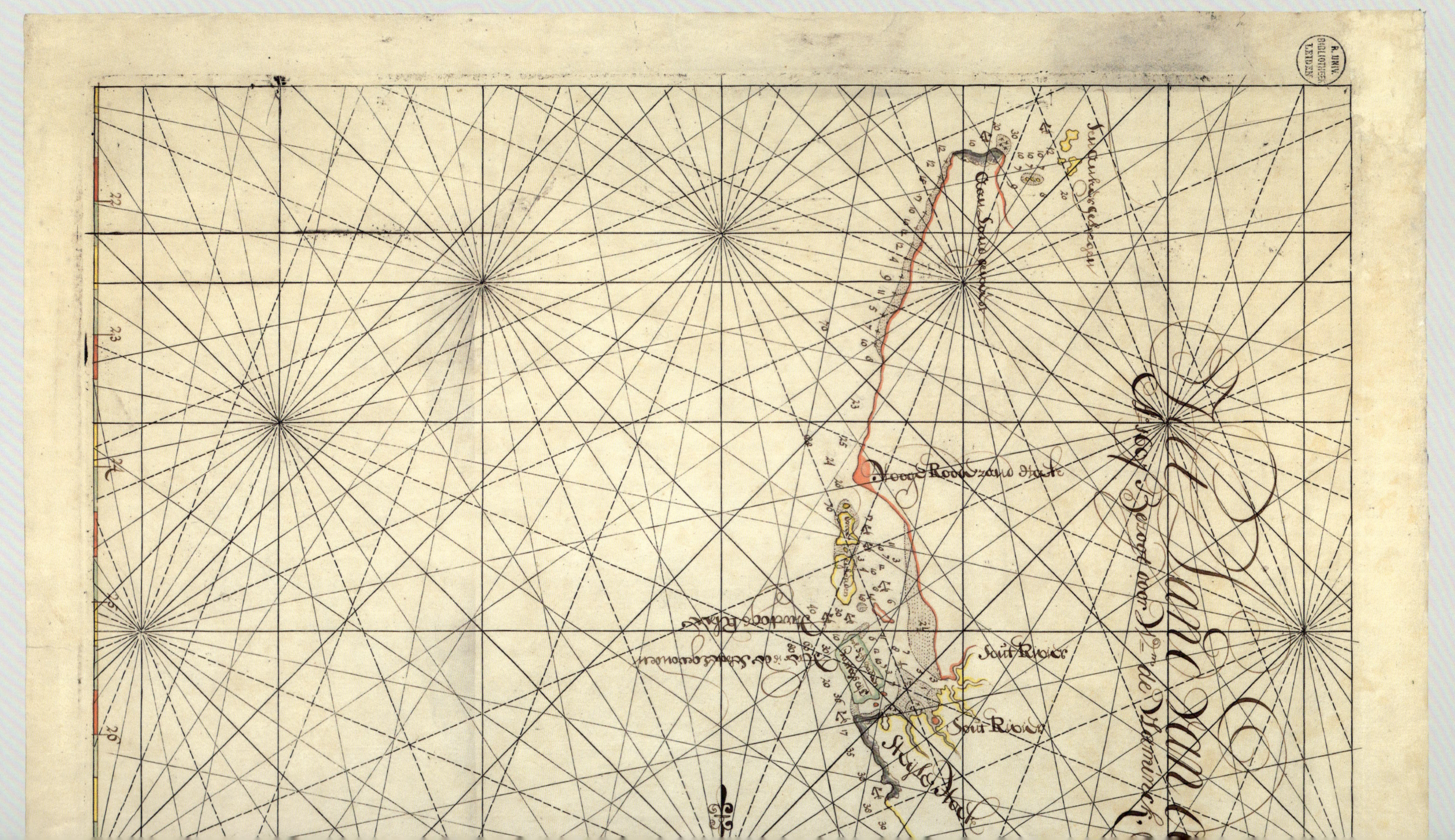
Het Land van
A° 1697 Bezogt door Wm de Vlaminck
R. UNIV. BIBLIOTHEEK LEIDEN

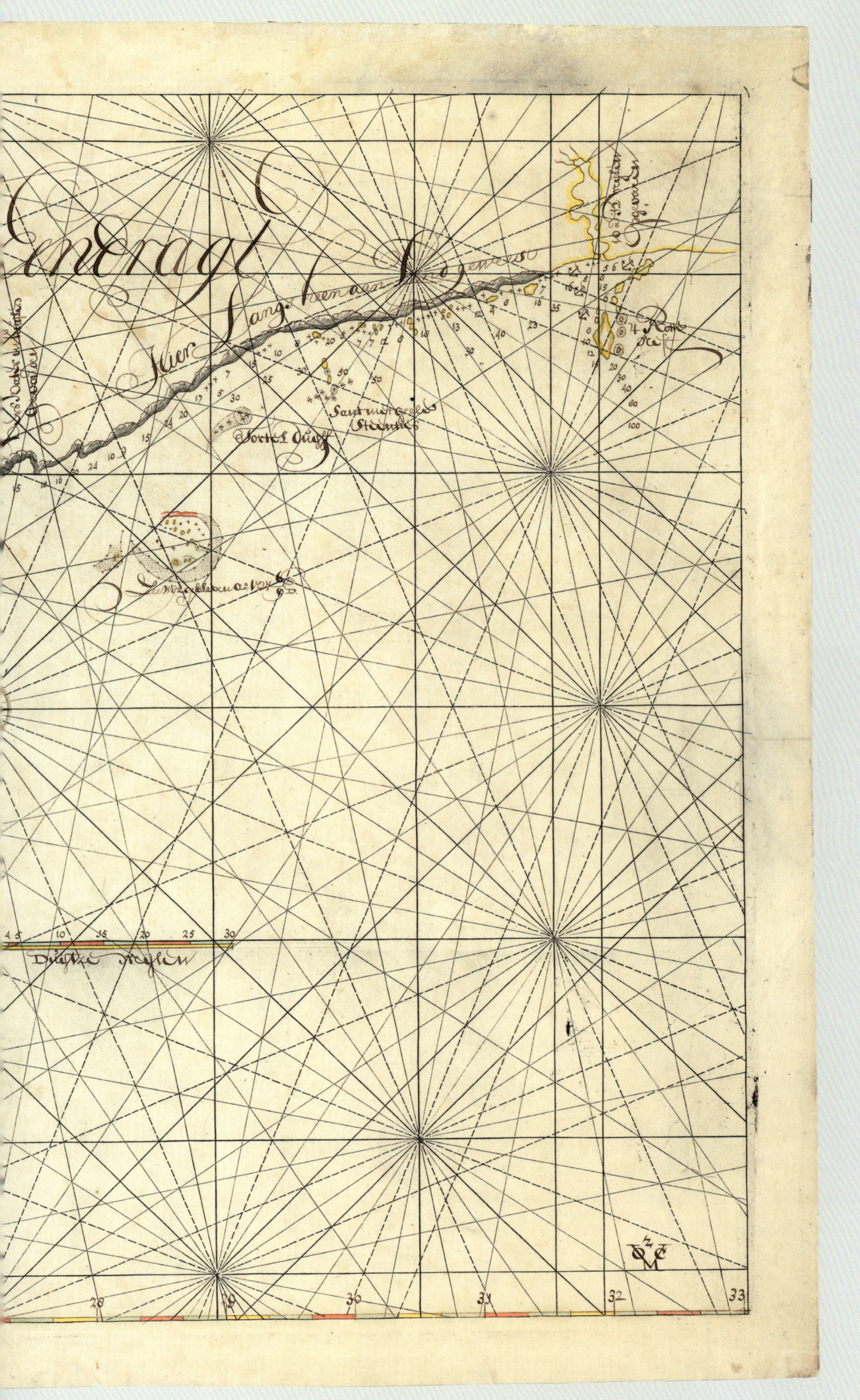

33

1730년 — 비참한 남부 대륙과의 이별

지도에 나타난 서부 오스트레일리아의 초기 역사

17세기 네덜란드 동인도회사의 항해사와 지도 제작자들은 아브라함 아니아스의 '엔드라흐트 랜드(Endracht's Land, 대륙의 서쪽 가장자리라는 뜻)' 해도를 포함하여 오스트레일리아 대륙을 세계 지도에 추가했다. 이 지도는 그들의 제작물 중 마지막에 제작된 것으로, 지리적 발견의 과정과 그에 따른 실망감을 담고 있다. 엔드라흐트호의 선장 디릭 하르토그(Dirck Hartog, 1580/1583-1621)는 1616년 오스트레일리아 서부 해안선에 도착했고, 이는 오랜 전설의 땅 테라 오스트랄리스 인코그니타(Terra Australis Incognita)가 발견되었음을 암시했다. 이후 여러 항해를 통해 광대한 호주 남부 지역의 해안선이 지도에 추가되었다. 1642년부터 1644년 사이에 이루어진 아벨 태즈먼(Abel Tasman, 1603-1659)의 탐험 이후 호주 남부 지역은 '노바 홀란디아(Nova Hollandia, 새로운 네덜란드)'로 알려지게 되었다. 그러나 이 지역과 네덜란드 동인도회사가 무역을 할 가능성은 거의 없었다. 빌럼 더 블라밍흐(Willem de Vlamingh, 1640-1698)가 이끄는 마지막 탐험대가 1697년 오스트레일리아의 서부 해안을 정밀하게 탐사했는데, 이것은 다섯 번째 대륙에 대한 네덜란드의 관심이 정점에 달했음을 보여 준다.

빌럼 더 블라밍흐의 초상화로 추정되며, 니콜라스 베르콜리와 그의 아들 얀 베르콜리가 약 1690년에서 1700년 사이에 그렸다.

비록 이 해도의 정확한 제작 연대는 알려져 있지 않지만, 해도에 그려진 독특한 나침반 기호, 젤란트 지역에 있던 동인도회사의 사무소 혹은 이사회를 표시한 로고, 1727년에 발생한 지비크(Zeewijck)호의 난파 사건의 기록 등은 해도의 기원과 제작 시기를 알려 주는 단서가 된다. 역사학자 귄터 실더(Günter Schilder)는 지도의 나침반 기호를 아브라함 아니아스(Abraham Anias, 1694-1750)의 것으로 추정했는데, 아니아스가 1730년에 제작한 '인도양 항해 위험 해도'(현재 오스트레일리아 국립도서관 소장)에 나타난 것과 일치한다. 젤란트의 네덜란드 동인도회사 사무소의 해도 제작자로서 아니아스는 몰디브 근처 아리아(Aria) 환초에서 일어난 1726년 라벤슈타인(Ravenstein)호의 난파를 포함한 동시대의 여러 난파선의 위치를 지도에 기록했다. 해도에 나타난 것처럼 지비크호는 1727년 6월 후트만 아브롤호스(Houtman Abrolhos)제도에서 좌초되었으며 생존자들은 1728년 4월 인도네시아 바타비아에 가까스로 도착했다. 얀 슈타인스(Jan Steijns) 선장이 만든 일기와 지도는 1730년 네덜란드에 도착했다. 아니아스는 얼마 지나지 않아 지비크호의 난파 위치를 보여 주기 위해 이 해도를 작성했을 것으로 보인다.

1629년에 발생한 바타비아호의 난파와 선상 반란은 네덜란드 동인도회사의 선박에게 이 해안이 얼마나 위험할 수 있는지 보여 주었다. 디릭 하르토그는 네덜란드 동인도로 향하는 새로운 항로인 브라우어(Brouwer) 항로를 따라 오스트레일리아를 발견했는데, 이 항로는 희망봉에서 동쪽으로 향하다가 자바섬의 경도에 이르렀을 때 북쪽으로 방향을 변경하는 것이었다. 그러나 이 경로로 항해할 경우 경도를 측정하기 어려웠고, 이 때문에 바타비아로 향하던 배들이 호주 해안에 좌

1616년에 디릭 하르토그가 호주 해안에 남긴 글씨가 새겨진 주석 접시.
(암스테르담 국립박물관)

지도의 오른쪽 하단에 위치한 젤란트 동인도회사의 로고.

초될 위험에 처했다. 1694년 라이더샤프 반 홀란트(Ridderschap van Holland)호가 희망봉과 바타비아 사이의 항로에서 실종되었을 때, 네덜란드 동인도회사는 이 배가 난파되었을 가능성을 우려했다. 빌럼 더 블라밍호의 원정대는 실종된 이 배와 1656년 이후 실종된 베르굴드 드라크(Vergulde Draeck)호의 생존자들을 찾기 위해 네덜란드 동인도회사로부터 의뢰를 받아 이들이 생존해 있을 만한 해안을 수색했다. 원정대는 네덜란드 동인도회사가 오스트레일리아로 보낸 원정대 중 가장 우수한 장비를 갖추고 있었으며, 오스트레일리아의 지리와 자연사에 대한 지식 확보에 중요한 역할을 했다. 해도의 제목에 명시된 것처럼 아니아스는 해도 제작에 원정대의 조사 결과를 활용했다.

블라밍호의 탐사는 그 이전의 어떤 것보다도 정확하고 상세했다. 탐험대는 로트네스트(Rottnest)섬과 스완(Swan)강을 탐사하고 이름을 붙였으며, 쿼카(학명은 Setonix brachyurus)와 같은 오스트레일리아 유대류(有袋類) 동물 및 오스트레일리아 원주민에 대한 최초의 기록을 남겼다. 지도에 '하르토그 리(Hartogs Rhee)'라고 표시된 샤크만의 입구에서 블라밍호는 81년 전에 하르토그가 오스트레일리아 남부 대륙을 발견한 것을 기념하기 위해 남긴 주석 접시를 회수하고, 대신 자신의 접시를 그 자리에 남겼다. 그의 배들은 해안을 따라 남회귀선을 지나 북서곶까지 갔으나, 위험이 도사리고 있는 해안에 상륙할 수 없었다. 블라밍호의 건강이 악화되었고, 결국 원정대는 목적을 달성하지 못한 채 실패로 끝났다. 실종된 표류자의 흔적도 찾을 수 없었다.

자바로 돌아가기 전 블라밍호는 '비참한 남부 대륙과의 이별을 고하기 위해' 자신의 배에 실린 대포를 발사하도록 했다. 이 마지막 네덜란드 동인도회사의 호주 원정 결과 보고서 작업에는 3명의 지도 제작자가 참여했다. 원정대가 귀환한 후 화가 빅터 빅터존(Victor Victorszoon)은 '남부 대륙(T'Zuijd Landt)'의 상세한 지도와 함께 해안선을 묘사한 스케치를 제작하였다. 암스테르담의 해도 제작자인 아이작 더 그라프(Isaac de Graaf)는 빅터존의 해도를 복제했고, 블라밍호의 지명 부여 내역과 해안선 묘사를 이용하여 네덜란드령 동인도와 관련된 대륙을 묘사한 두 번째 해도를 만들었다. 더 그라프의 지도는 17세기에 작성된 탐험 기록 중 가장 상세한 기록이며, 오스트레일리아의 발견에 있어 네덜란드 동인도회사가 기여한 바 중 가장 큰 것이다. 아니아스는 그의 해도에 중요한 지명 및 지형지물만 기재했는데, 이것은 호주 남부 지역에서 모든 형태의 무역이나 정착지 건설에 대한 관심이 거의 없었음을 보여 준다. 프랑스 탐험가 루이 더 프레시네(Louis de Freycinet, 1779-1842)는 오스트레일리아 전체의 해안선을 처음으로 기재한 지도를 1811년에 제작하였는데, 이 지도에 '노바 홀란디아'와 '엔드라흐트 랜드'라는 지명을 유지했다. 그러나 영국이 '서부 오스트레일리아'라고 부르며 영유권을 주장함으로써 호주 역사의 초기 장은 마감되었다. 새로운 시대는 1829년 스완강 인근에 새로운 영국 식민지가 세워지면서 시작되었으며, 이것은 아니아스가 작성한 노바 홀란디아 지도가 완성된 지 한 세기가 흐른 뒤였다.

제작자: 아브라함 아니아스 **제목:** 1697년 빌럼 더 블라밍호가 탐사한 엔드라흐트 지역 **발행지:** 미델부르크 **발행일:** 약 1730년
기법: 종이에 필사, 나침반선은 미리 인쇄된 동판 인쇄
크기: 52 x 63cm **축척:** 1:2,000,000 **방위:** 북쪽이 왼쪽
소장처: 보델 니젠하위스 컬렉션

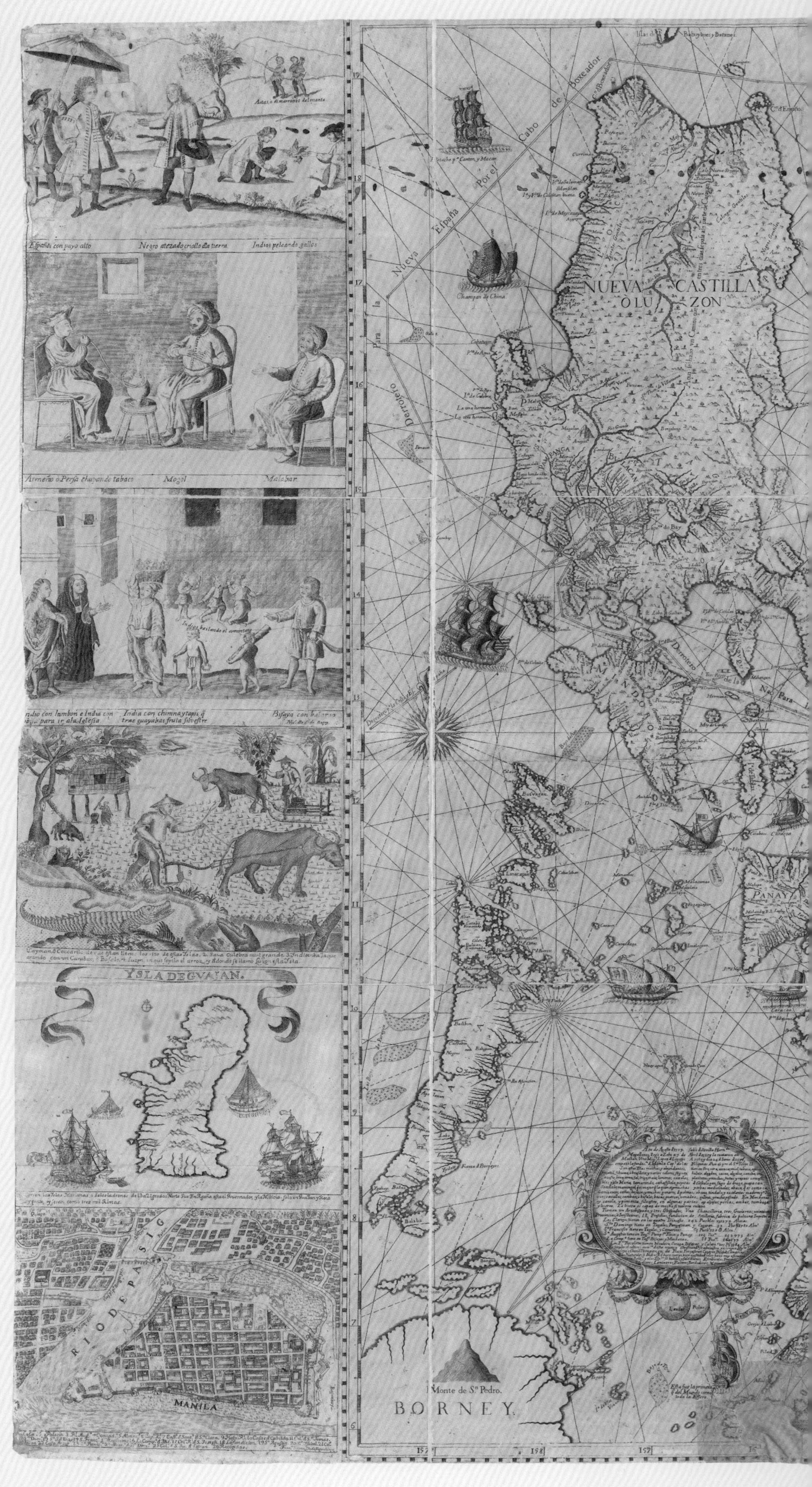
Españoles con payo alto
Negro atezado criollo dla tierra
Indios peleando gallos
Armenio o Persa chupando tabaco
Mogol
Malabar
YSLA DE GVAJAN.
RIO DE PASIG
MANILA
Cabo de Boxeador
Por el
Nueva España
Para la Nueva
Champan de China
NUEVA CASTILLA
O LUZON
PANAY
Monte de Sª Pedro.
BORNEY

CARTA HYDROGRAPHICA
Y CHOROGRAPHICA
DELAS YSLAS FILIPINAS
DEDICADA
AL REY NUESTRO SEÑOR
Por el Mariscal d'Campo D. Fernando Valdes Tamon
Cavall.º del Orden de Santiago Gov.r y Cap.n
General de dichas Yslas
Tronco de Leguas Españolas 17 ½ por un Grado.
En Manila Año de 1734 De orden d su Mag.d
Sangleyes, ô Chinos.
Christiano. Gentil principal. Pescador con chanchuy y salacot. Cargador con pingo.
Cafres.
Canarin. Lascar.
Mestizos.
Mardic
SAMBOANGAN
PUERTO DE CAVITE
Y BAYAO
SAMAR
LEYTE
BOJOL
LA DE MINDANAO
Embocadero de S.n Bernardino

34 1734년 — 지식의 융합

무리요 벨라르데의 필리핀 지도

무리요 벨라르데의 필리핀 지도는 과학적인 정확성과 예술적 표현을 결합한 독특한 특성을 지니고 있다. 이 지도는 18세기 이후 작성된 다수의 필리핀 지도에 영향을 미쳤기 때문에 '필리핀 지도의 어머니'로 불린다. 지도의 여백에는 12개의 작은 글 상자에 다양한 민족, 일상생활, 그리고 스페인제국의 먼 아시아 식민지인 필리핀의 중요한 장소들이 묘사되어 있다. 지도는 스페인의 예수회 사제이자 이 지도의 제작자인 페드로 무리요 벨라르데(Pedro Murillo Velarde, 1696-1753)의 이름을 따서 무리요 벨라르데 지도라고 알려져 있지만, 실제로는 스페인인과 필리핀인이 협력하여 만든 결과물이다. 즉 실제로는 무리요 벨라르데가 유명한 타갈로그(필리핀 북부)의 조각가 니콜라스 더 라 크루즈 바가이(Nicolás de la Cruz Bagay, 1701-1771) 및 프란시스코 수아레스 등과 함께 작업했다. 프란시스코 수아레스는 지도 여백에 그림을 그렸으며, 다른 타갈로그 이름을 가지고 있었다.

스페인은 16세기부터 필리핀을 지배했는데, 18세기까지 내륙과 해양으로의 제국 확장을 지속했다. 1732년 마드리드 당국은 마닐라에 있는 스페인 총독 페르난도 발데스 타몬(Fernando Valdés Tamón, 1681-1741)에게 최근 영토 확장을 보여 주는 지도를 작성하라고 지시했다. 그 임무는 스페인 예수회의 유능한 회원인 페드로 무리요 벨라르데(Pedro Murillo Velarde)에게 부여되었다. 하층 귀족 출신으로 스페인의 식민지 사업과 밀접한 관련을 가진 무리요 벨라르데는 1723년 필리핀에 도착했고 나중에 마닐라의 예수회 학교인 콜레지오 더 산 이그나시오에서 가르치기도 했다.

당시 가장 정확한 필리핀 지도로 인정받았던 '필리핀제도의 수로 및 지형도(Carta Hydrographica y Chorographica de las Yslas Filipinas)'는 무리요 벨라르데가 자신의 선교 네트워크를 통해 얻은 필리핀 내 다양한 지역에 대한 정보와 원주민들의 정보를 활용하여 제작된 것으로 추정된다. 이 지도는 프란시스코 디아즈 로메로와 안토니오 간디아(Francisco Diaz Romero & Antonio Ghandia)의 지도(1727년) 및 엔리케 에르난(Enrique Hernan)의 지도(1731년)를 통합하여 제작되었을 가능성이 높다. 그 결과 이 지도는 매우 정확하고 유용해서 제작 이후 수십 년 동안 거의 수정 없이 복제되어 사용되었다.

지도는 특히 태평양을 횡단하는 범선과 변경 지역으로 가는 해군 원정을 위한 항해 안내 지도로 활용되었다. 지도에는 마닐라와 아카풀코 사이를 항해한 배들에게 새로운 대안이었던 북쪽 항로가 그려져 있는데, 이는 루손섬 서부를 따라 해안을 따라 항해하는 항로였다. 또한 항로 주변에는 파나콧(Panacot, 아마도 분쟁 지역인 스카버러 모래톱으로 추정됨)을 포함한 위험한 암초들이 표시되었다. 비사야제도(Visayas islands)를 통과하는 전통적인 남쪽 항로는 아마도 밀수품 거래에 더 취약했을 것으로 보인다.

무리요 벨라르데의 지도가 만들어진 지 약 10년 후, 영국 해군 장교 조지 앤슨(George Anson, 1697-1762)의 손에 이 지도의 사본 하나가 들어가게 되었다. 그는 스페인 범선인 누에스트라 세뇨라 더 코바동가(Nuestra Señora de Covadonga)를 사마르섬 인근에서 나포하는 과정에서 이 지도를 확보했고, 이후 런던에서 다수의 사본이 작성되었다. 1762년 영국이 마닐라를 점령하였을 때 지도의 동판 원본이 약탈되었다. 이 동판들은 케임브리지 대학의 소장품이 되었지만, 새로운 해도를 작성하기 위한 동판을 만들기 위해 녹여져 없어졌다. 이 지도에 대한 영국의 큰 관심과 이후에 이어진 복제 지도의 생산 등은 지도가 매우 정확했고, 이 때문에 군사적 활용 가치가 높았음을 암시한다.

지도는 또한 스페인인과 필리핀인 간의 협력의 상징으로도 여겨질 수 있다. 지도 하단에는 '니콜라스 더 라 크루즈 바가이(Nicolas de la Cruz Bagay)'와 '프란시스코 수아레스(Francisco Suarez)'라는 이름이 있다. 바가이(Bagay)는 지도의 판화가로 자신을 '인디오 타갈로'라고 명시했으며, 삽화가였던 수아레스(Suarez)도 타갈로그인일 가능성이 높다. 더욱이 바가이는 예수회 출판사의 중요한 직책을 맡고 있었다. 따라서 지도는 스페인의 영향을 받으면서도 필리핀의 정체성을 함께 드러내고 있으며, 민족적, 예술적 가치가 풍부한 자료로 평가된다. 하

제작자: 페드로 무리요 벨라르데(지도 제작), 니콜라스 더 라 크루즈 바가이(조각), 페르난도 발데스 타몬(도면 제작)
제목: 필리핀 제도의 수로 및 지형도 **발행지:** 마닐라 **발행일:** 1734년
기법: 동판 인쇄 **크기:** 107 x 119cm **축척:** 약 1:1,400,000
방위: 북쪽이 위쪽 **소장처:** 보델 니젠하위스 컬렉션

하단의 카르투슈는 16세기 유명한 예수회 성인 프란치스코 하비에르의 이미지로 대체되었으며, 그는 민다나오의 선교지 경계로 나아가는 것처럼 보인다. 또한 스페인의 지배가 민다나오 북부 해안까지에만 미친다고 명시한 원래의 표시도 제거되었다.

단에 있는 카르투슈에는 목화, 금, 카카오, 바나나, 진주, 해삼 등 필리핀의 다양한 자원이 나열되어 있다.

지도는 도시와 사람들을 선교사의 지시에 따라 분류한 인구 조사를 포함하고 있다. 또한 필리핀 해역을 운항하는 다양한 해상 선박들, 특히 현지의 카라코아(caracoa), 범선(galleon), 삼판(sampan), 파타체(patache)를 묘사하고 있다. 특히 삽화들은 다양한 모양의 배들이 이용 가능성이 가장 높은 해상 경로상에 그려져 있다. 예를 들어 남중국해에는 삼판과 파타체가, 산 베르나르디노 해협에는 범선이, 비사야제도에는 카라코아가 각각 그려져 있다.

지도의 여백에 있는 12개의 그림은 아래쪽 카르투슈에 쓰여 있는 설명을 정교하게 표현한 것으로 해석할 수 있다. 이 그림들은 필리핀 식민지 사회를 구성하는 다양한 인종 집단을 시각화한 것으로 보인다.

이 카르투슈에는 섬들의 인구 조사, 농업 생산물 및 경제에 대한 상세한 정보가 담겨 있다.

여기에는 중국인, 아르메니아인, 말라바르인, 일본인, 아프리카인, 스페인인, 몰루카에서 온 것으로 추정되는 마르디케르인, 네그리토스인, 인디오 등이 그려져 있다. 이 집단들은 각 민족들의 전형적인 모습을 다소 상투적인 방식으로 묘사하고 있다. 예를 들어, 인디언들은 수탉 싸움을 하거나 민속춤인 쿠민탕(kumintang)을 추는 모습으로 그려졌고, 스페인 사람들은 파라솔을 들고 있는 하인을 동반한 모습으로 그려졌다. 필리핀의 시골 생활을 묘사한 2개의 그림은 마치 자연사 수업을 하는 것처럼 보인다. 삽화에는 열대 지방에서 발견되는 비단뱀, 물소, 멧돼지, 악어, 원숭이, 거대 박쥐 등이 그려져 있으며, 플랜테인, 카카오, 파파야, 잭프 루트, 베텔과 같은 열대 식물들도 묘사되었다.

필리핀의 입장에 봤을 때 이 지도는 단순히 역사적 중요성을 넘어 정치적, 문화적 중요성을 지닌다. 안전한 항해를 위해 상세하게 묘사된 위험한 모래톱과 암초 그림은 잠발레스해안의 스카버러 모래톱와 같은 지형지물이 역사적으로 필리핀의 영토라고 주장하는 데 도움이 되었다. 무리요 벨라르데의 지도는 헤이그의 중재 재판소에 제출된 많은 지도들 중 하나였으며, 2016년 법원은 필리핀의 주장을 인정하는 의미 있는 판결을 내렸다. 오늘날 20부 미만의 원본만이 존재하는 이 지도는 스페인과 필리핀이 공동 작업으로 제작한 산물일 뿐만 아니라 역사의 증거물로서 중요한 위치를 차지하고 있다.

Museum Bodleianum
Zuydt Bersandt.
WALCHEREN
CADSANDT.
Sluis

A E N D E R E
Oostende
Nieupoort
Diurne
Duynkerke
Geese

35

1735년 — 인양을 위한 보물 지도

논란이 된 18세기의 지도

1735년 2월 3일 목요일 오후, 네덜란드 동인도회사 소속의 젤란트 함선 블리겐드 하트(Vliegend Hart)호와 안나 카타리나(Anna Catharina)호는 람켄스(Rammekens) 요새에서 네덜란드령 동인도제도로 항해할 준비를 했다. 이 배들은 금과 은을 비롯한 귀중한 화물을 싣고 바타비아(현재의 자카르타)로 향할 계획이었다. 그날 셸트강(Scheldt)하구의 해수면은 강한 북동풍과 조석 현상으로 인해 유난히 낮았다. 선박들은 해수면이 최고조에 이르는 시간을 계산하여 항해를 시작했다. 그 시점은 배들이 드울루(Deurloo) 제방의 장벽을 넘어 항해하기에 적절한 순간이었다. 그러나 동풍이 불어 이 배들은 예상보다 일찍 드울루에 도착하고 말았다. 블리겐드 하트호와 안나 카타리나호는 얕은 모래톱에 좌초되어 침몰했고, 431명의 선원들이 목숨을 잃었다.

18세기 초 셸트강 하구는 위험한 바다로 악명이 높았다. 1720년대에 네덜란드 동인도회사 소속의 여러 배들이 이곳에서 침몰한 사건이 발생하자, 1729년 젤란트의 네덜란드 동인도회사 이사들이 총회에서 이 문제를 다루었다. 하구의 안전성을 높이기 위해 부표를 설치해야 한다는 의견이 제시되었다. 이 계획은 네덜란드 동인도회사의 전국 이사회에서 승인되었다. 이후 젤란트주에서 열린 회의에서는 연필로 부유통을 그린 '그림지도(Kaerte Piguatief)'가 제시되었다. 1731년 부표의 제작을 허가했지만, 부표가 실제로 설치되기까지는 시간이 걸렸다.

블리겐드 하트호와 안나 카타리나호의 침몰 사고와 그 원인 조사 후 젤란트주의 이사들은 정확한 해도 제작을 지시했다. 이것은 난파선의 위치와 부표, 항해 수로의 깊이를 보여 주기 위한 것이었다. 양피지에 그려진 상세한 해상도인 '비극적인 기록과 이미지를 포함한 지도(Droevige Aanteijkening en Afbeelding op deze Caart)'에는 두 난파선, 그리고 번호가 매겨진 부표들이 포함되었다. 요하네스 티베리우스 보델 니젠하위스는 1865년에 이 지도의 사본을 입수했다.

1977년 지도 역사학자 건터 실더는 지도에 그려져 있는 나침반 기호의 형태를 분석한 후 이 지도가 아브라함 아니아스(Abraham Anias, 1694-1750)가 그린 지도라고 판단했다. 실더는 1728년 아니아스가 그린 몰디브 북부 아리 아톨의 다른 필사본 지도를 기반으로 이러한 결론을 내렸다. 1726년 5월 9일 젤란트 동인도회사의 선박 래베스테인(Ravesteyn)호가 그곳에서 좌초했다. 아니아스는 동인도회사의 지도 제작자 요한 로게베인(Johan Roggeveen, 1651-1723)의 의붓아들로, 그의 형 야콥(Jacob, 1659-1729)은 1722년에 이스터섬을 발견했다. 그의 양아버지가 죽은 후, 아니아스는 그의 일을 이어받았고 능력을 인정받는 지도 제작자가 되었다.

1735년에 제작된 서부 셸트 지역을 나타낸 양피지 지도는 아니아스가 동시대에 사본으로 제작한 것이며, 인양 작업자들을 위해 만들어졌다. 지도는 드울루와 블리싱겐으로 가는 항해 경로를 표시한 9개의 부표의 위치와 함께, 안나 카타리나호와 블리겐드 하트호가 각각 블레이크 라안(Vlakke Raan)과 위트 뱅크(Witte Bank)에서 좌초한 정확한 위치를 보여 준다. 참사 직후 젤란트의 이사들은 영국인 잠수부 제임스 부셸(James Bushell)에게 배의 잔해에서 화물을 건져 달라고 요청했지

제작자: 아브라함 아니아스 **제목:** 1735년 플라크 해역에서 침몰한 동인도회사 선박 '블리겐드 하트'호와 '안나 카타리나'호에 대한 비통한 기록과 지도상의 재현 **발행지:** 미델부르크
발행일: 1735년 또는 그 직후 **기법:** 양피지에 필사 **크기:** 74 x 97cm
축척: 약 1:117,500 **방위:** 북쪽이 왼쪽 하단
소장처: 보델 니젠하위스 컬렉션

1729-1734 블리겐드 하트호에서 발견된, 기수가 새겨진 은화. (암스테르담 국립박물관)

1734-1735 블리겐드 하트호에서 발견된 금화 상자. (암스테르담 국립박물관)

1730-1734 블리겐드 하트호에서 발견된 와인 병. (암스테르담 국립박물관)

만 부셸은 이를 거절했다. 그래서 이사들은 다른 잠수부인 존 미첼(John Mitchell)과 계약을 맺었다. 미첼은 1735년 여름에 작업을 시작했지만, 그의 노력은 별다른 성공을 거두지 못하고 곧 중단되었다.

1736년 1월 말, 젤란트의 이사들은 윌리엄 에반스(William Evans)에게 인양된 화물의 50% 이상의 수수료를 주는 계약을 제안했다. 그리고 양측은 1736년 4월 20일에 계약을 맺었다. 런던 인근 뎁포드 출신의 전직 선박 목수였던 에반스는 나무 다이빙 벨을 이용해 수십 년 동안 난파선을 탐사를 해 온 베테랑 잠수부였다. 현재까지 전해지는 그의 일지에 따르면, 난파선의 잔해가 여전히 수면 위로 올라와 있기 때문에 블리겐드 하트호를 찾는 것은 어렵지 않았다. 그러나 강한 물살과 제한된 시야, 뒤엉킨 밧줄 등으로 인양 작업은 매우 어려웠다. 에반스는 마침내 닻과 대포, 은화 몇 개와 다량의 와인 병을 찾은 후 인양 작업을 포기했다.

이후 수십 년 동안, 아니아스의 지도는 여러 번 인쇄되어 출판되었다. 예를 들어 요하네스 반 퀼렌 2세(Johannes van Keulen II, 1704-1755)는 '발헤렌에서 게르크까지 이르는 새로운 통로 지도(Nieuwe groote Paskaart, strekkende van Walcheren tot Duynkerken)'라는 제목으로 사본 지도를 제작했다. 1771년경 부표 교체의 필요성이 대두되면서 "둑과 수로의 깊이"에 대한 최신 정보가 기재된 새로운 지도가 제작되었다. 매우 정확한 지도 중 하나는 1773년 스테파누스 반 데르 로에프(Stephanus van der Loeff)와 보니파키우스 카우(Bonifacius Cau)가 만든 필사본 지도로, 1년 후 요하네스 반 퀼렌 2세의 아들들이 인쇄 및 출판하였다. 이들 지도는 드울루에서 블리싱겐으로 향하는 부표뿐만 아니라 난파선의 위치 또한 표시되어 있었다.

20세기에 아니아스의 지도는 다시 주목받게 되었는데, 1977년에 권터 실더가 지도상 기재된 난파선에 대한 언급을 확인한 뒤 기록 보관소에 소장된 관련 기록들을 파악한 결과였다. 2년 후, 암스테르담에 있는 국립미술관, 영국인 다이버인 렉스 코완(Rex Cowan)과 영국인 사업가 존 로즈(John Rose) 등의 협업으로 수중 고고학 탐사가 시작되었다. 처음에 코완과 로즈는 수익의 75%를, 네덜란드 정부는 25%를 받기로 합의했다. 이 계약은 나중에 네덜란드 정부에 10%만 주고 나머지 90%는 영국인 2명이 받는 것으로 수정되었다. 이는 주목할 만한 일인데, 동인도회사가 1799년에 파산 선언을 하고 수백만 길더(당시 화폐 단위)에 달하는 빚을 네덜란드 국가가 인수했을 때, 회사의 모든 재산도 함께 소유하게 되었기 때문이다.

1983년 금화가 들어 있는 상자 하나가 발견될 때까지 이러한 인양 파트너십은 순조롭게 진행되었다. 그러나 상업적 인양 당사자들이 개인의 이익을 위해 문화재를 발굴하는 행위가 논란이 되면서, 암스테르담 국립미술관은 협업을 철회했다. 1981년부터 1993년까지 5천 개 이상의 금화와 9천 개의 은화와 동전들이 회수되었는데, 은화는 선원들이 선내에 불법적으로 숨긴 동전들이었다.

EVROPA POLYGLOTTA Linguarum Genealogiam exhibens, una cum Literis, scribendique modis, Omnium Gentium.
MARE GERMANICUM
PONTUS EUXINUS
MARE MEDITERRANEUM
Opera Godofr. Henselii delineata
Excusa prostat in Officina Homanniana

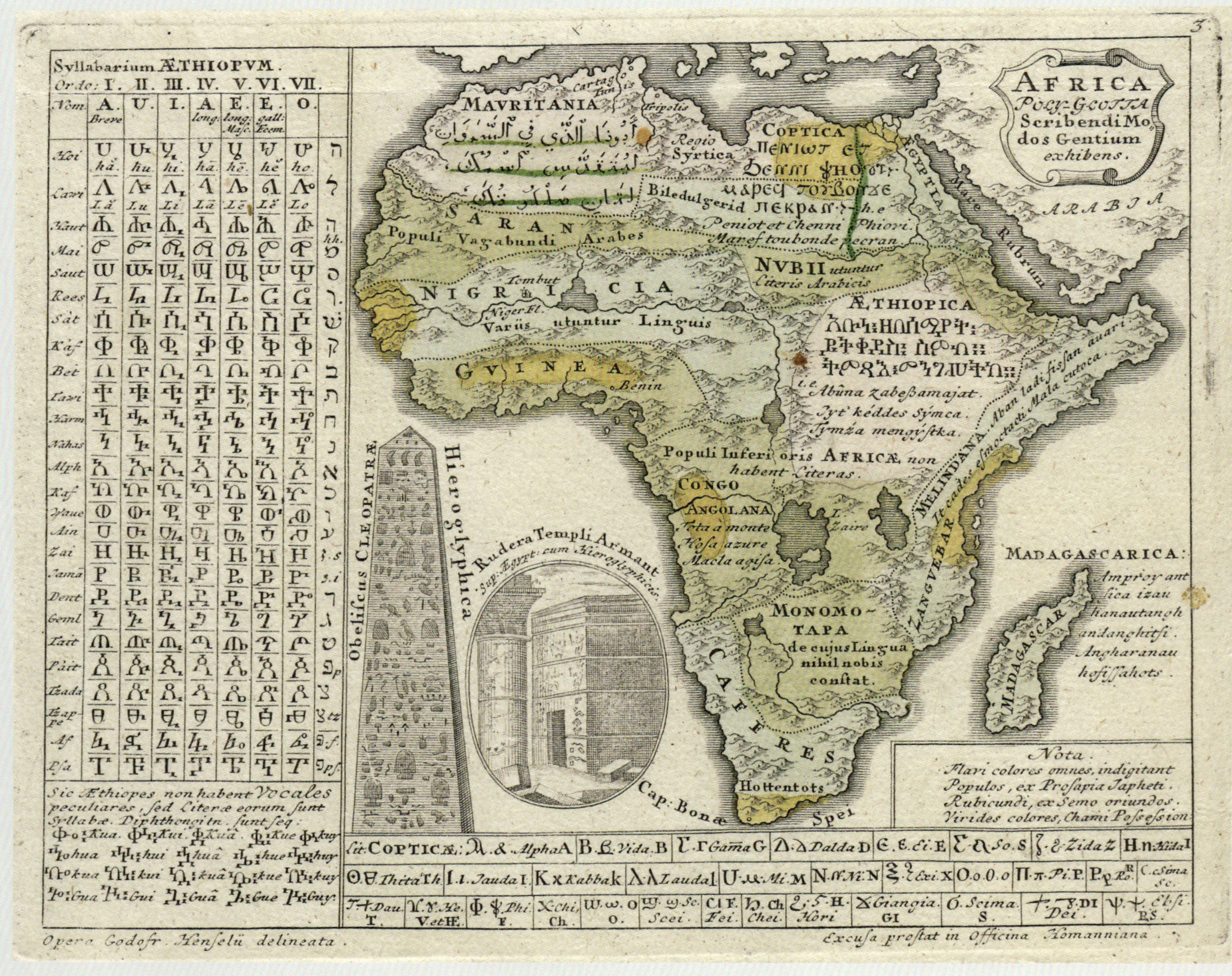
AFRICA POLYGLOTTA Scribendi Modos Gentium exhibens.
Syllabarium ÆTHIOPUM
MAURITANIA
ÆTHIOPICA
GUINEA
CONGO
MONOMOTAPA
MADAGASCARICA
Hottentots
Cap. Bonæ Spei
Opera Godofr. Henselii delineata
Excusa prostat in Officina Homanniana

2
Asia
Polyglotta
Linguarum Genealogiam, cum Literis, scribendique Modis, exhibens.
Permia
Tobolsko
Characteres Scytico Tatarici
Garinæi
T. Jesso
Iberi-Georgica
Kalmuco-Tongyto-Mungalica
Natolia
Syriaca
Armenica
Chaldaica
Persica
Indico Brachmaniana
Chinica
Tartaria Chinica
Arabica
Malabarica
Malaica
Bonziorum Characteres in Japonia
Tunquin
Canton
Sinus Bengalicus
Taprobana f. Ceylon
Mare Arabicum
Africa
Borneo
Sumatra
Variæ hic Linguæ
Literatura Palmyrena
Opera Godofr: Henselii delineata
Excusa prostat in Officina Homanniana

Mar del Nord
Canada
Virginia
Florida
California
Mexico
Insulæ Antillæ
Terra Firma
Mar del Zur
Peru
Chili
Brasilia
T. Magellani
America cum Supplementis Poly-Glottis.
Characteres Zundici s. Antiquae Linguae Persicae.
Harbasp
Harvaspaghah
Elementa Linguæ Brachmannianæ.
Opera Godofr: Henselii delineata.
Excusa prostat in Officina Homañiana.
S. Dorn sc.

36

1741년- 주기도문의 언어 지도

언어 지도 제작의 첫 걸음

독일의 언어학자 고트프리트 헨젤(Gottfried Hensel, 1687-1765)은 언어 경계를 보여 주는 최초의 주제도 중 하나를 제작했다. 이 지도는 1741년 뉘른베르크의 호만 헤어스 출판사에서 출간된 언어 참고서 『보편적 철학의 개요(Synopsis Universae Philologia)e』에 수록된 것으로, 4개의 큰 지도가 부록으로 들어가 있다. 헨젤은 각 대륙마다 다양한 언어로 주기도문의 첫 줄을 기록함으로써, 특정 언어 현상을 지도 형태로 시각적으로 보여 준 최초의 인물이 되었다. 또한 그는 지도의 여백에 다양한 문자 체계를 추가하여 이러한 지도들을 더 풍부하게 만들었다. 이 지도들은 헨젤을 언어 지도를 창조한 최초의 인물로 기록하게 만든다. 헨젤의 지도는 언어 경계가 고정되지 않았음에도 불구하고 언어 현상의 지리적 분포를 설명하는 데 유용한 도구가 되어 준다.

18세기 초부터 주제도를 통해 지형 이외의 정보를 담는 작업이 시작되었다. 이 시기에 제작된 대부분의 주제도는 일식, 월식, 자기 편각(나침반의 북쪽과 지구의 실제 북극 간의 각도 차이), 지질학 등 자연 현상을 다루었다. 이러한 자연 현상 외의 주제를 다루는 지도는 드물었고, 시각적 표현도 뚜렷하지 않았다. 이러한 맥락에서 고트프리트 헨젤이 제작한 4개의 언어 지도는 색상을 사용하여 지역을 구분한 초기 사례라고 할 수 있다.

헨젤은 폴란드 실레지아(Silesia)에 위치한 엘레니아 고라의 교구 목사로서 비교언어학을 연구했다. 그가 언어 지도에 주기도문을 사용한 결정은 실용적인 이유였다. 주기도문은 기독교의 확산과 함께 많은 언어로 번역된 표준화된 문장이었기 때문이다. 성경과 교의 문답의 번역은 다양한 언어에 대한 중요한 지식을 제공했다. 중세 시대부터 이어진 초기 성경 연구에서 주기도문은 언어 간 비교 연구에 자주 사용되었다. 중세 시대에 사람들은 성경이 원래 히브리어로 쓰여졌다고 확신했지만, 16세기 이후부터는 이 사실을 의심하기 시작했다. 유럽인들은 다른 언어와 대본을 사용하는 다른 대륙의 사람들과 많이 접촉하게 되었다. 이로 인해 언어학이 학문의 한 분야로 발전하게 되었고 어휘, 문장 및 대본으로 이루어진 모음집이 만들어졌다. 이때 주기도문은 언어 간의 비교를 목적으로 본문에 자주 사용되었다. 예를 들어, 스위스 언어학자 콘라드 게스너(Conrad Gesner)는 1555년에 출간한 『다른 언어에 대한 미트리다테스(Mithridates de differentis linguis)』에서 130여 개 언어를 설명하고, 그중 22개 언어로 주기도문을 번역했다(책의 제목인 'Mithridates'는 고대 흑해 연안의 왕국인 폰스의 왕 미트리다테스 6세를 지칭하는데, 그는 다양한 언어를 구사할 수 있는 것으로 유명했다. 이 책은 당시 알려진 언어들을 분류하고 각 언어의 특징을 설명함으로써, 언어학 연구에 큰 영향을 끼쳤다—옮긴이주). 헨젤의 지도는 이러한 학문적 전통을 이어받은 것으로 볼 수 있다.

1823년 율리우스 클라프로트가 제작한 아시아 지도.

유명한 과학자 고트프리트 빌헬름 폰 라이프니츠(Gottfried Wilhelm von Leibniz, 1646-1716)는 고트프리트 헨젤이 언어 지도를 제작하도록 영감을 줬을 가능성이 크다. 18세기 초, 라이프니츠는 언어 지도를 제작하기를 다음과 같이 표현했다. "나는 언어의 경계가 설정되고 그것이 지도에 표시되는 것을 보고 싶다." 이러한 발언은 언어 현상을 지도화하는 언어지리학의 시작을 예고하는 것이었다. 그러나 헨젤이 언어 지도를 제작한 최초의 인물은 아니었다.

1723년, 네덜란드의 언어학자이자 신학자인 람베르트 텐 케이트

1723년 람베르트 텐 케이트가 제작한 지도. (뮌헨 바이에른 주립도서관)

(Lambert ten Kate, 1674-1731)는 문화기술적이고 언어학적인 경계를 나타내는 유럽 지도를 출간했다. '과거 유럽과 현대 유럽 언어를 비교하여 알려진 역사에 따라 유럽 전역에 퍼져 있는 사람들과 언어'라는 제목으로 출판된 이 지도는 그해에 발행된 그의 책 『네덜란드어의 가장 중요한 부분에 대한 지식 소개』에 수록되었다.

람베르트 텐 케이트는 유럽의 언어와 민족을 킴브릭 계열(Kimbric, 고대 노르웨이어, 북유럽어, 스칸디나비아어), 게르만 계열(고대 게르만어), 셀틱 계열(고대 갈릭어 또는 로마어), 슬라브어 계열로 분류했다. 18세기에는 민족과 언어 사이에 명확한 구분이 존재하지 않았으며, 각 민족은 자신만의 고유한 언어를 가지고 있다고 여겨졌다.

고트프리트 헨젤은 보다 깊이 있는 연구를 수행했다. 람베르트 텐 케이트가 유럽과 그곳의 비교적 넓은 언어 영역에 초점을 맞춰서 자신의 분석을 제한한 것과 달리, 헨젤은 자신의 지도에서 알려진 모든 역사적 및 현대적 언어들을 포괄하려고 노력했다.

헨젤은 자신의 지도마다 각기 다른 언어로 주기도문의 첫 줄을 기재함으로써 지도상에서 언어를 비교하는 최초의 인물이 되었다. 예를 들어, 네덜란드 언어로 된 부분에는 "늘 옆에 계신 우리 아버지, 성스러운 이름을 받아주신다면(Onse Vader, die in de hemelen [zijt]. Uwen naem werde geheyligt)"이라고 적혀 있다. 놀랍게도 브리튼 제도(British Isles)에서는 영어 텍스트가 없었으며, 헨젤은 고대 픽트족(Picts)과 앵글로 색슨족의 언어, 그리고 아일랜드어만을 포함시켰다. 유럽과 아시아 지도는 특히 복잡했으며, 헨젤은 어떤 언어를 지도에 포함시킬지 고민하였다. 이와 대조적으로 아프리카 지도는 상대적으로 단순했으며, 이집트 사원과 상형문자가 있는 오벨리스크의 이미지가 포함되어 있다.

아프리카 지도의 오른쪽 하단에 적힌 메모는 성경에 나오는 노아를 언급하며, 지구상 모든 민족이 노아의 후손이라는 의미를 담고 있다. 이 지도에서 야벳의 후손은 노란색으로, 셈의 후손은 빨간색으로, 함의 후손은 녹색으로 표시되어 있다. 반면 미국 지도는 내용이 상대적으로 적고 주기도문의 번역도 없는데, 이는 헨젤이 영어에 능숙하지 않았기 때문이다. 그는 이 약점을 보완하기 위해 아시아 지도 오른쪽에 2개의 아시아 문자를 추가했다. 유럽, 아시아, 아프리카의 지도에는 다양한 알파벳과 문자가 포함되어 있지만, 4개의 지도에 모두 문자 체계를 넣을 수 있는 공간이 부족했기 때문에 헨젤은 보조 판화를 통해 그의 책에 대본을 추가했다. 헨젤의 언어 지도는 언어학과 지도 제작 분야에서 중요한 발전의 시발점이 되었다. 그는 언어 현상을 지도에 처음으로 표현한 인물로, 언어적 특징을 시각화하는 방법은 이후 수 세기 동안 발전했다. 이 분야에서 중요한 역할을 한 사람 중 하나는 언어학자이자 동양학자인 율리우스 클라프로트(Julius Klaproth)로, 그의 저서 『아시아 폴리글로타(Asia Polyglotta)』(1823)는 언어지도학에서 큰 역할을 했다. 현대에도 지도 제작은 언어 연구에서 여전히 중요한 역할을 한다.

제작자: 고트프리트 헨젤 **제목:** 유럽 폴리글로타; 아시아 폴리글로타; 아프리카 폴리글로타; 아메리카 폴리글로타 **발행지:** 뉘른베르크 **발행일:** 1741년 **기법:** 종이에 동판 인쇄 **크기:** 58 x 67cm(전체), 약 20 x 16cm(개별) **축척:** 가변적 **방위:** 북쪽이 위쪽 **소장처:** 보델 니젠하위스 컬렉션

Museum Bodellianum
Gale
Billigam
Malure
Nielwelle
Girewais
Bellige Corle
Galbadde Corle
Mulegam Corle
Oedepalle Corle
Welle Corle
Ouva
Goddeponahoy
Candocare
Walapenahoy
Batticalo
Panoa
Welasse
De Groote Bassies
De Kleyne Bassjes

Het Eyland
C E Y L O N
In Het Singalees Genaemt
L A N K A D I E P
Met Aenwysinge der Korles of Landschappen waar onder Deselve Sorteeren
onder Kolombo de Alleelkoer
" Hapitigam
" Mina
" Hewegam
" Salpitti
" Raygam
" Passedoem en't kleinste gedeelte van
" Walalawitti Corle
Onder Gale Het Grootste Gedeelte Van
de Walalawitti
" Gale
" Moroewa en
" Dolosdas Corle
" Firewaij
" Kandeboddepattoe
" Welleboddé en
" Gangeboddé
onder het de Saveschap van Malure
Onder Jaffanap Gehooren alle de Eylanden
Mitsgaders de Volgende Landsch: off Provincies
Walligamo
Wademoratje
Temoratje en
Palchelepale
de vier Provinsies
Kareltje Sorteert onder 't pas Redoet den Eliphant
Ponnerijn
Palweraen Kadoe en
Hinkarwe
Het Boord der Wanny
Mantotte
Nanatan en
Moesely
onder 't opperhoofdije v. manaar
Panengamo
Karnawelpattoe
Meelpattoe
Poedoekoedi Iripoe
Moeliawalle
Karikatemoele en
Tenamarawadie
dese Landschappen worden door d'wani assen geregeert onder Contributie der Eliphanten en houtwerken voor de Kompagnie.
Duytsche Meylen 15 voor een Graat
't Eyland Ramanakoil
Adamsbrugh
Maderdivel
Talemanaar Chitty quartier
Nadantivo of Delft
Nayentivoe of haarlem
Anadeltivo of Rotterdam
Ellevatvo of Woest Eyland
Caretivo of Amsterdam
Telipole
Maylettie
Pardature of P. das Pedras
Panan Gamo
Karnawelpattoe
Meel Pattoe
Anegragiepeerenoere
Trinconomale
R. de Candiaar
R. de Frinconomale of Mawelli Gange
Coliaer
Fort Calpentijn

37

1751년 — 인간과 공존하는 동물

실론의 코끼리 지도

1751년경 제작된 실론(현재 스리랑카) 지도는 동물 그림으로 인해 사람들의 주목을 받았다. 이 지도에는 코끼리, 멧돼지, 사슴, 물소 등이 그려져 있었다. 특히, 오른쪽에 위치한 고대 실론의 수도 아누라다푸라(Anuradhapura, 지도에서는 Anoeragiepoerenoere로 표시됨) 근처에는 코끼리 새끼가 어미를 따라가는 모습이 있고, 이 코끼리들은 논밭을 갈고 있는 남자에게 접근하는 모습으로 그려졌다. 지도에 나타난 포유동물들은 오늘날에도 섬에서 흔히 볼 수 있는 종들이다. 현재는 국립공원에서 보호받고 있으나, 과거에는 지도에서처럼 코끼리들이 도로와 논을 가로지르며 섬 곳곳을 돌아다닐 수 있었다. 이 지도가 제작될 당시에는 코끼리에 대한 별도의 보호 조치가 없었다. 당시 지도 제작자들은 네덜란드가 섬의 해안 지역을 지배하려 했던 식민지 체제에서 중요한 역할을 했다.

이 지도에서 주목할 점은 동물들이지만, 도로 이름, 지명, 색채가 있는 경계선 등은 이를 행정지도처럼 보이게 한다. 이 지도의 제작자는 네덜란드 동인도회사에서 토지 측량과 지도 제작을 담당했던 발투스 야콥스 반 리어(Baltus Jacobsz van Lier)였다. 반 리어는 다양한 종류의 지도를 제작했는데, 그중 일부는 대규모 관개 프로젝트를 위한 정밀한 지도였으며, 다른 일부는 이 코끼리 지도처럼 장식적이고 생동감 넘치는 작품이었다. 코끼리를 특징으로 한 이 지도는 다른 지도들의 본보기로도 사용되었으며, 네덜란드인들이 나타나는 정보는 더욱 명확하게 표현되었다. 반 리어는 실론의 새 총독 제라르 요안 브릴렌드(Gerard Joan Vreeland)가 부임하기 전인 1751년에 이 지도를 만들었다. 지도에서 눈에 띄는 부분은 바다에서 항해 중이거나 정박해 있는 배들이며, 지도 가장자리에는 요새들이 표시되어 있다. 중앙에는 인도코끼리가 있고 현지인들이 계피와 다른 물품을 운반하는 모습이 그려져 있다.

횃불을 사용하여 코끼리들을 한곳으로 몰아넣고 사냥하는 모습(1785년), 얀 브란데스(Jan Brandes, 1786년). (암스테르담 국립미술관)

초기에 실론으로 네덜란드인들을 끌어들인 주요 향신료는 계피였다. 실론산 계피에 대한 유럽의 수요가 높았고, 이 무역은 막대한 이익을 가져다주었다. 1638년부터 1658년까지, 네덜란드 동인도회사는 섬에 정착해 있던 최초의 유럽인인 포르투갈인들과 무역 독점권을 둘러싼 전쟁을 벌였다. 포르투갈인들을 추방한 뒤에도, 네덜란드 동인도회사는 실론왕국의 라자 싱하 2세(Raja Sinha, ?-1687)와 오랫동안 갈등을 겪었다.

네덜란드인들은 150년 이상 실론에 정착하면서, 해안가의 요새를

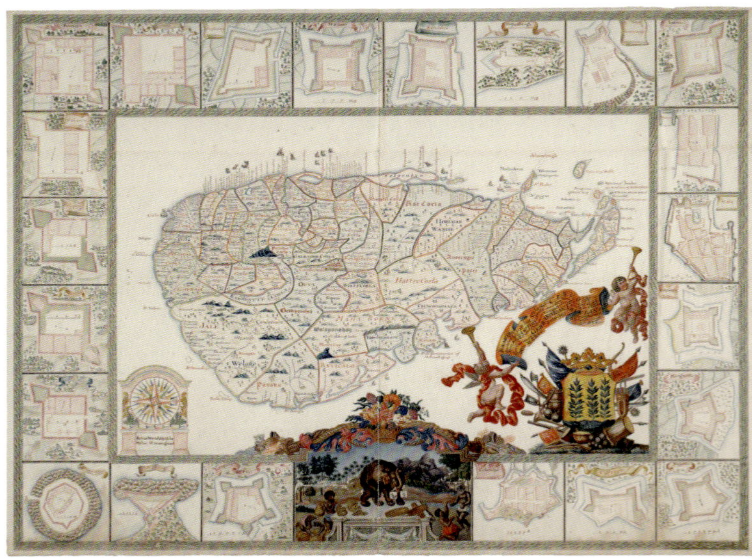

반 리어가 그린 실론 지도(1751년). (헤이그 국가 문서 보관소)

어미 코끼리와 새끼가 쟁기를 손에 들고 있는 한 남자에게 다가가는 모습.

델프트섬(네둔데부)의 작은 말 표시는 동인도회사의 말 사육 본부를 나타낸다.

중심으로 점차 식민지 정부의 영향력을 확장해 나갔다. 그들은 요새와 건물을 지키기 위해 섬으로 노예를 수송했다. 내륙에서는 네덜란드인들이 지역 주민들을 자신들의 목적에 맞게 노예화했는데, 예를 들어 칼리아(Chalia)나 살라가마(Salagama) 같은 가난한 노동자 계급에게 계피 생산 노동을 강요했다. 동인도회사는 섬의 코끼리들도 이용했다. 특히 섬의 남서부에서 네덜란드인들은 부족장들과 협력하여 코끼리를 사냥했으며, 농민들에게 농장을 벗어나 코끼리 사냥을 돕도록 강요하기도 했다.

네덜란드는 실론섬을 다양한 방식으로 지배했다. 이 지도의 범례는 네덜란드 동인도회사가 직접 통치했던 섬의 남서부와 북부 지역에 대한 정보를 제공한다. 반면, 북쪽의 반니(Vanni) 지역, 특히 칸디(Kandy)와 자프나(Jaffna)에서는 상황이 달랐다. 이곳에서는 지역 왕자들이 연간 일정한 공물을 내는 조건으로 자치권을 유지했다. 반 리어의 지도에 의하면, 이 공물은 코끼리였다. 그러나 이 지역 왕자들은 네덜란드 동인도회사의 요구에 반발하여 대부분 공물을 잘 내지 않았다. 네덜란드 동인도회사는 1782년 코끼리 공물을 거부한 것을 전쟁의 구실로 삼았다. 이후 몇 년 동안 지역 왕자들은 자치권을 상실했고, 동인도회사는 그들의 영토에 대한 직접적인 통치권을 행사하였다.

동인도회사가 코끼리에 관심을 가졌던 이유는 인근 지역, 특히 벵골에서 이 동물에 대한 수요가 높았기 때문이다. 코끼리는 전쟁 시 물자를 운반하는 데 사용되었으며, 특히 건강하고 어린 코끼리는 높은 경제적 가치를 지녔다. 동인도회사의 회계사들은 코끼리 한 마리를 약 1,500길더(당시 네덜란드의 화폐 단위)로 값을 매겼다. 큰 코끼리의 상아는 각각 3,000길더에 달하였으나, 동인도회사의 회계장부에서는 상아에 대한 언급이 별로 없다. 반 리어의 지도에 그려진 대부분의 코끼리는 상아가 없는데, 이는 상아를 가진 유일한 아시아 코끼리가 성체 코끼리임을 알려 준다. 벵골 상인들은 코끼리에 대한 대가로 쌀을 주었으며, 이 쌀은 당시 지역 주민들뿐만 아니라 동인도회사의 식민지 조직을 이루는 관리, 군인, 노예, 도시 주민들에게도 중요한 식량이었다.

반 리어의 코끼리 지도가 주는 흥미로움은 그 세부적인 요소들에서 찾을 수 있다. 이 지도는 전반적으로 식민지의 규율을 반영하고 있지만, 세부적으로 살펴보면 다양한 차이점을 발견할 수 있다. 지도에 그려진 동물들은 실제 그 지역에서 발견되는 종들이며, 멧돼지는 숲에서, 버팔로와 사람들은 논에서 생활하는 모습으로 묘사되어 있다. 유일하게 말이 그려진 곳은 자프나파트남(Japnapatnam) 북쪽의 델프트섬(현지어로 네둔데부Neduntheevu)으로, 이곳은 동인도회사가 말 사육지를 운영했던 곳이다. 인간은 동물들에 비해 지도상에서 작게 표현되어 있으며, 일부 사람들은 들판에서 농사를 짓고 있다. 그러나 동인도회사의 요새는 상대적으로 작게 그려져 발견하기 어렵다. 칸디의 궁전은 지도상에서 가장 두드러진다. 주요 순례지로는 카타라가마(Kataragama) 사원과 아담(Adam)의 봉우리 혹은 스리 파다(Sri Pada) 사원이 그려져 있다. 칼피티야(Kalpitiya)반도에는 여행자들이 머물 수 있는 전통적인 실론식 숙소가 있다.

반 리어가 그린 이 지도의 모든 세부 사항들은 그의 개인적인 지리적 관점을 반영한다. 그는 생애의 대부분을 이 섬에서 보냈으며, 그의 경험과 관찰은 지도에 생동감을 부여하고 지도를 보는 즐거움을 제공한다. 지도에 묘사된 각각의 요소는 그가 목격하고 경험한 섬의 실제 모습이라 할 수 있으며, 이는 지도에 특별한 가치와 매력을 더한다.

제작자: 발투스 야콥스 반 리어
제목: 실론 섬-싱할라어로 '랑카디프'로 불리는 섬 **발행지:** 미상
발행일: 1751년 **기법:** 종이에 필사 **크기:** 46.5 x 73cm
축척: 약 1:700,000 **방위:** 북쪽이 오른쪽 상단
소장처: 보델 니젠하위스 컬렉션

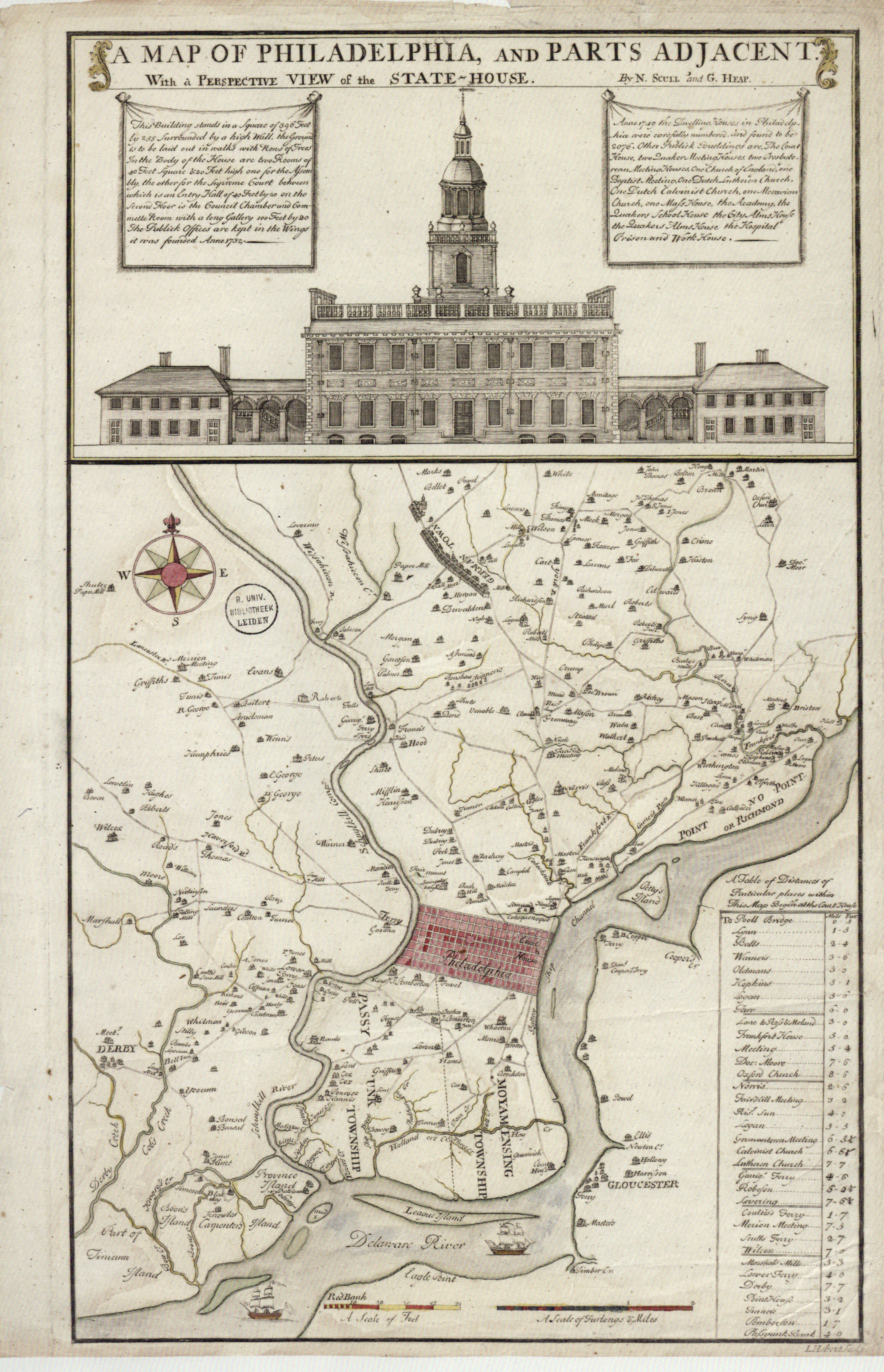

확장하는 필라델피아(1752년)

A PLAN of the City and Environs of PHILADELPHIA
Engraved and Published by MATTHEW ALBERT LOTTER. 1777
SCALE of MILES
ELEVATION OF THE STATE HOUSE.
Chevaux de Frise which the Americans have laid across to obstruct the Navigation
PHILADELPHIA
Schuylkill River
DELAWARE RIVER
NEW JERSEY
PASSYUNK TOWNSHIP
MOYAMENSING TOWNSHIP
GERMAN TOWN
League Island
Province Island
Carpenters Island
Boons Island
Part of Tinicum Island
Hog Id.
Red Bank
New Fort
GLOUCESTER
Petty's Id.
Windmill Island
POINT NO POINT or RICHMOND
Road to BURLINGTON
ROAD to BRISTOL and TRENTON
Road from Haverford
Road from Lancaster
Road from Wissahicon
Wissahicon Creek
Road to York
Cobs Creek
Derby Creek
Kingsess Creek
DERBY
Frankfort
KENSINGTON
Greenwich
Merrion Meeting
Fair Mount

38

1752년 — 확장하는 필라델피아

북미 지역의 초기 근대도시

니콜라스 스컬과 조지 힙이 1752년에 만든 필라델피아와 주변 지역의 지도는 미국 도시가 현대화되는 과정을 상징적으로 표현했다. 이 지도는 그후 미국 도시들의 다양한 특성을 묘사한 여러 모방작들의 원형이 되었다. 지도에는 교외 지역과 이들 지역의 홍보를 위한 활동들이 포함되어 있다. 필라델피아의 역사는 도심부의 주요 건물인 주 의사당뿐만 아니라 도시 외곽 지역에도 표현되어 있다. 특히, 현재 독립기념관으로 알려진 국회의사당이 지도상에서 강조된 점은 마치 미래를 예견한 것처럼 보인다. 이곳은 후에 미국 독립선언문이 서명된 장소로, 미국의 자유와 민주주의의 상징이자 관광 명소가 되었다. 1950년대 이후, 도시 외곽 지역은 교외 지역으로 폭넓게 확장되었다.

1681년에 잉글랜드 왕실의 빚진 채무를 상환 받기 위해 북아메리카의 광대한 땅을 받은 후, 퀘이커교도인 윌리엄 펜(William Penn, 1644-1718)은 펜실베니아 식민지를 세웠다. 펜은 토지 측량사인 토마스 홀름(Thomas Holme)에게 델라웨어강과 슈일킬강 사이에 정착지를 계획하라고 지시했다. 이 정착지는 성경의 요한계시록에 등장하는 공동체의 이름을 따 '필라델피아'라고 명명되었다. 필라델피아는 미국에서 가장 큰 도시 중 하나로 발전했으며, 한때 미국의 수도이기도 했다.

지도 제작자인 니콜라스 스컬(Nicholas Scull, c. 1687-1761)과 조지 힙(George Heap, c. 1715-1760)은 모두 펜실베니아 상류층과 긴밀한 관계가 있는 토지 측량사들이었다. 힙은 윌리엄 펜의 가족들과 밀접한 관계를 맺었으며, 측량사 가문 출신인 스컬은 벤자민 프랭클린(Benjamin Franklin, 1706-1790)과 친밀한 관계를 유지했다. 인쇄 및 출판 분야에서 성공한 경력을 지닌 프랭클린은 펜실베니아 정계에서 활발한 활동을 했다. 스컬은 도로 포장, 도서관 건설, 다양한 공공 프로젝트 수행 등 필라델피아 도시 환경 개선 작업에 기여하며, 북미 계몽주의의 주요 인물인 프랭클린을 지원했다.

니콜라스 스컬이 1752년에 제작한 지도는 다양한 상황에서 여러 번 재발행되었다. 예를 들어, 매튜 앨버트 로터(Matthew Albert Lotter)가

제작자: (좌) 니콜라스 스컬, 조지 힙(측량), L. 허버트(조각), (우) 매튜 앨버트 로터(조각 및 발행) **제목:** (좌) 필라델피아와 인근 지역 및 주 의사당의 투시도, (우) 필라델피아시 및 주변 지역 평면도
발행지: (좌) 필라델피아, (우) 아우크스부르크
발행일: (좌) 1752년, (우) 1777년 **기법:** 동판 인쇄
크기: (좌) 52.5 x 31cm, (우) 60 x 46cm
축척: (좌) 약 1:45,000, (우) 약 1:45,000 **방위:** 북쪽이 위쪽
소장처: 보델 니젠하위스 컬렉션

제작한 버전은 이 책에도 수록되어 있는데 아래쪽에는 주 의회 건물이 그려져 있다. 펜 가문은 이 지도를 활용해 식민지 개척자들을 불러 모으고 필라델피아를 살기 좋은 곳이라고 홍보했다. 미국 독립 전쟁 발발 후, 필라델피아는 영국에 맞서는 중심지로 부상하며 유럽 대륙에서 큰 주목을 받았다. 미국 독립선언문은 1776년에 발표되었다.

1777년, 영국군은 필라델피아를 탈환하기 위해 로터가 제작한 지도를 사용했다. 지도에 담긴 주변 지역의 상세한 정보는 영국군 장교들이 군사 작전을 수행하는 데 중요한 도움이 되었다.

지도 제작자들은 필라델피아에서 가장 중요한 건물인 주 의사당을 삽화로 그리면서 도시 브랜드화를 시도하였다. 이 건물에는 탑이 그려져 있었는데, 탑은 나중에 추가된 것이다. 미래를 예견이나 하듯, 그들은 이 주 의사당을 식민지 입법부의 중심지로, 상대적으로 민주적이고 개방적인 사회의 보루이자 상징으로 묘사하였다. 이 건물은 1770년대 중반에 미국 식민지 개척자들이 영국과의 관계와 독립에 대해 논의를 한 장소이기도 하다. 1776년에 독립선언문이 서명되었으며, 1787년에 미국 헌법이 제정된 곳으로 기록되어 있다. 해리스버그(Harrisburg, 펜실베니아 중부의 주도)가 펜실베니아의 새로운 주도로 지정된 후, 1820년대에 국회의사당은 독립기념관으로 명칭이 변경되었다. 이 명소는 현재 관광지로 유명하며, 미국의 탄생지로 잘 알려져 있다.

도시 자체의 모습은 현대적인 도시의 특징과 잘 부합한다. 예를 들어, 엄격한 청교도 분위기가 강한 매사추세츠와 대조적으로, 펜실베니아의 퀘이커 식민지는 퀘이커교도들의 엘리트에게 상대적으로 자유롭고 관용적인 사회였다. 필라델피아는 북미 최초의 대도시 중 하나로, 도시를 사각형 또는 직사각형 블록으로 나누고 그 사이에 직선을 형성하는 격자 모델에 기반한, 개방적이고 체계적인 형태를 가지고 있었다.

결과적으로 필라델피아는 윌리엄 펜이 의도했던 대로 체계적이고 질서정연한 모습을 보여 주고 있다. 또한 펜은 도시 내에 공원, 넓은 정

존 트럼불(1756-1843)의 작품, 미국 국회의사당에서의 독립선언(1818년).

원, 과수원과 같은 요소들을 넣은 개방적인 도시 설계를 통해, 유럽 도시에서 흔히 발생하는 질병과 화재 위험을 방지하려고 했다. 그러나 18세기 후반에 들어서면서 토지 재분할은 펜의 의도와는 다르게 인구 과잉으로 이어졌다. 서부로의 확장과 새로운 정착지의 개발에도 불구하고 격자형 도시 계획은 다른 도시에서도 기본적인 형태가 되었다. 참고로 1780년대까지 북아메리카에서 가장 큰 도시는 필라델피아, 보스턴, 뉴욕이 아니라 세인트루이스 근처의 아메리카 원주민 정착지 카호키아(Cahokia)였다. 1400년경에 카호키아의 인구는 대략 2만명이었다.

지도 제작자들은 필라델피아의 중심성을 강조하기 위해 도시 동쪽의 법원과 필라델피아 외곽의 주요 도시 및 공공기관 사이의 거리를 표시하는 한편, 주변 지역을 자세히 나타내기 위해 이용 가능한 공간의 많은 부분을 할애하고 있다. 또한 중요한 농장과 집에 대한 상세한 설명과 함께 토지 소유주의 언급된 '외곽 지역'은 필라델피아가 주변 환경과 밀접한 관련이 있음을 나타낸다.

지도에는 모든 마을 간의 경로와 필라델피아로 가는 연결 경로가 자세히 표시되어 있는데, 이 지도는 스컬과 힙이 제작한 것으로 현대적인 특징을 갖추고 있다. 이들 지도 제작자는 필라델피아의 도시 환경이 혼잡해지면 불쾌 지수가 상승하고 위험이 증가하여 도시 주민들이 촌락으로 이주할 것으로 예상했으며, 이에 따라 지도에서는 촌락과 도시 중심지가 상호작용하는 공동체로 묘사하고 있다. 이 지도는 현재의 필라델피아와 다른 미국 도시들의 도시 개발 모습을 잘 보여 주며, 특히 1750년대에 세밀하게 기록된 도로들은 도시화 과정과 교외화의 초기 단계를 나타낸다.

Museum Bodellianum
HET DORP BIEMELEPATNAM
EXPLICATIO
mond van de revier

Weg na het gebergte
Weg na het Kerkhoff
De Rivier.
Ebbe
vloed

39 1756년 — 비밀리파트남에서의 끔찍한 프로젝트

네덜란드 동인도회사가 만든 지도

1767년 3월 27일, 네덜란드 동인도회사의 총독이 고령의 기술자인 코엔라드 피터르 켈러(Coenraad Pieter Keller)에 대한 사형 선고를 철회한 날, 이 노련한 기술자는 안도의 한숨을 내쉬었을 것이다. 이 결정으로 인해 켈러와 동인도회사 간의 수년에 걸친 분쟁이 마침내 종지부를 찍었다. 이 불명예스러운 사건은 켈러가 인도의 비밀리파트남(Bimilipatnam) 마을에서 요새 지도를 작성한 순간부터 시작되었다. 이 독특한 지도 모음은 보델 니젠하위스에 의해 보존되어 오늘날까지 전해진다.

어떻게 인도의 마을과 요새 계획을 지도로 만드는 것만으로 사형 선고가 내려질 수 있었을까? 이 질문에 답하기 위해서는 몇 가지 역사적 맥락을 이해해야 한다. 현재 비무니파트남(Bheemunipatnam)으로 알려진 비밀리파트남은 인도의 안드라프라데시주에 있는 마을로, 이곳은 네덜란드 동인도회사의 최북단에 위치한 지역이었다. 네덜란드 상인들은 1602년에 동인도회사를 설립한 이후 코로만델 해안에 거점을 설치했다. 이들은 화려한 직물을 생산하고 이를 유럽과 아시아 다른 지역으로 수출했는데, 그곳들은 면화에 대한 수요가 큰 곳이다. 동인도회사는 풀리카트(Pulicat), 마술리파트남(Masulipatnam), 사드라스파트남(Sadraspatnam) 등에 교역소를 설치했으며, 상업적 이익을 보호하기 위해 교역소 주변에 요새를 건설하려고 했다. 하지만 요새 건설은 인도 당국이 승인한 지역에서만 가능했다.

비밀리파트남은 무역에서는 비중이 작은 지역으로, 1652년에 처음으로 네덜란드 문헌에 언급되었다. 동인도회사의 '제1서기'로 활동한 피터르 반 담(Pieter van Dam, 1626-1706)은 1701년에 이 지역에 대해 "비밀리파트남 교역소는 실론의 식량 공급지에 불과했기 때문에 큰 의미를 가진 적이 없다"라고 기록했다. 상인 다니엘 하바트(Daniel Havart, 1650-1718)와 사제 프랑수아 발렌틴(François Valentijn, 1666-1727)의 여행 기록에 따르면, 비밀리파트남에는 17세기 동안 평균적으로 3~4명의 유럽인 직원과 20~30명의 인도인 근로자와 노예가 존재했다.

1754년, 비밀리파트남은 힌두교도 전사 카스트인 마라타족에게 공격과 약탈을 당했다. 이 공격은 몽골 출신의 이슬람 통치자 무굴의 지배를 거부한 마라타족에 의해 감행된 것으로, 마라타족은 네덜란드 교역소를 점령했다. 이 사건 이후, 코로만델의 지방 정부와 바타비아의 최고위 부서, 그리고 네덜란드 동인도회사 임원들은 서신을 교환하면서 비밀리파트남을 계속 유지할 것인지 아니면 포기할 것인지에 대한 논의를 진행하였다. 인도의 무굴제국 통치자인 비시아 라마라스(Visia Ramarasu)는 네덜란드에 요새를 건설할 수 있는 땅을 제공하여 수입원을 잃지 않도록 했고, 동인도회사는 켈러에게 적은 비용으로 교역소를 건설하도록 지시했다.

켈러는 당시 상황을 반영한 요새와 마을 지도를 작성했으며, 각 모서리에 요새가 있는 정사각형 평면도를 만들었다. 이러한 지도와 평면도에는 놀랍게도 다양한 주석이 포함되어 있었다. 예를 들어 지도에는 다양한 종교 건물이 표시되어 있는데, 비밀리파트남 남서쪽의 한 사원 옆에는 "매주 토요일마다 환한 불빛이 켜졌다"는 주석이 달려 있다. 또한 공동체 마을들이 식수를 이용하는 우물과 임시로 쌓아 둔 소각장과 같은 지역들에 대한 명확한 표시가 있다.

요새의 기본 설계도는 크기와 상관없이 모든 공간의 기능을 설명하며, 각 층의 상황을 보여 주기 위해 종이 주석이 첨부되었다. 층의 대부분은 "향신료 창고" 및 "구리 창고"로 지정되었으며, 작은 방에는 "노예를 위한 공간"과 같은 구체적인 용도 표시도 존재했다.

켈러가 지도와 지면에 세세한 주석을 추가한 정확한 이유는 알 수 없으나 아마도 전문적인 지식을 상급자에게 과시하고 토지 측량사 및 지도 제작자로서의 정확성을 강조하고자 했을 것으로 추정된다. 켈러가 일상적인 사건에 대한 이러한 정보를 추가한 사실은 문화사회학자와 인류학자들에게 연구 가치를 선사한다. 예를 들어, '노예 방'은 동인도회사가 주요 거점뿐만 아니라 상대적으로 중요하지 않은 정착지에서도 노예를 적극적으로 활용했음을 나타내며, 계획도를 통해 당시 노예제도의 구체적인 모습을 제공하고 있다.

하지만 켈러가 맡은 임무들은 몇 년 동안 어려움에 직면하였다. 1759년 초에는 정부가 그의 작업 방식과 비용 측면에서 몇 가지 이유

제작자: 코엔라드 피터르 켈러
제목: 비밀리파트남 마을과 동인도회사 무역 교역소의 평면도
발행지: 미상 **발행일**: 1756년 **기법**: 종이에 필사 **크기**: 52 x 73.5cm
축척: 약 1:1,700 **방위**: 북쪽이 아래쪽
소장처: 보델 니젠하위스 컬렉션

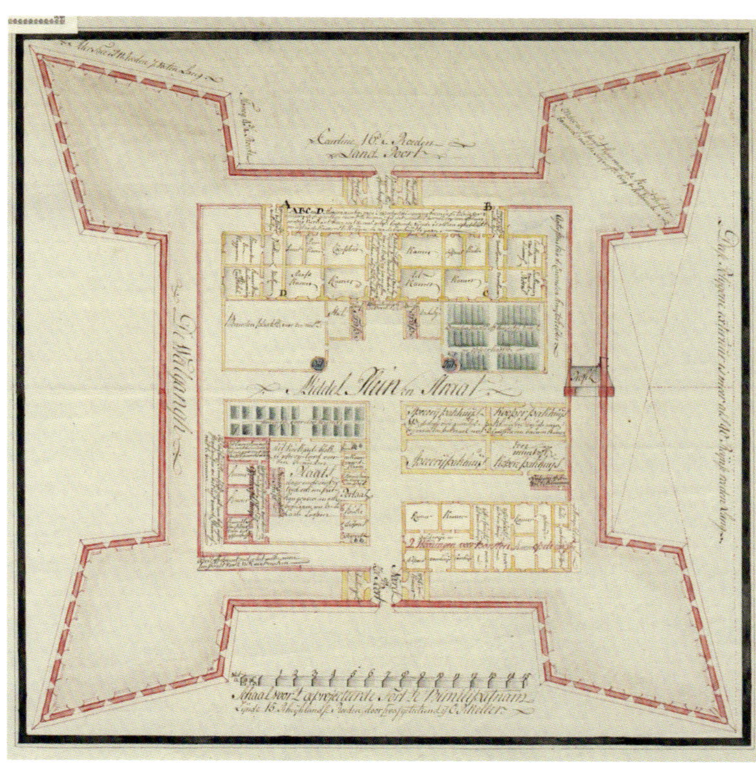

코엔라드 피터르 켈러가 제작한 1756년의 비밀리파트남의 요새 지도.

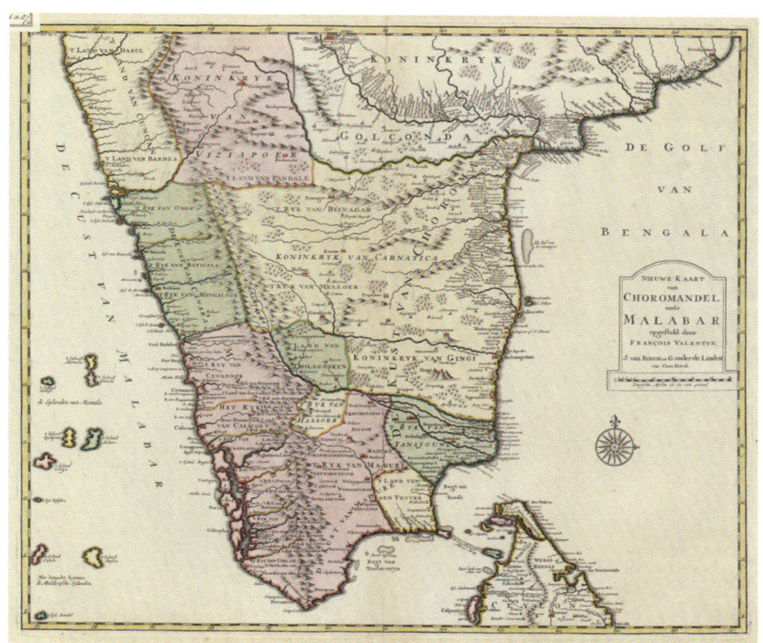

프랑수아 발렌틴의 '코로만델과 말라바르의 새 지도', 1726년 작품. 비밀리파트남은 지도의 오른쪽 상단에 위치해 있다.

로 이의를 제기하였다. 또한 1759년 말에는 폭우로 인해 이전에 건설한 대부분의 것들이 붕괴되어 코로만델 주 정부가 켈러에게 책임을 묻게 되었다. 그 결과 그는 법정 출석을 요구하는 소환 통지를 받았지만 이에 응하지 않고 잠적했다. 소문에 의하면 그는 동인도회사의 직장도 그만두고 자취를 감췄다고 한다. 그러자 네가팟남의 법원은 요새의 부실한 건설과 관련하여 그가 출석하지 않은 상태에서 사형 판결을 내렸다.

몇 년 후, 켈러는 바타비아(현재 인도네시아 자카르타)로 오면 안전을 보장해 주겠다는 말을 듣고 자진 출석했다. 고령이 된 켈러는 바타비아에 도착한 후 자신을 위해 변론서를 작성하였으며, 요새의 붕괴에 대한 책임을 조수인 아담 고들리브 헨크(Adam Godlieb Henck)에게 전가했다. 정부는 켈러의 주장을 받아들여 그에게 무죄를 선고하고, 다시 코로만델의 동인도회사에서 일할 수 있도록 했다. 무죄 판결 이후 1년이 넘은 1768년, 그들은 정부에게 조롱하는 어조로 요새가 끔찍한 자연재해로 인해 두 번째로 심각한 피해를 입었다고 보고했다.

비밀리파트남 지도 모음은 여러 가지 이유로 독특한데, 먼저 동인도회사의 특징인 많은 주석들을 포함하고 있어 다양한 목적으로 연구할 수 있는 유용한 근거를 제공한다는 점이다. 또한 이 지도 모음은 문자의 의미 면에서도 특이하다. 네덜란드 동인도회사가 손으로 동일하게 그린 복사본 지도를 보유하고 있었는데, 이는 지역에 대한 빠른 이해와 정확한 판단을 도와주기 위한 것이었다. 요새의 지형도에 있는 'copia(복사본)'라는 단어를 통해 이 사실을 확인할 수 있다. 현재까지 이 지도 모음은 지도와 지형도의 유일하게 알려진 사본으로, 원본은 소실되었거나 아직 연구를 기다리고 있는 기록 보관소에 있을 가능성이 있다.

보델 니젠하위스가 이 지도 모음을 소유하게 된 과정은 불분명하며, 다른 지도에서 종종 볼 수 있는 설명적인 정보 즉, 어디서 어떻게 획득했는지 그리고 얼마의 가격을 지불했는지에 대한 정보가 이 지도 모음에는 없다. 그러나 네덜란드 식민지 역사의 잊혀진 측면을 밝히고 중요한 통찰력을 제공한다는 측면에서, 니젠하위스가 이 지도와 지형도를 확보한 사실은 높은 평가를 받을 만하다.

40 1757년 — 동인도회사에 의해 분할된 섬의 지도

동인도회사와 라자 왕족의 조약이 바꾼 티모르섬

티모르섬은 인도네시아 군도의 최남단에 위치하며, 이곳은 역사적으로 두 나라의 영향력 아래 분할되어 왔다. 서부 지역은 인도네시아에 속해 있는 반면, 동부 지역은 동티모르라는 독립 국가로 존재한다. 이러한 분할의 역사적 기원은 두 강대국 간의 식민 경쟁 때문이다. 1515년부터 포르투갈인들은 티모르에 정착하여 원주민들과 어울려 살았으며, 이로 인해 토파세(Topasses)•로 알려진 특정 민족 집단이 등장하였다. 포르투갈인들은 스스로를 '라란투카(Larantuka)의 거주자'라는 뜻으로 '라란투케이로스(Larantuqueiros)'라고 불렀다. 네덜란드 동인도회사는 티모르 서부에 콩코르디아(Concordia) 요새를 건설하였고, 네덜란드인들은 토파세를 '검은 포르투갈인'이라 칭했다. 포르투갈과 네덜란드는 티모르에 대한 지배를 강화하기 위해 현지 군주들과 동맹을 맺었다. 그 후 티모르 동부는 포르투갈의 식민지가 되었고, 서부는 네덜란드령 동인도의 일부가 되었다. 독립 전쟁 이후 서부 지역의 일부는 인도네시아에 편입되었으며, 1976년에는 인도네시아가 잠시 포르투갈 지역을 합병하기도 했다. 그러나 2002년, 동부 지역은 동티모르라는 이름으로 독립을 이루었다. 18세기 중반의 이 필사본 지도는 오늘날 티모르의 국경선이 어떻게 형성되었는지를 보여 준다.

네덜란드인들이 상당 기간 티모르섬을 지배했음에도 불구하고, 네덜란드 동인도회사가 보유한 티모르 지도는 매우 드물다 대부분은 해안선과 주변 섬들을 포함한 항해도만 남아 있는 가운데, 이 손으로 그려진 독특한 지도는 티모르섬의 상세한 지리적 특성을 담고 있다.

북쪽 해안에 위치한 포르투갈의 요새들 '리포우(Lifouw)', '톨로니칸(Tolonican)', 그리고 '안네마테(Annematte)'는 각각 포르투갈 국기와 상징적인 기호로 표시되어 있으며, 이들은 서로 가까이 있다. 이곳들은 현재 인도네시아 동티모르 지역인 오이쿠시 암베노(Oe-Cusse Ambeno)에 있다. 더 동쪽으로 가면, 동티모르의 현재 수도인 '딜리(Dillie)'에 포르투갈 요새가 있으며, 내륙에는 '나이즈모에티(Naijmoetie)'라는 또 다른 포르투갈 요새가 있다. 반면 서쪽에 위치한 ' 콩코르디아(Casteel Concordia) 성'은 네덜란드 국기가 표시되어 있으며, 이곳은 쿠팡(Coupang) 지역의 네덜란드 동인도회사 무역의 중심지였다. 내륙에는 '고드 모셀(Goede Mossel)'이라는 네덜란드의 두 번째 요새가 있는데, 이는 동인도회사의 총독 야콥 모셀(Jacob Mossel, 1704-1761)의 이름을 따서 명명된 곳이다.

이 요새에 관한 추가적인 증거나 기타 기록이 없는 점을 고려할 때, 요새는 일시적으로 사용되었거나, 또는 네덜란드의 권위를 상징하기 위해 동인도회사의 지도 제작자가 상상으로 그려 넣은 것일 가능성이 높다. 이밖에 포르투갈과 네덜란드 국기 외에도, 섬의 마을 근처에 위치한 작은 붉은 깃발들은 해당 마을을 지배하던 지역 통치자들을 나타내는 것으로 추정된다.

항해도의 특징을 나타내는 나침반 선이 그려져 있지만, 이 지도는 단순한 항해도를 넘어서 복잡한 수로 및 지형도의 성격을 띠고 있다. 지도가 섬 전체를 아우르고 있지만 제작자는 주로 네덜란드의 지배하에 있던 서쪽 지역에 초점을 맞추었으며, 동쪽 부분은 실제보다 축소되어 있다. 또한 동쪽 끝의 뾰족한 부분은 둥글게 표현되어 있어 섬의 형태가 실제보다 덜 길게 보이게 한다.

내륙 지역의 몇몇 부분에는 '야자수가 있는 그루트 평원'과 '야자수 나무와 논'과 같은 식생이 표시되어 있다. 네덜란드와 포르투갈 영역 사이의 경계는 점선으로 되어 있는데, 이는 지도상의 도로 표시와 유사하여 혼동을 일으킬 수 있다. "네덜란드 동인도회사 영토와 포르투갈 영토 간의 경계(Scheijding tussen S.E. Comp. Landt en den Portugees)"이라는 표현은 두 영토 사이의 경계선을 의미한다. 이후 동쪽에 추가된 경계선들이 있다. 실제로 네덜란드의 영향력은 콩코르디아 요새 주변 지역을 넘어서 확대되지 않았으며, 이는 1898년 '네덜란드 동인도 지도'에도 나타난다. 이 지도는 쿠앙(Kuang) 지역에 작은 정부 영역이 구분되어 있음을 보여 주며, 네덜란드 영향권 내 녹색으로 표시된 지

제작자: 미상 **제목:** 티모르 지도 **발행지:** 해당 없음
발행일: 약 1757-1760년 **기법:** 종이에 필사 **크기:** 58 x 90cm
축척: 약 1:450,000 **방위:** 북쪽이 위쪽
소장처: 보델 니젠하위스 컬렉션

1898년 네덜란드령 동인도 지도책에 실린 소순다제도 지도.

1756년 티모르의 통치자(라자)들과의 조약 서명 장면을 담은 수채화.
(국립세계문화박물관)

역은 자치적인 통치를 가진 지역임을 나타낸다. 이 상황은 1904년 10월 1일 포르투갈과 네덜란드 사이의 국경이 명확하게 지도에 표시되기 전까지 변하지 않았으나, 여러 지역에서 계속된 분쟁을 보면 1904년의 협정이 1917년까지 완전한 효력을 발휘하지 못했다는 것을 알 수 있다.

18세기에 제작된 이 지도는 네덜란드 동인도회사의 의뢰로 만들어졌는데, 아마도 네덜란드 동인도회사의 대표인 요한 안드레아스 파라비치니(Andreas Paravicini, 1710-1771)가 주도한 조약에 기인한 것일 가능성이 높다. 파라비치니는 야콥 모셀의 대리인으로서 티모르와 로티 지역의 15명 라자 왕족 및 지방 통치자들, 그리고 솔로르와 숨바의 통치자들과 조약 체결을 추진했다. 이 조약은 1756년 6월 9일 콩코르디아 요새에서 관계자들에 의해 서명되었으며, 네덜란드 국립세계문화박물관에 소장된 작품은 조약 체결 후 진행된 음악과 불꽃놀이가 있는 호화로운 연회의 장면을 담고 있다. 또한 몇몇 마을 옆에 '1757'이라는 연도가 표시된 것은 지도가 조약과 연관되어 있음을 시사하며, 일부 지역에는 'Noble Company'나 'union'을 의미하는 네덜란드어가 추가되어 있다. 조약 체결 1년 후에 지도에 표시된 장소들은 라자 왕족이 지배하던 지역들과 일치하는 것으로 보인다.

1756년, 바타비아에 있는 네덜란드 동인도회사는 티모르섬의 지도 제작을 위해 지도 제작자를 파견하였다. 당시의 공식 서한에 따르면, "티모르섬 지도를 완성하기 위해 탑승한 말레이시아 선박 더 로퍼(De Loper)호가 심각한 폭풍우로 인해 침몰했으므로, 우리는 티모르에서 시작된 작업을 마무리하기 위해 다른 지도 제작자를 보내기로 결정하였다"라고 기록되어 있다. 다시 말하면 티모르의 지도 제작을 맡았던 이 불운한 지도 제작자는 섬으로 가는 길에 배가 난파되어 사망하였고, 이로 인해 지도가 완성되기까지 더 많은 시간이 소요된 것으로 보인다.

티모르의 지도 제작을 완성하기 위해 새로운 지도 제작자가 파견되었다. 2년 뒤, 관련 기록에서는 "1757년에 티모르의 새로운 지도를 받았다"라고 기술되어 있다. 또한 기록에는 "1757년, 관계자들이 바타비아로 보낸 티모르 지도는 지금까지 보낸 지도 중 가장 우수하며, 현재 네덜란드로 송부되고 있다"라고 언급되어 있다.

이 지도는 아마도 그 필사본 지도였을 것이며, 레이던 대학교가 소장하고 있는 판본은 그 복사본이거나 중복본이었을 가능성이 있다. 네덜란드 동인도회사의 기록 보관소에 해당 지도가 도달한 적이 없다는 사실을 고려하면, 아마도 이는 네덜란드 동인도회사의 선원이나 파라비치니 자신의 개인 소장품일 수도 있다. 적어도 이 지도는 빈번하게 사용되었을 것이다. 이 지도는 국경선의 표시뿐만 아니라 마을에 관한 수많은 주석이 추가되었으며, 네덜란드어 원문의 프랑스어 번역도 포함되어 있다. 지도학적 관점에서 볼 때, "호스버러(Horsburgh)—영국의 해양 지도 제작자, 발렌틴(Valentijn)—네덜란드 지리학자, 중국 지도, 애로우스미스(Arrowsmith)—영국의 지도 제작자, 르 드포(Le Dépôt)—프랑스 국립지리원을 참조하시오"와 같은 문장이 적혀 있는 것은 이 지도가 다른 지도들과 비교되었음을 시사한다. 이렇게 여러 소유자들이 현지 지식을 바탕으로 오랜 시간 동안 이 지도를 사용했다.

Museum Bodleianum
Naamlyst
der Eygenaars Van de Plantagien
Plantagien in de Rivier de Comowine
Plantagien in Cassewine
Commetawane Creeck Opwaarts
Carameca Creecq
Cottica Links int Opvaaren
Perica Neerwaarts Streckende
Parmarica Creecq Opwaarts
Plantagien in de Rivier Suriname
PLAN van de STAD PARAMARIBO
DE RIVIER SURINAME
de Grooten Oceaan
SURINAME

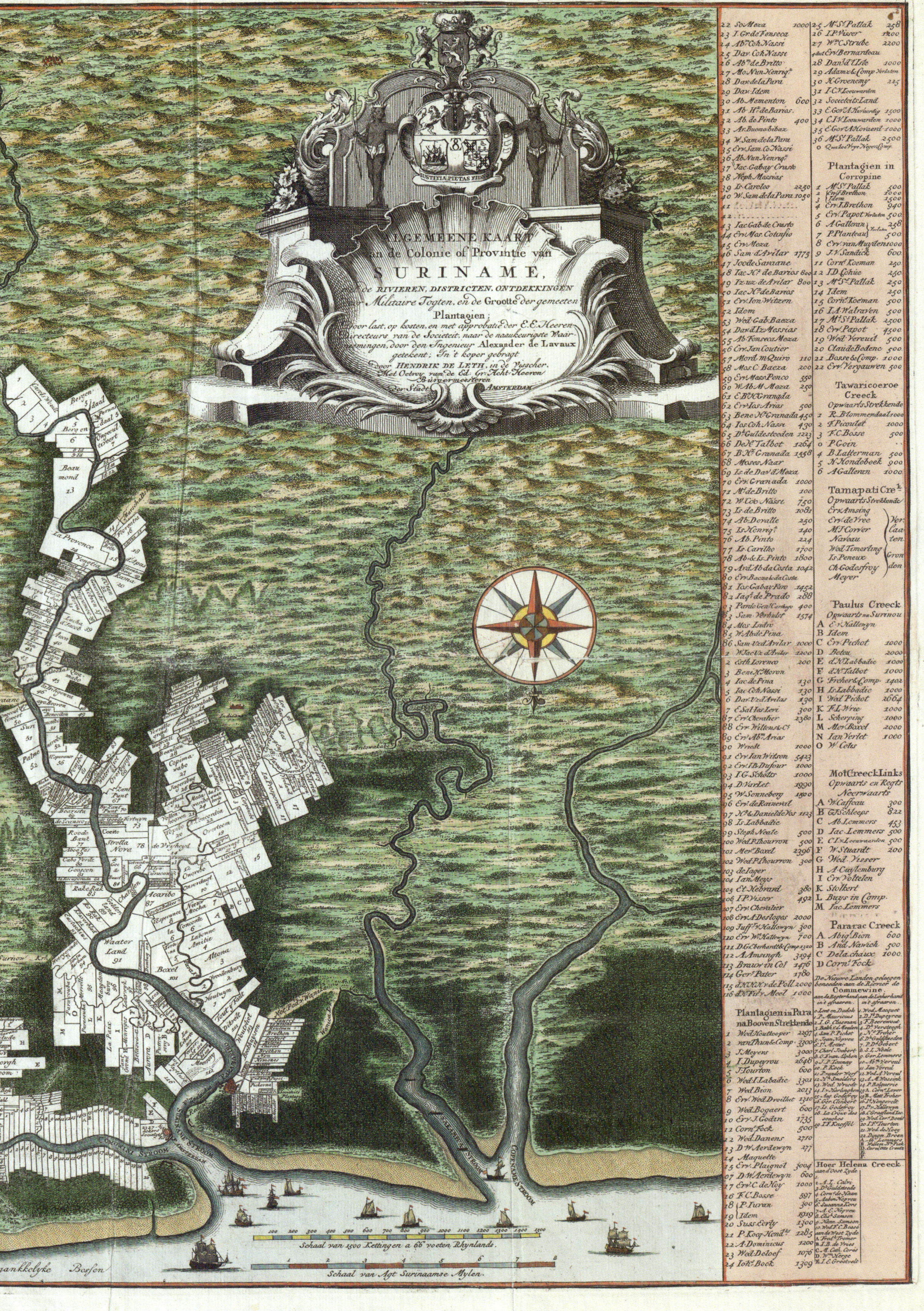
IUSTITIA PIETAS FIDES
ALGEMEENE KAART
van de Colonie of Provintie van
SURINAME,
met de RIVIEREN, DISTRICTEN, ONTDEKKINGEN
der Militaire Togten, en de Grootte der gemeeten
Plantagien;
Door last, op kosten, en met approbatie der E.E. Heeren
Directeurs van de Societeit, naar de naaukeurigste Waar-
neemingen, door den Ingenieur Alexander de Lavaux
getekent; In 't koper gebragt
Door HENDRIK DE LETH, in de Visscher.
Met Octroy van de Ed: Gr. Acht Heeren
Burgermeesteren
der Stadt AMSTERDAM
Plantagien in Corropine
Tawaricoeroe Creeck
Paulus Creeck
Pararac Creeck
Schaal van 1500 Kettingen a 66 voeten Rhynlands.
Schaal van Agt Surinaamse Mylen.

41 1758년 — 질서와 승리의 매혹적인 허구

알렉산더 더 라보의 수리남 지도

유럽인 탐험가들이 수리남의 강 어귀를 따라 항해하며 목격한 것은 양안을 뒤덮은 우거진 초목이었다. 이 지역은 회색빛 하늘, 푸른 나뭇잎, 그리고 넓은 갈색의 하천으로 구성되어 있었다. 원주민들은 이곳을 '수많은 시내가 흐르는 땅'으로 지칭했다. 유럽인들에게 이곳은 비옥한 대지와 금으로 이루어진 환상을 제시하는 듯했지만, 그러한 환상을 실현하려면 상당한 상상력이 필요했다. 일부 지도 제작자와 탐험가들은 이 지역에 괴물, 아마존 전사, 머리가 없는 부족, 그리고 급류 너머에 숨겨진 황금 도시가 있을 것이라는 환상을 품었다. 알렉산더 더 라보가 제작한 질서 있게 보이는 이 지도는 식민지에 대한 다른 차원의 환상을 독자에게 제공한다.

1667년, 젤란트주는 영국으로부터 수리남을 양도받았으며, 15년이 지난 1682년에 이 식민지를 네덜란드 서인도회사에 매각했다. 서인도회사는 식민지를 관리하기 위해 암스테르담시와 반 소멜스디크(Van Sommelsdijck, 1637-1688)와 함께 수리남 협회를 설립했다. 소멜스디크는 협회의 주지사로 임명되어 1684년 수리남에 파견되었고, 그곳에서 중요한 지도를 제작하였다. 그러나 소멜스디크는 1688년 7월, 반란군을 진압하는 와중에 총격에 사망하는 비극을 맞이했다. 이후, 식민지 협회는 보다 신뢰할 만한 주지사를 임명하는 등 식민지 주민, 군대, 그리고 본국과의 관계를 우호적으로 유지하기 위한 조치를 실시하였다.

수리남 식민지는 지속적으로 성장했고, 투자자들은 설탕, 인디고, 커피 농장을 위한 추가적인 토지 확보에 열중하였다. 풍부한 자원을 확보하기 위한 치열한 경쟁 속에서, 투자자들은 자신들의 사업이 노예제도에서 벗어난 아프리카계 흑인들인 마룬(maroons)에 의해 위협받고 있다고 불만을 제기했다. 이러한 상황에서 식민지 협회는 개발 가능한 커피 농장 면적을 파악하고 마룬과의 충돌 시 도움이 될 수 있겠다는 판단하에, 새로운 지도 제작을 결정했다. 이는 농장의 확장 가능성과 마룬과의 갈등을 효과적으로 관리하기 위한 조치로 해석된다.

식민지 협회는 알렉산더 더 라보(Alexander de Lavaux, 1704년경-?)

1737년 더 라보의 만든 벽 지도로 야영지가 그려져 있다.

1737년 더 라보의 원본 벽 지도에 표현된 식민지 군대와 흑인(마룬)들 간의 전투 장면.

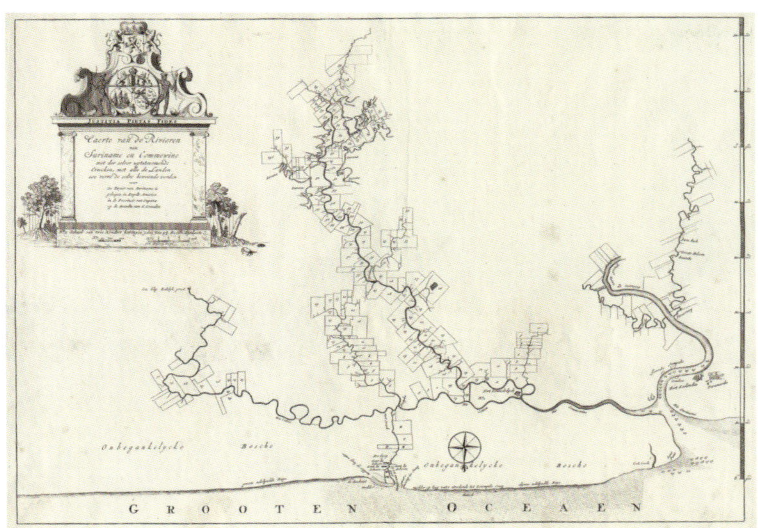

반 소멜스디크의 1688년 원본 '수리남과 코모와인강의 지도'.

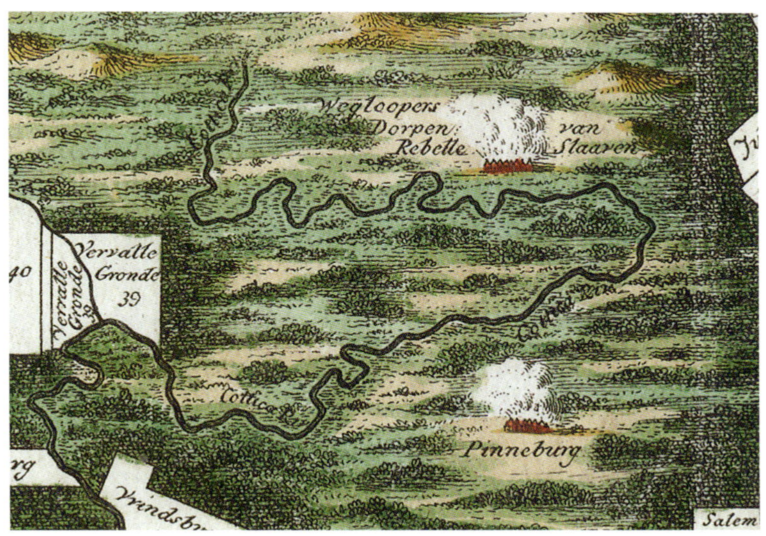

1758년에 반란을 일으킨 노예들의 마을 지도.

를 지도 제작의 임무를 수행하기 위해 고용했다. 더 라보는 이미 수리남에서 경험 많은 토지 측량사로 활동하고 있었다. 식민지 협회가 그를 선택한 것은, 지역을 탐험하는 중에 어느 정도의 부정 행위는 눈감아 주겠다는 암묵적인 조치였다. 더 라보는 우수한 견본 지도를 제출했지만, 지도 제작 과정은 원활하지 않았다. 플랜테이션 소유주들이 자신들의 농장이 전부 경작되지 않고 있다는 사실이 밝혀질까 두려워 지도 제작 작업에 협조하지 않았기 때문이다. 당시 규정에 따르면 경작되지 않는 토지는 식민지 협회에 소유권이 귀속되었으므로, 이러한 태도는 그들의 이해관계와 밀접히 연결되어 있었다.

더 라보의 지도 제작 상황을 감안하면, 그의 작업이 정밀한 지도 제작에 해당한다고 보기는 어렵다. 플랜테이션에 관한 구체적인 정보 부족으로 인해, 더 라보는 소멜스디크가 제작한 구(舊)지도의 상당 부분을 참조해야만 했다. 이는 불분명한 메모와 희미한 기억에 의존하여 지도의 나머지 부분을 완성해야 했음을 의미한다. 또한, 더 라보는 내륙 지역으로의 여행 경험을 바탕으로 설명을 추가하고 400명이 넘는 개척지 농장주들의 명단을 포함시켜 지도에 더 많은 내용을 포함시키고자 하였다. 그러나 이러한 노력에도 불구하고 그의 지도는 정보의 정확성과 완성도 측면에서 한계를 가질 수밖에 없었다.

지도 제작의 성공 기준이 반드시 정확성을 요구하는 것은 아니다. 더 라보가 제작한 선명하고 인상적인 지도는 식민지 관리자들에게 통제력과 자신감을 부여하는 역할을 하였다. 이 지도들은 정확성 면에서는 결점이 있을 수 있지만, 식민지 경영에 대한 확신과 효율적인 관리의 가능성을 보여 주는 데 큰 가치가 있었다. 특히 이 지도는 야생의 녹색 들판을 현실적으로 묘사하기보다는 직사각형으로 명화하게 구획지어 표현하였고, 조직적으로 배열된 군대가 야만적인 공격을 저지하는 모습을 포함하고 있었다. 감독관들은 이 지도를 회의실 등 주요 장소에 대량으로 인쇄하여 게시하였으며, 18세기 동안 널리 보급되어 활용되었다. 1758년에는 이 지도를 포함한 여러 판본이 출판되었으며, 오늘날에도 수리남의 식민지 역사와 노예제에 관한 연구 및 전시에서 중요한 참고 자료로 활용되고 있다.

더 라보의 인생 후반기는 평안하지 못했다. 암스테르담의 감독관들이 그의 지도 제작 공로를 인정해 승진과 봉급 인상을 결정했음에도 불구하고, 식민지에서의 부적절한 행동으로 인해 그의 명성은 크게 훼손되었다. 더 라보는 수리남을 떠나기 전 마지막 3년간 감옥 생활을 했으며, 이후에는 수리남에 다시 돌아가지 못했다. 이 사건은 전문적 성취와 개인적 과오가 어떻게 상반된 평가를 받을 수 있는지를 보여 주는 대표적인 사례로 남아 있다.

제작자: 알렉산더 더 라보(측량), 헨드릭 더 레트(발행)
제목: 수리남 식민지의 종합지도-강, 구역, 군사 탐험을 통한 발견과 플랜테이션의 면적 **발행지:** 암스테르담 **발행일:** 1758년 이후
기법: 종이에 동판 인쇄 **크기:** 58.5 x 89cm **축척:** 약 1:230,000
방위: 북쪽이 아래쪽 **소장처:** 보델 니젠하위스 컬렉션

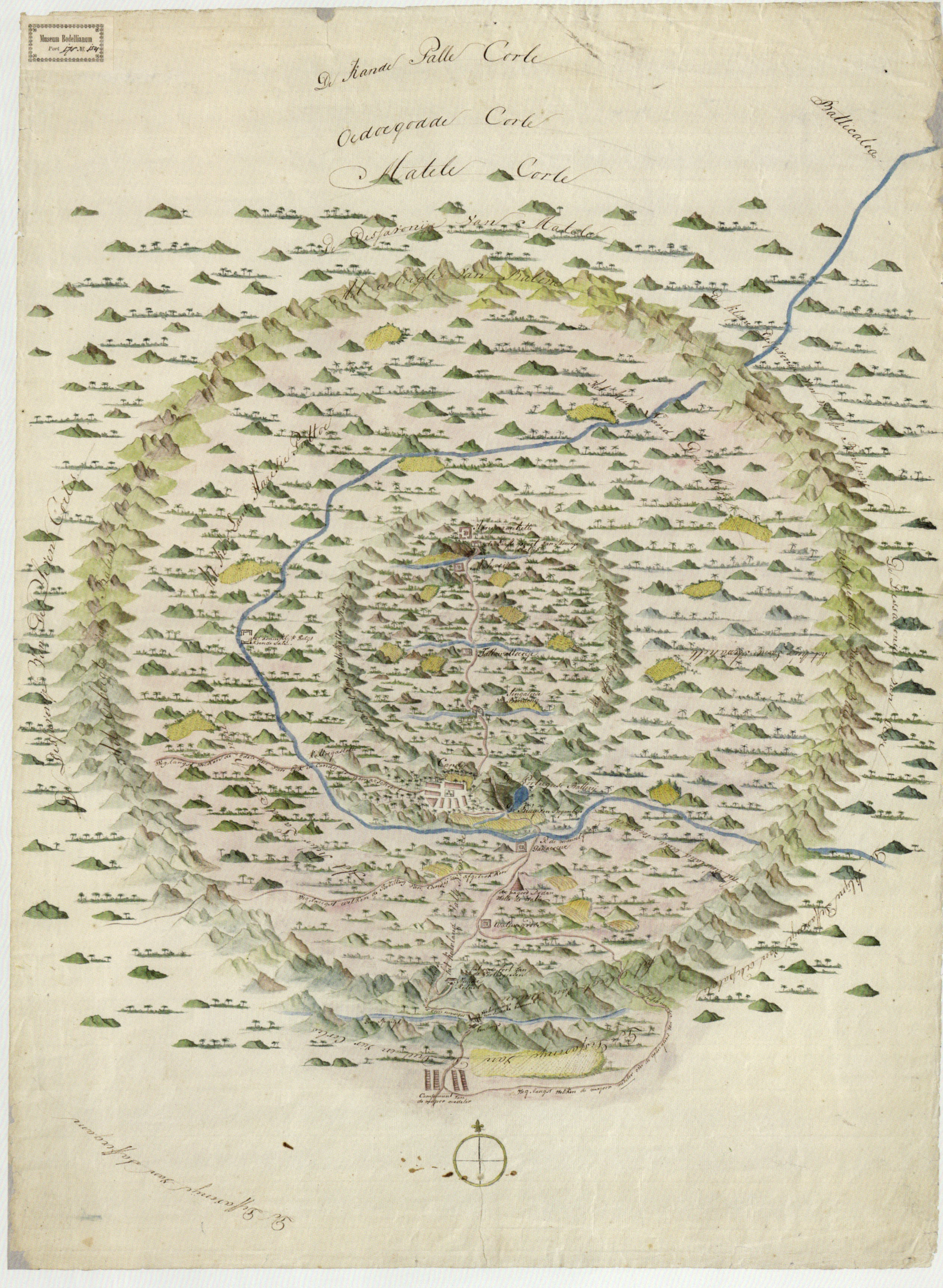
Museum Bodellianum
Matele Corle

1765년 — 칸디왕국의 원형 지도
피비린내 나는 전쟁을 묘사하다

이 특별한 지도는 스리랑카 내 칸디왕국을 독창적으로 묘사하고 있다. 파스텔 색상과 원형 디자인을 통해, 지도는 칸디왕국 주변의 산맥, 강, 도로, 사원, 궁전을 상징적으로 나타낸다. 지도의 산 색상과 원형 무늬는 시각적 매력을 제공하지만, 이는 실제로 네덜란드가 키르티 스리 라자싱하(Kirti Sri Rajasinha) 왕의 궁전을 잔혹하게 점령한 사건을 표현하고 있다. 이 사건은 스리랑카 식민지 역사상 가장 극적이고 잔인한 사건 중 하나로, 네덜란드공화국의 큰 관심을 불러일으켰다.

인도양에 위치한 스리랑카는 포르투갈, 네덜란드, 영국 등의 영향을 차례로 받은 복잡한 식민지 역사를 가지고 있다. 처음에 유럽인들은 계피 무역에 주력했지만, 점차 다양한 상품들이 무역의 중심으로 자리 잡았다. 1638년부터 1796년까지 약 150년간 네덜란드의 지배하에 스리랑카에서는 코끼리, 진주, 빈랑나무 열매 거래가 이루어졌고, 후추와 커피의 재배가 시도되었다. 내륙의 칸디(Kandy)왕국은 포르투갈과 네덜란드 식민지 지배에 대항하여 독립을 유지하던 지역 강국이었다. 초기에 네덜란드 동인도회사는 해안 지역의 요새를 점령하는 데 초점을 맞추었으나, 이 요새들은 점차 군인과 노예가 거주하는 식민지 정착지로 발전했다. 시간이 흐르며 동인도회사는 내륙으로 영향력을 확장하여 지역 주민들에게 특정 상품의 생산 및 코끼리 포획을 강요했다.

식민지 시기에 주민들은 지속적으로 네덜란드 동인도회사에 저항했다. 1760년, 칸디왕국의 키르티 스리 라자싱하 왕은 칸디의 주민들이 네덜란드인들에 의해 학대받고 있다는 사실을 알고 네덜란드에 대항하기로 결심했다. 칸디왕국의 역사를 기록한 『출라밤사(Culavamsa)』(스리랑카의 중요한 역사 연대기로 스리랑카의 지배자들, 중요한 역사적 사건들, 그리고 섬에서의 불교 확산에 대해 상세히 기록되어 있다. 출라밤사는 단순한 사건 기록이 아닌, 불교 경전의 고대 언어인 파알라어로 쓰인 중요한 문학 작품으로 간주된다—옮긴이주)는 왕이 어떻게 네덜란드 동인도회사의 요새를 향해 군대를 파견했는지 상세히 묘사하고 있다. 이러한 기록은 당시 칸디왕국과 네덜란드 간의 긴장과 충돌의 역사적 상황을 생생하게 전달한다.

칸디왕국의 주민들이 학대를 받고 있다는 소식을 들은 라자싱하 왕은 이러한 상황을 용납할 수 없다고 판단했다. 이에 따라 그는 고위 관리들과 함께 스리랑카의 주민들을 이끌고 네덜란드인들에 맞서 싸우기로 했다. 그들은 네덜란드인들과 치열한 전투를 벌였으며, 이 과정에서 네덜란드인들을 죽이고, 요새를 파괴하며, 그들을 공포에 떨게 했다. 이러한 기록은 칸디왕국이 네덜란드 식민지 세력에 대항한 결연한 역사적 순간을 설명한다.

네덜란드 동인도회사가 입은 패배는 굴욕적이었다. 1761년 네덜란드 식민지의 총독으로 임명된 루베르트 얀 반 에크(Lubbert-Jan van Eck, 1719-1765)는 복수를 다짐하고 1762년부터 1766년까지 치열한 전쟁을 벌였다. 이 전쟁은 양측 모두에게 큰 피해만을 남겼다. 반 에크는 네덜란드 원정대를 이끌고 칸디왕국을 점령하려 했으나, 동인도회사의 군대는 칸디왕국 주변의 산악 지형과 내륙의 기후 조건을 극복하지 못하고 비참한 실패를 맛보았다. 큰 피해를 입은 네덜란드인들은 계절풍이 시작되자 해안으로 후퇴할 수밖에 없었고, 칸디왕국의 험준한 산맥은 그들에게 난공불락의 요새처럼 느껴졌다. 이 지도 제작자가 산맥을 강조한 것은, 실제 지형의 불규칙한 산 패턴이 중요한 역할을 한다는 것을 드러내고 있다.

1년 뒤, 반 에크는 자바와 인도에서 추가 병력을 모집해 두 번째 원정대를 조직했다. 그는 칸디왕국에 대한 다각적인 공격 전략을 수립하고 계절풍과 겹치지 않는 시기에 원정을 계획했다. 네덜란드 원정대가 칸디왕국에 도착했을 때, 칸디 왕과 '궁전'은 이미 도시를 떠나 우바(Uva) 언덕으로 이동해 있었기 때문에 큰 전투는 일어나지 않았다. 출라밤사에 따르면, 네덜란드인들은 칸디왕국을 약탈하고 점령했다. "적대적인 무리들이 마을에 강제로 들어와 성서와 모든 것을 파괴했다." 칸디왕국의 도시와 궁전에 대한 또 다른 지도는 점령 과정의 단서를 제공한다. 이 지도는 포위 기간 동안 칸디 군대의 위치와 군대가 사용한 야전 병원이나 캠프로 활용된 사원들을 자세히 나타내고 있다. 지도 옆에 표현된 인물은 반 에크 본인으로, 그는 왼손으로 파괴된 궁전을 가리키며 자부심을 드러내고, 오른발로 죽은 칸디왕국의 군인을 밟으면서 무표정하게 먼 곳을 바라보고 있다. 그 옆에는 자바 병사가 칸

제작자: 미상 **제목:** 실론섬 내 칸디왕국 지도 **발행지:** 미상
발행일: 약 1765-1770년 **기법:** 종이에 필사 **크기:** 76 x 55cm
축척: 축척 없음 **방위:** 북쪽이 위쪽 **소장처:** 보델 니젠하위스 컬렉션

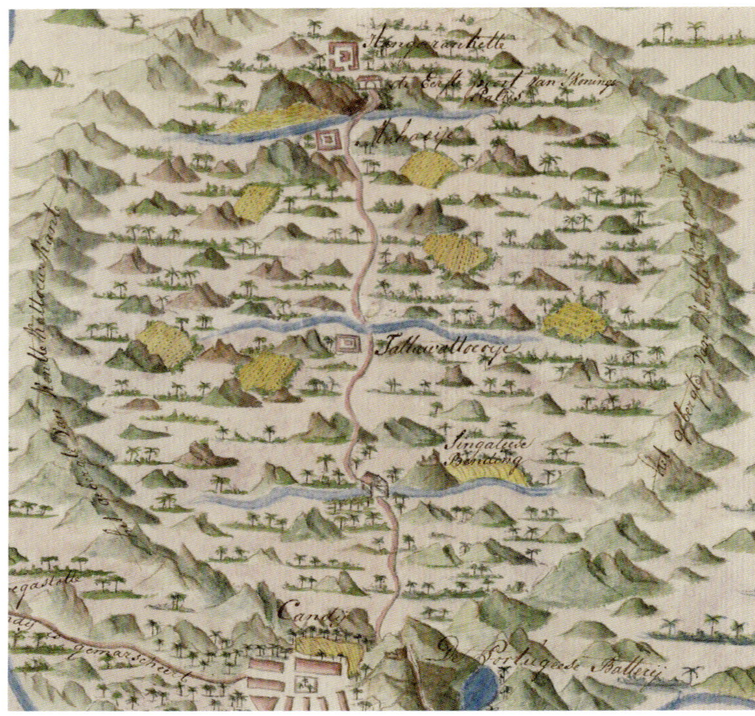

칸디왕국의 지도로, 싱할라 방어 시설과 항쿠랑케타의 교외 궁전이 나타나 있다.

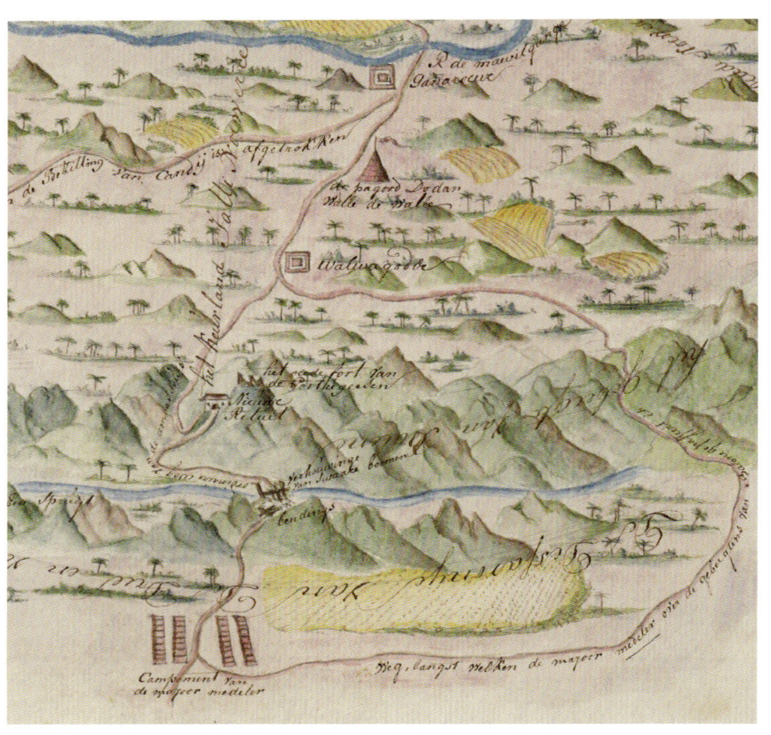

메델레 소령이 지휘하는 부대 지도. 도담왈라 사원은 칸디 남쪽에 그려져 있지만 실제로는 서쪽에 있다.

디 군인의 머리를 들고 있고 뱀 모양의 칼날이 달린 단검을 들고 있는 모습으로, 전쟁의 잔혹함을 생생하게 보여 준다.

점령 당시, 동인도회사의 군대는 오랜 기간 머물지 못했다. 식량 부족, 질병의 확산, 그리고 칸디 주민들의 지속적인 저항에 직면하여, 결국 철수를 결정할 수밖에 없었다. 반 에크는 콜롬보(현재의 스리랑카의 수도)로 돌아온 지 6개월 만에 사망했다. 이러한 사건의 경과는 출라밤사에도 상세히 기록되어 있으며, 당시 상황의 역사적 중요성을 이렇게 강조한다. "적대적인 지도자는 신들과 칸디 왕의 힘에 의해 단기간에 크게 착각하고 두려움, 공포, 망상이라는 벌을 받았다. 그는 선량한 도시를 떠나 위엄을 잃고 도망쳤으며, 결국 죽음의 그림자 속으로 사라졌다."

1765년에 일어난 네덜란드군의 원정과 퇴각은 도식적인 지도에 상징적으로 표현되어 있다. 이 지도에서 붉은 선은 네덜란드 군대가 해안 지역에서 칸디왕국을 침략하고 궁전을 파괴한 다양한 경로를 나타내며, 강을 건넌 후 전진 기지를 설치한 위치를 확인할 수 있다. 칸디왕국의 요새, 궁전, 사원들은 칸디 왕과 그의 측근들이 점령 기간 동안 항쿠랑케타(Hangkurangketha)로 피난 가며 머문 경로와 함께 묘사되었다. 지도에는 이 피난처가 '궁전'으로 명시되어 있다는 점이 중요하다.

이 지도를 면밀히 검토하면, 실제 지형이 상당히 왜곡되어 표현된 것을 알 수 있다. 지역의 위치 또한 혼란스럽게 배열된 듯한 인상을 준다. 예를 들어, 큰 군사 캠프의 위치인 카투가스토타(Katugastota)는 지도상으로는 도시의 서쪽에 표시되어 있으나 실제로는 궁전의 북쪽에 위치한다. 마하웰리(Mahaweli)강을 따라 휘어져 있는 강의 모습이 지도상에서는 서쪽으로 향하는 것으로 그려져 있으나, 실제로는 북쪽으

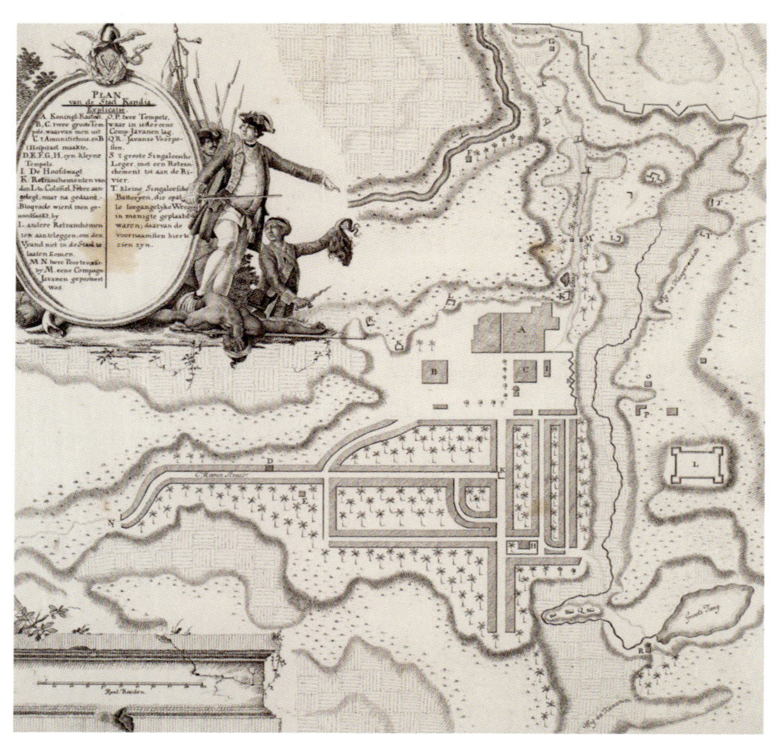

1765년 칸디왕국의 지도로 반 에크 총독을 묘사하면서 전쟁의 폭력성을 강조하고 있다. (헤이그, 국립기록보관소)

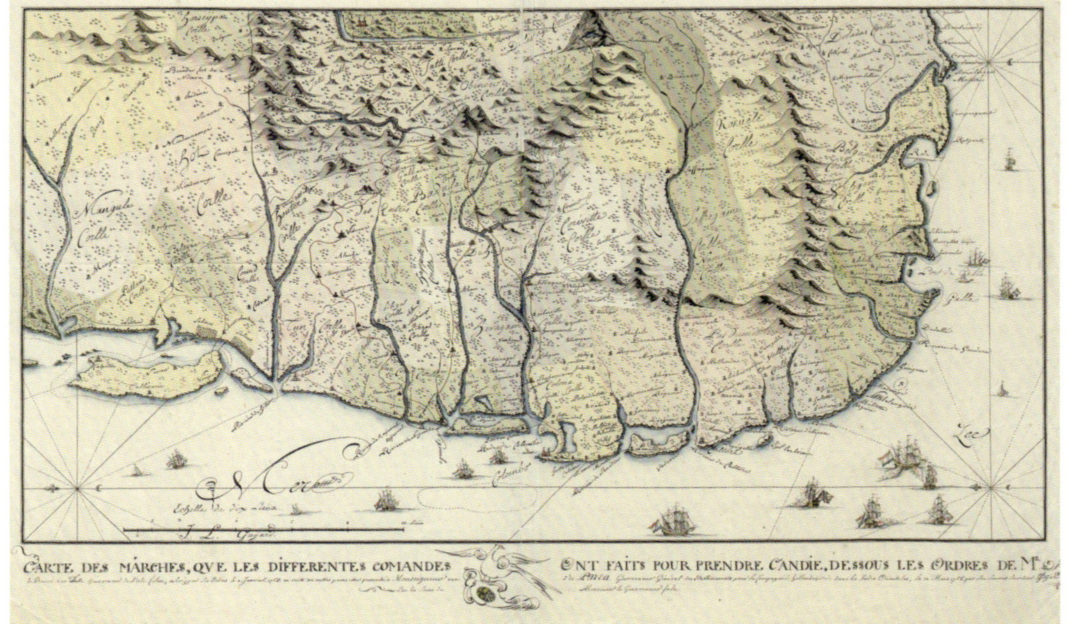

가이야르가 1766년에 제작한 이 지도에서는 칸디왕국 방향으로의 행군 경로가 묘사되어 있다.

로 흐른다. 왕이 항쿠랑케타로 가는 경로는 지도상에서 북쪽을 가리키지만, '궁'은 실제로는 도시의 남동쪽에 위치해 있다. 더욱이 도담왈라(Dodamwala)의 사원 정착지는 지도상으로 남쪽에 있으나 실제로는 서쪽에 위치해 있는 등 상당한 오류가 보인다.

지도의 외곽 원에 표시된 지방 명칭이 정확한 것을 보면, 내부 원이 외부 원에 비해 약 1/4 정도 회전된 것처럼 보인다. 예를 들어 마탈라(Matala)는 북쪽에, 사프레감(Saffregam)은 서쪽에 위치한다. 산맥의 매끄러운 원형 모습은 지도가 지리적 상황을 정확히 반영하지 못하고 있다는 것을 시사한다. 이와 같은 지도의 방향성에 대한 부정확함은 이 지도가 실론이 아닌 네덜란드에서 제작되었을 가능성을 나타내는 단서로 해석될 수 있다.

이 독특한 지도의 제작자와 제작 목적은 분명하지 않다. 당시 네덜란드 공화국에서는 칸디왕국과의 전쟁에 대한 관심이 매우 높았다. 신문은 반 에크의 일지에서 발췌한 내용을 포함하여 독자들이 전쟁의 진행 과정을 알 수 있도록 했다. 네덜란드의 총독은 반 에크와 그의 부하들이 칸디 궁전에서 약탈한 전리품을 골동품 진열장에 전시해 두었다. 이들은 현재 암스테르담 국립미술관의 영구 소장품으로 전시되어 있는데, 스리랑카는 이 유물들의 반환을 요구하고 있다. 식민지 역사와 관련된 이러한 사건들은 오늘날에도 여전히 중요한 이슈로 남아 있다.

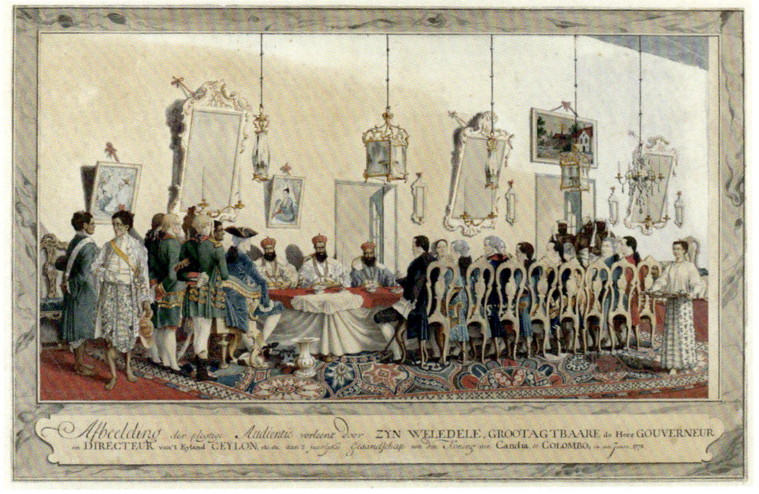

이만 팔크 총독이 칸디왕국의 사절단을 맞이하는 모습이다. 평화 협정 체결 6년 후인 1772년 카렐 프레더릭 라이머가 그렸다. (암스테르담 국립미술관)

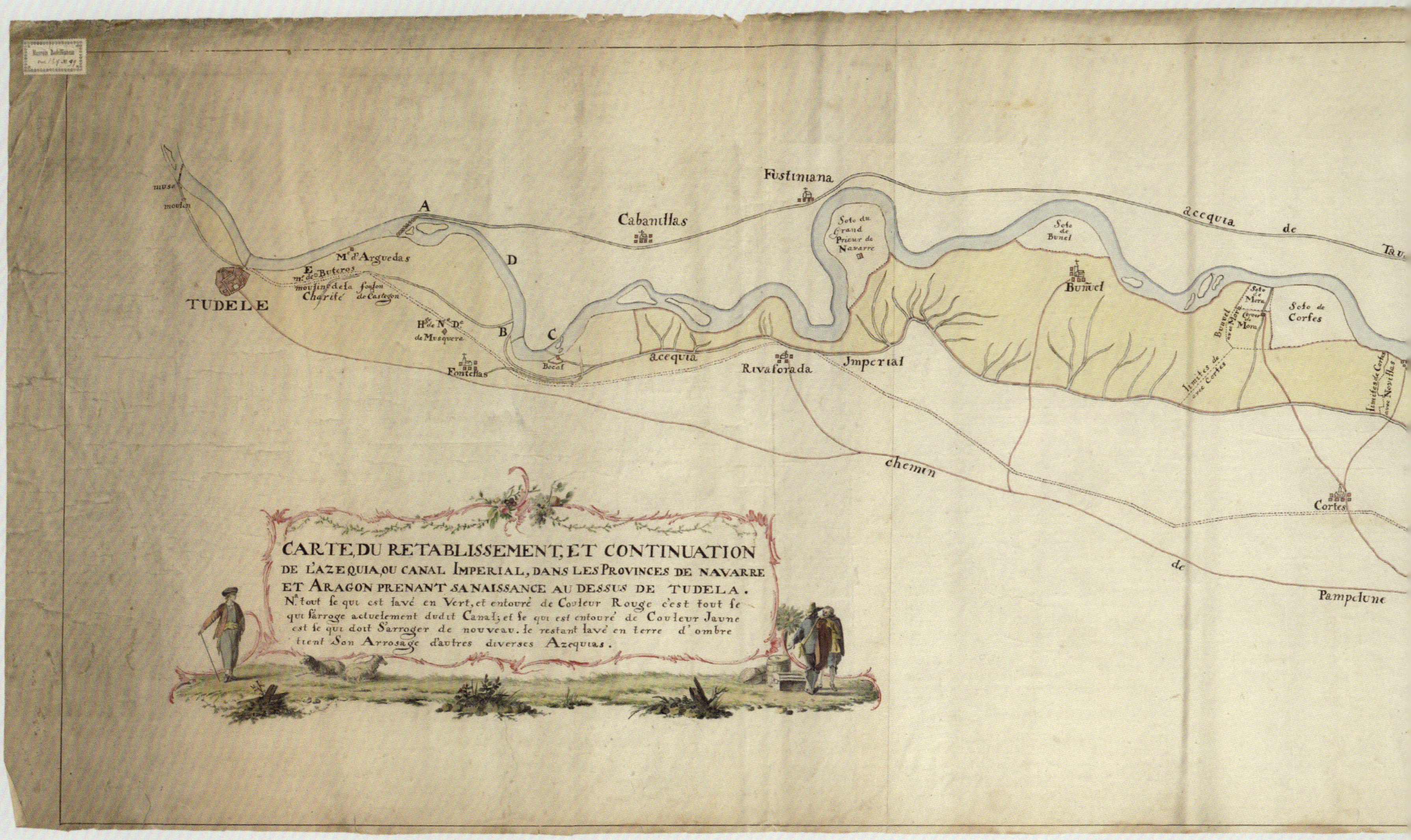

CARTE, DU RETABLISSEMENT, ET CONTINUATION DE L'AZEQUIA, OU CANAL IMPERIAL, DANS LES PROVINCES DE NAVARRE ET ARAGON PRENANT SA NAISSANCE AU DESSUS DE TUDELA.

N.ª tout se qui est lavé en Vert, et entouré de Couleur Rouge c'est tout se qui s'arroge actuelement dudit Canal; et se qui est entouré de Couleur Jaune est se qui doit s'arroger de nouveau. le restant lavé en terre d'ombre tient son Arrosage d'autres diverses Azequias.

TUDELE
A
B
C
D
Cabanillas
Fustiñana
acequia de
Buñuel
Sote de Cortes
Fontellas
acequia
Rivaforada
Imperial
chemin
de
Pampelune
Cortes

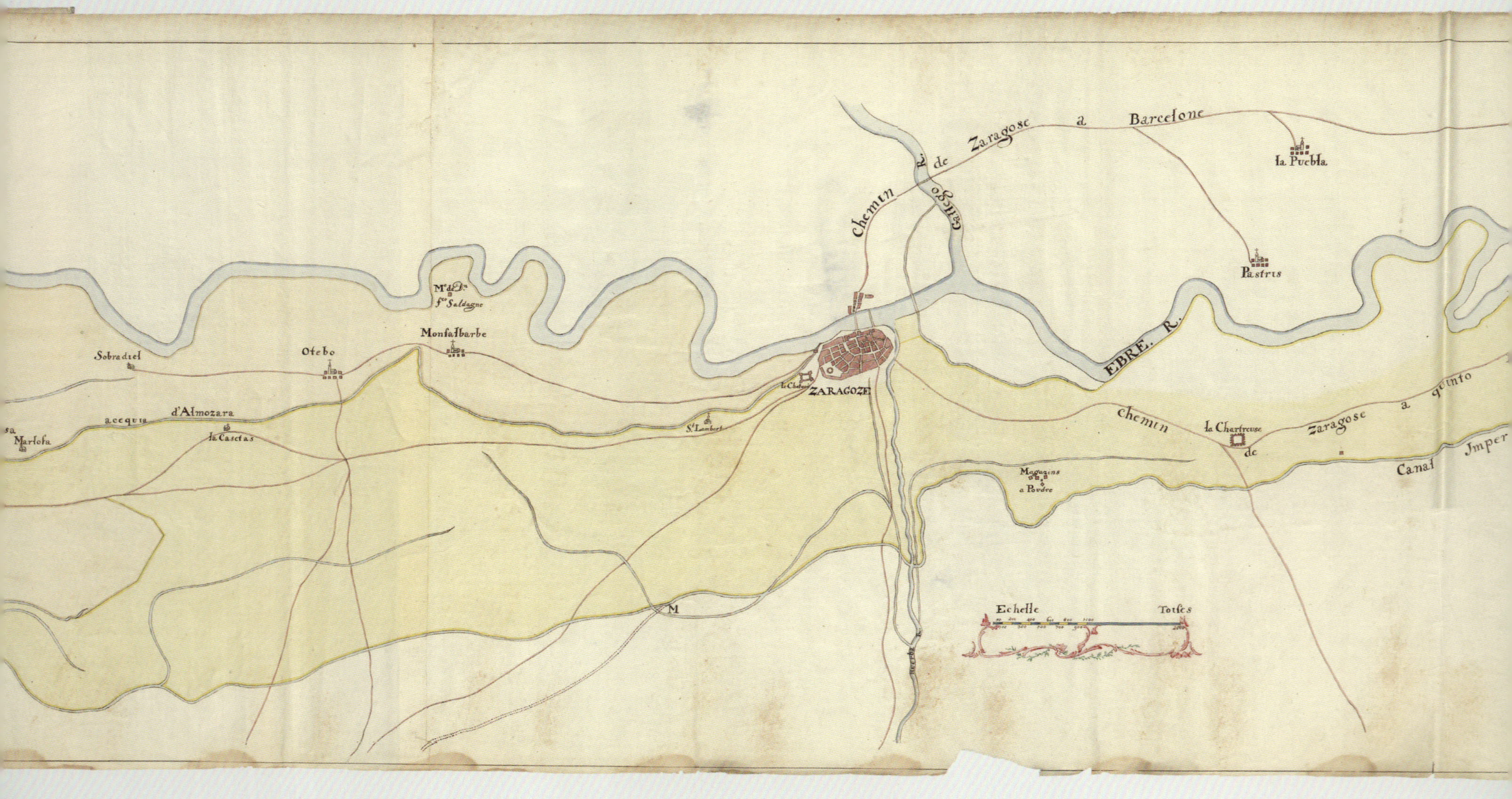

Chemin de Zaragose a Barcelone
La Puebla
Pastris
Sobradiel
Otebo
Monsalbarbe
ZARAGOZE
acequia d'Almozara
La Casetas
S.t Lambert
EBRE R.
Chemin de Zaragose a quinto
la Chartreuse
Canal Imper
Magasins a Poudre
M
Echelle
Toises

Tauste

Pradillas

Boquiñen

S.t Pierre Martir

Luceni

Alcala d'Ebre

Cabañas

Alagon

N.D. de Castellar

acequias de la Hermandad

Gallur

acequia Imperial

acequia de Luceni

Zaragose

Pedrola

acequia de Pedrola

Figueruelas

Grisens

acequias de Alagon

Pinseque

Villa franca

Utera

Puna

H.re de S.te Anne

H.re N.D. de Bon Astre

Bergerie du Comte de Fuentes

Zaragoze la Vieille

Fuentes

Quinto

Ruisseau de Mediana

PLAINES DE la Couronne de Quinto Potin C.

Par Ordre de Messieurs Adolff Van Heshuijsen & C.e je Soussigné Arpenteur, Admis par La Cour de Hollande et de Westfrise, Comme aussi Arpenteur Ordinaire de La Ville de Haerlem, affirme d'avoir Copié Fidellement cette Carte selon L'original, ce 27 Mars 1775.

Marel

43 1771년 – 스페인의 수리 기술

아라곤 왕국 운하

스페인에 있는 아라곤 왕국(Imperial de Aragón) 운하의 상세한 지도가 어떻게 네덜란드의 지도 수집품에 들어 있는지는 흥미로운 일이다. 이 지도는 단순한 지리적 정보를 제공하는 것을 넘어, 보다 깊은 역사적·문화적 연관성을 드러낸다. 에브로(Ebro)강 계곡에 자리한 이 운하는 1528년에 황제 카를 5세(1500-1588)가 제국의 운하 건설 계획을 세웠던 곳으로, 16세기 초부터 건설하려는 시도가 있었지만 성공하지 못했다. 이 운하의 건설 계획은 잠시 중단되었다가, 1759년부터 1788년까지 카를로스 3세 통치 기간 동안 스페인의 근대화 과정에서 재개되었다. 이 현대화 과정은 도로 및 수로 건설을 포함했으며, 막대한 비용이 들었다. 왕국 운하의 의도된 개발을 나타내는 이 특별한 지도는 필요한 자금을 모으는 데 없어서는 안 될 도구였다.

스페인의 교통 및 통신망 확충 및 근대화는 계몽 군주 카를로스 3세(1716-1788)가 펼친 치세의 핵심이었다. 카를로스 3세의 통치 기간 중, 정기적인 역마차가 운행되면서 중요한 도로들이 건설되었다. 그것은 훨씬 더 이른 시기에 도로와 마차의 연결망을 갖춘 다른 유럽 국가들과 비교했을 때 상당히 늦은 편이었다. 또한 카를로스 3세의 통치 아래에서 해상 교통망도 크게 발전하였는데, 그중 가장 야심에 찬 프로젝트는 대서양의 비스케이만과 지중해를 연결하는 수로 네트워크의 구축이었다.

스페인제국의 운하 건설 프로젝트에서 가장 큰 도전 과제는 수리공학적 문제였다. 아라곤 내륙 지역은 오랫동안 해상 접근을 통한 농산물 수출의 필요성을 느꼈으며, 아라곤 왕국 운하는 이러한 요구를 충족시켜 주었다. 이 운하를 통해 스페인 북부 지역의 농경지 관개가 가능해졌고, 특히 에브로강의 물을 넓은 경작지에 활용할 수 있게 되었다. 이러한 운하 시스템은 스페인어로 '아퀴아(acequia)'라고 불리는데, 이 단어는 아랍어에서 유래한 것으로 관개수로를 의미한다.

운하는 엘 보칼 더 폰텔라스(El Bocal de Fontellas)에서부터 아라곤 지역의 사라고사 동쪽에 위치한 푸엔테스 더 에브로(Fuentes de Ebro)까지 이어졌다. 이 경로는 운하가 에브로강과 평행하게 위치했음에도 불구하고, 강에 있는 많은 곡류와 장애물로 인해 에브로강을 따라 실질적인 항해가 불가능했음을 시사한다.

제작자: 얀 반 바렐 피터르스 **제목:** 나바라와 아라곤 지방을 흐르는 왕립 수로(아세키아)의 복구 및 연장 지도-투델라 상류에서 시작됨
발행지: 하를렘 **발행일:** 1771년 **기법:** 종이에 필사 **크기:** 61 x 453cm
축척: 약 1:25,000 **방위:** 북쪽이 오른쪽 상단
소장처: 보델 니젠하위스 컬렉션

카를로스 3세는 운하 프로젝트의 성공적인 실행을 위해 필요한 전문 지식을 습득하고 자금을 확보하는 데 집중했다. 1769년에는 운하 건설에 필요한 기술적 노하우를 얻고 프로젝트에 대한 추가 재원을 조달하기 위해 네덜란드에 특별 사절단을 파견했다. 이와 관련하여, 마드리드에 위치한 바딘 콤파냐(Badin y Compañia) 회사가 해당 프로젝트의 재정 업무를 담당하였다.

네덜란드에서 아돌프 얀 헤슈이센(Adolf Jan Heshuysen, 1736-1811)이 이끄는 하를렘 회사와 헤이그의 은행가 시메온 보아스(Simeon Boas)는 바딘 콤파냐 회사의 대표자로 활동하며, 스페인의 운하 건설 프로젝트를 위해 네덜란드 공화국에서 채권을 판매하였다. 이 재정 전문가들은 나중에 스페인 사절단을 수리공학자 및 지도 제작자로 명성을 떨친 코르넬리스 크라옌호프(Cornelis Krayenhoff, 1758-1840)의 아버지인 코르넬리스 요하네스 크라옌호프에게 소개시켰다.

1770년, 스페인의 국왕은 코르넬리스 요하네스 크라옌호프에게 운하 프로젝트의 기술적 타당성을 평가해 달라고 요청하였으며, 이후 그를 해당 프로젝트의 총괄 책임자로 임명하였다. 크라옌호프는 1769년부터 1777년 사이에 총 세 차례 스페인을 방문했으며, 그 기간 이후에는 운하 건설 작업의 감독 역할을 그의 조카인 루돌프 테오도로스(Rudolphus Theodorus, 1751-1795)에게 맡겼다.

1790년에 완공된 110km 길이의 운하는 투델라(Tudela)와 사라고사(Zaragoza) 사이의 화물 및 승객 운송에 활용되었다. 운하의 초기 계획은 에브로강 동쪽의 퀸토 마을까지 연장하는 것이었으나, 마지막 구간은 건설되지 못했다. 현재 네덜란드 헤이그의 국립문서보관소에 소장된 크라옌호프 가문의 기록 보관소에는 이 운하 프로젝트와 관련된 다수의 수작업으로 제작된 지도들이 보관되어 있다.

코르넬리스 요하네스 크라옌호프가 스페인 국왕을 위해 실행한 여

러 수리공학 프로젝트 중, 왕국의 운하는 하나의 사례에 불과했다. 그 중 가장 야심 찬 계획은 투델라에서 빌바오까지 항해 가능한 운하를 구축하는 것이었다. 이 운하가 완성되었다면, 지중해와 대서양을 잇는 중요한 무역로를 형성하여 스페인 경제에 상당한 활력을 불어넣었을 것이다. 그러나 크라옌호프의 이러한 원대한 계획은 재정적, 기술적 문제뿐만 아니라 복잡한 이해관계로 인해 실현되지 못했다. 크라옌호프가 제안한 다른 수리공학 프로젝트들 또한 유사한 어려움에 직면하였다.

레이던의 지도 수집가 보델 니젠하위스의 소장품 목록에 포함된 왕국 운하의 지도는, 오른쪽 하단의 카르투슈에서 확인할 수 있듯이, 아돌프 얀 헤슈이센(Adolf Jan Heshuysen)과 하를렘 회사의 의뢰로 제작되었다. 이 프랑스어 지도는 하를렘 출신의 얀 반 바렐 피터르스(Jan van Varel Pietersz, ?~1776)가 그린 원본 지도의 복사본이다. 반 바렐 피터르스는 1744년에 도시 측량사로 등록되었으며, 하를렘과 인근 지역의 지도 제작에 능숙한 측량사로 알려져 있다. 1756년에 그린 하를렘 메르후트(Haarlemmerhout) 공원의 지도도 그의 작품 중 하나이다. 비록 바렐 피터르스가 실제로 스페인을 방문한 적은 없지만, 그는 자신의 동료이자 하를렘 주민인 헤슈이센을 위해 원본 지도와 동일한 복사본을 제작했다.

중요한 것은 헤슈이센이 투자자들을 프로젝트에 참여시키기 위해 이 지도를 사용했다는 점이다. 지도상의 다채로운 색상 사용에 대한 설명은 좌측 하단에 있는 카르투슈 아래의 제목에서 찾아볼 수 있다. 특히, 빨간색 테두리로 구분된 녹색(현재는 시간이 지나 약간 노랗게 변한) 부분은 지도 제작 당시 이미 운하에 의해 관개가 이루어진 지역을 나타내며, 이는 주로 지도의 북서쪽 부분에 위치해 있다.

지도에서 주목할 부분은, 사라고사 남쪽과 사라고사와 퀸토 사이에 위치한 노란색 국경이 있는 지역으로, 이는 관개가 필요한 지역을 나타낸다. 또한 적갈색으로 표시된 지역(사라고사 북서쪽, 에브로강과 나란히 있는 땅)은 여러 수로를 통해 관개가 이루어진 지역을 나타낸다. 이러한 지도상의 정보는 왕국의 운하에 대한 개선 및 복원을 위한 프로젝트가 시작되었음을 분명히 보여 주며, 프로젝트는 최종적으로 부분적으로만 실현되었다. 이 지도는 네덜란드의 수리 및 토목 공학 지식의 전파를 상징하는 것으로, 역사적으로 중요한 가치를 지닌다.

18세기 말 스페인 지도로, 완공된 운하(파란색)와 계획 중인 운하(빨간색)가 표시되어 있다.

伊犁
惠遠城
庫車
阿克蘇
和闐
葉爾羌
雪山
冰山
玉山
戈壁

西域全圖
東
喀尔喀界
沙磧
巴里坤城
哈密
沙漠
沙磧
戈壁
嘉峪關
王門縣

44

1775년 — 새로운 영토를 시각화하다
신장 지역에 대한 최초의 대중적인 지도

이 익명의 필사본 지도는 1759년 청나라가 정복하여 영토의 북서쪽 일부로 편입한 중앙아시아 신장 지역에 대한 최초의 대중적인 중국 기록이다. 이 지도는 신장(新疆)을 중국인들에게 처음으로 시각적으로 소개한 작품 중 하나인데, 신장을 멀고 위험하지만 이국적인 특성이 있는 동시에, 잠재적으로 중요한 청나라 제국의 자랑스러운 새 영토로 묘사한다. 첨부된 지도에는 산맥, 사막, 오아시스 등 인상적인 자연 특성들이 그림과 선명한 색상으로 표현되어 있다. 이는 만리장성의 서쪽 끝에 위치한 가욕관(嘉欲關), 황하 신화의 발원지, 그리고 대상(隊商) 도시와 톈산산맥을 따라 이어지며 북쪽과 남쪽의 국경 전초기지를 잇는 주요 도로 등의 문명의 흔적들과 연계된다. 중국과의 거리, 비옥한 들판과 넓은 습지, 러시아, 인도, 카자흐스탄, 키르기스스탄과의 국경에 대한 세부 정보들을 포함하며, 대부분의 중국 지도에서 특징적으로 나타나는 정보의 풍부함을 자랑한다.

중국은 약 2000년 전 실크로드가 형성된 이래로 중앙아시아와 지속적인 접촉을 해 왔다. 그리고 한나라(기원전 202-기원후 220)와 당나라(610-907) 시대의 서역(西域)과 안시(安西) 지역은 중국의 지배를 간헐적으로 받았다. 이로 인해 실크로드를 따라 언어와 문화가 자유롭게 혼합되었고, 가치 있는 필사본과 두루마리 지도가 둔황과 같은 유명한 종교 및 무역 중심지에서 제국의 북서쪽 끝부분에 위치한 지역까지 수 세기에 걸쳐 축적되었다. 이러한 교류는 동서 문화의 상호작용과 교차점을 제공하는 역사적 맥락을 형성한다.

1759년, 청나라가 알타이산맥 북쪽의 스텝 지역과 타림분지의 오아시스, 중가리아 분지를 점령하며 오랜 전쟁을 마무리하고 혼란한 지정학적 상황에 종지부를 찍었다. 신장 지역은 넓은 면적에 비해 인구 밀도가 낮아서 효율적인 통치가 어려웠다. 대다수의 청나라 사람들은 이 지역에 관하여 오래된 명칭과 이국적인 이야기들만 알고 있을 뿐, 신장은 여전히 불가사의한 땅으로 남아 있었다. 이러한 상황은 신장 지역에 대한 청나라의 인식과 정책에 중대한 영향을 미쳤다.

1777년에 신장 정부에서 근무하던 만주족의 하급 관리인 치시이는 서역에서 보고 들은 것을 기록한 『서역문견록(西域聞見錄)』이라는 책을 펴냈다. 이 책은 신장 지역에 대한 세부적인 기술을 담은 최초의 문헌으로, 이 지역의 지리, 문화, 역사에 대한 중요한 정보를 제공한다.

이 책은 출간 이후 50년에 걸쳐 신장, 즉 새롭게 편입된 영토에 관한 가장 널리 읽히는 책으로 자리매김했다. 책에서 제시된 지도는 1826년에 '서역기요(西域紀要), 서역에 대해 반드시 알아야 할 기록'이라는 제목으로 재출간되었다. 이는 신장 지역에 대한 상세한 정보와 지리적 인식을 대중에게 전달하는 중요한 역할을 하였다.

저자와 출처가 불명확한 독특한 이 지도는 치시이의 저서에 기술된 정보를 바탕으로 연대를 추정할 수 있다. 지도상의 텍스트는 주로 지명과 거리에 관한 내용으로 구성되어 있다. 이 지도는 1770년대의 상황을 반영하며, 당시 청나라의 다른 지역에서는 거의 알려지지 않은 정보를 담고 있다. 이미 정밀하게 조사된 지도들이 존재했지만, 그것들은 나중에 알려진 것들이다. 결과적으로 이 지도는 신장 지역을 중국인들에게 시각화한 첫 번째 성공적인 시도라고 볼 수 있다.

치시이는 자신의 저서가 단순히 거리와 풍습을 기록한 것에 불과하며, 개인적 명성을 위해 작성된 것이 아니라고 말했다. 그는 황하 발원지보다 서쪽으로 여행한 경험을 바탕으로, 자신의 기술이 신뢰할 만하다고 주장했다. 그는 서역을 험난하고 외진 지역으로 묘사했으며, 청나라와의 관계, 정복의 위대함, 청나라 제국의 엄격한 통제 등을 강조했다. 책에는 서역에 대해 다음과 같이 기술한다. "가욕관 바깥은 고대부터 모래와 자갈이 가득하고 물과 풀이 부족한, 사람이 거의 살지 않는 곳이었다. 한나라 시대 전에는 국경 부근에서 교역이 이루어졌으며, 안시성과 둔황성이 세워졌다. 우리의 고귀한 황제가 신장을 새 영토로 개척한 이후, 수만 리의 땅이 '등록부와 지도'에 등재되었다."

지도는 서역 지역과 청나라의 도시들을 연결하는 독특한 특징을 보여 준다. 지도상에는 짙은 녹색으로 그려진 알타이산맥과 빨간색으로 표시된 동서 방향의 도로가 눈에 띈다. 주요 도시들은 네모난 벽과 4개의 붉은색 벽탑으로 표현되어 있으며, 도시 간의 거리는 리(里) 단위로

제작자: 미상 **제목:** 서역 전도 **발행지:** 중국 추정 **발행일:** 약 1775년
기법: 종이에 필사 **크기:** 43.5 x 95.5cm **축척:** 약 1:2,000,000
방위: 북쪽이 위쪽 **소장처:** 반 굴릭 컬렉션

지도의 뒷면 덮개(펼쳐진 지도 중앙의 손상된 부분이 하얀색 줄로 표시됨).

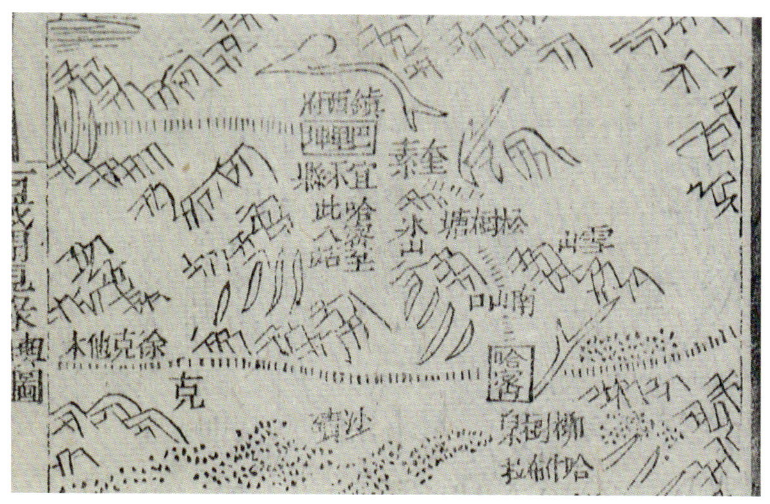

1778년판 치시이의 책에 실린 지도. 7개의 목판으로 인쇄되었으며, 하미에서 출발하는 북쪽과 남쪽 도로를 나타낸다. 하미는 지도의 오른쪽 하단 근처에 정사각형으로 표시되었다. (베를린 국립도서관)

표시되어 있다. 지도의 동쪽 끝에는 고풍스런 글씨체의 제목 아래에 위치한 커다란 성벽 문과 그 옆의 붉은 길이 그려져 있는데, 이는 만리장성의 가장 서쪽에 위치한 가욕관 고개를 상징한다. 가욕관 고개는 청나라의 영향력과 문명의 전통적인 경계선을 나타내는 중요한 요새로 묘사되어 있다.

지도에서 표현된 도로는 연한 녹색으로 되어 있으며, 여러 작은 성벽이 있는 마을들과 강들을 지나가는 모습을 보여 준다. 성벽이 없는 단일 건물로 표현된 정착지는 가욕관 고개부터 둔황과 하미로 이어지며, 이 지점에서는 2개의 주요 도로가 시작되는 것으로 표현되어 있다. 이러한 지도상의 표현은 당시 지역의 교통 및 정착 형태를 시각적으로 재현하고 있음을 나타낸다.

북쪽으로 향하는 다른 산길을 건너면 중가리아 초원 지역으로 진입하는 도로가 나타난다. 중가르족과의 긴 투쟁 이후, 청나라는 중가르족의 수도 일리에 행정 담당자를 파견했으며, 군대의 최고 지휘관이 새로운 영토에 대한 최종 권한을 행사했다. 일리강의 비옥한 유역은 농부들이 정착해서 농작물을 재배하기에 이상적인 장소였다. 도시는 북동쪽까지 강과 넓은 습지로 둘러싸여 있으며, 현재 신장 위구르 자치구의 수도인 우루무치는 북쪽의 또 다른 중요한 행정 중심지였다. 산맥의 남쪽에는 타림분지를 가로지르는 남쪽 도로가 나타났다. 고대 오아시스 도시들은 주로 이슬람 위구르 사람들이 살았으며 대부분 간접적으로 통치되었다. 서쪽에 위치한 가장 큰 도시 카슈가르는 남부의 주요 행정 중심지였다. 옅은 적갈색 점들은 사막을 나타내며, 사막 지역이 여러 곳에 분포되어 있다. 경계는 선이 아니라 글자로 표시되어 있다. 할하 몽골, 러시아, 오스만 제국, 카자흐스탄, 키르기스스탄, 바다흐샨, 카슈미르, 힌두스탄 등이 경계를 나타낸다.

안타깝게도 이 지도는 중심부가 손상되었고 중앙 부락이 누락되었다. 많은 중국의 지도와 마찬가지로 표지를 접을 수 있는데, 표지 중 하나의 색상이 지도 안으로 번져 있다. 훼손된 부분의 남쪽에는 연두색의 넓은 습지대가 나타나며, 이곳은 중국 문명의 발전에 중요한 역할을 한 황하 신화의 기원인 스타로지호수이다. 이 지도는 중국의 서역 지역과 그 주변 지역에 대한 중요한 지리적 및 행정 정보를 제공하고 있다.

비록 치시이는 하급 관리인이었지만, 그의 책은 여러 해 동안 기존의 학자들 사이에서도 신뢰할 만한 책으로 인정받아 왔다. 그의 책과 마찬가지로 이 초창기 지도는 서역 지역을 중국 영토로 체계적으로 포함시키려는 광범위한 제국주의 시도의 한 부분으로 여겨진다. 이 지도는 경관과 행정 지역을 통일된 그림으로 아름답게 표현하였으며, 출판된 공식적인 광범위한 격자형 지도와 차별화되는 매력을 가지고 있다.

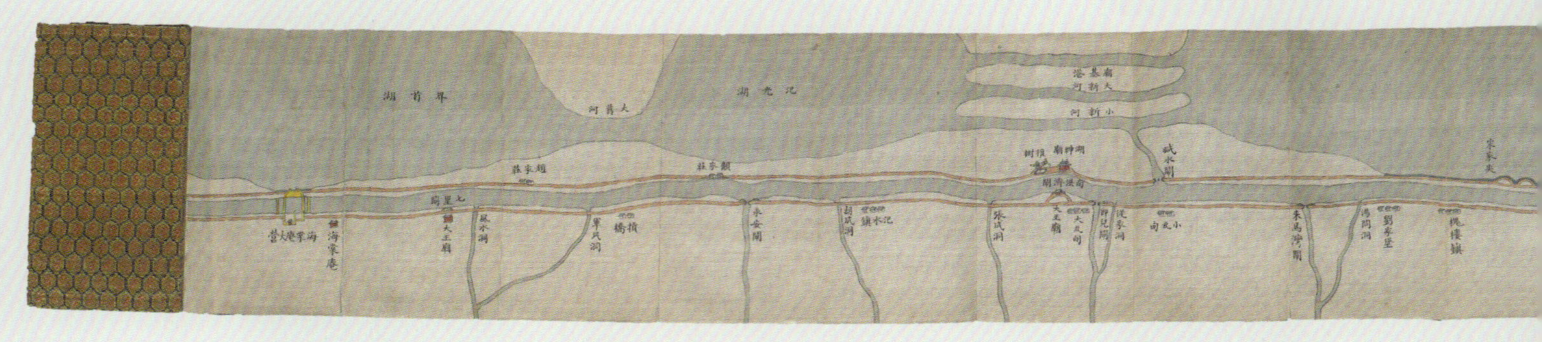

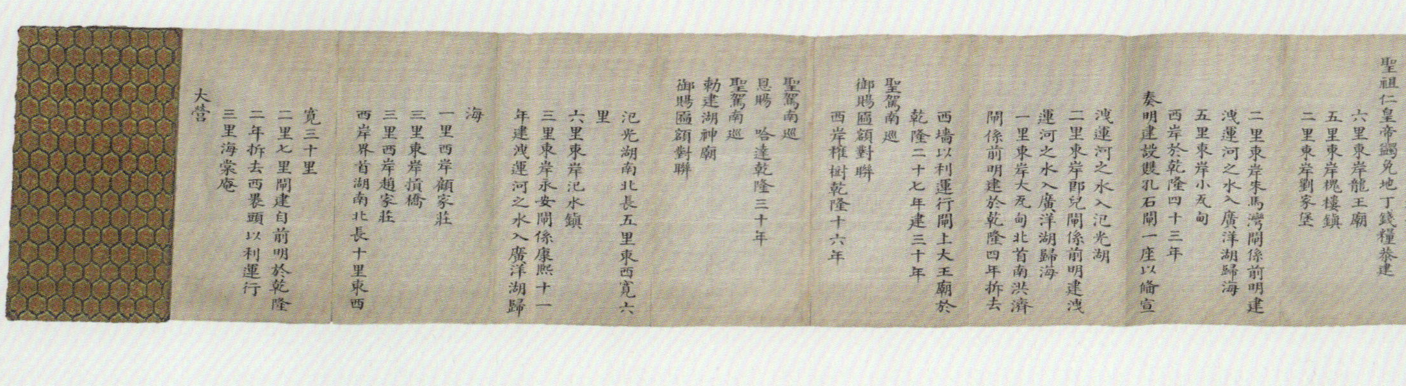

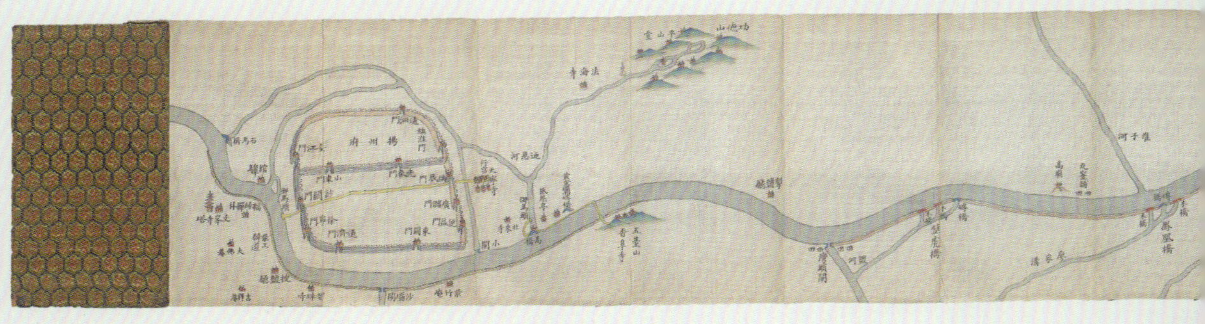

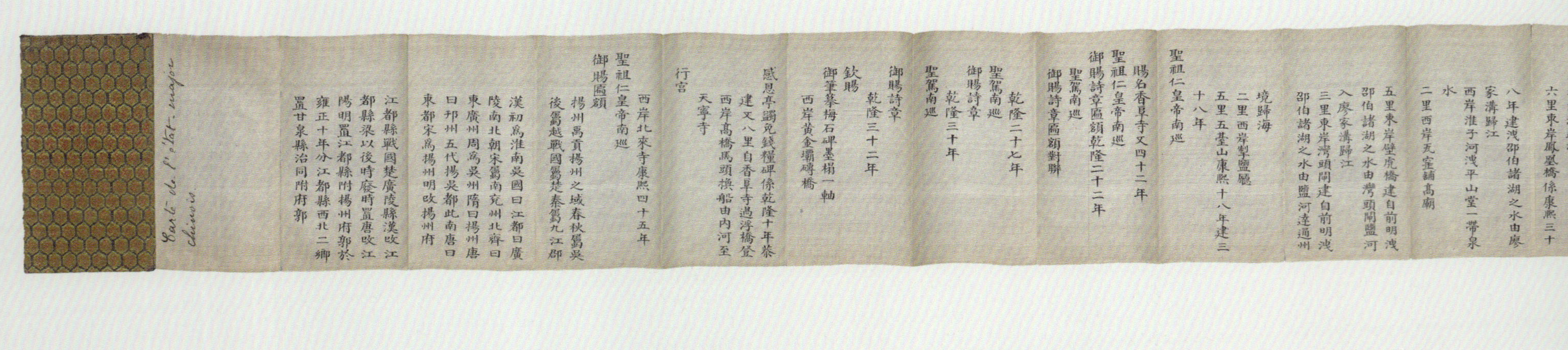

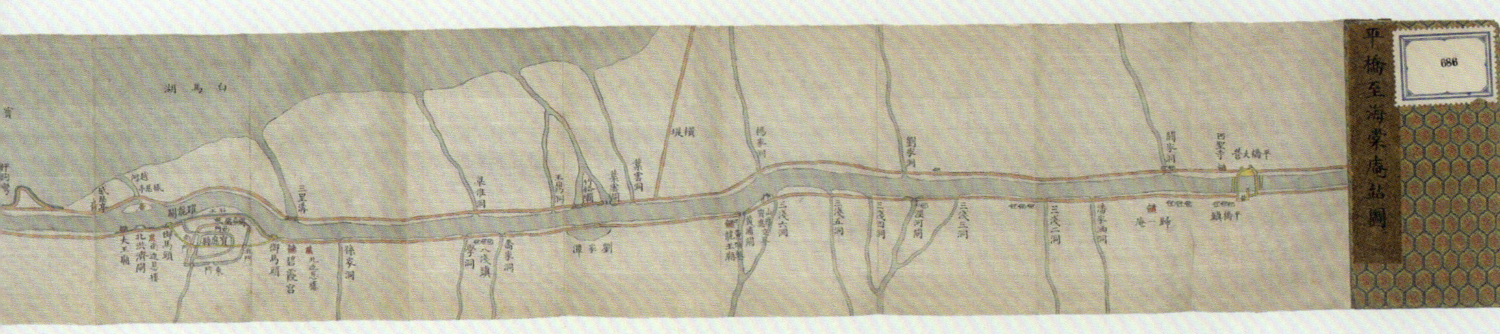

奏
聖駕自平橋大營至揚州府寶應縣
境海棠庵大營共八十二
里內
西岸西聖寺
三里東岸歸一庵
七里東岸涇河閘建自前明洩
運河之水由鹽城境達射陽湖
歸海山陽縣境內東岸涵洞六
座洩運河之水灌溉民田
西岸涵洞三座洩運河之水灌
溉民田水歸白馬湖
五里東岸山陽寶應二縣交界
西岸白馬湖南北長二十餘里
東西寬十餘里
寶應縣境內東岸涵洞九座洩
運河之水灌溉民田
西岸涵洞三座洩運河之水灌
溉民田水歸白馬湖
一里東岸黃浦閘係康熙十二
年建洩運河之水入射陽湖由
天妃閘歸海黃浦閘南龍王廟
四里東岸劉家潭
西岸竹絡壩雍正九年建設遇
運河水漲洩入白馬湖歸寶應
湖乾隆四十三年請
旨在竹絡壩迤北四十丈處建設雙
孔石閘一座以備宣洩運河之
水
四里八淺鎮
七里西岸三里溝滾水壩乾隆
二十二年建宣洩運河之水入
寶應湖因壩底衝深宣洩過甚
今堅閉不開東岸碧霞宮
御馬頭
西岸寶應湖南北長三十餘里
東西寬九十餘里受洪澤湖減
下之水由氾光湖入界首高郵
等湖仍入運河分路歸江歸海
二里東岸寶應縣
寶應縣因吳地後蜀楚漢安平

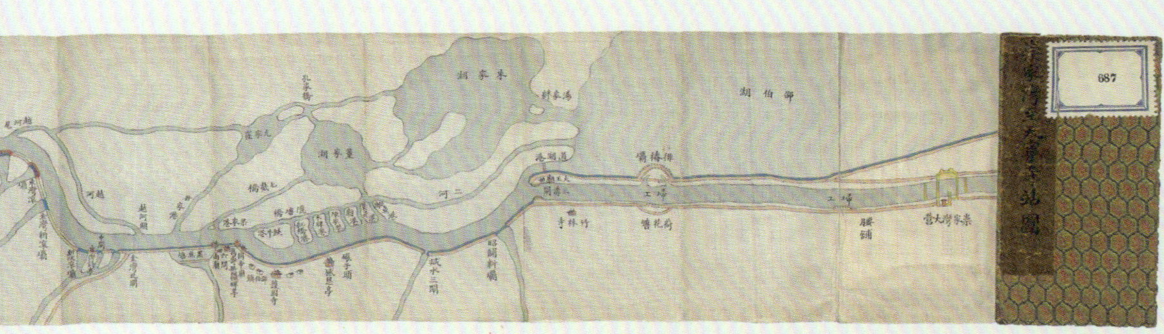

奏
聖駕自崇家灣至江都縣天寧寺
行宮共六十二里內
三里腰鋪於乾隆二十六年漫
溢堵築之工
五里荷花塘於乾隆二十六年
漫溢堵築之工
四里竹林寺
二里三溝閘建自明季於乾隆
六年拆去兩墻鑲做柴工順溜
以利運行
二里東岸昭關新壩係乾隆二
十二年建洩運河之水由泳洋
等湖達丁溪等閘歸海
二里減水三閘係康熙三十八
年建洩邵伯諸湖之水由俾勝
等湖達丁溪等閘歸海
西岸甘泉境內港口十處宣洩
湖水
二里東岸礙子頭於乾隆二十
六年漫溢堵築之工
三里東岸邵伯鎮晋謝安築埭
障水民懷其德比之甘棠後成
大鎮
萬壽無疆碑亭康熙四十三年恭建
西岸邵伯湖南北長二十餘里
東西寬十四五里
五里東岸金灣南北中三閘係
前明建於乾隆九年改建
金灣南閘乾隆二十七年
聖駕南巡奉
旨改建滾水石壩金門寬三十丈與
金灣舊壩底相平壩下引河長
三百丈滙入北閘下引河分洩
運河之水由人字河經芒稻閘
入江一由通泰河入海
壩旁
御詩碑亭乾隆二十七年
聖駕南巡閱金灣六閘詩一律
碑左乾隆四十五年
聖駕南巡過金灣六閘書事
御詩一律
一里東岸金灣新滾壩係康熙
二十五年建於乾隆二十五年
奏請於壩下另開新河一道長二
千六百三十丈又將該壩北首
順勢展寬十丈共金門五十丈
於乾隆二十七年恭逢
聖駕臨幸指示機宜將壩下新開引
河展寬新舊共底寬十丈使邵
伯諸湖之水亦由董家溝暢達
歸江
西岸越河一道越東西灣仍入
運河
一里東岸東灣滾壩係乾隆九
年建洩邵伯諸湖之水由石洋
溝歸江
一里東岸西灣滾壩係乾隆九

45

1784년 — 황제를 위한 길 안내도

건륭제의 마지막 남방 순행

중국의 황제들은 정기적인 시찰을 통해 전국을 방문했으며, 특히 청나라 시대에는 북경을 기점으로 사방을 두루 다니는 공식적인 순행을 하였다. 초기 여정의 목적지는 서쪽의 우태산(于泰山)으로 설정되었고, 동쪽의 만주와 공자가 태어난 태산(泰山)으로 이어졌다. 이후에는 북부의 열하(熱河, 지금의 청더)•와 남부의 장안 지역으로 이어지는 루트가 계획되었다. 1735년부터 1796년까지 중국을 지배한 건륭제(1711-1799)는 청나라의 제5대 황제이자 만주 출신의 네 번째 황제로서, 조부 강희제(1654-1722)의 전례를 따라 여섯 차례에 걸친 남방 순행을 하였다. 1751년 시찰을 시작으로, 황제와 수행단은 대부분 말을 타고 이동했으나, 남부 지역으로의 여행에는 해상 루트인 대운하를 따라 이동하는 방식을 이용했다. 대운하는 기원전 500년경부터 건설된 것으로 알려져 있다.

대운하는 황하강(Yellow River)과 양쯔강(Blue River) 사이를 잇는 광대한 수로 네트워크로 약 1,800km에 이르는 세계에서 가장 긴 운하로 알려져 있다. 이 운하는 '제국의 운하' 또는 '양쯔강-황하 대운하'로도 명명되며, 이때 대운하의 수도는 항저우를 의미했다. 이 운하는 중국의 수도 북경과 저장성의 수도 항저우를 연결하는 중요한 교통수단이다. 청나라 시기, 만주 출신의 황제들은 이 운하를 지속적으로 활용하고 유지하는 데 주력했다. 특히 건륭제는 통치 기간 동안 중국은 몽골, 신장, 티베트를 병합하며 역사상 가장 넓은 영토를 확보하였다.

1784년, 황제는 운하를 이용해 자신의 여섯 번째이자 마지막 남방 순방을 시작하였는데, 여정은 총 121일에 걸쳐 이루어졌다. 이 기간 동안 황제의 남쪽 여정의 최종 구간을 상세하게 나타내는 2개의 긴 접이식 지도가 사용되었다. 이 지도들은 황제의 순방 계획 수립을 위해 특별히 제작되었을 가능성이 높다. 지도상에서 황제의 이동 경로는 오른쪽에서 왼쪽으로, 북쪽에서 남쪽으로 향하는 방향으로 표시되어 있다.

이전 황제들의 시찰에 관한 자세한 설명은 지도와 동봉된 자료들에 포함되어 있으며, 이 자료들은 황제와 그의 전임자들이 특정 시기와

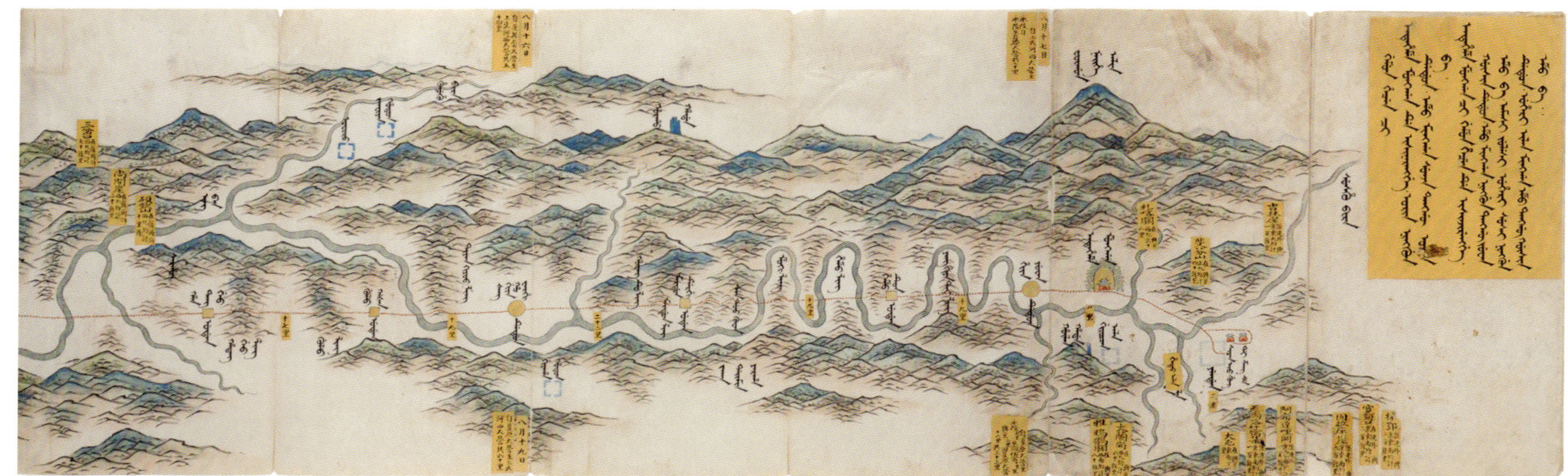

1778년 허투 알라로 가는 경로 지도의 오른쪽 부분. (맥클린 컬렉션)

• 열하(熱河)는 과거 중국 청나라 시대에 사용된 지역 명칭으로, 현재의 허베이성, 랴오닝성, 그리고 내몽골 자치구 일부 지역을 아우르는 지역을 말한다. 열하는 특히 청나라 황제들이 여름을 보내기 위해 사용했던 청더(承德)의 여름 궁전과 정원으로 유명하다.

1770년 청나라 화가 쉬 양(徐扬)이 비단 두루마리에 그린 그림으로 쑤저우 대운하 도착 장면을 묘사하고 있다. (메트로폴리탄 미술관)

장소에서 어떠한 선물을 어느 대상에게 전달했는지에 대한 정보를 제공한다. 이 설명들은 시, 서예, 비문 등이 포함된 판형 형태로 상세하게 기술되어 있다. 비록 시찰의 다른 부분들에 대한 유사한 지도들이 존재했을 것으로 추정되지만, 그러한 지도들은 현재까지 남아 있지 않다.

2개의 긴 띠 모양 지도는 대운하의 특정 구간, 특히 화이양(淮揚) 운하를 상세하게 나타낸다. 이 부분은 양쯔강과 화이허(淮河)강 사이를 관통하며 양저우 주변의 여러 큰 호수를 따라 이어진다. 운하의 서쪽 지역은 운하 바닥보다 높게 위치한 반면, 동쪽 지역은 운하보다 낮게 자리 잡고 있어, 과거에는 자주 홍수를 일으키는 원인이 되었다. 화이양 운하는 화이허와 양저우를 잇는 중요한 교통로로, 전통적으로 중국의 주요 무역 중심지 중 하나로 자리 잡았다. 만주족이 북경을 정복했을 때, 양저우는 청제국에 맞서 격렬히 저항했다. 1645년 도시가 함락되자 정복자들은 대규모 학살을 자행했지만, 10년 후 도시는 재건되어 행정, 무역, 문학, 예술의 중심지로 발전했다. 양저우는 부유한 상인들에 의해 조성된 인상적인 정원으로 유명해져, 황제들이 남쪽을 시찰할 때 자주 방문하는 명소가 되었다.

지도상에서, 황실이 주로 사용하는 색인 노란색은 육로를 통한 순행 경로를 나타낸다. 황제와 수행단이 숙박하는 운하 주변에는 다양한 행궁(行宮, 임시 왕궁)들이 표시되어 있다. 두 번째 지도의 서쪽 끝에 위치한 여정의 마지막 부분은 양저우로 가는 육로를 보여 준다. 이 경로는 황제가 운하에서 상륙한 지점에서 시작된다. 향복사(香福寺, Xiangfusi)에서 황제는 부교를 건너 운하를 통과한 후, 왼쪽의 높은 다리를 건너 인접한 운하를 넘어 다른 배를 타고 행궁을 방문하였다. 양저우에 있는 천녕사(天宁寺)에는 황제의 숙소로 사용되었던 화려한 궁전이 있다. 이 궁전은 북경에 있는 궁궐과 유사하게 건축되었는데, 이는 황제들이 마치 북경에 있는 것처럼 편안함을 느낄 수 있도록 하기 위함이었다. 지도상의 경로는 절에서 운하 위의 다리로 이어져 양저우를 가로지르며, 도시 반대편의 운하 부두에서 끝난다.

황실의 순행에 대한 필사본 지도가 거의 남아 있지 않은 상황에서 현재 남아 있는 지도들은 매우 중요한 가치를 지닌다. 특히 주목할 만한 것은 시카고의 맥클린(MacLean) 컬렉션에 소장된 지도로, 이는 건륭제가 1778년에 진행한 동쪽으로의 순행을 나타낸 접이식 지도이다. 이 지도에 표시된 순행의 최종 목적지는 청나라의 초기 수도인 허투 알라(赫图阿拉, 누르하치가 후금을 세운 곳으로 현재 랴오닝성 푸순시의 신빈 만주족 자치현 서부에 있는 지명이다—옮긴이주)였다.

위에서 언급한 두 지도와는 달리, 이 6m가 넘는 길이의 접이식 지도는 베이징에서 허투 알라까지의 전체 여정을 상세하게 나타내고 있으며, 약 900km에 걸쳐 27일이라는 긴 시간이 소요되는 대규모 여행을 표현하고 있다. 해당 지도는 황제가 여정 중에 머물렀던 총 26개의 장소를 모두 포함한다.

남방 순행을 나타내는 두 지도의 특징 중 하나는 경로가 대부분 직선으로 표현되어 있다는 점이다. 실제 여정은 좀 더 우회적인 경로를 이용했음에도 불구하고, 단일 경로만을 보여 주는 지도의 이러한 표현 방식은 큰 문제가 되지 않았다. 접이식 구조로 제작된 이 지도들 덕분에 황제는 지도를 완전히 펼칠 필요 없이, 마치 소책자를 넘기듯 한 장씩 살펴볼 수 있었다. 이는 순행을 준비하는 과정에서 유용했으며, 실제 여정 중 경로를 따라가는 데에는 더욱 효과적으로 활용되었다.

제작자: 미상 **제목:** (위) 펑차오에서 하이탕안까지의 전도 / (아래) 중징완도에서 천녕사까지의 전도 **발행지:** 중국 **발행일:** 약 1784년
기법: 비단 위에 필사 **크기:** (위) - 지도 11.5 x 110cm, 본문 11.5 x 108cm / (아래) 지도 11.5 x 83.5cm, 본문 11.5 x 143cm **축척:** 약 1:25,000
방위: 북쪽이 오른쪽 상단 **소장처:** 반 쿨릭 컬렉션

46

1784년 — 데메라라강을 따라 이어진 플랜테이션

야생 해안의 잊혀진 식민지

옛 지도들은 우리가 잊혔거나 몰랐던 역사의 단면을 복원하는 데 중요한 역할을 한다. 이는 네덜란드 동인도회사와 카리브 해 지역의 식민지 지배 시절에 제작된 수많은 지도들에도 해당된다. '와일드 코스트(Wild Coast)'라고 불리는 아마존강과 오리노코강 사이의 지역에서, 네덜란드 군대의 활동은 수리남에만 국한되지 않았다. 수리남 서부에는 베르비체(Berbice), 데메라라(Demerara), 에세키보(Essequibo), 포메룬(Pomeroon)강을 따라 플랜테이션과 식민지가 조성되었으며, 이 지역들은 나중에 영국령 가이아나의 영토가 되었다. 이들 식민지 중 일부는 현재 거의 잊혀졌지만, 당시 제작된 지도들은 잔혹하고 부정적인 노예제도와 착취의 역사를 말없이 증언하며, 식민지 역사를 이해하기 위한 필수적인 자료를 제공한다. 1784년에 제작된 이 필사본 지도는 데메라라강 주변의 플랜테이션을 보여 주고 있으며, 현재 가이아나의 수도인 조지타운이 데메라라강의 하구에 있음을 나타낸다.

1621년 서인도회사가 설립되기 이전, 젤란트 지방의 상인들이 주도하여 에세키보강 인근 지역을 식민지화했다는 사실은 중요한 역사적 의미를 지닌다. 1616년부터 이 지역은 네덜란드의 식민지로 전환되었으며, 강 상류에 위치한 이곳은 과거 포르투갈의 요새였지만 폐허 상태였다. 나중에 이 폐허는 복구되어 '모든 것을 내려다 보는 곳(Kyk-over-al)'으로 명명되었고, 1718년까지 이 지역의 식민지를 통치하는 행정적 중심지가 되었다. 두 번째 식민지 교역소는 1627년 베르비체강을 따라 세워졌다. 데메라라강 주변의 플랜테이션 개발은 그보다 훨씬 뒤에 이루어졌다. 1745년 서인도회사는 에세키보강 삼각주 지역에 있는 플랜테이션에서 예상치 못한 저조한 수익을 얻자, 이를 만회하기 위해 강 지역을 개방하기 시작했다. 처음에는 에세키보에서 전 지역을 통치했으나, 1773년 데메라라에 별도의 사령관이 부임하면서 해당 식민지는 빠르게 성장했다.

1759년에 제작된 지도는 데메라라강 주변에 위치한 다수의 사탕수수 플랜테이션을 상세하게 보여 준다. 이 지도는 수력을 이용한 공장과 말이 끄는 공장을 구별하여 나타내고 있다. 1784년에 제작된 주요 지도에서는 해안가에 위치한 플랜테이션의 수가 크게 증가하여, 약 200여 개의 플랜테이션이 표시되어 있다. 이후에는 해안선을 따라 커피와 목화의 재배가 이루어졌다. 이 지도 범위 밖의 내륙 지역에도 플랜테이션이 존재했으나, 18세기 말에는 대부분 방치되었다. 식민지가 프랑스의 손에 넘어가는 것을 방지하기 위해, 1796년 네덜란드 총독 빌럼 5세는 네덜란드 식민지에 대한 권한을 일시적으로 영국에 넘겼다. 베르비체, 데메라라, 에세키보로 구성된 '네덜란드령 가이아나'는 1814년 런던 조약에서 네덜란드에 반환되지 않은 영토 중 하나로 남았다.

제작자를 알 수 없는 항해도인 '데메라라 식민지 지도(Carte de la colonie de Demerari)'는 토지 측량사 또는 제도사에 의해 제작되었을 것으로 추정된다. 이 지도의 동일한 사본이 네덜란드 헤이그의 국립기

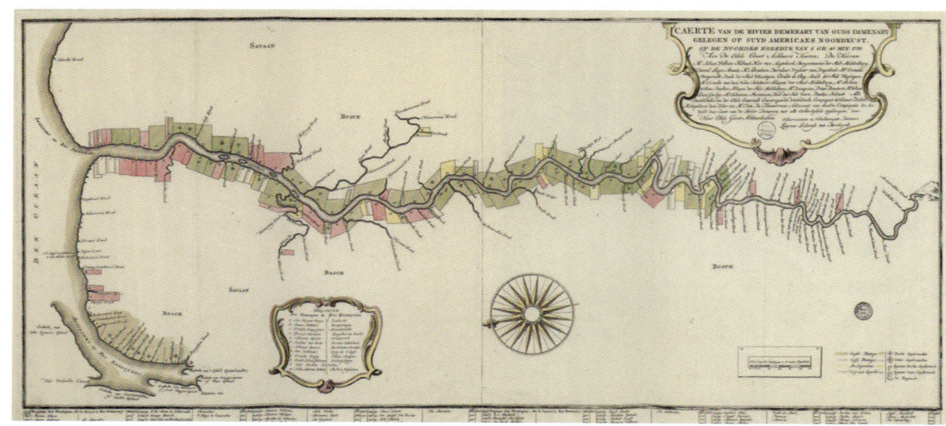

로렌스 로데위크 반 베르체이크가 그린 '데메라라강의 지도'.

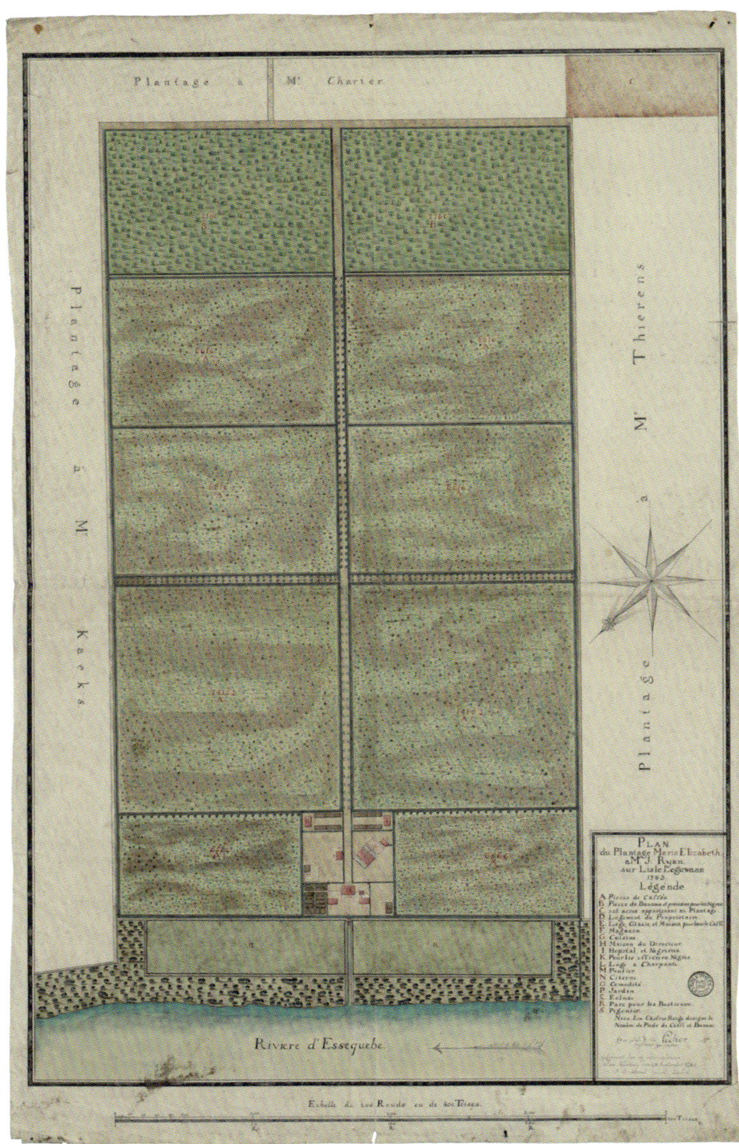

J.P. 클레네가 그린 레구안섬의 플랜테이션 지도.

록보관소에 보관되어 있다. 지도의 제목과 주석이 프랑스어로 되어 있는 것은 당시 상황을 반영하는 것으로, 이는 해당 지역이 프랑스의 지배하에 있었음을 나타낸다. 1781년에 영국군은 에세키보와 데메라라를 점령했지만, 1782년에 프랑스는 네덜란드와 동맹을 맺고 영국군을 몰아내며 식민지 지배권을 장악했다. 프랑스의 지배 기간 동안 전면적인 행정 개편이 이루어졌다. 이 지도는 네덜란드가 1784년에 데메라라의 통치권을 회복한 후 제작된 것으로 추정된다.

강 하구에 위치한 동쪽 둑에는 정착촌이 형성되어 있으며, 이 지역의 건물들은 지도상에서 빨간색 블록 또는 '–' 기호로 나타난다. '새로운 도시(Nouvelle Ville)'로 명명된 이 정착촌은 지도에 번호 '4'로 표기되어 있다. 처음에는 롱샹(Longchamps)이라 불렸던 이 도시는 프랑스인들에 의해 만들어졌다. 식민지가 네덜란드의 지배하에 다시 들어가게 되면서, 이 도시는 네덜란드 서인도회사의 관리자이자 안트베르펜 근처 마을 스타브룩(Stabroek)의 영주인 니콜라스 겔빈크(Nicolaas Geelvinck, 1732-1787)를 기려 스타브룩으로 이름이 변경되었다. 스타브룩은 식민지의 수도 역할을 했다. 1796년 영국이 식민지를 재탈환하면서 도시 이름은 조지타운으로 변경되었고, 이는 영국령 가이아나의 수도가 되었다. 조지타운은 가이아나 독립 후에도 수도로 남았다. '새로운 도시'라고 표시된 지역은 현재 조지타운의 일부 지역으로, 여전히 스타브룩이라는 명칭으로 불린다.

지도는 정착민들이 해안선과 강가에 국한되어 거주하면서 내륙으로의 진출을 시도하지 않았음을 시사한다. 대부분의 플랜테이션은 강변이나 해안 근처에 위치해 있었고, 식민지 내에서 사람과 상품의 이동은 대부분 수로를 통해 이루어졌다. 데메라라강과 에세키보강을 연결하기 위해 하류 지역에서는 일부 운하가 강에 수직으로 파였다. 이러한 '1호 운하'를 따라 몇몇 플랜테이션들이 개발되었다. 이후 수십 년간, 플랜테이션의 수는 연결된 운하를 따라 증가했을 것으로 추정된다. 몇몇 플랜테이션의 이름은 지도에 명시되어 있으나, 대다수는 번호로 표기되어 있다. 제목 아래의 범례에는 플랜테이션 소유주들의 이름이 기록되어 있는데, 이들은 다양한 국적을 가진 사람들이었다. 목록에는 네덜란드어 이름뿐만 아니라 프랑스어와 영어 이름도 포함되어 있으나, 대부분의 농장주들은 영국 국적을 가지고 있었다. 이는 당시 네덜란드 식민지였음에도 불구하고, 해당 지역의 농장주들이 다국적인 배경을 가지고 있었음을 나타낸다.

이 지도는 행정적 및 경제적 목적을 위해 제작되었으며, 프랑스에서 네덜란드로의 지배권 이전을 고려하여 제작된 것으로 추정된다. 그러나 지도가 표현하는 활발한 플랜테이션 경제의 겉모습 이면에는 노예제도와 착취라는 비극적인 현실이 숨겨져 있다. 당시 식민지의 대다수 인구는 서아프리카에서 온 노예들로 구성되었지만, 지도상에서는 이들에 대한 어떠한 직접적인 표현도 찾아볼 수 없다. 이는 아라와크(Arawak)족 및 카리브(Caribs)족 등 지역의 원주민들에게도 마찬가지로 적용된다. 에세키보강 하구에 위치한 레구안(Leguan)섬에 있는 마리아 엘리자베스 커피 및 바나나 농장의 상세한 지도는 각각의 농장이 어떻게 조직되었는지를 보여 준다. 지도에서 노예들의 존재는 4개의 긴 건물 형태로 나타나며, '네그리(Negreries)'라고 표시되어 있다. 이는 노예들이 주로 거주했던 공간을 의미한다.

1795년 데메라라에서도 대규모 노예 반란이 발생했으며, 이는 식민지가 1823년에 영국에 반환된 이후 또 다른 반란으로 이어졌다. 특히 1823년의 반란은 아메리카 대륙에서 발생한 노예 반란 중 가장 큰 규모였고, 노예제도 폐지에 대한 논의를 촉발하는 계기가 되었다. 영국 역시 1834년에 비슷한 사건을 경험했다. 이러한 역사적 사건들이 연속해서 일어나면서, 네덜란드는 결국 1863년에 수리남과 카리브해 지역의 노예제도를 폐지했다.

제작자: 디에트리히 프루이메를라르 **제목:** 1784년 데메라라 식민지 지도 **발행지:** 미상 **발행일:** 1784년 **기법:** 종이에 필사
크기: 55.5 x 48cm **축척:** 약 1:110,000 **방위:** 북쪽이 아래쪽
소장처: 보델 니젠하위스 컬렉션

CARTE
DE LA COLONIE
DE DEMERARI
en 1784:
LEGENDE
Noms des Planteurs au côté de l'est de la Riviere
l'ouest de la Riviere
Cotes de Louest
Cotes de Lest
Canal No 3
Canal No 2
Canal No 1
Isle
Fort
Jugla
Boode
Coerabane Crique
Pointe de Coerabane
Crique de Mahaïka
Havana Crique

47 | 이르쿠츠크로 가는 직선 도로(1785년)

47 1785년 — 이르쿠츠크로 가는 직선 도로

활기를 띠게 된 시베리아의 중심지

시베리아의 이르쿠츠크(Irkutsk) 마을은 이르쿠트(Irkut)강이 앙가라(Angara)강과 만나는 지점의 반대편에 위치해 있다. 1661년, 러시아인들은 강변에 작은 목조 요새를 세웠으며, 처음에는 약 20명의 코사크(러시아 군인)들이 이곳을 지켰다. 이 요새는 러시아가 시베리아를 정복하는 과정에서 중요한 역할을 했다. 16세기 말부터 18세기에 이르기까지, 러시아제국은 동쪽으로 확장하여 마침내 유라시아의 북동쪽 추코트카(Chukotka)에 이르렀다. 전략적인 위치상 무역로의 교차점인 이르쿠츠크는 시베리아의 주요한 경제 및 행정 중심지로 성장했다. 이 지도는 손으로 직접 그려졌으며, 발전 중인 도시가 현대 유럽의 도시 중심지로 변모하는 과도기적 모습을 담고 있다. 이 지도는 네덜란드 여행자에 의해 러시아에서 레이던으로 오게 된다.

초기 요새 이후, 이르쿠츠크에 '크레믈린(kremlin)'이라 불리는 러시아 봉건 도시의 성채가 건설되었으며, 이 크레믈린 주변으로 '포사드(posad)'라는 정착촌이 형성되었다. 포사드 정착촌은 계속 확장되어 1682년에는 이르쿠츠크의 행정 중심지로 발전했고, 4년 후에는 동시베리아 수도로서의 위상을 갖추었다. 1700년경 이르쿠츠크는 약 1,000명의 인구가 거주하고 있었으며, 주변의 비옥한 땅은 많은 모스크바 사람들을 끌어모았다. 그러나 1775년에 발생한 대규모 화재로 목조 주택으로 이루어진 마을 중심부가 큰 피해를 입었다.

화재 이후 이르쿠츠크는 1666년 런던 대화재 이후 채택된 방식과 유사한 전략을 따라 도시 중심부의 현대화 계획을 수립했다. 이 계획에는 무작위로 형성된 구불구불한 길을 직선화하고 넓은 도로로 개조하는 내용이 포함되었다. 또한 은행, 공공 도서관, 극장, 교회, 신학교, 중등학교, 대학, 인쇄 회사 등 다양한 기관 및 편의 시설을 건설하기로 예정했다. 이러한 유럽 스타일의 개발 방식은 도시의 현대적인 이미지를 강화하는 데 효과적이었다. 18세기 말, 이르쿠츠크는 남동쪽과 북동쪽으로 빠르게 확장하며 '시베리아의 파리'라는 별명을 얻을 정도로 번성했다. 여기에 제시된 도시 계획은 화재 후 새로운 거리 구성에 대한 것으로, 기존 평면도 위에 구상된 것이다.

이 지도는 네덜란드의 귀족인 아브라함 보스터만 반 오옌(Vorsterman van Oyen, 1767-1825)에 의해 네덜란드에서 제작되었다. 군대에서 기병대 장교로 복무한 후 러시아로 여행을 떠난 반 오옌은 러시아 전역을 탐험하며 다양한 서적, 그림, 지도, 광물, 그리고 기타 물건들을 수집했다. 네덜란드로 돌아온 그는 잔넨(Zaanen)의 농촌 지역에 자리를 잡고, 이후 쇼텐(Schoten)과 스파른담(Spaarndam)의 시장이 되어 활동했다. 그는 1821년, 53세의 나이에 헨드리카 랑게(Hendrica Lange, C. 1785-1838)와 결혼했으며 아들과 쌍둥이 딸을 낳고 1825년 세상을 떠났다.

반 오옌의 사망 후, 1787년에 요하네스 티베리우스 보델 니젠하위스는 반 오옌의 수집품 중 43개의 지방 지도를 포함한 71개의 지도를 구입했다. 이 중 가장 두드러진 수집품은 손으로 그린 13개의 러시아 지도였다. 이 지도들 중에는 이르쿠츠크 거리 계획도뿐만 아니라 카잔, 예카테린부르크, 네르친스크, 키렌스크, 페름, 아조프해, 오호츠크해, 알류샨열도, 알래스카 연안의 코디악섬 등 다른 도시들의 계획도가 포함되어 있었다. 이 지도들의 제작 방식이 유사함을 고려할 때, 일부는 동일한 제작자에 의해 그려졌을 가능성이 있으나, 제작자의 정확한 신원은 밝혀지지 않았다.

지상 계획도에는 새로운 대성당(F), 주교 궁전(G), 그리고 크레믈린을 둘러싸고 있는 오래된 벽이 표시되어 있다.

보스터만 반 오엔의 수집품 중에 있는 약 1785년경의 이르쿠츠크, 토볼스크, 콜리안스크의 행정구역 지도.

이르쿠츠크의 거리 계획 지도는 발전하고 있는 마을의 모습을 보여준다. 이 지도의 제작자는 마을의 기존 토지 등록 지도에서 초기 거리 계획을 발췌한 후, 화재 이후 채택된 근대화 계획을 의도적으로 추가했음이 분명하다. 이를 위해 제작자는 선과 글씨에 모두 빨간색을 사용하여 새로 건설될 거리의 경계를 표시했다. 새로운 거리들은 오래된 기존 시가지의 갈색빛이 도는 거리보다 더 넓다. 지도의 카르투슈에는 로마 문자를 사용하여 중요한 건물과 광장들을 기록했다. 주교 궁전과 인접한 대성당의 재건축 위치는 강 옆 마을 북쪽에 빨간색 글자 F와 G로 표시되어 있다. 또한 1790년에 철거된 크레믈린 주변의 벽도 지도에서 확인할 수 있다.

지도에 나타난 특징 중 하나는 주지사의 집(B), 남쪽에 위치한 원형 거리(A), 법원(C), 민병대 수장의 숙소(D) 등을 포함한 새로운 광장들이다. 대성당 앞(E)과 마을 북서쪽(I)에 계획된 원형과 반원형 광장은 끝내 건설되지 않았다. H는 화물선이 정박할 수 있는 장소, K는 호텔, L은 습지 지역에 건설될 다리, M은 북동쪽의 육류 및 생선 시장을 나타낸다. 지도 하단의 범례는 교회와 기타 종교 건물(1-12), 정부 건물(13-44), 개인 건물 및 상점(45-50)을 나열하고 있다. 마을 남쪽의 큰 회색 지역은 공동묘지로, '시신들을 위한 매장지'라고 명시되어 있다. 현재 도로 지도와 이 설계도를 비교하면, 확장 계획이 완전히 실현되지 않았음을 알 수 있다. 현재 도시의 서쪽과 남동쪽은 대체로 지도상의 새로운 거리 형태와 일치하지만, 북동쪽은 여전히 과거의 거리 형태를 유지하고 있다.

특이한 점 중 하나는 대다수의 주택에 '46'이라는 숫자가 표시되어 있다는 것인데, 이는 목조 가옥을 나타낸다. 이르쿠츠크는 목조 건축으로 유명했으나, 1879년에 발생한 대규모 화재로 인해 도시가 크게 파괴되었다. 대다수의 목조 건물은 물론 많은 기록 보관소와 지도도 소실되었다. 현재 이르쿠츠크 도시의 주요 관광지 중 하나인 크라브탈(Kvartal)에 전통적인 목조 가옥이 몇 개 남아 있을 뿐이다. 따라서 이러한 지도는 마을 형성의 역사적 과정에 대해 중요한 정보를 제공한다. 때로 과거의 자료는 그 위에 그려진 계획된 도시 설계보다 더 큰 가치를 지닐 수 있다.

제작자: 미상 **제목:** 이르쿠츠크 주도 도시 계획도
발행지: 이르쿠츠크 **발행일:** 약 1785년 **기법:** 종이에 필사
크기: 98.5 x 64cm **축척:** 약 1:5,000 **방위:** 북쪽이 위쪽
소장처: 보델 니젠하위스 컬렉션

GROEN LAND
Yslande
Cercle
Canada
Quebec
Floride
Golfe de Mexique
Californie
Mexico
I. de Cuba
Jamaique
Isles Antilles
Dominique
la Martinique
Itsme de Panama
Tropique du Cancer
Isles Açores
Isles Canaries
Colonnes d'Hercules
Isle du Cap Verd
Irlande
Angleterre
Canal de la Manche
LA FRANCE ou GAULES
Numidie
Mauritan
Niger Fl.
Libie Inter
Equateur
Quito
Lima
Bresil
Chili
Isle Ste Helene
Tropique du Capric
MER DU SUD
MERS INCONNUES
Detroit de Magellan
Cap de Horn
Isle Falkland
Cercle Antartique
OCCIDENT
P. Mol sculp.

CARTE PLANI-SPHÉRE
d'une portion
des quatres parties du monde.
L'Isle Atlantide est placée suivant l'indication de Platon dans son Timée, sans qu'on prétende donner au juste ses bornes et son étendue.
On voit ceque les anciens connoissoient du glôbe terrestre, dont cette carte ne contient pas les deux tiers : ce qui manque du glôbe n'etoit pas connu des anciens.
Cette carte est faite d'apres celle qu'on a jointe au livre de l'esprit des loix ; elle est reduite sur la même échelle, et n'a point été corrigée, elle doit etre jointe au livre Intitulé ABUS D'IDÉES SPECULATIVES
Par le Marquis de Saint Simon.
LAPONIE
SIBÉRIE
Arctique
PAYS INCONNUS
TARTARIE
CHINOISE
CHINE
Jesso
Corée
JAPON
Sera Peking
Quanton
I. Formose
Isles Philipines
Manille
Siam
Borneo
Celebes
I. Moluques
Isle de Java
Sumatra
Nouvelle Hollande
Ptolomeé
ANCIENS
PERSE
MOGOL
Delly
Agra
Gange
Golfe du Gange ou Bengale
Taprobane auj. Ceilan
Cap Comorin
Isles Maldives
ARABIE
la Meque
Mocca
Medine
Persique
Mer Salée
Mer Caspienne
Trebizonde
Pont Euxin
Bisance
Athene
Chipre
Thebes
Nubie
Ethiopie
Abissinie
Monoemugi
Zanguebar
Cafres
Monomotapa
Cerne aujourdhui Madagascar
Cap de Bonne Espérance
ORIENT
X ANCIENS

48 1785년 — 아틀란티스를 찾아서

잃어버린 제국에 대한 상상

수 세기에 걸쳐, 철학자와 과학자들은 신화 속 아틀란티스에 대해 흥미를 가지고 탐구해 왔다. 상상력을 자극하는 이 신화는 고도로 발달한 문명이 자연재해로 인해 바닷속으로 사라졌다는 내용을 담고 있다. 아틀란티스에 관한 가장 오래된 기록은 고대 그리스 철학자 플라톤(기원전 427-347)의 『티마이오스와 크리티아스(Timaeus and Critias)』에서 찾아볼 수 있으며, 아틀란티스는 헤라클레스의 기둥 서쪽에 있다고 언급되어 있다. 헤라클레스 기둥 사이의 바다는 지브롤터해협으로, 당시 그리스인들에게는 잘 알려지지 않은 지역이었다. 플라톤 이전에도 아틀란티스에 대한 이야기가 존재했을 가능성이 높은데, 고대 그리스 역사가 헤로도토스(기원전 485-425) 또한 헤라클레스 기둥 너머의 '대서양'에 대해 언급했다. 이 대서양은 신화적인 땅의 이름을 따서 명명되었다. 그러나 아틀란티스의 실재 여부는 여전히 논란의 대상이었으며, 이 주제에 대한 다양한 학술적 논의가 이루어졌다. 잃어버린 왕국의 위치를 추정한 지도도 여러 개 제작되었는데, 그중에서 산드리쿠르 후작의 지도는 가장 놀라운 발견 중 하나로 꼽힌다.

막시밀리앙 앙리 더 생시몽(Maximilien-Henri de Saint-Simon, 1720-1795)은 프랑스의 장교이자 문학가, 역사가로서 마르퀴스 더 산드리쿠르(Marquis de Sandricourt)라는 칭호를 가진 귀족이었다. 그는 젊은 시절 오스트리아 왕위 계승 전쟁(1740-1748) 중에 루이 프랑수아 더 부르봉(Louis François de Bourbon, 1717-1776) 왕자의 부관으로 활동했다. 전쟁 후, 생시몽은 파리에서 네덜란드 위트레흐트로 이주하였고, 에페렌 백작의 부인 야코바 코르넬리아(Jacoba Cornelia, 1719-1798) 미망인과 결혼하여 1771년에 아멜리스비에르드(Amelisweerd)에 정착했다. 생시몽은 고전 연구와 철학에 깊은 관심을 가졌으며, 플라톤의

아타나시우스 키르허가 그린 아틀란티스 지도로, 『지하 세계』에 수록됨.

대화들을 분석하여 1784년에 『플라톤의 대화(Nyctologues de Plato)』를 출판했다. 뒤이어, 그는 『추측적 사상의 남용에 관하여(Abus d'idées speculatives)』를 집필했는데, 이는 『비합리적인 추측에 대한 추론들(Absurdités speculatives)』로도 알려져 있다. 구하기 어려운 이 책은 그의 이전 저작의 후속편으로, 여기에는 거대한 아틀란티스섬이 대서양 대부분을 차지하는 지도가 포함되어 있었다. 이 지도는 플라톤 시대에 알려진 유럽, 아프리카, 그리고 인근 아시아를 포함하는 당시의 세계 인식을 보여 준다.

카르투슈는 생시몽이 소멸된 왕국의 위치를 플라톤의 『티마이오스와 크리티아스』에 나오는 아틀란티스의 묘사를 기반으로 설정했음을 명시하고 있다. 그는 아틀란티스의 위치와 규모에 대해 애매모호하게 기술했다. 플라톤에 따르면 아틀란티스는 지브롤터해협 서쪽에 위치한 섬 또는 군도로 추정된다. 또한 플라톤은 아틀란티스가 리비아와 아시아를 합한 것보다 더 크다고 언급한다. 당시 그리스인들은 북아프리카 전역, 때로는 아프리카 대륙 전체를 리비아라고 불렀지만, 그들은 아프리카와 아시아의 실제 크기를 정확히 알지 못했다. 생시몽의 지도에서는 붉은색, 분홍색, 주황색 음영을 사용하여 플라톤과 그의 동시대 사람들에게 알려진 세계의 일부를 표현했다. 그러나 그는 아프리카 대륙 전체를 채색했으며, 리비아(북아프리카를 의미하는)와의 경계선은 짙은 분홍색으로 표시했다.

제목에 대한 설명에서, 지도 제작자는 아틀란티스의 위치와 규모에 대해 명확한 주장을 하고 있지 않음을 드러낸다. 대신, 그는 아틀란티스를 고대에 알려진 세계의 경계를 넘어선 곳에 존재하는 것으로 간주

몽테스키외가 쓴 『법의 정신(L'Esprit des Loix)』이라는 책을 이해하기 위한 지도이다. 이 지도는 1756년에 로베르 더 보공디(Robert de Vaugondy)가 출판한 판본에서 등장한다. (프랑스 국립도서관)

했다. 따라서 이 지도에 나타난 아틀란티스섬의 경계선은 아틀란티스가 존재해야 할 지역을 상징적으로 나타내는 것으로 해석해야 한다. 그러나 아틀란티스는 고대 그리스인들에게 알려진 아프리카와 아시아의 크기와 비교해 거대하게 그려져 있거나 심지어 그보다 더 큰 것처럼 보인다. 지형도와 관련하여, 생시몽은 프랑스의 철학자 샤를 더 몽테스키외(Charles de Montesquieu, 1689-1755)의 『법의 정신』에 포함된 세계지도의 축소판을 사용했다. 물론 몽테스키외의 저작에서 아틀란티스에 대한 언급은 없었다.

전설에 의하면, 아틀란티스는 10개의 지역으로 나뉘어져 있으며, 아틀라스와 그의 9명의 형제들로 이루어진 다섯 쌍의 쌍둥이가 통치했다고 한다. 플라톤의 서술에 따르면, 아틀라스는 바다의 신 포세이돈과 클레이토의 첫째 아들이었으며, 왕으로서 형제들을 지배했다. 아틀란티스 문명은 10명의 형제들의 통치하에 전성기를 맞이했지만, 후손들은 점점 더 세속적인 성향을 보였다. 이들은 권력 확장과 새로운 지역의 정복에 몰두했고, 더 이상 높은 수준의 문명을 유지할 수 없었다. 결국, 최고의 신 제우스는 홍수와 지진을 일으켜 아틀란티스 문명을 파괴함으로써 이들에게 벌을 내렸다.

수 세기 동안 가라앉은 아틀란티스의 위치에 대한 다양한 견해가 제시되었다. 일각에서는 아틀란티스가 아조레스(Azores)제도나 카나리아(Canary)제도 인근 대서양에 존재했다고 주장하는가 하면, 다른 이들은 쿠바섬 근처 또는 미국 인근으로 추정하기도 했다. 또한 아틀란티스가 스칸디나비아 브리튼 제도 인근, 북해, 남극, 마다가스카르, 인도네시아, 호주 인근에 있다는 가설도 있었다. 헤라클레스의 기둥과 관련된 언급에도 불구하고, 몰타, 크레타, 키프로스, 산토리니(지중해 섬들), 스페인 남부, 모리타니, 이집트 해안 등에 위치했다는 주장도 제기되었다. 아틀란티스에 관한 가장 유명한 지도는 네덜란드 암스테르담의 요하네스 얀소니우스가 1664년에 출판한 『지하 세계(Mundus Subterraneus)』 제1권에 수록된 아타나시우스 키르허(Athanasius Kircher, 1602-1680)의 지도이다. 키르허와 같은 미스터리 연구가들은 자신의 아틀란티스에 대한 이론이 정확하다고 확신했으며, 키르허는 아틀란티스의 침몰을 지질학적 이론과 연결시켜 설명했다.

1960년대 이후, 지질학자들은 현재 대륙들의 위치가 대륙 이동과 판 구조론의 결과라는 이론을 주장했다. 약 2억 년 전, 초대륙 판게아가 존재했으며, 이 대륙이 점차 분열되어 오늘날의 대륙들이 형성되고 각각의 대륙판이 이동하면서 현재의 지형이 만들어졌다는 것이다. 이 새로운 지질학적 이론은 가라앉은 섬이나 대륙의 존재를 설명할 여지를 제공하지 않는다. 과학계에서는 아틀란티스에 대한 관심이 사라졌지만, 그 전설은 대중들 사이에서 여전히 지속되고 있다.

제작자: 막시밀리앙 앙리 더 생시몽(지도 제작), 피터르 몰(조각)
제목: 세계 4대 대륙의 일부를 나타낸 평면 세계지도
발행지: 위트레흐트 **발행일:** 약 1785년 **기법:** 종이에 동판 인쇄
크기: 39 x 48cm **축척:** 약 1:70,000,000 **방위:** 북쪽이 위쪽
소장처: 보델 니젠하위스 컬렉션

ОСТРОВЪ КАДИАКЪ: ИЛИ КЫХТАКЪ

План острова Кадиака. или Кыхтака, состоящими около его проливами,
губами, также и с вблизости лежащими к нему островами, и часть земли Аляксы, с положением вида
святителей. Василия Великого, Григория Богослова, Иоанна Златоустого:
сочинен 1786го Года, октября. дня

49

1786년 — 코디악섬의 유혈 사태

러시아의 북아메리카 식민지화

17세기에 북태평양 탐사를 진행하고 있던 러시아에서는 덴마크 출신 선원 비투스 베링(Vitus Bering, 1681-1741)이 알래스카를 처음 발견한 것으로 알려져 있었다. 하지만 실제로는 탐험가 세묜 데즈네프(Semyon Dezhnev)가 1648년에 이미 알래스카 해안을 발견한 것으로 추정된다. 러시아는 이 발견에도 불구하고 초기에는 식민지화를 진행하지 않았고, 한 세기가 지난 후에야 아메리카 대륙에 정착하기 시작했다. 18세기에 이르러 시베리아 동부 해안까지 영토를 확장한 러시아는 태평양을 넘어서는 추가적인 확장의 필요성을 인식했다. 이에 따라 바다표범 및 해달 모피 무역에 대한 관심을 가지고 1760년대부터 알래스카 연안과 인근 코디악(Kodiak)섬의 지역 주민들과 접촉을 시작했다. 1799년에는 러시아-아메리카 회사를 설립하여 알래스카를 식민지로 편입시켰지만, 러시아인들의 실질적인 아메리카 대륙 정착은 1784년 코디악섬에 요새를 건설하면서부터였다.

1775년에 러시아 항해사이자 모피 무역상 그레고리 셸리코프(Grigory Shelikhov, 1747-1795)는 러시아-아메리카 회사의 전신인 오호츠크 회사를 설립하였다. 이를 통해 홋카이도, 캄차카, 알래스카 사이에 위치한 쿠릴열도와 알류샨열도로 향하는 무역 탐험을 계획하고 여기에 필요한 선박들을 준비했다. 1784년 8월, 셸리코프는 세 척의 선박과 192명의 무장 선원들을 이끌고 코디악섬 남쪽 만에 도착하여, 아메리카에 최초의 러시아 요새를 건설했으며, 이 세 척의 선박을 기리는 의미에서 '세 성자(Tri Sviatitelia) 요새'라고 명명하였다. 이후 러시아인들이 지역 마을들을 탐험하는 과정에서 원주민들과 마찰이 일어났고, 이로 인해 약 2,000명에서 4,000명의 원주민들이 세 성자의 만 맞은편에 위치한 시트칼리도크(Sitkalidak)섬에서 남쪽의 바위 섬인 아와우크(Awa'uq)로 대피하였다. 러시아인들은 원주민들의 항복을 이끌어 내기 위해 협상을 시도하였지만 실패하였고, 원주민들은 활을 쏘며 러시아인들에게 대항하였다. 그러자 썰물을 이용해 아와우크섬으로 진격한 러시아인들은 대포를 발사하며 섬을 공격, 이 과정에서 상당수의 원주민들이 희생되었다.

전해지는 바에 따르면, 이 충돌에서 사망한 원주민의 수는 약 2,000~3,000명에 이르는 것으로 추정된다. 그러나 러시아 측에서는 사망자가 없었다고 한다. 총격 소리가 울리자 많은 섬 주민들이 항복했으나, 충돌과 긴장은 약 한 달간 계속되었다. 그레고리 셸리코프는 1,000명 이상의 현지 주민들을 포로로 잡았고, 이 중 약 400명은 여성과 아이들이었다. 결국 저항은 꺾였고, 포로로 잡힌 원주민 지도자들 중 일부는 처형되었다.

이 비극은 '아와우크의 대학살' 또는 '알래스카의 부상 당한 무릎'이라고 불린다. 이 사건 이후 30년 이상에 걸쳐 러시아인들에 의한 억압이 지속되었다. 러시아의 식민지 개척자들은 코디악섬에 거주하는 알루티크족(Alutiiq)을 위협하고 고문하면서 자신들을 위해 일하도록

코디악섬에 있는 세 성자(Tri Sviatitelia) 정착지. 1802년 가브릴 사리체프(Gavriil Sarychev)의 지도책에서 나온 석판화이다.

제작자: 미하일 이즈마일로프 **제목:** 코디악섬 지도 **발행지:** 미상
발행일: 1786년 10월 **기법:** 종이에 필사 **크기:** 63 x 146.5cm
축척: 약 1:300,000 **방위:** 북쪽이 오른쪽 상단
소장처: 보델 니젠하위스 컬렉션

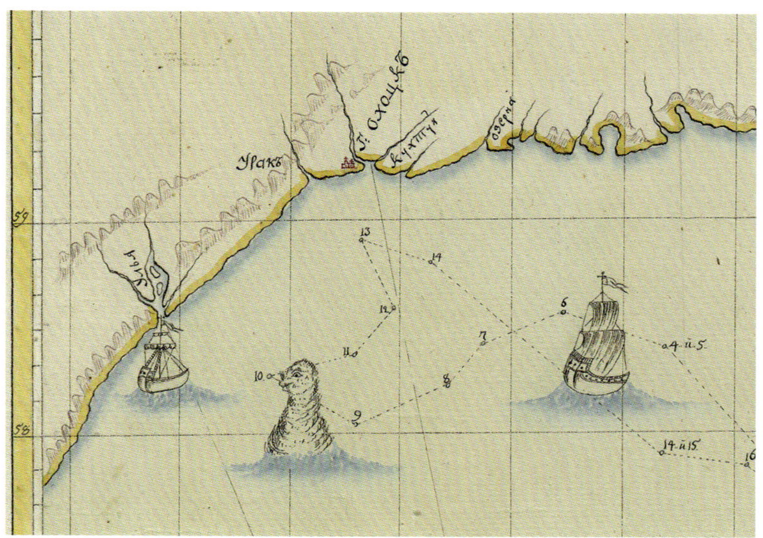

캄차카와 알래스카 사이의 지역 지도로 오호츠크와 주변 지역을 볼 수 있다.

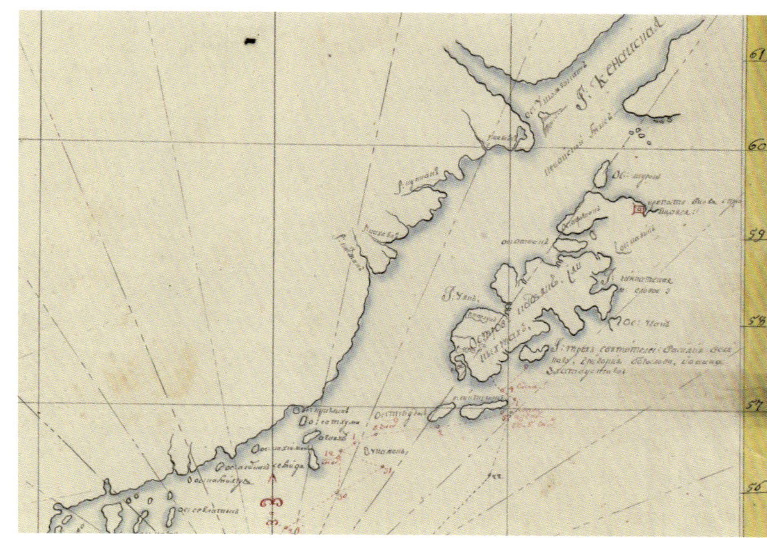

캄차카와 알래스카 사이의 지역 지도로 코디악섬으로 가는 길을 보여 주는 선이 그려져 있다.

강요하였다. 특히 해양 포유류 사냥을 강요받은 알루티크 남성들은 점점 늘어나는 모피 수요를 감당하기 위해 멀리 떨어진 지역으로 사냥을 나가야 했는데, 이 과정에서 많은 이들이 바다에 익사하는 비극을 겪었다. 한편, 인질로 잡힌 여성들은 모피로 만든 파카를 제작하도록 강요받았는데, 이 파카는 방수복으로 남성들에게 급여 형태로 제공되었다. 이러한 상황 속에서 여성들은 자신과 자녀들을 부양해야만 했으며, 사냥에 익숙하지 않은 이들은 충분한 식량을 확보하지 못해 굶주림에 시달렸다.

그레고리 셸리코프가 최초로 정착한 '세 성자의 만(Three Saints Bay)'은 시간이 지나면서 큰 마을로 성장하였으며, 18개월이 지난 후에는 주택, 숙소, 학교, 무역 사무소, 대장간, 목수 작업장, 밧줄 제작소, 그리고 보급 창고가 들어섰다. 이곳에서 아이들은 러시아어 교육을 받으며 통역사로 성장했다. 이후 몇 년 동안 코디악과 주변 섬에는 총 12개의 러시아 정착지가 형성되었다. 1786년부터는 지도상에서 이 섬들을 '카디악(Kadiak)' 또는 '키츠탁(Kichtak)'이라고 표기하기 시작했는데, 이 중 북쪽에 위치한 아포냐크(Afognak)섬에는 하나의 요새가 표시되었다. 지도에는 빨간색 점선으로 행정지도 주변의 항해 경로를 보여 준다. 나중에는 코디악과 알래스카 본토 사이의 해협에 러시아 선원의 이름을 따라 '셸리코프(Shelikof)해협'이라는 이름이 붙었다.

코디악섬의 지도는 셸리코프 선단의 부항해사 미하일 이즈마일로프(Mikhail Izmailov)가 제작하였다. 이 지도는 아브라함 보스터만 반 오옌(Abraham Vorsterman van Oyen, 1767-1825)이 수집한 것으로, 이르쿠츠크시의 도시 계획도와 유사한 성격을 띤다. 반 오옌의 수집품 중에는 캄차카와 알래스카 사이의 바다를 메르카토르 투영법으로 표현한 2장의 큰 항해 지도가 포함되어 있으며, 이 지도들에는 오호츠크섬에서 코디악섬까지의 경로가 나타나 있다. 이러한 지도들은 드미트리 폴루토프(Dimitri Polutov)에 의해 제작되었는데, 그는 프린스 윌리엄 해협 탐험대의 대장 중 하나로, 이 해협은 항해도상에서 북쪽에 위치하며, 영국의 탐험가 제임스 쿡 선장에 의해 '샌드위치해협'으로 명명되었다. 이 항해도는 코디악섬의 상세 지도와 비슷한 시기에 제작되었는데, 항해도들 중 하나는 다소 서툴게 그린 바다표범 그림들이 들어가 있어서 탐험의 주요 목적이 모피 사냥에 있다는 것을 명확하게 보여 준다. 또한 이 지도들은 오호츠크 회사가 개척한 무역 장소와 항로에 대해 의미있는 통찰을 제시한다.

코디악섬에 거주하는 알루티크족과 러시아인들은 시간이 지나면서 서로 혼합되어 크리올 공동체를 형성하였다. 1795년에는 상트페테르부르크 소재 러시아 정교회의 수도사들이 섬 주민들을 개종시키기 위해 도착하였다. 현재까지도 알래스카 인구 중 약 5%는 동방 정교회 신자들로, 이들은 주로 원주민과 러시아 식민개척자들의 후손들이다. 1818년부터 원주민과 러시아 식민개척자들 사이의 관계는 점차 개선되었으며, 알루티크족 역사상 가장 암울했던 시기가 끝났다. 1867년에 러시아가 알래스카를 미국에 매각함으로써, 러시아-아메리카 식민지 시대는 막을 내렸고, 이는 아메리카 대륙에서 러시아의 영향력 종식을 의미하는 중요한 사건이었다.

GENERALE CAARTE ENDE AFBEELDINGE
Museum Bodellianum
DE NOO
HET NOORD HOEK
WEST
DEN NIEUWEN OORD
NIEUWE
HET NIEUWE VOLGER LAND
DE WEST DUYNEN
HET OUD
VAN DI
LAND ZUYD HOEK
De Slicken van den Springert
WEST VOORN
DEN
De Paarde
ACAD. LUGD. BAT. BIBL.

NDEN EYLANDE VAN WEST VOORN.
Generale Begrootinge
Vanden geheelen Eylande van
West Voorne
Volgens de groote in ydere particuliere
Caarte uyt gedrukt
De Polders hoorende onder de Stadt Goedereede
Namentlyk Out Wester Loo Nieuw Wester Loo Den
Zuyder Polder t Kleyne Zuyder Nieuwe Lant De
Groote Plas . Altenaa Den Nieuwen Oost Dyck ende
Roo Claas Plaat zyn t samen groot
t Oude Lant van Diependorst groot 1916
t Oude Nieuwe Lant groot 1516 198
Den Ouden Oost Dyck groot 637
t West Nieuwe Lant groot 694 219
Over zulkx is t geheele Eyland van West
Voorn groot 5919
Heyman van Dyck Fecit.
Middel Plaatje
Zee
Stranden
Duynen
Oost
De
Sant
Den Oude Dyck
Roo Klaas
Plate Landen
Den Nieuwen Oost Dyck
De Stadt Goeree
Land
En Dorst
De Schans
De Groote Plas
Oudt Wester Loo
West Loo
De Zuyder Polder
Polder
Nieuw
t Kleyn Zuyder Nieu Land
Marenje
De Slicken vande
Zee
De Rivier van Flacquee
Den Hals
J. Stemmers Sculpsit.

50

1789년 — 역동적인 삼각주

얀 블랑켄이 그린 괴레의 해안선 지도

네덜란드의 해안 지역, 특히 젤란트와 남홀란트의 섬을 아우르는 라인-뫼즈-셸트(RhineMeuse-Scheldt) 삼각주는 지속적으로 변화하였다. 해류, 퇴적 작용, 해일은 이 지역의 침식 및 퇴적 작용을 유발하였으며, 수백 년에 걸친 제방 붕괴와 홍수는 지역 주민의 안전을 위협하였다. 수백 명의 희생자를 낳은 1953년의 대홍수가 특히 심각했는데, 이에 대응하여 네덜란드는 삼각주 공사라는 광범위한 수력공학 프로젝트를 실시하였다. 이 프로젝트는 1986년 '동부 셸트 폭풍 해일 장벽(Oosterscheldekering)'의 완공으로 마무리되었다. 이 지역의 지속적인 해안선 변화는 지도 제작의 가장 큰 문제였다. 젊은 수력 엔지니어 얀 블랑켄 얀스(Jan Blanken Jansz, 1755-1838)는 1775년 남홀란트의 섬인 보르너(Voorne), 괴레(Goeree), 그리고 오버플라키(Overflakkee)의 감독관으로 임명된 후 이 같은 어려움에 직면했다.

얀 블랑켄은 아버지로부터 수력공학의 지식을 습득하였으며, 그는 수력공학 분야와 군사 분야에서 다양한 경력을 쌓았다. 그의 주요 업적 중 하나는 남홀란트의 헬레보에츠루이스(Hellevoetsluis)에 있는 드라이 도크(선체가 보이는 형태의 선박 건조 및 하역 시설) 건설이었다. 또한 얀 블랑켄은 코르넬리스 크라옌호프(Cornelis Krayenhoff, 1758-1840)와 협력하여 뉴 네덜란드 워터라인(New Dutch Waterline)을 설계하였다. 블랑켄의 경력은 20세에 보르너, 괴레, 오버플라키 세 섬의 감독관으로 임명되면서 시작되었다. 이들 섬은 당시 젤란트의 보르너 관할 구역에 속해 있었다. 과거에 괴레는 '서 보르네', 오버플라키는 '남 보르네', 그리고 현재의 보르네 지역은 '동 보르네'로 불렸다. 오늘날 보르너섬은 이웃한 푸텐섬과 함께 남홀란트의 일부가 되었지만 원래는 분리되어 있었다. 괴레섬과 오버플라키섬은 지금은 하나의 섬이 되었다.

서부 보르너섬의 변화를 묘사하기 위해 블랑켄은 오래전에 인쇄된 섬 지도를 사용했다. 그는 지도 제목 아래에 "1789년에 발생한 해안선의 침식과 퇴적으로 인해 해안선에 눈에 띄는 변화가 일어났다"라고 썼다. 그 지도는 토지 등기부 이전의 수자원 공사 지도책인 『보르너섬에 관한 지도책』의 일부이다. 지도책은 1701년에 출판되었지만 지도를 위한 측량은 1695년부터 시작되었다. 블랑켄은 1세기가 지난 1789년에 이 오래된 지도 위에 현대의 해안선을 파란색으로 추가하여 변화를 시각적으로 나타냈다.

지도는 북해로 인해, 특히 괴레섬 북쪽 지형이 많이 사라졌음을 명확하게 보여 준다. 파도는 오우드 니웨(Oude Nieuwe) 간척지의 일부를 침식시켰다. 블랑켄은 간척지를 횡단하는 돌로 만든 등대와 함께 새로 형성된 해안선과 제방을 그림으로써 이 변화를 표현했다. 그는 서쪽 해변가의 유실된 부분에 붉은 잉크로 "이 해변 부분은 상당한 비용을 들여 유지되며, 다수의 해안 방어 시설로 둘러싸여 있다"라고 기록했다. 또한 그는 북쪽 해안을 따라 새롭게 형성된 모래언덕을 추가하고, 방어 구조물을 이 모래언덕에 그렸다. 이 언덕은 갈색을 띤 붉은색으로 표현되었다. 섬의 남쪽 제방 너머 지역에는 해안 방어 구조물도 그렸다. 블랑켄은 축소되는 해변의 너비를 붉은색 잉크로 표시하여 변화를 기록했다.

섬의 서쪽과 동쪽 부분에서는 토지가 현저하게 확장된 것을 볼 수 있다. 이 지역들은 지도상 연한 갈색으로 표시되어 있다. 서쪽의 '스프링거트의 진흙지대(De Slicken van Springert)' 지역은 뚜렷한 확장을 보였으며, 동쪽에서는 '괴레드리데(Goedereede, 괴레 항구)'로 향하는 운하가 진흙으로 막혀 연장 작업이 필요했다. 내륙의 북쪽에 위치한 '루 클라스 플레이트(Roo Klaas Plate)' 지역에는 새로운 제방이 건설되었다. 그러나 가장 주목할 만한 변화는 남동쪽에서 발생했다. 1751년에 건설된 스타텐담(Statendam) 제방은 남동쪽으로 이어지는 직선으로, 이곳은 괴레와 오버플라키 사이의 썰물과 만조에 따라 변화하는 갯벌 지역이다. 이 제방은 스텔렌(Stellen) 제방으로도 알려져 있으며, 스텔레고스(Stellegors)섬을 가로지르고 있다. 이 제방은 두 섬 사이의 홍수를 제어하고, 괴레스해협(Goereese Gat)의 지속적인 퇴적을 방지하는 역할을 했다. 이 제방은 '할스와 스카레 바다 사이의 제방(den

제작자: 얀 블랑켄 얀스(도면 제작), 헤이만 반 다이크(지도 제작), 얀 레이켄(조각), 얀 스테머(조각), A. 스테아르트(디자인)
제목: 서부 본섬의 일반 지도 및 도해 **발행지:** 브리엘
발행일: 1789년(원본은 1701년 제작) **기법:** 동판 인쇄, 이후 수기로 추가
크기: 50 x 72cm **축척:** 약 1:18,000 **방위:** 북쪽이 오른쪽 상단
소장처: 보델 니젠하위스 컬렉션

얀 블랑켄 얀스의 초상화로 장 오귀스트 다이와일(Jean Augustin Daiwaille)이 그렸다. 1825년. (암스테르담 국립미술관)

Dam tussen den Hals en Scharre-Zee)'이라고 지도에 표시되어 있다. 블랑켄은 1751년 댐 건설 이후 이 지역에서 눈에 띄게 토지가 확장되었으며, 이로 인해 1769년 아드리아나(Adriana) 간척지와 1780년 스텔렌 지역의 제방 건설이 가능해졌음을 추가로 기술했다.

섬 주변의 갯벌과 수로는 손으로 세심하게 그려졌다. 이들에 대한 추가적인 세부 사항은 제목과 이전 지도의 카르투슈에 사용된 색상을 통해 표현되었다. 블랑켄은 지도 옆에 "보르너 수로는 항해 또는 깊은 물에서의 운송을 위한 주요한 경로로 사용된다"라고 기술하였다. 수로의 깊이는 약 20~22패덤(수심 측정 단위, 1패덤은 약 1.8m)으로 다양하며, 이는 해상 교통에 중요한 요소로 작용한다. 외해로 통하는 3개의 대안적인 항로는 지도의 서쪽 부분에 표시되어 있다. 또한 지도의 상단 가장자리를 따라 위치한 '힌더(De Hinder)'라 명명된 얕은 바다는 북해를 항해하는 선박에 장애를 주는 모래톱으로, 해상 교통에 영향을 미쳤다고 기록되어 있다.

니콜라스 크루키우스(Nicolaas Cruquius)의 서부 보르너섬과 그 주변 지역 지도. 1734년. 스텔렌 제방 계획도가 표시되어 있다. (암스테르담 대학 도서관)

1803년, 네덜란드 남부 지역의 수자원 관리국 감찰관으로 승진한 얀 블랑켄은 이 지역에 대한 또 다른 지도를 제작했다. 이 시기에는 운송로가 모래톱을 관통하고 있었으며, 이 모래톱은 두 부분으로 분리되어 있었다. 기록에 따르면, "현재 선박들은 바다에서 얕은 바다(De Hinder)를 통과하여 리든 반 괴레데(Rheeden van Goedereede)와 헬레보에츠슬리스(Hellevoetsluis)의 갑문까지 직접 항해할 수 있다"고 한다. 괴레 주변의 항로는 1789년 지도 이후 14년 만에 크게 변했다. 해안 방어와 지역 선박의 안전한 항해를 유지하기 위해 블랑켄은 지도를 계속 수정해야 했다. 블랑켄이 만든 수정된 지도는 역동적인 삼각주에서 끊임없이 변화하는 해안선을 지속적으로 기록했다.

Museum Bodellianum
Krabben Berg.
DE
RIVIER
BENIA
ZEE
PLAAN
van het
CASTEEL St. GEORGE DELMINA
en het
FORT COENRAADSBURG,
als meede het Dorp Eddona,
opgenoomen in t Jaar A°. 1799.
EXPLICATIE.
1 Batteryen in 't Capitaale Werk.
2 Dito inde Buiten Werken.
3 Natte graft.
4 Drooge graft.
5 Ophaal Bruggen en Poorten.
6 De Wagt in de Poort.
7 Het Wapen Plein.
8 Het Gouvernement.
9 Het Magezyn.
10 Wooningen voor Civile en Militairen.
11 Dito van de Viskaal.
12 Een Tooren en Raad-Kamer.
13 Ronde Tooren waar van de Vlag Waayd
14 Vierkante Toorens.
15 De Kerk.
16 Equipagemeesters Wooning.
17 Hospitaal.
18 Pakhuyzen.
19 Smits Winkel.
20 Wooning van Ambagts lieden.
21 Hout Loos.
22 Canon Loos.
a Twee Bastions.
b Twee halve Bastions.
c De Buiten Wallen.
d 't Plein.
e Commendants Wooning.
f Soldaaten Wooninge.
g Onderöfficieren dito.
h Ophaal Brug.
i Weg op de Berg na 't Fort.
k Laanen van Wilde Boomen.
l dito met Cocus-Boomen.
m Huis en Tuin van Ir. van der Gryp.
n dito dito van J: Ruhle.
o dito dito van Particulieren.
p de Beekenstyn.
q Nieuwe Weg om de Berg.
r de Kolf baan.
s Aanleg van een Roomsche Capel.
t Kerkhoff.
u Begraafplaats voor Militairen.
v Moelje van de Rivier.
w Dorp op de Berg St. Jago.
Schaal van Vyftig Roeden Geömetries.
10
20
30
40
50

Galgen Berg.
St. Jago.

51 1799년 — 서아프리카의 도시국가, 엘미나

독립과 제국주의 지배의 갈림길에서

수백 년 동안 엘미나(Elmina, 현재 가나의 도시)는 사하라 남쪽 서아프리카 해안에서 가장 중요한 도시 중 하나였다. 1471년에 포르투갈 선원들이 유럽인으로서는 처음 엘미나에 도착하기 전부터 엘미나는 다른 아프리카 국가들과의 무역에서 이미 중심지 역할을 하고 있었다. 내륙에서 채굴된 금은 엘미나에서 상품과 노예로 교환되었다. 1482년에 포르투갈인들은 강과 해안의 전략적 위치에 요새화된 교역소를 세웠고, 16세기에 이르러서는 요새를 난공불락의 성으로 만들었지만, 1637년 엘미나는 네덜란드 서인도회사에 의해 점령당했다. 1660년대에 이르러 네덜란드 서인도회사는 육지 쪽에서 성을 공격해 오는 것에 대비하기 위해 벤야(Benya)강 북쪽 언덕 위에 코엔라아즈부르크(Coenraadsburg) 요새를 건설했다. 이후 2개의 요새를 보수하고 강화해 나갔다. 특히 1782년부터 1783년에는 바다로부터의 공격에 성을 더 효과적으로 보호하기 위해 바다 쪽 2개의 요새 사이에 견고한 포대를 구축했다. 요한 크리스티안 베르헤만(Johan Christiaan Bergeman)의 지도에는 당시의 구조 변경 사항이 담겨 있으며, 엘미나의 성과 요새가 오늘날의 모습 그대로 나타나 있다.

엘미나는 원래 벤야강을 사이에 두고 형성된 두 정착지로, 하나는 코멘다(Komenda, 현재 가나 지역의 주)에 속한 바다와 강 사이 지역이었고, 다른 하나는 벤야강의 다른 쪽 지역으로 에후투(Efutu)국에 속한 곳이었다. 1514년 엘미나 주민들은 포르투갈 동맹국들의 군사 지원을 받아 두 정착지를 통합했고 엘미나는 독립적인 도시국가가 되었다. 포르투갈인들은 지역 통치자들의 허가를 받아 건설한 교역소를 강화하면서 이곳을 '황금해안(Gold Coast)'이라고 불렀다. 총으로 무장한 유럽식 성(城)은 엘미나가 도시국가로서 독립을 유지하는 데 중요한 역할을 했다. 원본 지도가 제작된 1799년은 도시국가에 광범위한 결과를 가져오게 되는 격동기였다. 영국과 나폴레옹의 프랑스 간 갈등은 결국 영국이 해양 패권을 차지하면서 고전적 식민주의에서 근대 제국주의로의 전환을 가져왔다. 이 과정에서 엘미나는 19세기 말에 독립 지위를 상실했고 영국 황금해안 식민지의 일부가 되었다.

지도를 제작한 요한 크리스티안 베르헤만은 베를린에서 태어났다. 그는 네덜란드 서인도회사에서 포병으로 복무했으며 1786년에 베르와칭(Verwachting)호를 타고 서아프리카로 파견되었다. 그가 도착한 시기는 악화 일로를 걷던 네덜란드 서인도회사가 해체되던 즈음으로, 서아프리카 연안의 소유권이 네덜란드 국가로 귀속되던 때였다. 1795년 초반 네덜란드에서 애국파들이 권력을 잡고 네덜란드 7개 주 연합 공화국을 종식시키게 되자 베르헤만은 새로운 정권에 충성을 맹세했다. 그 무렵, 그는 코엔라아즈부르크 요새에서 포병대 중위로 진급한 상태였다. 1799년에 베르헤만은 엘미나와 주변 지역에 대한 상세한 지형도를 제작했다. 여기에 실린 지도는 암스테르담의 제도공이자 동판화가인 요한 크리스티안 빌럼 샤프(Johan Christiaan Willem Safft, 1778-1849)가 만든 것으로, 그는 베르헤만의 지형도를 복사한 후 우측 하단에 그 지역 가옥의 두 가지 형태를 추가하였다. 이 가옥들은 전 서인도회사의 유럽계 아프리카인 직원이었던 야콥 뤼엘(Jacob Rühle)의 것으로 추정된다.

베르헤만의 지도는 당시 엘미나에서 일어났던 변화를 보여 준다. 그로부터 대략 70년 뒤인 1872년에 도시 구조는 한 번 더 급진적인 변화를 겪었다. 그것은 바로 성(城)과 황금해안에 있는 네덜란드의 요새가 영국에게 매각된 사건에서 촉발됐다. 한편, 내륙의 아산테(Asante)왕국은 엘미나를 속국으로 간주하고 영국의 점유를 인정하지 않았다. 이는 1873년 6월 전쟁으로 이어졌고, 이때 영국 전함이 엘미나에 폭격을 가하였다. 성 맞은편에 있는 가옥들은 파괴되었고 반도는 황폐한 평지로 변하였다. 도시에 대한 파괴와 연이은 점령으로 영국은 황금해안을 구축해야 할 필요성을 크게 실감했다.

베르헤만은 코엔라아즈부르크 요새가 있는 벤야강 북쪽 산기슭에 시골 가옥 몇 채를 그렸다. 그중 하나는 야콥 뤼엘(Jacob Rühle)의 것으

제작자: 요한 크리스티안 베르헤만(지도 제작), 요한 크리스티안 빌럼 샤프(필사) **제목:** 엘미나 성과 코엔라아즈부르크 요새 및 에도나 마을 평면도 **발행지:** 암스테르담 **발행일:** 약 1800-1825년(원본: 1799년)
기법: 종이에 필사 **크기:** 48 x 67.5cm **축척:** 약 1:4,500
방위: 북쪽이 오른쪽 상단 **소장처:** 보델 니젠하위스 컬렉션

로 보이는데, 뤼엘과 그의 서인도회사 동료들이 오랜 기간 성과 요새의 방어벽 안에서 살았던 것을 고려할 때 그가 자신의 주택을 소유했다는 것은 놀라운 일이었다. 뤼엘은 회사가 해산되기 몇 년 전인 1791년에 이미 회사를 떠나 교역품 및 노예무역에 집중하였으며, 이 결정은 그가 엘미나 사회에서 부유하고 저명한 인물로 자리 잡는 데 크게 기여하였다.

그러한 변화를 추구한 사람이 뤼엘만은 아니었다. 1792년 베르헤만의 지도 중앙에 표현된 가옥은 얀 니제르(Jan Niezer)의 소유였는데, 그는 서인도회사에서 일했던 독일 의사와 아프리카인 여성의 아들이었다. 니제르의 가옥에는 교역품을 보관하고 노예를 수용하기 위한 창고가 있었던 것으로 알려져 있다. 이 가옥은 1790년경까지 그가 서인도회사의 관리로 일하며 살았던 성 바로 맞은편에 위치하고 있었다. 니제르는 서인도회사가 사업을 종료하기 직전에 개인적 위험을 감수하고 독점적인 무역 허가를 받았다. 곧이어 그는 노련한 무역인이 되었으며 엘미나에서 가장 부유한 주민 중 한 사람이 되었다.

얀 니제르와 야콥 뤼엘과 같은 유럽계 아프리카인은 다수 존재했다. 성이 지어진 이후 유럽 남성과 아프리카 여성들 사이에서 아이가 태어났다. 18세기 말에는 대략 1,500명의 유럽계 아프리카인들이 이 지역에 있었고, 이들 중 일부는 서인도회사와 정부에 고용되었다. 1791년 12월 서인도회사가 해산한 후 상품과 노예무역은 거의 대부분 니제르나 뤼엘처럼 유럽계 아프리카인들의 몫이 되었다. 유럽계 아프리카인들은 성공적인 무역을 통해 부를 쌓았고 벤야강 양쪽에 고급 주택을 소유할 수 있었다. 베르헤만의 지도에 나타난 벤야강 북쪽의 화려한 가옥들은 개별 상인들이 서인도회사가 맡았던 무역의 기능을 이어받아 새로운 시대로 전환되는 것에 대한 상징이라고 할 수 있다.

얀 니제르가 소유했던 이 건물은 서인도회사의 전직 관리들이 성 밖으로 이주하여 거주하기 시작한 이후 가장 오래된 주택 중 하나로, 그 당시의 주택 양식을 잘 보여 준다.

네덜란드의 가장 좁은 지역(1799년)

LUYSEN IN KENNEMERLANT ENDE WEST-FRIESLANT
De Hr. JAN SCHELLINGER. HOOG HEEMRAAD.
De Hr. en Mr. JACOB BAERT HOOG HEEMRAAD
De Hr. Mr. GUALTERUS GEORGE GIDEON, VAN DER MIEDEN RENTMEESTER en SECRETARIS.
De Hr. Mr. JOAN JACOB, VAN DER MIEDEN mede RENTMEESTER en SECRETARIS.
D E R
PAMPUS
T HOORNIC
Z E E
AMSTELDAM
HET YE
SPIE
RINGH
MEER
HAERLEM
DE NOORT ZEE

52 1799년 — 네덜란드의 가장 좁은 지역

영국-러시아의 침입에 맞선 크라옌호프

1799년 여름, 네덜란드의 칼란트소그(Callantsoog) 인근 북홀란트 해안에 거대한 영국 함대가 나타났다. 8월 27일, 영국과 러시아 군사 2만 명 이상이 이 지역에 상륙하여 전투를 준비했다. 당시 네덜란드는 프랑스의 영향 아래 있던 바타비아 공화국 시대였다. 프랑스와 네덜란드 군대는 영국과 러시아 군대에 맞서 암스테르담을 방어해야만 했다. 이 침공은 제2차 연합 전쟁의 일환으로, 영국과 러시아가 프랑스 혁명에 맞서기 위해 대규모 연합군을 이끌었다. 영국-러시아 연합군은 네덜란드에 있는 오라녜 공 지지자들의 도움을 받아 전투에서 승리한 뒤, 오라녜 공(후에 빌럼 1세가 됨)의 권력을 회복시키려 했다. 그러나 그들의 시도는 코르넬리스 크라옌호프(Cornelis Krayenhoff, 1758-1840) 장군과 그가 자유롭게 사용할 수 있었던 지도 때문에 실패로 돌아갔다.

공격 초기, 영국과 러시아 연합군의 공격은 순조롭게 진전되었다. 연합군이 덴 헬더(Den Helder) 마을을 점령한 후, 바타비아 함대는 항복할 수밖에 없었다. 네덜란드는 영국 해군의 상대가 되지 못했고, 결과적으로 연합군은 북해와 자이더르해(Zuiderzee)에 대한 완전한 통제권을 갖게 되었다. 반면, 바타비아군은 습지인 코에그라스(Koegras) 지역 인근의 잔디크(Zanddijk)와 같이 방어하기가 어려운 제방을 따라 이동하면서 육지에서 큰 손실을 입었다. 이러한 상황은 해상에서의 영국군의 우위를 잘 보여 준다.

전쟁의 두 번째 단계에서 전투는 대등하게 이루어졌으나 영국군과 러시아군은 꾸준히 남쪽으로 진격하여 북홀란트의 많은 지역을 점령하였다. 최고 절정기에는 알크마르(Alkmaar)와 호른(Hoorn) 북쪽의 모든 지역을 차지할 정도였다. 그러나 이후 진격은 답보 상태에 머물렀다. 이는 잘못된 전략적 판단, 연합 연대 간 의사소통의 부족, 그리고 북홀란트의 지리적 특성 때문이었다. 습지 간척지를 통과하는 것은 생각보다 쉽지 않았으며 네덜란드인들이 의도적으로 넓은 지역을 침수시킨 것도 영향을 미쳤다. 결과적으로 대부분의 전투는 해안과 모래언덕에서 벌어졌다. 10월 6일 카스트리쿰(Castricum) 근처 모래언덕에서 마지막 전투가 벌어졌는데, 연합군은 결국 퇴각하게 된다. 이 전투에서 영국과 러시아 연합군은 2,500명 이상, 프랑스와 바타비아군은 1,500명 이상이 목숨을 잃었다. 지친 영국군과 러시아군은 오래 가지 않아 공격을 포기했다. 그들은 오라녜 공을 복귀시키고자 하는 명분에 집착했으며 말라리아의 발병으로 군대의 사기는 심각하게 꺾였다. 최종적으로 영국과 러시아의 마지막 군대가 11월 19일 북홀란트를 떠났다.

네덜란드의 코르넬리스 크라옌호프 장군은 암스테르담을 방어하는 데 큰 역할을 했다. 영국-러시아 연합군의 주요 목표는 핵심 무역 중심지를 점령하는 것이었다(암스테르담이 아닌 헤이그가 바타비아 공화국의 수도였음에도 불구하고). 암스테르담의 수비대는 처음에는 엉망이었다. 연합군이 8월 30일 덴 헬더를 점령한 후 도시가 완전히 무방비 상태였기 때문에 쉽게 암스테르담이 점령당할 것이라고 크라옌호프는 기록했다. 하지만 크라옌호프는 이런 상황을 빠르게 바꿀 수 있을 것으로 확신했다. 암스테르담으로 진격하는 연합군의 속도를 늦출 수 있는 한 가지 방법은 고의로 간척지를 침수시키는 것이었다. 크라옌호프는 각 지역에 대해 주석이 달린 다양한 지도를 가지고 있었는데, 그중 일부는 지도를 자른 뒤 아마포(린넨)에 붙여서 휴대가 용이했다. 그는 여러 간척지와 많은 지대를 침수시켜 방어선을 구축했다. 이 지도에서 파란색으로 표시된 부분은 전투 초기 며칠 동안의 전투가 벌어진 지페(Zijpe)와 덴 헬더 주변 지역을 나타낸다. 또한 그는 벰스터(Beemster) 및 푸르메르(Purmer) 간척지 중 일부를 침수시키도록 명령했다. 이를 통해 모니켄담(Monnickendam)에서 베베르윅(Beverwijk)까지 이어지는 암스테르담의 북홀란트 라인인 수상 방어선을 구축할 수 있었다. 더 남쪽으로는 이제이(IJ)강과 인접한 바이커머호수가 자연 장벽을 형성했다.

베베르윅과 북해 사이의 모래언덕은 침수되지 않은 유일한 지점이었다. 이곳이 네덜란드로서는 가장 좁은 지점이자 북쪽의 가장 약한 공격으로부터 네덜란드를 방어하는 지점이었다. 그러나 영국과 러시

제작자: 요하네스 도우(지도 제작), 코르넬리스 크라옌호프(제도)
제목: 케네머를란트 및 웨스트프리슬란트의 수문 관리청 지도
발행지: 미상 **발행일:** 약 1798-1799년
기법: 종이에 동판 인쇄 후 아마포에 부착 **크기:** 86.5 x 113cm
축척: 약 1:60,000 **방위:** 북쪽이 왼쪽 **소장처:** 보델 니젠하위스 컬렉션

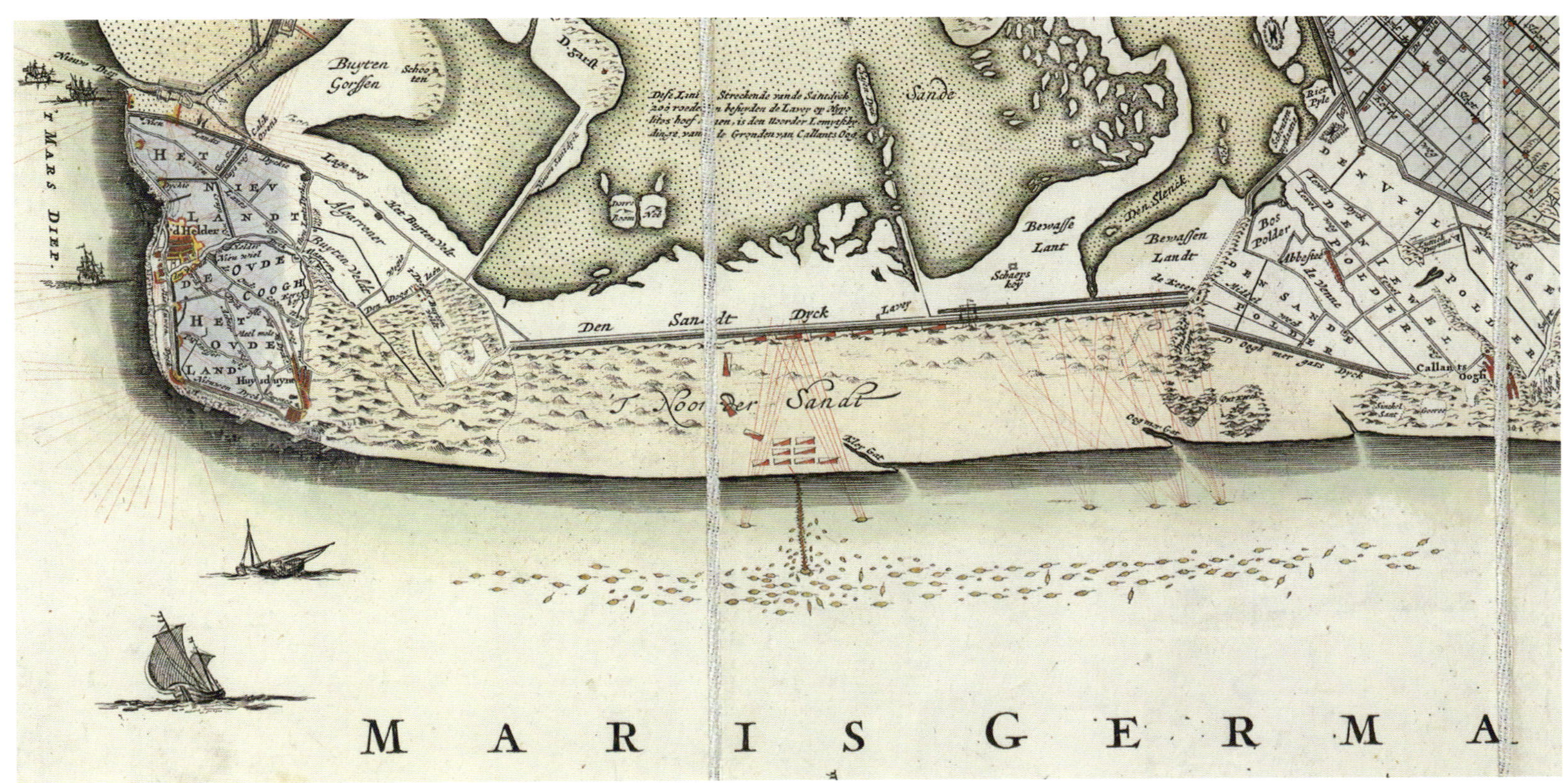

칼란트소그 앞바다에 그려진 함대와 덴 헬더 주변의 침수 상황을 그린 지도.

아는 이 지역까지 진격하지 못했다. 전투가 끝난 후, 이곳에 베베르위 라인이라고 알려진 방어선을 구축하기로 결정되었으며, 크라옌호프 장군은 1800년 2월에 방어선 건설 작업을 담당했다. 지도에는 34개의 초승달 모양의 작은 보루들이 그려져 있는데 이 보루들은 빨간색으로 그려진 발사대가 있는 노란색 작은 다이아몬드로 표시되어 있다. 실제로는 26개의 초승달 보루가 만들어졌는데, 이는 지도에 그려진 방어선이 당시 설계 단계에서 그려졌다는 것을 시사한다. 이 방어선은 실제로 사용되지는 않았으며 군대는 1806년에 보루 건설을 중단했다. 7개의 보루는 베베르위, 힘스터(Heemskerk) 및 타타 제철공장 용광로 주변의 고도로 도시화된 지역에서 양호한 상태로 유지되었다. 이후 위트워터렌드 슬루이젠(Uitwaterende Sluizen) 지역 수자원 관리위원회에서 제작한 4개의 동판으로 인쇄된 간척지 지도가 1680년에 처음 출판되었다. 동판은 주로 위원회 구성원들의 문장(紋章)을 최신 상태로 유지하기 위해 정기적으로 수정되었다. 아홉 번째이자 마지막 판은 1798년부터 1799년까지 발행되었다.

크라옌호프는 이 지도를 사용하여 영국과 러시아 침입에 대응하고 방어 작전을 계획했다. 그는 지도에 연합군과 바타비아 군대의 위치, 칼란트소그 근해의 영국 함대와 그들의 최전방 방어진을 그려 넣었다. 방어선 역할을 하는 침수 지역은 파란색으로 표시했다. 또한 그는 그 지역을 그린 커다란 벽 지도를 가지고 있었다. 이것은 16개의 시트로 구성되어 있었으며 아마포에 붙여져 있었기 때문에 전장에 나갈 때 가지고 갔을 가능성이 매우 크다. 그런 점에서 이 지도는 단순한 전투 기록의 가치를 넘어, 침략을 저지하는 데 있어 중요한 도구이자 역사의 증거로서의 가치를 지닌다.

53

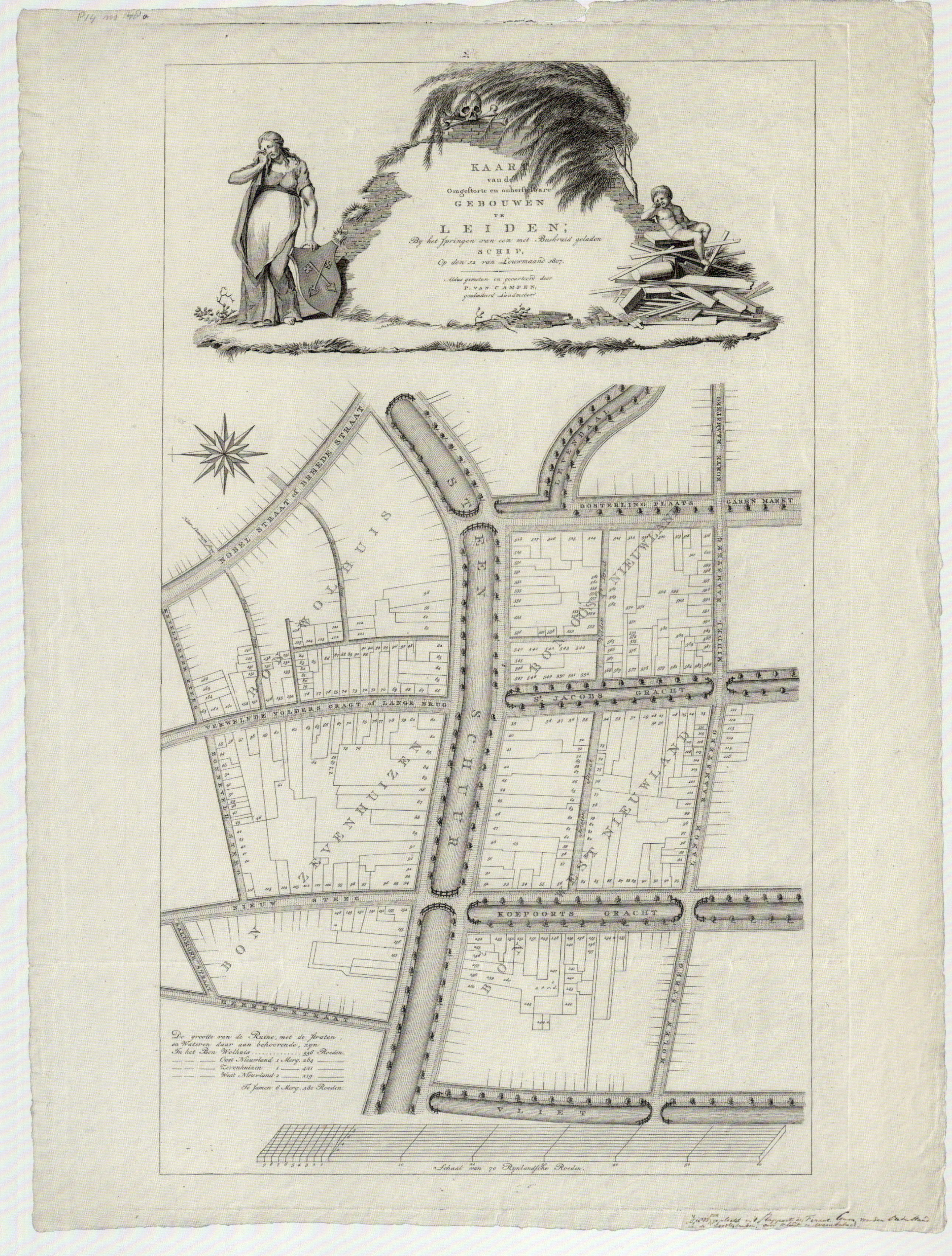
KAART
van de
Omgestorte en onherstelbare
GEBOUWEN
TE
LEIDEN;
By het springen van een met Buskruid geladen
SCHIP,
Op den 12 van Louwmaand 1807.
Aldus gemeten en gecarteerd door
P. VAN CAMPEN,
geadmitteerd Landmeter
NOBEL STRAAT of BREEDE STRAAT
VERWELFDE VOLDERS GRAGT of LANGE BRUG
NIEUW STEEG
HEEREN STRAAT
STEENSCHUUR
OOSTERLING PLAATS
GAREN MARKT
St. JACOBS GRACHT
KOEPOORTS GRACHT
VLIET
De grootte van de Ruine, met de straten,
en Wateren daar aan behoorende, zyn
In het Bon Wolhuis .... 556 Roeden.
— — — Oost Nieuwland 1 Merg. 284 —
— — — Zevenhuizen 1 — 421 —
— — — West Nieuwland 2 — 119 —
Te samen 6 Merg. 280 Roeden.
Schaal van 70 Rynlandsche Roeden.

1807년 — 레이던의 화약 참사

재난의 지도화

1807년 1월 12일 오후 4시 15분, 네덜란드 레이던 중심부에서 화약을 실은 화물선이 폭발하는 대형 사고가 발생했다. 이 폭발로 약 5헥타르의 지역이 파괴되고 154명 이상의 레이던 주민이 사망하였으며, 2,000명 이상이 부상을 입었다. 희생자들은 대부분 무너진 집에 있던 주민, 하인, 방문객, 그리고 그 지역을 지나던 행인들이었다. 이 사고는 네덜란드 역사상 가장 강력한 화약 폭발 사고로 기록되었으며, 네덜란드 국민의 기억 속에 국가적 재난으로 깊이 새겨져 있다. 이 엄청난 폭발의 파괴 정도를 파악하기 위해 100여년 전에 제작되었던 구(舊) 도시 지도가 사용되었고, 이 사건으로 인해 새로운 지도 제작의 필요성이 제기되었다.

델프스 벨바렌(Delfs Welvaaren)호는 내륙 수로를 따라 3만 7천 홀란트 파운드(약 18톤)의 화약을 싣고 하를렘에서 델프트로 가던 중이었다. 사고 당일, 이 선박은 레이던의 라펜부르크(Rapenburg) 운하의 연장 시설인 스테인슈어(Steenschuur) 운하의 부둣가에 정박해 있었다. 그때 아직까지도 밝혀지지 않은 원인으로 갑자기 폭발이 일어나면서 배가 공중으로 솟구쳤다. 당시 배의 소유주인 아담 반 쉬(Adam van Schie, 1746-821)가 폭발을 일으킨 것으로 의심을 받았으나, 그때 그는 델프트에 있는 자신의 숙소에 있었다. 재난이 닥쳤을 때, 배에는 그의 두 아들인 살로몬 반 쉬(Salomon van Schie, 1781-1807)와 아담 반 쉬 주니어(Adam van Schie Junior, 1788-1807), 하인인 얀 반 엥겔렌(Jan van Engelen, 1784-1807)이 타고 있었는데, 3명 모두 사망했다. 폭발의 원인은 여전히 수수께끼로 남아 있지만, 현재까지 알려진 사실은 그 배가 그날 폭발물을 싣고 레이던 중심부를 항해할 수 있는 허가를 받지 않았다는 점이다.

재난 소식을 접한 네덜란드 통치자 루이 나폴레옹은 즉시 레이던으로 향해 폭발 사고가 발생한 지 5시간 만에 도착했다. 그는 군인들을 동원하여 잔해를 치우고 손상된 가옥들을 수리하도록 했다. 또한 희생자들을 위해 재난 기금을 모아 기부했으며 자신도 3만 길더를 기부하였다. 레이던 전역에서 창문이 부서지고 지붕이 손상되었다. 약 200채의 집이 완전히 파괴되거나 거주할 수 없게 되면서 폭발 사고에서 살아남은 주민 중 일부는 이재민이 되었다.

피해 정도를 파악하고 인양 및 복구 작업의 지침을 제공하기 위해서는 지도가 필요했다. 다행히 100여 년 전에 제작되긴 했어도 레이던의 정확하고 상세한 도로 지도가 있었다. 측량사 요하네스 도우(Johannes Dou, 1642-1690)와 판화가 크리스티안 하겐(Christiaan Hagen, 1635-1688)이 1670년에 제작한 동판 지도는 오랜 시간이 지났음에도 불구하고, 1807년 참사로 인한 피해 지역의 지도를 만들기 위해 복원되고 재인쇄되었다. 이것이 가능했던 이유는 18세기 내내 도시의 형태가 거의 변하지 않았기 때문이었다. 재해 지역은 지도상에서 빨간색과 노란색으로 표시되었으며 이와 관련된 별도의 메모지가 지도에 첨부되었다. "빨간색과 노란색으로 표시된 부분이 1807년 1월 12일의 참사로 파괴된 레이던 구역이며, 그 운명의 날에 재난의 영향으로 파괴되거나 붕괴한 집들이다. 전자는 빨간색으로, 후자는 노란색으로 표시되어 있다." 피해를 당했음에도 불구하고 겨우 버티고 있던 많은 주택들은 붕괴의 위험 때문에 결국 철거되었다.

피해 보상을 받을 수 있는 대상 건물의 모든 소유주를 파악하고, 보상 신청서를 등록하기 위해서는 훨씬 더 상세한 지도가 필요했다. 보상금 지급은 소유자가 황폐해진 건물을 재건하지 않기로 약속하는 조건에 따라 달라졌다. 재난 피해 지역에 살고 있던 토지 측량사 피테르 반 캄펜(Pieter van Campen, 1750-1820)은 주요 지도와 별도로 각각의 세부 필지 정보를 담은 지도를 제작했다. 지도 제작 초기에는 초기 토지 등기부 모델이 사용되었다. 각 필지가 지도에 표시되었고, 문제의 구역에 있는 지대에는 필지 번호를 표기했다. 또한 피해를 입은 주택의 소유자 이름을 필지 번호 순서대로 나열한 소책자 인쇄본이 첨부되었다. 그리고 이 토지 계획도는 1832년 네덜란드의 공식 토지 등기가 도입되기 훨씬 이전에 이루어진 토지 등록 지도의 초기 사례가 되었다.

지도 상단의 제목 카르투슈는 애도와 슬픔의 감정을 불러일으킨다. 왼쪽에는 슬픔에 잠긴 레이던의 후원자가 2개의 열쇠가 있는 레이던

제작자: 피테르 반 캄펜
제목: 1807년 1월 12일, 레이던에서 붕괴된 건물들의 지도
발행지: 레이던 **발행일:** 1807년 **기법:** 동판 인쇄 **크기:** 73 x 44cm
축척: 약 1:1,875 **방위:** 북쪽이 왼쪽 **소장처:** 보델 니젠하위스 컬렉션

피터르 게라르두스 반 오스(Pieter Gerardus van Os)가 그린 화약 폭발 장면.

의 문장(紋章) 위에 손을 얹고 있으며, 오른쪽에는 한 소년이 잔해 위에 앉아 울고 있다. 비문 위에는 '죽음을 기억하라(memento mori)'라는 문구와 죽음을 상징하는 두개골과 십자형의 뼈가 있다. 반 캄펜의 집은 코푸츠그라흐트(Koepoortsgracht)와 스위텐스트라트(Swietenstraat)의 모퉁이에 있으며, 서부 니우란드(West Nieuwland) 지역의 56번 및 57번 부지에 있었다. 카르투슈는 반 캄펜 자신이 고통받은 주민들에 대한 공감을 보여 준다. 그는 지도에 대한 보수를 받지 않았는데, 재앙에 대응하는 마을과 주민들을 돕고자 하는 표현이었다.

당시 신문에는 삽화가 실리지 않았으나, 화약 참사를 주제로 한 별도의 인쇄물과 홍보물이 다수 발행되었다. 그것을 통해 네덜란드 사람들에게 재난이 얼마나 큰 인상을 남겼는지를 알 수 있다. 대부분의 인쇄물은 재난 이후의 황폐된 모습을 담았지만, 파편이 사방으로 날아가는 폭발 자체의 웅장함을 보여 주는 장면들도 있었다. 판화 중 일부는 재난 현장을 방문한 루이 나폴레옹을 묘사하거나 폭발로 파괴되기 전의 스테인슈어를 따라 늘어선 집들을 보여 주는 것들도 있었다. 이러한 자료들은 독자들의 호기심을 충족시키기 위한 목적만은 아니었으며, 수익금은 자선 단체에 기부되거나 피해자를 돕기 위해 사용되었다. 이 끔찍한 참사는 네덜란드에서 처음으로 국가적 재난으로 인식되어 전국적인 기금 마련 캠페인을 촉발하였고, 1807년 레이던시와의 연대 캠페인을 통해 거의 200만 길더가 모금되었다. 이 금액은 당시로는 상당히 큰 금액으로 현재 가치로 약 1,600만 유로에 해당한다.

이후에 제작된 지도에서는 피해 지역을 '폐허'로 표시하였다. 이 '폐허' 지역은 재건되지 않았다. 루이 나폴레옹은 이 지역의 재개발에 대한 야심 찬 계획을 세워 최고의 디자인을 위한 공모하였다. 성(城)과 같은 건물에서 고급 주택과 도시공원에 이르기까지, 많은 건축가들이 다양한 계획의 디자인을 제출했지만 1810년 국왕의 퇴위로 계획이 실현되지 못했다. 지역은 미개발 상태로 남았고, 오랫동안 군사 훈련을 위

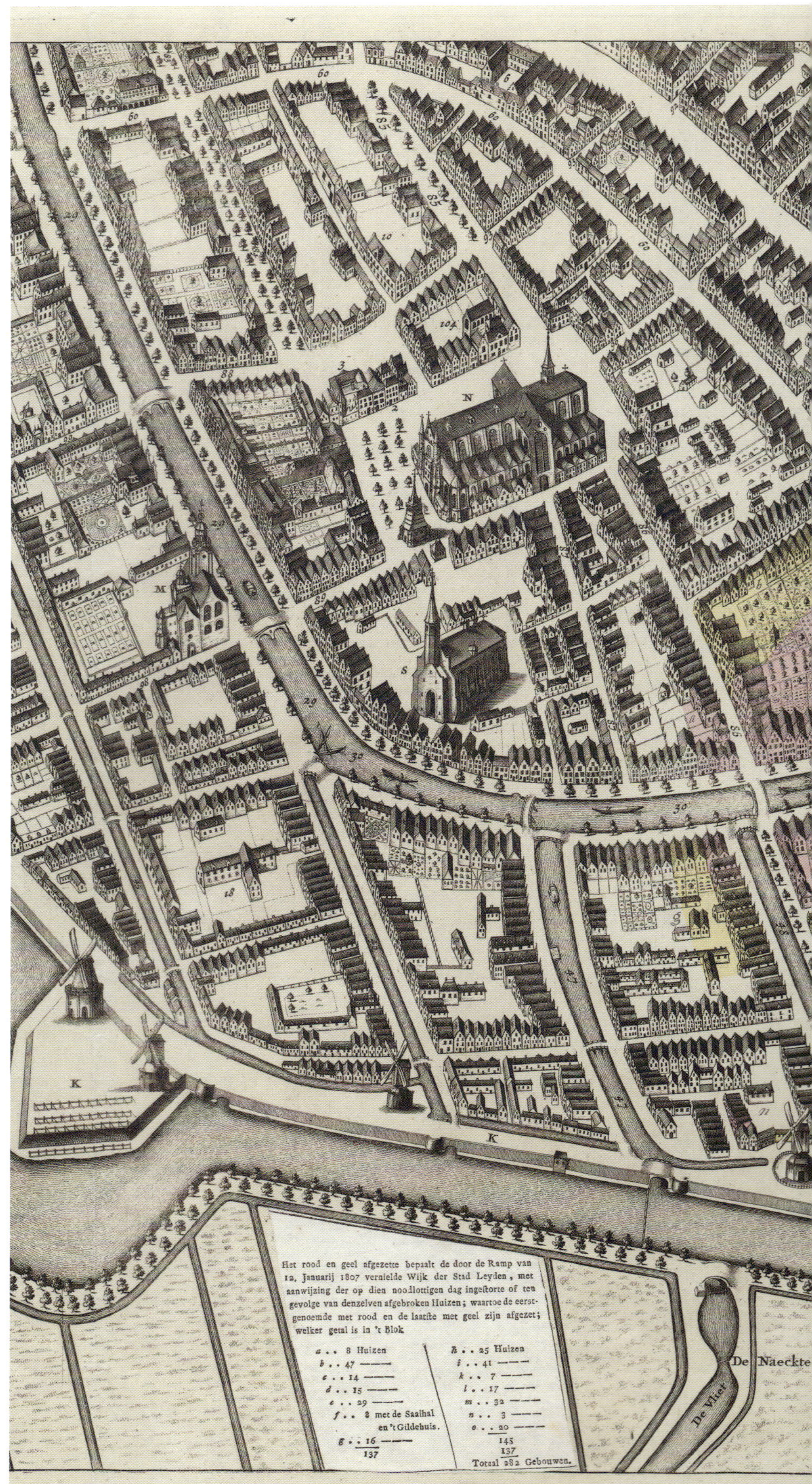

1670년 도우와 하겐이 재해 지역과 함께 재인쇄한 도시 계획의 일부.

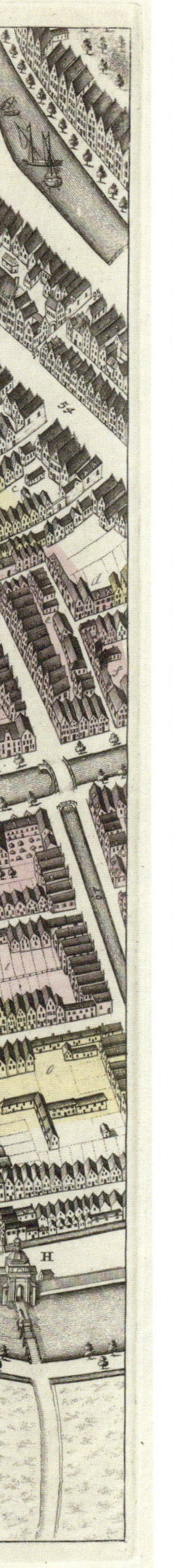

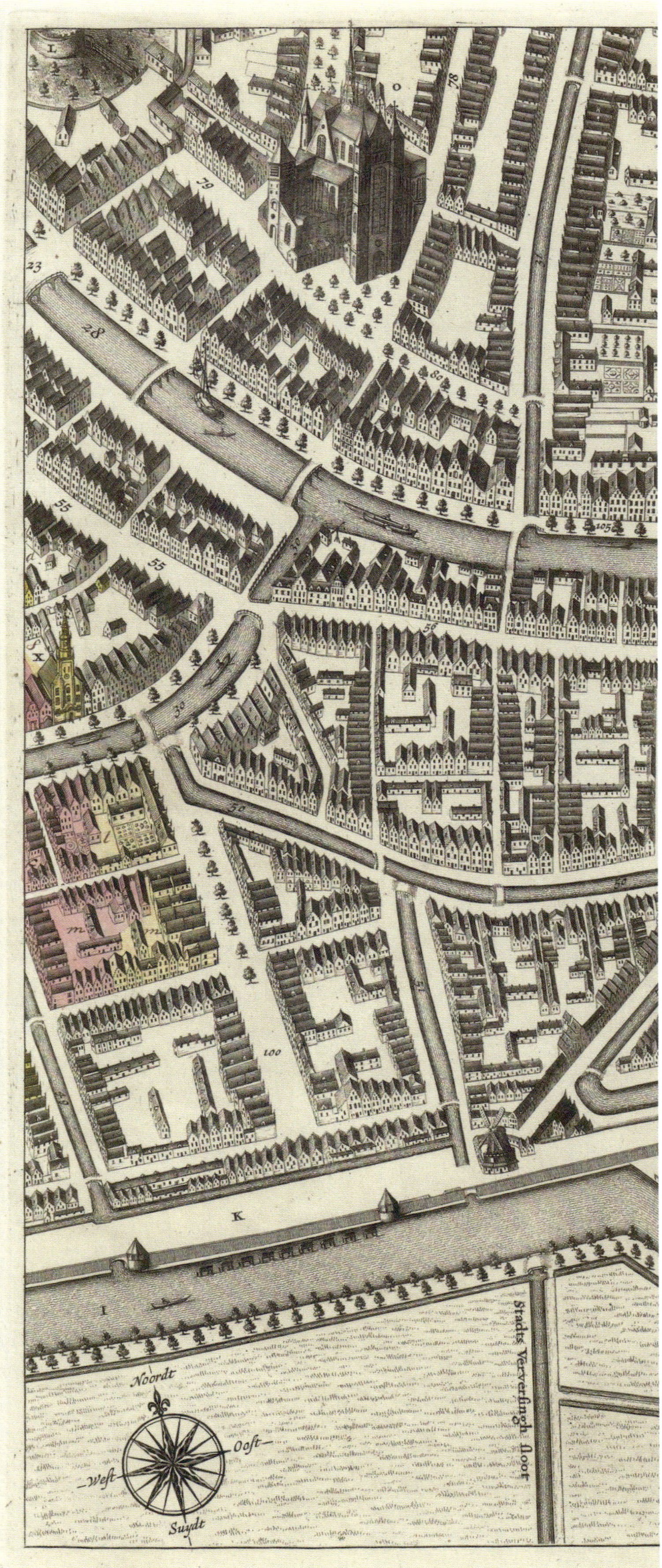

루이 나폴레옹 방문을 주제로 한 얀 빌럼 피네만(Jan Willem Pieneman)의 작품.

해 사용되었다. 1859년에 대학은 '작은 폐허'로 알려진 스테인슈어 북쪽 지역에 물리학 실험실을 세웠다. 이 건물은 현재 카멜링 오네스(Kamerlingh Onnes) 건물로 알려져 있으며 법학부가 들어서 있다. '거대한 파괴(Great Ruin)'로 알려진 스테인슈어 남쪽 지역은 1886년에 반 데르 베르프(Van der Werf) 공원으로 바뀌었다. 가렌마크트(Garenmarkt, 원사 시장) 근처의 한 건물은 '화약선(gunpowder ship)'이라고 불린다. 배가 정박했던 스테인슈어 부둣가에는 1807년의 재난을 기억하는 명판이 있다.

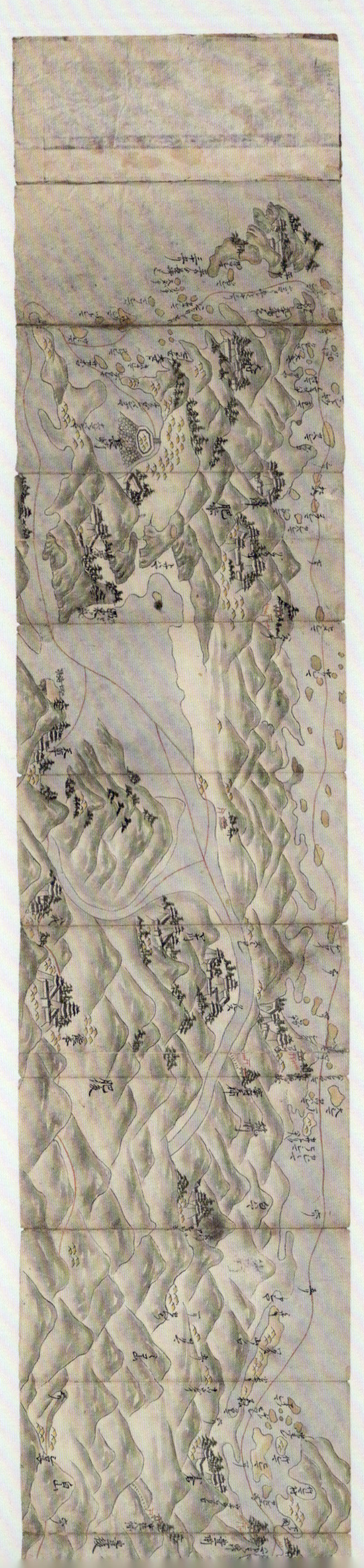

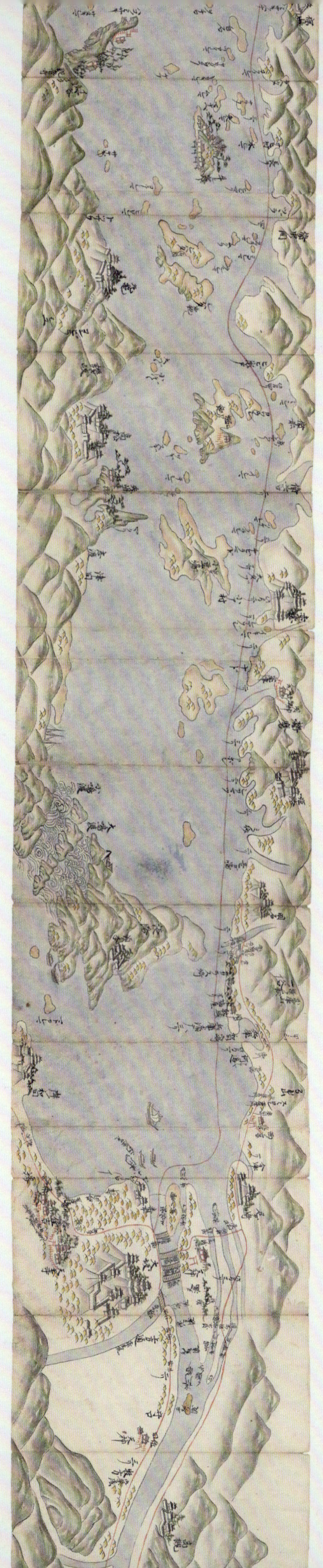

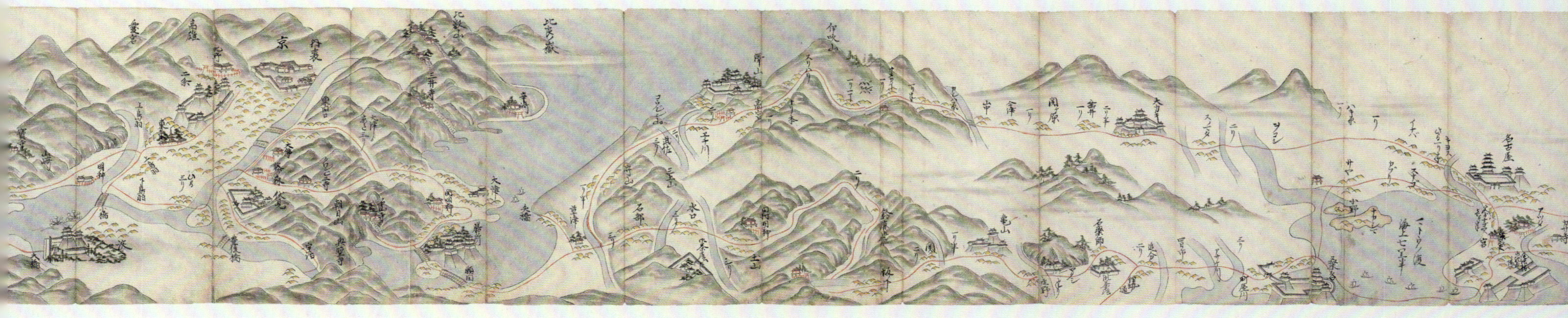

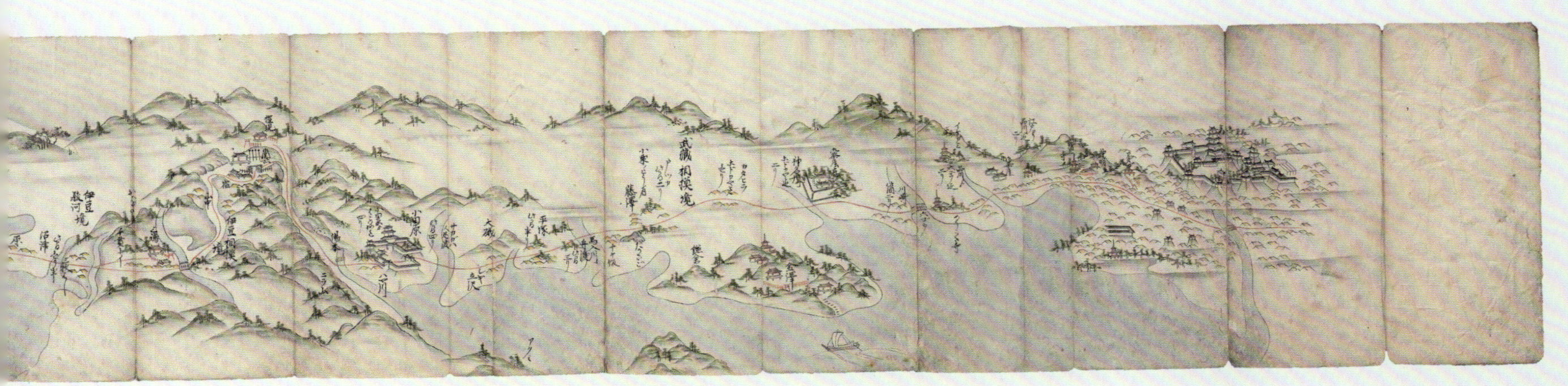

54 1815년 — 에도에서 나가사키로의 상상 여행

고립된 군도의 일면

이 지도는 막부시대 일본의 수도인 에도(현재의 도쿄)에서 출발하여 도카이도(東海道)•를 거쳐 교토와 오사카에 이른 뒤 내해의 북쪽 해안과 규슈섬 서쪽 해안을 따라 이동하는 경로를 보여 준다. 이것은 근대 일본에서 가장 중요한 경로 중 하나로, 주요 무역항인 나가사키로 상품을 전달하는 데 필수적인 경로였다. 한편, 이 지도는 실질적인 정보 제공이 제한적이지만, 대신 여정에 대한 가상의 경험을 미학적이고 확장된 형식으로 전달하는 것에 초점을 맞추고 있다.

서로 완전히 다른 공간을 나타내는 지각적 산물임에도 불구하고, 이러한 지도들은 부분적으로만 접근 가능한 지역에 대해 지식을 확보하려는 시도의 일환이며, 19세기 중반까지 나가사키의 네덜란드 무역 전초 기지에 주둔한 직원들에 의해 수집되고 활용되었다.

이것은 •1672년에 최초로 발행된 목판 인쇄 지도인 '동서해륙지도(東西海陸之圖, 동쪽과 서쪽의 육지와 바다를 그린 지도)의 필사본으로, 비슷한 시기에 제작된 '해륙안건의 그림지도(海陸案件の絵図)'에 몇 가지 요소를 추가하여 제작된 것이다. 이 지도들은 정부의 지원을 받아 공식 조사를 바탕으로 만들어졌다고 추정된다. 그리하여 봉건 영주들과 그 일행들이 '참근교대(参勤交代)'(각 번의 다이묘를 정기적으로 에도를 오고 가게 함으로써 각 번에 재정적 부담을 가하고, 볼모를 잡아 두기 위한 에도 막부의 제도이다—옮긴이주) 제도에 따라 매년 자신의 본거지에서 에도의 거주지까지 강제로 이주하는 계획을 세우는 데 이 지도들을 이용했을 것으로 보인다. 이러한 필사본 지도는 실용적인 목적(종종 좁은 공간에서 회의하기 위한 종이 포장 기술 사용)으로 활용되었을 뿐만 아니라, 두루마리나 병풍처럼 외형적 제시 목적 모두에서 우세하게 활용되었다는 것을 보여 준다.

'나비(butterfly)' 또는 '콘서티나(concertina, 아코디언 모양의 6각형의 손풍금)' 형식의 지도는 두루마리 형태보다 참조하기 쉬운 형태로 독자에게 상상력을 통한 여행의 기회를 제공하였다. 이러한 지도는 실제 여행에 필요한 실용적 정보보다는 여행의 상징적 의미에 주목하게 하며, 길게 늘어진 형태를 통해 점진적으로 '읽혀지는' 회화적 공간을 제공한다. 해안과 육상 경로는 행정과 항해에 중요하며, 이는 지도에서 붉은색 선으로 표시되었다. 지정된 장소 간의 거리는 리(里, 1리=약 4km)로 표기되었고, 여정에 있는 성곽 도시, 찻집, 강, 섬, 다리와 산 등이 표시되었다. 이러한 지도는 그림이 있는 여행서에 나오는 것과 같은 문화 정보를 담고 있는 화려한 태피스트리처럼 보인다.

지도는 이상적으로 묘사된 에도성을 중심으로 여정을 시작하며, 1673년에 파괴된 후 재건되지 않은 5층 탑을 보여 준다. 그 아래에는, 이름은 없지만, 에도와 제국의 수도인 교토를 연결하는 도카이도 도로의 시작점이자 에도의 중심지로 추정되는 니혼바시 다리가 있다. 유명한 장소와 사원으로 이어지는 우회로도 나타나 있다. 후지산의 3개의 산봉우리와 네덜란드 동인도회사 직원 아이작 티싱(Isaac Titsingh, 1745-1812)이 관찰했던 혼슈 본섬의 아사마 화산 등 눈에 띄는 산들도 그려져 있다. 호코지 대불, 사무라이 계급에 인기 있는 후지 노모리 신사와 같은 관광 명소는 물론이고 제국의 궁궐과 니조성(二条城) 등 확장된 공간으로서의 교토를 보여 주고 있다.

항로는 오사카에서 시작하여, 흘수(수면에서 물에 잠긴 배의 가장 밑부분까지의 수직 거리)가 낮은 배로 요도강의 3개의 주요 다리를 지나 내해로 이어진다. 이 배들은 아와지섬과 시코쿠섬 사이에 있는 나루토 소용돌이의 거센 파도를 피할 수 있었다. 이 경로에는 1184년 겐페이 전쟁(源平合嶽, 1180년에서 1185년까지 미나모토 가문과 다이라 가문 사이에 벌어진 내전) 중 이치노타니 전투에서 전사한 사무라이 다이라노 아쓰모리(1169-1184)의 무덤을 알려 주는 석탑처럼 역사적인 장소도 포함되어 있다. 이 경로는 나가사키항에 있는 지쿠젠과 나베시마 번의 초소로 마무리된다. 경로에 표시된 다수의 하치만 신사는 주로 사무라이를 대상으로 한다. 항구 내에서 눈에 띄는 것은 부채꼴 모양의 인공섬인 '데지마(Deshima)'로, 네덜란드 동인도회사가 설립한 교역소가 있던 곳이다. 다소 부정확해 보일 수 있지만, 주변을 항해해야 하는 항해사의 요구에 더 적합하도록 요새화된 둥근 섬으로 표시되었으며, 이는 나가사키에서 자주 나타나는 육지 중심의 전망에 대한 바다 중심의 대안적 전망을 제공한다.

데지마는 동인도회사 대표단이 에도로 여정을 시작하는 출발점으로, 이들은 이 지도에 나타난 경로를 따라 에도를 왕래했다. 이는 동인

• 도카이도는 에도 시대에 도쿄와 교토를 연결하는 주요 도로였다.

지볼트의 항해도에 나타난 미야지마섬의 이쓰쿠시마와 주변 지역의 모습.

도회사 직원들이 도로 지도를 적극적으로 수집한 이유를 설명해 준다. 엥겔베르트 캠퍼(Engelbert Kaempfer, 1651-1716)는 초기 인쇄본을 확보하고 1692년 에도로 여행할 때 로마자의 지명 발음을 주석으로 달아 나중에 이를 자신의 지도 작업에 추가했다. 필리프 프란츠 폰 지볼트(Philipp Franz von Siebold, 1796-1866) 역시 이러한 도로 지도에 큰 관심을 보였다. 그는 에도 궁정을 방문하기 전에 약 8m 길이의 필사본 지도를 제작하고 일본인 정보원에게 지명의 음성 표기를 요청해 네덜란드 음성에 맞춰 수정했다. 일본에 관한 그의 위대한 저서인 『일본(Nippon)』에서 지볼트는 이 도로 지도를 어떻게 인쇄하고 사용했는지에 대해 이렇게 설명한다. "데지마에서 출발하기 전에 나는 지금까지 거의 알려지지 않았지만, 우리 여행의 지리와 항해에 중요한 이 도로를 조사할 목적으로 일본 지도와 여행 안내용 운하의 스케치를 이미 그렸다." 그 후 지볼트는 1859년과 1862년 사이에 두 번째로 일본을 여행하면서 1815년의 것과 매우 유사한 콘서티나 형식의 지도를 입수했다. 음성 표기 외에도 네덜란드 증기선의 그림과 함께 새로 개항한 요코하마항의 이름도 추가하였다.

이런 과정을 통해 한 지역에 대한 상상의 여행을 위해 만들어졌던 지도는 실제 여행과 서양식 지도 편집에 맞추어 수정되고 문화적으로도 사용자 요구에 맞게 조정되었다. 이는 1850년대 중반부터 일본에서 국제 무역을 위해 서양식 지도 제작이 시작된 것을 포함해, 일본에 대한 공간적 상상력을 새롭게 재구성하는 과정의 시작을 알리는 것이다.

제작자: 미상 **제목**: 동서해륙지도 **발행지**: 에도
발행일: 약 1800-1830년 **기법**: 화지(일본 전통 종이)에 필사
크기: 27 x 800cm **축척**: 약 1:125,000 **방위**: 북쪽이 위쪽
소장처: 동양 컬렉션

1783년 아사마 화산의 분화를 묘사한 이 그림은 아이작 티싱의 수집품에서 발견되었다.

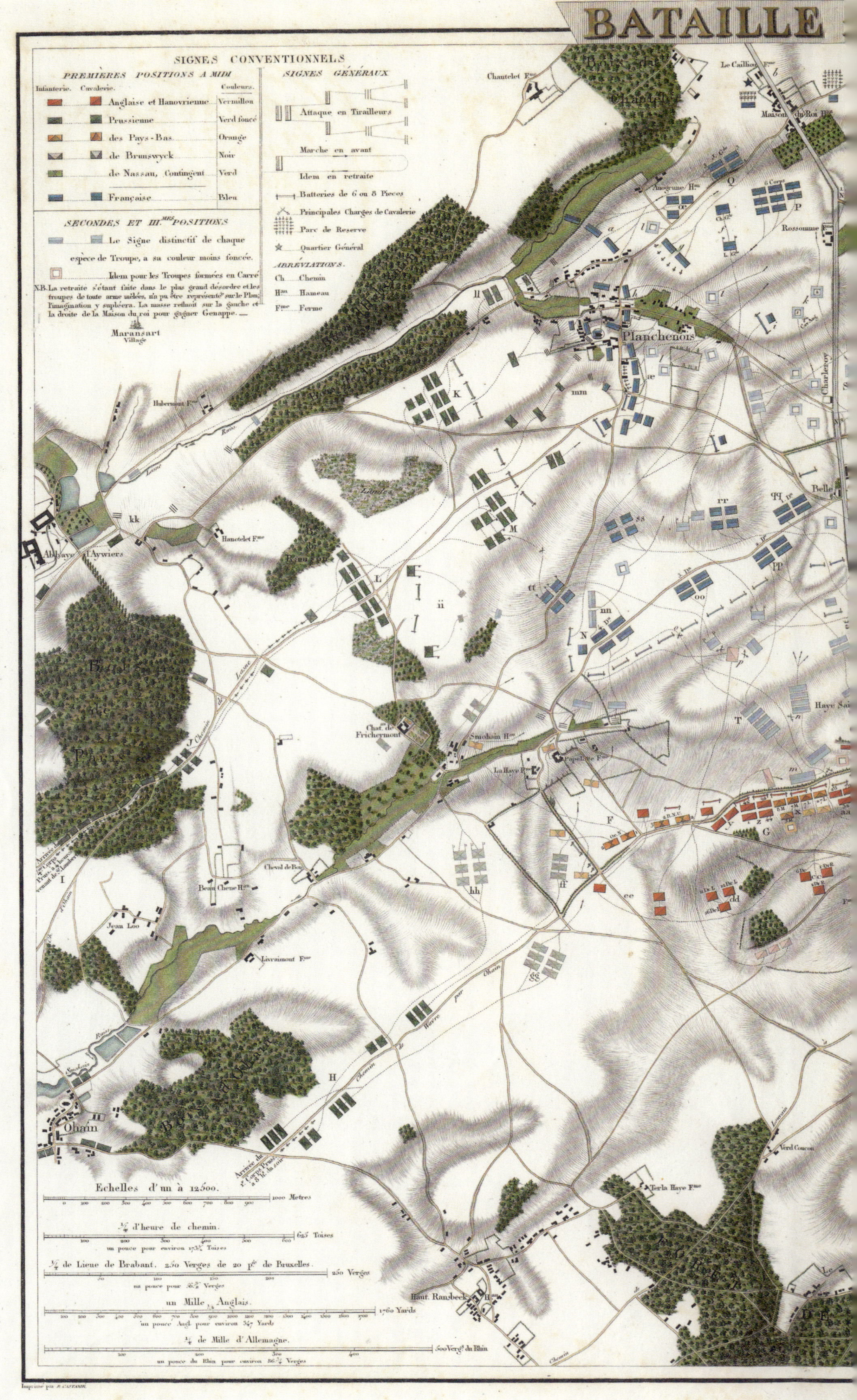
BATAILLE
SIGNES CONVENTIONNELS
PREMIÈRES POSITIONS A MIDI
Infanterie. Cavalerie. Couleurs.
Anglaise et Hanovrienne Vermillon
Prussienne Verd foncé
des Pays-Bas Orange
de Brunswyck Noir
de Nassau, Contingent Verd
Française Bleu
SECONDES ET III.MES POSITIONS
Le Signe distinctif de chaque espece de Troupe, a sa couleur moins foncée.
Idem pour les Troupes formées en Carré
N.B. La retraite s'étant faite dans le plus grand désordre et les troupes de toute arme mêlées, n'a pu être représentée sur le Plan; l'imagination y suppléera. La masse refluoit sur la gauche et la droite de la Maison du roi pour gagner Genappe.
SIGNES GÉNÉRAUX
Attaque en Tirailleurs
Marche en avant
Idem en retraite
Batteries de 6 ou 8 Pieces
Principales Charges de Cavalerie
Parc de Reserve
Quartier Général
ABRÉVIATIONS.
Ch. Chemin
Ham. Hameau
Fme. Ferme
Maransart Village
Chantelet Fme.
Le Caillou
Maison du Roi
Rossomme
Plancheois
Hubermont Fme.
Abbaye d'Aywiers
Hamotelet Fme.
Chât. de Frichermont
Smohain
Papelotte
La Haye
Cheval de Bois
Beau Chene
Jean Loo
Lauvaimont Fme.
Ohain
Arrivée du 1er Corps Pruss. à 8 h. du soir
Haye Sa
Belle
Verd Coucou
Terla Haye Fme.
Haut. Ransbeek
Echelles d'un à 12500.
0 100 200 300 400 500 600 700 800 900 1000 Metres
1/4 d'heure de chemin.
100 200 300 400 500 600 625 Toises
un pouce pour environ 173 3/4 Toises
1/4 de Lieue de Brabant. 250 Verges de 20 pds. de Bruxelles.
50 100 150 200 250 Verges
un pouce pour 36 2/3 Verges
un Mille Anglais.
100 200 300 400 500 600 700 800 900 1000 1100 1200 1300 1400 1500 1600 1700 1760 Yards
un pouce Angl. pour environ 347 Yards
1/4 de Mille d'Allemagne.
100 200 300 400 500 Vergs. du Rhin
un pouce du Rhin pour environ 86 3/4 Verges
Imprimé par R. CASTANIE

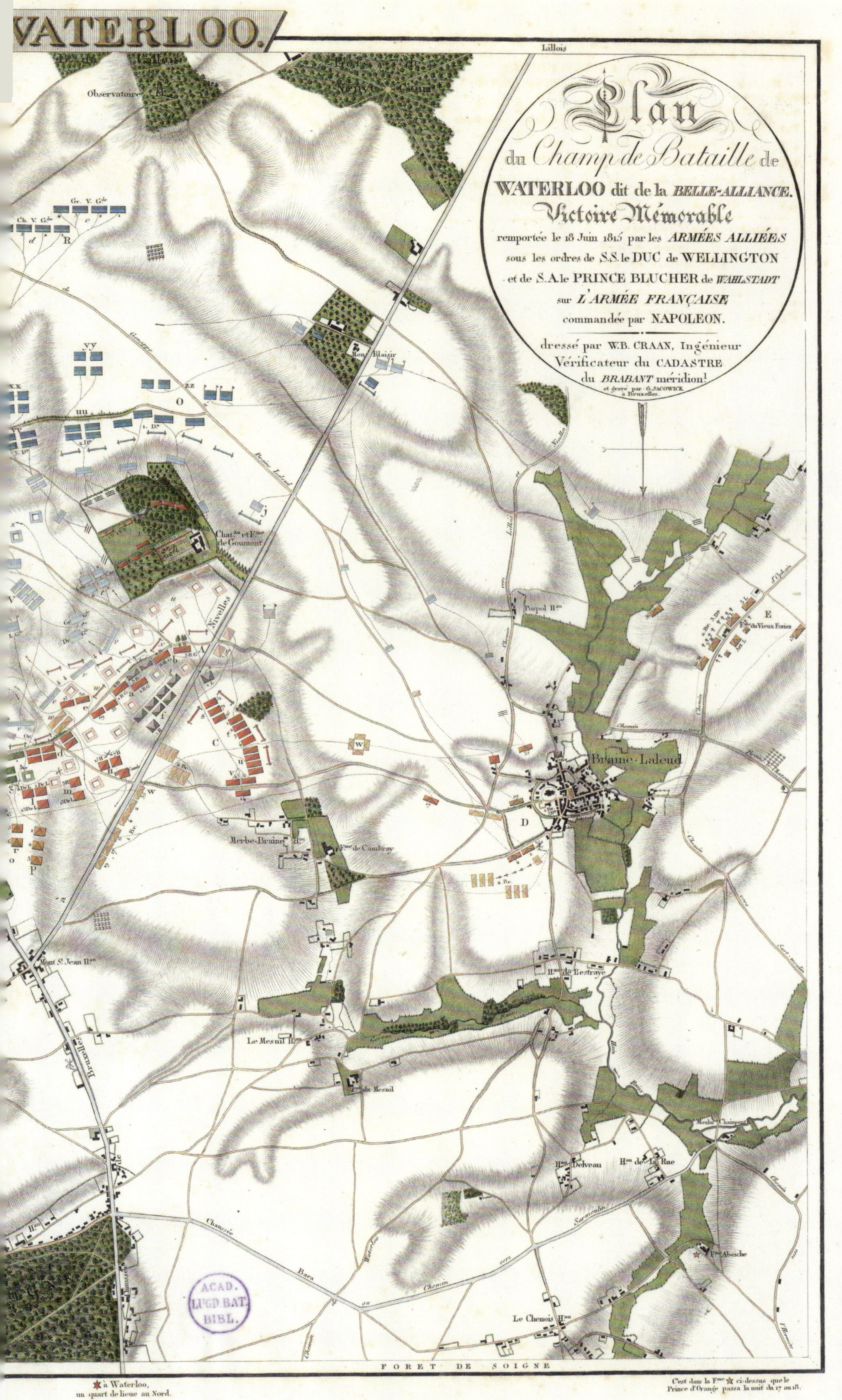

à Waterloo, un quart de lieue au Nord.

C'est dans la F.me ci-dessus que le Prince d'Orange passa la nuit du 17 au 18.

55

1815년 — 영광의 워털루 전투

기억의 지리

워털루 전투는 나폴레옹 보나파르트(Napoleon Bonaparte, 1769-1821)의 시대가 종식되는 역사적 전환점을 마련한 중대한 사건이다. 1815년 6월 18일, 워털루 남쪽의 몽생장에서 영국, 하노버, 네덜란드, 프로이센 연합군이 프랑스군을 결정적인 패배를 안겼다. 프로이센군은 게브하르트 레베레흐트 폰 블뤼허(Gebhard Leberecht von Blucher, 1742-1819)가 지휘했고, 연합군의 나머지 병력은 웰링턴 공작(1769-1852)이 이끌었다. 이 전투의 중요한 순간들은 당시의 정확한 시점과 상황을 확인하기 위해 즉시 지도에 기록되었고, 전투 이후 두 달 만에 전장을 방문하는 관광객들을 위한 첫 번째 지도가 제작되었다. 그러나 초기 지도들은 급하게 제작하여 정확도가 떨어졌다. 전투 1년 후, 네덜란드의 측량사이자 지도 제작자인 빌럼 벤자민 크란(Willem Benjamin Craan, 1776-1848)이 '워털루 전투의 결정적인 지도'를 출판했는데, 이는 당대 지휘관들의 승인을 통해 정확도를 인정받았다.

빌럼 벤자민 크란은 네덜란드 동인도회사 상인의 아들로 태어나, 법학을 공부하기 위해 레이던 대학교에 입학했다. 그는 1795년 네덜란드가 프랑스 지배를 받던 시기에 결혼하고 박사 학위를 받았으나, 법학보다는 수학과 음악에 더 큰 흥미를 느꼈다. 이후 토지 측량사로 경력을 쌓아 1810년 프랑스 제국에 속한 루르 지역의 토지 등기 감독관으로 임명되었다. 그 무렵 네덜란드는 프랑스 제국의 일부였고, 나폴레옹의 동생 루이 나폴레옹이 홀란트 왕국의 통치자였다. 1813년 마침내 네덜란드가 독립하였고, 마지막 총독의 아들 윌리엄 프레더릭(William Frederick)이 연합 네덜란드의 통치자가 되었다. 1815년 3월, 빌럼 1세로서 네덜란드 연합왕국의 왕위에 올랐다.

1811년, 크란은 독일 부서에서 토지 등기 업무를 담당하면서 뛰어난 자질을 인정받았으나, 1814년 프랑스 제국의 붕괴로 인해 일자리를 잃었다. 그는 당시 다일주(the departement of Dyle)의 주도였던 브뤼셀로 이주했다. 1814년 10월 21일, 윌리엄 프레더릭은 크란을 부서의 토지 등록 책임자로 임명했다. 이후 크란은 프랑스에서 네덜란드로 이주하였으며, 이는 전쟁이 끝난 뒤 드문 일은 아니었지만, 그의 탁월한 지리적 능력을 입증하는 것이다.

이 시기에 나폴레옹은 엘바섬으로 추방된 상태였으나, 1815년에 탈출하여 다시 대규모 군대를 모아 전쟁을 준비했다. 그해 여름, 나폴레옹의 군대는 웰링턴 공작과 폰 블뤼허 야전 사령관의 지휘하에 있는 연합군과 결정적인 전투를 벌였다. 이 전투가 벌어진 장소는 토지 측량사인 크란이 거주하던 브뤼셀에서 남쪽으로 불과 몇 킬로미터 떨어지지 않은 지점이었다. 전투는 프랑스군의 패배로 끝났으며 워털루 전투로 역사에 기록되었다. 브뤼셀은 전장과 매우 인접해 있었기 때문에 많은 부상자들이 브뤼셀로 이송되었다.

크란에게 이 상황은 그의 전문 지식을 활용할 수 있는 기회가 되었다. 그는 워털루 전투가 발생한 인근에서 전투 관련 지도를 제작하겠다는 계획을 세우고, 부상당한 병사들로부터 프랑스군과 연합군 양측의 정보를 수집함으로써 상세한 지도를 작성할 수 있었다. 크란에 의하면 프랑스 장군인 무통(Mouton), 로바우(Lobau), 엑셀만(Exelmans), 제라르(Gerard)뿐만 아니라 영국, 네덜란드, 프로이센의 장교들과 대화를 나누었다고 한다. 프랑수아 아이메 멜리넷(Francois Aime Mellinet) 대령은 그에게 지도 제작에 관한 조언을 제공했으며, 네덜란드의 왕자 프레더릭(Frederick, 1797-1881)은 프로이센 장군들에게 크란을 소개하기도 했다. 이러한 경험은 그의 지도 제작에 큰 영향을 미쳤을 것이다.

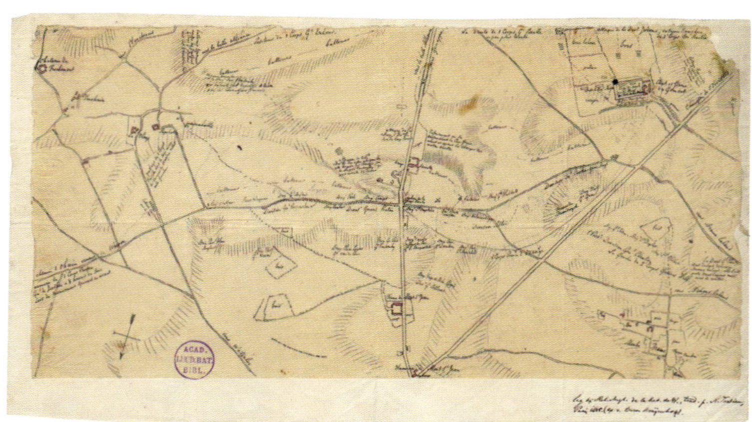

코르넬리스 크라엔호프의 소장품 중에서 발견된 전장의 지도.

1816년 9월, 워털루 전투 종결 1년 후, 크란은 자신의 역사적 기록을 담은 '워털루 전투에 대한 역사적 주석이 담긴 지도(Plan du champ de bataille de Waterloo, avec notice historique)'를 발표했다. 이 지도는 판화가 자코윅(G. Jacowick, 1760-1820)이 제작하였고, 브뤼셀의 생 안느(Saint-Anne) 거리에 있는 카스타니에(R. Castanie) 출판사가 인쇄했다. 크란은 이 지도에 대한 광범위한 설명을 별도의 첨부 문서에 제공하였고, 제목은 '워털루 전투에 대한 역사적 주석이 담긴 지도: 크란이 디자인한 지도에 대해 이해를 돕기 위한 아름다운 동맹'으로 정했다. 이 지도는 브뤼셀의 마들렌 거리에 있는 헤이바르트(P.J. Heyvaert)와 파울에스(F. Pauwels) 미망인에 의해 인쇄되었다. 크란은 이 작업에서 전투에 관한 자신의 지리적 연구를 상세히 설명하고 대화를 나눈 고위 장교들의 이름을 명시했다. 또한 자신의 지도가 군대를 지휘했던 빌럼 오라녜 공과 웰링턴 군주로부터 명시적인 승인을 받았음을 자랑스럽게 밝혔다. 러시아의 알렉산드르 1세 황제(1777-1825)는 크란의 지도에 대해 매우 만족하여 그에게 값비싼 반지를 보상으로 주었다고 한다.

여기에 실린 지도는 1816년에 처음 출판된 것으로 네덜란드의 유명한 지도 제작자이자 토지 측량사인 코르넬리스 루돌프 테오도로스 크라옌호프(Cornelis Rudolphus Theodorus Krayenhoff, 1758-1840) 남작이 소장하고 있던 것이다. 남작은 토지 측량사로서의 전문성을 바탕으로 워털루 전투와 관련된 지도 제작에 깊은 관심을 가졌는데, 특히 그의 장남 코르넬리스가 전투 중 부상 당한 사실에 큰 영향을 받았다. 크라옌호프는 가능한 한 모든 관련 지도를 수집하는 데 힘썼다. 그의 토지가 경매에 부쳐졌을 때 보델 니젠하위스는 크란의 지도를 포함해 전투에 참여한 병사들이 제작한 다양한 지도들을 손에 넣었다. 특히 주목할 만한 것은 빌럼 크리스티안 브라데(Willem Christiaan Brade, 1791-1858)가 제작한 지도였는데, 브라데는 자신의 경험을 바탕으로 여러 군단의 위치를 정교하게 지도에 표시했다.

전장에서 제작된 다른 스케치들이 많지만, 크란의 지도는 그 정확성과 상세한 표현에서 독보적인 가치를 지닌다. 크란이 추가한 상세한 주석은 역사학적으로 매우 중요하며, 전투에 대한 기존의 여러 가설을 반박하고 정확한 부대 위치를 설명한다. 워털루 전투는 역사적으로 중요한 의미를 지녔기 때문에, 전투 중에 정확히 무슨 일이 일어났는지에 대한 호기심과 지도에 담긴 글, 이미지, 설명은 매우 가치 있는 것이었다.

워털루 전투는 나폴레옹에게 결정적인 패배를 안겨 주었으며, 그 결과 프랑스는 유럽 내에서의 리더쉽을 상실하게 되었다. 빈 의회는 프랑스 제국주의의 부활을 막고 유럽 대륙에 프랑스를 둘러싼 완충 국가를 설립하기 위해 영토와 국가들을 재편성했다. 이는 왕정 복고 시대(1815-1830)의 시작을 알리는 것으로, 유럽의 여러 왕실은 프랑스 혁명 이전의 질서를 복원하고자 노력했다.

빌럼 크리스티안 브라데가 손으로 그린 워털루 전투의 지도.

워털루 전투의 역사적 중요성은 관광객들 사이에서도 큰 관심을 끌었다. 이미 1815년 가을에 전쟁터를 직접 목격하려는 최초의 방문객들이 몽생장 언덕으로 향했다. 크란의 지도는 이러한 방문객들의 수요에 부응하여 다양한 형태로 여러 차례 재출판되었다. 특히, 후기 판본 중 일부는 전쟁터 방문 시 휴대하기 쉽도록 아마포(린넨)에 부착하고 상자에 담아 판매되었다. 시간이 흘러 1세기 후, 해당 지역은 역사적 기념지로 지정되어 전투가 벌어졌던 장소로 보존되었다. 크란이 만든 지도는 이 기념 장소를 찾는 방문객들에게 여전히 가치 있는 안내자 역할을 하고 있다.

제작자: 빌럼 벤자민 크란(지도 제작), G. 자코윅(조각), R. 카스타니에(인쇄)
제목: 워털루 전투도-벨 알리앙스라고 불리는 전장 지도. 1815년 6월 18일, 웰링턴 공작과 블뤼허 왕자가 지휘한 연합군이 나폴레옹의 프랑스군을 격파한 역사적 승리 **발행일:** 1816년 **기법:** 에칭 및 동판 인쇄, 채색
크기: 55 x 68.5cm **축척:** 1:12,500 **방위:** 북쪽이 아래쪽
소장처: 보델 니젠하위스 컬렉션

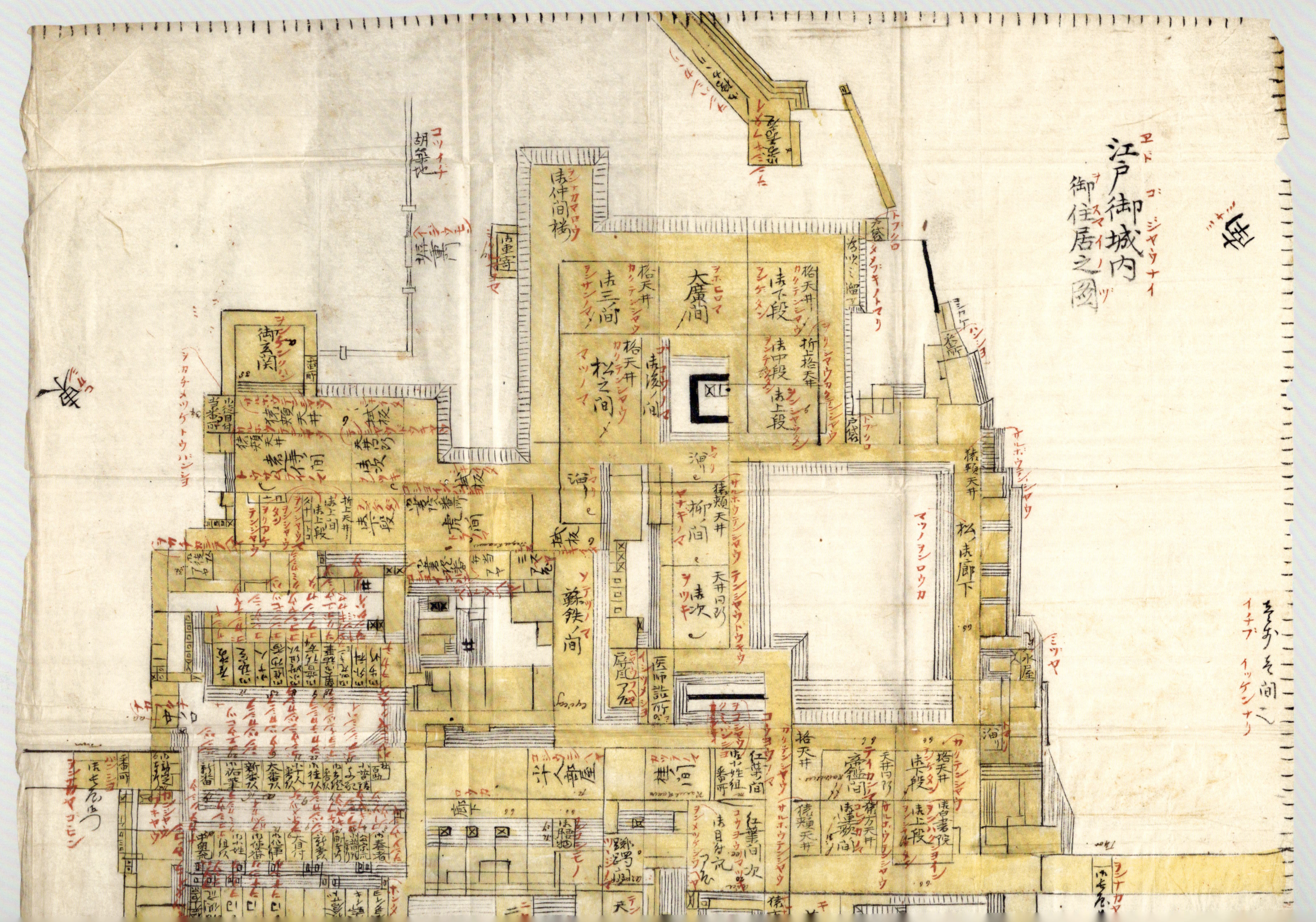
江戸御城内御住居之圖

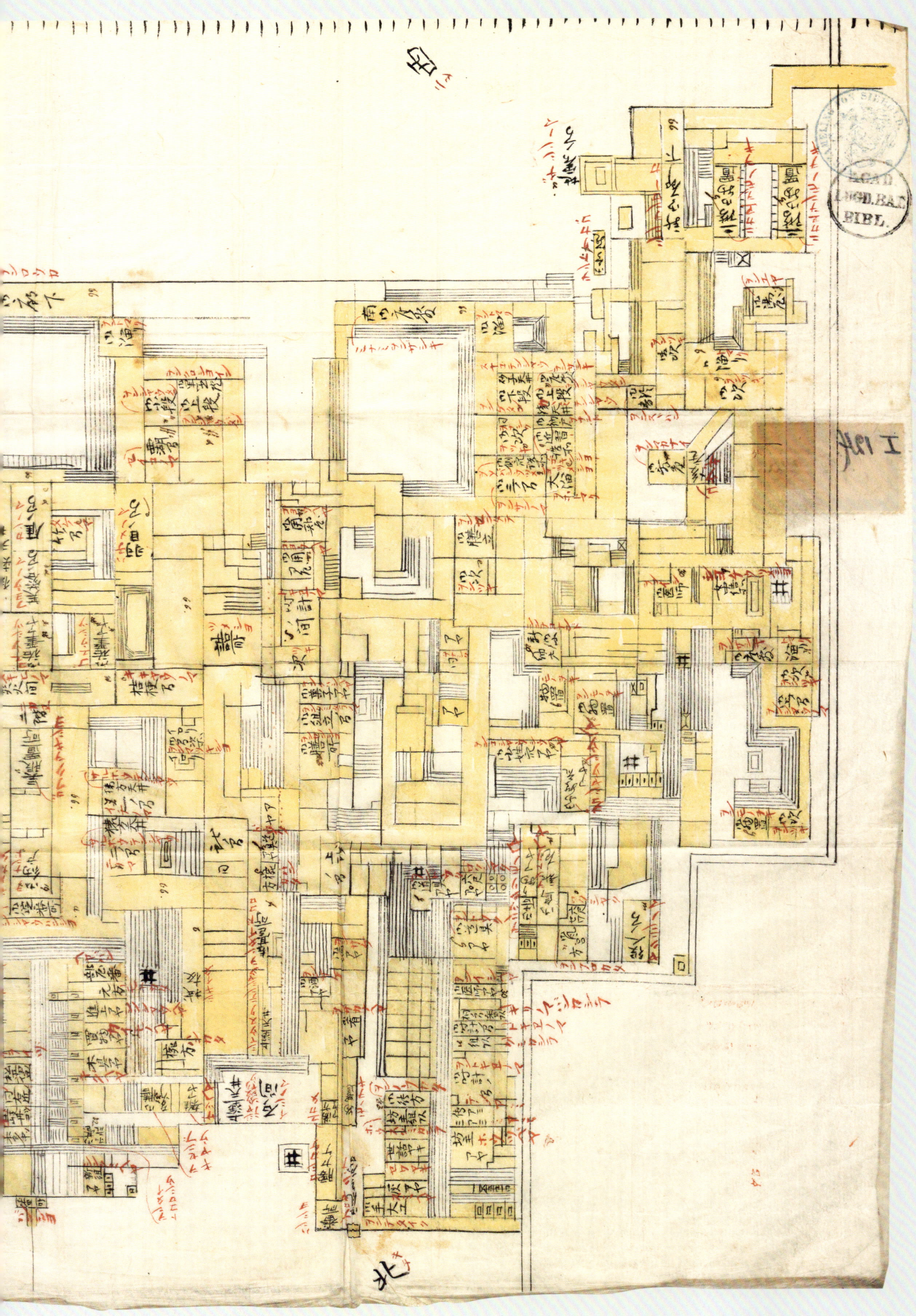

56

1825년 — 에도성의 내부를 들여다보다

일본에서 추방된 지볼트

도쿠가와 시대 에도(현재의 도쿄)에서 대부분의 도시 지도 중앙에는 에도성을 나타내는 흰 점이 표시되어 있다. 에도성은 쇼군과 그의 궁전이 자리한 중심지였기 때문에, 보안을 이유로 성 내부의 구조는 일반인에게 공개되지 않았다. 이 때문에 상업적으로 제작된 지도들은 성 내부를 빈 공간으로 묘사하였다. 성의 세부 구조를 나타내는 도면은 존재했으나 이는 외국인을 대상으로 한 것이 아니었다. 그런데 네덜란드에서 일하던 독일인 의사가 쇼군의 궁전 지도를 포함한 일본의 기밀 정보를 담은 지도를 소유한 사실이 드러나자, 일본 당국은 이 사건에 대해 심각한 유감을 표했다. 이로 인해 발생한 일명 '지볼트 사건'은 관련자들의 처형과 추방으로 이어졌다.

필리프 프란츠 폰 지볼트(Philipp Franz von Siebold, 1796-1866)는 의학을 전공했고, 자연사, 식물학, 지리학 등에도 큰 관심을 가졌다. 1822년에는 군의관으로서 네덜란드령 동인도제도로 여행을 떠났으며, 1년 후, 나가사키로 이동하여 데지마섬에 위치한 네덜란드 무역소에서 의사로 활동하였다. 지볼트는 일본에서 체류하는 동안 자연사 자료를 수집하고, 일본의 지리학자나 측량사들과의 교류를 통해 지도 제작에 관련된 문서를 교환하면서 지리 정보를 축적하였다. 이런 방식으로 서양 지도를 일본인에게 선물하고 그 대가로 쇼군의 궁궐 도면, 오사카성 도면, 그리고 북쪽 홋카이도와 사할린섬 지도 등 다수의 기밀 지도를 얻을 수 있었다. 이 지역은 아시아 북동부에 위치하였으며, 당시 세계에서 정확한 지도 정보가 충분하지 않은 몇 안되는 지역 중 하나로 간주되었다. 이러한 배경 속에서 일본은 물론 프랑스와 러시아도 이 지역에 대한 영향력을 확대하기 위해 탐험을 준비해 왔다.

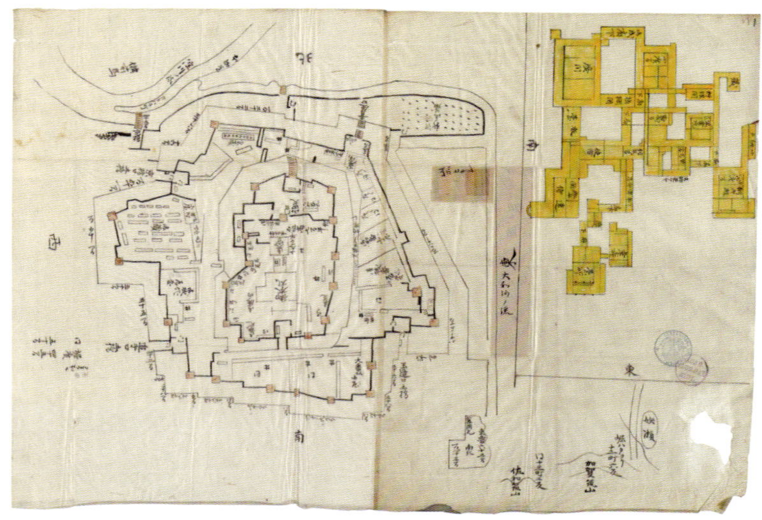

1825년경 제작된 오사카성의 지도.

데지마에 거주하는 네덜란드인들은 대부분 나가사키만에 있던 이 인공섬을 벗어나지 못했지만 지볼트는 예외였다. 그는 의학적 전문성 덕분에 일본 환자를 왕진하는 것이 허용되었으며 나가사키에 의과대학을 설립하기도 했다. 1826년에 지볼트는 4년마다 일본을 여행할 수 있도록 특별 허가를 받아 쇼군의 에도 궁궐 방문단에 참여할 수 있었다. 에도에서 지볼트는 궁정 천문학자인 다카하시 카게야스(1785-1829), 탐험가 모가미 도쿠나이(1755-1836), 마미야 린조(1775-1844) 등을 만났다. 이들은 홋카이도와 사할린 지도를 만들었는데, 지볼트는 이들과의 교류를 통해 모가미가 선물한 사할린과 홋카이도 지도를 비롯한 북쪽 섬의 다양한 지도를 확보하였다. 특히, 다카하시는 지볼트를 위해 정밀하게 복사한 여러 장의 지도를 주문해 주는 등 중요한 역할을 했다.

하지만 일본에서는 외국인에게 지리 정보를 제공하는 것이 엄격하게 금지되어 있었고, 이로 인해 지볼트와 협력했던 일본인 동료들은 사형당할 위기에 처하게 되었다. 원래 지리 정보의 공유는 공식적으로 금지되었지만, 실제로는 비밀리에 교환되는 경우가 있었다. 이러한 비공식적 교류를 통해 일본인들은 네덜란드, 프랑스, 러시아의 지도 제작 기법을 어느 정도 익힐 수 있었다. 특히 다카하시는 네덜란드의 아시아 식민지 지도 및 러시아 제독 아담 요한 폰 크루젠슈테른(Adam Johann von Krusenstern, 1770-1846)의 여행 지도를 확보하는 데 성공했다.

에도를 방문한 이후에도 지볼트는 다카하시와 계속 연락을 주고받았다. 연락은 비공식적이었고 아마도 비밀리에 이루어졌을 것으로 추정된다. 학자들 사이의 이러한 교류는 행정 당국의 감시를 피해 이루어졌다. 지볼트 사건이 어떻게 불거진 것인지에 대한 공식적인 기록은 없으나, 추측하건대 마미야가 다카하시와의 경쟁심 때문에 지볼트를

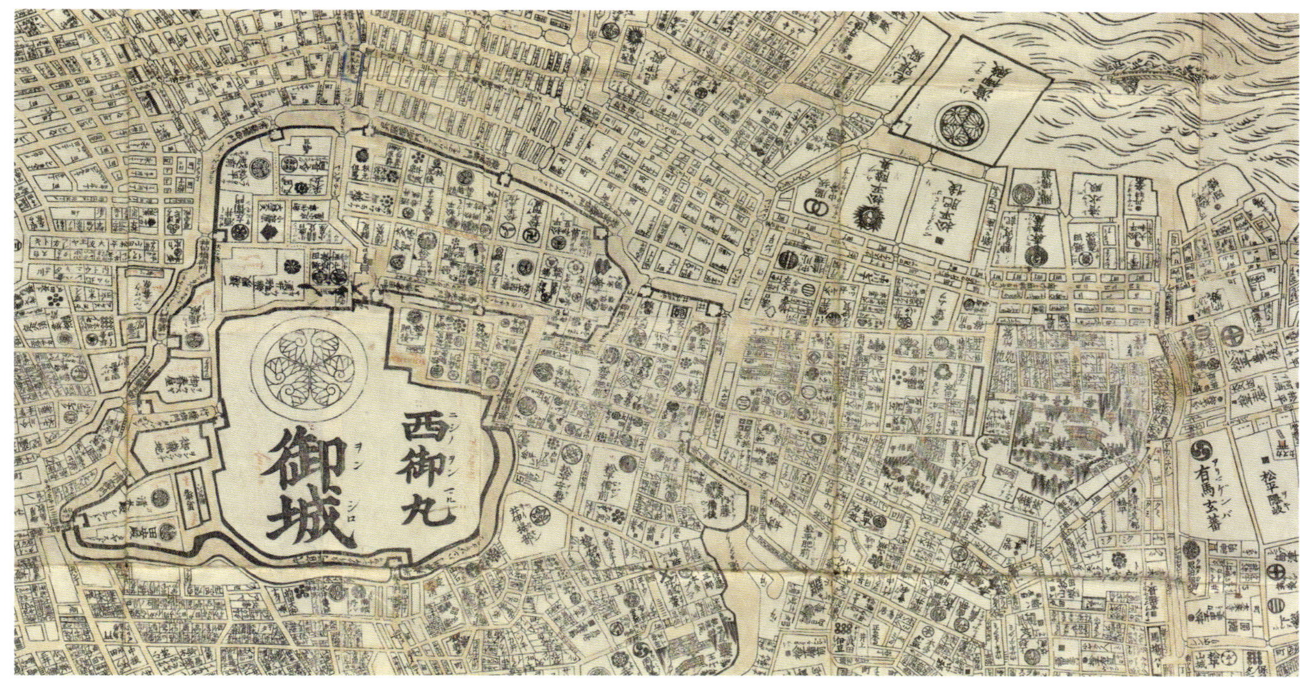

1825년의 에도 지도로 왼쪽 하단에 넓게 표시된 곳은 성을 가리킨다. 지볼트는 지도에 점선으로 그의 여정을 표시했다.

간첩 행위로 당국에 고발하지 않았을까 추정된다. 1828년에 다카하시의 집이 수색당하면서 그가 지볼트로부터 받은 많은 서양 지도 자료가 압수되었다. 이후 지볼트의 집도 수색을 당했고, 일본 지도가 발견되자 가택 연금을 당했다. 그러나 그는 이미 일부 지도를 네덜란드로 보낸 상태였으며 나머지는 복사하여 숨겨두었다. 이러한 방식으로 그는 '과학을 위해 지도를 보존'하는 데 성공했다. 지볼트와 그의 일본인 아내 소노기는 심문을 피할 수 없었다. 다카하시는 1829년 4월에 사형을 선고받았고, 지볼트는 그해 10월에 추방되었다. 이 사건과 관련된 다른 사람들도 파면되거나 투옥되었다.

지볼트가 네덜란드로 돌아온 후 다른 네덜란드 장교들도 그보다 먼저 지도를 수집했었다는 사실이 드러났다. 이 중에는 그가 오랜 시간 동안 획득하려고 노력한 것과 동일한 지도도 있었다. 지볼트는 1840년 레이던에서 출판한 『일본 제국 지도(Karte vom Japanischen Reiche)』를 작성하기 위해 이 지도들을 활용했다. 또한 서구 세계에 일본의 지도 제작을 결정적으로 알리게 된 주요 작품인 『일본(Nippon)』을 설명하기 위해서도 이 지도들을 사용했다. 지볼트 사건에 대한 대부분의 논의는 북쪽에 있는 섬들의 지도에 초점을 맞추고 있지만, 에도성과 오사카성의 상세한 구조도 마찬가지로 비밀이었다. 이 에도성 설계도에는 오오쿠(大奧)가 빠져 있는데, 오오쿠는 쇼군의 어머니, 공식 부인, 자녀들, 그리고 첩과 그들의 자녀들이 생활했던 여성 전용 구역으로 성인 남성의 출입이 엄격히 금지되었던 곳이었다.

지볼트가 네덜란드로 비밀리에 보낸 지도 사본은 18세기 초반 일본, 특히 에도성의 내부 구조와 건축물에 대한 상세한 정보를 담고 있어, 지도가 일본 내에서 유통되었음을 보여 준다. 이 지도는 식민지 시대에 타국으로 옮겨진 예술품 및 유산을 본국으로 반환하는 '환수 정책' 사례의 가능성을 담고 있다. 1991년 네덜란드 베아트릭스 여왕의 일본 국빈 방문 당시, 레이던 대학 집행이사회는 에도성 지도의 반환을 고려했으나, 네덜란드 문화부는 해당 지도가 문화재 보존 최고 등급에 속한다는 이유로 환수 계획을 승인하지 않았다. 그렇지만 유사한 자료들이 도쿄 도립 중앙도서관을 포함한 일본 내 여러 장소에서 발견되었다.

제작자: 미상 **제목:** 에도 시대의 거주 분포도 **발행지:** 에도
발행일: 약 1825년 **기법:** 일본 화지에 필사 **크기:** 38.5 x 55cm
축척: 약 1:400 **방위:** 북쪽이 오른쪽 하단 **소장처:** 지볼트 컬렉션

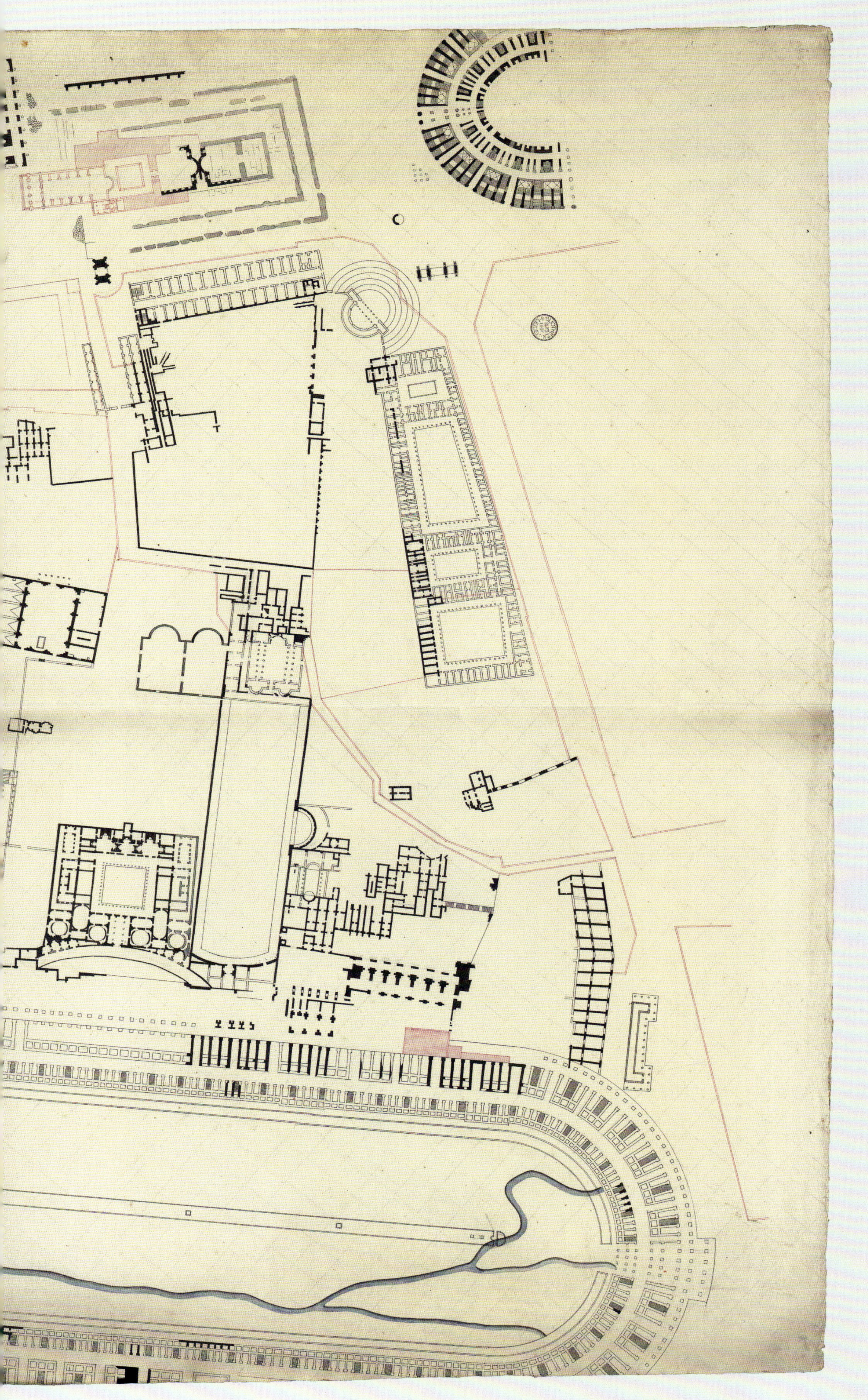

57

1825년 — 고대 로마의 지형학

수업 도구로서의 고고학 지도

고대 로마 중심부를 나타낸 이 특별한 지도는 얼핏 보면 시대에 뒤떨어지고 이상하게 보일 수도 있다. 이는 19세기 말에 대대적으로 발굴되기 이전의 포로 로마노•와 팔라티노 언덕을 나타낸 것이다. 지도에서 포로 로마노는 고대 로마의 정치, 상업, 법률 중심지로, 몇몇 중요한 건축물은 검은색으로 표시되었고, 나머지 부분은 얇은 선으로 재구성되었다. 이러한 모습은 지오반니 바티스타 피라네시(Giovanni Battista Piranesi, 1720-1778)가 1756년에 제작한 '안티치타 로마네(Antichita Romane)'•• 지도에서 복원된 포로 로마노와 유사하다. 두 지도 모두 실제 발굴된 공간보다 훨씬 더 크고 기념비적으로 묘사했다는 공통적인 특징이 있다. 지도는 19세기 로마인들의 토대와 그 업적을 과대평가하는 경향을 보여 주며, 초기 고고학에 대한 통찰력을 제공하는 물질적 자료로서 가치를 지니고 있음을 드러낸다. 이 지도는 레이던 대학 교수였던 카스파르 루벤스(Caspar Reuvens, 1793-1835)의 소장품으로 알려져 있다.

카스파르 루벤스는 세계 최초의 고고학 교수였다. 1818년 네덜란드 하르데르베이크(Harderwijk) 대학이 문을 닫았을 때 그곳의 교수 3명은 다른 대학에서 새로운 자리를 찾아야 했다. 이는 하르데르베이크 대학의 젊고 유능한 고전 문학 교수였던 루벤스 역시 마찬가지였다. 왜냐하면 이미 다른 대학의 관련 교수직은 모두 채워진 상태였기 때문이다. 그러나 그의 다른 관심 분야와 관련하여 레이던 대학교에 새로운 교수직이 만들어지면서 문제가 해결되었다. 그는 1818년 10월 24일에 25세의 나이로 고고학 교수로 임명되었고, 연설에서 그는 우리가 물질 문화라고 부르는 것을 통해 고대를 연구해야 한다고 주장하였다.

고고학자로서, 카스파르 루벤스는 여러 학문적 분야에서 선구적인 역할을 했다. 네덜란드 국왕 빌럼 1세와 교육, 산업, 식민부 장관이었던 안톤 라인하르트 팔크(Anton Reinhard Falck, 1777-1843)의 지원을 받아 대학의 고고학 전시관에 넣을 그리스, 로마, 이집트는 물론 자바에서 온 유물까지 대량으로 수집했다. 또한 네덜란드의 부르부르크(Voorburg) 인근 포룸 하드리아(Forum Hadriani)에서, 로마의 도시 유적에 대한 중요한 발굴 작업을 진행했다. 이곳은 네덜란드 정부가 발굴 목적으로 매입한 아렌츠버그(Arentsburgh) 지역의 부지였다. 루벤스는 대학에서도 열정적인 강의를 했다. 처음에 그의 주된 관심사는 고고학 전시관 수집품에 있었지만 1825년부터는 문학과 법대생을 위한 필수 과정인 '로마 유물'에 대한 강의도 진행했다. 강의에서 그는 학생들에게 로마의 역사와 정부에 대해 가르쳤을 뿐만 아니라 로마 도시 지형과 같은 고고학적 주제에 대해서도 다루었다.

루이스 모리츠(Louis Moritz)가 그린 카스파르 루벤스 교수의 초상화.

• 팔라티노 언덕과 연결되어 있는 포로 로마노는 고대 로마 시대의 민주 정치와 상업, 법률의 중심지였다.

•• 안티치타 로마네(Antichita Romane)는 영어로는 'Roman Antiquities'로 번역되며, 이는 고대 로마에서 유래한 유물, 기념물 및 역사적 객체들을 가리킨다.

부르부르크의 아렌츠버그 국가 소유 토지에서 발굴 작업 중인 루벤스의 모습. (레이던 국립 고고학 박물관)

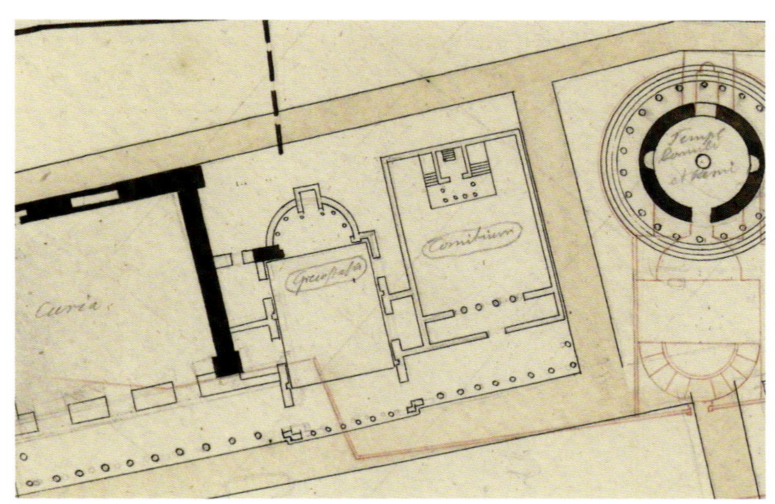

지도에 남아 있는 루벤스의 메모.

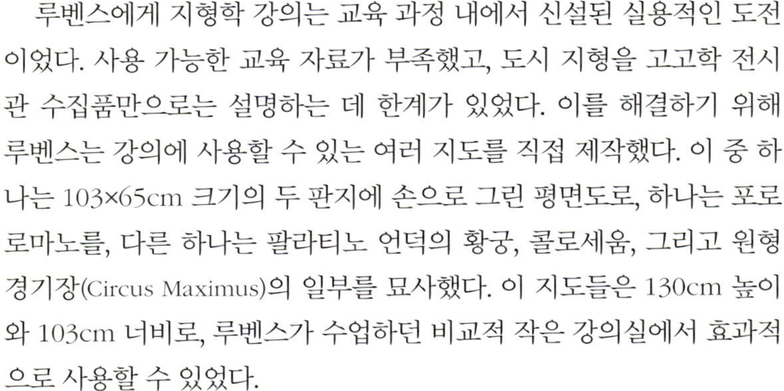

루벤스에게 지형학 강의는 교육 과정 내에서 신설된 실용적인 도전이었다. 사용 가능한 교육 자료가 부족했고, 도시 지형을 고고학 전시관 수집품만으로는 설명하는 데 한계가 있었다. 이를 해결하기 위해 루벤스는 강의에 사용할 수 있는 여러 지도를 직접 제작했다. 이 중 하나는 103×65cm 크기의 두 판지에 손으로 그린 평면도로, 하나는 포로 로마노를, 다른 하나는 팔라티노 언덕의 황궁, 콜로세움, 그리고 원형경기장(Circus Maximus)의 일부를 묘사했다. 이 지도들은 130cm 높이와 103cm 너비로, 루벤스가 수업하던 비교적 작은 강의실에서 효과적으로 사용할 수 있었다.

지도의 제작 과정에 관한 정확한 정보는 알려져 있지 않다. 지도에는 제작자의 서명이나 날짜가 표시되어 있지 않으며, 뒷면에 기록된 메모는 "루벤스가 로마 지형 강의에 사용하였다"는 내용만을 포함하고 있다. 메모는 루벤스의 사망 후 그의 방대한 수집품 목록을 정리하는 과정에서 추가된 것으로 추정된다. 지도는 아마도 1825년 이후에 제작되었을 것으로 보이며, 루벤스가 1827년부터 아렌츠버그에서 진행한 발굴 작업에 참여한 제도사의 도움을 받았을 가능성이 있다. 한편 루벤스 본인이 직접 지도를 제작했을 수도 있다. 지도 제작 방식에는 체계적인 접근 방식이 반영되어 있었으며, 초기에 연필로 격자를 그리고 점진적으로 상세 내용을 추가한 점과 고대 건축물은 검은색으로, 당시의 현대 건축물은 분홍색으로 표기한 점이 그러하다.

특히 흥미로운 것은 손으로 작성한 메모인데 루벤스 본인이 중요하다고 생각한 건물의 이름은 작은 연필 글씨로 휘갈겨 써 넣었다. 때때로 물음표가 추가되어 식별의 불확실성을 나타내거나 특정 위치에 대한 몇 가지 가능성을 나열하기도 했다. 예를 들어, 루벤스는 현재 카스토르(Castor)와 폴룩스(Pollux)의 신전이 회의를 위한 중요한 장소인 코미티움(comitium)이나 주피터의 사원일 수 있다고 표기했고, 쿠리아 줄리아(Curia Julia)라고 불리는 건물이 바실리카 에밀리아(Basilica Aemilia)인지 에어라리움 사투르니(Aerarium Saturni)인지 확신하지 못했다. 이러한 주석은 지도가 강의 교구로 어떻게 활용되었는지를 보여준다. 예를 들면, 연필로 쓴 메모는 멀리서 강의를 듣는 학생은 읽을 수 없고 가까운 곳에서만 읽을 수 있었다. 따라서 그것들은 루벤스가 강의를 할 때 생각을 떠올리는 데 도움을 주는 용도였을 수도 있다. 동시에, 이러한 주석을 통해 루벤스가 어떤 메시지를 전달하고자 했는지 짐작할 수 있다. 루벤스는 학생들에게 고대 로마의 포로 로마노가 어떻게 생겼는지 설명하는 동시에 고대 유적에 대한 해석의 불완전성에 대해서도 가르쳤다. 이는 그의 고고학 강의가 단순히 내용 전달뿐만 아니라 교육 방법론에도 초점을 맞추었음을 나타낸다.

1835년 루벤스가 이른 나이에 사망한 후, 이 지도는 원래 의도했던 목적으로 다시 사용되지 못했다. 수십 년 후에 발굴되었을 때에는 그 지도의 정보가 쓸모없어지고 교육 도구로서의 가치도 상실했다. 그러나 지도는 최초의 고고학 교수가 어떻게 고대 로마의 세부적인 사항을 학생들에게 가르쳤는지에 대해 중요한 정보를 제공한다.

제작자: 카스파르 야콥 크리스티안 루벤스
제목: 로마 포룸, 아벤티누스산, 카피톨리누스산 **발행지:** 레이던
발행일: 약 1825년 **기법:** 종이에 필사 **크기:** 103 x 130cm
축척: 약 1:750 **방위:** 북쪽이 오른쪽 상단
소장처: 보델 니젠하위스 컬렉션

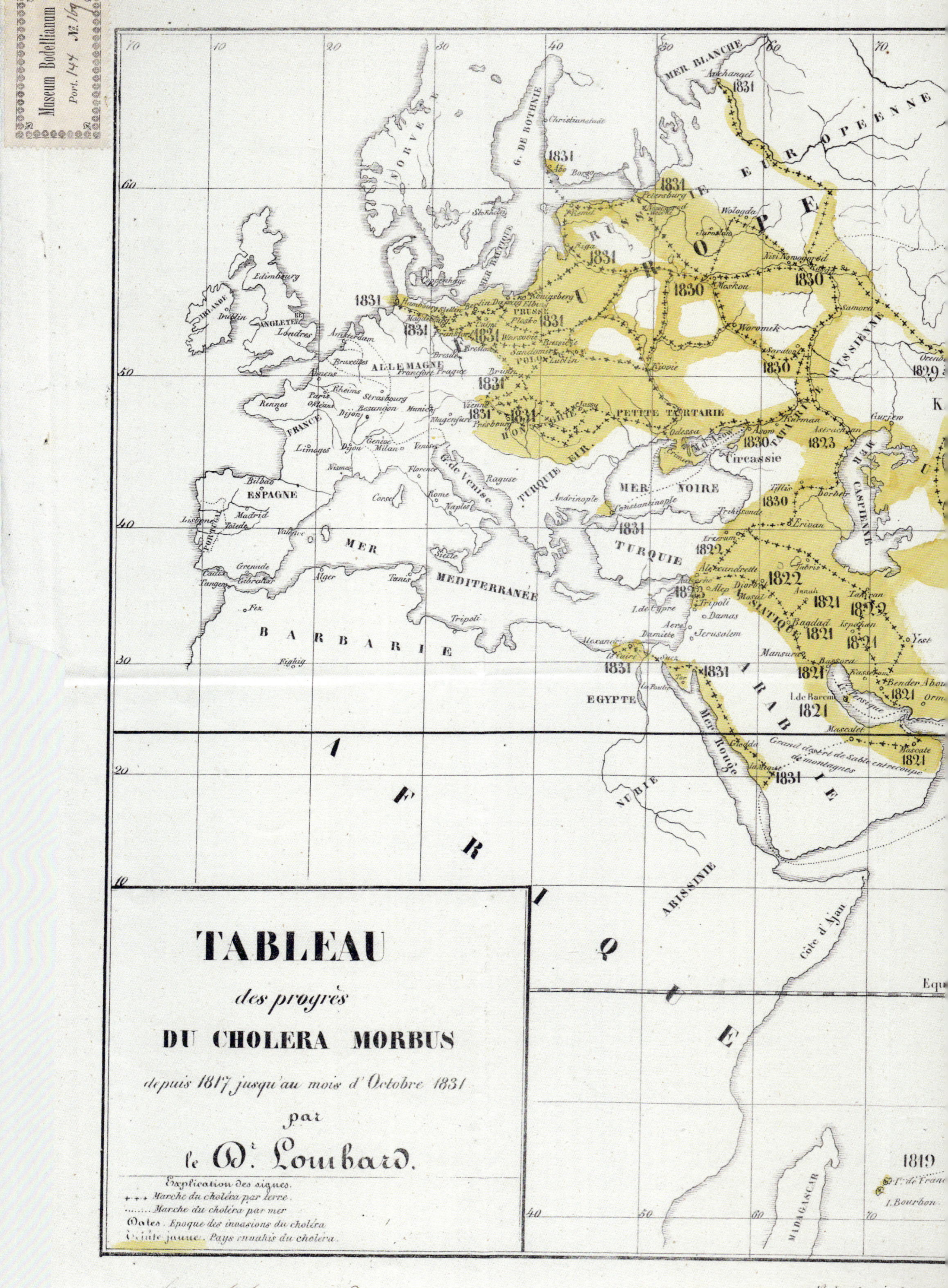
TABLEAU
des progrès
DU CHOLERA MORBUS
depuis 1817 jusqu'au mois d'Octobre 1831
par
le Dr. Lombard.
Explication des signes.
Marche du choléra par terre.
Marche du choléra par mer
Dates. Epoque des invasions du choléra
Teinte jaune. Pays envahis du choléra.
MER BLANCHE
MER MEDITERRANÉE
MER NOIRE
BARBARIE
AFRIQUE
ESPAGNE
FRANCE
ALLEMAGNE
TURQUIE
EGYPTE
ARABIE
NUBIE
ABISSINIE
MADAGASCAR
PETITE TARTARIE
Circassie
1819
N.B. Les longitudes sont

ASIATIQUE
ASIE
CHINOISE
TATARIE CHINOISE
ELEUTIS
Tobolsk
Pekin
1823
1826
MER DE COREE
COREE
NIPHON
Isles de Japon
Grand Thibet
CHINE
1823
Nantchang
1820
Quatcheou
JESSORE 1817
1818
1817
1819
1820
1827
Delhy
Agra
Benares
Patna
Bombay
Madras
Pondicheri
G. DU BENGALE
Isles Philippines
1820
1830
Manille
Mindanao
Gilolo
Siam
Camboge
G. de Siam
Malaca
Sumatra
Borneo
1821
Banca
Macassar
Amboine
Timor
ISLES DE LA SONDE
1824
I. de Ceylan
C. Comorin
Colombo
OCEAN
ORIENTAL
NOUVELLE HOLLANDE

de Fer.

58 1832년 — 콜레라의 확산

세계적인 전염병을 추적한 최초의 지도

1832년에 출판된 제네바 출신 의사 앙리 클레르몽 롬바르드의 지도는 전염병의 확산 양상과 범위에 대한 새로운 이해를 제공하였다. 이 지도는 1817년 인도 벵골 지역에서 시작해 1831년까지 유럽으로 빠르게 확산된 콜레라의 이동경로를 유라시아 전역에서 시간의 순서대로 추적한 것이다. 롬바르드의 작업이 특별한 것은 아니었으며, 다른 의료지리학자들도 비슷한 시기에 유사한 방법으로 콜레라의 확산 경로를 지도에 나타냈다. 이러한 지도들은 전염병의 전 세계적 규모를 시각화하고, 국제 보건 협력, 의료 감시, 통계 표준화의 새로운 패러다임을 제시하였으며, 전염병이 어떻게 세계를 통합하고 제국의 확장 경로를 따라 이동하는지를 드러냈다.

앙리 클레르몽 롬바르드(Henri-Clermont Lombard, 1803-1895)는 제네바 출신의 의사로 파리에서 의학 수련을 받았다. 부유한 은행가 가문에서 태어난 그는 다양한 지역을 여행하며 기후와 질병 간의 연관성에 대해 깊은 관심을 가졌다. 롬바르드는 자신이 경험한 결핵에 관한 의학적 연구를 진행했으며, 이 병을 치료하기 위해 청정한 공기가 있는 산지의 요양소와 유럽 각지의 온천을 방문하기도 했다. 파리에서의 학문적 경험은 그에게 의료 지리학적 관점을 받아들이게 했으며, 이는 전통적인 서양 의학에서 강조하는 '공기, 물, 장소'라는 개념을 지도라는 도구를 통해 새로운 방식으로 해석하는 데 큰 영향을 미쳤다. 유럽에서 콜레라가 창궐하던 시기, 롬바르드는 의학적 불확실성 속에서 질병의 역사적 기원을 연구하기 시작했다. 그 결과, 그는 1832년에 『1817년부터 1831년 10월까지의 콜레라 질병과 그 주요 전염병의 역사적 기록』이라는 책을 출판하였는데, 책에 첨부된 지도는 특히 주목할 만한 특징으로 부각되었다.

롬바르드의 콜레라 지도가 인쇄되던 시점에, 이 질병은 아시아와 중동을 황폐화시키며 유럽으로 향하고 있었다. 1817년 인도 벵골에서 시작된 콜레라는 인도 전역으로 확산하였고, 1819년에는 실론을 거쳐 동남아시아, 중국, 동아프리카로 번졌다. 1820년에 중국에 도달한 후, 콜레라는 시베리아로 퍼져 나갔다. 인도에서 육로를 통해 아프가니스탄, 페르시아로 퍼진 콜레라는 1823년에 시리아와 이집트에 도달했다. 1829년에는 우크라이나의 하르키우로 진입했으며, 1831년경에는 이스탄불, 바르샤바, 리가, 비엔나, 베를린 등 유럽의 여러 지역으로 퍼졌다. 역사학자 데이비드 아놀드(David Arnold)는 콜레라의 확산이 대영제국의 남아시아와 중앙아시아 확장 경로를 따라 갔으며, 유라시아 대륙을 가로지르는 무역로를 통해 전파되었다고 분석했다. 롬바르드는 콜레라를 '콜레라병(cholera morbus)'이라 부르며 중립적으로 명명한 반면, 다른 이들은 '아시아 콜레라(Asiatic cholera)'라는 용어를 사용했다. 데이비드 아놀드에 따르면, 이러한 용어의 차이는 콜레라가 "서구가 두려워하거나 경멸하는 상징"임을 보여 주며, 동양에서 기원한 전염병이 서양에 가져온 도덕적 공포를 반영한다고 분석했다.

제작자: 앙리 클레르몽 롬바르드
제목: 콜레라의 확산 현황-1817년부터 1831년 10월까지
발행지: 제네바 **발행일:** 1832년 **기법:** 석판 인쇄 **크기:** 35 x 47.5cm
축척: 약 1:36,500,000 **방위:** 북쪽이 위쪽
소장처: 보델 니젠하위스 컬렉션

실제로 콜레라의 급속한 확산과 희생자의 증가는 대중들에게 공황과 공포를 불러일으켰다. 유럽에 도달한 콜레라는 격렬한 설사와 구토를 통해 몸에 있는 수분을 급속히 감소시켜 사람들을 사망에 이르게 했다. 이 질병에 대한 명확한 정보는 거의 없었다. 1831년 영국 의학저널《란셋(The Lancet)》에 실린 글에는 "바람, 토양, 공기의 모든 조건과 바다의 장벽과 관계없이 독립적으로 진행되는 독소가 존재하는 것으로 가정할 수밖에 없다"고 언급되었다. 롬바르드는 전염병의 경로와 진행 상황을 색깔로 지도화하고 각 지역에 도달한 날짜를 표시함으로써 전염병의 원인과 확산 방식에 대한 시각적 설명을 제공했다. 당시 롬바르드만이 이런 방식의 의료 지도를 제작한 것은 아니었다. 차이는 있지만 다른 제작자들도 시각적 언어를 사용하거나 음영, 원을 활용하여 감염 규모를 나타냈다.

하지만 롬바르드의 지도에서는 두 가지 특징이 두드러진다. 첫 번째, 이 지도는 19세기까지 다양하게 분류되던 콜레라를 하나의 통일된 질병으로 인식시키는 데 기여했다.

지도에서 주목할 두 번째 특징은 콜레라의 확산 방식에 대한 암묵적인 주장이다. 지도상에는 세부적인 정보가 부족하기 때문에(예를 들어, 강의 이름이 없고 표시되지 않은 넓은 공간이 많음) 남아 있는 지형지물

바일란트(C.F. Weiland)가 1832년에 제작한 '콜레라 지도'는 1817년에 발생한 콜레라의 확산 양상을 시각적으로 보여 준다.

들을 눈에 띄게 만든다. 특히 명확하게 표시된 무역 경로들은 지도를 통해 콜레라가 현대적 의미에서 '세계화된' 질병임을 시각적으로 강조한다. 전체적으로 노란색으로 음영 처리된 영역은 교역망을 통해 서로 연결되어 있다. 이 지도는 《란셋》 학술지에 언급된 바와 같이 "전염병이 배, 군대, 순례자, 대상들, 개인의 흔적을 따라 확산된다"는 점을 시각적으로 잘 보여 준다.

롬바르드의 것과 유사한 지도들은 질병의 세계적 위험성을 설명하는 새로운 시각적 언어, 즉 무역과 전염병의 관계에 대한 명확한 메시지를 전달하였다. 의료 지도는 콜레라 전염병을 억제하는 방법을 둘러싼 정치적 논쟁을 불러일으켰으며, 무역의 확대가 가져올 위협에 대한 광범위한 두려움을 초래하였다. 또한 전염병의 이동 경로에 대한 지도는 전염병의 기원에 대한 관심을 불러일으켰고, 그것은 세계를 '질병에 걸린' 지역과 '건강한' 지역으로 나누는 새로운 방식을 제시하였다. 그러한 논쟁은 1850년대에 시작된 국제위생회의를 통해 19세기 내내 계속되었다. 모든 국가가 경제적 번영보다 질병 예방을 우선시한 것은 아니었다. 영국은 글로벌 무역 및 이동 제한으로 인해 발생하는 경제적 손실을 들어 검역 조치에 강력히 반대한 반면, 유럽 대륙의 다수 국가들은 엄격한 통제를 선호했다. 질병 억제와 이동의 자유, 그리고 사람들의 안전과 경제적 이익 사이의 균형을 찾는 방법에 대한 이러한 논쟁은 오늘날까지도 지속되고 있다.

1ste Blad
GOLF VAN SIAM
STRAAT VAN MALAKKA
Aanwyzingen en Ophelderingen
CHINEESCHE ZEE
PULO K'LEMATAN OF BORNEO
JAVASCHE ZEE
5de Blad
INDISCHE
ZEE
Het Noordelyk Gedeelte van het Gouvernement van Sumatra's Westkust
6de Blad
De Stad Batavia met deszelfs Omstreken
Schaal
De Baay van Batavia

3de Blad
Soloosche Zee
Ook wel Zee van Celebes en Borneo Genaamd
Residentie Menado
Baay Tomini of Goenongtello
Nulla's Eilanden
Molukkos
Gouvernement der
7de Blad
Residentie Timor
Schaal
4de Blad
Je Maintiendrai
Algemeene Kaart
van
Nederlandsch Oostindie
Voorgesteld In Agt Verenigde Bladen Op de Schaal van 5 Nederlandsche Duimen voor Een Graad
Met Hoogst Desselfs Toestemming Opgedragen
Aan Zyne Majesteit de Koning der Nederlanden
Prins van Oranje Nassau Groot Hertog van Luxemburg &c.&c.
En Vervaardigd
door
G.F. Baron van Derfelden van Hinderstein
Lid der Ridderschap van Utrecht
Schalen
De Linie of Evenachts Lyn
Papoea of Nieuw Guinea
Geelvink's Baay
Molukkos
8ste Blad
Gedeelte van Nieuw Holland
Baay van Boni
Nieuw Guinea

59

1837년 - 필사본과 동판 그리고 인쇄

네덜란드 동인도제도의 개요를 제공한 최초의 지도

1842년 네덜란드 식민부는 헤이그에서 네덜란드 동인도제도의 새로운 벽 지도를 발행했다. 이 벽 지도는 8개의 큰 시트로 이루어져 있는데, 모두 결합하면 높이 1.6m, 너비 2.4m의 대형 지도가 되며 작은 요약판 지도도 있었다. 이 벽 지도의 특별한 점은 손으로 그린 도안뿐만 아니라 지도 인쇄에 사용된 동판이 남아 있다는 것이다. 이를 통해 디자인과 지도 편집에서 인쇄 과정을 거쳐 최종 제품에 이르기까지의 전체 제작 과정을 파악할 수 있다. 지도는 지도 제작자인 기스버트 프랑코 바론 폰 데르펠덴(Gijsbert Franco, Baron von Derfelden van Hinderstein, 1783-1857)이 편집하였다. 그는 기존의 다양한 지도들을 참조했는데, 그중 일부는 18세기 초반 작품이었다. 실제로 이 지도는 기하학적 원리에 기반한 것이 아니라 전시용 상징물 또는 지위의 표현 수단으로서의 역할을 더 강조하였다.

이 지도는 네덜란드가 영토 착취를 목적으로 식민지를 확장하는 시기에 제작되었다. 1798년 네덜란드 동인도회사가 해산된 이후, 동인도제도는 바타비아 공화국(1795년부터 1806년까지의 네덜란드 지역에 존재했던 공화국으로 프랑스 제1공화국의 괴뢰국이었다—옮긴이주)의 지배를 받았다. 1810년에는 영국군이 몰루카제도를 점령했고, 이어서 1811년에는 자바를 차지했다. 프랑스의 점령에 이어 네덜란드 왕국이 세워지면서 이 영토는 다시 네덜란드로 반환되었다. 네덜란드는 여러 차례의 저항에도 불구하고 점차 인도네시아 전체를 장악해 나갔다. 폰 데르펠덴의 지도는 네덜란드 통치하에 있던 섬들의 행정구역을 나타내는 최초의 지형 개관도이다. 보르네오 일부, 수마트라 북부, 뉴기니 및 일부 작은 섬(지도의 흰색 점)은 아직 네덜란드의 완전한 식민 지배를 받지 않고 있었다.

여기에 제시된 8개의 시트를 모두 합치면 지도의 '모본 지도(parent manuscript)'가 된다. 지도의 사본과 함께 요약 지도가 첨부되어 있다. 폰 데르펠덴이 지도 프로젝트를 완성하는 데는 총 20년이 걸렸다. 그는 1827년부터 다양한 지역의 지도를 수집하기 시작했으며 네덜란드 동인도제도의 전 총독이자 친구인 고데르 반 데르 카펠렌(Godert van der Capellen, 1778-1848)의 도움을 받았다. 모본 지도는 이러한 자료를 바탕으로 구성되었다. 폰 데르펠덴은 1833년에 본격적인 지도 제작에 착수했고, 1837년에 완성하여 네덜란드의 왕 빌럼 1세(1772-1843)에게 보여 주었다. 지도의 거의 절반은 보조 지도로 채워져 있으며, 그중 일부에는 자체 지도가 포함되어 있다. 이 지도는 자르고 붙이는 작업을 통해 완성되었으며, 삽입된 지도와 많은 부분이 작업의 여러 단계에서 모본 지도의 시트에 부착되었다. 여덟 번째 시트에는 2개의 보조 지도를 날개처럼 펼칠 수 있도록 부착하였다. 셀레베스(Celebes, 지금의 술라웨시) 남동쪽 해안 지도는 1832년의 필사본 지도를 기반으로 했으며 개정판에는 자크 니콜라스 보스메르(Jacques Nicolaas Vosmaer, 1803-1836)의 탐험 결과가 반영되어 있다. 탐험가 보스메르의 이름을 딴 '보스메르만(Vosmaersbaai, 현재의 인도네시아 켄다리[Kendari])'을 나타내는 삽입 지도의 수정본이 지도의 오른쪽 상단에서 왼쪽 하단으로 이동하였다. 지도 하단에는 폰 데르펠덴이 저스틴 마두라(Justin Madura)가 이끈 트리톤(Triton)과 아이리스(Iris) 함선의 탐험을 통해 얻은 정보를 바탕으로 뉴기니 남서부 더르가(Dourga)강 하구의 보조 지도를 추가했다. 이어서 1835년 미첼 랑게베르그 쿨(Michiel Langeberg Kool)이 주도한 탐사에서 더르가강이 실제로는 해협임이 밝혀졌고, 빌럼 1세의 아내인 마리안(Marianne, 1810-1883)의 이름을 따서 마리안 해협(Marianne Strait, 현재의 물리해협)으로 이름을 변경하여 지도에 추

모본 지도와 함께 제공된 요약본 지도.

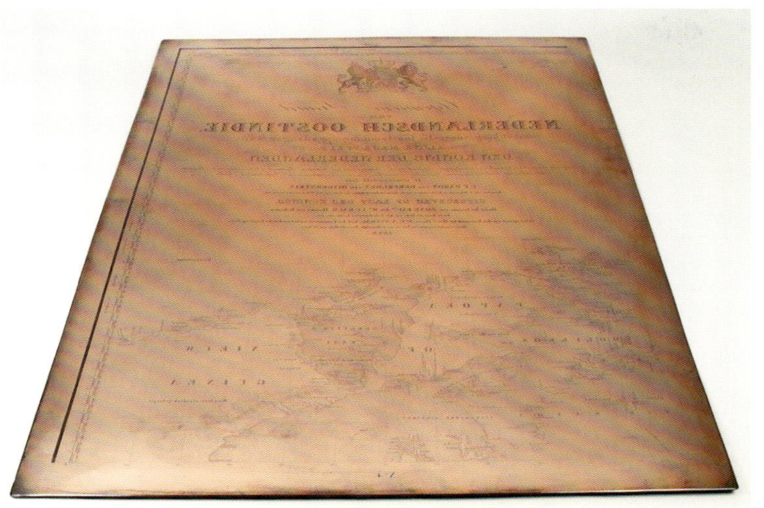

동판의 오른쪽 상단 시트에는 특정 예술적 기법과 작업 과정을 드러내고 있다.

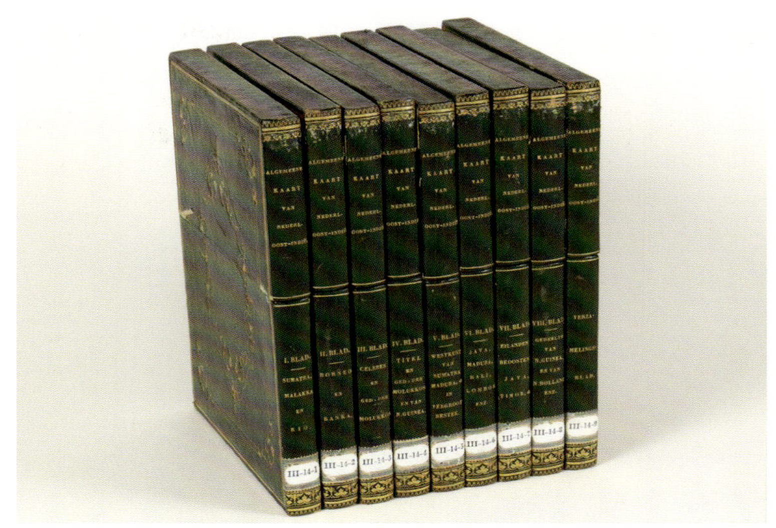

아마포(린넨)에 접착되어 가죽 케이스에 보관된 인쇄본 지도.

가하였다. 한편 더르가에 관한 이전 탐사 내용은 작은 삽입 지도 2개로 남아 있으며 새로운 보조 지도 2개도 인쇄본에 포함되었다.

원고 지도가 완성되면 이를 동판으로 옮길 수 있었다. 처음에는 지도를 인쇄하는 방법에 대해 다소 논쟁이 있었다. 동판 조각법은 15세기부터 유럽에서 사용되기 시작했으며, 16세기 이후 지도 인쇄의 표준 방식으로 자리 잡았다. 이 방식은 부드러운 구리판에 미세한 조각 도구를 사용하여 지도 이미지를 새기는 작업이다. 구리판에 잉크를 바른 후 닦아 내면 새겨진 선에만 잉크가 남게 된다. 이렇게 만들어진 판을 인쇄기에 넣고 종이나 양피지에 인쇄했다. 18세기 말에는 석판 인쇄라는 새로운 기술이 개발되어 19세기 초부터 지도 제작에 사용되기 시작했다. 구리판은 얇은 철, 크롬, 니켈층으로 강화되어 더 많은 인쇄물을 만들어 낼 수 있었고, 더 큰 인쇄기를 사용하면 벽면 지도 제작에 필요한 구리판 수를 줄일 수 있었다. 하지만 폰 데르펠덴은 석판 인쇄를 사용하여 인쇄한 지도의 결과에 만족하지 못했고, 이에 브뤼셀의 지도 제작자 필리프 반데르마엘렌(Philippe Vandermaelen)의 '아틀라스 유니버설(Atlas Universel)'에 있는 석판화를 연구했다. 결국 그는 강철도금 판을 사용하기로 결정했다. 놀랍게도 이 '네덜란드 동인도제도의 일반 지도'를 구성하는 9개 동판 세트는 현재도 남아 있는데, 최근 세척 및 복원 작업을 거쳐 새로운 인쇄물 제작에 활용할 수 있게 되었다. 새겨진 선 부분에는 잉크 흔적이 여전히 남아 있다. 8개 시트와 요약 시트는 1841년부터 1843년 사이에 1,000부가 인쇄되었으며, 우측 상단의 제목 페이지에 기재된 1842년이라는 연도를 통해 벽 지도의 발행 시기를 유추할 수 있다.

1847년에 폰 데르펠덴은 네덜란드 식민부에 지도를 개정하고 재인쇄할 것을 제안했다. 이미 그는 모본에 국가 문장이 담긴 새 판을 추가한 상태였다. 그러나 개정판은 나오지 않았다. 1842년의 지도 재고가 상당히 많이 남아 있었고, 제작 비용이 지나치게 높은 데다가 새로운 탐험에서 얻어진 정보를 통해 지도를 개선하고자 하는 식민부의 의도 때문이었다. 이후 해군부의 수로학자 피터르 멜빌 반 칸베(Pieter Melvill van Carnbee, 1816-1856)가 행정지도에 대한 새로운 해도를 작성하여, 1853년 그의 '네덜란드령 동인도 아틀라스'에 발표했다. 그 결과 폰 데르펠덴의 지도는 한동안 주요 참조 지도로서 계속해서 사용되기는 했지만, 시대에 뒤처진 것으로 여겨졌다. 그럼에도 불구하고 이 지도는 네덜란드 식민지의 행정구역에 대한 개요를 제공하는 중요한 자료로서, 손으로 만든 디자인과 인쇄된 최종 결과물이 보존되어 지도 제작의 전 과정을 이해할 수 있는 귀중한 사료로 평가받고 있다.

제작자: 기스버트 프랑코 바론 폰 데르펠덴
제목: 네덜란드령 동인도 지도 **발행지:** 헤이그 **발행일:** 1833-1837년
기법: 종이에 필사 **크기:** 260 x 174cm(총 8매, 각 87 x 65cm)
축척: 약 1:2,270,000 **방위:** 북쪽이 위쪽
소장처: 왕립 열대연구소 컬렉션

Museum Bodellianum
Schiermonnik Oog
Nes
Oostmahorn
Dokkum
Engwierum
Kollum
Vierhuizen
Zoltkamp

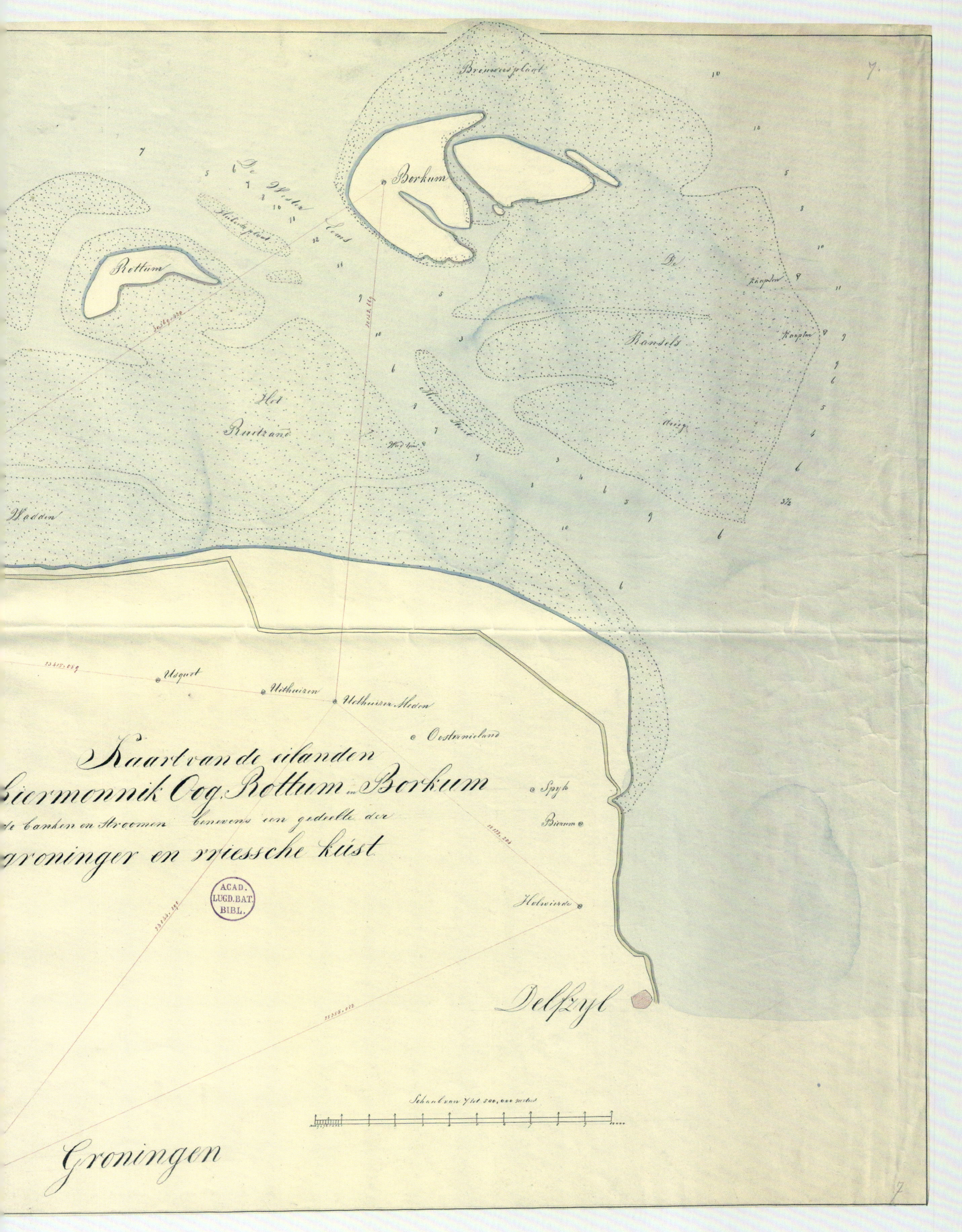
7.
Brinkers plaat
Borkum
Rottum
De Wester Eems
Het Ruitrand
Wadden
De Randzels
Usquert
Uithuizen
Uithuizer Meden
Oosternieland
Kaart van de eilanden
[...]iermonnik Oog, Rottum en Borkum
[...]de banken en Stroomen benevens een gedeelte der
[...]roninger en vriessche kust
Spijk
Bierum
Holwierde
Delfzijl
Groningen
7

60

1847년 — 바덴해의 간척지

라우베르해의 간척 계획

네덜란드는 북해에 접한 저지대 국가로서, 제방 건설, 간척 및 매립 작업을 통해 영토를 확장해 온 역사를 가지고 있다. 북쪽에 위치한 바덴해가 대부분 보존된 것은 놀라운 일이다. 이 해역은 바덴제도와 북해, 그리고 네덜란드, 독일, 덴마크 본토 사이의 연안 지대에 위치한다. 역사적으로 바덴해의 전체 또는 일부를 배수하고 매립하려는 계획들이 여러 차례 제시되었고, 이러한 계획은 주로 토지 확보를 목적으로 했으나, 때때로 폭풍 해일과 홍수 방지를 위한 조치로도 고려되었다. 19세기에 제작된 바덴해와 쉬에르모니쿠그(Schiermonnikoog)섬의 지도는 제방 건설과 섬의 남쪽 전체 해안 지역에 대한 매립 계획을 보여 준다. 이 계획이 실행되지 않은 탓에 지도가 역사적 가치를 남기지는 못했으나, 이러한 계획들은 바덴해 매립이라는 장기적인 역사적 과정의 일부를 형성한다. 현재 바덴해는 유럽에서 가장 중요한 자연 보호 지역 중 하나로, 2009년에 유네스코 세계유산으로 지정되었다.

1969년 5월 23일, '델타 웍스(Delta Works)' 프로젝트의 일환으로 바덴해 남쪽 입구인 라우베르해(Lauwerszee)의 제방 공사가 완료되었다. 제방으로 인해 라우베르해의 이름이 라우베르호수(Lauwersmeer)로 바뀌었다. 그러자 바덴해에 대한 접근이 어려워진 주트캄프(Zoutkamp) 마을의 어부들은 크게 분노했다. 주트캄프 마을은 전통적으로 조수를 이용한 새우잡이로 유명했다. 1953년 북해가 범람한 이후 네덜란드 정부는 바다로부터 국토를 보호하기 위해 제방, 댐, 교량 및 폭풍 해일 방어벽 건설을 포함하는 장기적인 델타 웍스 프로젝트를 시작했다. 이 프로젝트는 남서부 범람 피해 지역뿐만 아니라 네덜란드 전역에 영향을 미쳤다.

17세기 초부터 라우베르해를 완전히 막으려는 계획은 끊임없이 있어 왔다. 이 지역은 과거에 제방 붕괴와 홍수를 경험했으나, 제방 건설의 주된 목적은 주민 보호가 아닌 해안의 염습지에 토지를 확장하는 것이었다. 전통적으로는 습지 주변에 작은 제방을 건설하고 물을 배출하여 농경지로 전환하는 방식이 사용되었다. 흐로닝언(Groningen)과 프리슬란트(Friesland)의 농민들은 바덴해 연안을 따라 작은 규모의 간척지를 만들었지만, 라우베르 지역에서는 보다 큰 규모의 간척지 조성 계획이 제기되었다. 특히, 1667년 수학자 겸 공학자 사이먼 스테빈(Simon Stevin)의 아들 헨드릭 스테빈(Hendrik Stevin)은 자이더르해 만과 바덴해 전체를 배수하기 위한 계획을 제안했다.

제작자: F. 그로트(디자인), H. 반 헤를릭스(디자인)
제목: 쉬에르모니쿠그섬, 로툼섬, 보르쿰섬과 주변 모래톱 및 조류, 그리고 흐로닝언 및 프리슬란트 해안 일부 지도 **발행지:** 미상
발행일: 약 1847년 **기법:** 종이에 필사 **크기:** 64 x 100cm
축척: 약 1:71,500 **방위:** 북쪽이 오른쪽 상단
소장처: 보델 니젠하위스 컬렉션

이후 다양한 야심 찬 계획들이 제안되었으나 실행되지는 못했다. 이들 계획은 실행 불가능하거나 비용이 지나치게 높아 해운 및 어업의 이익과 상충하는 경우가 많았다. 19세기 중반에는 좀 더 실현 가능한 계획들이 나왔지만, 여전히 기본적인 수준에 머물러 있었다. 1845년경 하를렘 출신의 그로트(Groet)와 반 헤를릭스(Van Geerligs)가 제안한 라우베르해 간척 계획도 마찬가지였다. 제시된 필사본 지도에는 동쪽 쉬에르모니쿠그와 흐로닝언 사이, 그리고 섬의 서쪽 끝과 프리슬란트 해안 사이에 댐을 건설하여 간척지를 만들 계획이 2개의 빨간색 선으로 표시되어 있다.

1845년 그로트는 자신의 계획에 대한 실행 허가를 요청했으나 계획이 너무 모호하다는 이유로 통과되지 못했다. 2년 후, 반 헤를릭스는 그로트의 계획을 수정하여 제출하면서 다음과 같이 특별 허가를 요청했다. "서쪽 끝의 섬인 쉬에르모니쿠그에서 프리슬란트의 파에센스(Paesens) 해안까지 이어지는 큰 수로를 댐으로 막는 것, 새로운 방어시설의 북쪽 끝에서 뻗어나간 섬의 모래언덕이 북해로부터 섬을 보호하지 못할 경우 섬의 동쪽 모래 지대를 건너는 것, 또한 섬과 흐로닝언주의 본토 해안 사이에 있는 갯벌을 댐으로 막는 것." 2개의 댐에 수문과 배수 터널을 설치하여 갯벌을 배수하는 것이 계획의 목표였다. 반 헤를릭스는 이 계획으로 1847년에 제출한 신청서를 뒷받침했으나, 계획을 검토한 위원회는 간척지에 모래가 너무 많고 비용이 과도하다고 판단하여 거부했다.

쉬에르모니쿠그댐 건설은 실현되지 못했지만 아멜란트(Ameland)섬에서는 이와 비슷한 계획이 귀족 피터르 얀 빌럼 테딩 반 베르쿠르

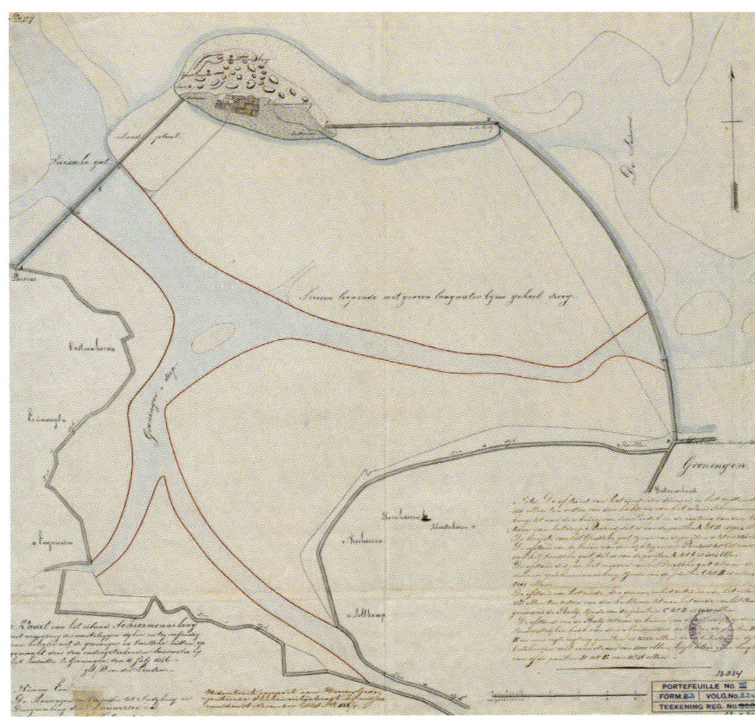

1846년 그로트가 구상한 계획으로, 라우베르해와 쉬에르모니쿠그섬을 제방으로 연결하는 도면. (Leeuwarden, Tresoar)

프리슬란트 본토와 쉬에르모니쿠그섬 사이의 제방 계획 지도.

(Pieter Jan Willem Teding van Berkhout, 1825-1895)의 끈질긴 노력 덕분에 결실을 맺었다. 베르쿠르는 1867년에 『프리지아 갯벌의 토지 매립』이라는 홍보 책자를 출판했고, 1869년 이 간척 사업에 대한 특허를 왕실로부터 받았다. 1870년에는 프리지아 갯벌에서의 토지 개간을 위해 국영 및 지방 정부를 주요 투자자로 하는 회사를 설립했다. 1871년부터 1878년까지 매년 여름 55명의 노동자들이 댐을 건설했는데, 1877년의 한 여행 기록에는 새로운 댐을 다음과 같이 묘사하고 있다. "전체 작업의 출발점이 되는 확장 댐이 거의 완성된 것을 볼 수 있다. 그곳에는 밸러스트(ballast, 주로 선박의 안정성을 유지하기 위해 사용되는 무거운 물질)용 현무암 암석과 함께 말뚝과 엮은 나뭇가지로 고정된 연속적인 덤불 매트리스 더미인 댐이 있다." 그러나 테딩 반 베르쿠르의 이러한 노력은 결국 좌절되었다. 1881년과 1882년에 발생한 심각한 폭풍우로 인해 댐이 큰 피해를 입었고, 새로운 간척지의 토양 형성에 필요한 충적층도 파괴되었다. 프로젝트는 결국 국가의 재정적 지원을 받지 못하게 되었으며 1903년에는 테딩 반 베르쿠르가 운영하던 회사도 문을 닫았다.

한편, 19세기 후반에도 라우베르해를 전체 또는 부분적으로 매립하기 위한 여러 안들이 제시되었으나 구체적인 계획은 없었다. 1904년 정부 위원회는 라우베르해 아래의 토양이 아직 충분히 성숙되지 않아, 즉 모래가 너무 많아 매립이 어렵다는 결론을 내렸다. 따라서 계획된 간척지는 농경지로 적합하지 않을 것으로 보았다. 바덴해를 간척지로 바꾸려는 노력도 훨씬 더 큰 프로젝트가 주목을 받으면서 흐지부지되었다. 그 프로젝트는 바로 자이더르해 만 입구에 폐쇄제방을 건설하는 것이었는데, 엔지니어 코르넬리스 렐리(Cornelis Lely, 1854-1929)의 지휘 아래 계획되었지만 결국 완성되지 못했다.

1953년에 북해가 범람한 이후 바덴해의 배수에 대한 관심이 다시 커졌다. 폭풍 해일과 홍수로부터의 보호를 위해 연안 해역의 일부를 매립할 필요성이 커졌기 때문이다. 이에 따라 라우베르해를 폐쇄하고 배수하는 방안이 다시 고려되었다. 처음에 네덜란드 정부는 단순히 라우베르해만을 따라 세워진 제방을 '델타 높이'(델타법에 따른 필요 높이)까지 높이는 방법을 선택했다. 이는 어부들과 자연 보호론자들 모두를 만족시켰다. 그러나 1960년에 프리지아 지역 주민들의 압력으로 결국 라우베르해를 간척하기로 결정했다. 9년 후, 오래된 만은 완전히 폐쇄되어 라우베르호수가 만들어졌다. 다행히도 이 배수 프로젝트는 그로트와 반 헤를릭스의 1845년 계획처럼 급진적이지 않았으며, 해안을 따라 바다로 연결된 수로가 폐쇄되었지만 쉬에르모니쿠그섬은 포함되지 않았다.

바덴해를 간척지로 만들려는 계획은 1965년 '바덴해 보존을 위한 전국 위원회'의 설립을 촉발했고 이 위원회는 바덴해를 온전하게 유지하기 위해 열심히 로비 활동을 벌였다. 1971년, 네덜란드 정부는 바덴해의 모든 토지 매립 계획을 영구적으로 포기하기로 결정했다. 현재 바덴해는 유럽에서 가장 중요한 자연 보호 지역 중 하나로서 썰물 때 드러나는 가장 큰 연속적인 모래톱과 갯벌을 가지고 있다. 그러나 가스 추출, 산업 활동, 해운, 어업, 관광산업 등으로 인해 위협에 처해 있다.

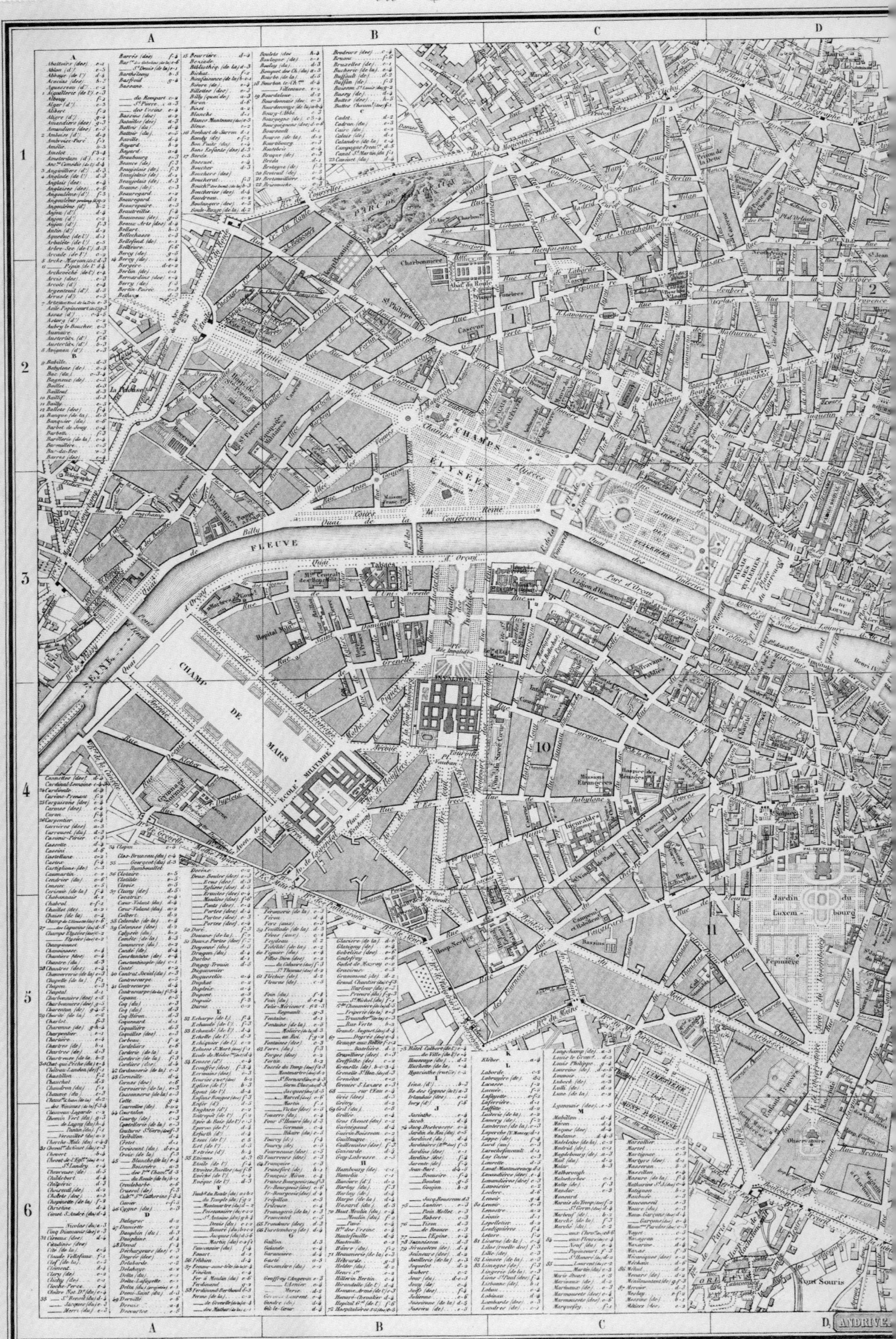
Museum Bodellianum
Port. 84 No. 59
Voitures de Place
Places de Fiacres et de Cabriolets.
Places de Cabriolets seulement.
Stations et Correspondances d'Omnibus.
PLAN INDICA
ou Tableau de ses Monuments, Admini
CHAMPS ELYSÉES
FLEUVE
SEINE
CHAMP DE MARS
ÉCOLE MILITAIRE
Jardin du Luxembourg
ANDRIVE

UR DE PARIS
Théâtres, Musées, Bibliothèques, Voitures &c.a
Echelle de 1000 Mètres.
0 200 400 600 800 1000
Juin 1848. Barricades Cheminement des sapeurs dans les maisons.
E F G H
1 2 3 4 5 6
Embarcadère
CIMETIÈRE DE L'EST OU DU PÈRE LACHAISE
Place du Trône
SEINE
AUSTERLITZ
Les Ajous
ACAD. LUGD. BAT. BIBL.

61

1848년 — 파리의 바리케이드 전투

사회 저항으로 변화된 도시 경관

처음에는 이 지도가 평범한 파리 지도처럼 보일 수도 있다. 그러나 이 지도는 정치 체제의 성립과 붕괴, 사회적 투쟁 형태의 변화, 그리고 도시 경관의 변화가 교차하는 중요한 순간을 전달하는 놀라운 이야기를 담고 있다. 이러한 주제들은 자연스럽고도 극적인 방식으로 얽혀 있다. 1789년 프랑스 혁명이 시작된 이후 20세기 중반까지 연속적이고 종종 피비린내 나는 정권 교체가 프랑스의 역사를 장식했다. 파리는 이러한 사건과 시위를 보호하고, '바리케이드의 발명'을 포함한 새로운 시위 형태를 도입하는 데 선도적인 역할을 해 왔다.

1848년 2월, 파리는 또다시 변혁의 시간을 맞게 된다. 며칠 동안 이어진 봉기는 1830년 7월 혁명으로 탄생한 7월 왕정을 무너뜨렸다. 루이 필리프 1세는 국외로 도피해야 했으며, 그 결과 제2공화국이 선포되었다. 새로운 정부는 과감한 개혁을 즉시 추진했다. 언론의 자유에 대한 부양책으로 언론 검열을 철폐하고 인지세를 폐지했으며, 노예제도를 종식시켰다. 전국적으로 모든 남성에게 보통 선거권을 부여하고 자유 선거를 실시했다. 또한 정부는 '국가적인 작업장'인 '아틀리에 내셔널스(the ateliers nationaux, 프랑스 2공화국 시기, 산업 위기 및 농업과 상업적 어려움이 만연했을 때 공공 기금으로 운영되었던 일자리 센터이다. 특히 루이 필리프의 퇴위 후 발생한 산업 위기와 결합하여 파리의 심각한 실업 문제에 대응하고자 했다—옮긴이주)'를 설립하여 12만 명 이상의 실업자들에게 일자리와 소득을 제공했다.

이러한 결과는 이전의 많은 개혁적 시도들을 압도하는 것이었으나, 그중 일부는 불안정한 기반 위에 세워졌다. 당시 정치인들은 정책마다 충돌했는데, 권력을 통제하거나 유지하려는 의도를 가진 세 부류의 세력이 존재했기 때문이다. 필요에 의해서만 공화국에 합류하는 왕당파를 포함한 보수주의자들, 온건한 공화주의자들, 그리고 또 다른 한편에는 급진적 공화주의자들이 있었다. 특히 급진주의자들은 사회주의와 공산주의를 추구하는 집단으로 구성되어 있었다.

정부가 아틀리에 내셔널스를 폐지하려고 시도하자, 1848년 6월 22일에는 새로운 혁명이 발생하였다. '온건한' 제2공화국은 조금 더 오래 유지되었지만 1851년 나폴레옹의 조카인 루이 나폴레옹 보나파르트가 쿠데타를 일으키고 자신을 황제 나폴레옹 3세로 선언함으로써 종말을 맞았다. 그의 권위주의적인 정권은 약 20년간 지속되었다.

이 지도는 1848년 6월 봉기의 중요한 측면을 보여 준다. 바리케이드는 사회적 저항 수단 중 하나로, 바리케이드라는 용어는 폭동 중에 거리를 막기 위해 쌓아 둔 '바리크(barriques)', 즉 '통(barrels)'을 의미한다. 최초의 바리케이드는 1588년 파리에서 등장했으며, 19세기의 격동기에는 시위자들이 저항을 강화하기 위해 선택한 주요 방법 중 하나였다. 사람들은 통, 차량, 가구, 돌, 가로등 등 다양한 물건을 사용하여 자신들의 위치를 지켰다. 바리케이드는 단순히 즉흥적으로 세워진 것이 아니라 전통과 경험에 기반하여 구축된 구조물이었다. 분노한 파리 시민들은 이미 1827년부터 1839년까지 다수의 시위에서 이러한 장애물을 사용해 왔다. 또한 바리케이드는 임의적으로 설치되지 않았다. 시위자들은 지배 체제를 마비시키고 진압을 어렵게 하기 위해 어떤 지역을 폐쇄하고 어디에 은신할지를 잘 파악하고 있었다.

2월 혁명 동안 정부군은 수많은 바리케이드를 무너뜨리기 위해 산발적으로 넓게 포진했다. 이로 인해 시위대에 맞서는 병력이 약화되었고, 병사들이 무장 해제되거나 반군과 접촉하기가 더욱 용이해졌다. 그

1848년 6월에 사진 작가 외젠 티보(Eugène Thibault)가 찍은 바리케이드 사진.
(Paris, Musée Carnavalet)

1862년 파리의 시테섬 주변에서 하우스만의 방식으로 진행된 철거 및 재건축 작업 판화. (Providence, Brown University Library)

러나 1848년 6월의 상황은 다르게 전개되었다. 국방부 장관이자 수도 군대의 총사령관인 카바이냑(Cavaignac) 장군은 포병을 포함한 병력을 집중 배치하도록 명령했다. 수백 개의 바리케이드가 무력화되자 그는 체계적이고 무자비한 공격을 감행했다. 공식적으로는 1,035명이 사망했다고 발표되었지만 실제 사망자 수는 이보다 훨씬 많았을 것으로 추정된다. 역사가들은 반란군 4,000명, 군인 1,600명이 사망했을 것으로 보고 있다. 또한 1,500명을 처형했으며 11,000명을 체포했다. 이에 따라 6월 항쟁의 바리케이드는 정권 교체를 촉발시키기보다는 오히려 대규모 유혈 사태를 초래했다.

바리케이드는 곧 사회적, 정치적 투쟁의 낭만적인 상징이자 혁명적 영웅주의의 전형이 되었다. 외젠 들라크루아의 유명한 작품 '민중을 이끄는 자유의 여신(La Liberte guidant le peuple, 1830)'은 이러한 상징성을 잘 보여 주며, 많은 이들의 기억에 깊이 남아 있다. 다양한 판화들은 바리케이드 내외의 전투 장면들을 생생히 묘사한다. 특히 6월 항쟁의 바리케이드를 포착한 희귀한 은판 그림들은 당시의 현실을 담고 있다. 바리케이드는 단순한 예술적 대상을 넘어 신중하게 지도화되기도 했는데, 이는 투쟁의 역동성을 이해하고 미래의 유사한 투쟁을 피하거나 대응하기 위한 목적에서였다. 1848년 6월 항쟁에 대한 지도는 그러한 예시 중 하나이다. 1830년 7월 혁명과 1848년 2월 혁명 당시의 파리 도시 지도들은 바리케이드의 위치를 자세히 보여 준다. 이 지도들에서 바리케이드는 빨간색으로 표시되어 있는데 누가 이 표시를 했는지는 알 수 없다. 지도에서 특히 주목할 만한 또 다른 표시(대략 오른쪽 중앙, 녹색으로 거의 눈에 띄지 않음)는 소방대가 화재를 진압하기 위해 택한 경로로, 주택 단지를 가로질러 통과한 것으로 보인다.

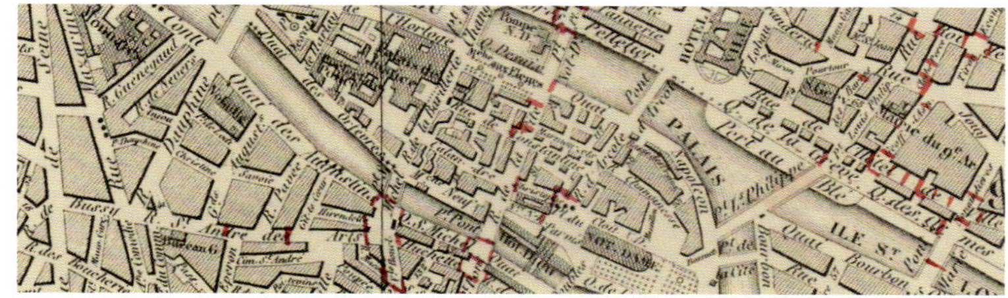

시테섬 주변의 바리케이드들.

혁명 기간 마다 다르게 세워진 바리케이드의 지도들을 비교하는 것은 매우 흥미로운 일이다. 2월 혁명 당시의 바리케이드는 파리 서부를 가로질러 확장되었던 반면, 6월 혁명 때에는 주로 파리 동부로 한정되었다. 동쪽에는 노동 계급이 비참한 환경에서 옹기종기 모여 사는 인구 과밀 지역이 있었다. 1848년의 파리는 아직 중세적인 모습을 유지하고 있었는데, 비위생적이고 낡은 집들이 밀집한 좁고 어두운 거리로 이루어진 미로 같은 도시였다. 이곳은 실업자와 가난에 시달리는 사람들로 붐볐다. 그들이 아틀리에 내셔널스의 폐지를 참지 못한 것은 당연한 일이었다. 바리케이드 위에서 그들은 "일자리가 아니면 죽음을 달라(Du travail ou la mort!)"고 외쳤다. 많은 이들이 실제로 총탄에 맞아 사망했다.

1851년부터 나폴레옹 3세는 반란군으로부터 정권을 보호할 것을 결심했다. 그는 파리 시장인 조르주 외젠 오스만(Georges-Eugene Haussmann, 1809-1891)에게 도시 현대화를 지시했다. 많은 좁은 거리와 소형 주택은 넓은 대로와 웅장한 건물을 위해 철거되었다. 이러한 새롭고 넓은 도시 구조는 법 집행에도 필수적이었으며, 특히 보안군이 미래의 바리케이드를 더 잘 통제할 수 있게 된다는 것을 의미했다. 그럼에도 불구하고 바리케이드는 1871년 코뮌 권력 장악 당시와 1968년 5월 혁명을 포함하여 파리의 도시 경관에 지속적으로 등장하였다. 최근 홍콩과 같은 세계의 다른 지역에서도 바리케이드는 사회적 시위의 주요한 형태로 존재하고 있다.

제작자: J. 리고 & 콩파니(인쇄), 앙드리보-구종(발행)
제목: 파리 안내도-주요 기념물, 행정기관, 극장, 박물관, 도서관, 교통수단 등 정보지도 **발행지:** 파리 **발행일:** 1845년 **기법:** 동판 인쇄
크기: 46 x 62cm **축척:** 약 1:14,000 **방위:** 북쪽이 위쪽
소장처: 보델 니젠하위스 컬렉션

THE ATLANTIC OCEAN
NORTH SEA
BRITISH ISLES
Shetland I.s
IRELAND
Dublin
Cork
SCOTLAND
Aberdeen
Dundee
Edinburgh
Newcastle
ENGLAND
WALES
Liverpool
Manchester
Birmingham
Norwich
London
Bristol
Plymouth
Portsmouth
Dover
Brighton
St GEORGE'S CHANNEL
ENGLISH CHANNEL
GERMAN OCEAN
OLD NORWAY
Christiana
SWEDEN
STOCKHOLM
SKAGER RACK
CATTEGAT
Gottenburg
Kalmar
DENMARK
Copenhagen
Hamburg
Lubeck
Rugen I
Stettin
DANTZIC
PRUSSIA
BERLIN
POSEN
Breslau
Magdeburg
Leipzig
DRESDEN
HOLLAND
Amsterdam
Hague
Texel
Hanover
BELGIUM
Brussels
Waterloo
Calais
Boulogne
Cherbourg
Havre
Dieppe
Caen
PARIS
L'Orient
BAY OF BISCAY
FRANCE
Rochfort
Bourges
Bordeaux
Lyons
Metz
Strasburg
Narbonne
Marseilles
Toulon
GERMANY
Frankfort
Coburg
Ulm
Munich
Prague
BOHEMIA
Olmutz
Moravia
Brinn
VIENNA
PRESBURG
AUSTRIA
SLAVONIA
BOSNIA
SWITZERLAND
Berne
THE ALPS
SARDINIA
Milan
Nice
Gulf of Genoa
VENICE
Mouth of the Po
Parma
Bologna
Florence
Leghorn
ITALY
ROME
Naples
Vesuvius
Gulf of Venice
Brindisi
Gulf of Tarento
G. of Squilace
Pyrenees Mountains
SPAIN
Barcelona
Valencia
Alicante
Carthagena
Gibraltar
Ceuta
CORSICA
Elba
SARDINIA
SICILY
Palermo
Etna
Malta
MEDITERRANEAN
ALLGEERS
Tunis
AFRICA

COMIC MAP
OF THE
SEAT OF WAR
WITH ENTIRELY NEW FEATURES
SCALES
BALANCE OF POWER
RUSSIA
THE ALLIED POWERS
DESPOTISM
ST. PETERSBURG
IGNORANCE
BIGOTRY
CRUELTY
NOVGOROD
TREACHERY
FALSEHOOD
TVER
TYRANNY
SLAVERY
OPPRESSION
RUSSIAN
EMPIRE
RUSSIA PROPER
BOUNDARY OF POLAND
POLTAVA
EKATERINOSLAV
COSSACKS
COSSACK OF THE BLACK SEA
CAUCASUS
CIRCASSIA
CORK AS US MOUNTAINS
& Bottle Him
SEA OF AZOV
CRIMEA
Sebastopol
THE FRENCH & ENGLISH FLEET
THE RUSSIAN FLEET ONLY THEY CANT BE SEEN
RUSSIAN FORTS destroyed by the RUSSIANS TO SAVE THE ALLIED FLEETS THE TROUBLE
BLACK SEA
GEORGIA
PERSIA
ULTIMATUM FROM RUSSIA
ASIA MINOR
ARMENIA
THE SUBLIME PORTE
ASIATIC TURKEY
SMYRNA
KARAMANIA
KURDISTAN
ALGEZIRA
ARCHIPELAGO
SEA
CANDIA
CYPRUS
GREECE
TRANSYLVANIA
WALLACHIA
BULGARIA
ROUMELIA
MOLDAVIA
BESSARABIA
ULTIMATUM
FINLAND
GULF OF FINLAND
ASIA
ASTRAKHANE
RIVER VOLGA
R VOLGA
R DON
Moscow
Vladimer
Kalouga
Smolensk
Moghilev
Minsk
Orel
Koursk
Kharkov
Poltava
Kherson
Odessa
Varna
Sinope
Trebizonde
Batoum
Erzeroum
Scutari
Angora
Riga
Revel
Helsingfors
Vilna
Grodno
Bialostok
Jitomer
Lublin
Lemberg
Kamenet
Bucharest
Shumla
Adrianople
Salonica
May 30th 1854.
PUBD BY ROCK BROTHERS & PAYNE LONDON

62

1854년 - 크림반도에서 벌어진 전쟁의 무대

유럽 풍자 지도의 탄생

2014년 러시아에 의한 크림반도 합병은 우크라이나에 대한 러시아 공격의 시작으로 여겨지지만, 그곳에서 벌어진 최초의 전쟁은 아니다. 1853년 10월부터 1856년 2월까지 벌어진 크림 전쟁은 최초의 '산업화된 전쟁'으로 여겨진다. 이 전쟁에서 군대 이동 및 보급품 운송을 위해 최초로 증기선이 활용되었고 철도가 건설되었다. 또한 전신을 통한 신속한 통신이 사령부와 전선 사이의 소통을 가속화시켰으며, 새로운 사진 기술은 전쟁의 잔혹함과 공포를 생생하게 전달했다. 이러한 기술 혁신은 지도 제작 분야에도 새로운 발전을 가져왔다. 빠르고 효율적인 통신 수단의 도입은 전장뿐만 아니라 신문 기사에서도 변화를 가져왔으며, 여론 형성에 있어서도 중요한 역할을 하였다. 이러한 맥락 속에서, 유럽 대륙을 인간이나 동물로 묘사하여 강대국을 풍자하는 최초의 지도가 출판되었다. 이는 풍자 지도라는 새로운 장르의 등장을 의미한다.

19세기에 오스만제국의 쇠퇴는 유럽 남동부의 권력 균형에 위협이 되었다. 술탄 압둘메지드 1세(Abdulmejid I, 1823-1861)가 팔레스타인 내 기독교 소수민족과 성지 보호를 이유로 러시아, 프랑스와 대립했기 때문이다. 1853년, 러시아의 니콜라이 1세(1796-1855)는 몰도바와 왈라키아(Walachia, 루마니아 남부에 위치한 비옥한 평원—옮긴이주) 지역을 침공하였고, 오스만제국의 흑해 함대를 시노프에서 대파함으로써 세계의 권력 구도에 변화를 가져왔다. 프랑스와 영국은 경제적 이익은 물론이고 흑해 지역에서 러시아가 과도한 영향력을 행사하는 것을 원하지 않았기 때문에 오스만제국을 지원하기로 결정했다. 이후에는 사르데냐왕국도 프랑스와 영국의 연합군 측에 가담했다. 결국, 오스만제국은 오랜 적대국인 오스트리아의 지원까지 얻게 되었다. 이러한 일련의 사건들은 당시 유럽 남동부의 정치적 균형에 중대한 영향을 미쳤다.

1854년 초, 영국과 프랑스의 전함들이 흑해로 진입하여 크림반도 쪽으로 항해하였고, 러시아 흑해 함대의 주요 항구인 세바스토폴(Sebastopol)에 도달하였다. 영국과 프랑스 함대는 반도 접근로를 차단했다. 같은 해 9월, 연합군은 크림반도 해안에 상륙하여 10월부터 항구 포위 작전을 시작했다. 세바스토폴은 1년 동안 여섯 차례의 폭격을 받았다. 1855년 8월의 마지막 폭격 후 러시아는 항복할 수밖에 없었고, 1856년 파리 조약의 평화 조건을 수락한 후에 도시를 되찾았다. 이 사건은 크림반도 전쟁의 중요한 사건 중 하나로, 국제 해양 전략에 중대한 영향을 미쳤다. 흑해는 중립 지역으로 선포되었으며, 러시아는 자국의 전체 함대를 해산해야 했다.

제작자: 토머스 온왜인(지도 제작), 록 브라더스 & 페인(발행)
제목: 전쟁 지역의 희극 지도-완전히 새롭게 그린 풍자 지도
발행지: 런던 **발행일:** 1854년 5월 30일 **기법:** 석판 인쇄
크기: 47 x 68.5cm **축척:** 약 1:6,500,000 **방위:** 북쪽이 위쪽
소장처: 보델 니젠하위스 컬렉션

이 풍자 지도는 1854년 5월, 세바스토폴 포위전이 시작되기 직전에 출판되었다. 지도는 유럽 전쟁터의 핵심 인물들을 동물로 형상화하여 표현한다. 러시아는 공격적인 캐릭터로 묘사되었는데, 겉으로 보기에는 온순해 보이는 큰 곰의 형상을 하고 있지만, 앞발에는 해골이 달린 채찍을 들고 있고, 머리의 왕관에는 '독재'라는 글자가 쓰여 있다. 곰의 털에는 잔인함, 편협, 배반, 폭정, 노예제도, 억압 등과 같은 부정적인 특징들이 드러나 있으며 거짓으로 가득 찬 혀가 턱에서 늘어져 있다. 러시아제국에 속했던 폴란드는 뼈와 해골로 묘사된 노예의 형상으로 그려졌다.

영국은 발톱으로 총을 움켜쥐고 경계를 서는 사자로 묘사되며 유럽을 걱정스럽게 바라보고 있다. 프랑스는 황제 독수리로, 사르데냐는 교황의 작은 왕관을 쓴 개로 그려져 있다. 오스트리아에는 머리가 2개인 독수리가 그려져 있는데, 동쪽과 서쪽을 모두 바라보며 복수심에 불타는 형가리를 발톱으로 제압하고 있는 모습이다. 튀르키예의 유럽 지역은 페즈 모자를 쓴 칠면조(물론 새)로 그려져 있다. 발톱에는 'Sublime porte'('높은 관문'이라는 뜻으로, 오스만제국의 정부를 지칭하는 용어이다. 특히 이 용어는 오스만제국의 정부나 행정체계를 외국 정부나 문서에서 언급할 때 주로 사용되었다—옮긴이주)이라는 문구가 적힌 병을 들고 있다. 이는 흑해로의 유일한 수로 접근 지점인 보스포루스의 전략적 중요성을 암시한다. 다른 유럽 국가들은 이 그림에서 덜 두드러져 보인다. 네덜란드는 왕관을 쓴 채 잠들어 있는 작은 남자로 그려져 있으며, 입에 물고 있는 파이프, 치즈와 스키담 한 병으로 전형적인 이미지를 완성한다. 러시아의 곰은 한 발을 크림반도에 올리고 있다. 연합군인 영국과

흑해와 크림반도 주변에 있는 영국과 프랑스 함대를 보여 주는 지도.

1877년에 그린 프레더릭 윌리엄 로즈의 '진지하면서도 코믹한 전쟁 지도(A Serio-Comic War Map)'는 유럽의 정치적 상황을 묘사하고 있다.

프랑스 함대는 반도를 둘러싸고 공격할 준비를 하고 있으며, 곰의 발톱은 잘려 나가고 있다. "러시아 함대는 있지만 보이지 않는다"는 문구는 러시아 해군이 항구로 철수한 것을 의미한다. "연합군 함대가 수고하지 않도록 러시아인이 파괴한 러시아 요새"라는 문구는 러시아의 초토화 전술을 말하는 것이다.

이 지도는 세바스토폴 포위전이 시작되기 전인 1854년 5월 30일에 출판되었다. 찰스 디킨스(1812-1870)의 작품에 삽화를 제공해서 유명해진 영국의 일러스트레이터 토머스 온왜인(Thomas Onwhyn, 1811-1886)이 지도를 디자인했다. 온왜인은 풍자 잡지인 《펀치(Punch)》에 만화를 연재하기도 했다. 지도는 록 브라더스 앤 페인 출판사가 런던에서 출판했는데, 이 출판사는 주로 팜플렛과 유머러스하며 풍자적인 내용을 담은 출판물을 발행했다. 온왜인은 크림 전쟁이 끝날 무렵에 '조약 지도(Treaty Map)'라는 제목으로 두 번째 풍자 지도를 그렸는데, 여기에서 곰으로 묘사된 러시아는 크림반도에서 피 묻은 발을 빼는 모습으로 그려진다. 지도에서 국가나 대륙을 사람이나 동물로 묘사하는 일이 19세기에 새롭게 나타난 현상은 아니었다. 16세기에도 네덜란드를 사자로 묘사한 '레오 벨기쿠스(Belgicus)'나 유럽을 처녀 또는 여왕으로 표현한 지도가 있었다. 하지만 이 지도에서 새로운 점은 국가 간 상호관계에 초점을 맞춰 각 나라가 개별적인 생명체로 표현되었다는 것이다. 온왜인은 만화에 대한 풍부한 이해를 바탕으로 유럽의 힘의 균형을 풍자하는 지도를 제작하였다. 지도의 제목 아래에는 한쪽에 러시아 곰이, 반대편에는 연합국들이 있는 양팔 저울을 볼 수 있다.

1854년에 출판된 풍자 지도의 인기에 힘입어 같은 해에 독일어판이 함부르크에서, 2개의 프랑스어 번역본이 브뤼셀에서 각각 출판되었다. 이러한 추세는 다른 만화가와 지도 제작자들에게 유럽을 풍자하는 지도 제작을 자극하는 계기가 되었다. 이후 수십 년에 걸쳐 풍자 지도는 독립된 장르로 자리 잡는다. 특히 1870년 프랑스-프러시아 전쟁 동안 양측에서는 이러한 풍자 지도를 출판했다. 폴 하돌(Paul Hadol, 1835-1875)과 아놀드 노이만(Arnold Neumann, 1836-1920)의 작품은 여러 언어로 번역되어 유럽 전역에 퍼졌다. 이 장르는 1877년 프레더릭 윌리엄 로즈(Frederick William Rose, 1849-1915)의 '진지하면서도 코믹한 전쟁 지도(A Serio-Comic War Map)'가 출판되면서 최고조에 달했다. 이 지도에서는 러시아를 문어로 묘사하며 그 촉수가 이웃 나라들을 감싸려는 모습으로 표현했다. 로즈의 다양한 풍자 지도들은 1900년까지 런던의 G.W. 베이커 앤 컴퍼니 출판사에서 인쇄되었다. 이 무렵 풍자 지도는 유럽은 물론 일본과 아시아의 다른 국가들에서도 제작되거나 복제되었고, 제1차 세계대전 중에는 모든 분쟁 당국에 의해 선전 목적으로 사용되었다. 오늘날에도 풍자 지도는 때때로 하돌이나 로즈의 작품에 대한 경의를 표하는 형태로 계속해서 제작되고 있다. 현대 만화 작가들은 종종 자신들의 작품에 지도 제작의 다양한 요소들을 활용하는데, 이는 주로 토머스 온왜인의 영향을 받은 것이다.

전쟁 보도의 초기 형태(1861년)

ROM THE BAY.—Sketched by our Special Artist.

HARPER'S FERRY, VIRGINIA

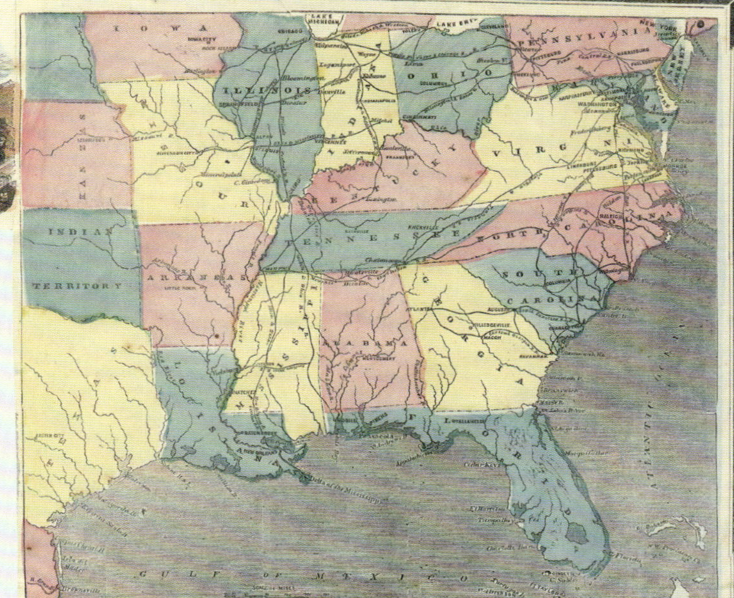

MAP SHOWING THE LINE OF THE BLOCKADE AND THE STRATEGIC ROUTES IN THE INTERIOR.

G PARTS OF THE STATES OF MARYLAND, DELAWARE, VIRGINIA AND NORTH CAROLINA, AND PICKENS, WITH THE UNITED STATES BLOCKADING FLEET.

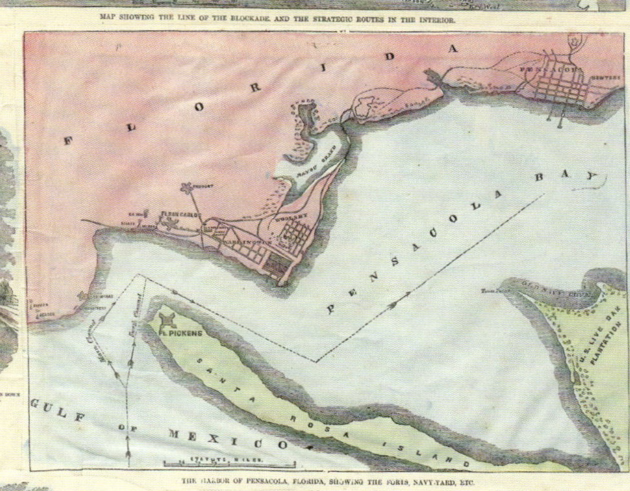

THE HARBOR OF PENSACOLA, FLORIDA, SHOWING THE FORTS, NAVY-YARD, ETC.

1861.

NEWPORT NEWS, NEAR FORTRESS MONROE, NOW OCCUPIED BY GENERAL BUTLER.

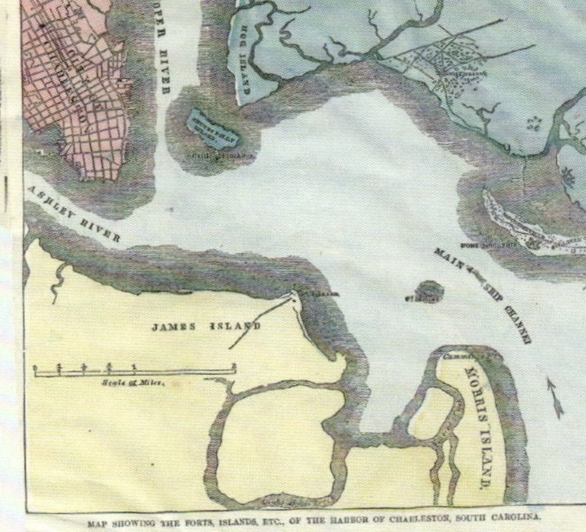

MAP SHOWING THE FORTS, ISLANDS, ETC., OF THE HARBOR OF CHARLESTON, SOUTH CAROLINA.

1861.

OF THE SEAT OF WAR IN VIRGINIA.

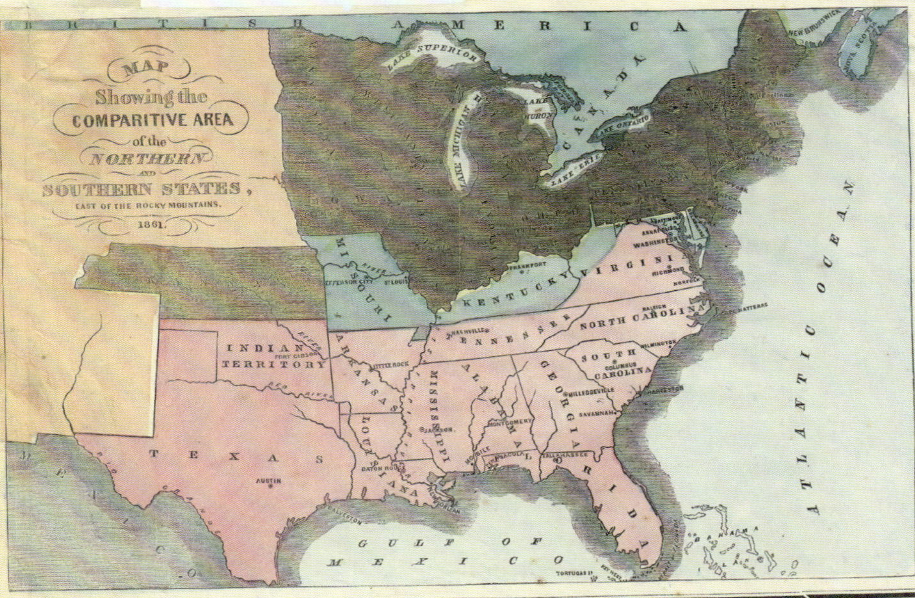

63

1861년 — 전쟁 보도의 초기 형태

하퍼스 위클리가 그린 남북전쟁

미국의 시사 주간지 《하퍼스 위클리(Harper's Weekly)》는 1861년부터 1865년까지 미국 남북전쟁 기간 동안 심층적인 전쟁 보도로 다수의 독자를 확보했다. 이 잡지는 광범위한 독자층에게 기사뿐만 아니라 삽화를 통해 당시의 최신 군사 동향을 전달했다. 하퍼스 위클리는 남북전쟁 발발 이전에는 노예 문제에 대해 신중한 입장을 취했지만, 전쟁이 시작되자 링컨 대통령의 노예제 폐지 정책을 공개적으로 지지했다. 이로 인해 하퍼스 위클리는 전쟁 기간 동안 북부 지향적인 간행물로 인식되었다. 이 잡지에서 제공된 전쟁 이미지들은 미국의 언론 발전과 전쟁 보도에 중요한 신호로 여겨졌으며, 당시의 사회 및 정치적 상황을 반영하는 데 중요한 역할을 했다.

HARPER'S WEEKLY.
A JOURNAL OF CIVILIZATION

Vol. V.—No. 238.] NEW YORK, SATURDAY, JULY 20, 1861. [SINGLE COPIES SIX CENTS. $2 50 PER YEAR IN ADVANCE.

1861년 7월 20일자 《하퍼스 위클리》의 표지

《하퍼스 위클리: 시민의 언론(Harper's Weekly: A Journal of Civilization)》은 1857년, 출판사 하퍼 앤 브라더스(Harper & Brothers)를 운영하던 형제 중 한 명의 주도로 창간되었다. 미국 남북전쟁 동안 하퍼스 위클리는 다양한 독자들을 대상으로 전쟁의 군사 정보를 제공했다. 하퍼스 위클리는 기사, 인쇄물, 지도를 통해 전쟁의 다양한 단계를 생생하게 전달했다. 매튜 브래디(Matthew Brady)와 같은 사진 작가에게는 전쟁이 경력에 큰 도움이 되었지만, 사진 기술은 아직 초기 단계였기 때문에 하퍼스 위클리는 독자들에게 전쟁의 모습을 전달하기 위해 예술가들을 활용하여 그림을 제작했다. 이 중 일부는 전문성을 인정받아 유명해지기도 했다. 윈슬로우 호머(Winslow Homer, 1836-1910)는 유명한 화가로 발돋움했고, 토머스 나스트(Thomas Nast, 1840-1902)는 전후 가장 알려진 만화가 중 한 명이 되었다.

하퍼스 위클리가 전쟁을 묘사하기 위해 참조한 인쇄물과 지도는 상업적인 성공을 거두었을 뿐만 아니라 기사와 함께 게재되면서 큰 주목을 받았다. 사진이 아직 신문과 잡지에 널리 사용되기 이전이었기 때문에, 이 그림과 지도들은 독자들이 남북전쟁을 상상하는 데 중요한 역할을 했다. 일부는 남북전쟁 첫해 동안 전쟁의 상황을 보여 주는 포스터의 자료로 활용되기도 했다.

이 특별한 콜라주는 같은 해 초에 발표된 판화와 지도를 모아 제작한 것으로, 빅토리아 시대 영국의 대중물 및 신문 문화 발전에 중추적인 역할을 했던 에드워드 F. 로이드(Edward F. Lloyd, 1815-1890)와 협력하여 1861년에 출판되었다. 제공된 지도들은 전쟁에 대한 소식을 독자들이 보다 명확하게 이해할 수 있도록 만들어졌다. 이 지도들은 노예제도의 철폐를 거부한 남부 연합군과 북부 연방군과의 소규모 접전이 일어났거나 또는 일어날 수 있는 장소를 표시하고, 철도 노선과 같은 주요 운송 경로를 보여 준다. 한편으로는 미주리, 아칸소, 켄터키, 테네시 접경 지역을 포함한 서부의 상황이 나타나 있다. 다른 지도에는

4,800km에 이르는 해안선을 표시하여 그 지역에서 북부 연방군이 남부 연합군의 무역 활동이나 병력 이동을 막기 위해 해상 봉쇄를 시작한 상황을 파악할 수 있게 해 주었다.

콜라주에 포함된 다른 지도와 인쇄물들은 전쟁 초기 몇 달 동안의 주요 사건들을 시각적으로 나타내고 있다. 전쟁은 1861년 4월 사우스캐롤라이나 찰스턴 근처의 섬터 요새(Fort Sumter)에 대한 남부군의 공격으로 시작되었으며, 장소의 상황을 자세히 보여 주는 지도가 인쇄되었다. 북부에 의한 남부의 해상 봉쇄는 볼티모어와 버지니아의 케이프 헨리(Cape Henry)부터 플로리다의 피켄스 요새(Fort Pickens)까지 미국 동부 해안과 멕시코만에 걸친 봉쇄선에서 잘 나타나 있다. 플로리다주 펜사콜라(Pensacola)에 있는 해군 기지의 상황도 중요하게 다루고 있는데 남부 연합군은 전쟁 초기에 이곳을 점령하여 1862년까지 유지했다. 북부 연방군은 플로리다주의 피켄스 요새로 후퇴했다. 또한 불 런(Bull Run)에서의 첫 번째 전투는 큰 주목을 받은 사건으로, 이 전투는 북부 연방군에게는 불리한 결과로 남았다.

하퍼스 위클리는 다양한 삽화를 통해 볼티모어 및 오하이오 철도와 같은 공급 경로의 중요성을 알려 주기도 했다. 1861년 6월, 남부군은 볼먼스 록(Bollman's Rock)의 철도를 파괴하는 데 성공했다. 그러나 북부 연방군은 서부 교통 중심지인 카이로 시티에서 수행한 대담한 군사 작전 덕분에 일리노이 철도의 통제권을 유지할 수 있었다. 이는 북부 연방군이 미시시피 북부 지역의 해상 운송을 통제하고 있었음을 시사한다. 제공된 도면과 지도는 남북전쟁 첫해에 국토 중앙부의 어느 지역이 전쟁의 진전에 중요한 역할을 했는지 보여 주며, 이는 전쟁의 초점이 남부로 옮겨 가기 전의 상황을 잘 나타낸다.

콜라주에 포함된 다른 이미지들은 다양한 관점에서의 관련성을 드러낸다. 벤자민 버틀러(Benjamin Butler, 1818-1893) 장군은 버지니아의 먼로 요새(Fort Monroe)를 점령지로 만드는 데 성공했다. 이 요새는 감옥으로서의 악명이 높았다. 버틀러는 먼로 요새로 도망친 노예들을 '전쟁 물자'로 간주하고 남부로 송환하는 것을 거부하였다. 대신, 이들을 노동력으로 활용했으며 나중에 이 노예들은 북부 지역의 전쟁 자원으로 활용되었다.

인구 통계표는 1850년부터 1860년 사이에 미국 인구가 어떻게 증가했는지를 보여준다. 특히 이 통계는 북부 사람들에게 1787년 헌법 조항에 따라 남부가 전체 노예 인구의 3/5을 인구 수에 포함시킬 수 있었음을 상기시킨다. 이 규정은 각 주가 미국 하원에 보낼 수 있는 의원 수를 결정하는 데 중요한 영향을 미쳤다. 북부의 사령관들은 이러한 인구 통계 정보를 군사적 목적으로 활용하였으며, 흑인들에게서 지형 정보를 얻기도 했다. 콜라주에 포함된 4개의 검은 사각형(이 지도에서는 옅은 하늘색으로 표시되어 있음)에는 원래 조지 매클렐런(George McClellan) 장군을 포함한 4명의 북부 사령관의 초상화가 들어 있었다. 그러나 이 사진들이 레이던의 아카이브에 있는 포스터 버전에는 잘려 나갔는데, 아마도 다른 초상화 갤러리에서 사용하기 위해서였을 것이다.

조지 매클렐런 장군(1826-1885)의 초상화는 레이던에 있는 포스터에서 잘려 나간 것으로, 그의 영향력과 역사적 중요성을 상징한다.

하퍼스 위클리에서 제공한 지도와 그림은 미국인들이 전쟁의 심각성을 인식하고 이를 상상하는 데 중요한 역할을 했다. 사진이 이 역할을 대신하기 전까지, 이러한 시각적 수단은 매우 중요했다. 예술가와 지도 제작자의 성공은 대중들의 시각적 이미지와 정보에 대한 수요가 증가하고 있었음을 보여 주는 것이며, 종군기자들은 이러한 예술가들의 뒤를 이어 하퍼스 위클리에 남북전쟁에 대한 보고서와 시각 자료를 계속해서 제공했다.

제작자: 에드워드 F. 로이드(발행)
제목: 하퍼스 위클리 문명 저널-전쟁 지도, 풍경, 인물화
발행지: 뉴욕 **발행일:** 1861년 **기법:** 다색 석판 인쇄
크기: 88 x 122cm **축척:** 가변적 **방위:** 가변적
소장처: 보델 니젠하위스 컬렉션

ENGLAND BEFORE THE INTRODUCTION OF CHRISTIANITY
THE SWINGING FESTIVAL
NEW ZEALAND CHIEF LYING IN STATE.
NORTH AMERICAN INDIANS UNDER THE INFLUENCE OF THE GOSPEL
ESQUIMAUX.
NORTH 90 POLE
SOUTH 90 POLE
NORTH PACIFIC OCEAN
SOUTH PACIFIC OCEAN
NORTH AMERICA
Tropic of Cancer
EQUATOR
Tropic of Capricorn
Antarctic Circle
POLYNESIA OR SOUTH SEA ISLANDS
NEW ZEALAND
SANDWICH ISLANDS
WEST INDIES
SOUTH ATLANTIC
DRAWN BY JOHN GILBERT
London: JAMES NISBET & Co., 21, Berners Street.

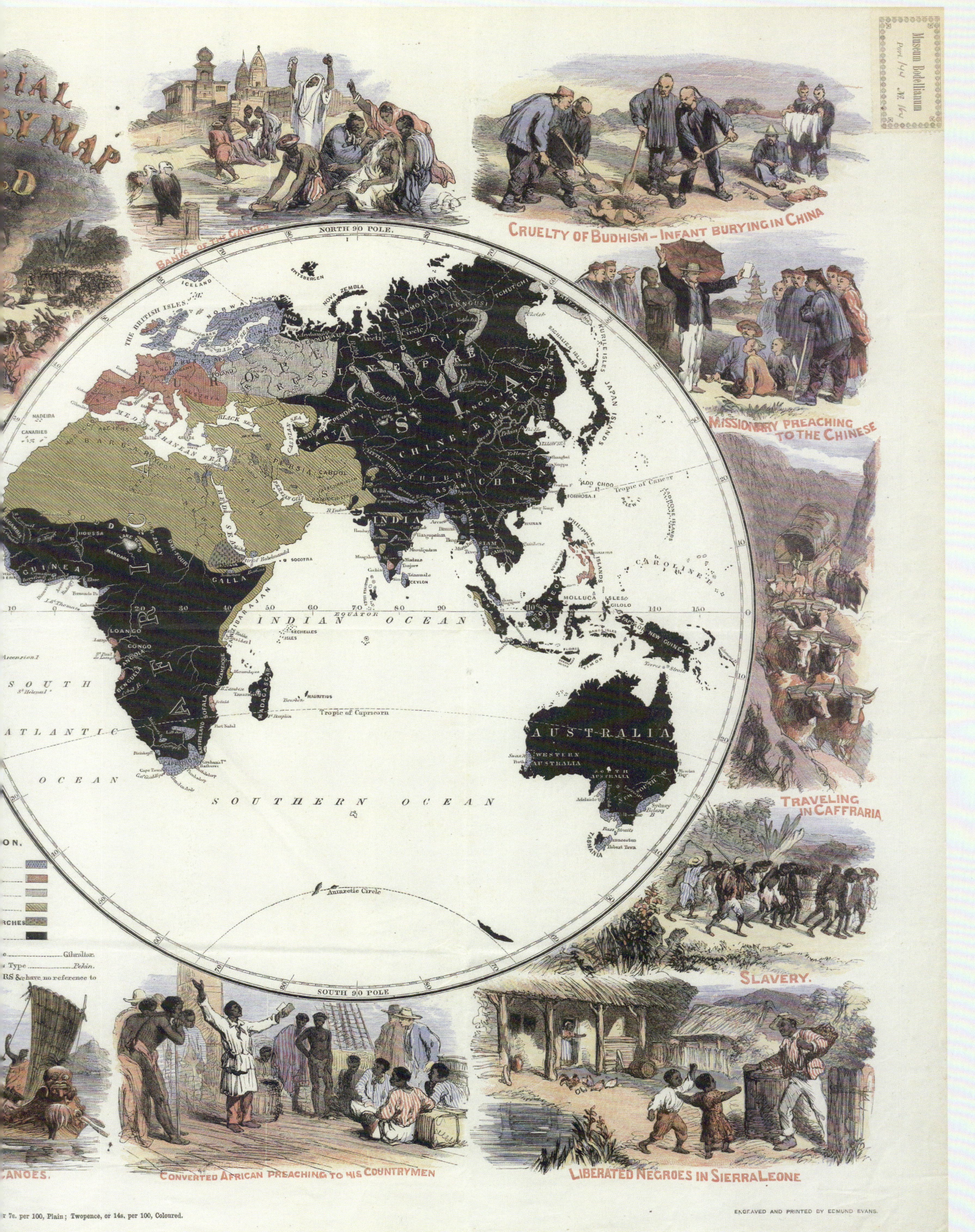
CRUELTY OF BUDHISM – INFANT BURYING IN CHINA
MISSIONARY PREACHING TO THE CHINESE
TRAVELING IN CAFFRARIA
SLAVERY.
LIBERATED NEGROES IN SIERRA LEONE
CONVERTED AFRICAN PREACHING TO HIS COUNTRYMEN
CANOES.
NORTH 90 POLE.
SOUTH 90 POLE
EUROPE
ASIA
AFRICA
AUSTRALIA
INDIAN OCEAN
SOUTHERN OCEAN
Tropic of Capricorn
Tropic of Cancer
Antarctic Circle
JAPAN ISLANDS
NEW GUINEA
CHINA
INDIA
ATLANTIC
OCEAN
SOUTH
r 7s. per 100, Plain; Twopence, or 14s. per 100, Coloured.
ENGRAVED AND PRINTED BY EDMUND EVANS.

64

1861년 — 기독교의 세계화

완전한 색채로 표현된 서구 문명의 이상

인쇄 장인이자 조각가인 에드먼드 에반스(Edmund Evans)는 월터 크레인(Walter Crane), 랜돌프 칼데콧(Randolph Caldecott), 케이트 그린어웨이(Kate Greenaway)와 같은 유명 삽화가들과 협력하여 아름다운 그림책을 제작하여 명성을 얻었다. 에반스는 여러 블록을 사용하여 두 가지 이상의 색상으로 이미지를 인쇄하는 목각 작업을 전문으로 하였으며, 이 방법으로 루트리지 출판사의 아동 도서를 제작했다. 또한 이 기술을 사용하여 전 세계 기독교 선교 활동을 기념하기 위한 그림 선교 지도를 제작하였다. 이 지도는 전 세계에 퍼진 다양한 종교를 다채롭게 보여 주는데 주변의 그림은 기독교로 개종한 지역이 얻은 이점을 표현하고 있다. 이 선교 지도만큼 서구 문명이 추구하는 이상과 그 기반이 되는 제국주의, 선교 열정, 억압, 인종 차별을 이토록 사실적이고 정확하게 묘사한 사례는 흔치 않다.

1800년대 초반, 영국, 네덜란드, 그리고 이어서 독일과 미국에서 최초의 전문 선교 협회가 설립되면서 개신교 선교 지도가 처음 등장했다. 1820년대에 이들 단체는 선교 모임과 강연, 그리고 선교 잡지에서 지리적 지식이 부족한 청중을 대상으로 선교 지도를 활용했다. 이 지도들은 전 세계의 선교 활동 개요를 한눈에 볼 수 있게 해 주며, 세계 각지의 '이교도' 부분과 선교 과제의 진행 상황을 알리는 데 중요한 역할을 했다. 19세기 중반에 이르러 이러한 선교 지도 제작은 절정에 달했으며, 1846년 미국 해외 선교 위원회의 보고서에서 언급된 바와 같이, 전 세계적인 기독교 전파에서 중대한 역할을 담당했다.

선교 지도는 기독교의 세계화를 목표로 하는 선교지리학의 중요한 도구로 활용되었다. 1856년, 네덜란드의 코피우스(Koppius) 목사는 지리학이 기독교의 주요 조력자 중 하나임을 강조하며 복음을 전파할 수 있는 잠재적인 지역을 찾는 데 지리학이 중요한 역할을 해야 한다고 말했다. 이러한 관점에서 선교용 지도들은 전 세계적인 기독교 개종의 이상을 시각적으로 표현하는 데 사용되었으며, 대부분 세계지도의 형태를 취하였다. 선교 활동이 강화되면서 새롭게 개종할 대상 지역을 지원하고 선교의 범위를 확장하는 데 도움이 될 수 있는 수준 높은 지도에 대한 수요가 증가하였다.

선교 활동은 식민주의와 밀접하게 연결되어 있으며, 이러한 연관성은 선교용 지도에서도 명확하게 나타난다. 19세기 후반까지 대부분의 선교 활동은 식민지에 집중되었고, 선교사들은 교회, 학교, 병원 건설 등에서 식민지 통치자들과 협력하는 일이 자주 있었다. 그러나 선교사들은 식민 정책과 지역 주민에 대한 부당한 대우를 비판하기도 했다. 또한 다른 식민지 권력이 지배하는 영토에서 활동하는 선교 단체들도 존재했다. 이러한 선교 사업은 식민지 지배자들에게 의존했음에도 불구하고, 그 영향력은 식민주의 제국의 경계를 넘어 전 세계로 확산되었다. 이는 선교 활동이 단순히 종교적 목적뿐만 아니라 정치적, 사회적 영향력을 행사하는 수단으로도 작용했음을 시사한다.

초기에 선교용 지도는 주로 작은 크기로 제작되어 잡지나 책의 부록으로 포함되었다. 그러나 19세기가 되면서 지도의 형식과 용도는 더욱 다양해졌다. 예를 들면, 학교나 강의용으로 쓰일 벽걸이 지도는 종종 아마포 캔버스에 부착되어 막대에 말 수 있는 형태로 제작되었다. 1878년에는 뉴욕의 콜튼 회사가 강의 및 지리 수업용으로 큰 크기의 세계지도를 아마포에 인쇄하여 발행했다. 이러한 발전을 통해 선교용 지도는 단순한 보조 자료를 넘어 교육과 선교의 목적을 위한 중요한 시각 자료로 자리 잡았다.

선교용 지도는 본질적으로 기능적 요소를 갖추고 있다. 전 세계의 선교 지역의 위치와 다양한 종교가 지도에 묘사되어 있다. 특히 색상의 패턴은 이 지도들의 독특한 특징 중 하나이다. 컬러 인쇄 기술을 활용하여 더욱 매력적으로 제작된 지도들은 상황에 따라 다색 석판술 또는 나무 조각 기법이 사용되었다. 사용된 색상은 다양했지만, 일반적으로 세계의 종교는 고정된 색상 패턴을 따랐다. 예를 들어 개신교는 노란색 또는 파란색, 가톨릭교는 빨간색, 이슬람교는 노란색 또는 녹색, 이교도 지역은 흰색 또는 검은색으로 표시하였다. 특정 지도에서는 개신교를 파란색, 가톨릭을 빨간색, 동방 정교회를 회색, 이슬람교를 올리브색, 다른 형태의 기독교를 녹색, 이교도 지역을 칠흑색으로 표현하

제작자: 존 길버트(도면 제작), 에드먼드 에반스(조각 및 인쇄), 제임스 니스벳 & 컴퍼니 (발행) **제목:** 세계 선교 삽화 지도 **발행지:** 런던
발행일: 1861년 **기법:** 목판화 **크기:** 49 x 73cm **축척:** 약 1:70,000,000
방위: 북쪽이 위쪽 **소장처:** 보델 니젠하위스 컬렉션

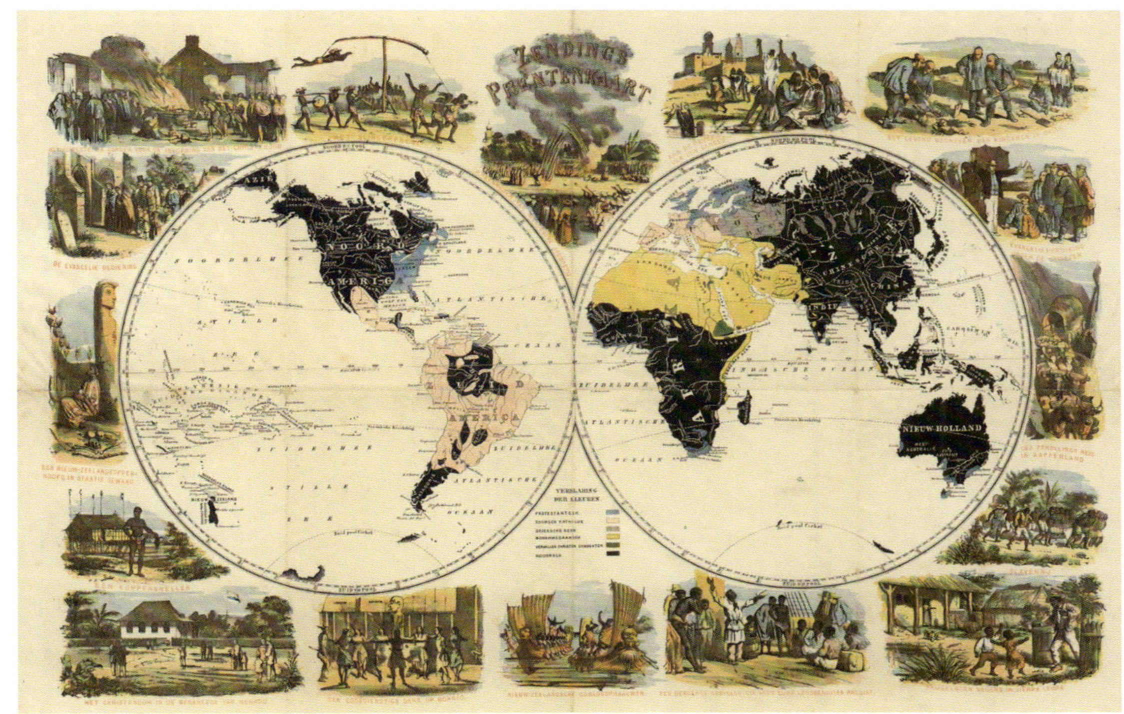

1863년에 발행된 네덜란드어 버전의 지도.

기도 하였다. 한편, 힌두교와 불교는 후기 선교 지도에서 비로소 나타나기 시작했다. 이러한 색상 패턴은 세계 각 지역의 종교적 특성을 시각적으로 전달하는 데 중요한 역할을 했다.

일부 세계 선교 그림지도에서는 단순한 채색을 넘어 세계 종교의 확산을 더 상세하고 예술적인 방식으로 표현했다. 이러한 지도 중 하나가 영국의 화가이자 삽화가, 그리고 조각가인 존 길버트(John Gilbert, 1817-1897)의 작품이다. 길버트는 1840년대부터 나무 판화기법을 사용하기 시작했고, 그의 인쇄 기술은 런던의 다양한 잡지와 신문의 삽화 디자인으로 널리 사용되었다. 인쇄업자이자 조각가인 에드먼드 에반스는 1861년 런던의 제임스 니스벳 출판사에서 발행한 이 선교 지도의 그림을 위해 길버트의 디자인을 인쇄했다.

존 길버트의 작품에서는 기독교로 개종하기 전의 잔인함과 그 이후의 축복을 대조하여 기독교 전파가 세상을 개선시켰다는 서구의 관점을 표현하고자 했다. 그의 작품에는 전쟁 중이던 북미 원주민들이 평화로운 상태로 변화하는 모습, 중국의 불교 신자들이 그들의 자녀를 죽이는 것을 멈추고 설교에 귀 기울이는 장면, 그리고 시에라리온의 노예들이 해방되는 모습 등이 포함되어 있다. 또한 영국의 드루이드들이 스톤헨지에서 인신공양을 하는 장면과 "복음 아래의" 영국을 비교하는 두 그림도 그렸다. 몇 년 후, 이 영어 지도는 로테르담의 위트 앤드 손 출판사에서 네덜란드어판으로 인쇄되기도 했다. 이 네덜란드어판은 영어 원본을 충실하게 따르면서도 동남아시아의 네덜란드 식민지와 연계시키기 위해 수정을 가했는데, 예를 들어 북아메리카 원주민이 나오는 장면은 보르네오의 종교적 춤, 인도네시아 미나하사(Minahasa) 지역의 기독교인으로 대체하였다.

세계지도의 검은색으로 표시된 부분에 이교도의 잔혹함을 묘사한 삽화는 해당 민족들을 악마화하는 데 크게 영향을 미쳤다. 선교 지도는 식민 통치를 정당화하는 선전 도구로 활용되었으며, 재정적 지원을 포함하여 선교 활동을 지원하는 것을 목표로 했다. 인쇄된 텍스트들 역시 선교 지도에 묘사된 야만적인 장면을 언급하면서, 서구 어린이들이 비기독교인들을 잔인한 관습을 가진 모습으로 인식하는 집단의식을 형성시켰다. 이러한 방식으로 길버트와 에반스가 제작한 목판화는 문화적, 인류학적 고정관념을 강화하면서 서구에 비해 다른 국가와 민족을 열등하게 생각하도록 강조하였다. 이러한 측면 때문에 선교 지도는 오늘날까지도 서구 사상에 깊이 스며든 식민주의적 관점과 민족적, 인종차별적 고정관념을 연구하는 데 중요한 자료로 평가된다.

Das EUROPA des FRIEDENS
L'Europe de la paix.
Faröer (Jnseln)
Shetland (Jnseln)
ATLANTISCHES MEER
MER ATLANTIQUE
Schottland
Irland
Dublin
Edinburgh
Liverpool
England
LONDON
Plymouth
Portsmouth
ANGLETERRE
NORD-SEE
MER DU NORD
Helgoland
Hadersleben
Kiel
Hamburg
Bremen
Hannover
AMSTERDAM
HOLLAND
Antwerpen
Brüssel
Lüttich
Münster
Cassel
Köln
Frankfurt
Mainz
Luxemburg
Karlsruhe
Stuttgart
Strassburg
München
Innsbruck
DEUTS
ALLEMA
Cherbourg
Brest
PARIS
Nantes
FRANKREICH
FRANCE
Bordeaux
Toulouse
Lyon
Marseille
Toulon
Schweiz
Suisse
Turin
Mailand
Trient
Venedig
Genua
Florenz
ROM
Neapel
Corsica
Sardinien
Balearen
PYRENÄISCHES KÖNIGREICH
ROYAUME DES PYRENÉES
MADRID
Lissabon
Gibraltar
MITTELLÄNDI
MÉDIT
Palermo
Sicilien
Malta
Marocco
Algier
Türkei
Türk ei
New-York che

Lappland
Laponie
Finnland
Helsingfors
St. Petersbourg
RUSSLAND
RUSSIE
MOSKAU
MOSCOU
Königsberg
Warschau
Varsovie
Krakau
Lemberg
PESTH
Moldau
Hermannstadt
Wallachei
Serbien
Bulgarien
Rumelien
Albanien
Macedonien
Thessalien
Hellas
ATHEN
Peloponnes
Creta
GRIECHENLAND
GRÈCE
SCHWARZES MEER
MER NOIRE
Konstantinopel
Brussa
Smyrna
TÜRKEI
TURQUIE
Diarbekr
Haleb
Cypern
Chypre
KIRCHEN STAAT
ETAT DE L'EGLISE
Damaskus
Jerusalem
Gaza
Türkei
MEER

frères 1866.

65

1866년 — 평화의 유럽

유럽 유토피아의 금지된 지도

19세기는 민족주의가 부상하는 시기로, 언어가 중요한 역할을 했다. 1848년 프랑크푸르트 의회에서 자유주의자들은 독일어 사용 지역의 통합과 대독일 형성을 제안했지만, 이는 오스트리아-헝가리 이중군주제와 충돌하며 오스트리아인들의 반대를 불러일으켰다. 1866년 8월, '평화의 유럽(Das Europa des Friedens - L'Europe de la paix)'이라는 제목의 지도가 독일에서 출판되었는데, 이는 표면적으로는 유럽의 표준 정치 지도처럼 보이지만 자세히 보면 유럽의 새 국경을 설정하는 내용을 담고 있었다. 이 지도는 오스트리아-프로이센 전쟁을 종식하기 위한 프라하 평화 협상 중에 가짜 출판사 주소로 발행되었다. 평화로운 유럽을 그린 이 지도는 독일에서는 긍정적인 반응을 얻었지만, 오스트리아 언론은 경악하며 즉각 유통을 금지시켰다. 이 지도가 논란이 된 이유는 당시의 민감한 정치적 상황과 국경 재조정 문제를 드러내고 있기 때문이었다.

오스트리아-프로이센 전쟁(독일 내전 또는 7주 전쟁으로도 알려짐)은 오스트리아제국과 프로이센왕국 사이에서 40개 이상의 독일어권 지역과 영주로 구성된 독일 연방의 지배권을 놓고 벌어졌다. 이 전쟁은 오토 폰 비스마르크(Otto von Bismarck, 1815-1898)가 이끄는 프로이센 왕국군의 승리로 끝났다. 승리의 결과로 독일 연방은 해체되었고, 오스트리아를 제외한 새로운 북독일 연방이 수립되었다. 이로 인해 모든 독일 연방 국가들은 프로이센의 패권 아래에 놓이게 되었다.

이 지도 제작자는 1866년 평화 협상을 바탕으로 전쟁 후의 유럽에 대한 이상적인 비전을 프로이센의 관점에서 그렸다. 제시된 지도에서는 오스트리아제국의 영향력이 거의 배제되었다. 지도는 몇 개의 강대국으로 구성된 유럽을 묘사하며, 특히 베를린을 수도로 하는 거대한 통일 독일의 모습을 그렸다. 이 통일 독일은 오스트리아와 보헤미아를 포함하여 구 독일 연방 전체를 아우르는 것이다. 오스트리아제국은 남동쪽으로 확장하여 발칸반도 대부분을 차지하면서 수도는 페스트(부다페스트)로 설정되어 있다. 지도 제작자의 구상에 따르면, '유럽의 병자'로 불리던 오스만제국은 알제리를 제외한 북아프리카 지역을 지배하지만 유럽 대륙에서 완전히 사라진 상태로 표현되었다. 주목할 만한 점은 이미 해당 제국이 '터키(튀르키예)'라는 명칭으로 불리고 있다는 것이다. 라인강은 프랑스와 독일 사이의 국경이 되었고, 벨기에는 분할되어 왈로니아와 브뤼셀은 프랑스에, 플랑드르는 네덜란드 영토 안에 포함되었다. 네덜란드는 독립 국가로 표시되었으며, 독일어 사용 지역인 룩셈부르크는 독일에 편입되었다. 스위스는 중립국으로 독립을 유지하고 있으며, 그리스는 알바니아와 마케도니아를 포함할 정도로 확장되었고, 스페인과 포르투갈은 통합된 피레네왕국을 형성하였다.

지도의 흥미로운 특징 중 하나는 이탈리아와 오스트리아 사이의 국경 설정이다. 이탈리아어를 사용하는 베네토(Veneto) 지역은 이탈리아에 편입되었고, 독일어를 사용하는 남티롤 지역은 독일의 일부가 되었다. 지도가 출판된 시점은 1861년 이탈리아왕국이 선포된 직후로, 이탈리아가 단일 국가로 통합된 시기였다. 스톡홀름을 수도로 하는 스칸디나비아는 동쪽의 무르만스크와 핀란드 동쪽의 카렐리야 지역까지 포함하는 큰 왕국으로 표시되어 있다. 이 지역과 핀란드를 제외하고 러시아는 기존 영토를 유지하되 서쪽으로 확장되지 않았다. 지도의 오른쪽 상단에는 쌍두 독수리가 유럽 열강을 피해 시베리아를 향해 날아가는 모습이 그려져 있다. 1864년 독일-덴마크 전쟁의 결과를 반영하여 덴마크와 독일 사이의 국경이 설정되었다. 대영제국과 아일랜드는 하나의 왕국으로 그려져 있는데, 이는 당시의 정치적 상황을 반영한 것이다. 마지막으로, 로마에서 레반트(예루살렘과 다마스쿠스 주변 지역)와 키프로스섬으로 옮겨진 대형 교회 국가도 눈에 띈다. 이러한 요소들은 지도가 당시 유럽의 복잡한 지정학적 상황과 국가 간 경계를 재조정하는 비전을 어떻게 반영하고 있는지를 보여 준다.

지도 아래에는 뉴욕의 슈미트 형제가 출판했다고 명시되어 있지만, 에밀 벨러(Emil Weller, 1823-1886)의 '가명록 색인(Index Pseudonymorum)'에 따르면 이는 가짜 이름과 주소였다. 실제로 이 지도를 발행

Anhang.

Verfügungen über Druckschriften.

Verbote.

Erkenntnisse.

LIX.

Das k. k. Landes- als Preßgericht in Prag hat mit dem Urtheile vom 6. October d. J., Z. 20 917, zu Recht erkannt: Die weitere Verbreitung der Landkarte betitelt: **„Das Europa des Friedens", l'Europe de la Paix,** New-York 1866, Chez Schmitt Frères", wird wegen des darin begründeten, im § 308 u.310, Absatz II St. G. bezeichneten und nach § 310 II St. G. strafbaren Vergehens gegen die öffentliche Ruhe und Ordnung nach § 36 des Gesetzes vom 17. December 1862, Nr. 6 R. G. Bl., verboten.

1866년 10월 27일 자 비엔나 중앙 경찰이 발표한 지도 배포 금지 공고문.

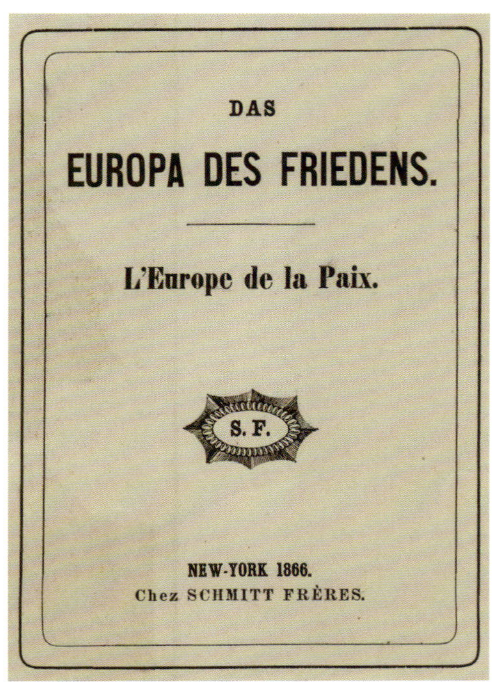

접힌 지도의 표지.

한 곳은 마인츠에 있는 폰 자베른 가족 회사로, 이 출판사는 과학, 고고학 및 역사 관련 작업을 전문으로 하면서 진보적이고 자유주의적인 출판물을 발행했던 것으로 알려져 있다. 빅토르 폰 자베른은 1864년부터 이 회사를 운영했다. 마인츠는 그 당시 헤센대공국의 일부였으며 전쟁 전에는 오스트리아의 동맹국 중 하나였다. 그러나 1866년 9월 3일의 평화 조약에 따라 헤센대공국은 영토 일부를 프로이센에 넘겨 주어야 했다.

비스마르크의 승리 직후 발행된 이 지도는 프로이센에서 큰 호응을 받았을 것이다. 독일 언론은 지도의 유토피아적이고 유머러스한 특성을 긍정적으로 평가했지만, 동시에 여러 의문을 제기했다. 일부 독일 언론은 이와 같이 유럽의 새로운 정치적 분할을 상상하는 지도들이 프랑스에서 기원했을 가능성을 제기했다. 심지어 나폴레옹 본인이 지도의 원본을 그렸다는 주장까지 제기되었으나 이 지도를 제작한 사람의 정체는 여전히 미스터리로 남아 있다.

오스트리아에서 이 지도에 대한 반응이 프로이센과 정반대였다는 것은 예상할 수 있는 일이다. 지도가 제시한 국가 분할 방식은 1848년에 오스트리아가 이미 거부했던 대독일 해법과 거의 일치했다. 이 지도는 동프로이센을 포함해 독일 연방의 국경선을 따르고 있었다. 1866년 8월 10일, 《오스트리아의 신호(Oesterreichische Signale)》지에는 "오스트리아가 어떤 모습인지 보라! 지도 제작자의 상상 속 '평화의 유럽'은 30년간의 전쟁 후에 보이는 모습이다"라는 조롱하는 말투의 기사가 실렸다. 독일 언론은 지도의 유토피아적이고 유머러스한 성격을 강조했지만, 오스트리아 언론은 제국의 불길한 운명에 대해 분노했다.

이 논란의 지도는 오스트리아 당국에도 알려지면서 큰 파장을 일으켰다. 결과적으로 1866년 10월 6일, 오스트리아제국의 공공 평화와 질서를 보호하기 위한 법을 위반했다는 이유로 프라하의 지방 법원은 지도의 추가 배포 금지를 결정했다. 이 결정을 모든 관련자에게 알리기 위해 판결문은 비엔나의 경찰 관보인 《중앙경찰신문》과 서점 상인을 위한 잡지인 《오스트리아 서적 판매자 서신》에 게재되었다. 이 조치는 오스트리아 내에서 검열 시스템이 전쟁 기간이 아니더라도 매우 엄격하게 운영되고 있었음을 보여 주며, 당국이 얼마나 심각하게 이 지도를 받아들였는지를 드러낸다.

오스트리아의 검열에도 불구하고, 이 지도는 네덜란드를 포함한 서유럽 지역에서 인기를 끌며 널리 유통되었다. 레이던의 지도 수집가인 요하네스 티베리우스 보델 니젠하위스는 아마도 지도가 처음 출판된 1866년에 복사본을 구했을 것으로 추정된다. 그는 지도 뒷면에 표시된 가격인 65센트를 지불했다고 기록했다.

1870년 프랑스와 독일이 서로 전쟁을 벌이면서 이 지도는 다시 의미를 갖게 되었다. 그 시점에서 지도는 오스트리아에서 더 이상 금지 품목이 아니었다. 《그라츠 신문》은 1870년 8월 2일에 지도에 대해 상세히 다루었다. 이어 1871년 여름, '스타헬의 책과 예술' 출판사는 '평화의 유럽' 지도의 사본을 '24 바이에른 크로이처'에 판매할 것이라는 신문 광고를 게재했다. 대독일의 목표는 1938년 나치 독일이 오스트리아를 합병함으로써 실현되었지만, 이 상태는 제2차 세계대전이 끝날 때까지만 지속되었다.

제작자: 슈미트 형제(발행) **제목:** 평화의 유럽 **발행지:** 뉴욕
발행일: 1866년 **기법:** 다색 석판 인쇄 **크기:** 49 x 64cm
축척: 약 1:11,500,000 **방위:** 북쪽이 위쪽
소장처: 보델 니젠하위스 컬렉션

大村領
御私領

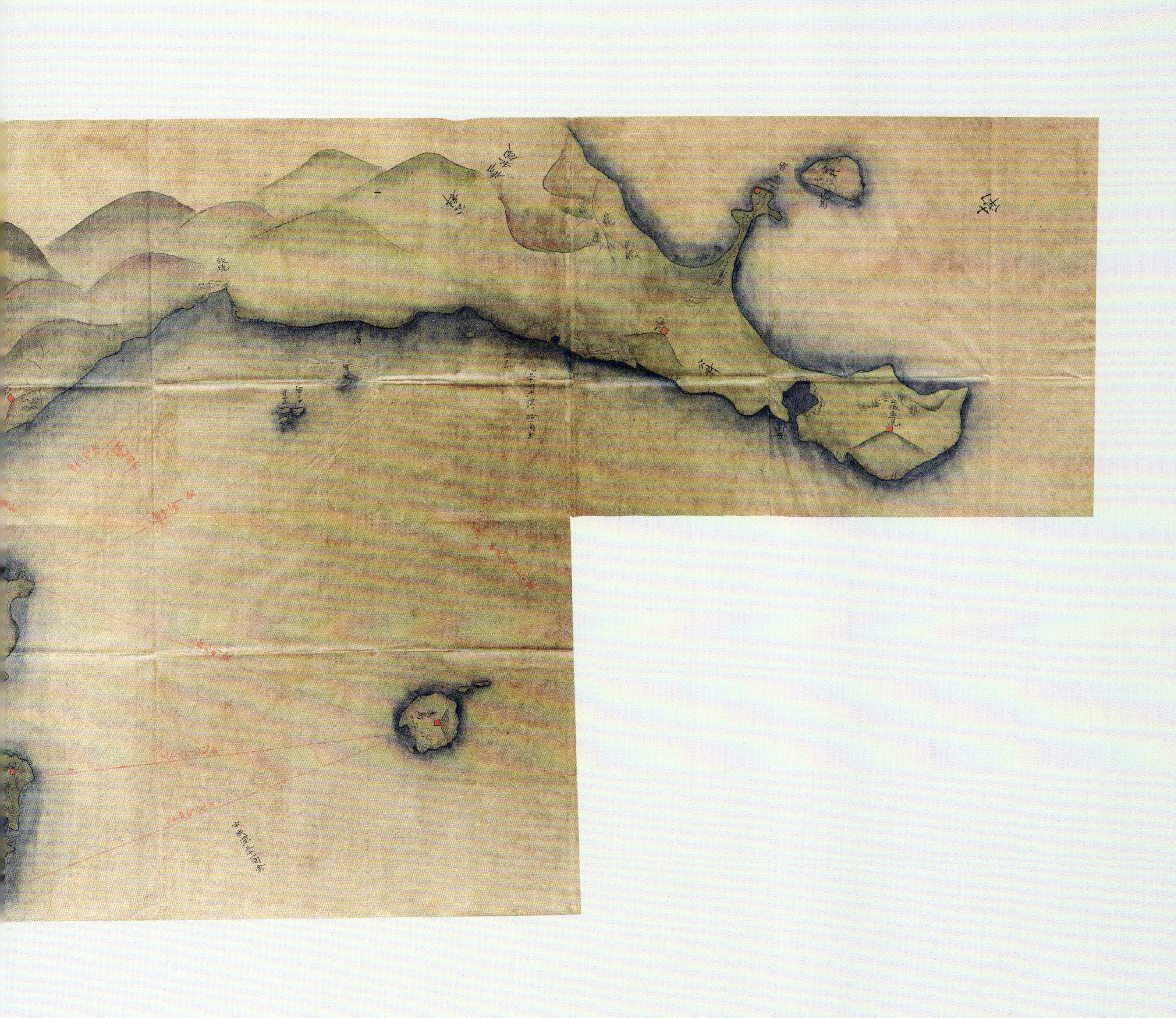

66

1867년 — 해안의 대포들

나가사키만의 방어 시설

네덜란드 동인도회사가 나가사키만에 위치한 인공 섬 데지마에 교역 기지를 세운 것은, 당시 대외적으로 거의 폐쇄된 상태였던 일본에 매우 중대한 변화를 가져왔다. 일본은 중국, 한국, 그리고 독립적인 왕국이었던 류큐와는 교역을 하고 있었지만, 서구와의 교류는 오랫동안 데지마에 주둔한 네덜란드인들을 통해서만 이루어졌다. 이러한 일본의 고립 정책은 1854년 미국이 일본에 조약을 강제로 체결시켜 국제 해상 교통을 활성화시키고 해안 방어의 필요성이 대두될 때까지 지속되었다. 실제로, 조약 체결 이전부터 해안 방어 강화를 위한 작업이 시작되었으며, 이는 나가사키만을 포함한 일본 남서부 해안 방어를 위한 지도 작성을 필요로 했다. 이 변화는 일본이 국제적으로 개방되는 계기가 되었고, 국내 정책과 해외 교류에 큰 영향을 미쳤다.

나가사키만의 천연 항구는 그 지리적 특성으로 인해 방어에 유리하며, 해마다 찾아오는 수많은 태풍 기간 동안 선박들에게 안전한 피난처를 제공한다. 내만(內灣)의 북부는 좁은 통로를 통해 보다 넓은 외만(外灣)의 남부와 연결되어 있으며, 이 외만은 다시 동중국해의 일련의 섬들에 의해 보호받고 있다. 섬들 중 일부는 지속적으로 확장되는 항구와 산업 단지를 통해 본토와 연결되었다. 일본인들은 오랜 시간 동안 이 만의 전략적인 위치를 잘 활용해 왔기 때문에, 이 지도는 나가사키만의 중요성과 지리적 장점을 잘 보여 주는 증거이다.

지도의 출처는 규슈섬 남서쪽에 있는 사가현의 히데시마 가문 문서 보관소이다. 이 가문은 지도를 전통적인 저장소인 '쿠라(くら, 화재와 도난을 대비해 지어진 전통식 창고—옮긴이주)'에 보관했다. 보관소에는 바쿠마츠 시대(1853-1867)의 문서들이 포함되어 있는데, 이 시기는 봉건 도쿠가와 막부의 마지막 해를 기록하고 있다. 바쿠마츠 시대(1853-1867) 이후 일본은 고립주의 정책을 폐지하고 근대적인 제국 정부를 수립했으며, 이는 메이지 유신(1868-1912)으로 이어졌다. 또한 이 시기에 네덜란드는 그들의 혁신적인 군사 및 해양 기술로 일본의 해안 방어와 군사 기술의 현대화를 지원했다.

히데시마 가문은 네덜란드어를 구사할 수 있었으며, 데지마에 주둔한 네덜란드인들을 위해 통역사와 번역가를 조달하는 역할을 맡았다. 히데시마 가문은 나베시마 가문의 조력자이기도 했는데, 나베시마 가문은 히라도와 나가사키 항구의 보안 및 방어를 책임졌다. 나베시마 나오마사(1815-1871)는 1830년부터 1861년까지 사가현의 다이묘, 즉 영주였다. 다이묘들은 일반적으로 사무라이 계급 출신으로, 자신의 지역을 독립적으로 다스릴 수 있는 상당한 자치권을 가졌지만, 세금, 보수 공사, 방어 등 중요한 사항들은 쇼군, 즉 일본의 최고 군사 지휘관에게 보고해야 했다.

히데시마 문서 보관소에는 나가사키만과 관련된 수작업으로 제작된 지도 자료가 많이 있었다. 이 중에는 도시 남쪽의 가바시마섬을 향하는 곳에 이르기까지 나가사키만 전체의 개요를 나타내는 대형 지도가 있다. 지도는 19세기 중반에 구축된 요새 체계를 상세하게 묘사하고 있으며, 요새는 붉은색 기호와 정사각형, 큰 점, 작은 점으로 구분되어 있다. 정사각형은 해안선을 따라 분포하는데, 이는 산 정상과 언덕 꼭대기에 위치한 망루의 위치를 나타낸다. 내만의 양쪽에 위치한 2개의 큰 점은 정부 관리들이 출입하는 선박을 감시하고 통행료를 부과했던 검문소를 나타낸다. 작은 붉은 점들은 외만의 해안과 만을 보호하는 섬들에 배치된 대포의 위치를 나타내며, 만을 따라 대포 사이의 거리를 나타내는 선이 그려져 있다. 이 거리는 대포의 사거리와 필요한 화약량을 결정하는 데 중요한 요소였다.

또 다른 것은 아직 채색되지 않은 상태의 미완성된 초안의 지도이다. 다른 대형 종이에 비해 크기는 작지만 전략적으로 중요한 가미노시마섬의 상세 지도가 포함되어 있다. 가미노시마와 인근의 시로가시마섬 사이에는 배들이 지름길을 이용하는 것을 막기 위해 제방이 건설되었다. 이 제방은 지도상에서 명확하게 보이며, 배들이 나가사키로 향하는 더 남쪽의 경로를 이용하도록 하는 역할을 했다. 제방 건설 비용은 6만료로, 당시 해안 방어 시설 현대화를 위한 전체 예산의 절반이

제작자: 미상 **제목:** 나가사키만 지도 **발행지:** 나가사키
발행일: 약 1863-1867년 **기법:** 종이에 필사 **크기:** 146 x 54cm
축척: 약 1:20,000 **방위:** 북쪽이 왼쪽 하단 **소장처:** 동양 컬렉션

넘는 금액이었다.

지도 보관 목록에는 나가사키만, 섬들, 그리고 제방의 일부를 나타낸 9장의 작은 지도와 지형 도면도 포함되어 있다. 그중 1장은 만의 중앙 부분을 보여 주며, 그림에는 프랑스 신호 깃발을 단 한 척의 증기선과 러시아 해군의 상징인 흰색 바탕에 파란 세인트 앤드류 십자가 깃발을 포함한 네 척의 배가 그려져 있다. 개요 지도에서는 나가사키만에서 활동하는 다양한 깃발을 단 여러 항해 선박과 증기선을 볼 수 있으며, 일본 깃발뿐만 아니라 네덜란드, 러시아, 미국, 그리고 영국의 깃발도 확인할 수 있다.

일반적으로 1853년과 1854년에 매튜 페리 제독이 이끄는 미국 해군의 위협적인 원정으로 인해 에도(현재의 도쿄)만의 요새 건설을 촉진시켰다고 알려져 있다. 그러나 사실, 쇼군의 수석 참모인 아베 마사히로는 이미 1845년에 나베시마 나오마사와 해안 방어에 대해 논의를 진행하고 있었다. 영국이 제1차 아편 전쟁에서 승리하고 중국으로부터 홍콩을 인수한 이후, 일본은 경계 태세를 강화하기 시작했다. 에도만의 방어 강화 작업이 진행된 후, 나가사키만의 방어 강화가 다음 과제로 부상했다. 1851년, 나베시마 나오마사는 쇼군으로부터 만 입구에 위치한 두 섬, 가미노시마에 34문의 대포와 이오지마에 26문의 대포를 배치할 수 있는 허가를 받았다. 이러한 방어 조치는 선박들이 항구에 들어오기 전에 입항 허가를 받아야 하는 등의 규제를 포함하고 있었다.

일본이 서구 국가들에게 개방된 후, 선박들은 나가사키 항구로 직접 항해할 수 있게 되었고, 이로 인해 외만을 둘러싼 대포들은 기능을 상실했다. 이에 따라 좁은 내만에서 국제 해상 교통량이 증가하고, 일본인과 외국인 사이의 폭력 사건 빈도 역시 증가함에 따라, 내만의 군사 방어에 대한 주목도 증가하였다. 많은 수의 대포가 1863년과 1866년에 내만으로 이동하였다. 가문의 문서 보관소에 수록된 지도들은 이러한 활동을 정확하게 기록하고 있으며, 이를 통해 당시 상황을 추정할 수 있다.

일본이 개방된 이후, 러시아, 미국 및 기타 강대국들이 일본과의 무역 관계를 개시하기 위해 접근했다. 이러한 상황에서 일본은 오랜 시간 동안 협력해 온 네덜란드의 지원을 받아 나가사키의 근대화를 추진했다. 사가의 다이묘들은 네덜란드로부터 항구 개발, 해군 조직 및 훈련에서 큰 도움을 받았다. 메이지 시대에는 네덜란드가 주로 군사 공학, 포병, 해안 방어의 전문 지식을 전수하는 역할을 수행했다. 히데시마 문서 보관소에 있는 지도들은 이러한 작업이 나가사키 항구에서 어떻게 수행되었는지를 상세하게 보여 주고 있다. 나가사키만의 일반적인 지도와 조감도는 미학적으로 훌륭한 묘사를 제공할 뿐만 아니라, 일본과 네덜란드 관계의 중요한 역사적 단계에 대한 정보도 제공한다.

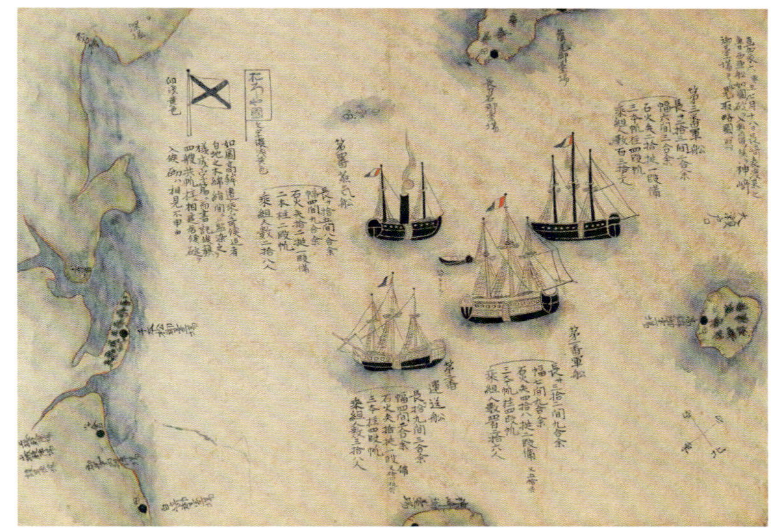

나가사키만 중심부의 지도로, 프랑스 함선 네 척과 러시아 해군의 깃발이 표시되어 있다.

네덜란드인들의 군사 훈련 그림.

섬들 사이의 항해 경로를 나타내는 그림으로, 연안 방어를 형성하는 대포의 사거리가 표시되어 있다.

NB questa idea ho' formata per
domandar al figlio d'un ministro (cioè del Kalon)
del Ré di Bramascjon, chi mi ha' dalla
qualche elucidatione del suo Paese
ma' é partito di Lhasa senza chi ho' avuta
l'occasione.
Nort
Tingry
Ponciu
Ladroni deni
Parpalu
Sakja
Sar
Kjan ciu
Pholha
Kjantsè
Rimbogin
Thibetto
gran
nepal
Ponente
Bra-
-ma.
-Scjon
Bramascjon
Ponte di Bambu
Broukpa
Levante
nager kot
gran moregn
picolo moregn
Altibari
jn-
dos-
tan
Fiume Ganges
mezzo Giorno
Copie naar het origineel in 't archief Zocietas Gen. Sept 1870.

Onder het Kaartje door van de Putte schreef N. C. Lambrechtsen

Dit is een kaartje van Groot-Thibet door den vermaarden Vliessingschen reiziger Mr Samuel van de Putte eigenhandig geformeerd.

Hy was geboren a. 1690 te Vliessing, zyn vader was de vice admiraal Carel v. d. P. – a° 1715 werd hy Raad der stad Vl. – Ging op reis a° 1718 naar Constantinopolen, Egypten & Persien naar India en arriveerde a° 1726 op Ceylon – Vervolgens ging hy in Moorsche kleeding door 't land van den Grooten Mogol naar Thibet & Groot Tartaryen; daarna ging hy als een Chineesch Mandaryn verkleed door de groote Woestyne die China van Tartarye afscheid, na Peking & na verloop van 14 jaren terug naar Dhelhy; a° 1743 arriveerde hy te Batavia, alwaar hij

naa nog een binnenlandsche reis naar den berg Ophir gedaan te hebben, den 27 September 1745 overleed. Zynde zyne papieren, aanteekeningen, ingevolge zyn testament, meest alle verbrand"

Afgeschreven 12 Septb 1870

[illegible]

Directeur Zeeuwsch Genootschap der Wetenschappen.

67 1870년 — 동부 히말라야 최초의 지도

반 더 푸테의 사라진 스케치 지도

시킴(Sikkim)왕국 및 주변 지역을 스케치한 지도는 두 가지 측면에서 역사적 중요성을 지닌다. 1870년 9월 12일, 프레더릭 나트글라스(Frederik Nagtglas, 1821-1904)는 레이던의 수집가 요하네스 티베리우스 보델 니젠하위스에게 이 지도의 사본을 보냈다. 원본 스케치 지도는 약 1730년경 중국 종이에 그려졌으며, 네덜란드 미델부르크(Middelburg)에 있는 젤란트 과학협회에 보관되어 있었다. 나트글라스는 협회의 이사이자 사서 및 큐레이터로 활동하고 있었는데, 보델 니젠하위스는 이 작고 보잘것없어 보이는 스케치의 중요성을 인식하고 사본을 그리도록 하였다. 당시 사진 복제는 비용이 너무 많이 들었기 때문에 나트글라스는 투사지를 사용하여 지도를 복사했다. 보델 니젠하위스의 요청은 결국 행운이 되었는데, 원본 스케치가 살아남지 못할 운명이었기 때문이다. 실제로 이 지도는 미델부르크에 도착하기도 전에 거의 파손되었다.

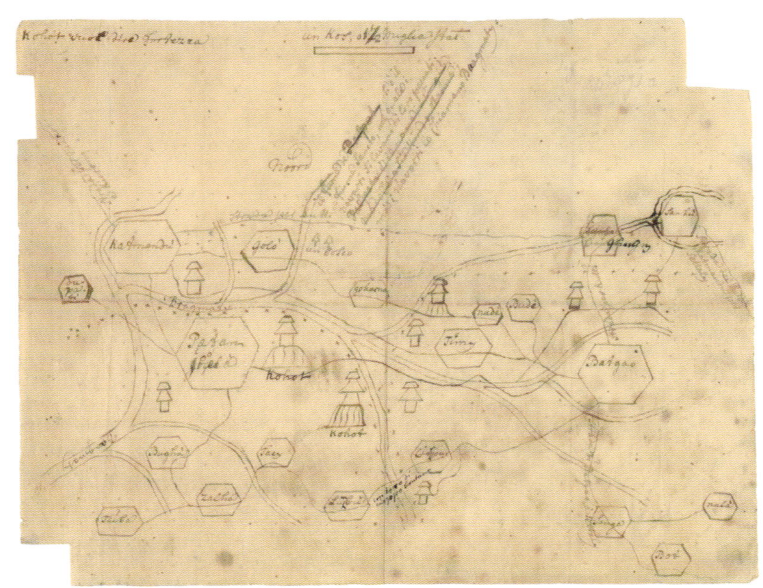

반 더 푸테가 그린 네팔 동부의 스케치 지도, 1730년경. (Middelburg, Zeeuws Archief)

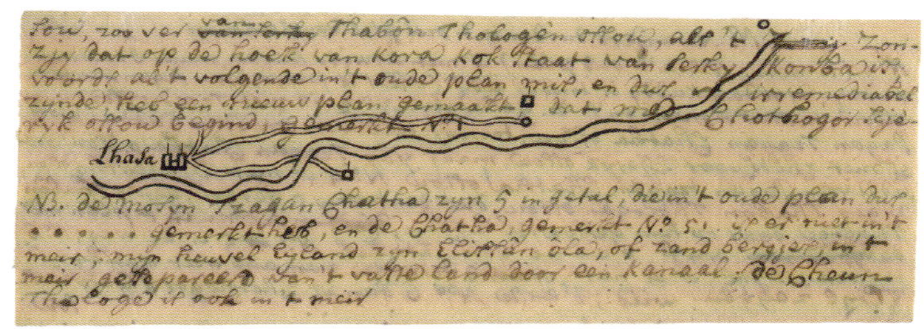

반 더 푸테가 그린 라싸강의 스케치 지도. (Middelburg, Zeeuws Archief)

원본 스케치 지도는 블리싱겐 출신의 여행자 사무엘 반 더 푸테(Samuel van de Putte, 1690-1745)가 그렸다. 반 더 푸테는 레이던에서 법학을 공부하고 1714년에 박사 학위를 받은 인물이다. 이후 고향에서 시의원이 되었지만 여행에 대한 열정으로 1718년에 이탈리아로 떠났다. 그는 이탈리아에서 3년 동안 여행하며 이탈리아어를 습득했고, 1721년에는 콘스탄티노플로 여행을 떠나 이집트, 시리아, 페르시아를 거쳐 1723년에 인도 서해안의 네덜란드 동인도회사 무역소인 코친(Cochin)에 도착했다. 이후 실론(현재의 스리랑카)을 방문한 그는 이슬람 상인으로 위장한 채 무굴제국 전역을 광범위하게 여행하였다. 여행 동안 그는 주로 해안과 내륙에 위치한 유럽의 교역소에 머물렀다. 1726년, 그는 델리를 떠나 네팔을 방문한 최초의 네덜란드인이 되었다. 이후 반 더 푸테는 티베트의 프란치스코 선교단과 함께 5년을 보냈다. 그 후 라싸를 떠나 중국 베이징으로 여행을 계속했다. 중국인으로 위장하여 만리장성을 넘고 중국에 들어갔으며, 이 일로 '미델부르크의 중국 관리'라는 별명을 얻었다. 그는 베이징에서 라싸로 돌아갈 때도 같은 경로를 따라 여행했으며, 티베트 남동부의 캄(Kham) 지역을 방문한 최초의 유럽인이 되었다. 이후 라다크와 카슈미르를 거쳐 델리로 돌아갔다. 네덜란드에 있는 사람들은 반 더 푸테가 사망했다고 추측했으나, 16년이 지난 후 그는 인도에 다시 나타났다.

티베트에서의 체류 기간 동안 반 더 푸테는 다양한 지도를 그렸다. 그중 이탈리아어 설명이 첨부된 지도는 티베트로 향하던 길에 그가 여행했던 히말라야 지역을 나타낸다. 이 지도에는 '그랜드 티베트' 즉 '위대한 티베트'의 일부가 지도의 북쪽에 표시되어 있다.

지도 왼쪽에는 네팔 동부가, 오른쪽에는 '브룩파(Broukpa)'라고 불리는 부탄이 있다. 남쪽에는 '인도스탄(Indostan)'이라고 언급된 인도의 일부와 갠지스강이 표현되어 있다. 지도 중앙, 네팔과 부탄 사이에

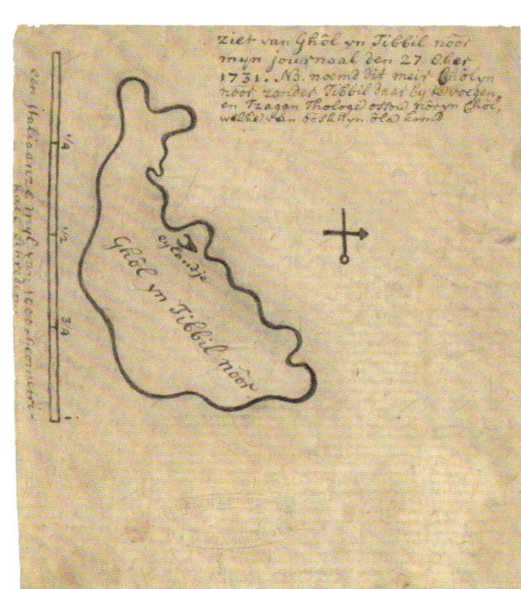

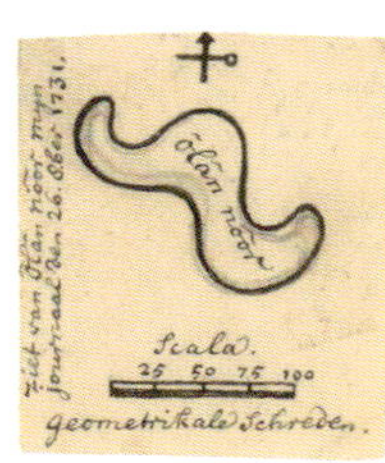
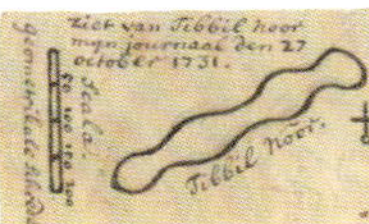

반 더 푸테의 다양한 호수 스케치 지도. 1731년. (Middelburg, Zeeuws Archief)

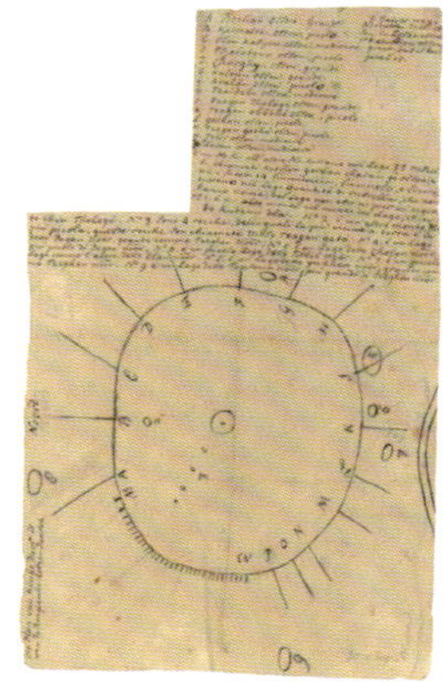
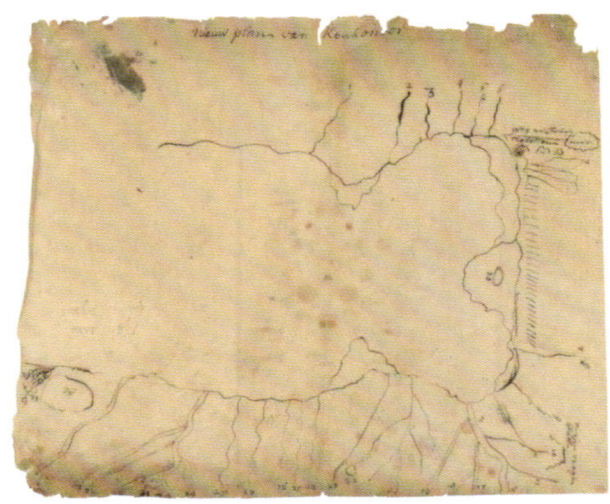

반 더 푸테가 그린 칭하이호수의 스케치 지도. (Middelburg, Zeeuws Archief)

위치한 시킴은 1642년부터 1975년까지 독립 왕국이었다. 반 더 푸테는 이 지역을 '브라마슈종(Bramascjon)'이라고 불렀는데 이는 티베트어와 시킴어인 드레모숑(Dremoshong)의 잘못된 표현이다. '그란 모롱(Gran Morogn)'과 '피콜로 모롱(Piccolo Morogn)'이라는 더 작은 지역들은 시킴 남서쪽의 역사적 지역인 모롱을 나타낸다. 지도에 나타난 강들은 갠지스강과 브라마푸트라강으로 보이지만, 반 더 푸테의 그림에서는 정확하지 않다.

반 더 푸테는 네팔 동부의 상세한 지도를 포함하여 다양한 스케치를 그렸다. 그는 또한 라싸 동쪽 지역의 스케치 지도를 이탈리아어와 티베트어로 주석을 달았다. 베이징으로 가는 길에 그는 칭하이(Qinghai)호수의 지도를 스케치했는데, 이 호수는 몽골어로 '코코 노르(Koko Nor)' 즉 '푸른 호수'라고 불렸다. 중국에서 가장 큰 염호(鹽湖)인 칭하이호수는 티베트고원에 위치하고 있다. 마지막으로 반 더 푸테는 몇 개의 작은 호수들의 지도를 그렸는데, 이 지도들은 다른 지도들과 달리 네덜란드어로 설명이 포함되어 있었다.

1743년, 반 더 푸테는 젤란트로 귀환하기 위해 바타비아(현재의 자카르타)로 향했으나 끝내 고향으로 돌아올 수가 없었다. 자바에서 큰 병에 걸린 그는 아시아 여행에 관한 기록을 출판할 수 없을 것임을 알았다. 그는 자신의 사후에 기록들이 남지 않길 원하며, 일기와 노트를 모두 소각하기로 결정했다. 그러나 반 더 푸테가 문서를 불태우기 시작했을 때, 바타비아에서 재회한 대학 친구 피터르 빌럼 라멘스가 몇몇 스케치 지도와 기타 유물을 간신히 구해낼 수 있었다. 반 더 푸테가 1745년 사망한 후, 라멘스는 이 자료들을 젤란트로 보내 젤란트과학협회에 보관토록 했다. 1940년 5월 17일 미델부르크가 폭격을 받으면서 마을 대부분이 화재로 인해 피해를 입었다. 티베트와 시킴의 지도는 전시를 위해 미델부르크 중심부에 위치한 메디오부르겐스 박물관에 대여 중이었다. 이번에는 불길에서 지도를 구할 사람이 없었기 때문에 티베트와 시킴의 지도는 결국 소실되고 말았다.

다행히도 나트클라스는 1870년에 이미 그 스케치의 사본을 만들어 두었다. 그가 지도를 복사한 지 몇 년 후, 2개의 복제본이 인쇄물로 나타났다. 영국의 지리학자 클레멘츠 마크햄(Clements Markham, 1830-1916)은 그 지도를 1876년에 출간된 18세기와 19세기에 걸친 영국의 티베트 여행에 관한 책에 포함시켰고, 레이던의 아시아 언어 및 문화학 교수 피터르 요하네스 베트(Pieter Johannes Veth, 1814-1895)는 1877년 반 더 푸테의 여행에 관한 기사에서 이 지도를 사용했다. 결과적으로, 이 지도는 반 더 푸테 자신의 파괴적 충동을 가까스로 억제한 덕분에 살아남았으며, 1940년 전쟁 중 화재로 원본이 손상되었음에도 불구하고 오늘날까지 보존될 수 있었다.

이 이야기는 다른 역사적 문서들과 마찬가지로, 지도 또한 때로는 순전히 우연에 의해 보존될 수 있다는 것을 보여 준다. 이 지도의 유랑은 그 자체로 매혹적인 역사의 한 조각이다. 더욱이 이 지도는 시킴과 그 주변 지역을 나타내는 가장 오래된 지도적 표현 중 하나로, 역사적 기록을 담은 지도로서 중요한 가치를 지닌다.

제작자: 사무엘 반 더 푸테(지도 제작), 프레더릭 나트클라스(필사)
제목: 시킴 및 주변 지역 스케치 지도 **발행지:** 미델부르크
발행일: 1870년 **기법:** 트레이싱지 위에 필사 **크기:** 23 x 31cm
축척: 약 1:500,000 **방위:** 북쪽이 위쪽
소장처: 보델 니젠하위스 컬렉션

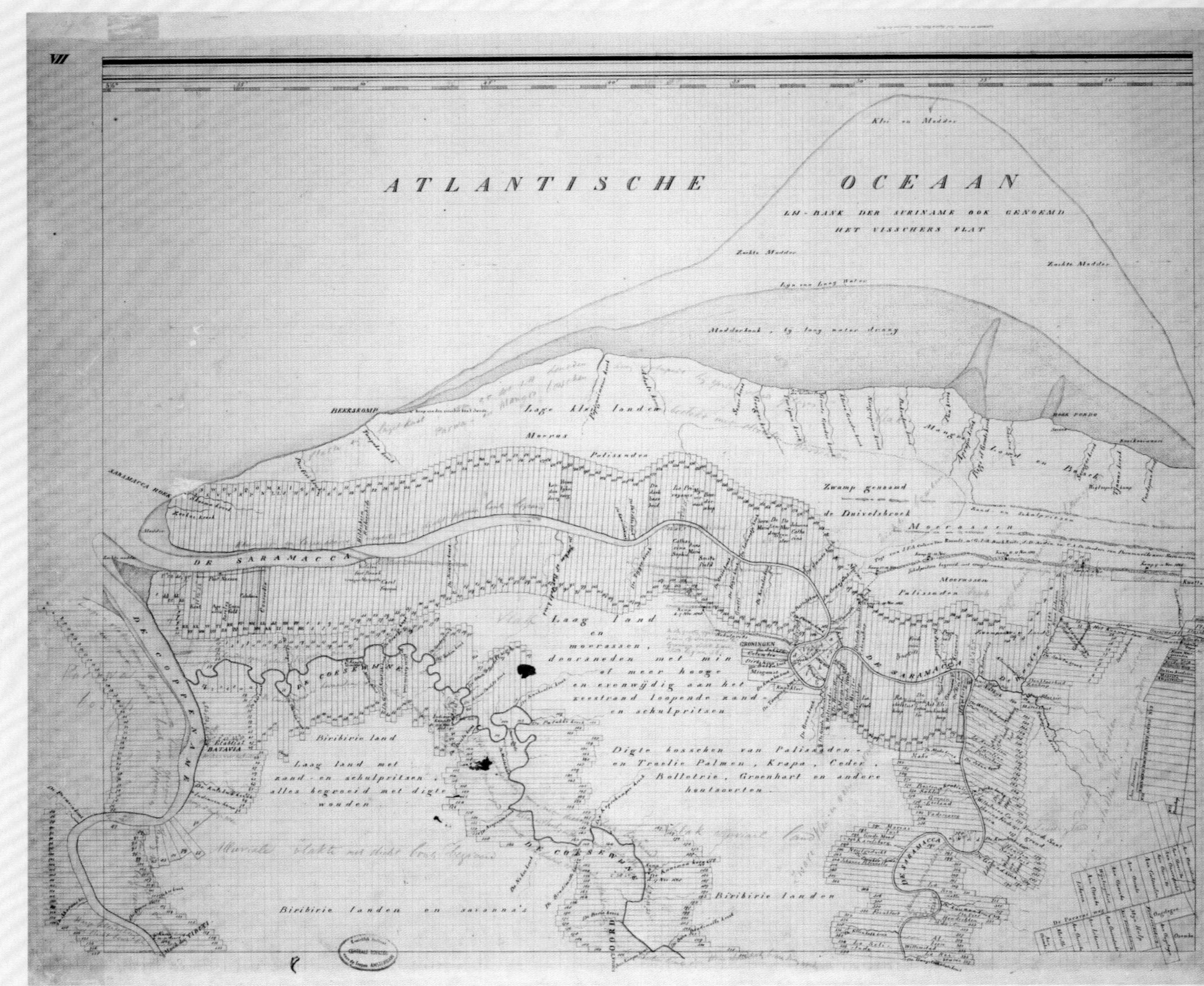
VII
ATLANTISCHE OCEAAN
Klei en Modder
DE SARAMACCA
Laag land en moerassen, doorsneden met min of meer hooge en evenwijdig aan het zeestrand loopende zand en schulpritzen
Digte bosschen van Palisanden, en Troulie Palmen, Krapa, Ceder, Bolletrie, Groenhart en andere houtsoorten
Laag land met zand- en schulpritzen, alles begroeid met digte wouden
Biribirie land
Biribirie landen en savanna's
Biribirie landen
Zwamp gezand
de Duivelsbroek

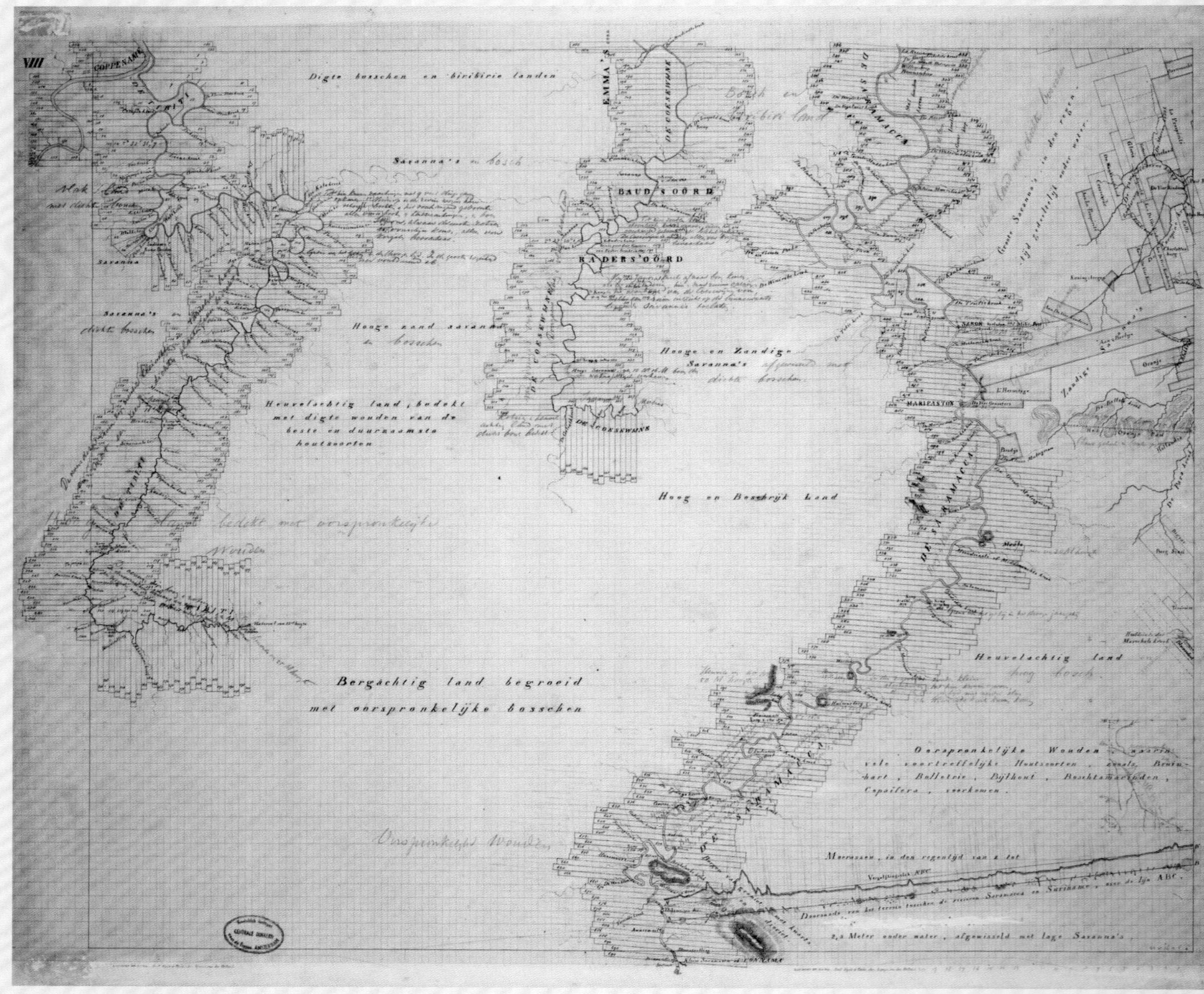
VIII
Digte bosschen en biribirie landen
BAUD'S OORD
RADERS'OORD
Heuvelachtig land, bedekt met digte wouden van de beste en duurzaamste houtsoorten
Hoog en Boschrijk Land
Bergachtig land begroeid met oorspronkelijke bosschen
Heuvelachtig land

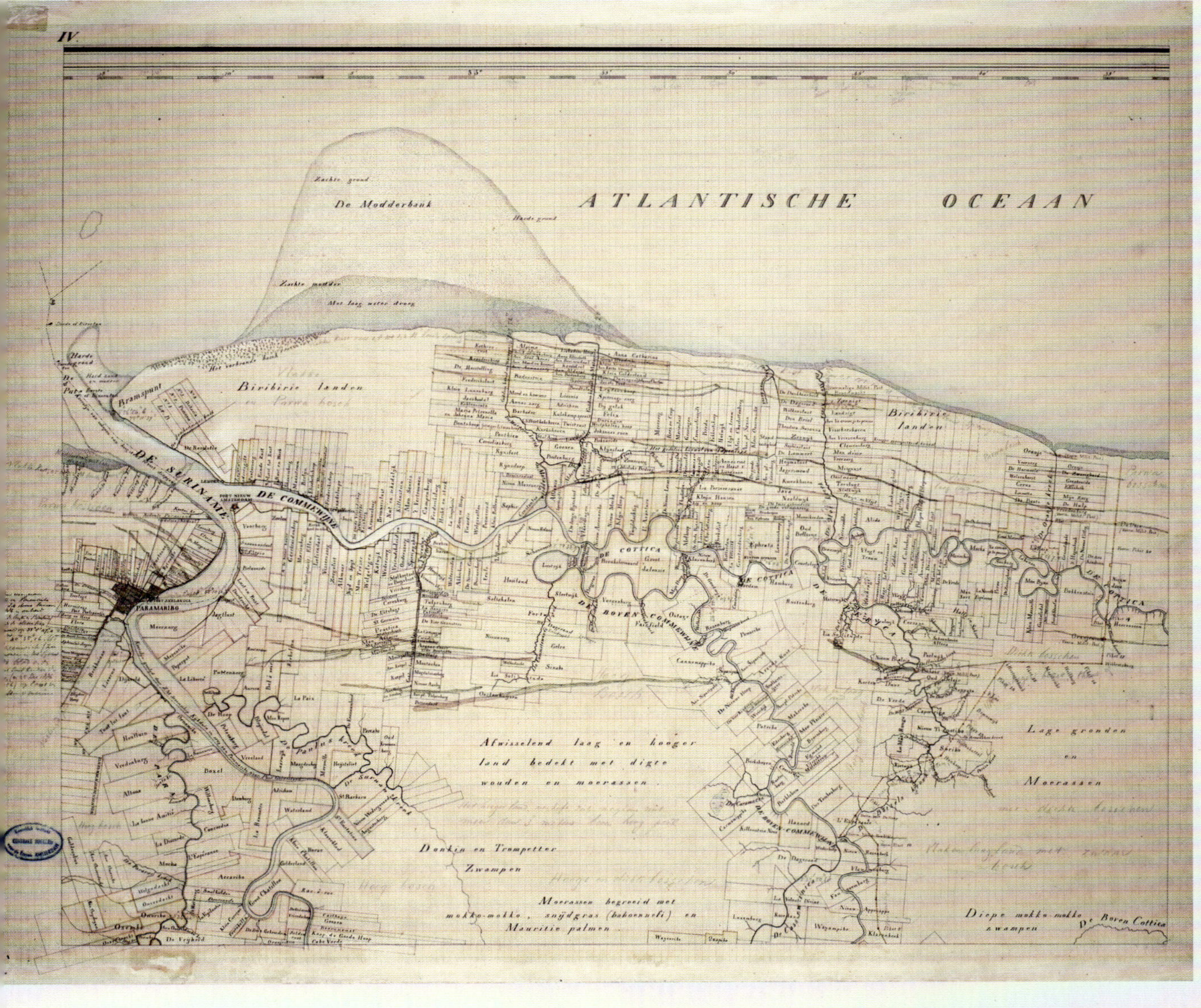
IV
ATLANTISCHE OCEAAN
De Modderbank
Birikirie landen
DE SURINAME
DE COMMEWIJNE
PARAMARIBO
Afwisselend laag en hooger land bedekt met digte wouden en moerassen.
Dunken en Trompetter Zwampen
Moerassen begroeid met makka-makka, snydgras (kakernelli) en Mauritia palmen
Lage gronden en Moerassen
Diepe makka-makka zwampen
De Boven Cottica

Zand Savanna's
Heuvelachtig land met bosch en savanna's
Heuvelachtig land met zwaar bosch
DE SURINAME
La Providence
Bergen van gesteenten en Graniet
Digte Wouden van Manbarklak, Aratte, Ceder, Bolletrie, Lokus en andere voortreffelijke Houtsoorten
Heuvelachtig land bedekt met gewoon en verhevelde kwarts
Bergachtig landstreek
Graniet Distrikt en kwarts
De Sara kreek
E N S

68

1879년 — 금을 찾아서

노예제 이후 수리남

19세기에 이르기까지, 수리남은 네덜란드의 식민지 제국에서 상대적으로 주목받지 못한 지역이었다. 초기의 식민지 지도들은 주로 해안의 농장 지역에 초점을 맞추어 제작되었으며 내륙 지역에 대한 정보는 상대적으로 부족했다. 그러나 금을 탐색하는 활동은 수리남의 지도 제작에 새로운 동력을 부여했다. 요한 프랑수아 아드리안 카토 반 로즈벨트(Johan François Adriaan Cateau van Rosevelt, 1824-1891)와 얀 펠릭스 아드리안 유겐 반 란스베르게(Jan Felix Adriaan Eugeen van Lansberge, 1839-1883)가 제작한 지도는 19세기 말 식민지의 추가적인 탐사와 지도 제작을 촉진했다. 이 지도는 이전에는 그려지지 않았던 수리남 내륙 지역을 드러냈으며, 지도 제작자들이 이 지역을 직접 여행하며 지도를 작성한 과정을 보여준다.

수리남 지도를 들고 있는 요한 카토 반 로즈벨트의 초상, 1885년.
(암스테르담 국립미술관)

1863년에 네덜란드 식민지에서 노예제도가 폐지된 후(비록 노예들이 추가로 10년간 농장에서 일해야 했지만), 수리남의 많은 플랜테이션 농장들이 운영을 중단했다. 플랜테이션 농사와 설탕, 코코아의 수출은 이주 노동자들에 의해 간신히 유지되며 수익을 창출했다. 그러자 금 채굴에 대한 관심은 더욱 커졌다. 수리남은 골드러시를 겪으며 접근하기 힘든 내륙 지역에 대한 정밀한 지도의 필요성을 실감했다. 이에 따라 지도 제작자인 요한 카토 반 로즈벨트와 얀 반 란스베르게는 수리남 전역을 탐험하며 새로운 지도를 제작하는 작업에 착수했다.

1860년부터 1879년까지 계속된 지도 제작 프로젝트에는 2명의 지도 제작자가 참여했다. 이 프로젝트의 구상자인 카토 반 로즈벨트는 수리남 식민 정부에서 여러 군사 및 행정 직책을 맡았다. 그는 1861년 프랑스령 가이아나와의 국경을 결정하기 위해 수리남 동부의 마로윈(Marowijne)강 상류로 가서 첫 번째 측정을 수행했으며, 이듬해에는 수리남 강 상류의 금 매장층을 조사하기 위해 파견되었다. 1879년까지 수리남의 주요 강을 측량하기 위해 다수의 탐험대가 파견되었고, 탐험으로 만들어진 스케치 지도는 1879년경에 제작된 대형 필사본 지도의 바탕이 되었다. 레이던 대학교 도서관에 보관된 지도는 이렇게 만들어진 합성 지도이다. 이 지도는 식민지 정부가 금광을 위한 토지 할당에 이용할 만큼 중요하게 활용되었다. 1880년에 지도 제작자들은 상당한 금액을 받고 지도를 식민 정부에 팔았으며, 이후 네덜란드에서 인쇄되어 사람들에게 널리 사용되었다.

지도에는 수리남의 주요 강 인근에서 발견된 광물 목록이 포함되어 있으며, 다양한 탐사 경로, 마을, 플랜테이션, 그리고 지형적 특성들이 상세히 나타나 있다. 또한 어떤 지역이 배나 도보로 접근 가능한지에 대한 구체적인 정보도 제공한다. 특히 중요한 점은 수리남 내륙 지역이 단순히 울창한 숲으로만 이루어져 있지 않다는 것이다. 지도는 지역

사라마카강 옆의 울창한 나무숲으로 뒤덮인 언덕 스케치.

의 다양한 풍경과 그 형성 과정에 대해 자세히 설명한다. 예를 들어, 연필로 작성된 메모는 사라마카(Saramacca)강 주변 지역에 대해 "언덕이 있고, 키 큰 나무로 이루어진 울창한 숲으로 덮여 있다"고 기술하고 있다.

카토 반 로즈벨트와 반 란스베르게가 탐험 중에 남긴 스케치와 메모는 수리남 정글을 지도화하는 과정과 그 과정에서 누가 어떤 역할을 했는지 설명하고 있다. 지도 제작자들은 위치의 경도와 위도를 결정하기 위해 천문 관측 데이터를 활용했으며, 데이터에 기반하여 기하학적 원리를 적용하여 지도를 작성했다. 또한 공식 토지 측량사인 빌럼 로데베이크 로트(Willem Lodewijk Loth, 1844-1916)가 제공한 정보도 활용했다. 로트는 수리남 식민 행정부에서 근무하면서 지도 제작자들과 정기적으로 정보를 교환했다.

카토 반 로즈벨트의 보고서는 지도 제작자들이 탐사하는 동안 현지 주민들과 나눈 대화와 그들이 제공한 정보가 어떻게 지도 제작에 활용되었는지를 알려 주고 있다. 예를 들어, 1874년 템파티(Tempati)계곡으로 가는 길에 현지 주민의 안내를 받았으며, 탐사가 어려운 지역에서는 현지인으로부터 습득한 정보를 지도에 반영했다.

이 지도는 수리남을 탐사하고 지도화하는 작업에 큰 영감을 불어넣었다. 1879년 이후에는 카토 반 로즈벨트와 반 란스베르게가 수집한 자료를 기반으로 새로운 지도들이 제작되었는데, 이 지도들은 금 채굴뿐만 아니라 과학적 탐사를 비롯한 다양한 종류의 탐험 활동에 활용되었다.

1884년 파라마리보로 떠난 레이던의 식물학자 빌럼 프레더릭 라이너 슈링거(Willem Frederik Reinier Suringar, 1832-1898)의 기록에 따르면, 그가 수리남 강을 따라 여행할 때 이 지도를 가져갔다고 한다. 이 시기에 식민지 지도 제작에 대한 관심이 높아진 또 다른 요인은 19세기 후반에 네덜란드 왕립지리학회와 같은 다양한 협회 활동의 영향이기도 했다. 이러한 협회들은 해외 영토를 탐험하고 지도화하는 여러 원정대를 조직했으며, 이 과정에서 얻은 지식은 식민지의 자원과 지형

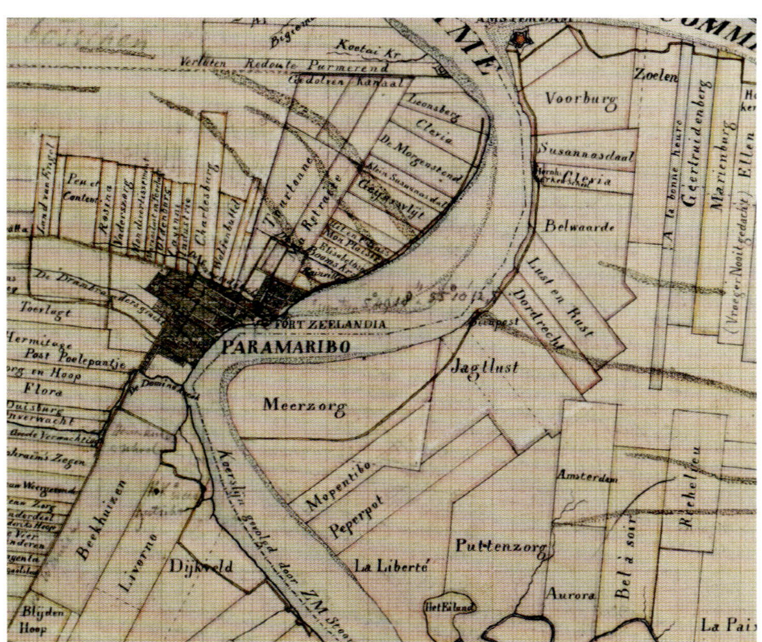

파라마리보의 도시 구조와 주변 농장 지역의 배치를 보여 주는 지도.

을 보다 잘 이해하고 활용하는 데 도움이 되었다.

카토 반 로즈벨트와 반 란스베르게가 편찬한 지도는 지도 제작과 수리남에 대한 정보 수집 과정에 새로운 동력이 되었다. 지도는 현재에도 식민지 시대의 과거를 이해하는 데 중요한 통찰을 제공한다. 해안의 플랜테이션 농장뿐만 아니라, 1863년 이전에 일어난 군사 원정과 반란에 대한 정보를 기록함으로써 식민지 시대 노예제의 역사를 조명한다. 이 지도는 수리남의 과거 역사의 전환점에 대한 시각적 기록으로서, 과학적 탐구와 금에 대한 열망으로 추진되었던 지역에 대한 새로운 관심을 입증하는 한편, 당시 수리남의 노예제 역사의 유산을 보여 주기도 한다.

제작자: 요한 프랑수아 아드리안 카토 반 로즈벨트(지도 제작), 얀 펠릭스 아드리안 유겐 반 란스베르게(지도 제작) **제목:** 수리남 지도
발행지: 파라마리보 **발행일:** 1860-1879년 **기법:** 종이에 필사
크기: 총 564 x 546cm(27매, 각 78 x 94cm) **축척:** 약 1:100,000
방위: 북쪽이 위쪽 **소장처:** 왕립 열대연구소 컬렉션

هذه نقشة مدينة منورة زاد الله شرفا و تعظيما
زاد الله شرفا و تعظيما

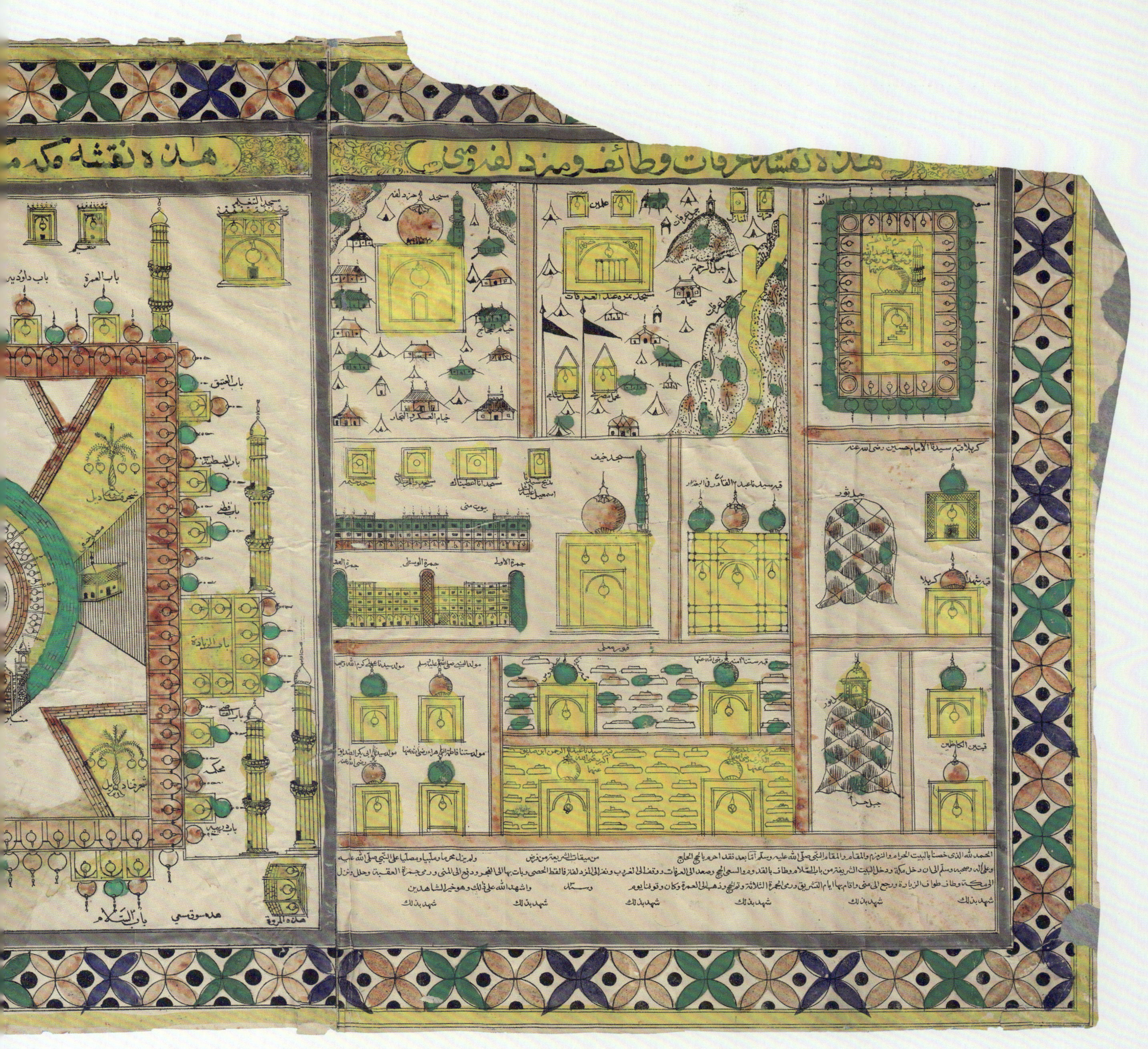

هذه نقشة عرفات وطائف ومزدلفة ومنى
باب السلام

69

1883년 — 천국으로 가는 여권

메카 순례의 지도 증명서

화려한 두루마리 지도는 세계에서 가장 상징적인 건축물 중 하나인 메카의 성스러운 카바 신전을 묘사하고 있다. 검은 비단에 값비싼 금실 자수가 놓인 정육면체 건물은 이슬람교의 정신적, 지리적 중심지이다. 지도에는 메카에서 300km 이상 떨어진 메디나에 위치한 '선지자의 모스크'가 표시되어 있는데, 이는 예언자 무함마드가 묻힌 곳으로, 지도에서는 쉽게 눈에 띄지 않는다. 또한 지도에는 실제로 이라크에 위치한 다른 중요 건축물들도 포함되어 있는데, 이를 이해하기 위해서는 전문적인 지식이 필요하다. 이러한 지도의 제작 목적은 무엇이며, 누구를 대상으로 한 것일까?

메카로의 순례, 이른바 '하지(Hajj)'는 비용을 감당할 수 있는 모든 무슬림이라면 남녀를 불문하고 수행해야 하는 의무이다. 이슬람 기록에 따르면, 예언자 무함마드는 632년에 하지를 직접 이끌었으며, 그가 수행한 의식은 오늘날까지 계속되고 있다. 이 의식은 이슬람 음력 마지막 달인 '순례의 달(Dhu al-Hijjah)'에 열린다. 무슬림들은 염색하지 않고 꿰매지 않은 천을 입어 이흐람(iḥrām)이라는 신성한 상태를 유지하며, 이 기간 동안 폭력이나 성행위를 금지하고 여성들은 무지의 흰색 베일과 망토를 착용한다. 많은 사람들에게 익숙한 카바 주위를 시계 반대 방향으로 일곱 번 도는 타와프(ṭawāf)와는 달리, 하지에서 매우 중요한 의식은 아라파트(Arafāt)평원에서 '순례의 달'의 아홉째 날 열리는 우쿠프(wuqūf), 즉 명상 철야 기도 행사이다. 아라파트평원은 메카에서 약 25km 떨어져 있으며, 신자들은 주로 도보로 이동한다. 신자들은 이곳에서 쿠란을 읽거나 기도하고 명상하며 시간을 보낸다. 이 달의 열 번째 날은 이슬람 세계 전역에서 아브라함이 자신의 아들 이스마엘을 바친 것을 기념하는 '희생의 축제('Īd al-Aḍḥā)'로 기념된다. 하지를 마친 후 순례자들은 예언자 무함마드의 무덤을 방문하기 위해 메디나로 여행을 계속한다.

약 1888년경 알-사이드 압드 알-가파르가 촬영한 카바 주변의 신자들.

근대 이전에 메카 순례는 결코 쉬운 여정이 아니었다. 대부분의 순례자들은 카라반의 보호를 받으며 도보로 여행했는데, 이 과정에서 쓰러지거나 탐욕스러운 베두인족의 공격으로 목숨을 잃는 경우도 있었다. 그러나 아프리카, 인도, 인도네시아 등 멀리서 온 순례자들이 이러한 험난한 여행을 마치고 귀국하면 지역 사회로부터 존경을 받았다. 그렇다면 메카를 방문했다는 증거를 어떻게 제시했을까? 이 문제의 해결책은 중세 초기에 이미 발견되었다. 순례자들은 성지의 인쇄된 이미지를 구매하고 현지에서 신뢰할 수 있는 증인들의 서명을 받아 왔다. 이러한 작은 그림들은 이슬람 문화권에서 전통적으로 제작된 형태를 따랐다. 이 방법을 통해 순례자들은 자신들의 여정에 대한 시각적 기록과 서면 증거를 동시에 확보했다. 1900년에 한 미국의 이슬람학자는 이 증명서들을 "실질적으로 천국으로 가는 여권"이라고 묘사했다.

이 두루마리 지도는 전형적인 순례 증명서의 형태를 나타낸다. 지도의 오른쪽 하단에는 인쇄된 텍스트가 있어, 순례자가 경험한 하지의 각 단계를 요약하고 그에 해당하는 날짜와 이름을 기록할 수 있는 빈칸을 포함하고 있다. 지도의 하단 부분에는 6명의 증인의 이름을 기록할 수 있는 공간이 마련되어 있다. 그러나 이 부분이 비어 있는 것으로 보아, 지도가 실제로 순례자에 의해 사용되지는 않았음을 알 수 있다.

증명서에는 구체적인 날짜가 표시되어 있지 않지만, 인쇄된 텍스트에 "in the year 13…"이라는 기록이 있는 것을 보면, 서기 1883년에 해당하는 이슬람력 1300년 이후에 발행된 것임을 알 수 있다. 문서에서는 발행 장소나 출판사에 대한 언급이 없지만, 아마도 영국령 인도에서 발행된 것으로 추정된다. 사용된 서체는 아랍이나 오스만의 방식보다 인도의 특징을 따르고 있으며, 아랍어 문법은 일부 부정확해 보

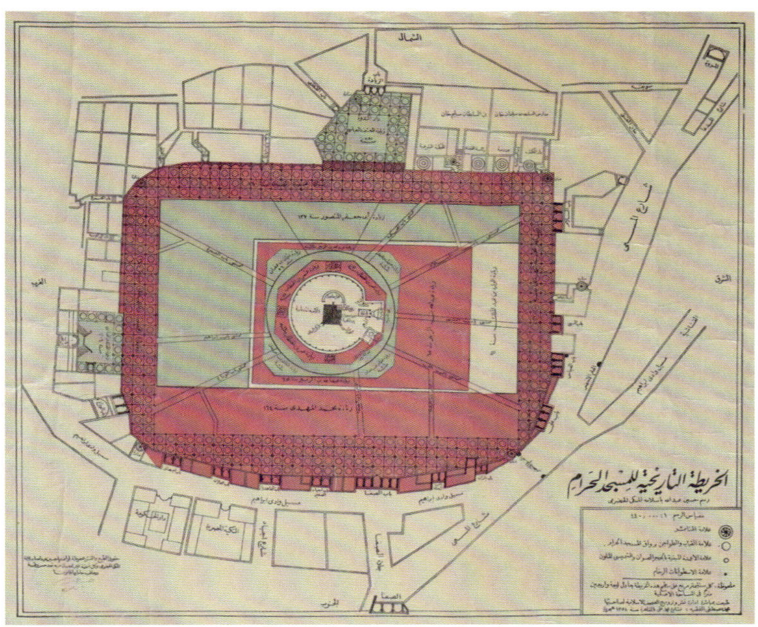

후세인 압달라(Husayn 'Abdallah)에 의해 제작된 메카 대모스크의 지도. 1354년(이슬람력)에 카이로에서 제작.

지도의 오른쪽 패널에 보이는 그림은 이라크의 카르발라에 위치한 시아파 성지들과 바그다드의 한 수피 성인의 묘지이다.

인다. 성스러운 건축물의 묘사는 전구 모양의 돔과 첨탑이 포함된 인도 스타일을 사용하고 있다. 오른쪽 패널에는 시아파의 세 번째 이맘인 후세인의 카르발라 영묘와 바그다드의 알-카디마인(al-Kadhimayn)에 있는 시아파의 일곱 번째와 아홉 번째 이맘의 성지, 그리고 12세기 수피 샤이크 압둘 카디르 알 질라니('Abd al-Qadir al-Jilani)의 묘소 그림이 포함되어 있다. 이러한 그림들은 인도의 시아파나 수피교도들에게 과시하지 않으면서도 매력적인 증명서로 보이게끔 만들었을 것이다.

메카의 대모스크나 메디나의 예언자 모스크로 이어지는 거리에는 신학과 하지를 안내하는 다양한 책자와 함께 순례자 증명서를 판매하는 가판대가 많이 있었다. 이 증명서는 항구 도시 제다의 네덜란드 영사 대리인이 구매하여 레이던으로 보낸 것으로 추정된다. 수령인은 아마도 네덜란드의 유명한 이슬람 학자이자 네덜란드 동인도(지금의 인도네시아)에서 네덜란드의 식민 통치를 지지했던 크리스티안 스누크 허그론예(Christiaan Snouck Hurgronje, 1857-1936)일 것으로 추정된다. 그는 1884년에서 1885년 사이에 이슬람으로 개종하여 메카로 여행을 떠났다. 그곳에서 알 사이드 압드 알 가파르(al-Sayyid 'Abd al-Ghaffar, ?-1902)라는 현지 의사의 도움을 받아 성스러운 도시의 사진을 찍었다. 스누크 허그론예는 하지와 관련된 모든 것, 특히 인도네시아 무슬림과 관련된 모든 것을 열렬히 수집하였다. 그가 수집한 방대한 기록 자료 및 유물 자료는 현재 레이던 대학의 도서관과 민족학 박물관(국립 세계문화박물관의 일부)에 보관되어 있다. 실제로 거의 유사한 증명서가 박물관에 보관되어 있다.

육상, 항공, 해상 교통의 발전으로 인해, 19세기 중반 연간 약 15만 명에 불과했던 순례자 수는 최근 몇 년 동안 300만 명을 넘어서며 크게 증가했다. 1920년대 중반 사우디 왕조가 권력을 잡으면서 사회적 및 종교적 방향이 변화하였고, 특히 예언자, 그의 친족 및 초기 추종자들에 대한 숭배를 우호적으로 보지 않았다. 이로 인해 메카의 카바를 제외한 대부분의 역사적 건축물과 묘지는 철거되었다. 이러한 상황에서 순례자 증명서는 점차 사라져 가는 세계의 슬픈 유산으로 남게 되었다.

제작자: 미상 **제목:** 하나님께서 그 명예와 위엄을 더욱 높여 주길 바라는 존귀한 메카의 그림 **발행일:** 1883년-약 1925년
기법: 종이에 채색 석판화, 세 장을 이어붙여 두루마리 형태로 보관
크기: 53.8 x 120.8cm **축척:** 해당 없음 **방위:** 북쪽이 오른쪽 하단
소장처: 보델 니젠하위스 컬렉션

Verlaten
Eiland
Grens van het ingestorte gedeelte
KAART
VAN
KRAKATAU
EN OMLIGGENDE EILANDEN.
Opgenomen 16-18 October 1883,
door den Mijningenieur
R.D.M. VERBEEK,
den Topograaf J.G. de GROOT en de Opzieners bij het Mijnwezen J.F. de CORTE en C.W. AXEL.
Op de Schaal van 1: 20.000.
Tegenwoordige omtrek der eilanden.
Vroegere omtrek der eilanden.
Zuidelijke grens van Oud-Krakatau.
Grens van het ingestorte gedeelte.
Gemeten voetpad.
Slikstroomen.
Puimsteenzand.
Ankerplaats voor schepen.
Ankerplaats voor sloepen.
Zwarte hoogtelijnen op 10 meter afstand.
Roode hoogtelijnen op 100 meter afstand.
Hoogte- en dieptecijfers in meters.
160, 160 meter geen grond.
Grootte in □ Kilometers.
Krakatau vroeger 33.536
hiervan ingestort 22.851
hiervan overgebleven 10.685
nieuw bijgekomen 4.647
tegenwoordig 15.332
Verlaten-eiland vroeger 3.716
tegenwoordig 11.810
Langeiland vroeger 2.897
tegenwoordig 3.203
Poolsche Hoed vroeger 0.056
N

Fig. 1.
Puimsteenzandbank
Poolsche Hoed
(ingestort)
Lang
Eiland
krater
G. PERBOEWATAN
Rots
krater
G. DANAN
(ingestort)
Grens van het ingestorte gedeelte.
Zwarte Hoek
RAKATA
Grens van het ingestorte gedeelte
Eiland Krakatau
Bruxelles.

70

1886년 — 크라카토아 화산의 엄청난 폭발

네덜란드 동인도제도와 종합적인 과학 커뮤니케이션

인도네시아 순다해협에 위치한 크라카토아의 행정지도는 여러 화산섬들을 포함하고 있다. 1883년에 이 지역의 화산이 폭발하여 3만 5천 명 이상이 사망하였는데, 당시로서는 기록된 가장 큰 폭발음이었다. 이 화산 폭발은 현재의 화산 폭발 지수(VEI) 기준으로 볼 때 6등급에 해당한다. 그러나 인도네시아에서는 이보다 더 강력한 화산 폭발이 과거에도 있었다. 가장 큰 기록된 화산 폭발은 1815년 탐보라산의 폭발로, 화산 폭발 지수 7등급을 기록하며 '여름 없는 해'라는 전 세계적인 기후 변화를 일으켰다. 또한 약 73,000년 전 수마트라에서 발생한 토바(Toba)화산의 폭발은 화산 폭발 지수 8등급을 기록하며 주변 인구 대부분이 사망했을 것으로 추정된다. 크라카토아의 화산 폭발은 이전에도 발생했었으며, 예상하지 못한 것은 아니다. 하지만 유럽 제국주의가 확장되고 세계적으로 과학적 소통이 증가하던 시기에 발생했다는 점이 중요하다. 이는 식민지 시대의 동인도제도가 새로운 과학적 소통의 중심에 있었음을 상징적으로 보여 준다.

벨기에 브뤼셀의 군사지도연구소에서 제작된 이 지도는 크라카토아와 그 주변 섬들의 시간에 따른 변화를 기록하고 있다. 1883년 10월, 즉 화산 폭발이 발생한 지 2개월 후의 크라카토아와 벨라텐(Verlaten), 랑(Lang)섬 및 주변의 작은 섬들은 두꺼운 녹색 선으로 표시되어 있다. 폭발 전 섬들의 윤곽은 베이지색 선으로 나타내고, 폭발 후 붕괴된 지역은 빨간색 선으로 표시되어 있다. 크라카토아의 폭발은 수만 명의 사망자를 초래했으며, 람풍(Lampung)과 반텐(Banten) 해안 지역에 광범위한 피해와 함께 쓰나미 발생 및 사회 기반 시설의 심각한 붕괴를 가져왔다. 그러나 이 사건은 하와이에서 유럽에 이르는 기상학자들에게 화산 폭발이 전 세계적인 대기에 미치는 영향을 분석할 기회를 제공했다. 이 분석에는 화산재 소나기, 쓰나미, 대기 중의 화산재 이동, 낮과 밤의 광학적 현상 등이 포함되었다.

1886년에 크라카토아 화산의 탐사대는 화산 폭발 후 자라나는 식물들을 조사했다. 오른쪽에서 두 번째 흰 헬멧을 착용한 이가 멜키어 트레브이며 검은 옷을 입고 중앙 뒤편에 위치한 인물은 로기에르 베르벡이다.

지도는 크라카토아 화산 폭발로 인한 지형 변화뿐만 아니라 화산 활동과 관련된 다양한 현상들을 종합적으로 보여준다. 자바섬과 수마트라섬에서 발생한 홍수, 부석과 화산재가 떨어진 지역들, 전 세계적인 해양 파도의 변동, 폭발음이 감지된 지역들, 바타비아에서의 기상 및 지자기 관측 결과, 인도의 여러 항구에서 관측된 수위 변화, 그리고 열도의 지질적 단면 등이 포함되어 있다. 이전에는 섬들이 지도에 이렇게 정확하게 그려지지 않았으며, 작은 섬들의 지도화에 대한 관심도 적었다. 이 지도는 네덜란드의 광산 기술자 로기에르 베르벡(Rogier Verbeek)이 주도적으로 작성한 화산 분출에 관한 종합적인 과학 보고서의 부록으로 사용되었다. 베르벡은 네덜란드 델프트에서 공학을 공부했으며, 총독의 지시로 이 보고서를 작성했다. 당시 네덜란드에서는 화산학이 체계적으로 발달하지 않았기에, 이 분야는 주로 동인도제도를 여행한 여행자들(대부분 독일인)의 전유물로 여겨졌다. 베르벡은 독일인 교사의 도움으로 프라이베르그의 광산 아카데미에서 심도 있는 교육을 받았다.

1868년부터 로기에르 베르벡은 네덜란드령 동인도제도 광업 부서에서 약 15년 동안 근무했다. 처음에는 동보르네오의 펜가론 석탄 광산에서 일했으며, 이후에는 10년간 수마트라섬에서 근무했다. 그는 오필린 광산으로 가는 철도 건설을 위해 서쪽 해안의 지질 지도를 작성할 목적으로 그곳에 머물렀다. 1880년에 크라카토아를 방문한 그는 이 섬이 실제로는 자바보다는 수마트라에 가깝다고 판단했다. 이는 프란츠 융훈(Franz Junghuhn)이 자바에 대한 그의 유명한 4권짜리 연구 저서에서 크라카토아섬을 자바의 일부로 분류한 것과 다른 생각이었다. 베르벡은 1883년의 화산 폭발을 수마트라 서부에 대한 자신의 지형학적 연구와 연계하여 출판할 수 있었다.

베르벡의 크라카토아 보고서는 1886년에 출간되었다. 첫 번째 부분은 바타비아 기록 보관소의 일일 기록을 기반으로, 화산의 과거 폭발에 관한 역사적 연구와 1883년의 일련의 폭발, 그리고 그 이후의 화산 활동에 대한 정확한 보고 내용을 포함하였다. 두 번째 부분은 분출의 원인을 분석하고, 대기의 움직임과 일부 특이한 기상 현상, 네덜란드 동인도제도와 주변 지역의 쓰나미에 관한 일련의 전문 연구를 다루었다. 또한 보고서에는 부석과 화산재에 대한 현미경 분석도 포함되어 있다. 베르벡의 보고서에 수록된 많은 아름다운 지도와 이미지는 다색 석판화로 제작되었는데, 다색 인쇄 기술은 1794년에서 1837년 사이에 독일 바이에른주의 쥐라산맥에서 가져온 특정한 종류의 석회암을 사용한 혁신의 결과였다. 다색 석판술은 예술적 인쇄뿐만 아니라 과학 서적과 지도책을 더 정밀하고 큰 규모로 출판할 수 있게 하여 진정한 커뮤니케이션 혁명을 예고했다.

크라카토아 분화에 관한 보고서는 과학적 커뮤니케이션에 있어서도 혁명적인 변화를 가져왔다. 수십 년 전, 영국이 동인도제도를 잠시 점령했을 때 발생한 대형 화산 폭발은 서면 보고서와 일부 탐험 결과로만 알려졌었다. 그러나 1883년의 화산 폭발 이후, 전 세계의 기상 관측소와 측정 장비 네트워크를 통해 폭발의 효과를 직접 측정하고, 이 정보를 하루 만에 전 세계에 보고할 수 있었다. 더불어, 영국 왕립학회는 크라카토아 과학위원회를 설립했는데, 이는 네덜란드 동인도 정부에게 추측이 아닌 정확한 사실에 기반한 과학적인 보고서를 제출하라는 압박을 가하게 되었다. 이러한 변화는 과학 데이터의 신속한 전달과 국제적 협력의 중요성을 강조하며 과학 커뮤니케이션의 새로운 장을 열었다.

이 지도와 재난 조사 결과가 즉각적인 화산학적 혁명으로 이어지지는 않았다. 제1차 세계대전 이후에야 행정지도에서 화산학 전문위원회와 모니터링 및 연구 기관이 설립되었다. 그러나 이 지도는 지질학, 화학, 기상학, 해양학 등 광범위한 연구를 통해 네덜란드 동인도제도의 과학 발전에 기여했다. 1880년대, 이 지역의 자연과학에 변화가 일어났으며, 크라카토아에서 멀지 않은 자바의 비텐조르크(Buitenzorg)에 위치한 식물원은 네덜란드 식민지의 과학 중심지가 되었다. 식물원 연구소에는 대형 도서관과 방문자 실험실이 있었으며, 베르벡은 종종 이곳을 크라카토아 연구에 사용했다. 식물원 책임자 멜키어 트레브(Melchior Treub)는 1886년 베르벡과 함께 크라카토아로 여행을 떠나 화산 분출 후 다시 자라기 시작한 최초의 식물인 '선구 식물'을 조사했다. 40년 후, 해저 화산 폭발로 아낙 크라카토아(Anak Krakatoa)라는 새로운 섬이 생성되었고, 식물원은 이 새로운 땅에서 자라는 식물을 연구했다.

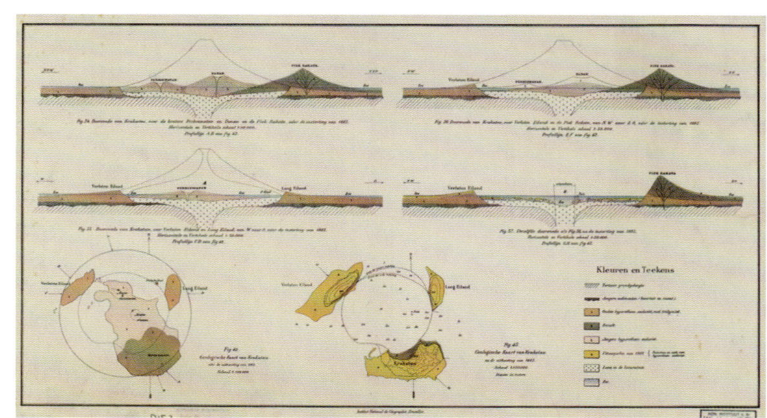
베르벡의 크라카토아 보고서의 하단에 있는 도형은 폭발 후 붕괴된 크라카토아 화산의 단면을 보여 준다.

베르벡과 그의 과학팀의 노력으로, 크라카토아 보고서는 동인도에서 종합 과학의 상징적인 기념비가 되었다. 그러나 보고서를 과학적 커뮤니케이션 분야에서 일어난 광범위한 혁명과 독립적으로 볼 수는 없다. 다색 석판 인쇄, 지도 제작과 같은 기술들은 식민지 개발, 광산, 철도, 농업, 해운, 해안 등대와 같은 다양한 분야에서 활용되면서 정보 전달과 과학적 발견의 속도를 촉진시키는 데 크게 기여했다. 이 기술들은 다양한 분야에서의 응용 가능성을 드러내며 과학적 커뮤니케이션의 효율성을 높였다.

제작자: 로기에르 베르벡(지도 제작), J.G. 더 그루트(측량), J.F. 더 코르테 및 C.W. 악셀(감독), 벨기에 군사 지도 제작소(발행)
제목: 크라카토아와 주변 섬 지도 **발행지:** 브뤼셀 **발행일:** 1886년
기법: 다색 석판 인쇄 **크기:** 67 x 78cm **축척:** 1:20,000
방위: 북쪽이 위쪽
소장처: 네덜란드 왕립 동남아 및 카리브 연구소 컬렉션

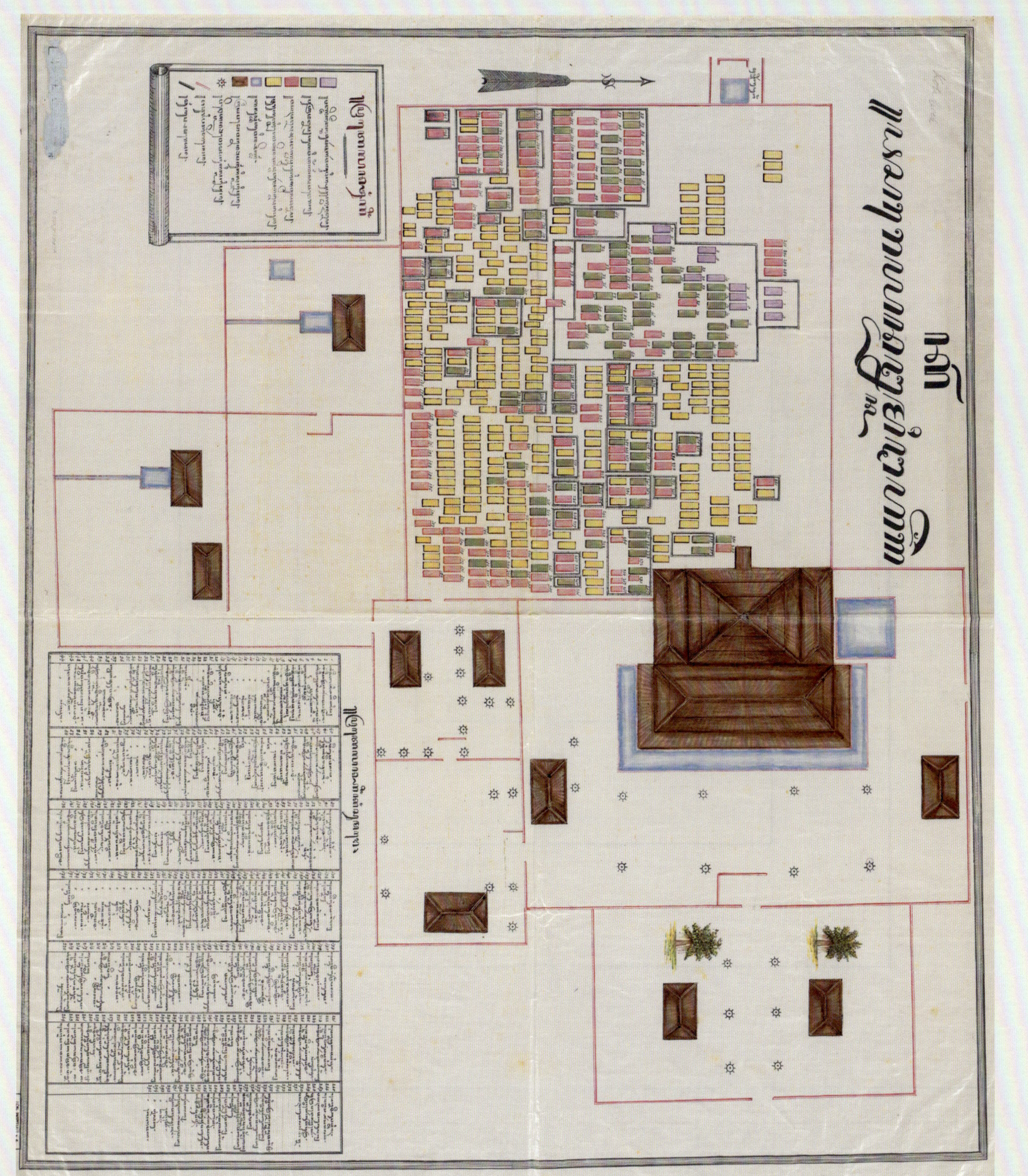

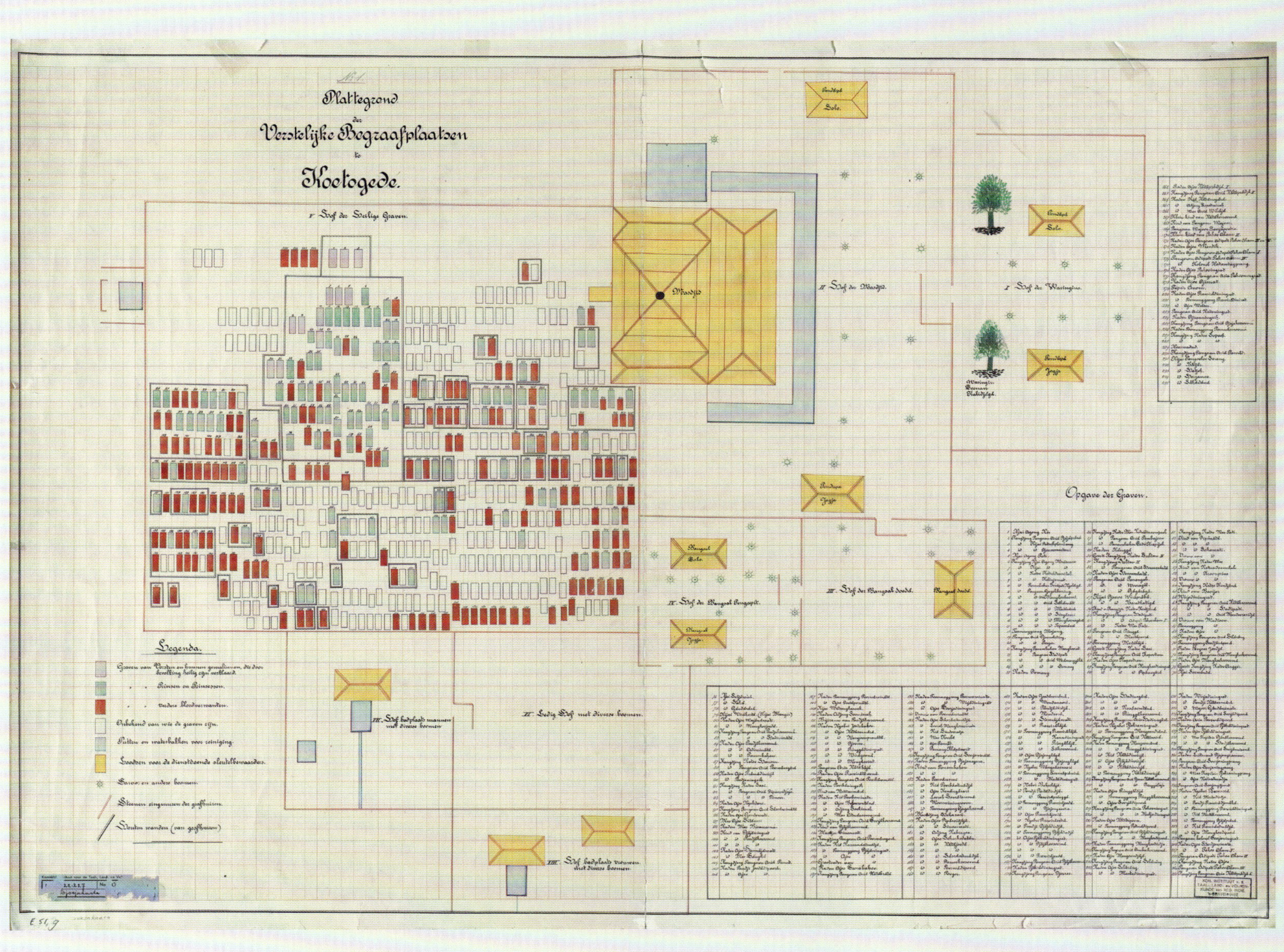

No 1.
Plattegrond
der
Vorstelijke Begraafplaatsen
te
Kotagede.
Iᵉ Hof der Heilige Graven.
Legenda.
Graven van Vorsten en hunnen gemalinnen, die door bevolking heilig zijn verklaard.
" " Prinsen en Prinsessen.
" " verdere bloedverwanten.
Onbekend van wie de graven zijn.
Putten en waterbakken voor reiniging.
Hoofden voor de dienstdoende sleutelbewaarders.
Sawo- en andere boomen.
Steenen ringmuren der grafhuizen.
Houten wanden (van grafhuizen)
Opgave der Graven.

71 1890년 — 코타게데의 왕릉
자바의 마타람왕국의 유물들

1588년 인도네시아 중부 자바에 세워진 마타람(Mataram) 술탄국은 자바섬에서 마지막까지 독립을 유지한 왕국이었다. 이 술탄국은 1755년 기얀티(Giyanti) 조약으로 종말을 맞이하며 여러 작은 영토로 분할되었다. 초기 수도였던 코타게데(Kotagede)에 있는 마타람 왕릉은 1640년까지 묘지로 사용되었는데, 상태가 양호한 무덤, 모스크, 궁전 등이 여전히 남아 있다. 19세기 말 네덜란드 학자들은 이 지역의 역사적 유적에 주목하기 시작했으며, 고고학자와 인류학자들은 사원과 무덤에 대한 지도 작성 및 복제에 참여했다. 현지 가이드와 정보 제공자들의 역사적 이해는 유적의 중요성을 더욱 부각시켰다. 자바어와 네덜란드어로 된 지도는 이러한 상황을 잘 나타내며, 식민지 지배자들이 인도네시아 문화와 역사에 대해 깊은 관심을 가졌음을 보여 준다.

이 지도는 네 가지 색상(보라색, 초록색, 붉은색, 노란색)을 사용하여 무덤의 계급적 차이를 상징적으로 구분하였다. 이 지도에서 12개만이 그려져 있는 보라색은 신성시되는 왕과 왕비의 무덤을 나타낸다. 초록색은 왕자와 공주의 무덤을, 붉은색은 다른 왕실 구성원의 무덤을 의미한다.

판엠바한 세나파티(?-1601)의 무덤이 있는 코타게데의 왕릉 사진, 1896년.

제작자: 미상
제목: (좌) 코타게데 왕릉 지도, (우) 코타게데의 왕실 묘지 평면도
발행지: 자바 **발행일:** 약 1890년
기법: (좌) 양피지 천에 필사, (우) 종이에 필사
크기: (좌) 81 x 93cm, (우) 75.5 x 103cm **축척:** 약 1:150
방위: 북쪽이 위쪽
소장처: 네덜란드 왕립 동남아시아 및 카리브 연구소

이들 무덤은 지도의 오른쪽 하단 목록에 295개의 번호와 함께 기재되어 있으며, 각 번호 옆에는 해당 무덤에 묻힌 인물의 이름이 기록되어 있다. 약 250개의 신원 미상 무덤은 노란색으로 표시되어 있으며, 지도에는 총 500개 이상의 무덤이 나타나 있다. 추가로, 파란색으로 표시된 우물과 웅덩이는 정화 목적으로 사용되며, 갈색으로 표시된 열쇠 관리자의 창고와 녹색 기호로 표시된 사포딜라(sapodilla) 나무들도 지도에 그려져 있다. 붉은색 선은 돌로 만들어진 벽을, 검은색 선은 인접한 방들의 나무 벽을 나타낸다.

판엠바한 세나파티(Panembahan Senapati, ?-1601)가 1584년에 건국한 마타람왕국은 그가 사망한 1601년까지 그의 지배 아래 번성했다. 세나파티의 무덤은 코타게데에 위치하고 있는데, 지도 속 번호 10으로 표시된 이 무덤은 눈에 띄는 무덤 중 하나이다. 마타람왕국의 황금기는 세나파티의 손자인 술탄 아궁(Sultan Agung, 1591-1645)의 통치 기간으로, 그는 자바섬 전역을 정복하였다. 아궁은 술탄이라는 칭호를 사용했으며, 이모기리언덕 위의 새로운 왕릉에 안장되었다. 1640년 이후로는 마타람, 수라카르타, 욕야카르타의 군주와 귀족들이 이모기리에 안장되었으며, 이는 코타게데의 무덤 부지가 부족해지면서 대체 장소로 활용되었기 때문이다. 이모기리의 평면도도 유사하게 만들어졌으며, 술탄 아궁의 무덤은 이모기리에서 가장 중요한 위치에 자리 잡아 1구역의 1번으로 표시되어 있다. 코타게데와 이모기리의 무덤은 여전히 자바의 신성한 순례지로 여겨지며, 이곳을 방문할 때 자바인들은 전통 의상을 착용하고 특정 의식을 수행해야 한다.

자바에 거주하던 일부 네덜란드인들은 자바어를 어느 정도 이해할 수 있었으나, 모든 네덜란드인이 자바어를 능숙하게 말하거나 읽을 수 있는 것은 아니었다. 이 때문에 자바어 지도의 네덜란드어 번역판이 제작되었다. 번역판 지도는 그래프 용지에 상세한 지면도로 제작되었

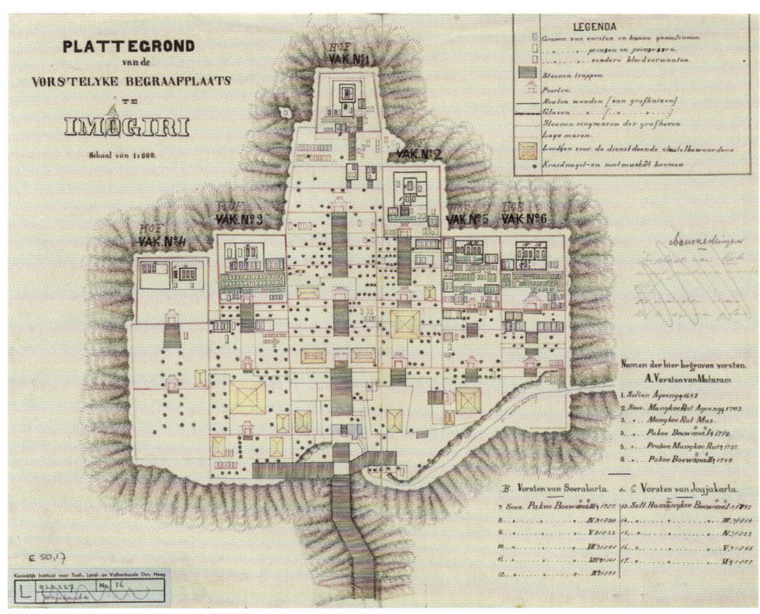

이모기리 왕릉의 평면도.

으며, 원본 자바어 지도에 비해 더 많은 정보를 담고 있다. 예를 들어, 네덜란드어 지도에서는 건물과 마당의 이름과 기능이 보다 구체적으로 명시되어 있다. 지도 제작에는 독학으로 지도 제작 기술을 익힌 게렛 피터르 루페르(Gerret Pieter Rouffaer, 1860-1928)도 참여하였다. 1887년, 그는 네덜란드 식민 시대 중앙 자바의 군주 국가들인 '보르스텐란덴(Vorstenlanden)' 지역을 방문한 경험이 있다.

훗날 마타람왕국은 수라카르타(Surakarta), 욕야카르타(Yogyakarta), 파쿠알라만(Pakualaman), 망쿠네가란(Mangkunegaran)이라는 자치권이 제한된 4개의 군주 국가로 분할되었다. 게렛 피터르 루페르는 인도네시아의 역사, 고고학, 인류학에 깊은 관심을 가졌으며, 여행 중 보로부두르의 유명한 불교 사원과 마타람 술탄국의 통치자들이 거주했던 저택 및 궁전을 포함한 다양한 사원들을 방문했다. 그는 인도네시아 행정구역 전역을 탐험하면서 다수의 지도를 작성하고 수집하는 등의 활동을 통해 이 지역에 대한 연구를 진행했다.

예를 들어, 루페르는 플레레드(Plered)와 코타게데의 저택에 대해 매우 상세한 지도를 작성했으며, 두 지역은 그의 깊이 있는 연구 대상이었다. 그의 지도 작업에는 '코타게데 묘지의 특별 지도'에 대한 언급이 포함되어 있는데, 이는 그가 지도를 분명히 인지하고 참조했음을 나타낸다. 이모기리의 지상 계획도 역시 루페르의 탐험 중에 제작되었다. 유럽으로 돌아간 후, 루페르는 1897년부터 헤이그에 위치한 KITLV(네덜란드 왕립 동남아시아 카리브 연구소)에서 자원봉사자로 활동했다. 연구소에서 그는 지도 모음집 목록을 편찬하는 등 다양한 업무를 담당했다.

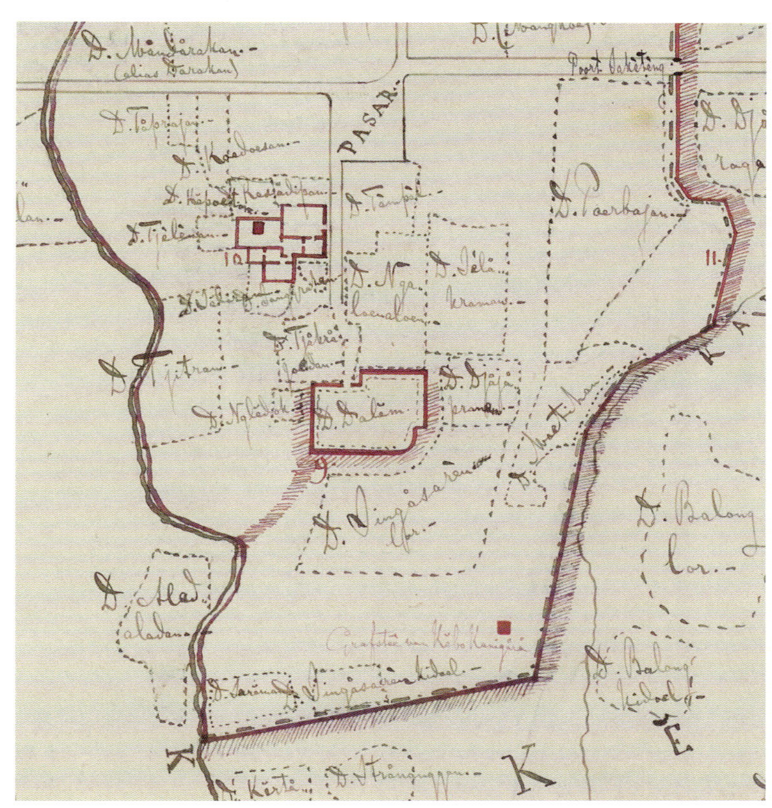

루페르는 지도에서 '10. 코타게데 묘지: 특별 지도를 참조하시오'라고 설명하고 있다.

루페르의 탐험 기간에 제작된 다른 필사본 지도들처럼, 코타게데의 평면도 또한 섬세하고 비단 같은 특성을 지닌 벨벳 천에 그려졌다고 알려져 있다. 이러한 벨벳 천의 주요 특징 중 하나는 종이와 달리 높은 내구성을 지니고 있어 쉽게 찢어지지 않는다는 점이다. 또한 벨벳 천의 투명성은 투사지로 사용하기에 적합하여, 지도의 복제 과정에서도 유용하게 활용되었다.

네덜란드의 인도네시아 식민 지배의 주요 동기 중 하나는 경제적 이익, 국제정치적 지위 강화, 그리고 기독교 전파에 대한 열망이었다. 19세기 네덜란드 학계의 인도네시아 언어, 문화, 역사, 종교에 대해 가졌던 관심은 지도와 같은 자료를 통해 입증되고 있다. 이 지도들은 식민지 지배자들이 자바의 풍부한 역사를 어느 정도 인식하고 존중했다는 것을 보여 주지만, 이러한 인식이 인도네시아 현지인들을 착취하는 행위를 막아 주지는 못했다. 식민지에 대한 정부의 관심은 선택적이었으며, 정치적 이해관계에 따라 달라졌다. 네덜란드의 고고학자들과 언어학자들은 힌두교와 불교 문화에 중점을 두었지만, 인도네시아의 이슬람 역사는 종종 무시되거나 정통 인도네시아 문화로 간주되지 않는 경향을 보였다.

H. D. VERMEULEN,
Voorheen Crans & Co.,
DEN HAAG | Balistraat Telephoon No 660.

Limonades, Bron- en Medicinale Wateren.

Specialiteit in

SIROPEN.

W. J. BIKBERGEN,
PRAKTIZIJN
en
Ondernemer van Publieke Verkoopingen.
's GRAVENHAGE,
Lange Beestenmarkt 26.

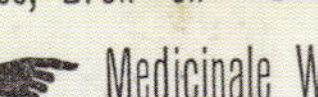

Overland Machines.
1e Klasse Rijwielhersteller.
ALEX HIEL,
Prinsestraat No. 130, Den Haag.

Hotel Pension „Hoekenburg".
Café-Restaurant met Stalling,
gelegen aan de Geestbrug nabij Den Haag.

Gelegenheid tot het geven van: Partijen, Dejeuners, Diners en Soupers; Park met Vijver, Terras met schoon uitzicht. Om zijn prachtige en rustige ligging wordt het Hotel Pension ten zeerste aanbevolen.

TELEPHOON No. 302 INTERCOMMUNALE.
MAURICE JORDAAN, Propriétaire,
voorheen Chef de Cuisine:
Rest. STROOMBERG, Rotterdam.
» PFORDTE, Hamburg.
» VAN LAAR, Amsterdam.
» ROYAL, Den Haag.

Levensverzekering-Maatschappij „NEERLANDIA."
Gevestigd te 's Gravenhage.
Goedgekeurd bij Kon. Besluit van 2 Jan. 1895, No. 53.

Verzekering volgens elk tarief en tot elk bedrag.

Herm. J. BECK,
Nieuwstraat 8 (bij den Burcht).
LEIDEN.

Handel in Rijwielen.
1e en 2e klasse
van de beste Amer. en Eng. fabrieken.
GROOTSTE REPARATIE-INRICHTING
Uitgebreidste sorteering in Benoodigdheden en Onderdeelen.

W. H. B. LOGHER,
in Assurantiën en Hypotheken.
Witte de Withstraat 86,
's GRAVENHAGE.

Verleent Credieten
tot ƒ 300.—, met wekelijksche aflossing en
GROOTERE BEDRAGEN
tegen nader overeen te komen voorwaarden.

DE „CRESCENT"
van de Western Wheel Works CHICAGO.
omvat de ruimste keus in hoogte en afmetingen, is de elegantste en gemakkelijkste Dames Safety, biedt een volkomen uitgerust en compleet KINDER-RIJWIEL aan.
JOH. KOOPMANS, Importeur.
MAGAZIJN: Beerenstraat 20. KANTOOR: Keizersgracht 302
AMSTERDAM.

FORT
LICHT als
De Zuid-Holland
Gratis onderrich

GRAND RESTAURANT ● ●
● ● VAN DER DUSSE.

B. SANDERSE, Propriétaire.

Déjeuners, Diners, Soupers, à Prix Fixe et A la Carte. Plats du Jour. Salon d'Huitres. Spécialité de Menus de Poisson. Salon pour Familles.

Korte Hoogstraat 12, vis à vis Le Passage.
ROTTERDAM.

Groot Verkoophuis.

18 Wagenstraat DEN HAAG. **18**

Grootste inrichting voor
MEUBILEERING
hier te lande. Corsmit Brassois & Co.

Vins. Champagne. Liqueurs Fines.

Carle Frères.

Mauritskade, 9b La Haye.

Bruxellas
Bordeaux
Reims. etc.

'tNieuwe Huis Den Deijl

Bonds Café Restaurant.

Gelegen aan den
LEIDSCHEN STRAATWEG
in onmiddelijke verbinding met
Den Haag, Leiden, Wassenaar en Voorschoten.

Riant Uitzicht.

GELEGENHEID voor PARTIJEN.

Speciale gelegenheid voor
Dejeuners, Diners en Soupers
à la Carte en à Prix fixe.
Aanbevolen voor HH. Wielrijders.

Kinderspeeltuin met Montagne Russe en Caroussel. THEETUIN.
Uitmuntende gelegenheid voor Stalling en verhuren van Rijtuigen.
Uitstekende Bediening en Matige Prijzen.

Aanbevelend,
J. KUIJPER. B. P. v. d. MEER.

Man spricht Deutsch. English Spoken. On parle Français.

...middags van 1—6 uur en in
...s na 6 uur **niet** bereden worden.
...rden.
...rden.

A. J. STALLINGA,

Hoogewoerd 75, Leiden.

AGENT der beroemde
Rudge Whitworth, White-Flyer, Calcot en X. L. Rijwielen.
REPARATIE-INRICHTING.

DE BESTE SIGARETTEN ZIJN

EGYPTISCHE VAN S. PAPAPANDELI & Co. EN V. S. VONA PARTOPOULO
CLUB KHEDIVIALE BEIDEN TE ALEXANDRIE,

RUSSISCHE VAN CHAPCHAL FRÈRES
ГР. ШАПШАЛЪ St. Petersbourg
ALEXANDRE EN KREMLIN

ENGELSCHE VAN W. D. & H. O. WILLS Ld.
BRISTOL & LONDON
THREE CASTLES ENZ.

A. BASTIAANSE.
UTRECHT. ARNHEM. DEN HAAG.

Specialiteit in Corsetten.

FIETS-CORSETTEN

Café Restaurant

OVERHEIDE

MONSTER.

Bonds-Hôtel.

Prachtige lommerrijke Speeltuinen.
Gelegenheid voor Pension.
Billijke prijzen, uitstekende bediening.
In 't bijzonder aan Heeren- en Dames-Wielrijders aanbevolen.

Aanbevelend,
P. GOEMANS.

---

2 3 4 5 6 *Uren gaans.*
9 10 11 12 13 14 15 16 17 18 19 20 21 22 23 24 25 26 27 28 29 30 31 32 33 *Kilometers.*

E RIJWIELEN.

...ansch.
...als Engelsch.
GOEDKOOPER dan beide.
...jwielfabriek, (A. F. H. VAN DER STOK.)
•• LEIDEN. ••
...erste Leidsche Overdekte Wielrijschool.
...gersingel voorheen Vondelhoven.)

Het Zuid-Hollandsch Venduhuis.

Uitgebreide Lokalen.
Hoek Prinsegracht en L. Beestenmarkt.
DEN HAAG.

Is de **beste** en soliedste inrichting voor Nederland tot aankoop van **MEUBILAIR**, afkomstig van de eerste Families.

WEST END CYCLE DEPOT.

E. FAUCHEY,
v. Vollenhovenstraat 52,
Rotterdam.

MONARCH RIJWIELEN.

72

1897년 — 자전거 타는 사람들을 위한 지도

아마포에 그려진 자전거 지도

고급스러운 빨간 가죽 케이스에 담겨 있는 것으로 보아 이 지도는 야외에서 사용하기 위해 만들어졌을 것으로 추정된다. 그리고 아마포에 부착되어 접을 수 있는 형태는 이 지도가 실용적인 목적으로 제작되었음을 나타낸다. 지도 제작자는 불분명하지만 독립적으로 활동하는 지리학자나 건축가일 가능성이 크다. 이 지도는 위트레흐트의 J.G. 브로에세(J.G. Broese)가 주문한 것으로, 브로에세는 1897년에 자전거 지도 시리즈를 출판한 서점과 출판사를 운영하였다. 네덜란드 일간지《오늘의 뉴스》에 실린 광고를 통해 남홀란트와 위트레흐트 지역의 자전거 지도 발행 소식이 알려졌고, 이어서 젤더란트(Gelderland) 지역의 지도 발행도 예고되었다. 아마포 케이스에 담긴 지도는 60센트, 종이 케이스에 담긴 지도는 40센트에 판매되었으며, 이는 자전거 소유자들에게 적합한 가격대였다. 당시 새 자전거의 가격은 노동자 평균 월급의 다섯 배가 넘는 100길더에 달했다. 지도의 제목은 '남홀란트-하를렘, 암스테르담 등'으로, 현재 대도시권을 구성하는 지역들을 포함하는 자전거 지도임을 나타낸다.

출판업자 브로에세는 증가하는 자전거 수요에 대응하여 이 실용적인 지도 제품을 내놓았다. 1880년대 중반 공기압 타이어와 안전 자전거(큰 바퀴와 작은 바퀴가 아닌, 크기가 같은 2개의 바퀴를 갖춘 자전거)의 발명 이후, 네덜란드에서는 자전거의 인기가 급증했다. 이러한 변화에 발맞추어 1883년에는 헤이그와 하를렘의 자전거 클럽 회원들이 네덜란드 자전거선수협회(ANWB)를 창립했다. 이 협회는 여가용 사이클링에 중점을 두고, 자전거 도로망, 숙박 시설, 신호 시스템과 같은 인프라 구축에 힘썼다. 1890년대 초까지, 네덜란드 자전거선수협회는 1,500명 이상의 회원을 보유하며 크게 성장했다.

네덜란드에서의 자전거 지도 제작은 세계화의 한 단면을 보여 준다. 1890년대에는 독일 라이프치히의 미텔바흐 출판사가 '독일 자전거 도로 지도' 시리즈를, 프랑스의 투어링 클럽이 '프랑스 지방의 자전거 지도'를 각각 출판했다. 또한 영국과 미국 같은 주요 자전거 국가에서도 사이클 도로 지도가 출판되었다. 네덜란드에서는 1896년에 처음으로 '암스테르담으로 통하는 자전거 안내서'가 출판되었는데, 이는 자전거 수입업자의 아이디어를 바탕으로 제작된 것이다.

네덜란드 일간지《오늘의 뉴스》에 실린 광고는 자전거 지도 제작의 목적을 명확히 밝히고, 이 지도들이 제공하는 정보에 대해 자세히 설명한다. 광고는 "이 지도들은 자전거 이용자들이 쉽게 접근할 수 있는 모든 도로와 유용한 지점들을 세밀하게 보여 준다"고 강조한다. 이러한 지도들은 자전거 이용자들이 위치 파악과 주변 환경을 이해하는 데 있어 중요한 도구로 기능했다. 자전거 이용자들은 보행자나 말을 타는 사람들과는 다르게 도로를 이용한다. 이들의 이동성 덕분에 장거리 여행이나 잘 알려지지 않은 지역 탐험도 가능해졌다. 이는 자전거가 주는 독특한 이점 중 하나였고, 이에 따라 효과적인 인프라 정보가 더욱 필요해졌다.

남홀란트 자전거 지도는 다양한 특징을 담고 있다. 첫째, 지도는 복잡한 도로망을 세밀하게 표현하고 있으며, 대도시권 지역은 검은색, 붉은색, 노란색 선으로 그려져 있다. 19세기 말의 네덜란드 중심부는 자전거 이용자에게 이상적인 지역이었다. 지도에는 지방 경계, 숲, 강 등의 자연 지형뿐만 아니라, 킬로미터와 이동 시간으로 거리가 표기되어 있어 이용자의 편의를 돕고 있다. 자전거 장거리 여행에 중요한 철도와 증기 전차 노선 또한 표시되어 있으며, 일반 도로와 함께 특별히 건설된 '자전거 전용 도로'도 구분되어 나타나 있다. 이 '자전거 전용 도로'는 강, 숲, 주거 지역 경로 등에서 자연스럽게 발전한 것과 달리 인위적으로 만들어진 도로를 의미했다. 지도에는 헤이그에 위치한 삼림공원인 하흐스허 보쉬(Haagsche Bosch)도 포함되어 있다. 지도는 자전거 이용 시 준수해야 할 엄격한 규칙들을 강조하며, 보행자를 방해하지 않는 방법을 함께 안내하고 있어, 아무데서나 자전거를 탈 수 없음을 나타낸다.

제작자: J.G. 브로에세 **제목:** 남홀란트 자전거 여행 지도
발행지: 위트레흐트 **발행일:** 1897년 **기법:** 다색 석판 인쇄
크기: 29 x 37cm **축척:** 약 1:250,000 **방위:** 북쪽이 위쪽
소장처: 보델 니젠하위스 컬렉션

남홀란트와 주변 지역의 지도는 현재의 관점에서 볼 때 상대적으로 개발이 덜 된 공간이다. 1900년경 자전거로 시골을 여행하는 것은 매우 새롭고 흥미로운 경험이었을 것이다. 당시 델프트와 헤이그 사이에는 여전히 시골 마을이 존재했고, 델프샤븐(Delfshaven)은 로테르담에 통합되기 전이었다. 레이던, 고다(Gouda), 오우바테르(Oudewater), 스혼호번(Schoonhoven)과 같은 전통적인 도시들은 방어용 배수로를 넘어 확장되지 않았다. 현재 위성도시인 주테르메르(Zoetermeer)와 알펜(Alfen, 현재 라인강의 알페나)은 지도에서 단지 작은 점에 불과했다. 이 지도는 당시 사회적 구조를 반영하며, 도시와 농촌 간의 공간적 분리를 명확하게 보여 준다.

이 자전거 지도는 광고의 플랫폼으로도 활용되었으며, 20개가 넘는 다양한 광고가 포함되어 있다. 광고들은 대부분 자전거 관련 비즈니스를 대상으로 한다. 자전거 상점, 수리점, 국제적인 공장 브랜드의 대리점 등이 포함되어 있으며, 특히 한 회사는 레이던의 실내 자전거 학교에서 첫 수업을 무료로 제공한다고 홍보한다. 또한 귀족과 부인들을 위한 여성용 안전 자전거, 어린이용 자전거 광고도 있다. 자전거 브랜드 심플렉스는 네덜란드 군대에 공급한다는 사실을 강조하는 광고를 냈다. 네덜란드의 심플렉스와 모나크 외에도 미국과 영국에서 온 자전거 브랜드들의 광고도 실렸다. 위트레흐트의 바스티안스는 패션 아이템으로써 '사이클링용 코르셋'을 선전한다. 또한 호텔 및 숙박업, 경매장, 보험 회사, 주류 상점과 담배, 피아노 광고도 포함되어 있어, 다양한 비즈니스의 홍보 수단으로 이용됐음을 알 수 있다.

이 광고들은 자전거 지도에서 단순한 부가적 요소가 아닌 핵심적인 구성 요소로 기능했다. 19세기 말 현대식 자전거의 등장은 소규모 기업들과 밀접하게 연결되어 있었는데, 여기에는 상점, 호텔, 카페, 레스토랑, 출판사 등이 포함되었다. 이러한 기업들은 자전거 문화가 확산되는 경제적 기반을 형성했고, 지도 사용자들은 이를 통해 다양한 상업 활동에 참여했다. 활동 내용은 코르셋 구매, 치료 목적의 물 섭취, 이집트산 담배 흡연, 레이던 상점에서의 간식 구매, 뛰어난 전망과 일품 요리를 즐기는 것 등 그 종류도 다양했다. 유일하게 누락된 것은 사진 광고였는데, 이는 코닥과 같은 카메라가 다음 세기에야 자전거 이용자들에게 필수 아이템으로 자리 잡게 되었기 때문이다.

이 지도를 자세히 살펴보면, 1890년대 중산층 문화로의 시간 여행을 경험할 수 있다. 당시 중산층은 피아노 연주를 즐기고, 미국의 기술을 받아들이며, 프랑스어 단어를 쓰면서 세련된 대화를 나누었다. 아마포로 제작된 이 지도는 단순히 네덜란드의 도로망을 표현하는 것을 넘어, 당시 지역 및 국가적 차원에서의 복잡하고 다양한 사회적 특성을 반영한다. 이는 19세기 말부터 시작된 세계화와 대중문화의 확산 과정을 드러내는 중요한 역사적 자료로 간주될 수 있다.

1888년 스텐퍼트, 크로에세, 반 더 잔데가 함께 출판한 아른헴(Arnhem) 및 주변 지역의 보행자 지도.

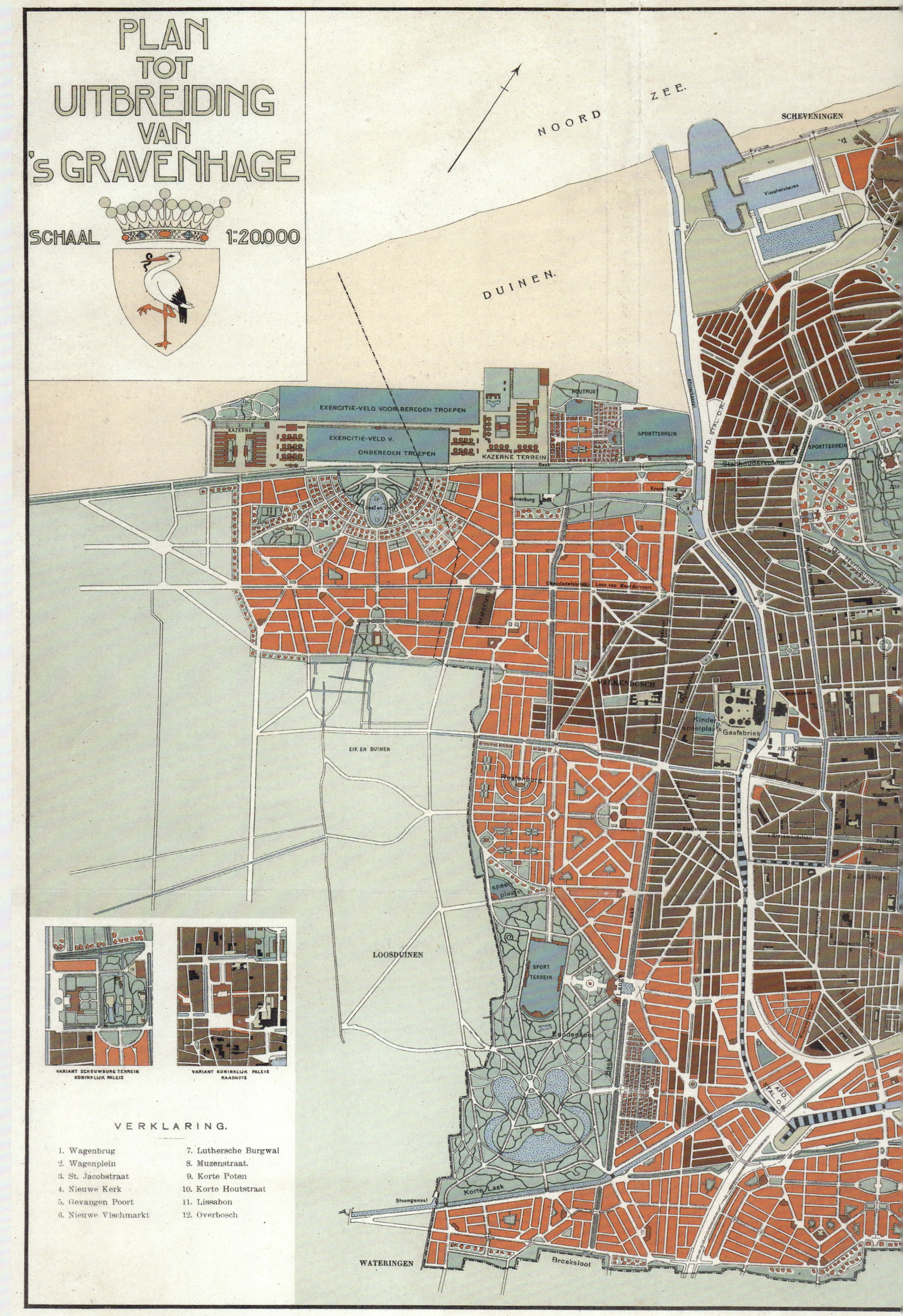

73 | 헤이그의 도시 확장 계획(1908년)

DUINEN.
WASSENAAR
SPORTTERREIN
SCHIETBANEN
RENBAAN
Sport terrein
Wassenaarsche weg
Malieveld
Koekamp
Gasfabriek
AFD. STAL. O.R.
EVENTUEEL TE BESTEMMEN VOOR GOEDEREN EMPLACEMENT
TERREIN TE BESTEMMEN VOOR GOEDEREN EMPLACEMENT
Laan v. N.O. Indië
RIJSWIJK
VOORBURG
VARIANT ALEXANDERSVELD
ACADEMIE BEELDENDE KUNSTEN EN MUSEA
VARIANT TERREIN STAATSSPOOR
SCHOUWBURG
VERKLARING.
Bestaande openbare gebouwen
Bestaande bouwblokken
Vastgestelde, nog niet bebouwde bouwbl.
Nieuwe openb. gebouwen
Nieuwe bouwblokken
Tijdelijke gebouwen
Bestaande wateren
Vastgestelde, nog niet gemaakte wateren
Nieuwe ontw. wateren
Bosch- en Tuingronden
Sportterrein en Speelplaatsen
Bijzondere terreinen
O.R. Aschstaal
Duingronden
Omliggende gemeenten

73

1908년 — 헤이그의 도시 확장 계획

베를라헤의 새로운 도시 개발 비전

1902년 8월, 네덜란드에서 주택법이 시행되면서, 정부는 주거 문제 해결에 보다 적극적으로 개입할 권한을 갖게 되었다. 이 법은 인구 1만 명 이상의 도시를 대상으로, 인구 증가에 대비한 도시 확장 계획을 수립하도록 하는 근거가 되었다. 예를 들어, 1870년에 9만 명이었던 헤이그의 인구는 1900년에는 20만명, 1914년에는 30만 명으로 급증했다. 이에 대응하여 1907년 헤이그 시의회는 건축가 헨드릭 베를라헤(Hendrik Berlage, 1856-1934)에게 도시 확장 계획을 위임했다. 베를라헤는 단순한 도로 및 광장 네트워크를 넘어서 국제적인 정원 도시 설계를 해야 한다고 생각했으며, 특히 헤이그 북쪽의 모래언덕 지역을 중심으로 이를 구체화했다. 비록 베를라헤가 제안한 많은 계획이 실행되지는 않았지만, 그의 도시 비전은 제2차 세계대전이 일어나기 전까지 헤이그 도시 발전에 중요한 영향을 미쳤다.

1902년, 헤이그시의 도시 공사를 담당하던 엔지니어 아이작 린도(Isaac Lindo, 1848-1941)는 도시의 일반적인 확장 계획을 수립하는 임무를 맡았다. 그는 충분한 자연 채광과 신선한 공기 유입, 그리고 야외 공간의 효율적 사용을 목표로 삼았다. 또한 비용 절감을 위해 건물의 높이를 최대 4층으로 제한하여 엘리베이터 설치가 필요 없도록 했다. 1903년 제안된 '헤이그 도시 확장 계획'은 기존 도시 계획을 따르면서 주요 도로 및 내륙 항구를 포함시켰지만, 주거 지역, 학교, 공장 또는 업무 구역은 계획에서 제외되었다. 린도의 설명에 따르면, 그가 특정 용도에 대한 구체적 지침을 마련하지 않은 이유는, 지방 정부가 해당 토지의 소유권이 없기 때문에 세부 지침을 내릴 만한 법적 근거가 부족했기 때문이었다.

하지만 린도의 도시 확장 계획은 여러 가지 이유로 비판을 받았다. 첫째, 시의회 내에는 건축가, 건설업자, 그리고 토지 이익과 관련된 의원들이 존재했다. 둘째, 확장 계획이 어느 정도의 구체성을 지녀야 하는지에 대한 논의도 이어졌다. 때마침 헨드릭 베를라헤가 암스테르담에서 트란스발 지구의 기하학적 거리 디자인을 포함한 매력적인 개발 계획을 성공적으로 수행했기 때문에, 헤이그의 도시 확장 계획에 대해 자문하기에 적합한 인물로 여겨졌다. 1908년 말, 베를라헤는 그의 유명한 '헤이그 확장 계획'에서 다양한 부분 계획들의 '조화로운 모음'을 제안했으며, 이 계획은 1911년 시의회와 1913년 네덜란드 의회에 의해 승인되었다. 이 승인은 계획서에 군 병영 건설이 포함되었기 때문에 가능했다.

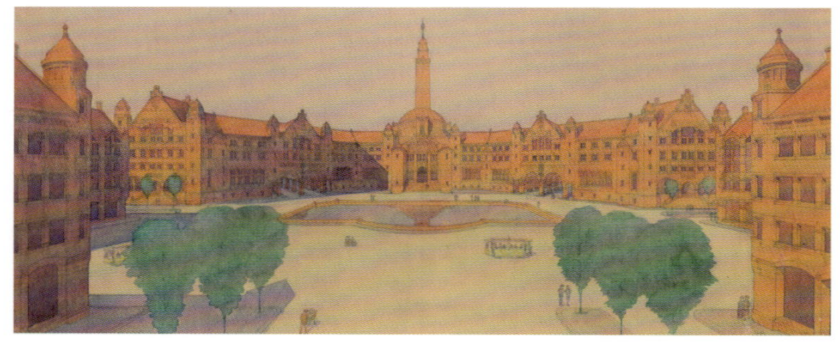

1908년 헨드릭 베를라헤가 그린 도시 남서부의 노동 계급을 위한 광장 지도.
(Rotterdam, Het Nieuwe Instituut)

베를라헤는 20세기 도시 개발이 새로운 공간 감각을 창조해야 한다고 주장했으며, "현대 도시는 민주주의 사상의 형태적 표현이 되어야 한다"고 강조했다. 이는 규칙적인 패턴을 가진 넓은 도로 설계와 최적화된 주거 위치 및 형태의 선정을 의미했다. 그의 구상에 따르면, 도로는 도시 교통의 중심지인 광장에서 만나야 하며, 광장은 공공건물의 전통적인 중심지로서 기능을 해야만 했다. 이러한 관점에서 도시란 단순히 교통, 주택, 역사적 건물에 관한 것만이 아니라, 종합적인 예술이어야 한다는 것이다.

베를라헤는 19세기 후반의 신고전주의 양식을 거부했으나, 그의 접근 방식은 예술과 도시 건축의 역사적 맥락을 고려했다. 그는 고딕, 르네상스, 바로크 양식이 각각 교회, 부르주아 계급, 왕실과 연관되어 왔듯이, 국가가 현대 도시 계획과 현대 건축을 주도해야 한다고 믿었다. 베를라헤는 건물의 정면이 거리를 형성하거나 광장을 둘러싸는 벽을 만든다고 보았고, 이를 통해 건물이 통합적으로 설계되어야 한다고 생각했다. 그의 헤이그 확장 계획은 프랑스 바로크 양식의 규칙성과 중심의 관점을 중시하면서도, 은둔성과 풍경적인 요소가 강조된 낭만주의에도 영감을 받았다. 그는 단조로움을 피하기 위해 지역의 자연경관인 수로, 언덕, 숲을 계획에 통합시켜 고전적 합리성과 낭만적 특성이 어우러진 미적 매력을 구현하고자 했다.

베를라헤의 대규모 계획 버전에서는 도시 확장 지역이 기존 도시

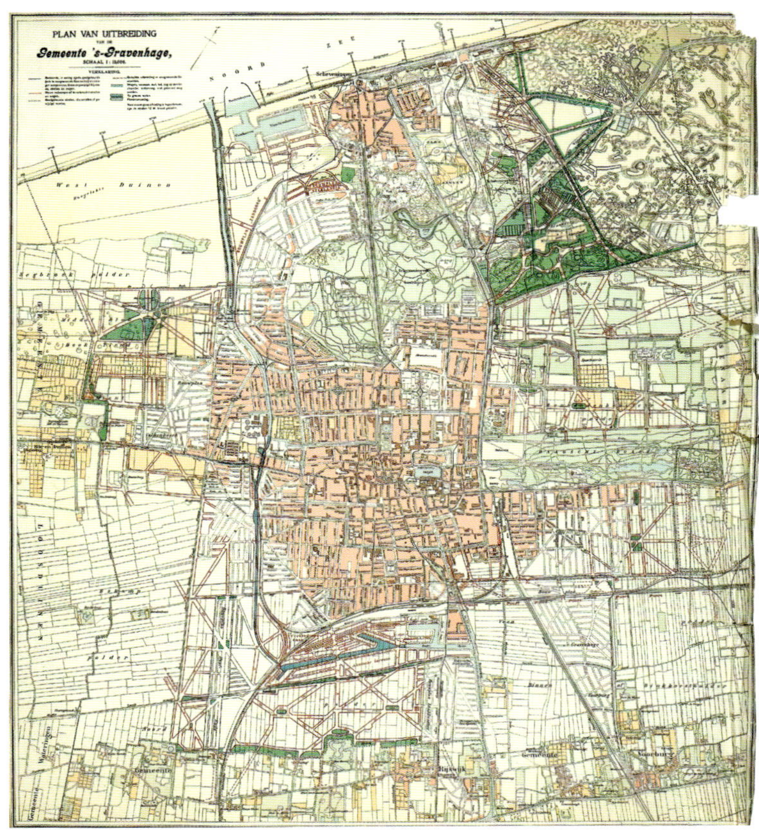

1903년 아이작 린도가 그린 헤이그시의 확장 계획도. (델프트 공과대학 소장)

구조도 위에 스케치되어 있다. 이 계획은 기존의 지형을 그대로 보여 주어, 누구든지 지도를 보고 기존 도시 구조와 새로운 계획을 비교할 수 있도록 했다. 베를라헤의 종합적인 계획에서는 몇 가지 주요 프로젝트들이 그의 비전을 더 잘 이해할 수 있도록 강조되었다. 도시 남쪽에는 주변 노동자 계층을 위한 운동장을 포함시킨 큰 공원이 계획되었다. 북쪽에는 바세나르 마을과 접하는 지역에 1905년 카렐 더 바젤(Karel de Bazel, 1869-1923)에 의해 디자인된 '세계 수도(world capital)'를 재해석해서 별 모양의 평화의 궁전을 배치한 웅장한 정원 도시를 설계했다. 베를라헤는 정원 도시가 독립적인 도시가 아니라 기존 건물들과 조화를 이루며 통합되어야 한다고 보았다. 남쪽에는 일반 대중 및 가톨릭, 유대인을 위한 공동 묘지도 계획되었다. 그는 도심을 횡단하는 몇몇 도로 노선을 제안했는데, 이 중 호프베그(Hofweg), 토렌스트라트(Torenstraat), 본델란(Vondellaan) 등의 도로가 만들어졌다. 그러나 네덜란드 철도 기차역과 교회 사이의 시야를 확장하기 위한 제안은 받아들여지지 않았다. 군사 기지는 예전 자리에서 운하 서쪽으로 이전되었다.

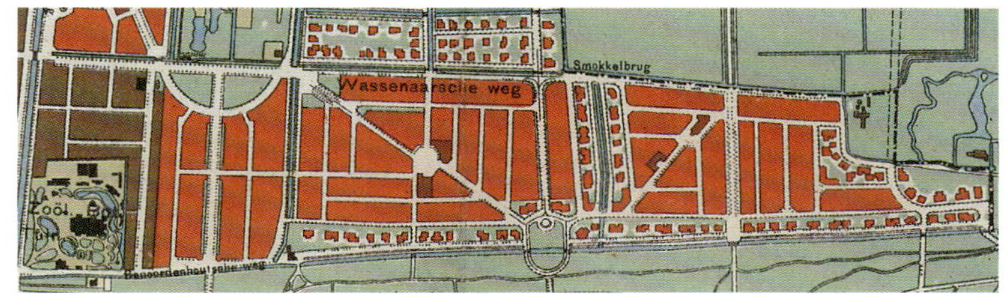

베누르덴호우트 지도.

베를라헤는 자신의 메모에서 노동자 지역, 도로, 광장, 병원, 전시장 및 시청의 새로운 디자인에 대해 설명하며, 도시 개발의 예술은 주로 "도시의 이미지 형성"에 중점을 두었다고 밝혔다. 그는 이러한 구역 계획도에 원근법을 적용하여 건축적인 세부 사항을 자세히 제시했다. 그러나 베를라헤의 계획은 헤이그 지방 자치 단체의 자금과 토지 부족으로 인해 상당한 어려움을 겪었다. 특히, '대상점 도로(Grote Marktstraat)' 계획은 초기에 프린센그라흐트(Prinsengracht) 거리를 따라 확장되어 칼베르마르크트(Kalvermarkt)까지 연결될 예정이었고, 스타츠푸어(Staatsspoor) 철도역은 새로운 도시 중심지로 활용될 계획이었다. 그러나 도로가 곡선으로 바뀜에 따라 토지 소유자들과의 협상에서 어려움을 겪었고, 결국 기차역의 위치를 약간 이동시킬 수밖에 없었다. 또한 베를라헤의 계획은 자유당과 사회민주당 간의 정치적 논쟁으로 지연되었다. 이로 인해 베누르덴호우트(Benoordenhout), 라크바르티에(Laakkwartier), 마리아호브(Mariahoeve) 등의 구역 디자인이 간소화되고, 대각선 구조가 직사각형 형태의 거리 계획으로 바뀌었다. 그럼에도 불구하고 베를라헤의 도시 확장 계획은 제2차 세계대전 전까지 빠르게 발전했던 헤이그의 성장을 이해한다는 측면에서 중요한 자료로 활용되고 있다.

제작자: 헨드릭 베를라헤(디자인), 헤이그 시청(발행)
제목: 헤이그 도시 확장 계획도 **발행지:** 헤이그 **발행일:** 1908년
기법: 다색 석판 인쇄 **크기:** 38 x 51.5cm **축척:** 1:20,000
방위: 북쪽이 오른쪽 상단 **소장처:** 스티그 퇴니선 컬렉션

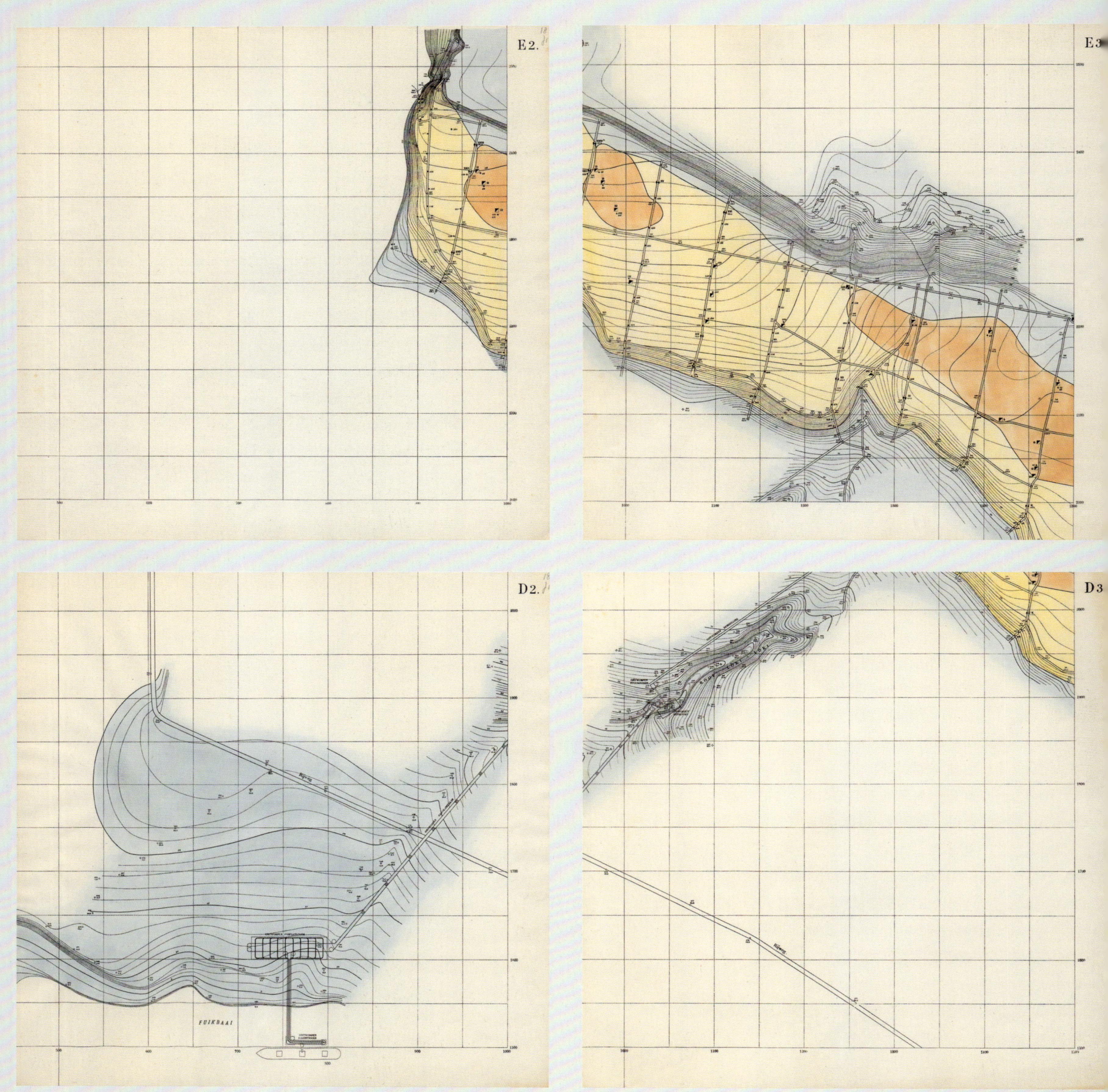
E2.
E3
D2.
D3

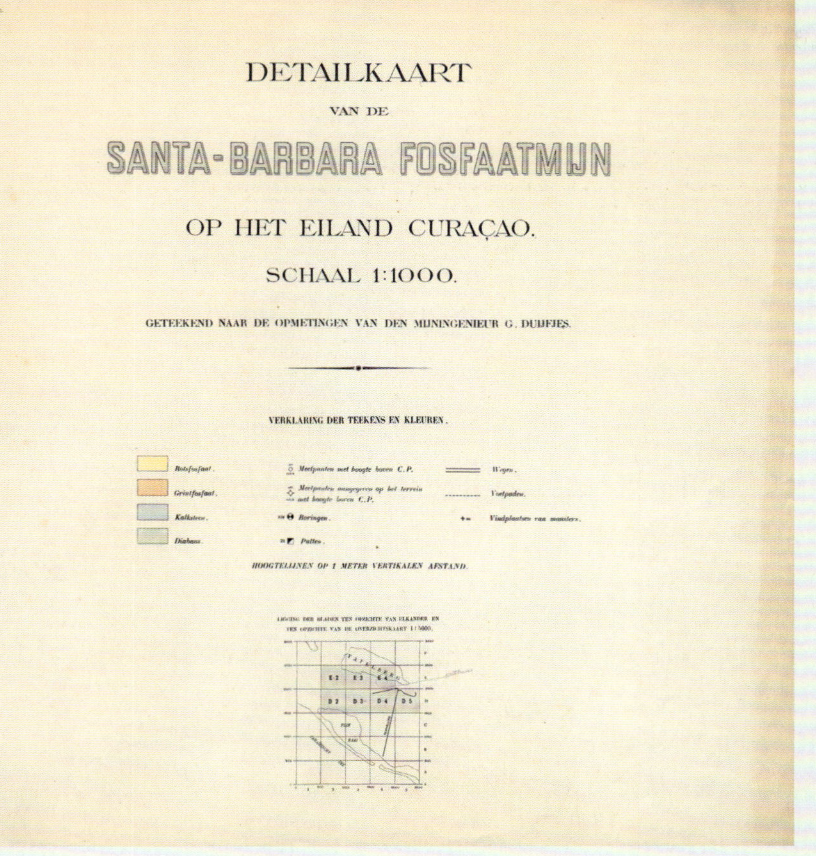
DETAILKAART
VAN DE
SANTA-BARBARA FOSFAATMIJN
OP HET EILAND CURAÇAO.
SCHAAL 1:1000.
GETEEKEND NAAR DE OPMETINGEN VAN DEN MIJNINGENIEUR G. DUIJFJES.
VERKLARING DER TEEKENS EN KLEUREN.
Rotsfosfaat.
Grintfosfaat.
Kalksteen.
Diabaas.
Meetpunten met hoogte boven C.P.
Boringen.
Putten.
Wegen.
Voetpaden.
Vindplaatsen van monsters.
HOOGTELIJNEN OP 1 METER VERTIKALEN AFSTAND.
E 2
E 3
E 4
D 2
D 3
D 4
D 5

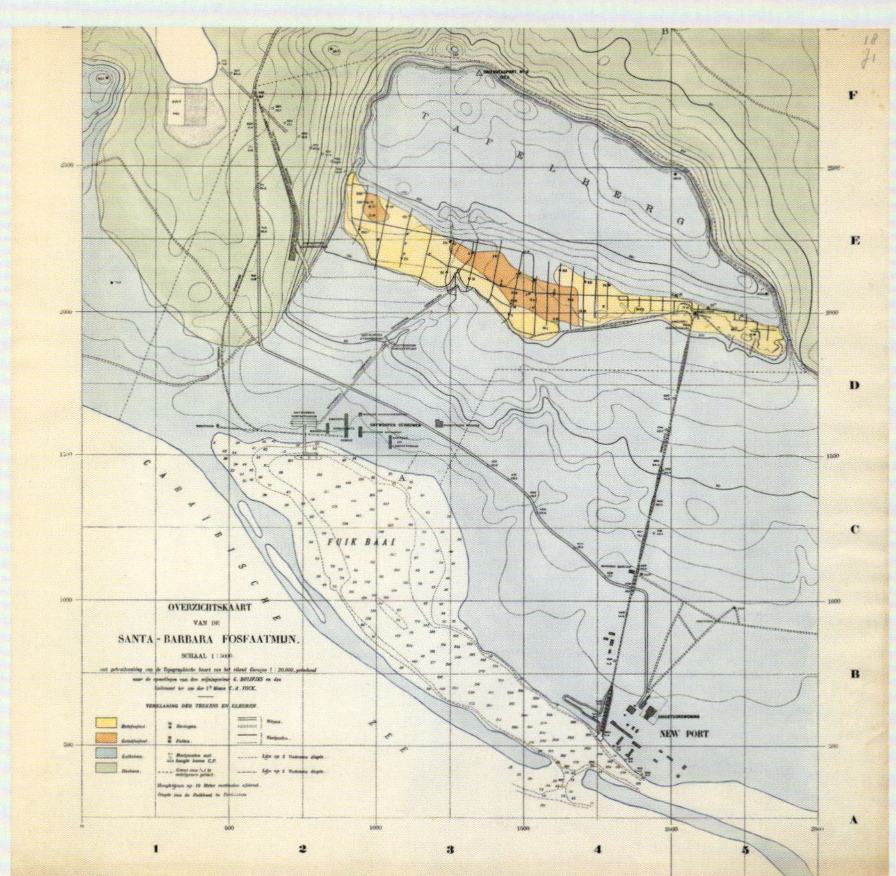
F
E
D
C
B
A
FUIK BAAI
NEW PORT
OVERZICHTSKAART
VAN DE
SANTA-BARBARA FOSFAATMIJN.
VERKLARING DER TEEKENS EN KLEUREN.
1
2
3
4
5

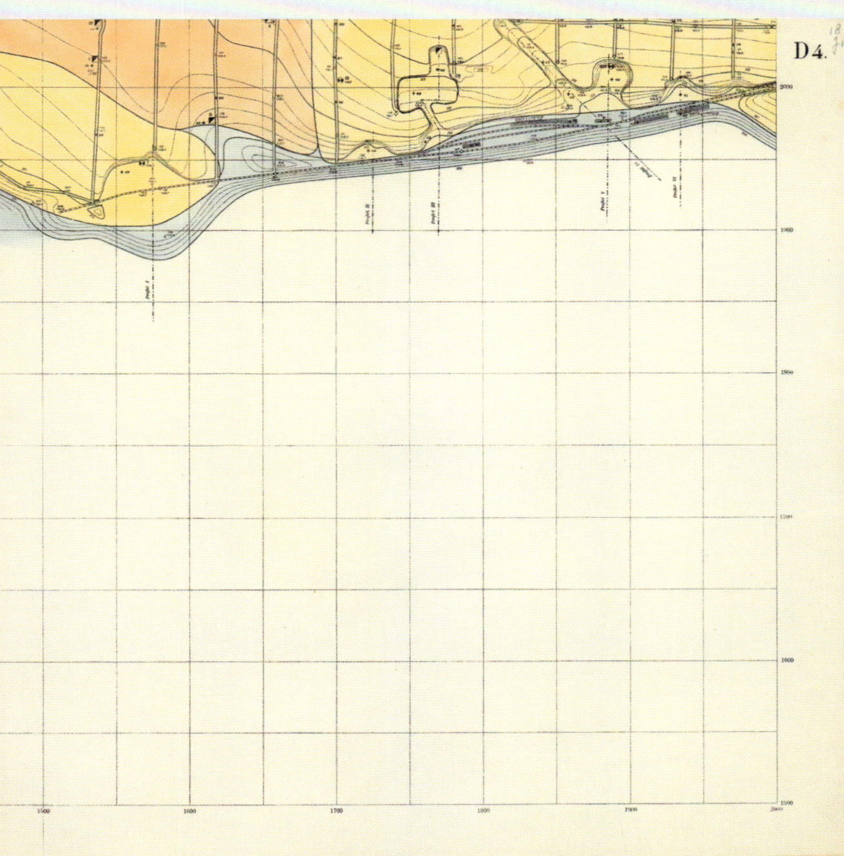
D4.

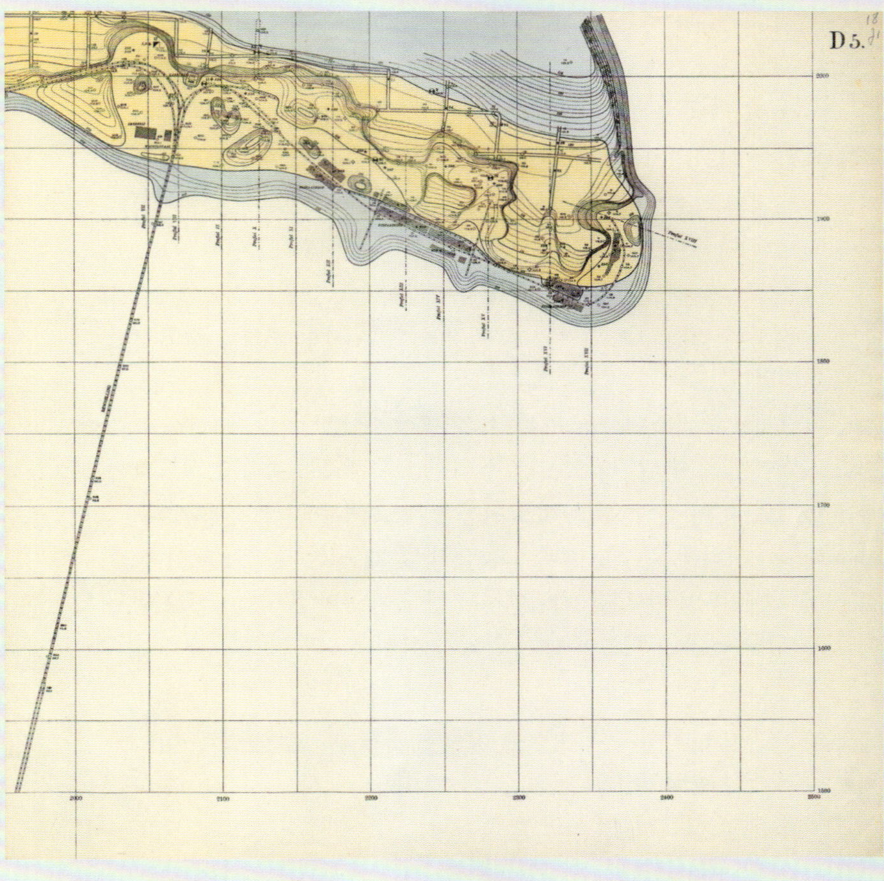
D5.

74

1913년 — 경제적 부를 가져다준 인산염 광산

퀴라소에서 대규모 채굴이 시작되다

산업화는 퀴라소에 큰 변화를 가져왔다. 산업화 이전, 퀴라소는 선착장을 제외하고는 가치가 없는 땅이었다. 크리스토퍼 콜럼버스(1451-1506)는 섬에 금이나 다른 유용한 금속이 발견되지 않았기 때문에 퀴라소를 '쓸모 없는 섬'으로 평가했다. 1634년에는 네덜란드인들이 플랜테이션 재배를 시도했지만 섬이 너무 건조해 실패했다. 그러나 19세기 말 산타 바바라 농장에서 생산되는 인산염이 퀴라소의 경제적 번영을 가져왔다. 인산염을 기반으로 한 산업화와 20세기 초에 설립된 석유 정제소는 섬의 경제 성장을 촉진시켜 오늘날 국제 사회의 일원으로 성장하는 발판이 되었다. 이 인산염 광산의 상세 지도는 섬의 군사적이나 지형적 특성보다는 경제적 잠재력에 중점을 두었으며, 이는 퀴라소의 현대화 과정을 보여 준다.

수 세기 동안, 퀴라소에서는 상업적인 플랜테이션 농업을 성공시키기 위해 다양한 전략들이 시도되었는데, 여기에는 노예제도의 도입, 다양한 작물의 재배, 새로운 작물 도입, 그리고 기술 혁신 등이 포함되었다. 그러나 성공 사례들조차 장기간 유지되지는 못했다. 특히 1863년의 미국 노예해방은 많은 농장들의 생존을 더욱 어렵게 만들었다. 이에 따라, 19세기 말에는 광물 채굴을 위한 집중적인 노력이 이어졌다.

1824년 아루바(중앙아메리카 카리브해의 소앤틸리스제도에 있는 네덜란드 자치령—옮긴이주)에서 금이 발견되어 지질학적 조사가 시작되었으나, 과학적인 지도 작성 단계로 진전되지 못했다. 과학적인 지도 작성은 네덜란드 왕립지리학회가 1884-1885년에 레이던 대학 교수 요한 카를 루트비히 마르틴(Johann Karl Ludwig Martin, 1851-1942)의 지휘 아래 네덜란드 서인도제도 과학탐사단을 파견한 이후에 이루어졌다. 이 탐험으로 마르틴은 카리브해 남부의 리워드 앤틸리스(Leeward Antilles)제도의 지질도를 만들었고, 이것은 이후 지질 조사의 중요한 자료가 되었다.

안타깝게도 퀴라소에서 금은 발견되지 않았다. 망간은 1880년경 섬 여러 지역에서 소량 발견되었지만, 상업적으로 채굴이 가능할 정도의 양은 아니었다. 이 결과, 광물 채굴 활동은 주로 서부 퀴라소의 반다부(Bandabou) 지역에 위치한 예레미 농장의 몇 개 광산 갱도와 도시 산업 지구로 제한되었다. 다른 지역에서도 광물 채굴이 플랜테이션을 대체할 수 있을 만큼 수익성이 높지 않다는 사실이 확인되었다. 그러나 동부 반다리바(Bandariba)에 위치한 산타 바바라(Santa Barbara) 농장은 예외적이었다. 코르넬리스 고르시라(Cornelis Gorsira, 1848-1924)가 1874년에 우연히 풍부한 인산염층을 발견했기 때문이다. 고르시라 가문과 말(Maal) 가문은 당시 농장을 소유하고 있던 나르(Naar) 가문으로부터 농장을 인수했다. 1875년, 새로운 소유주들은 영국의 젊은 광산 기술자인 존 고든(John Godden, 1849-1938)에게 채굴 권한을 부여했다. 그는 이미 1871년에 클라인-퀴라소(Klein-Curaçao)섬에서 인산염 채굴을 시작하였으며, 사업을 확장하고자 했다.

산타 바바라 농장에서 발견된 인산염은 주로 플랜테이션 농장의 타펠베르크(Tafelberg) 언덕 높이와 가까운 100m 고도에서 발견되었다. 이 인산염층은 수천 년 동안 축적된 바닷새의 배설물인 구아노에 의해 형성된 것으로, 일부 인산염은 빗물과 함께 석회암 암석의 다공성 토

제작자: 제라르 더퓌예스(엔지니어), 산타 바바라 위원회(발행)
제목: 퀴라소섬 산타 바바라 인광석 광산 지도 **발행지:** 헤이그
발행일: 1913년 **기법:** 다색 석판 인쇄 **크기:** 지도 7매, 각 60 x 60cm
축척: 1:1,000(참조 지도는 1:3,000) **방위:** 북쪽이 위쪽
소장처: 식민지부 컬렉션

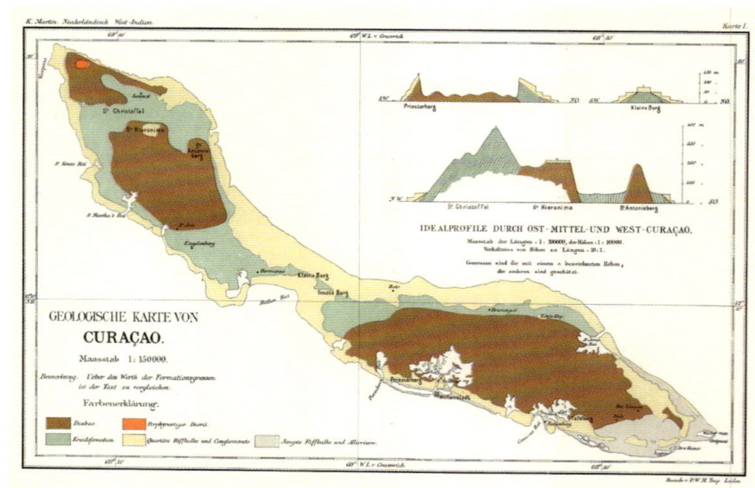

1888년 레이던 대학교 교수 카를 루트비히 마르틴이 작성한 퀴라소의 지질도.

양으로 스며들어 갔다. 이 고급 인산염의 채굴을 좀 더 수월히 하기 위해서, 푸익만(Fuik bay)에서 항구까지 철도가 건설되었다. 그러나 1895년, 개발 권한을 가지고 있는 존 고든과 고르시라 가문과 말 가문, 그리고 다수의 주주들과의 복잡한 이해관계로 인해 인산염 광산 운영이 중단되었다. 이로 인해 식민지 재정 운영은 큰 타격을 입었다.

사실 이 지도는 광산 엔지니어 제라르 더퓌예스(Gerard Duijfjes, 1882-1974)가 작성한 지도 시리즈이다. 그는 델프트 대학 교수인 얀 아돌프 그루테링크(Jan Adolf Grutterink, 1879-1949)와 함께 산타 바바라의 인산염 광산의 가치를 평가하고 인산염의 수익성 여부를 결정하기 위해 임명되었다. 더퓌예스는 1908년부터 1911년까지 네덜란드령 안틸레스의 이전 이름인 퀴라소와 보호령 정부에서 근무하며, 1909년, 1910년, 1911년의 식민지 보고서 부록에 그의 광산 조사 결과를 발표했다. 더퓌예스의 지도는 정부의 큰 관심을 끌었다. 테오도어 이사크 안드레아스 누엔스(Theodoor Isaak Andreas Nuyens, 1859-1923, 1909-1919년까지 주지사로 근무)는 주지사 취임 직후, 농업 대체 수입원에 대한 큰 관심을 갖게 되었으며, 이로 인해 식민지의 농업 예산을 축소하고 항구 및 관련 시설에 투자를 확대했다. 또한 1909년에 광산법 초안이 작성되고 1911년부터 퀴라소 광산령이 시행되면서 수익 분배 및 수용에 관한 다양한 규정이 포함되었다.

물론 고든은 앞으로 발생할 문제점들을 예상하고 더퓌예스의 접근을 허락하지 않았다. 하지만 나중에 법 집행관은 '스파이'로 알려진 더퓌예스 측의 사람을 농장에 출입시킬 수밖에 없었다. 그 후 고든은 토양 샘플이 채취되었다는 사실에 대해 주지사에게 항의했지만, 항의는 받아들여지지 않았다. 더퓌예스와 그의 직원들은 18개의 우물을 파고 43m 길이의 시험 터널을 설치하였으며, 25곳에 드릴을 파서 해군으로 하여금 푸익만 전체를 측정하도록 하였다. 이 보고서는 처음에는 비밀로 유지되었다. 산타 바바라의 인산염 채굴은 수익성이 높을 것으로 판단되었고, 식민지 재무부는 인산염 수출에 세금을 부과하여 이익을 얻을 수 있음을 확인하였다. 회사가 광산을 운영하기 위해 충분한 노력을 기울이지 않을 경우 정부가 조치를 취하기로 하면서, 1912년에는 생산을 재개해야 했다.

더퓌예스의 인산염 광산 지도 작성에는 하나의 희망적인 생각이 영향을 미쳤다. 더퓌예스는 타펠베르크에서 푸익만으로 이어지는 '철도 노선'을 설계했는데, 노선은 윌렘스타트의 신트안나만(Sint-Anna Bay)과 연결되어 항구 확장 및 화물 운송을 목표로 했다. 하지만 철도 노선은 결국 건설되지 못했다.

이 지도는 과학적으로 정확한 측정을 토대로 생성된 퀴라소의 초기 지도 중 하나이며, 퀴라소의 산업화를 촉진하고 지원하는 근거로 작용하였다. 2022년까지 섬에서는 여전히 광업 활동이 진행되고 있다. 인산염 생산은 1979년에 중단되었지만 타펠베르크에서는 여전히 석회암 채석이 이루어져 카리브 지역의 건축 재료로 사용되고 있다.

1947년 산타 바바라의 타펠베르크에서의 인산염 채굴 사진. 빌럼 반 더 폴(Willem van de Poll)이 촬영. (헤이그 국립기록보관소)

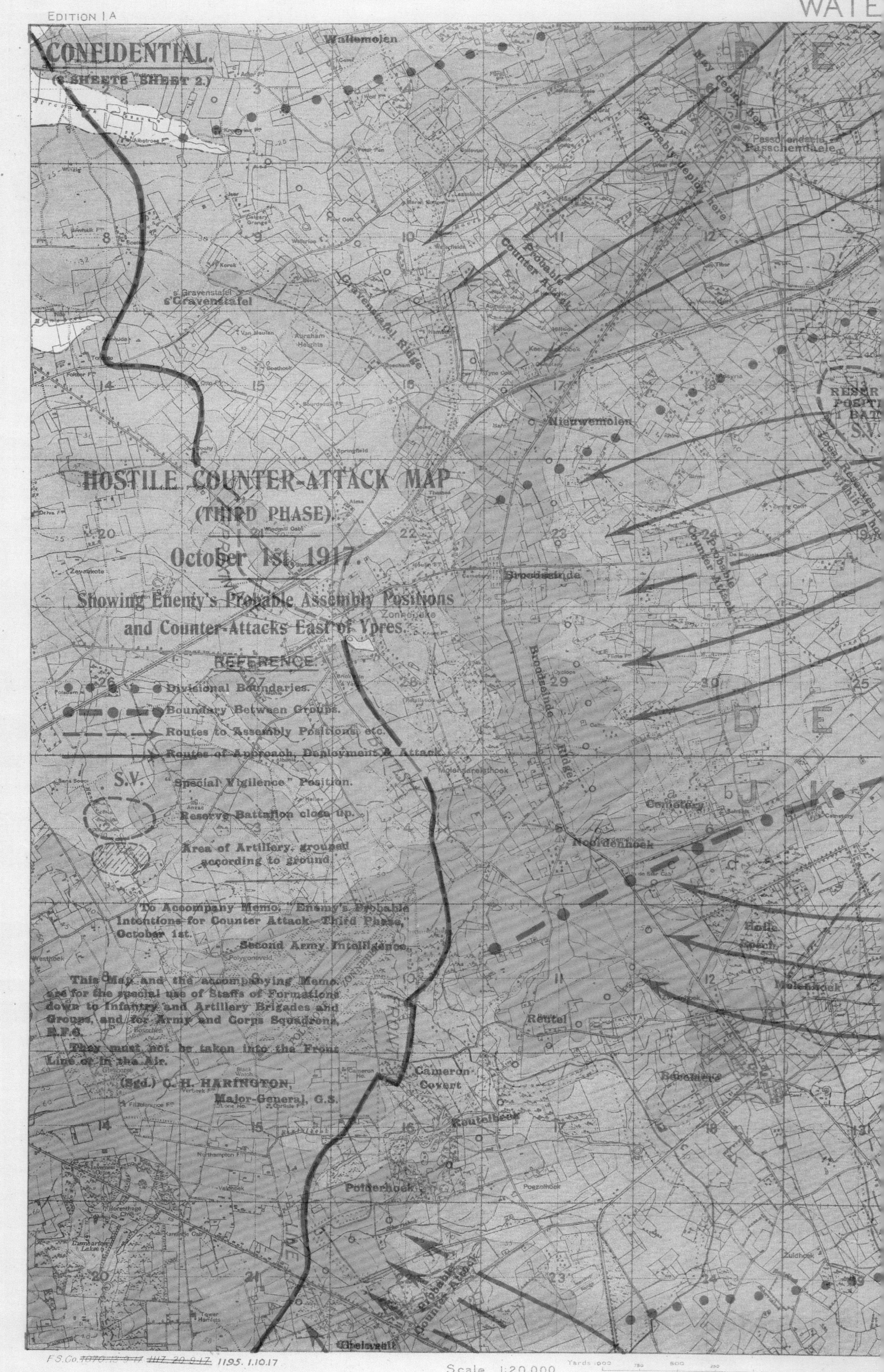
WATE
EDITION 1A
CONFIDENTIAL.
(4 SHEETS SHEET 2.)
HOSTILE COUNTER-ATTACK MAP
(THIRD PHASE).
October 1st, 1917.
Showing Enemy's Probable Assembly Positions
and Counter-Attacks East of Ypres.
REFERENCE
Divisional Boundaries.
Boundary Between Groups.
Routes to Assembly Positions, etc.
Routes of Approach, Deployment & Attack.
S.V.
"Special Vigilence" Position.
Reserve Battalion close up.
Area of Artillery, grouped according to ground.
To Accompany Memo. "Enemy's Probable Intentions for Counter Attack - Third Phase, October 1st.
Second Army Intelligence.
This Map and the accompanying Memo. are for the special use of Staffs of Formations down to Infantry and Artillery Brigades and Groups, and for Army and Corps Squadrons, R.F.C.
They must not be taken into the Front Line or in the Air.
(Sgd.) C. H. HARINGTON,
Major-General, G.S.
Wallemolen
Passchendaele
s'Gravenstafel
Gravenstafel Ridge
Probable Counter Attack
Nieuwemolen
Broodseinde
Broodseinde Ridge
Zonnebeke
Cemetery
Noordemhoek
Reutel
Cameron Covert
Reutelbeek
Polderhoek
Molenhoek
Probable Counter Attack
F.S.Co. 1195. 1.10.17
Scale 1:20,000

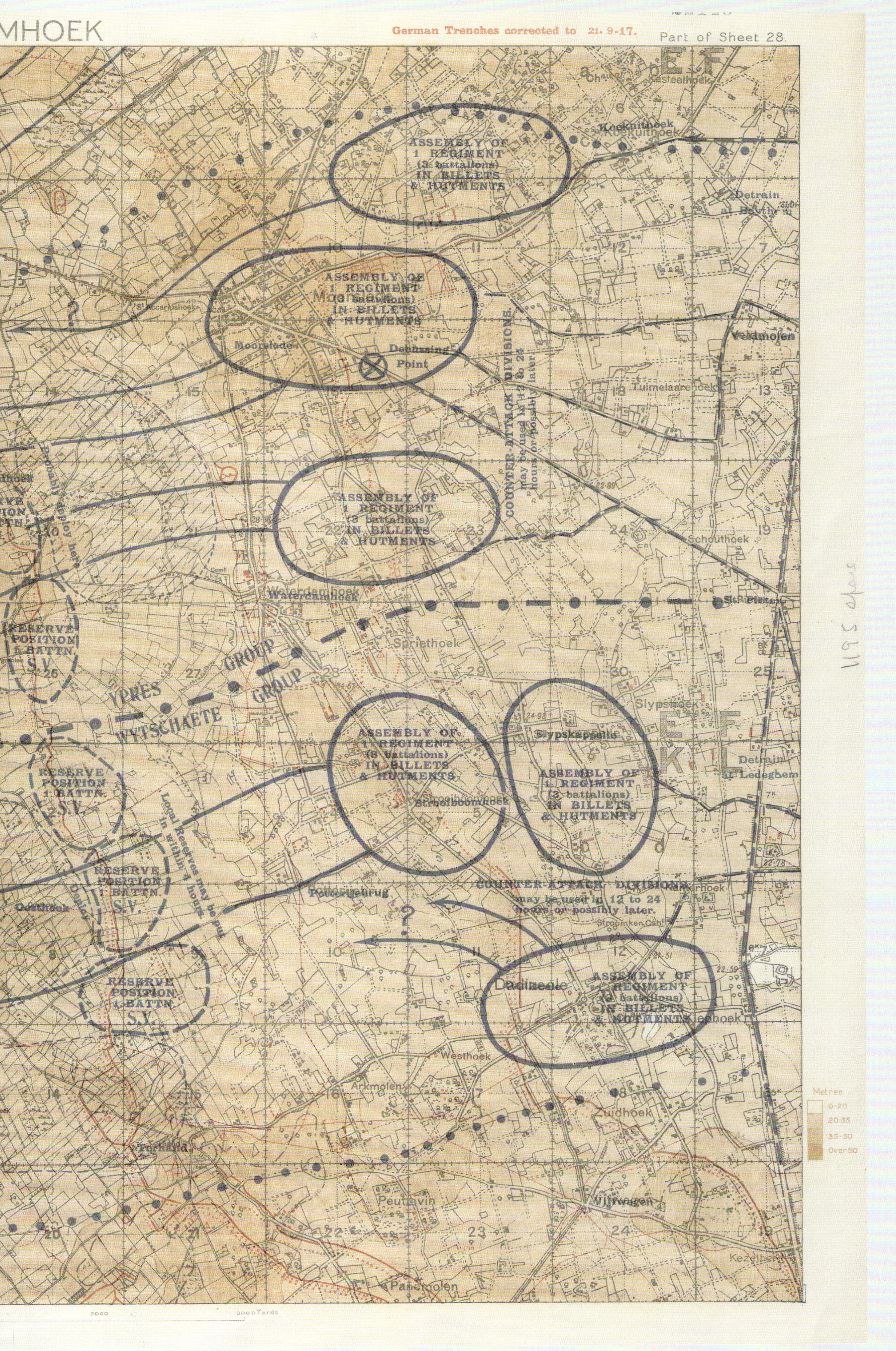

MHOEK
German Trenches corrected to 21. 9-17.
Part of Sheet 28.
ASSEMBLY OF 1 REGIMENT (3 battalions) IN BILLETS & HUTMENTS
ASSEMBLY OF 1 REGIMENT (3 battalions) IN BILLETS & HUTMENTS
Debussing Point
Moorslede
ASSEMBLY OF 1 REGIMENT (3 battalions) IN BILLETS & HUTMENTS
COUNTER-ATTACK DIVISIONS may be used in 12 to 24 hours or possibly later
Detrain at Beythem
Vijfwegen
Tuimelaarehoek
Schouthoek
Waterdamhoek
St. Pieter
Spriethoek
RESERVE POSITION 1 BATTN. S.V.
YPRES GROUP
WYTSCHAETE GROUP
ASSEMBLY OF 1 REGIMENT (3 battalions) IN BILLETS & HUTMENTS
ASSEMBLY OF 1 REGIMENT (3 battalions) IN BILLETS & HUTMENTS
Slypskappelle
Slypshoek
Detrain at Ledeghem
RESERVE POSITION 1 BATTN. S.V.
RESERVE POSITION 1 BATTN. S.V.
Local Reserves may be put in within 4 hours
COUNTER-ATTACK DIVISIONS may be used in 12 to 24 hours or possibly later.
RESERVE POSITION 1 BATTN. S.V.
Dadizeele
ASSEMBLY OF 1 REGIMENT (3 battalions) IN BILLETS & HUTMENTS
Westhoek
Arkmolen
Zuidhoek
Peutevin
Vijfwegen
Panemolen
Metres
0-20
20-35
35-50
Over 50

75 1917년 — 지옥 같은 전장을 지도화하다

제1차 세계대전 중 파스샹달 전투

제1차 세계대전에 대한 이미지들은 흔히 진흙투성이의 참호에서 오랜 기간 고통받으며 최후를 맞는 병사들의 모습을 떠올리게 한다. 실제로 병사들은 전쟁 기간 동안 지속된 폭격과 굶주림, 최악의 기상 조건, 습기, 피로, 질병, 해충의 공격 등으로 인해 제대로 된 보살핌을 받지 못했다. 살아남은 병사들은 이러한 고통스러운 경험을 '지옥'이라고 표현했으나, 이 지옥은 인간의 손에 의해 만들어진 것이었다. 전쟁이 지속되면서 병사들과 무기, 탄약, 식량의 신속한 대량 이동이 필요했다. 이 전쟁은 또한 항공기, 화학 무기, 전차 등의 신기술의 발명 및 발전을 촉진시켰으며, 전투에서 우위를 점하기 위해서는 정확한 정보가 필요했다. 이 같은 비극적인 상황 속에서 지도의 역할은 결정적이었다.

1914년 8월부터 10월 사이, 독일군은 상당한 넓이의 영토를 확보했다. 그러나 벨기에 대부분 지역과 프랑스 북부 일부를 점령한 이후로는 연합군의 강력한 반격에 부딪혀 추가적인 영토 확장을 멈출 수밖에 없었다. 이 시기에 전쟁에 참여한 국가들은 전선을 강화하고 상황을 주시하기 시작했다. 일부 점령되지 않은 벨기에 영토, 즉 이제르(Yser)강의 입구에서 프랑스 릴 도시 북쪽에 위치한 레이에(Leie)강의 둑에 이르는 지역에 벨기에군은 물론 프랑스 군대도 방어선을 구축했다. 이러한 전략적 중요성 때문에 영국 원정군은 이프르(Ypres) 인근에 배치되었다. 이 지역은 독일군 전선에서 돌출된 형태를 이루었으며, '이프르 돌출부'로 알려져 있었다.

이프르는 중세에 유명한 섬유산업 중심지였던 곳으로, 이미 이곳에서는 두 차례 이상 치열한 전투가 벌어졌었다. 제1차 이프르 전투는 1914년 10월과 11월에 진행되었으며, 제2차 이프르 전투는 1915년 4월과 5월에 있었다. 지도에 표시된 것은 제3차 이프르 전투로, 1917년 7월부터 11월까지 간헐적으로 진행되었다. 이 전투는 조네베크(Zonnebeke) 지방의 일부였던 파스샹달(Passchendaele)에서 이루어졌으며, '파스샹달 전투'(제1차 세계대전 중 벌어진 주요 전투 중 하나로, 영어로는 패션데일 전투라고도 한다. 이 전투는 끔찍한 날씨 조건과 진흙탕이 된 전장으로 인해 군사 역사상 가장 고된 전투 중 하나로 기록되어 있다.—옮긴이 주)로 알려져 있다. 1914년만 해도 약 4,000명의 주민이 살았던 이 작은 마을이 어쩌다가 전쟁 전체를 통틀어 가장 참혹하고 무의미한 공격을 받게 된 것인가? 이러한 사태가 왜 발생했으며, 이 지도는 그 비극적인 사건들에 대해 우리에게 어떤 교훈을 전달하고 있는가?

1917년에, 영국의 원정군 사령관인 더글러스 헤이그(Douglas Haig, 1861-1928) 장군은 이프르 인근의 독일군이 붕괴 직전 상태에 있다고 판단했다. 그는 강력한 공격으로 독일군 전선을 돌파하고, 이를 통해 연합군이 벨기에 해안까지 진격할 수 있을 것이라고 주장했다. 특히, 영국이 벨기에의 오스텐드(Ostend)와 제브뤼흐게(Zeebrugge) 항구를 장악할 경우, 독일의 잠수함 작전을 즉시 무력화시킬 수 있을 것이라는 것이 그의 생각이었다. 헤이그 장군은 이 전쟁이 1917년 크리스마스 이전에 종결될 것이라고 예상했으나, 이는 실제 상황을 고려했을 때 지나치게 낙관적인 예측이었다.

영국군이 이프르 지역에서 독일군을 물리치고 돌파하기 위해서는 먼저 독일군이 점령하고 있는 고지대를 탈환하는 것이 필수적이었다. 파스샹달과 메젠 사이에 위치한 최대 60m 높이의 언덕들은 독일군에게 전략적 우위를 제공했다. 1917년 6월, 영국군은 이러한 목표를 달성하기 위해 첫 번째 작전을 실행했고, 메젠에서 주목할 만한 승리를 거두었다. 이들은 지하 터널을 통해 독일군 전선 아래에 대량의 폭발물을 설치하여 폭파시켰는데, 이는 당시 가장 큰 폭발이었으며, 약 10,000명의 독일군이 사망했다. 지뢰 공격 전날, 찰스 해링턴(Charles Harington, 1872-1940) 중장은 전쟁 기자들에게 "내일 우리가 역사를 바꿀 수 있을지는 모르겠지만, 확실히 땅의 모양은 바꿀 것이다"라고 언급한 바 있다.

폭발은 건물 5층 높이에 해당하는 분화구를 만들었다. 이어진 공격을 통해 메젠 지역의 메지네스 능선을 점령했음에도 불구하고, 이후 영국군의 진격은 답보 상태에 빠졌다. 이후 1917년 7월, 영국군이 파스샹달 능선을 점령하기 위해 시작한 파스샹달 전투는 11월 4일까지 이어졌으나, 예상했던 독일군의 붕괴는 일어나지 않았다. 영국군은 독일 전선을 조금 밀어낸 것에 불과했으며, 이 과정에서 많은 희생이 요구되었다. 이 전투로 인해 약 50만 명 이상의 사상자 및 부상자가 발생했을 것으로 추정된다.

이 작전은 영국 장교 더글러스 헤이그의 고집과 강경한 태도를 단적으로 보여 주는 사례로 평가된다. 그의 실책과 오판이 거듭되면서 전황은 더욱 악화되었다. 군사 역사에서 파스샹달은 '군사적 실패'

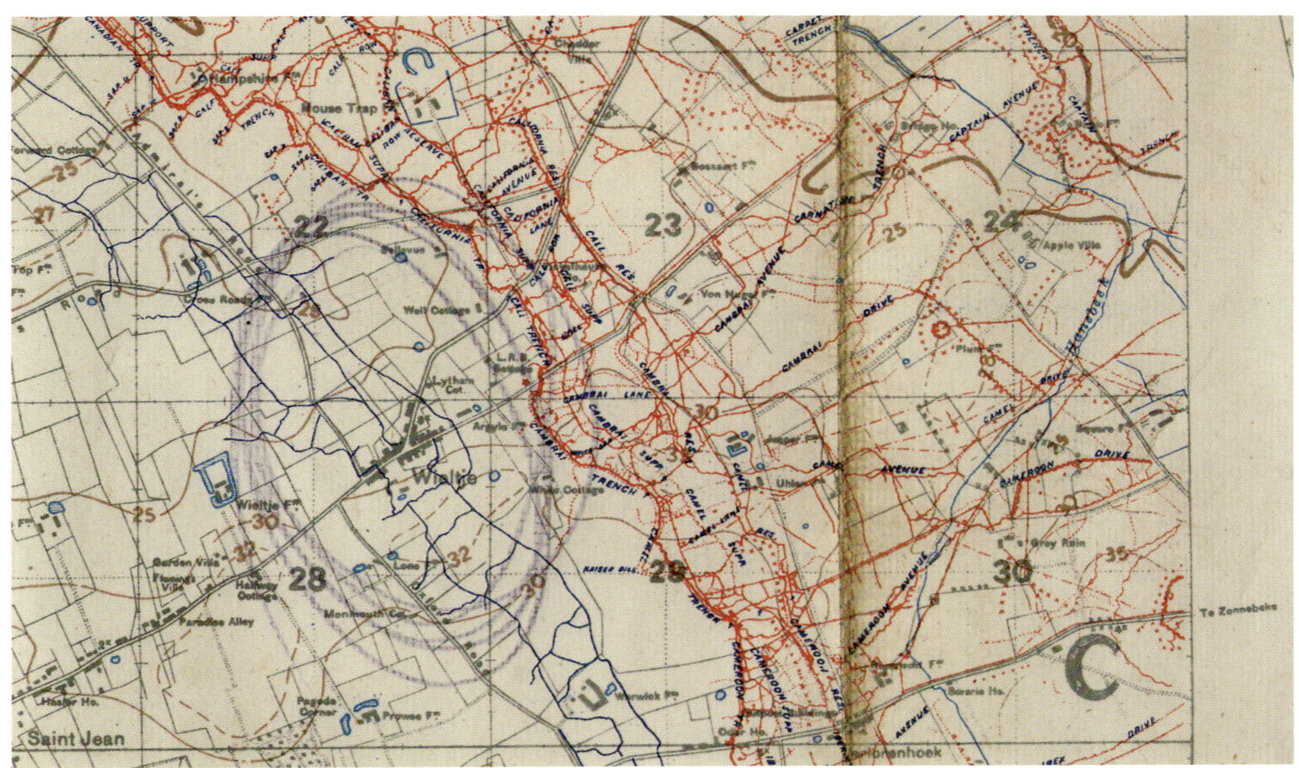

1917년 7월의 참호 지도에 나타난 이프르의 비엘테(Wieltje) 마을과 그 주변 지역.

와 '무의미의 상징'이 됐으며, 이는 모두 '작은 고지 언덕'을 위해 벌어진 일이었다. 지속적인 전투는 능선 주변 지역을 거대한 진흙 웅덩이로 변형시켰다. 더욱이 파스샹달은 1918년에 잠시 독일군의 수중에 넘어가기도 했다.

이 전투에서는 정확한 지형 정보가 결정적인 역할을 한다는 게 명확했다. 이 사실을 인식한 영국군의 지도 제작 부서는 전투 지역의 상세한 지형을 담은 전략적 지도들을 만들어 지속적으로 수정하고 재배포했다. 지도들은 건물들, 작은 도로들, 과수원들은 물론 독일군의 위치까지도 아주 세심하게 표현하고 있다. 이러한 정밀한 지도 제작은 전장에서의 우위를 점하는 데 필수적인 요소로 작용했다.

이 지도는 영국의 기밀문서의 부록으로 제작되어, 독일군의 반격 가능성을 상세히 보여 준다. 특히, 1917년 10월 1일 독일군이 어떠한 부대와 함께 어디에서 반격을 시도할 수 있는지를 나타낸다. 참호와 요새화된 거점들은 빨간색으로 표시되어 있으며, 밝은 갈색에서 짙은 갈색으로 변하는 색조는 전투가 일어난 고지를 나타낸다. 파스샹달 지역은 지도의 최상단에 위치한다. 지도의 제목인 '제방이 설치된 구역(Waterdamhoek)'은 중앙에 위치하지만 전투에서 특별한 역할을 하지 않는다. 벨기에 군사지도연구소가 제작한 지형 지도가 이 참전 지도의 기초 자료로 활용되었다. 지도의 좌측 하단에는 찰스 해링턴(Charles Harington) 장군의 서명이 있는 메시지가 있다. 이는 지도가 특정 지휘관들을 위한 것임을 밝히며, 무단으로 제3자에게 전달되지 않아야 함을 강조한다. 병사들은 적에게 자세한 정보가 유출되지 않도록 주의를 기울여야 했는데, 만약 지도가 독일군에게 넘어갈 경우, 그들은 신속하게 전술적 위치를 변경해야 했기 때문이다.

이 사례는 전쟁에서 정보 수집의 중요성을 부각시킨다. 영국군은 직접적인 관측뿐만 아니라 항공 사진 촬영과 같은 신기술로 얻은 데이터를 보완하였으며, 점령된 지역의 애국적인 벨기에 주민들이 제공한 정보와 스파이 활동을 통한 정보 수집도 병행하였다. 파스샹달 전투의 이 지도는 단순히 영국의 결정적인 승리를 돕는 데 기여한 것뿐만이 아니라, 제1차 세계대전 전체의 부조리함을 상징한다는 점에서 의미가 있다. 해링턴 장군이 예측한 바와 같이, 전투는 지형을 변화시켰다. 오늘날까지도 전쟁의 흔적은 해당 지역의 지도에 남아 있다. 군사적 폐허와 참호의 흔적, 특히 파스샹달의 타인 코트(Tyne Cot) 묘지와 같은 수많은 군사 묘지들이 서부 플랑드르 지역의 지도에 반영되어 있다.

제작자: J. 찰스 해링턴 장군, 제2군 정보부(발행)
제목: '제방이 설치된 구역'-이프르 동쪽의 적군 집결 예상 지점 및 반격 위치 표시 **발행지:** 런던 **발행일:** 1917년 10월 1일 **기법:** 컬러 인쇄
크기: 51 x 58cm **축척:** 약 1:20,000 **방위:** 북쪽이 위쪽
소장처: 스티그 퇴니선 컬렉션

FREIHEIT

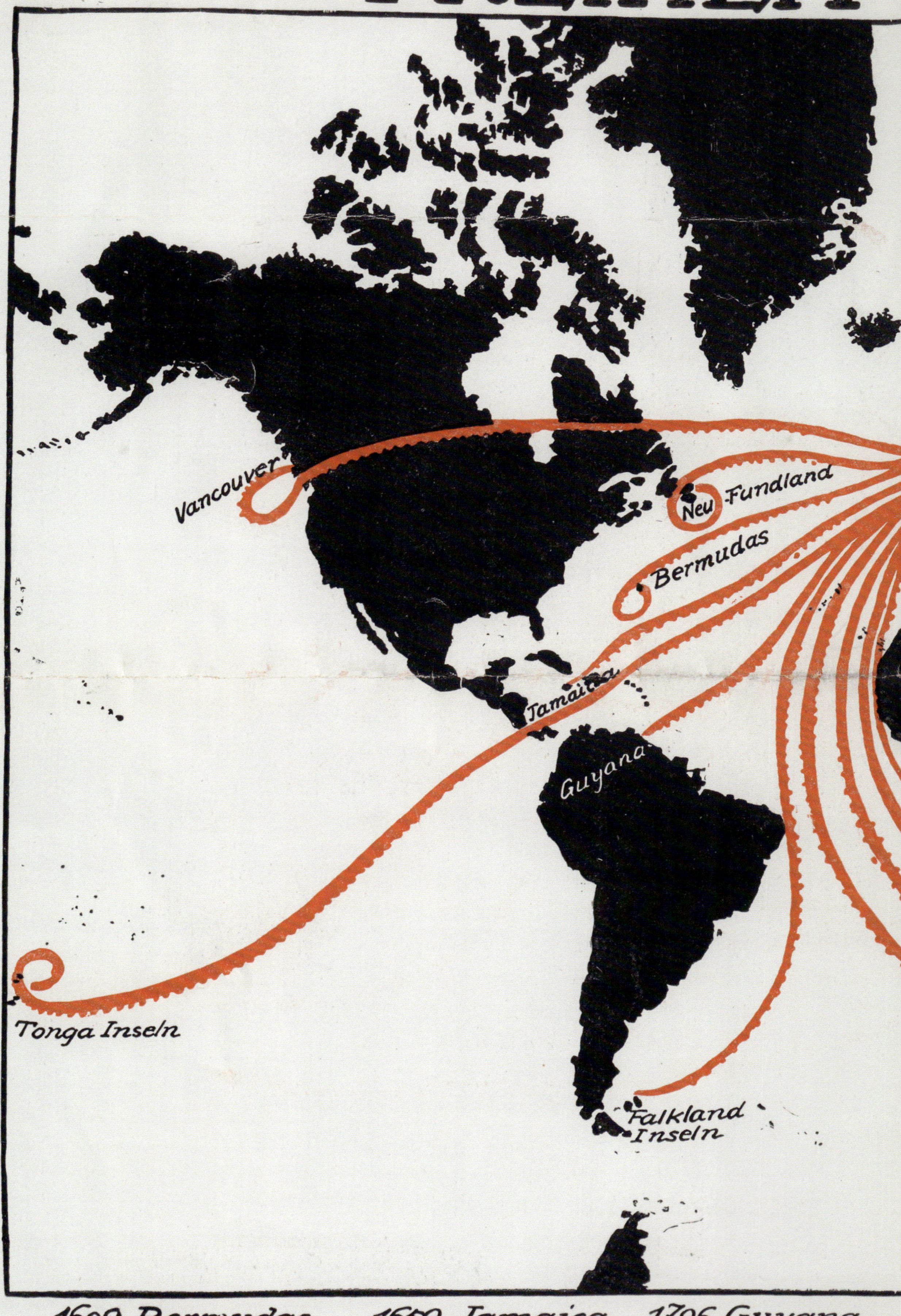

1609 Bermudas
1623 Neu-Fundland
1650 S. Helena
um 1800 Kap der guten Hoffnung

1659 Jamaica
1696 Kalkutta
1704 Gibralta
1788 Sidney
1796 Colomi

1796 Guyana
1800 Malta
1769 Bombay
1824 Singapore
1833 Neu-Seelan

ER MEERE.

39 Falkland Inseln
42 Hongkong
48 Vancouver
54 Aden
59 Queensland

1878 Cypern
1882 Suez
1886 Neu-Guinea
1890 Sansibar
1904 Tonga-Inseln

1914 Calais
1917 Archangelsk
1917 Kronstadt

76 1918년 — 대영제국의 팽창

제1차 세계대전 중 독일 선전에 등장한 문어

제1차 세계대전이 끝날 무렵 독일은 '바다의 자유(Freiheit der Meere)'라는 선전 지도를 발행했다. 제1차 세계대전은 4년에 걸쳐 독일을 중심으로 한 동맹국과 영국을 중심으로 한 연합국 간 대립으로 일어난 전쟁이다. 영국과 독일 간의 해군력 경쟁은 전쟁 발발의 주요 요인 중 하나였으며, 이 지도는 그러한 사실을 시사하고 있다. 지도를 통해 독일은 영국의 팽창주의적 야심을 부각시키고, 연합국 내부의 분열을 조장하려고 했다. 지도는 영국을 전 세계를 장악하려는 문어로 묘사하며, 문어의 다리가 17세기 초부터 영국에 편입된 세계 각지를 붙잡고 있는 모습으로 표현했다. 또한 지도 아래의 범례에는 1609년 버뮤다제도부터 1917년 아르한겔과 크론슈타트에 이르기까지 영국이 차지한 27개의 장소가 나열되어 있다.

지도의 제목은 1918년 1월 8일 미국 대통령 우드로 윌슨(Woodrow Wilson, 1856-1924)이 미국 의회에 발표한 연설에서 비롯된 것으로, 연설에서 그는 전쟁 종식을 위한 14가지 주요 제안을 발표했다. 이러한 제안들은 나중에 제1차 세계대전을 공식적으로 종료하는 베르사유 조약에 반영되었다. 이 중 하나는 시기에 관계 없이 영해 수역 밖에서 해상 운송의 절대적 자유를 보장하는 것이었다. 이 원칙은 1609년 네덜란드 법철학자인 휴고 그로티우스(Hugo Grotius)가 그의 저서 『자유로운 바다(mare liberum)』에서 주장한 것에 기반을 두고 있다. 하지만 프랑스와 영국은 '자유로운 바다' 선언에 반대했으며, 영국은 이 원칙이 자신의 식민지 대국으로서의 지위에 위협이 될 것으로 보았다. 독일 역시 이 개념에 반대했으나, 연합국 사이의 분열을 조장하기 위해 이 지도를 활용했다. 지도의 제목은 반어적인 모순을 담고 있는데, 이는 독일의 무제한 잠수함 작전이 '바다의 자유' 개념을 희화화했기 때문이다. 실제로 독일의 이러한 작전은 미국을 전쟁에 끌어들이는 계기가 되었다. 이 지도는 영국 해군에 의해 수행된 해상 봉쇄에 대한 독일의 반응으로 해석될 수도 있다.

지도는 독일 외무성 소속의 군사 정보 기관인 MAA(Militärische Stelle des Auswärtigen Amtes)에 의해 제작되었었는데, MAA는 1916년에 설립되어 제1차 세계대전 중 연합국 언론에 영향을 미칠 수 있는 선전 자료를 제작하는 역할을 수행했다. 지도 제작자들은 의도이든 아니든 간에 주로 항해용으로 만들어진 16세기의 메르카토르(Mercator)도법을 사용했다. 이 도법은 경도와 위도를 직선으로 나타내 고위도 지역을 실제보다 크게 표현하는 특징이 있다. 이 지도는 유럽을 중심으로 배치하여 문어의 촉수가 세계 각지로 뻗어나가는 형태를 취하고 있다. 붉은 촉수와 대륙의 검은 형상이 이루는 대비는 강렬한 시각적 효과를 더욱 극대화한다. 아시아 지역을 나타내는 부분에서는 여러 촉수들이 서로 교차하며 혼란을 드러낸다. 이 촉수들은 바다를 통해서만 이동하는 것은 아니며, 때때로 육지를 가로지르기도 한다.

러시아 상트페테르부르크 인근의 크론슈타트(Kronstadt)섬과 북극해의 항구인 아르한겔(Archangel)로 향하는 촉수들도 눈에 띈다. 1917년 11월 러시아 내전이 발발한 후, 영국은 일시적으로 이 지역에 주둔하게 되었다. 러시아의 옛 서방 동맹국들은 블라디미르 레닌(1870-1924)과 그의 볼셰비키 정부에 대해 반대 입장을 취했다. 이 지도의 후속 버전에는 "세계의 흡혈귀, 영국(England der Blutsauger der Welt)"이라는 문구가 오른쪽 상단에 추가되었다. 이는 영국이 이 지역에서의 영향력을 확장하고 있음을 시사하는 요소로, 당시 긴장된 국제 정세와 영국의 역할을 비판적으로 표현하고 있다.

그러나 실제로는 영국이 섬을 점령하지 않았기 때문에, 이 지도의 해당 버전에서는 크론슈타트가 표시되어 있지 않다. 대신, 지도에서는 촉수가 1918년 영국(그리고 일본)군이 상륙한 블라디보스토크까지 이어지는 것으로 나타나 있다. 이는 지도가 당시의 국제정치 상황과 영국의 군사적 움직임을 반영하고 있음을 보여 주는 요소로, 영국의 영향력 범위와 군사적 행동을 지도에 시각화한 것이다.

문어의 촉수가 대영제국이 전 세계를 거의 지배하는 것처럼 표현되어 있지만, 실제로 지도는 영국의 세계 확장주의의 일부만을 나타내고 있다. 지도는 미국 동부 해안에 위치한 가장 오래된 영국 식민지의 수많은 정착지가 포함되지 않았으며, 카리브해와 아프리카에 대한 정보도 완전하지 않다. 제목이 암시하듯, 지도는 주로 연안 지역, 섬, 항구에

제작자: 디트리히 라이머(인쇄), 외무성 MAA(발행)
제목: 바다의 자유 **발행지:** 베를린 **발행일:** 1918년경
기법: 컬러 인쇄 **크기:** 42 x 54cm **축척:** 약 1:85,000,000
방위: 북쪽이 위쪽 **소장처:** 보델 니젠하위스 컬렉션

초점을 맞추고 있다. 또한 지도는 독일이 식민지를 보유하고 있었다는 사실을 언급하지 않는다. 다른 식민지 국가들도 비슷한 상황에 있었음에도 불구하고, 지도는 오직 영국에만 초점을 맞추고 있다. 이는 제1차 세계대전 동안 선전이 본격적으로 활용되기 시작한 대표적인 사례로, 역사상 처음으로 정부가 체계적으로 대중 여론을 조성하려 시도한 점을 보여 준다.

문어 지도는 국가를 인간이나 동물의 형상으로 표현하는 오랜 전통 가운데 하나이다. 이 책에서 언급된 또 다른 예로는 1598년에 제작된 '스페인의 유럽(Het Spaens Europa)' 지도가 있는데, 이 지도는 유럽을 호전적인 여왕의 모습으로 표현하고 있다. 특히 19세기 중반, 크림 전쟁(1854)과 프랑스-프로이센 전쟁(1870) 기간에는 풍자 지도 장르가 유행하였는데, 이는 국가들을 인간이나 동물의 형상으로 표현하는 방식을 채택하였다. 문어를 사용하는 것 또한 새로운 발상은 아니었는데 탐욕스럽게 무엇인가를 잡으려는 촉수를 가진 두족류는 오랫동안 지도적 선전에서 인기 있는 주제였다. 문어를 처음으로 사용한 만화 지도는 1877년 프레더릭 윌리엄 로즈(1849-1915)에 의해 제작된 '진지하면서도 코믹한 전쟁 지도(Serio-Comic War Map)'로, 지도에서는 영국 대신 러시아를 문어로 표현하였다. 로즈는 1900년에 제작된 지도에서도 러시아를 반역적인 문어로 묘사했는데, 그 촉수가 멀리 뻗어 있음을 강조하면서 "평화적인 인상을 주려는 러시아 황제에도 불구하고"라는 문구를 제목에 추가했다.

문어가 풍자적이고 선전적인 지도에서 자주 사용되는 것은 그것의 거대하고 위협적인 이미지 때문일 것이다. 피를 빨아들이는 듯한 문어의 촉수는 악의적인 확장주의와 식민주의적 패권 정치의 상징적 표현으로 활용되었다. 이러한 상징은 '바다의 자유'에 대한 위협적인 힘에 저항하는 의미를 내포하고 있다.

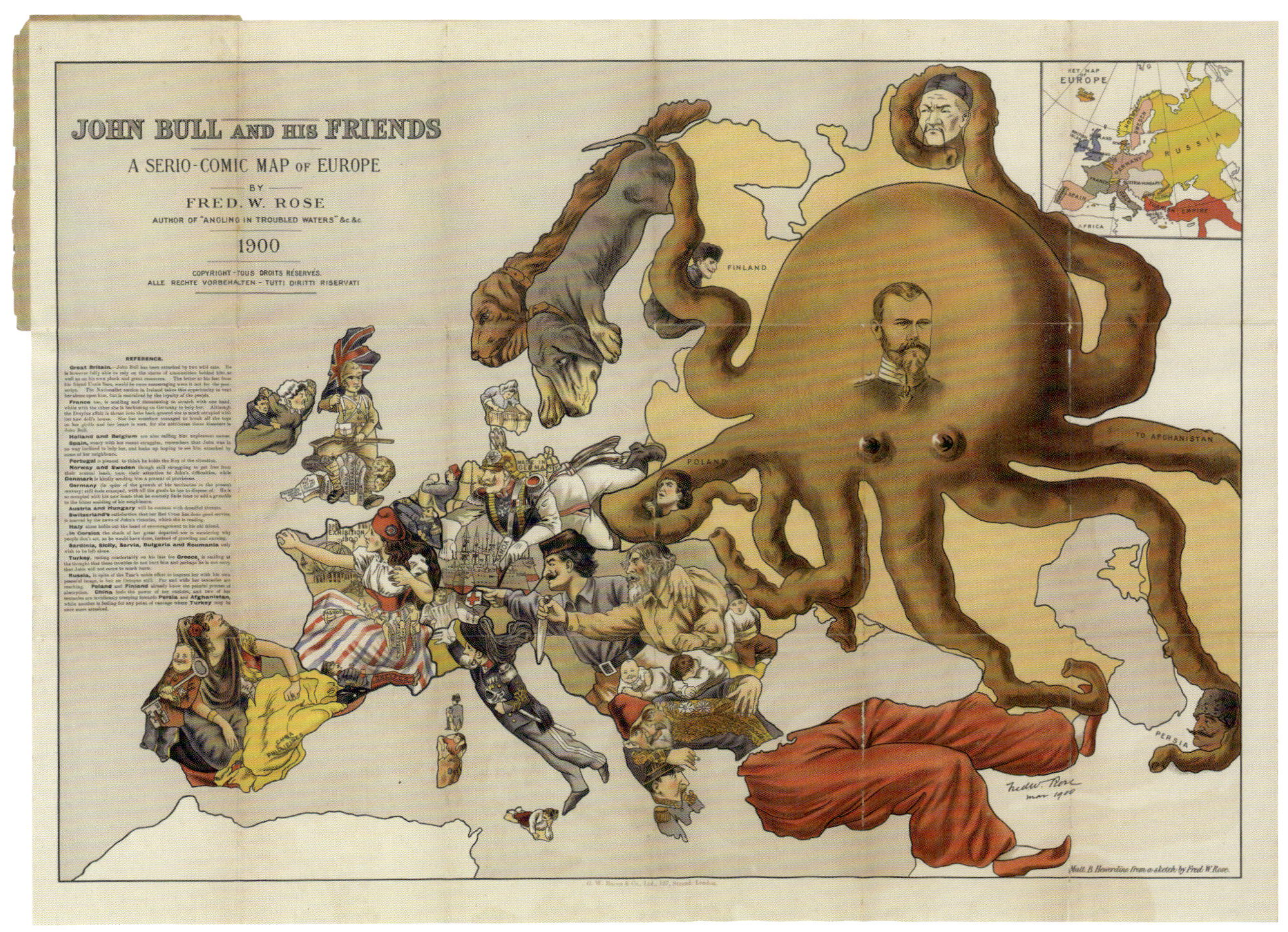

프레더릭 윌리엄 로즈가 그린 '진지하면서도 코믹한 전쟁 지도', 런던, 1900년.

EU
Zeichen-Erklärung.
ORTE über 1000000 Einwohner
ORTE von 500000 bis 1000000
Orte 100000 500000
Orte 50000 100000
Orte 25000 50000
Orte unter 25000
Maßstab 1: 5700000.
100 50 0 100 200 300 400 500 km
Neue Grenzen
Eisenbahn
Besetzte-und Abstimmungs-Gebiete schraffiert
ISLAND (Dän.)
Nord-Polarkreis
ATLANTISCHER OZEAN
SCHOTTLAND
IRLAND
ENGLAND
LONDON
Nord-See
Der Kanal
DEUTSCHES REICH
BERLIN
FRANKREICH
PARIS
Busen von Biscaya
SPANIEN
MADRID
PORTUGAL
Lissabon
MITTELLÄNDISCHES
Ligurisches Meer
Balearisches Meer
Tyrrhenisches Meer
Adriatisches Meer
Ionisches Meer
ROM
SARDINIEN
KORSIKA
SIZILIEN
Ostsee
MAROKKO
ALGERIEN
TUNIS
TRIPOLIS
AFRI

OPA
ASIATISCHES
Russisches-
Reich
RUSSLAND
RUSSLAND
Ukraine
Kaukasien
Georgien
SCHWARZES MEER
Kaspischer See
Aral-See
Asowsches Meer
Türkei
Armenien
Aserbeidschan
PERSIEN
Englische Interessenzone
ARABIEN
PERSISCHER GOLF
CYPERN
KANDIA (KRETA)
ÄGYPTEN
MOSKAU
ST. PETERSBURG
KONSTANTINOPEL
Teheran
Tiflis
Bagdad
Aleppo
Damaskus
Odessa
Bukarest
Alexandria
Kairo
Halbinsel Sinai
Rote Wüste
G.m.b.H. Berlin S.W.68, Lindenstr.3

77

1919년 — 제1차 세계대전 이후의 새로운 국경

양 대전 사이 유럽의 생성

제1차 세계대전 후 세계는 극적으로 변화하였다. 독일, 러시아, 오스트리아-헝가리, 오스만제국 등의 대제국이 몰락하고, 유럽에서는 다수의 소국들이 새롭게 등장하였다. 국제연맹의 설립은 전쟁 방지를 목표로 하였으나, 많은 불확실성을 안고 있었다. 여러 국가들 사이의 국경이 확정되지 않은 상태였고, 일부 지역은 국제적 감독을 받거나 승전국인 프랑스와 영국에 의해 임시로 통치되었다. 이는 중동, 아프리카, 아시아, 오세아니아의 구 독일 식민지에도 적용되었다. 이 시기의 지도는 그 시대의 불확실성을 반영하고 있으며, 특히 서유럽 이외 지역에서는 많은 국경이 아직 명확하게 정의되지 못했다. 그럼에도 불구하고, 이 시기에 현대 유럽의 많은 국경이 형성되기 시작한 것을 확인할 수 있다.

제1차 세계대전을 종결짓는 여러 평화 조약 가운데, 1919년에 체결된 베르사유 조약이 가장 잘 알려져 있다. 이 조약은 파리 평화 회의에서 최초로 서명되었으며, 독일과 연합국 및 기타 관련 국가들 간에 체결되었을 뿐만 아니라, 국제연맹 규약도 포함하고 있다. 추가로, 오스트리아, 헝가리, 불가리아, 그리고 오스만제국과의 평화 조약도 있었으며, 이들 조약 중 마지막인 로잔 조약은 1923년 튀르키예와 맺어졌다.

이 지도는 베를린에 있는 파루스 출판사에서 발행되었으며 평화 회담이 진행되는 동안에 발행된 것으로 보인다. 1902년에 설립된 파루스 출판사는 주로 도시의 거리 지도를 전문적으로 제작하였고, 세계대전 기간에는 선전용 지도 제작에도 참여하였다.

1915년 뉴욕 해몬드 앤 컴퍼니에서 출판한 지도로 파루스 출판사의 지도와 유사하다. 동유럽의 국경선은 점선으로 그려졌거나 생략되었다. (보스턴 공립 도서관)

베르사유 조약에는 다수의 영토 변경 사항이 포함되어 있으며, 이는 지도에도 반영되어 있다. 프랑스는 1871년 프랑스-프러시아 전쟁 이후 잃었던 알자스와 로렌 지역을 되찾았다. 조약의 주요 조항 중 하나는 라인강 왼쪽 제방과 오른쪽 제방에서 50km까지의 지역을 연합국이 점령하고, 독일이 라인강 지역에서 무장 해제를 해야 한다는 내용이었다. 이 조항은 독일에 의해 1925년 로카르노 조약에서 재확인되었다. 그러나 1936년, 아돌프 히틀러(1889-1945)가 이 협정을 위반하고 군대를 라인강 근처로 진격시켰다. 프랑스는 군사적 대응을 고려했지만, 영국은 독일을 향한 강한 비난 외에 추가적인 조치를 취하지 않았다. 히틀러는 후에 이 사건을 제2차 세계대전 발발 전 가장 긴장된 순간 중 하나로 언급하며, 만약 군사적 대응이 있었다면 독일은 철수할 수밖에 없었을 것이라고 밝혔다.

자를란트(Saarland) 지역은 제1차 세계대전 후 15년간 국제연맹의 관리하에 있었다. 이 지역은 독일 남서부에 위치해 프랑스와 인접해 있고 자르강이 지나가는 탄전 지역으로 중공업이 발달한 곳이다. 1935년에는 이 지역에서 국민 투표가 실시되었는데, 대다수의 주민들은 독일로의 재통합을 선택했다. 독일과 덴마크 간의 국경 결정을 위해 비슷한 절차가 채택되었으며, 슐레스비히-홀슈타인 지역 주민들은 1920년대 초에 이미 투표를 통해 북부 지역은 덴마크에, 남부 지역은 독일에 통합되기로 결정했다. 한편, 벨기에는 모레넷(Moresnet), 유펜(Eupen), 말메디(Malmedy) 등 새로운 영토를 획득했다. 이러한 영토 변화는 제1차 세계대전의 결과로서 국제적인 정세 변동을 반영하는 사례들이다.

독일 동쪽에서 폴란드는 독립 국가로 재등장했으나, 현재보다 더 동쪽에 있었다. 예컨대, 브레슬라우(Breslau, 현재 브로츠와프)는 당시에도 독일 영토로 남아 있었다. 폴란드의 국경은 제2차 세계대전이 끝난 후

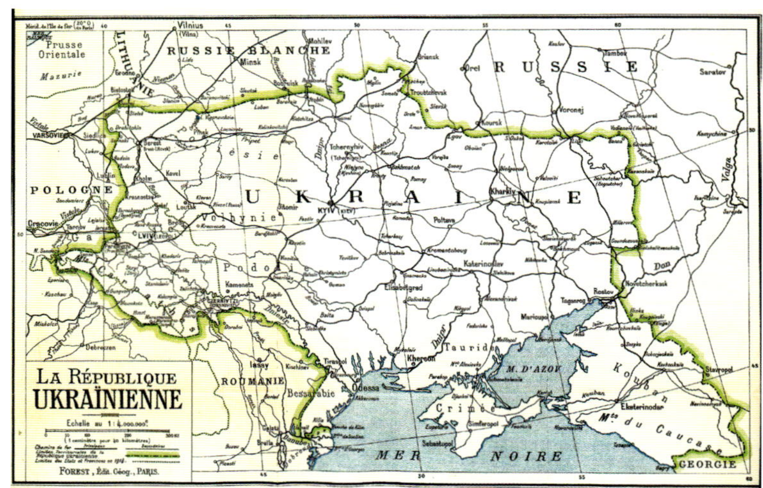

1919년 파리 평화 회의를 위해 작성된 우크라이나 공화국 지도, 1919년.

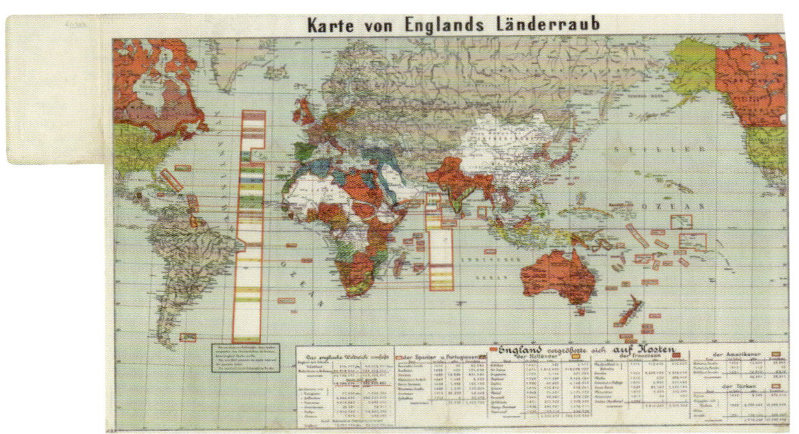

1915년 파루스 출판사가 발행한 반영국 선전 지도.

에는 서쪽으로 옮겨졌다. 제1차 세계대전 이전 폴란드는 독일, 오스트리아-헝가리, 러시아제국에 의해 분할 지배되던 상황이었다. 지도는 베르사유 조약에서 독일의 동프로이센이 독일 본토와 분리되고 단치히(Danzig, 현재 그단스크)가 국제연맹의 관리하에 놓인 것을 보여 준다. 이러한 조약의 결과는 당시의 국제 정세에 따른 중요한 영토적 변화를 반영하는 것이다.

독일제국의 몰락은 주로 국경의 변화로 이어졌으나, 다른 제국들의 해체는 완전히 새로운 국가들의 탄생을 가져왔고, 이들 중 일부는 해체되어 다시 서로 전쟁을 벌였다. 지도에 나타난 많은 국경은 평화 조약이 체결되지 않아 잠정적인 상태였다. 제1차 세계대전 중, 연합국은 오스트리아-헝가리 제국의 영토를 국제연맹의 위임 통치 지역으로 전환시켜 독립 준비를 할 수 있도록 계획했다. 그러나 토머스 마사릭(Thomáš Masaryk, 1850-1937) 같은 인물들의 성공적인 로비 활동 덕분에, 우드로 윌슨(Woodrow Wilson, 1856-1924) 미국 대통령의 14개 원칙보다 훨씬 파격적인 결과가 도출되었다. 이들 국가는 가상의 '국경'을 기반으로 즉각 독립을 선언했다. 그러나 이렇게 정해진 국경들은 수 세기에 걸친 다양한 민족들의 분포를 고려하지 않다 보니 민족이 분리된 결과를 불러일으켰다. 결과적으로 소수민족이 있는 국가들이 다수 생겨났다. 예를 들어, 히틀러는 제2차 세계대전을 앞두고 체코슬로바키아의 주데텐란트(Sudetenland)에 독일어 사용 인구가 많다는 이유로 침략의 명분을 찾았다. 또한 이탈리아는 남티롤(South Tyrol), 트리에스테(Trieste), 피우메(Fiume)를 획득했다. 헝가리는 영토가 축소되고, 루마니아는 확장되었으며, 유고슬라비아라는 새로운 국가가 등장하였다.

1917년 2월 혁명 이후 볼셰비키가 독일과 휴전을 맺으면서 러시아 차르제국이 붕괴했다. 핀란드는 독립을 선언하고, 나머지 제국의 영토는 피비린내 나는 내전에 휩싸였다. 브레스트-리토프스크(Brest-Litovsk) 조약에 따르면 발트 3국(에스토니아, 라트비아, 리투아니아)은 독일의 일부가 되었지만 결국 독립을 선언했다. 지도에 나타난 우크라이나, 조지아, 및 코카서스의 국경은 내전(1917-1922) 기간의 혼란한 상황을 반영하며, 벨라루스는 표시되지 않았다. 우크라이나는 러시아 일부 지역을 포함하여 크게 확장하였으며, 이는 평화 회의에 제출된 우크라이나의 요구와 일치한다. 또한 베사라비아(Bessarabia, 현재의 몰도바)는 제2차 세계대전 동안 루마니아의 영토로 편입되었다.

이 지도는 오스만제국의 아시아 부분에 관해서는 다소 애매모호하게 표현한다. 지도는 스미르나(현재의 이즈미르)가 1919년부터 1922년까지 그리스 통치를 받았음을 나타내고 있다. 튀르키예에 할당된 지역은 1920년 세브르 조약에서 합의된 것에 비해 현저히 작게 표시되었다. 그러나 조약은 비준되지 않았고, 케말 아타튀르크가 현대 튀르키예를 창건하고 스미르나를 포함한 광범위한 지역을 정복하면서 사실상 무효화되었다. 아르메니아는 실현되지 않은 이상의 또 다른 예이다. 이 지도에는 윌슨 대통령이 구상한 아르메니아뿐 아니라 지중해와 흑해에 항구를 끼고 있는 킬리키아 아르메니아도 포함되어 있다. 하지만 실제 아르메니아는 작은 내륙 국가가 되었다. 유럽에서는 위임 통치 영토가 설립되지 않았지만 다른 지역에서는 그러한 영토가 있었다는 점이 시리아와 레바논의 '프랑스 보호령' 표시에서 확인된다. 이라크와 팔레스타인은 결국 영국의 위임 통치 영역이 되었으나 지도에는 '영국 관심 지역'만 언급되어 있다.

지도는 제1차 세계대전 이후 세계가 얼마나 크게 변화했는지를 보여 준다. 일부 지역에서는 주민들이 자신들의 미래를 결정할 수 있었고, 다른 지역에서는 여전히 전투가 계속되었다. 그럼에도 불구하고, 많은 사람들은 1920년대 초까지 베르사유 조약이 전쟁을 종식시키지 못했다는 사실을 인식하고 있었다.

제작자: 파루스 출판사 **제목:** 유럽 **발행지:** 베를린 **발행일:** 1919년
기법: 다색 석판 인쇄 **크기:** 77 x 101cm **축척:** 1:5,700,000
방위: 북쪽이 위쪽 **소장처:** 네덜란드 왕립 동남아시아 및 카리브 연구소

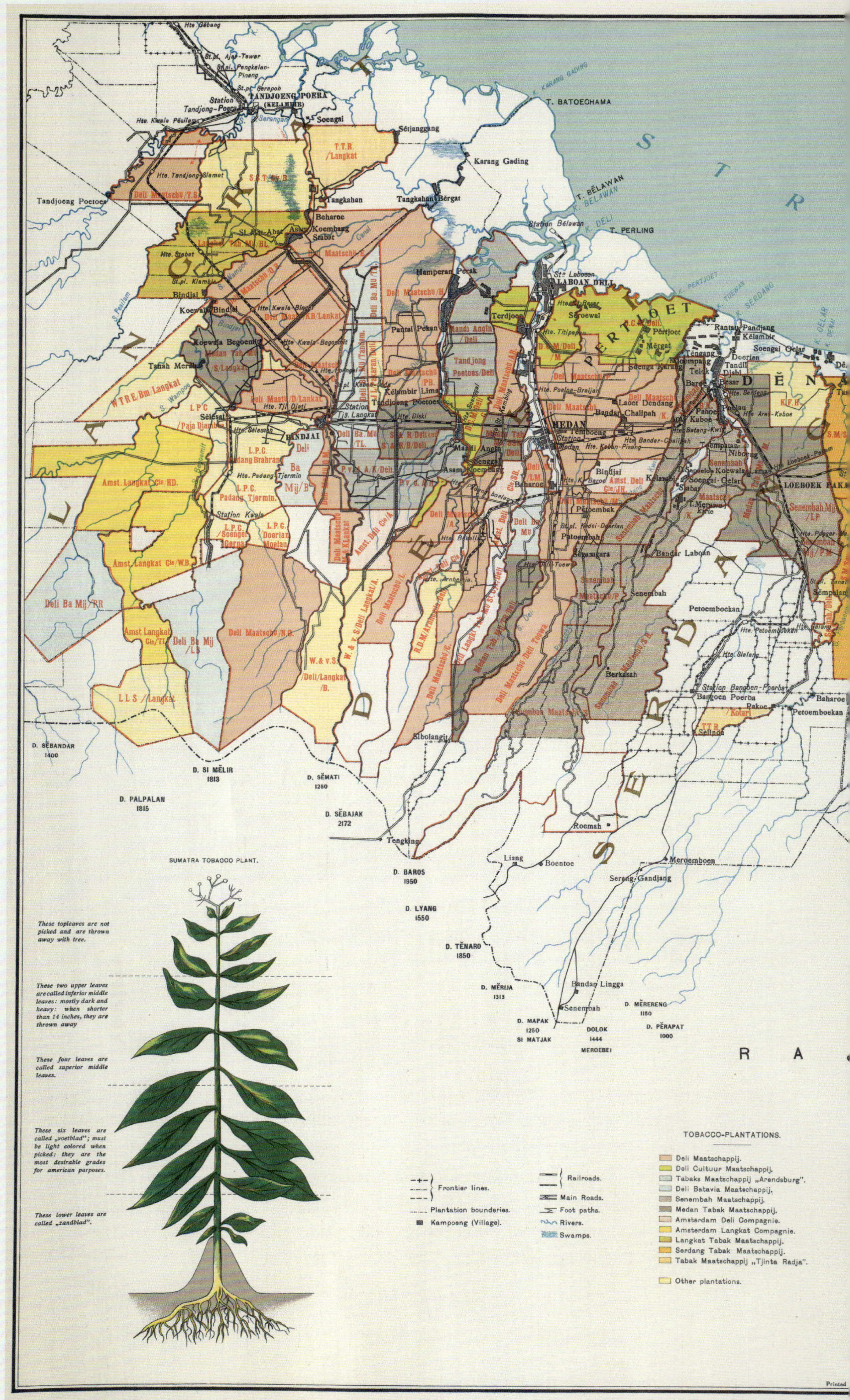
T. BATOECHAMA
T. BELAWAN
T. PERLING
TANDJOENG POERA
LABOAN DELI
MEDAN
BINDJAI
Tandjoeng Poetoes
Karang Gading
Tangkahan
Sétjanggang
Bandar Chalipah
Petoembockan
Senembah
Berkasah
Tengking
D. SÉBANDAR 1400
D. SI MÉLIR 1813
D. PALPALAN 1815
D. SÉMATI 1250
D. SÉBAJAK 2172
D. BAROS 1950
D. LYANG 1550
D. TÉNARO 1850
D. MÉRIJA 1313
D. MAPAK 1250
SI MATJAK
DOLOK 1444
MEROEBEI
D. MÉRERENG 1150
D. PÉRAPAT 1000
SUMATRA TOBACCO PLANT.
These topleaves are not picked and are thrown away with tree.
These two upper leaves are called inferior middle leaves: mostly dark and heavy: when shorter than 14 inches, they are thrown away
These four leaves are called superior middle leaves.
These six leaves are called „voetblad"; must be light colored when picked: they are the most desirable grades for american purposes.
These lower leaves are called „zandblad".
Frontier lines.
Plantation bounderies.
Kampoeng (Village).
Railroads.
Main Roads.
Foot paths.
Rivers.
Swamps.
TOBACCO-PLANTATIONS.
Deli Maatschappij.
Deli Cultuur Maatschappij.
Tabaks Maatschappij „Arendsburg".
Deli Batavia Maatschappij.
Senembah Maatschappij.
Medan Tabak Maatschappij.
Amsterdam Deli Compagnie.
Amsterdam Langkat Compagnie.
Langkat Tabak Maatschappij.
Serdang Tabak Maatschappij.
Tabak Maatschappij „Tjinta Radja".
Other plantations.

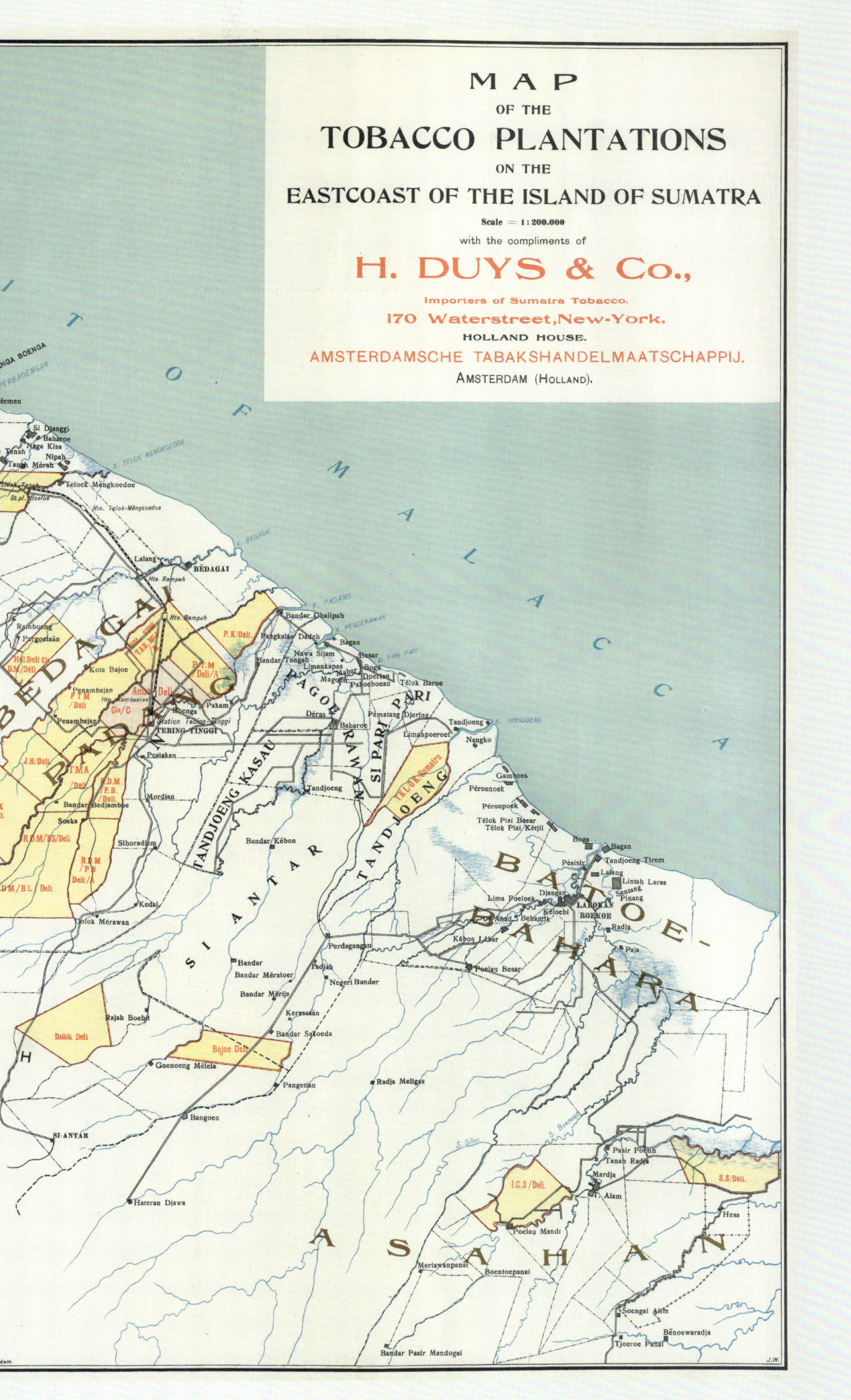

MAP
OF THE
TOBACCO PLANTATIONS
ON THE
EASTCOAST OF THE ISLAND OF SUMATRA
Scale = 1:200.000
with the compliments of
H. DUYS & Co.,
Importers of Sumatra Tobacco.
170 Waterstreet, New-York.
HOLLAND HOUSE.
AMSTERDAMSCHE TABAKSHANDELMAATSCHAPPIJ.
AMSTERDAM (HOLLAND).
STRAIT OF MALACCA
BEDAGAI
PADANG
SI ANTAR
TANDJOENG KASAU
BAGOERAWAN
SI PARI PARI
TANDJOENG
BATOE-BAHARA
ASAHAN
BÉDAGAI
TEBING TINGGI
SI-ANTAR
Dokok Deli
Bajoe Deli
I.C.S./Deli.
S.S/Deli.
P.K/Deli.

78

1920년 — 식민지 엘도라도의 그림자

네덜란드 동인도제도에서의 감춰진 기억

이 지도는 19세기 말부터 20세기 초에 걸쳐 인도네시아 수마트라 북동부 지역의 담배 재배지를 통해 극단적인 식민지 역사를 떠올리게 한다. 네덜란드 자본가들과 '쿨리'라 불리는 인도네시아 노동자들 사이의 경제적 불균형이 드러나는 이 지역은 겉으로는 평화로운 엘도라도처럼 보이지만, 실제로는 극심한 불평등과 빈곤을 숨기고 있다. 담배 재배에 투자한 자본가들과 농장주들은 대부분 네덜란드 출신으로, 인구 부족 문제를 해결하기 위해 자바 및 기타 지역에서 노동자들을 데려올 필요가 있었다. 이러한 담배 재배지는 고립되고 폐쇄적인 공동체로, 소수의 네덜란드 엘리트와 대다수의 노동자 사이에 대립적 관계가 형성되어 폭력의 위협이 지속되었다. 노동자들은 주로 피해를 입었지만, 때로는 가해자가 되기도 하였다.

이 지도는 네덜란드 동인도제도에 속한 수마트라 동부 해안에 위치한 담배 농장을 개략적으로 보여 주고 있다. 특히, 같은 이름의 행정구역 중에서 북부 지역만을 표시하고 있다. 지도의 중심에는 활기찬 도시 메단(Medan)과 그 주변의 델리(Deli) 술탄국이 위치해 있으며, 북쪽에는 랑카트(Langkat) 술탄국의 남부 지역, 남쪽에는 세르당(Serdang) 술탄국의 북부 지역이 표시되어 있다. 당시 이 지역에서 생산된 담배는 주요 항구이자 해안 도시인 벨라완(Belawan)을 통해 수출되었다. 또한 지도의 왼쪽 하단 모서리에는 담배 식물의 그림이 포함되어 있어 지역의 주요 생산품임을 강조하고 있다.

지도가 작성된 시점에 해당 지역에는 약 130개의 개별 담배 농장이 존재했다. 일부 농장은 지도상에서 조합으로 표시되었으며, 다양한 색상은 대규모 농장의 최종 소유자를 나타낸다. 예를 들어, 회색과 분홍색의 조합은 유명한 델리 마트샤피츠(Deli Maatschappij)의 농장을 나타내며, 짙은 회색 영역은 두 번째로 큰 회사인 세넴바 마트샤피츠(Senembah Maatschappij)의 대규모 농장을 나타낸다. 델리 마트샤피츠는 총 21개의 재배지를 소유하고 있었는데, 이 중 6개는 메단 마을 근처, 5개는 벨라완 강 동쪽에, 그리고 10개의 재배지는 빈제이(Bindjei)에서 탄중 푸라(Tandjoeng Poera)까지 이어져 있었다.

20세기 초 메단에 있는 담배 회사 델리의 사무실로 담배 농장은 여기서 관리되었다.

지도는 수마트라와 기타 지역에서 담배를 전문적으로 수입하는 뉴욕의 무역 회사 H. Duys & Co가 의뢰한 것이다. 네덜란드 출신인 듀스(J.H. Duys, 1879-1940)가 창업한 이 회사는 암스테르담의 담배 상인들과의 거래를 통해 네덜란드 식민지의 상황에 밝았다. 기업가 정신이 강한 청년으로 나이메헌(Nijmegen)에서 뉴욕으로 이민 온 듀스는 1900년에 이 회사를 설립하였고, 담배 잎의 원산지에 관한 자세한 정보를 기록하는 아이디어를 제안한 것으로 알려져 있다.

1863년 암스테르담 출신인 야콥 니엔후이스(Jacob Nienhuijs, 1836-1928)는 델리에서 담배 재배의 허가권을 얻었다. 이로써 1869년 델리 회사가 설립되었으며, 네덜란드 무역 회사(NHM)가 투자자 중 하나로 참여했다. 그 후 몇십 년 동안 회사의 21개 농장이 설립되었다. 가장 큰 담배 회사인 델리 회사는 델리 농장주 협회의 의장이 되었다. 다른 3개의 대규모 회사는 델리-바타비아(Deli-Batavia, 1875년), 아렌즈부르크(Arendsburg, 1877년), 그리고 세넴바(Senembah, 1889년)이다. 경제 성장에 발맞추어, 식민지 행정부는 1887년에 수마트라 동부 해안 식민지 주무청을 메단으로 이전했다.

1900년에 자바 외 지역의 무역액 중 약 25%가 수마트라 동부 해안에서 발생하였고, 나중에는 30~35%까지 증가하였다. 1905년부터 1930년 사이에는 지역 주민 수가 세 배로 증가하였으나, 1930년 기준으로 네덜란드 출신 지배층 인구는 약 11,000명에 불과하여 전체 인구 중 소수를 차지하였다.

회사들은 남중국과 중부 자바에서 노동자를 도입하여 필요한 노동력을 확보하였다. 이 중 대다수를 차지한 노동자들은 '형벌 제도'에 의해 처벌받는 계약 노동자들이었는데, 이는 계약을 이행하지 못할 경우 법적 처벌이 가능함을 의미했다. 반면, '자유로운 쿨리'로 불리는 노동자들은 이 제도에 속하지 않는 상대적으로 소수의 그룹이었으며, 자율적으로 계약 조건에 따라 근무하였다. 표준적인 농장 구조에는 수십 명의 중국인 또는 현지인 관리자와 소수의 네덜란드인 농장주, 그리고 약 1,000명의 노동자가 포함되었다.

20세기 초, 총 노동자 수는 10만 명 정도였으나 1920년에는 25만 명까지 증가하였다. 시간이 흐르며 노동자들의 인종 구성은 중국인 중심에서 자바인 중심으로 변화하였고, 결국 자바인이 대부분을 차지하게 되었다. 1930년대에는 남성 노동자가 여성의 두 배에서 세 배 정도로 성비가 불균형적이었다. 이 시기에는 '형벌 제도'의 노동자들이 '자유로운' 노동자로 전환되는 사례도 있었다. 미국의 담배 회사들이 로비 활동을 통해 미국 의회가 '노예' 조건에서 생산된 담배의 수입을 금지하자, 네덜란드 회사들은 '자유로운' 계약 노동자를 고용하여 이러한 규제를 피할 수 있었다.

수마트라 동부 해안의 경제적 성공으로 인해 전체 지역이 번영하였지만, 이러한 번영에는 어두운 면이 존재했다. 특히 농장 노동자들의 노동 조건은 매우 열악했다. 그들의 임금은 낮았고 가혹한 규정에 따라 근무했다. 1902년에는 메단 지역에서 심각한 학대 사건이 발생하여 이에 대한 조사가 이루어졌다. 조사 결과 형벌이 자주 시행되고 '체벌(slaps)'과 같은 경직된 처벌이 일상적으로 사용되었다. 이로 인해 탈주와 도둑질 등의 사건도 발생하였으며, 중국인과 현지 감독들도 폭력을 사용하는 경우가 있었다. 이에 대한 보고서는 식민지 부서의 기록에 남았으나, 1910년부터는 노동 조건을 감시하기 위해 노동 감찰관 제도가 신설되어 조금씩 개선되었다. 특히 형벌 체제의 폐지가 가장 큰 영향을 미쳤다. 노동자들에 의한 주기적인 폭력 사건도 종종 발생하였으며, 인구가 적은 더 외딴 농장의 농장주들은 노동자들의 갑작스러운 공격에 대한 불안을 안고 살아야 했다.

델리의 식민지 농장 공동체는 현재까지도 그 흔적이 남아 있다. 메단 지역은 활발한 중국 무역 장소로 알려져 있으며, 이 지역의 인도네시아인들 중에는 자바 출신이 많다. 많은 농장 건물들이 여전히 남아 있으며, 농장주들이 만나던 메단의 전(前) 호텔 더 부어도 그대로이다. 또 세대에서 세대로 구전으로 전해 내려오는 노동자로서의 삶에 대한 기억도 남아 있다.

20세기 초, 메단 인근의 암스테르담-델리 회사의 담배 농장에서 일하는 계약 노동자 사진. 중부 자바 출신일 것으로 추정된다.

제작자: H. 듀스 앤 컴퍼니, 암스테르담 담배무역회사(발행), J.H. 더 뷔시(인쇄) **제목:** 수마트라섬 동부 해안 담배 농장 지도
발행지: 뉴욕 및 암스테르담 **발행일:** 1920년경 **기법:** 컬러 인쇄
크기: 67 x 83cm **축척:** 약 1:200,000 **방위:** 북쪽이 위쪽
소장처: 네덜란드 왕립 동남아시아 및 카리브 연구소

다층적인 오스만-튀르키예 지도(1928년)

سور معاهده سنه نظراً عراق حدودی
سور 〃 بوغازلر منطقه سی
〃 〃 ازمیر منطقه سی
ویلسونك تکلیفنه نظراً متصور ارمنستان حدودی
لوزان معاهده سنه نظراً غیر عسکری منطقه‌لر
۱۹۱٤ ده‌کی تورك - روس حدودی
۱٦ مارت ۱۹۲۱ ده عقد اولنان موسقوا معاهده سنه نظراً تورکیه‌نك
سور معاهده سنه نظراً تورك حدودلری

1928년 — 다층적인 오스만-튀르키예 지도

중동 지역의 식민주의와 국가 형성

오스트리아 비엔나의 엘베뮐 출판사와 이스탄불의 아흐메드 이산 출판사가 공동으로 제작한 이 오스만-튀르키예 지도는 튀르키예가 라틴 문자를 도입한 1928년에 출판되었다. 지도는 역사적으로 크게 두 가지 측면에서 의의를 갖는다. 첫 번째, 이 지도는 200년 이상에 걸쳐 점진적으로 축소된 오스만제국의 영토를 담고 있으며, 제1차 세계대전 종료 후 제국이 유지한 영향력과 그 상실 과정을 보여 준다. 이는 오스만제국이 독일과 오스트리아-헝가리와 같은 전쟁 패배국과 함께 1923년에 공식적으로 해체되어 튀르키예 공화국으로 전환되는 역사적 과정을 나타낸다. 둘째, 이 지도는 단순한 지리적 표현을 넘어서 다양한 시간대에 걸친 정보를 중첩하여 표현하는 다층적 구조를 가지고 있다. 덕분에 다양한 시간적 차원을 아우르는 역사적 문서로서의 가치가 있다.

1918년 10월 30일, 무드로스 휴전 협정이 체결되어 연합국은 오스만제국의 군사 체계를 해체하고 다르다넬스 및 보스포루스해협, 그리고 이스탄불까지 점령할 권한을 확보했다. 이어진 1918년 11월 프랑스는 킬리키아(Cilicia)를 점령하였고, 1919년 4월과 5월에는 각각 이탈리아가 안탈리아, 그리스가 이즈미르를 차례로 점령하여 프랑스와 영국의 지지를 받아 동진을 이어갔다. 이러한 정세 속에서 1920년 여름, 술탄 메흐메트 6세는 연합국, 특히 영국, 프랑스, 이탈리아, 일본과의 강제 협상 끝에 8월 10일 세브르 조약에 서명했다. 이 조약은 오스만 의회에서 비준되지 않았고, 확장세를 이어 가던 오스만-튀르키예 무슬림 국수주의자들로부터 강한 반발을 받았다. 세브르 조약은 튀르키예 역사에서 서구 식민주의적 욕구를 상징하는 조약으로 평가받고 있다.

세브르 조약은 정치, 군사, 경제 분야에 걸쳐 광범위한 조항을 포함하고 있으며, 특히 오스만-튀르키예 무슬림 국수주의자들이 추구하던 국가의 영토 확립 문제도 포함하고 있다. 이 조약과 직접적으로 연관된 지도의 첫 번째 층은 여러 중요한 구역을 상세히 나타낸다. 지도의 상단 왼쪽에 위치한 줄무늬가 있는 보라색 '해협 지역(Straits Zone)'은 비무장 지대로 설정되어 연합국의 통제를 받았다. 그 아래에 있는 보라색 '이즈미르 지역(Izmir Zone)'은 1925년까지 그리스가 관리하였으며, 국제연맹의 승인하에 공식적으로 그리스 영토가 될 수 있었다. 지도 오른쪽에 표시된 노란색 지역은 '독립된 아르메니아'를 나타내며, 이 지역의 구체적인 국경 결정 권한은 우드로 윌슨(Woodrow Wilson, 1856-1924) 미국 대통령에게 위임되었다. 지도 하단의 넓은 오렌지색과 회색 지역은 1920년 세브르 조약 체결 당일 서명된 영국, 프랑스, 이탈리아 간의 삼국 협정에 따라 규정되었으며, 이탈리아와 프랑스는 이 지역에 대한 '특별 이해관계'를 주장할 수 있는 권리를 확보했다.

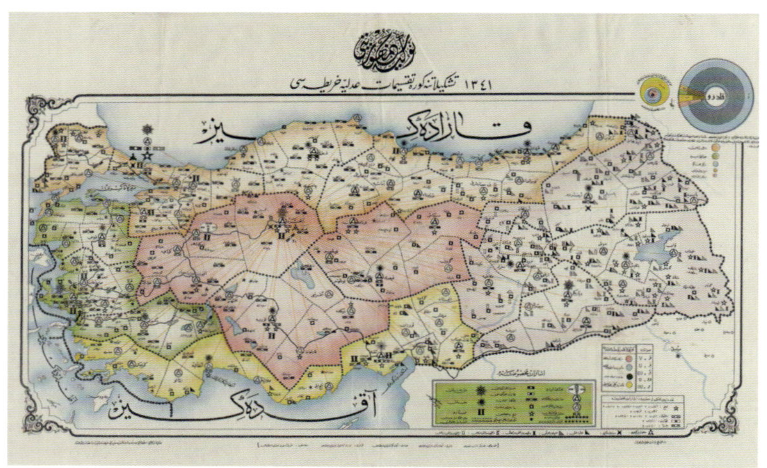

케말 아타튀르크 대통령 시기의 튀르키예 지도. 1925년의 이스탄불의 모습을 보여 준다.

지도의 첫 번째 층은 정치적으로 중요한 두 가지 특성을 드러낸다. 첫째, 각각의 색상으로 구분된 보라색, 오렌지색, 회색, 노란색 지역은 정치적으로 서로 다른 성격을 지니고 있음에도 불구하고—보라색 지역은 그리스로 편입될 예정이었고, 오렌지색과 회색은 영향력 지역, 노란색은 독립 국가로 인식되었지만—모든 지역에 같은 색상 패턴을 사용했다. 이와 같이 시각적으로 통일감을 주어 지도를 보는 사람들에게 튀르키예의 분할을 두드러지게 강조했다. 둘째, 세브르 조약과 삼국 협정은 회색 지역의 동쪽 부분과 지도 오른쪽 하단의 흰색 지역에서 쿠르드인들에게 지역 자치를 부여하는 방안을 제시했으며, 이 자치는 영국, 이탈리아, 프랑스의 위원회가 설계한 계획이었다. 국제연맹의 승인이 있을 경우, 이 지역은 1년 내에 독립할 수 있으며 이라크 모술의 쿠르드 지역과의 통합 가능성도 있었다. 하지만 1928년 지도는 이러한 정보를 은폐하고 있었는데, 이는 독립한 튀르키예 정부가 어떠한 무슬림 소수민족도 인정하지 않았기 때문으로 보인다. 튀르키예 정부는 모

오스만제국의 영토 확장이 정점에 달한 시기의 지도. 1708년 파리.

든 무슬림 시민을 튀르키예인으로 간주했다.

1923년 로잔 조약(스위스의 로잔에서 제1세계대전 협상국과 튀르키예 사이에 열린 회의의 결과로 1923년 7월 24일 체결된 조약—옮긴이주)을 통해 튀르키예와 연합국 간에 합의가 이루어졌으며, 앙카라는 조약을 통해 중요한 원칙을 밝혔다. 조약은 1919년부터 1922년까지 지속된 국수주의적 운동의 정점으로, 이는 전 세계적으로 더 큰 이해관계를 가진 연합국과 야심이 과도했던 그리스인들과의 대립 속에서 이루어졌다. 로잔 조약은 세브르 조약을 대체하며 튀르키예의 독립을 국제적으로 인정하고, 비 무슬림 소수민족 보호 체제를 도입했다. 그리고 그리스-튀르키예 간 대규모 인구 교환을 공식화하며, 제1차 세계대전 동안 아르메니아인 및 기타 기독교인 집단학살에 관여한 튀르키예인들에게 사면을 부여하는 내용을 포함하였다.

로잔 조약은 지도의 두 번째 층을 명시하고 있다. 이 층은 줄무늬 보라색 지역과 그 위에 바로 위치한 녹갈색 지역(왼쪽 상단 구석)을 포함한다. 이 두 지역은 모두 비무장화되었으며, 특히 후자의 경우 그리스와 불가리아 국경 지대를 아우른다. 이 녹갈색 부분 지역에서는 로잔 조약에 따라 해협 통행의 자유를 보장하는 협약이 발효되었다. 이러한 규정은 1936년 몽트뢰 협약(튀르키예의 통제하에 있는 해협들이 모든 국가의 상업용 선박에 대해 평화 기간 동안 자유롭게 통행할 수 있는 규정이 포함된다—옮긴이주)을 통해 재조정되어, 흑해를 통한 해상 교통의 규제가 강화되었다.

지도의 세 번째 층은 튀르키예 국경의 다양한 설정을 보여 준다. 국경들은 하나의 날짜에 정해진 것이 아니라 여러 시기에 걸쳐 정해졌기 때문에 복합적인 구조를 가진다. 특히 1928년에 인쇄된 지도에서는 아직 최종적으로 확정되지 않은 두 구간의 국경이 포함되어 있었다. 첫 번째 구간은 이란과의 국경으로, 1929년, 1932년, 1937년에 체결된 주요 협약에 따라 지도상의 국경선을 대략적으로 따르게 되었다. 두 번째 구간은 프랑스 위임 통치하에 있었던 시리아와의 국경으로, 1921년 프랑스-튀크키예 앙카라 협약에 의해 초기에 합의되었으며, 이 협약은 프랑스의 킬리키아 점령을 종식시켰다. 이 지역의 국경은 이후 1926년, 1929년, 1930년에 세부 조정을 거쳤고, 1939년에 프랑스는 킬리키아의 하타이주를 튀르키예에 양도했다. 또한 튀르키예와 소비에트 연방 사이의 국경은 1921년 모스크바 조약과 카르스 조약으로 확정되었다. 그리스 및 불가리아와의 국경은 1923년 로잔 조약을 통해, 영국 위임 통치하의 이라크와의 국경은 1926년 튀르키예-영국 앙카라 조약을 통해 정해졌다.

결론적으로, 일반 대중을 위해 제작된 이 다층적 역사 지도는 1920년부터 1928년까지의 여러 정치적 및 영토적 변화를 한 장의 지도로 요약하여 보여 준다. 넓은 맥락에서 보면 시간의 흐름대로 세브르 조약에서 오스만제국의 영토 상실의 정점을, 로잔 조약에서는 그 과정의 종결점을 보여 준다. 이때부터 현대 튀르키예 국가의 기본적인 영토 윤곽이 갖추어지게 되었다.

제작자: 아흐메드 이산 인쇄소(발행), 엘베뮐-그래픽 산업 A.G.(인쇄)
제목: 튀르키예 공화국의 세브르 조약 관련 지도
발행지: 이스탄불/비엔나 **발행일:** 1928년 **기법:** 다색 석판 인쇄
크기: 42.5 x 59.8cm **축척:** 약 1:3,000,000 **방위:** 북쪽이 위쪽
소장처: 보델 니젠하위스 컬렉션

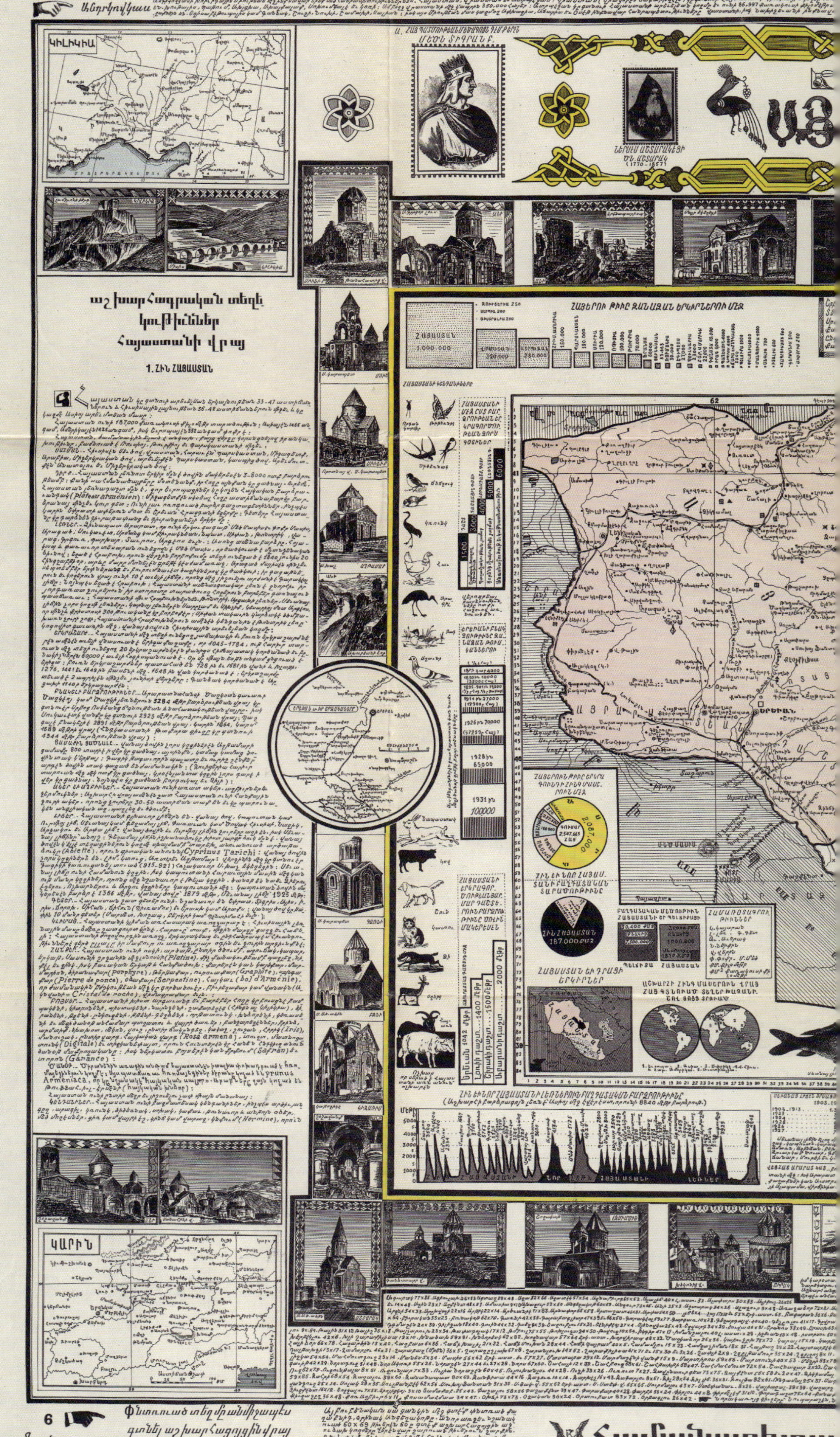
ԿԻԼԻԿԻԱ
ԿԱՐԻՆ
PRINTED IN FRANCE

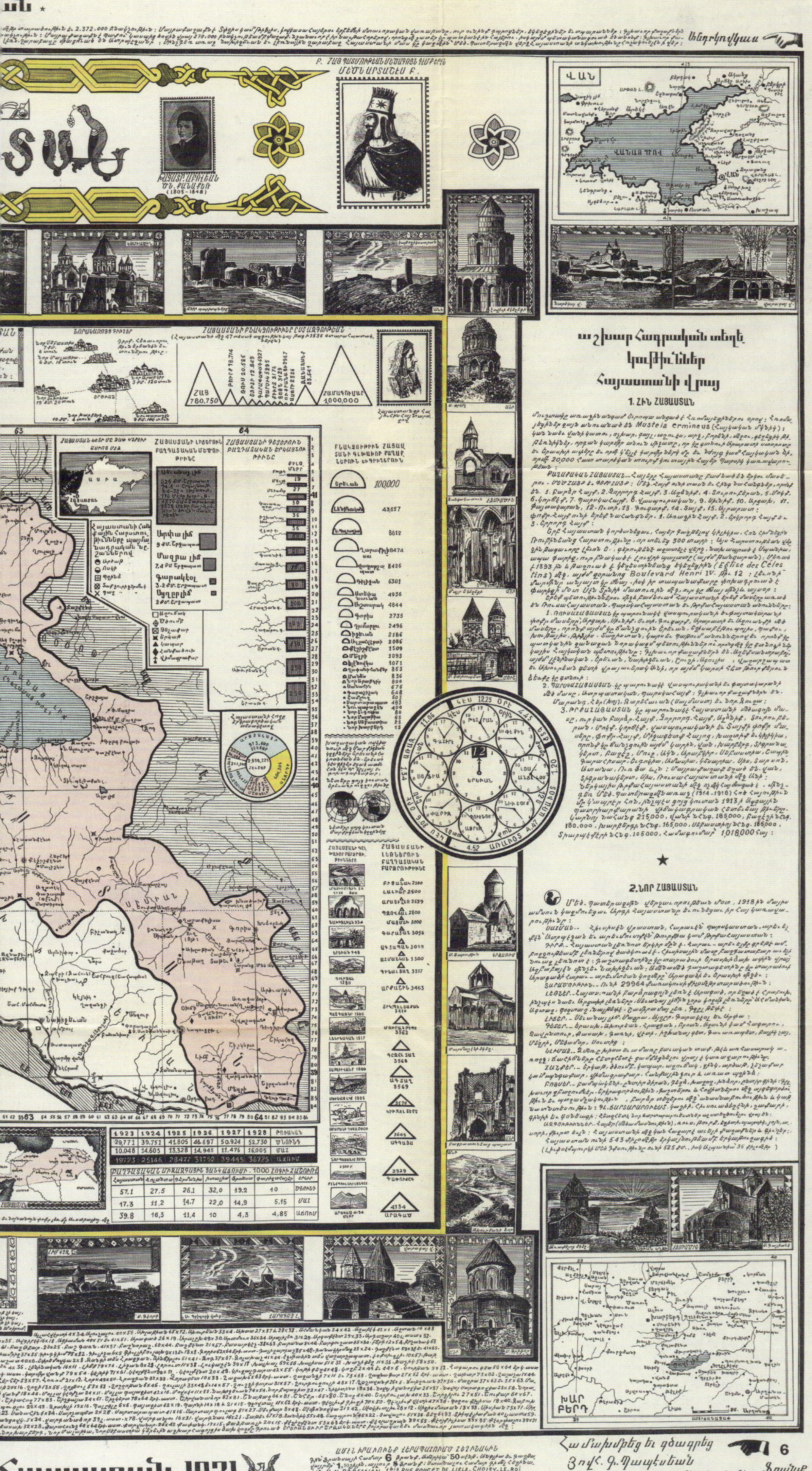

Աշխար Հագրական տեղե-
կութիւններ
Հայաստանի վրայ
1. ՀԻՆ ՀԱՅԱՍՏԱՆ
2. ՆՈՐ ՀԱՅԱՍՏԱՆ
ՎԱՆ
ԽԱՐ
ԲԵՐԴ
Հայաստան 1931
ԱՄԷՆ ԻՐԱՒՈՒՆՔ ՎԵՐԱՊԱՀՈՒԱԾ ՀԵՂԻՆԱԿԻՆ
H. K. BABESSIAN. 1bis RUE ROUGET-DE-LISLE. CHOISY-LE-ROI [SEINE]. FRANCE.
Համախմբեց եւ գծագրեց
Յովհ. Գ. Պապէսեան
6
Ֆրանք
PRINTED IN FRANCE

80

1931년 — 아르메니아의 지도화

소비에트 사회주의 공화국의 다양성

1931년 프랑스에서 인쇄되어 출판된 이 지도는 아르메니아의 지도 제작자 호바네스 바베시안(Hovhaness Babessian, 1886-1968)이 삽화를 그리고 디자인했다. 아마시아(Amasya)•에서 태어난 아르메니아 대학살의 생존자인 바베시안은 지도가 튀르키예 중부에서 출판되기 전까지 이탈리아, 독일, 그리스, 키프로스, 프랑스, 우루과이 등 여러 국가를 거쳐 1940년에는 미국 프레즈노에 정착하였다. 지도는 아르메니아 소비에트 사회주의 공화국(Armenian Soviet Socialist Republic, 이하 ASSR)의 우월성을 나타내는 한편, 서부 아르메니아 방언을 사용함으로써 ASSR 외부의 아르메니아인들을 대상으로 한 것임을 나타낸다. 프랑스계 아르메니아인들에게 6프랑, 미국에는 50센트, 영국과 그 식민지에는 1실링 6펜스로 가격이 책정된 지도는 첫 해에 4,000부 이상이 판매되었다. 지도는 다양한 문자와 기호를 담아 여러 가지로 해석될 수 있었으며, 아르메니아의 소비에트화에 반대하는 기관과 조직에 유용하게 사용되었다. 이러한 텍스트와 기호는 역사적 아르메니아의 이미지를 형성하는 데 기여했다. 바베시안은 아르메니아의 현재 소비에트 형태를 인식하면서도, 튀르키예 영토 내에서 아르메니아의 과거를 재현하고, 디아스포라(diaspra)•• 상황이 일시적이기를 희망하는 아르메니아인들에게 메시지를 전달하는 데 의미를 두었다.

이 지도는 아르메니아 디아스포라의 다양성을 상징적으로 나타냈다. ASSR의 수립은 1918년부터 1920년까지 이어졌던 단기간의 아르메니아 공화국을 종결시켰다. 아르메니아 공화국은 볼셰비키에 반대하는 민족주의 성향의 타슈나크(Tashnak)당이 이끌었다. 그러나 아르메니아의 소비에트 체제 전환이 타슈나크당의 소멸을 의미하는 것은 아니었다. 오히려 타슈나크당은 소비에트 사회주의 공화국 밖에서 아르메니아의 가장 크고 활동적인 정당으로 자리 잡았다. 실제로, 타슈나크당은 ASSR 및 소비에트 연방과 정치적으로 첨예하게 대립했다. 민족주의적인 타슈나크당의 지도하에, 아르메니아 조직들이 이 공산주의 아르메니아 지도를 벽에 걸었다는 사실은, 지도 제작자들의 디아스포라 경험, ASSR의 성공, 그리고 경쟁 정당인 타슈나크당의 야망에 대한 묵시적 인정을 의미했다.

이 지도는 단순한 항해용 지도나 정보에 대한 주제도가 아니라, 다양한 내용을 포함하고 있다. 지도에는 인구 통계표, 천연자원의 위치, 유럽 국가들과의 평균 수명 비교, 전통 의상을 입은 아르메니아 여성의 삽화, 기원전 1세기 및 2세기의 유명한 아르메니아 왕들의 그림, 그리고 '구 아르메니아'와 '신 아르메니아'를 주제로 한두 편의 에세이가 포함되어 있다. 또한 지도의 각 모서리에는 ASSR 외부에 위치한 장소들의 축소판 지도가 표시되어 있다. 왼쪽 상단에 킬리키아(Cilicia), 오른쪽 상단에 반(Van)호수, 왼쪽 하단에 가린(Garin), 오른쪽 하단에 하퍼트(Kharpert)가 있다. 이 네 지역은 1923년부터 튀르키예의 일부가 되었다. 그러나 이들 지역은 1931년 아르메니아인이 거주하는 땅을 나

• 튀르키예 북부 아마시아주(州)의 주도.

•• 디아스포라(diaspra)는 특정 민족이나 집단이 자신들의 본래 거주지나 조국을 떠나 다른 지역이나 국가에 흩어져 살게 된 경우를 지칭한다. 이 용어는 처음에는 유대인 공동체가 이스라엘 외부에서 흩어져 살게 된 상황을 설명하기 위해 사용되었으나, 현재는 다양한 민족, 종교, 문화 집단이 전 세계적으로 퍼져 살아가는 현상을 일컫는 데 널리 쓰인다.

1916년 바스마지안(1864-1942)이 제작한 아르메니아 지도.
(Stanford, David Rumsey Map Collection)

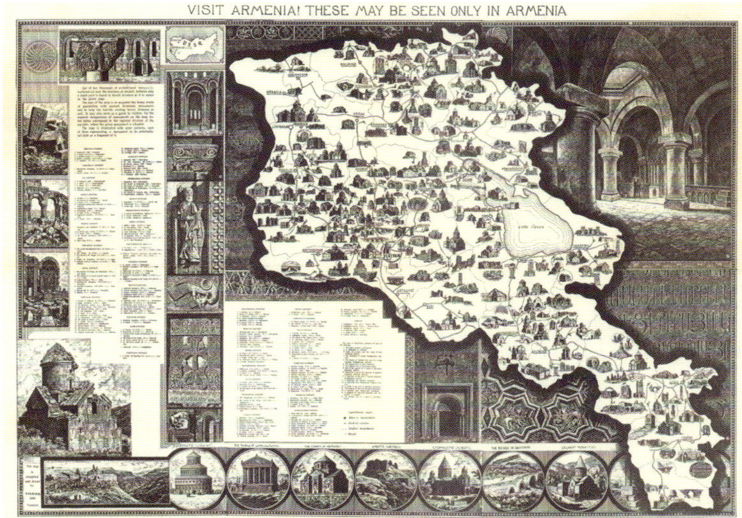

1968년 아르메니아 소비에트 사회주의 공화국(ASSR) 홍보 지도.
(Stanford, David Rumsey Map Collection)

타내지 않았으며, ASSR과 합쳐도 역사적 아르메니아의 전체를 구성하지는 않았다.

1918년부터 튀르키예 건국이 이루어진 1923년까지, 1915년 대학살에서 살아남은 아르메니아인들은 오스만제국으로부터 벗어나 독립된 아르메니아를 세울 수 있을 것이라는 윌슨의 약속에 희망을 걸었다. 이 약속은 미국의 보호 위임하에 이루어질 예정이었다. 그러나 이 약속에 따른 '실현되지 않은 아르메니아'조차도 ASSR과 그 주변 지역이 결합된 형태와 일치하지 않았으며, 윌슨이 언급한 아르메니아는 킬리키아를 포함하지 않았다. 호바네스 바베시안이 지도를 그린 시점까지, 대학살에서 살아남은 아르메니아인들은 오스만제국의 영토를 더 이상 분할하지 못하게 함으로써 조상의 땅에서 영구히 쫓겨나고 인구가 감소했다. 이 시기 아르메니아인들이 겪은 유일한 성장은 디아스포라 인구의 증가였다.

바베시안이 지도를 통해 제시한 것은 실현되지 않은 윌슨의 아르메니아보다 더욱 야심 찬 것이었으며, 이는 기원전 95년부터 55년까지 통치한 위대한 티그란 왕이 획득한 영토와 견줄 만한 것이었다.

ASSR 지도를 둘러싼 추가된 두 프레임의 삽화들과 데이터들은 다른 삽화들과 함께 영원한 아르메니아를 구성하고 있다. 이 아르메니아는 국제 조약, 정치적 이념, 아르메니아인 거주 지역의 한계를 넘어서 아르메니아의 완전성을 드러낸다. 지도의 외부 테두리는 수도원, 교회, 요새, 궁전 등을 포함하는 34개의 건축물 삽화로 구성되어 있으며, 이 중 대부분이 ASSR 및 그 부속 지역에 위치하고, 나머지는 현재 튀르키예 내의 무쉬(Muş), 아니(Ani), 아라라드(Ararad)평원에 있다. 두 번째, 내부 프레임은 ASSR에 초점을 맞추고 있다. 내부 프레임은 토끼, 소, 개, 고양이, 말, 사슴 등 동물들을 특징으로 하고 있다. 여기에는 멸종 위기에 처한 아르메니아의 무플론(야생 양의 한 종류)과 세반(Sevan)호수의 송어가 있다. 내부 프레임의 오른쪽에는 ASSR의 지형을 나타내는 마을, 도시, 지역의 삽화가 있다. 나키체반(Nakhichevan, 아제르바이잔의 자치 공화국 중 하나로, 아르메니아와 인접해 있는 지역)이 포함된 것은 특이한 경우였다. 나키체반은 내부 프레임에서 ASSR에 속하지 않는 유일한 지역이었으며, 오히려 1921년부터 아르메니아인이 많이 사는 두 자치 공화국 중 하나로 아제르바이잔 소비에트 사회주의 공화국에 속했다(다른 하나는 나고르노-카라바흐의 아르차흐였다). 목록의 오른쪽에는 ASSR에 있는 특정 산들의 이름과 해발 고도가 표시되어 있다. 바베시안은 이를 통해 아르메니아에 대한 자신의 비전을 강조하고 ASSR의 중요성을 부각시켰다.

지도는 아르메니아 디아스포라를 인정하고 이들을 ASSR과 연결시켰다. 조지아(35만 명)에서 호주(200명)에 이르기까지 30개 지역이 인구수와 함께 나열되었다. 이들 지역은 아르메니아인들에 의해 조직되었고 아르메니아의 일부로 간주되었다. 이 지역들은 인구 규모에 따라 정렬되고 중요도에 따라 순위가 정해졌다. 하지만 소련 외 가장 큰 아르메니아 공동체가 있는 레바논이 누락된 점은 오히려 그 부재를 더욱 두드러지게 만들었다. 레바논은 당시 인구 규모뿐만 아니라 정치적 대표성이 인정되는 ASSR 외의 유일한 지역이었다. 또한 레바논은 타슈나크당의 본부와 아르메니아 정교회의 본부 중 하나인 '킬리키아의 가톨릭회관'이 위치한 곳이기도 했다. 지도가 출판된 이후, 레바논과 ASSR 간의 아르메니아 지배권 경쟁은 냉전 과정의 일부를 반영하면서 격화되었는데, 1931년 레바논의 누락은 기존의 존재했던 불화를 시사한다.

동시에, 이 지도는 다양한 해석의 가능성을 보여 주는 또 다른 예시이다. 서로 다른 정치적 이념을 가진 아르메니아인들 사이의 긴장과 앙금에도 불구하고, 관찰자들은 자신의 정치적 관점에 맞춰서 일관되게 지도를 해석할 수 있었다. ASSR에 대한 묘사는 그곳이 지닌 현재의 의미와 아르메니아가 추구해야 할 이상을 동시에 상기시키는 역할을 했다. 이는 ASSR의 중요성을 강조하며 아르메니아인들에게 실제로 존재하는 현실을 인식시켰다.

지도와 그에 사용된 기호들은 포함되지 않은 부분들을 드러내기도 한다. 레바논 외에도, 역사적 아르메니아의 한 지역인 '아르차흐(Artsakh)'가 지도에서 누락되었다. 이곳은 '올드 아르메니아' 에세이에서는 언급되지만 지도나 도형으로는 나타나지 않은 아르메니아인 거주지였다.

바베시안의 지도는 아르메니아인들에게 완전하지 않은 아르메니아, 현재 소비에트 영역에 한정된 아르메니아를 상기시켰다. 이는 기억, 약속, 의무의 문서였다. 실제로, 지도의 오른쪽 하단 가격이 표시된 곳 옆에, 바베시안은 다음 프로젝트를 위해 아르메니아인들에게 그들의 출생지 사진을 보내 달라고 요청하는데, 이때 그들의 출생지를 '정확하게' 묘사해 달라고 강조한다. 디아스포라 아르메니아인들은 아르메니아를 창조하고 보존하는 두 가지 역할을 수행했다.

제작자: 호바네스 K. 바베시안 **제목:** 1931년 아르메니아의 행정지도
발행지: 프랑스 **발행일:** 1931년 **기법:** 컬러 인쇄 **크기:** 63 x 75cm
축척: 1:850,000 **방위:** 북쪽이 위쪽 **소장처:** 레이던 대학교 도서관

ABYSSINIE
IN VOGELVLUCHT GEZIEN
VUE A VOL D'OISEAU
HEDJAZ
ARABIE
ROODE ZEE
MER ROUGE
ERYTHREA
YEMEN
GOLF v. ADEN
GOLFE D'ADEN
SOMALIE
FRANC.
SOMALIE ANGL.
BRITSCH SOMALILAND
ITALIAANSCH SOMALILAND
SOMALIE ITALIENNE
INDISCHE OCEAAN
OCEAN INDIEN
OUGANDA
KENIA
KHARTOUM
MASSAUA
ADDIS ABEBA
DJIBOUTI
MOGADISCIO
OGADEN
VAN DE GIBRALTAR
TOT ABESSINIE
AFRIKA - AFRIQUE
ABYSSINIE
DE HOOGSTE MACHTHEBBERS -- CEUX QUI ONT LE POUVOIR SUPRÊME
ITALIE B. MUSSOLINI
GEORGE V
ABYSSINIE HAILE SELASSIE I
A. LEBRUN
PAUS PAPE
PIUS XI
LEOPOLD III
WILHELMINA
A. HITLER
J. MOSCICKI
VICT. EMMANUEL II
W. MIKLAS
N. HORTY
PETER I
MASARYK
BORIS III
STALIN
FR. D. ROOSEVELT
HIRO-HITO
IBN SAOED
FOEAD I
ZAMORA Y TORRES
A. SMETONA
A. ZAIMIS
Gazi Mustafa KEMAL
CAROL II

ITALIE
... DE VIJF WERELDDEELEN ZULLEN SIDDEREN VOOR DE FASCISTISCHE MACHT.
GIJ ZULT ABYSSINIE VEROVEREN, EN BEZITTEN!
(met deze woorden eindigde Mussolini zijn redevoering te Eboli bij Napels)
LES FORCES FASCISTES FERONT TREMBLER LES CINQ CONTINENTS.
VOUS CONQUERREZ ET POSSEDEREZ L'ABYSSINIE!
(paroles de Mussolini à Eboli près de Naples)
MUSSOLINI SPREEKT TOT ZIJN SOLDATEN. HARANGUE SES SOLDATS
HAILÉ SELASSIE I
KEIZER VAN ABYSSINIE.
EMPEREUR DE L'ABYSSINIE
« Ik wil vrede en onderwerp mij aan de uitspraak van den Volkerenbond »
« je veux la paix et me soumets à la décision de la Société des Nations »
YOUGOSLAVIE
ROUMANIE
BULGARIE
ZWARTE ZEE
MER NOIRE
TURQUIE
GRÈCE
MIDDELLANDSCHE ZEE
MÉDITERRANÉE
Canal de SUEZ Kanaal
SYRIE
PALESTINE
TRIPOLITAINE
WOESTIJN - LIBYE
EGYPTE
DÉSERT LIBYE
SAHARA
NUBIE
SOUDAN
ANGLO - EGYPTIEN
AFRIQUE EQUATORIALE FRANÇAISE
ARABIE
HEDJAZ
YEMEN
HADRAMAUT
Golf van Aden
Golfe d'Aden
ABYSSINIE
SOMALIE ITALIENNE
BELGISCH KONGO
CONGO BELGE
OUGANDA
KENIA
w. seghers
ABYSSINIE
Uitgave van PATRIA N.V., Pompstraat, 2-14, Antwerpen.

81 1935년 — 1차 세계대전 이후의 선전 활동

아비시니아와 아프리카의 정치적 각성

1930년대는 대공황이라는 전례 없는 세계 경제 위기 속에서 국가 사회주의와 파시즘이 부상한 시기였다. 특히 아돌프 히틀러(Adolf Hitler, 1889-1945)가 이끄는 나치당(NSDAP, 국가 사회주의 독일 노동자당)은 1933년에 독일의 권력을 장악했고, 베니토 무솔리니(Benito Mussolini, 1883-1945)는 1922년에 이탈리아 총리가 되어 독재 국가 체제로 전환하였다. 추축국인 독일, 이탈리아, 일본은 영토적 팽창을 추구하며 중국, 오스트리아, 체코슬로바키아에서 확장 야망을 드러냈고, 이는 1939년 제2차 세계대전 발발로 이어졌다. 이탈리아는 1935년 에티오피아를 침공하여 식민지로 만들었으나, 오래 지속되지 못했다.

베니토 무솔리니는 이탈리아의 식민지가 영국, 프랑스와 같은 대국이나 벨기에, 네덜란드와 같은 작은 국가들의 식민 영토에 비해 상대적으로 작다고 생각했다. 이탈리아는 19세기 말 유럽인들이 아프리카를 분할했던 1896년에 이미 에티오피아를 식민지화하려고 시도했지만, 에티오피아 군대는 이탈리아 군대를 물리쳤다. 이로 인해 에티오피아는 오랜 기간 독립을 유지한 몇 안 되는 아프리카 국가 중 하나였다. 그러나 1930년대에 이르러 상황이 변하였고, 이탈리아군은 아디스아바바로 진격하여 1936년 5월에 에티오피아로부터 항복을 받았다.

당시에는 요제프 괴벨스(Joseph Goebbels, 1897-1945)의 나치나 소련의 공산당과 같이 선전(propaganda, 프로파간다)을 이용하는 것이 일반적이었다. 이런 선전 기법은 지역 인쇄업계에서도 사용되었다. 1935년 벨기에 안트베르펜의 패트리아 출판사는 이탈리아가 에티오피아 아비시니아를 정복할 것이라는 내용의 뉴스 포스터를 제작하였다. 1928년에 설립된 패트리아는 1934년부터 1944년 사이에 인기를 끌었던 신문인《더 닥(De Dag)》을 발행했는데, 이 신문은 1935년 플랑드르 지역에서 발행 부수가 가장 많은 신문이었다. 대중 타블로이드 신문의 언론인들은 온건한 논조로 플랑드르 민족주의를 지지하고 정치적 기득권층에 반대하는 목소리를 냈다. 반면에 더 닥은 나치나 파시스트 운동을 비난하지 않았다. 제2차 세계대전 동안 패트리아는 친독일 조직을 위한 인쇄물을 제작했다.

제작자: W. 세게르스(디자인), 패트리아 출판사(발행)
제목: (좌) 조감도로 본 아비시니아 / (우) 이탈리아와 아비시니아
발행지: 앤트워프 **발행일:** 1935년 **기법:** 컬러 인쇄
크기: (좌) 90 x 57cm / (우) 84 x 58cm
축척: (좌) 약 1:4,000,000(아비시니아 지역), 약 1:15,000,000(지브롤터에서 아비시니아까지) / (우) 약 1:9,500,000
방위: (좌) 아비시니아: 북쪽이 위쪽, 지브롤터~아비시니아: 북쪽이 왼쪽 상단 / (우) 북쪽이 위쪽
소장처: (좌) 스티그 퇴니선 컬렉션, (우) 암스테르담 자유대학교 도서관

뉴스 포스터가 제작될 당시에는 에티오피아가 아직 항복하지 않은 상태였다. 왼쪽에 있는 포스터에는 육상, 해상, 공중에서의 전쟁 장면들이 콜라주로 표현되어 있다. 아래에는 산악 지형이 많은 에티오피아의 조감도가 보인다. '지브롤터에서 아비시니아까지'라고 제목이 붙은 두 번째 지도는 지중해와 홍해를 둘러싼 국가들을 보여 주는 참고 지도이다. 이탈리아의 식민지인 리비아(트리폴리), 에리트레아, 이탈리아령 소말릴란트도 이 지도에 표시되어 있다. 이 지도의 양쪽과 아래에는 '최고 지도자'의 초상화가 있다. 왼쪽과 오른쪽 위에 보이는 것은 각각 분쟁의 주요 인물인 이탈리아의 무솔리니와 에티오피아 황제 하일레 셀라시에(Haile Selassie, 1892-1975)의 초상화이다. 중앙 하단에는 교황 비오 11세(Pope Pius XI, 1857-1939)의 초상화가 있다. 네덜란드 여왕 빌헬미나(Wilhelmina, 1880-1962)는 포스터에 나타난 지도자들 중 유일한 여성이다. 그녀의 왼쪽에는 벨기에 왕 레오폴드 3세(1901-1983)가, 오른쪽에는 독일 총리 아돌프 히틀러가 있으며 이들 아래로는 소련의 이오시프 스탈린(Joseph Stalin, 1878-1953), 미국 대통령 프랭클린 D. 루스벨트(Franklin D. Roosevelt, 1882-1945), 일본 히로히토(1901-1989) 천황의 초상이 보인다. 이 지도자들은 향후 10년간 세계 역사에서 중요한 역할을 하게 될 인물들이었다.

오른쪽에는 세게르스(Seghers)가 디자인한 1935년의 두 번째 포스터가 있는데, 이는 패트리아 출판사의 파시스트 선전을 더욱 분명하게 나타내고 있다. 포스터의 상단에는 무솔리니가 연설 중에 한 말과 그의 사진이 나온다. "5개 대륙은 파시스트의 힘 앞에 떨게 될 것이며, 여러분은 아비시니아를 정복하고 차지할 것입니다!" 이는 위협적으로 들린다. 포스터 왼쪽 아래에는 셀라시에 황제가 등장하며, 그 옆에

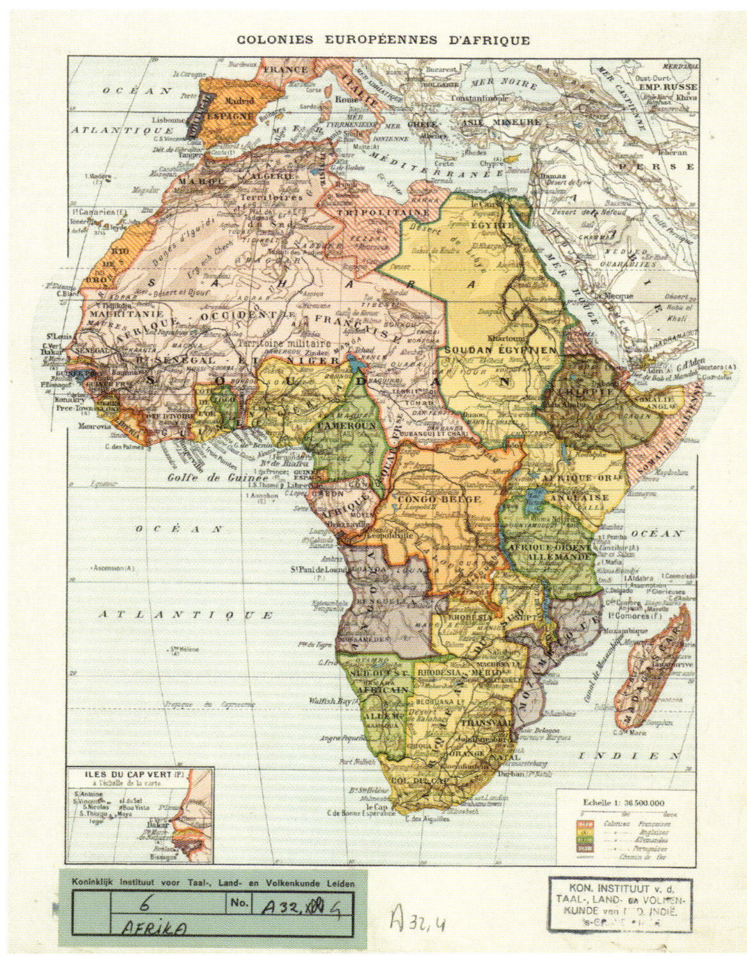

1910년에 제작된 아프리카의 유럽 식민지를 보여 주는 프랑스 지도.

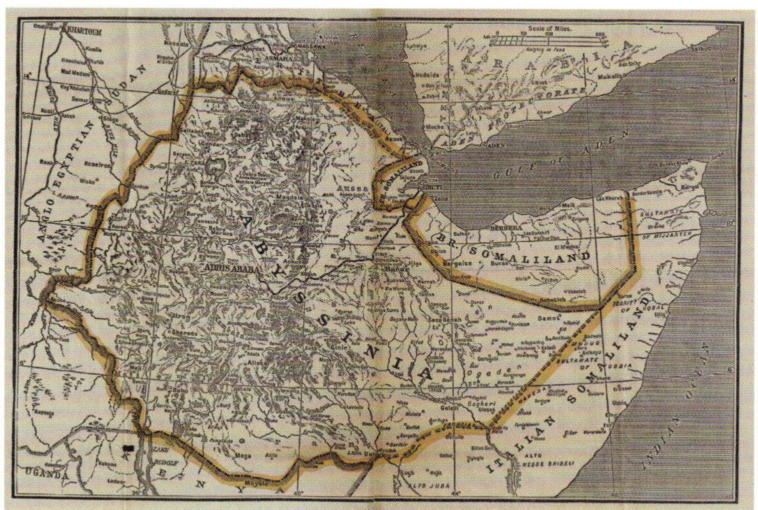

1935년 《더 타임스(The Times)》에서 복사된 아비시니아 지도는 광고지 '더 바카투레(De Vacature)'에 실렸다.

는 "나는 평화를 원하며 국제연맹의 판결을 따를 것입니다"라고 쓰여 있다.

셀라시에 황제는 유화 정책을 거부하고 이탈리아의 침략 행위를 국제사회에 고발하기 위해 국제연맹에 호소하였다. 이러한 행동은 당시의 정세에서 흔한 일이었다. 이와 같은 맥락에서 선전 포스터에 국가원수들의 초상화를 사용하는 것은 특별히 놀라운 일이 아니었다. 더군다나 1935년 당시 무솔리니와 히틀러는 국제적으로 여전히 존경받는 인물이었다. 교황 비오 11세는 공산주의에 대해 강하게 반대했으며 가톨릭에 대한 가장 큰 위협으로 여겼다. 교황은 파시즘과 나치즘에도 문제가 있음을 인식했지만, 바티칸은 이 문제를 공산주의에 대항하는 것보다는 덜 중요하게 여겼다. 바티칸은 1929년에는 무솔리니, 1933년에는 히틀러와 각각 조약을 체결하고 공산주의에 대항하면서 가톨릭 교회의 이익을 보호하려고 했다. 또한 바티칸은 1930년대에 선전 기술을 적극적으로 활용했다. 이때 라디오가 큰 역할을 했으며 최고의 종교적 반공산주의 소설을 위한 대회가 개최되기도 하였다.

아비시니아 전쟁은 제국주의와 파시즘에 반대하는 전 세계 활동가들 사이에서 주목받는 사건이 되었다. 에티오피아 황제의 호소에 이어 유럽과 기타 지역의 활동가들은 지도자들에게 이탈리아에 대항할 것을 촉구했다. 그러나 국제연맹과 주요 강대국들, 특히 영국과 프랑스는 이에 적극적으로 대응하지 못했다. 그들은 무솔리니가 자의적으로 행동하도록 용인했으며, 이는 1938년 독일의 주데텐란트(Sudetenland) 병합으로 대표되는 유화 정책의 초기 단계를 보여주는 사례였다. 반면 아비시니아 전쟁은 가나의 콰메 은크루메(Kwame Nkrumah, 1909-1972), 케냐의 조모 케냐타(Jomo Kenyatta, c. 1897-1978), 나이지리아의 은남디 아지키웨(Nnamdi Azikiwe, 1904-1996)와 같은 국가 지도자들에게 정치적 각성을 일으키는 계기가 되었다. 이에 대응하여 세계 흑인들의 정체성 발달에 큰 역할을 하게 될 국제 아프리카 봉사국(International African Service Bureau)이 설립되었다.

이 포스터들은 전쟁 기간 동안, 정치 및 종교 조직들의 선전 기관이 최대한 가동되었던 시기에 제작된 선전 지도의 대표적인 사례이다. 지도를 통해 추축국들이 어떻게 새로운 세계 질서를 만들고자 했는지, 그리고 유화 정책이 유럽뿐만 아니라 아프리카에도 어떤 영향을 미쳤는지를 알 수 있다. 이러한 사건들은 제2차 세계대전의 전주곡이자 탈식민화 과정에 크게 영향을 주었으며, 이 과정은 1945년 이후 아시아 여러 독립 국가의 출현과 1950년대 후반 아프리카에서 새롭게 형성된 독립 국가들의 탄생으로 이어졌다.

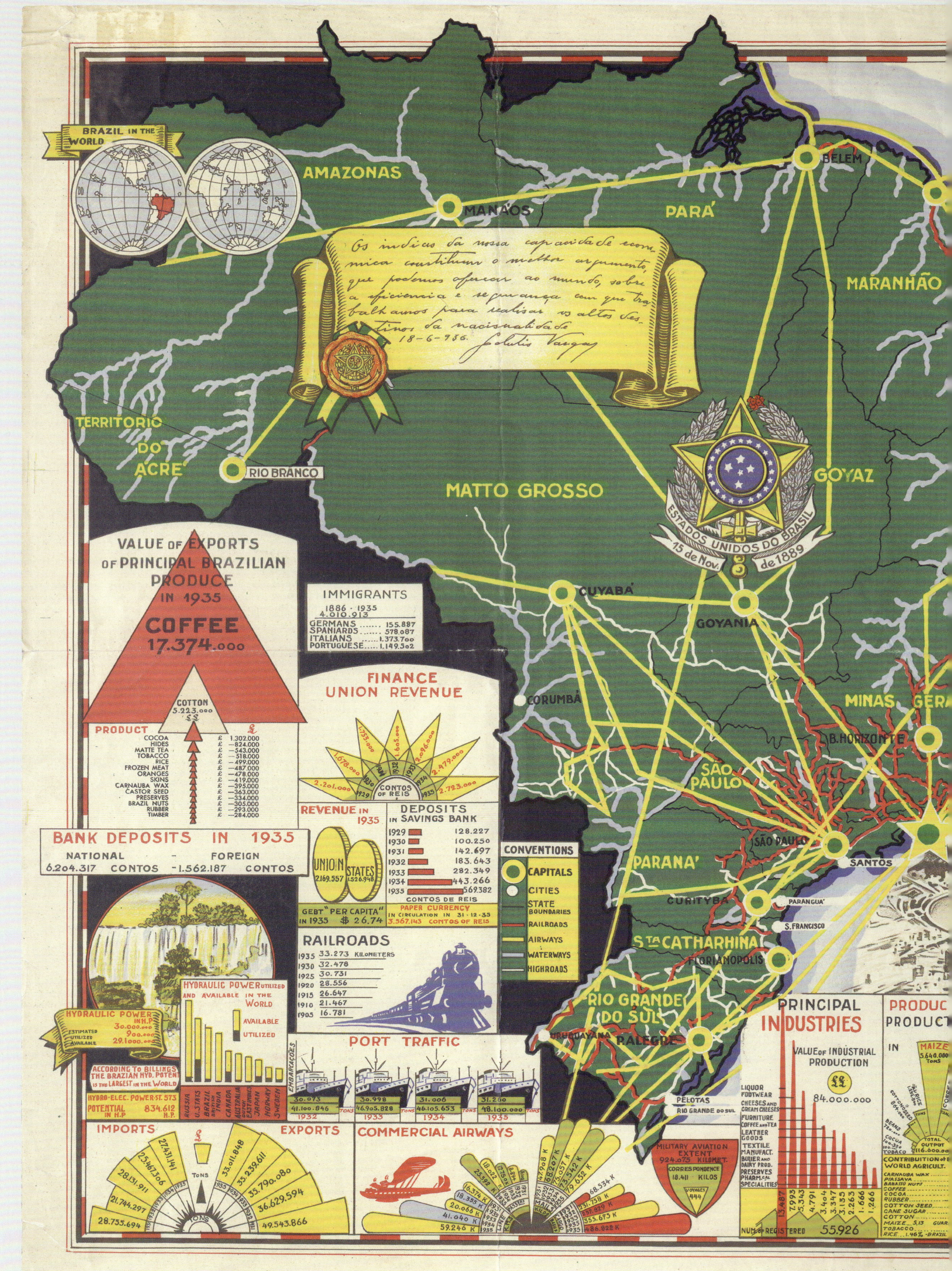

BRAZIL IN THE WORLD
AMAZONAS
MANAOS
PARÁ
BELEM
MARANHÃO
TERRITORIO DO ACRE
RIO BRANCO
MATTO GROSSO
GOYAZ
ESTADOS UNIDOS DO BRASIL
15 de Nov. de 1889
CUYABÁ
GOYANIA
CORUMBÁ
MINAS GERA
B. HORIZONTE
SÃO PAULO
SANTOS
PARANA'
CURITYBA
PARANGUA'
S. FRANCISCO
STA CATHARHINA
FLORIANOPOLIS
RIO GRANDE DO SUL
PALEGRE
PELOTAS
RIO GRANDE DO SUL
VALUE OF EXPORTS OF PRINCIPAL BRAZILIAN PRODUCE IN 1935
COFFEE 17.374.000
COTTON 5.223.000
PRODUCT
IMMIGRANTS
1886 - 1935
4.010.913
GERMANS 155.887
SPANIARDS 578.087
ITALIANS 1.373.700
PORTUGUESE 1.149.302
FINANCE
UNION REVENUE
CONTOS OF REIS
REVENUE IN 1935
UNION
STATES
DEPOSITS IN SAVINGS BANK
1929 128.227
1930 100.250
1931 142.697
1932 183.643
1933 282.349
1934 443.266
1935 569.382
CONTOS DE REIS
GEBT "PER CAPITA" IN 1935 $ 26.74
PAPER CURRENCY
BANK DEPOSITS IN 1935
NATIONAL 6.204.317 CONTOS
FOREIGN 1.562.187 CONTOS
CONVENTIONS
CAPITALS
CITIES
STATE BOUNDARIES
RAILROADS
AIRWAYS
WATERWAYS
HIGHROADS
RAILROADS
1935 33.273 KILOMETERS
1930 32.478
1925 30.731
1920 28.556
1915 26.647
1910 21.467
1905 16.781
HYDRAULIC POWER
HYDRAULIC POWER UTILIZED AND AVAILABLE IN THE WORLD
AVAILABLE
UTILIZED
PORT TRAFFIC
1932
1933
1934
1935
IMPORTS
EXPORTS
TONS
COMMERCIAL AIRWAYS
MILITARY AVIATION
PRINCIPAL INDUSTRIES
VALUE OF INDUSTRIAL PRODUCTION
84.000.000
55.926
PRODUC
PRODUCT
MAIZE

AREA
8.511.189 K²
4.310 Miles of coastline
ECONOMIC CHART
BRAZIL
Ministry of Labour, Industry and Commerce
NATIONAL DEPARTMENT OF INDUSTRY AND COMMERCE
1936
Amtl. Brasil-Propaganda
Berlin W 8, Taubenstr. 23
Tel.: 16 80 28
ADMINISTRATIVE DIVISION
ONE FEDERAL DISTRICT — 20 STATES — 1 TERRITORY
FORTALEZA
CEARÁ
RIO GRANDE DO NORTE
NATAL
JOÃO PESSÔA
PARAHYBA
PERNAMBUCO
RECIFE
ALAGOAS
MACEIO'
SERGIPE
ARACAJU'
S. SALVADOR
ESP. SANTO
VICTORIA
FEDERAL DISTRICT
RIO DE JANEIRO
CAPITAL OF THE UNITED STATES OF
BRAZIL
AREA 1.167 SQUARE KILOMETERS
POPULATION 2.000.000 INHABITANTS
PRIMARY SCHOOLS 779 — 142 SECONDARY
COLLEGES 8
TOURISTIC CAPITAL OF AMERICA
TERMINAL OF THE ONLY REGULAR LINE
OF "ZEPPLIN" DIRIGIBLES
EUROPE - BRAZIL IN 3 DAYS
AIRWAYS FOR MAILS AND PASSENGERS
TO: ARGENTINA — UNITED STATES — EUROPE AND ALL BRAZIL
DISTANCES FROM RIO DE JANEIRO
DESTINATION | STEAMER | BY AIR
BUENOS AIRES | 3 DAYS | 1 DAY
NEW YORK | 12 „ | 6 DAYS
LISBON | 9 „ | 2 „
LONDON | 14 „ | 3 „
GENOA | 12 „ | 3 „
HAMBURG | 13 „ | 3 „
BORDEAUX | 12 „ | 3 „
ORDEM E PROGRESSO
ALAGÔAS
AMAZONAS
BAHIA
CEARÁ
ESPIRITO SANTO
GOYAZ
MARANHÃO
MATTO GROSSO
MINAS GERAES
PARÁ
AREA 1.362.966 SQ. KILOM. — CULTIVATED AREA 7,2 %
POPULATION 1.400.000 — PER. SQ. KILOM. 1
CAPITAL BELEM WIHT 300.000 INHAB.
PRINCIPAL PRODUCTS
TIMBER — MEDICINAL PLANTS — RUBBER.
SCHOOLS
PRIMARY 794
SECONDARY 29
COLLEGES 5
PARAHYBA
PARANÁ
PERNAMBUCO
PIAUHY
RIO GRANDE DO NORTE
RIO GRANDE DO SUL
RIO DE JANEIRO
SANTA CATHARINA
SÃO PAULO
SERGIPE
TERRITORIO DO ACRE
CENTRALE BOEKERIJ
KON. INST. v. d. TROPEN
AMSTERDAM
AVERAGE TEMRERATUR IN RIO DE JANEIRO
JAN. 25°6 | FEB. 25°5 | MAR. 24°8 | ABR. 23°5 | MAY. 21°8 | JUN. 20°5 | JUL. 20°1 | AUG. 20°5 | SEP. 20°8 | OCT. 21°4 | NOV. 22°9 | DEC. 24°4
TOBACCO
PRINCIPAL PRODUCING STATES
BAHIA 32.000 TONS
RIO GRANDE DO SUL 30.800 TONS
MINAS GERAES 15.580 TONS
SUNDRY 17.920 TONS
PRINCIPAL BUYERS
CATTLE BREEDING
HERDS
BOVINE 47.492.000
SWINE 22.099.000
BRAZILIAN CATTLE OUTPUT
3.559.904 TONS
VALUE 2.202.052 CONTOS OF REIS
COCOA
WORLD PRODUCTION
PRINCIPAL PRODUCING STATES
BAHIA 100.300 TONS
GOLD COAST
BRAZIL 107.922 TONS
NIGERIA
PRINCIPAL BUYERS OF BRAZILIAN COCOA
UNITED STATES 69.684 TONS
IN TONS
COTTON
BRAZILIAN OUTPUT
1927 1928 1929 1930 1931 1932 1933 1934 1935
109.503 108.356 113.631 126.726 112.789 76.416 151.353 272.700 370.500 TONS
PRINCIPAL WORLD PRODUCERS
UNITED STATES 2.088.800 TONS
CHINA
RUSSIA
BRAZIL
EGYPT
PRINCIPAL PRODUCERS
S.PAULO 115.000 TONS
BRAZILIAN OUTPUT
PRINCIPAL BUYERS OF BRAZILIAN COTTON
GERMANY 28.029 TONS
COFFEE
BRAZILIAN OUTPUT
1935-1936
17.270.000 BAGS
WORLD PRODUCTION IN 1934/35
BRAZIL 15.370.000 (57.58%)
SUNDRY 3.233.000 BAGS
DISTRIBUTION OF COFFEE PLANTS IN BRAZIL
S.PAULO 1.560.000.000
EXPORTS-BAGS
1931 1932 1933 1934 1935
PRINCIPAL BUYERS OF BRAZILIAN CAFFEE
UNITED STATES 8299.469 ££
ORANGES
BRAZILIAN PRODUCTION 1934/35
33.666.000 BOXES
PRINCIPAL BUYERS OF BRAZILIAN ORANGES
1.811.851 BOXES
COAL 720.000 TONS
CEMENT 368.071 TONS
PRODUCTION IN 1935
LITO-TIPO "GUANABARA" RIO

82 1936년 — 슈가로프산 위의 비행선

대공황 이후 부상하는 브라질

1930년까지 브라질 경제는 주로 농업과 광물 수출에 의존하고 있었다. 그러나 브라질은 1929년 주식 시장 붕괴에 따른 세계 경제 위기로 인해 커피와 기타 농산물 가격이 급락하면서 심각한 타격을 받았다. 1930년, 브라질 국민들은 정부와 대지주들의 올리가르키(oligarchy)•에 반기를 들며 혁명을 일으켰다. 군사 정권이 권력을 장악하였고, 대중적 인기를 얻은 게툴리오 바르가스(Getulio Vargas, 1883-1954)를 대통령으로 내세웠다. 사실 바르가스는 직전에 실시된 대통령 선거에서 패배한 인물이었다. 그러나 바르가스의 독재 아래, 국가가 개입하여 산업화의 길을 주도했고 경제가 회복되기 시작했다. 그는 대규모 고용 촉진 프로젝트와 사회 정책 현대화를 추진하여 '가난한 이들의 아버지'라는 별명을 얻었으며, 노동자와 중산층 사이에서 큰 인기를 얻었다.

경제에서 국가의 중심적인 역할을 강조하는 것은 1930년대 대공황 기간에 아르헨티나의 경제학자 라울 프레비쉬(Raúl Prebisch, 1901-1986)가 제시한 개념과 잘 부합한다. 프레비쉬는 경제 성장이 외화 공급에 달려 있다는 신고전주의 이론을 단호히 거부했다. 그는 산업화한 국가가 '중심'을 형성하고, 아르헨티나, 브라질 등 라틴아메리카 국가를 포함한 다른 국가가 '주변'을 형성하는 중심-주변 모델을 개발했다. 주변 국가의 경제는 주로 농산물을 수출하는 것이었는데, 이는 시간이 지남에 따라 상품의 교역 조건이 악화됨을 의미했다. 이러한 함정에서 벗어날 수 있는 방법은 산업화를 촉진하고 높은 수입 관세로 내부 시장을 보호함으로써 자체적으로 더 많은 상품을 생산하고 수입에 의존하지 않는 것이었다. 그의 이론은 라틴아메리카 국가들의 경제 정책에 중요한 이론적 기반을 제공했다. 1960년대에 라틴아메리카는 프레비쉬가 이끄는 유엔의 라틴아메리카 경제위원회(Economic Commission for Latin America)의 지원 아래 급격한 발전을 이루었다.

1936년에 브라질 노동상업통상부가 발행한 인포그래픽에 포함된 지도는 대공황 기간 중에도 브라질 정부가 경제 발전에 대한 긍정적인 메시지를 전달하려 했음을 보여 준다. 이 인포그래픽은 개혁과 산업화의 성과를 강조하며, 지도 중앙의 배너에 있는 게툴리오 바르가스(Getulio Vargas)의 인용문을 통해 경제 선전을 더욱 강화하고 있다. 바르가스의 인용문은 "우리나라의 야심 찬 목표를 효율적이고 안전하게 달성하기 위해 우리가 제시할 수 있는 가장 설득력 있는 근거는 우리 경제 능력의 지표들입니다"인데, 이는 당시 브라질 정부가 자국 경제의 강점을 내세우려 했던 정책적 의도를 반영한다.

지도는 주로 브라질의 교통 네트워크를 상세하게 보여 주고 있다. 지도에서 노란색은 항공로를, 빨간색은 철도망을, 흰색은 도로망을, 파란색은 강과 다른 수로들을 나타낸다. 이러한 교통 인프라의 확장은 지도 왼쪽 아래에 있는 표에서 자세히 설명하고 있다. 브라질의 철도 길이는 1903년의 16,781km에서 1935년에는 33,273km로 약 두 배 증가했다. 또한 항만을 통한 물류 운송량은 1932년부터 1935년 사이에 4,100만 톤에서 4,800만 톤 이상으로 꾸준히 증가했다. 상업 항공 분야는 1930년대 초반에 빠르게 성장했으며, 단 5년 만에 비행 거리가 네 배, 승객 수는 다섯 배, 화물 운송량은 일곱 배 증가했다. 항공 우편량도 같은 기간 동안 거의 두 배가 되었다. 이를 통해 당시 브라질의 물류 및 교통 인프라 발전을 직관적으로 이해할 수 있다.

브라질은 세계에서 다섯 번째로 큰 국가로, 1936년 기준으로 국토 면적은 약 850만km^2에 달하고, 인구는 거의 4천만 명에 육박했다. 포스터에 실린 표는 1886년부터 1935년 사이에 400만 명이 넘는 이민자들이 브라질로 유입되었음을 나타내며, 이들 중 대다수는 유럽 출신이었다. 브라질 각 주에 대한 통계는 포스터의 오른쪽에 표시되어 있으며, 당시 연방 수도는 리우데자네이루였다. 1960년에는 수도가 내륙의 신도시인 브라질리아로 이전하였다. 포스터의 우측 아래에는 브라질의 주요 산업과 농·광업에 관한 다양한 통계가 나열되어 있으며, 이를 통해 브라질의 생산량이 세계 다른 나라들과 비교될 수 있었다. 브라

제작자: 브라질 노동산업통상부(발행), 리토-티포 과나바라 Ltda(인쇄)
제목: 브라질 경제 지도 **발행지:** 리우데자네이루 **발행일:** 1936년
기법: 다색 석판 인쇄 **크기:** 65 x 95cm **축척:** 약 1:7,000,000
방위: 북쪽이 위쪽 **소장처:** 왕립 열대연구소 컬렉션

• 올리가르키(oligarchy)는 소수 엘리트 그룹이 권력을 독점하는 정치 체제를 말하며, 과두 정치라고도 한다.

1932년 독일에서 브라질로 운행하는 제플린 비행선 서비스를 홍보하는 포스터. (독일 역사 박물관)

브라질 수력 발전의 발전설비 용량 및 발전량을 다른 국가와 비교한 그래프.

질은 세계에서 가장 많은 커피를 생산했으며, 코코아는 가나에 이어 두 번째로 많이 생산했다. 또한 면화 생산량은 미국, 중국, 소련에 이어 세계에서 네 번째로 많았다.

포스터 중앙에는 리우데자네이루의 상징인 슈가로프(Sugarloaf)산과 보타포고(Botafogo) 지역의 모습이 그려져 있으며, 하늘에는 페르디난드 폰 제플린 백작(Ferdinand von Zeppelin, 1838-1917)의 이름을 딴 비행선이 날고 있다. 남아메리카에는 독일 이민자들이 많이 있었기 때문에 독일 비행선 제조업체는 브라질로 운행하는 정기 서비스를 계획했다. 1931년부터 독일의 도시인 프리드리히스하펜에서 출발하여 바르셀로나, 세비야, 레시페를 거쳐 리우데자네이루까지 연결하는 운항편이 시작되었다. 그라프 제플린(Graf Zeppelin) 비행선은 1931년부터 1937년까지 브라질로 총 64번의 왕복 비행을 했다. 그러나 1937년 5월 힌덴부르크(Hindenburg)호가 뉴욕 근처의 레이크허스트에 착륙하는 도중에 화재를 일으켜 추락하면서 제플린 비행선 운행은 갑작스럽게 종료되었다. 이 포스터는 제작 당시 리우데자네이루를 "아메리카 대륙의 관광 수도"로 칭하며 유일한 정기 비행 서비스의 터미널로 강조했으며, 유럽에서 브라질까지 단 3일이면 도달할 수 있다고 선전했다.

브라질 정부는 이 포스터를 적극적으로 유럽에 배포했다. 이 사본에 있는 2개의 우표에서 그것을 확인할 수 있다. 하나는 '베를린의 선전 부서(Amtliche Brasil-Propaganda)'와 '유럽의 기술 대표(Delegado Tecnico na Europa)'를 위한 것이었다. 선전 부서는 노동산업통상부 소속이었고 1921년부터 1941년까지 기술 대표였던 기예르메 갤저 네토(Guilherme Gaelzer Netto, 1874-1959)가 수장을 맡고 있었다. 그는 브라질의 수출 제품을 홍보하기 위해 유럽 전역의 무역 박람회에 참석했다. 베를린에 본진을 두고 독일과 브라질 기업을 서로 연결하였고, 독일에 뿌리를 둔 브라질인으로서 독일인의 브라질 이주를 독려했다. 독일은 제1차 세계대전 이후 더 이상 식민 지배 국가가 아니었으며, 브라질은 이를 자국의 수출을 늘릴 기회로 보았다. 갤저 네토는 그 기회가 독일어를 구사하며 문화를 이해할 수 있는 사람들에 의한 홍보와 광고로 달성될 수 있다고 생각하였다. 영어로 된 이 채색 인쇄본만이 아니라 프랑스어 판도 있다. 이 포스터는 아마도 유럽 무역 박람회에서 배부되었을 것이다. 독일어판도 인쇄되었을 가능성이 있지만, 그 사본에 대해서는 전해진 바가 없다.

지도는 대공황 이후 몇 년 동안 번영을 경험한 무역 국가의 자신감을 시각적으로 보여 주며, 바르가스가 정권을 잡은 기간 브라질이 경제를 강화하고 새로운 수출 시장을 개척하기 위해 경제 홍보 자료를 활용한 사례를 나타낸다. 이는 제플린 비행선을 두 국가 간 연결의 상징으로 삼아, 1·2차 세계대전 사이 나치 독일과(우연히 파시스트 이탈리아와도) 짧은 협력이 이루어진 배경이 되었다. 그러나 제2차 세계대전의 발발로 짧은 협력은 끝났다.

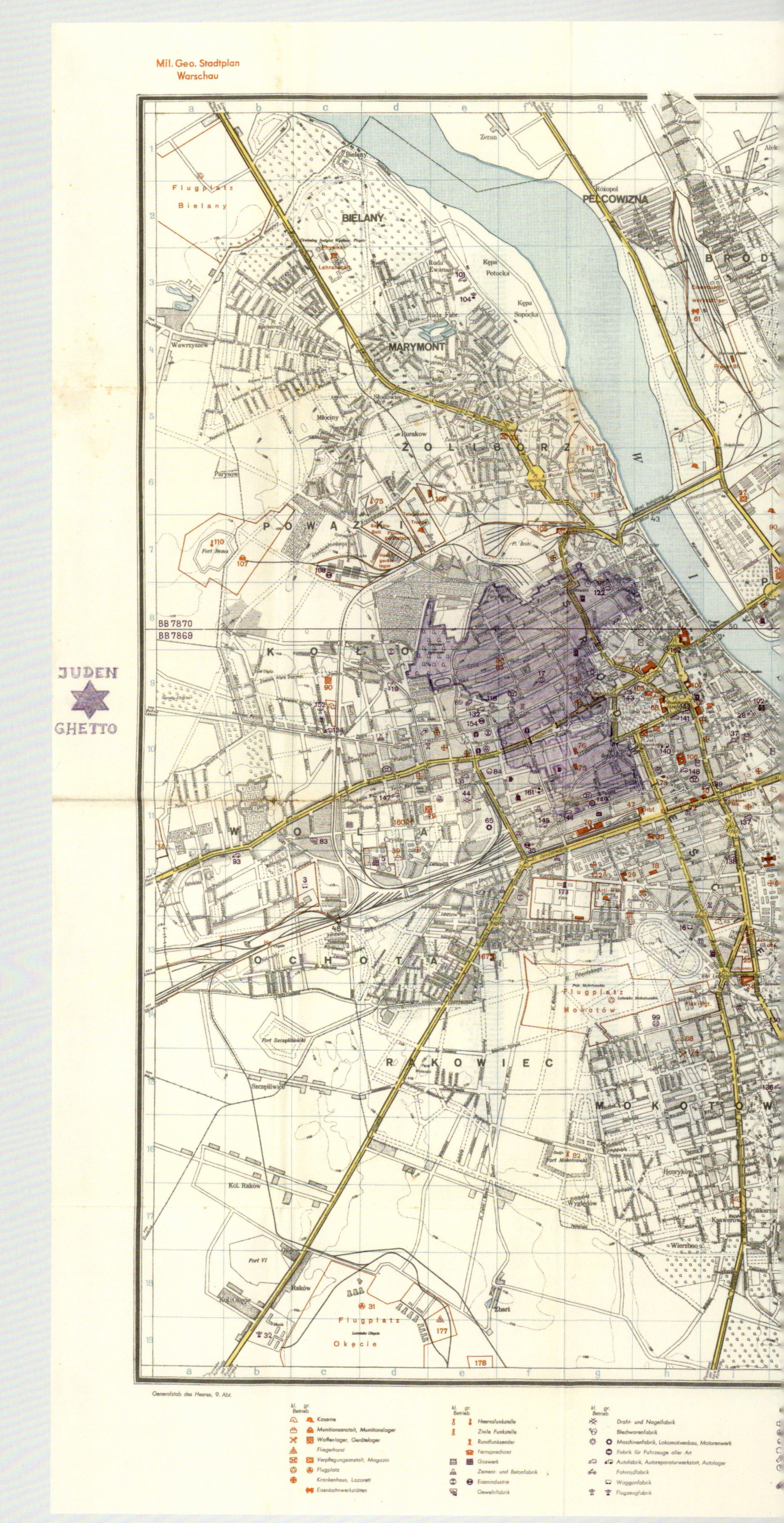
Mil. Geo. Stadtplan
Warschau
JUDEN
GHETTO
Flugplatz
Bielany
BIELANY
PELCOWIZNA
MARYMONT
ZOLIBORZ
POWAZKI
KOLO
WOLA
OCHOTA
RAKOWIEC
MOKOTOW
Flugplatz
Mokotów
Flugplatz
Okęcie
BB 7870
BB 7869
Generalstab des Heeres, 9. Abt.

Geheim!

Dies ist ein geheimer Gegenstand im Sinne des §88 Reichs-Straf-Gesetzbuchs (Fassung vom 24. April 1934). Mißbrauch wird nach den Bestimmungen dieses Gesetzes bestraft, sofern nicht andere Strafbestimmungen in Frage kommen.

SS Stubaf.
M. Jesuiter

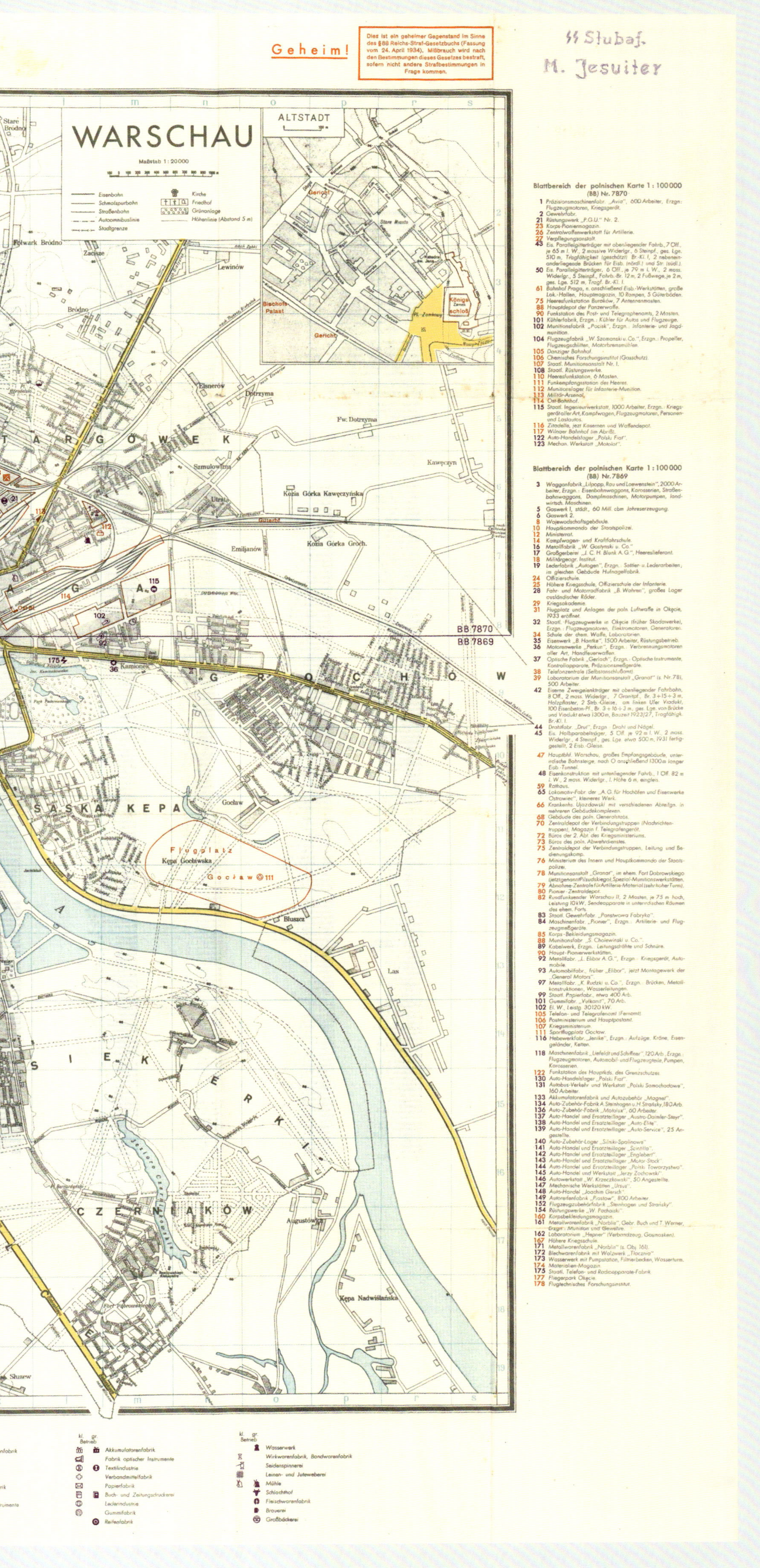

Blattbereich der polnischen Karte 1 : 100000 (BB) Nr. 7870

1 Präzisionsmaschinenfabr. „Avia", 600 Arbeiter, Erzgn: Flugzeugmotoren, Kriegsgerät.
2 Gewehrfabr.
21 Rüstungswerk „P.G.U." Nr. 2.
23 Korps-Pioniermagazin.
26 Zentralwaffenwerkstatt für Artillerie.
27 Verpflegungsanstalt.
43 Eis. Parallelgitterträger mit obenliegender Fahrb., 7 Off., je 65 m l. W., 2 massive Widerlgr., 6 Steinpf., ges. Lge. 510 m, Tragfähigkeit (geschätzt) Br.-Kl. I, 2 nebeneinanderliegende Brücken für Eisb. (nördl.) und Str. (südl.).
50 Eis. Parallelgitterträger, 6 Off., je 79 m l. W., 2 mass. Widerlgr., 5 Steinpf., Fahrb.-Br. 12 m, 2 Fußwege, je 2 m, ges. Lge. 512 m, Tragf. Br.-Kl. I.
61 Bahnhof Praga, n. anschließend Eisb.-Werkstätten, große Lok.-Hallen, Hauptmagazin, 10 Rampen, 5 Güterböden.
75 Heeresfunkstation Buraków, 7 Antennenmasten.
88 Hauptdepot der Panzerwaffe.
90 Funkstation des Post- und Telegraphenamts, 2 Masten.
101 Kühlerfabrik, Erzgn.: Kühler für Autos und Flugzeuge.
102 Munitionsfabrik „Pocisk", Erzgn.: Infanterie- und Jagdmunition.
104 Flugzeugfabrik „W. Szomanski u. Co.", Erzgn.: Propeller, Flugzeugschlitten, Motorbremsmühlen.
105 Danziger Bahnhof.
106 Chemisches Forschungsinstitut (Gasschutz).
107 Staatl. Munitionsanstalt Nr. 1.
108 Staatl. Rüstungswerke.
110 Heeresfunkstation, 6 Masten.
111 Funkempfangsstation des Heeres.
112 Munitionslager für Infanterie-Munition.
113 Militär-Arsenal.
114 Ost-Bahnhof.
115 Staatl. Ingenieurwerkstatt, 1000 Arbeiter, Erzgn.: Kriegsgerät aller Art, Kampfwagen, Flugzeugmotoren, Personen- und Lastautos.
116 Zitadelle, jezt Kasernen und Waffendepot.
117 Wilnaer Bahnhof (im Abriß).
122 Auto-Handelslager „Polski Fiat".
123 Mechan. Werkstatt „Motolot".

Blattbereich der polnischen Karte 1 : 100000 (BB) Nr. 7869

3 Wagganfabrik „Lilpopp, Rau und Loewenstein", 2000 Arbeiter, Erzgn.: Eisenbahnwaggons, Karosserien, Straßenbahnwaggons, Dampfmaschinen, Motorpumpen, landwirtsch. Maschinen.
5 Gaswerk I, städt., 60 Mill. cbm Jahreserzeugung.
6 Gaswerk 2.
8 Wojewodschaftsgebäude.
10 Hauptkommando der Staatspolizei.
12 Ministerrat.
14 Kampfwagen- und Kraftfahrschule.
16 Metallfabrik „W. Gostynski u. Co."
17 Großgerberei „J. C. H. Blunk A.G.", Heereslieferant.
18 Militärgeogr. Institut.
19 Lederfabrik „Autogen", Erzgn.: Sattler- u. Lederarbeiten, im gleichen Gebäude Hufnagelfabrik.
24 Offizierschule.
25 Höhere Kriegsschule, Offizierschule der Infanterie.
28 Fahr- und Motorradfabrik „B. Wahren", großes Lager ausländischer Räder.
29 Kriegsakademie.
31 Flugplatz und Anlagen der poln. Luftwaffe in Okęcie, 1933 eröffnet.
32 Staatl. Flugzeugwerke in Okęcie (früher Skodawerke), Erzgn.: Flugzeugmotoren, Elektromotoren, Generatoren.
34 Schule der chem. Waffe, Laboratorien.
35 Eisenwerk „B. Hantke", 1500 Arbeiter, Rüstungsbetrieb.
36 Motorenwerke „Perkun", Erzgn.: Verbrennungsmotoren aller Art, Handfeuerwaffen.
37 Optische Fabrik „Gerlach", Erzgn.: Optische Instrumente, Kontrollapparate, Präzisionsmeßgeräte.
38 Telefonzentrale (Selbstanschlußamt).
39 Laboratorium der Munitionsanstalt „Granat" (s. Nr. 78), 500 Arbeiter.
42 Eiserne Zweigelenkträger mit obenliegender Fahrbahn, 8 Off., 2 mass. Widerlgr., 7 Granitpf., Br. 3 + 15 + 3 m, Holzpflaster, 2 Strb.-Gleise, am linken Ufer Viadukt, 100 Eisenbeton-Pf., Br. 3 + 16 + 3 m, ges. Lge. von Brücke und Viadukt etwa 1300 m, Bauzeit 1923/27, Tragfähigk. Br.-Kl. I.
44 Drahtfabr. „Drut", Erzgn.: Draht und Nägel.
45 Eis. Halbparabelträger, 5 Off. je 92 m l. W., 2 mass. Widerlgr., 4 Steinpf., ges. Lge. etwa 500 m, 1931 fertiggestellt, 2 Eisb.-Gleise.
47 Hauptbhf. Warschau, großes Empfangsgebäude, unterirdische Bahnsteige, nach O anschließend 1300 m langer Eisb.-Tunnel.
48 Eisenkonstruktion mit untenliegender Fahrb., 1 Off. 82 m l. W., 2 mass. Widerlgr., l. Höhe 6 m, eingleis.
59 Rathaus.
65 Lokomotiv-Fabr. der „A.G. für Hochöfen und Eisenwerke Ostrowiec", kleineres Werk.
66 Krankenhs. Ujazdowski mit verschiedenen Abteilgn. in mehreren Gebäudekomplexen.
68 Gebäude des poln. Generalstabs.
70 Zentraldepot der Verbindungstruppen (Nachrichtentruppen), Magazin f. Telegrafengerät.
72 Büros der 2. Abt. des Kriegsministeriums.
73 Büros des poln. Abwehrdienstes.
75 Zentraldepot der Verbindungstruppen, Leitung und Bedienungskomp.
76 Ministerium des Innern und Hauptkommando der Staatspolizei.
78 Munitionsanstalt „Granat", im ehem. Fort Dabrowskiego (jetzt genannt Pilsudskiego), Spezial-Munitionswerkstätten.
79 Abnahme-Zentrale für Artillerie-Material (sehr hoher Turm).
80 Pionier-Zentraldepot.
82 Rundfunksender Warschau II, 2 Masten, je 75 m hoch, Leistung 10 kW, Sendeapparate in unterirdischen Räumen des ehem. Forts.
83 Staatl. Gewehrfabr. „Panstwowa Fabryka".
84 Maschinenfabr. „Pionier", Erzgn.: Artillerie- und Flugzeugmeßgeräte.
85 Korps-Bekleidungsmagazin.
88 Munitionsfabr. „S. Cholewinski u. Co.".
89 Kabelwerk, Erzgn.: Leitungsdrähte und Schnüre.
90 Haupt-Pionierwerkstätten.
92 Metallfabr. „L. Elibor A.G.", Erzgn.: Kriegsgerät, Automobile.
93 Automobilfabr., früher „Elibor", jetzt Montagewerk der „General Motors".
97 Metallfabr. „K. Rudzki u. Co.", Erzgn.: Brücken, Metallkonstruktionen, Wasserleitungen.
99 Staatl. Papierfabr., etwa 400 Arb.
101 Gummifabr. „Vulkanit", 70 Arb.
102 El. W., Leistg. 30120 kW.
105 Telefon- und Telegrafenamt (Fernamt).
106 Postministerium und Hauptpostamt.
107 Kriegsministerium.
111 Sportflugplatz Goclaw.
116 Hebewerkfabr. „Jenike", Erzgn.: Aufzüge, Kräne, Eisengeländer, Ketten.
118 Maschinenfabrik „Liefeldt und Schiffner", 120 Arb., Erzgn.: Flugzeugmotoren, Automobil- und Flugzeugteile, Pumpen, Karosserien.
122 Funkstation des Hauptkds. des Grenzschutzes.
130 Auto-Handelslager „Polski Fiat".
131 Autobus-Verkehr und Werkstatt „Polski Samochodowe", 160 Arbeiter.
133 Akkumulatorenfabrik und Autozubehör „Magnet".
134 Auto-Zubehör-Fabrik A. Steinhagen u. H. Stranský, 180 Arb.
136 Auto-Zubehör-Fabrik „Motolux", 60 Arbeiter.
137 Auto-Handel und Ersatzteillager „Austro-Daimler-Steyr".
138 Auto-Handel und Ersatzteillager „Auto-Elite".
139 Auto-Handel und Ersatzteillager „Auto-Service", 25 Angestellte.
140 Auto-Zubehör-Lager „Silniki-Spalinowe".
141 Auto-Handel und Ersatzteillager „Scintilla".
142 Auto-Handel und Ersatzteillager „Englebert".
143 Auto-Handel und Ersatzteillager „Motor-Stock".
144 Auto-Handel und Ersatzteillager „Polski Towarzystwo".
145 Auto-Handel und Werkstatt „Jerzy Zochowski".
146 Autowerkstatt „W. Krzeczkowski", 50 Angestellte.
147 Mechanische Werkstätten „Ursus".
148 Auto-Handel „Joachim Gersch".
149 Autoreifenfabrik „Piastow", 800 Arbeiter.
152 Flugzeugzubehörfabrik „Steinhagen und Stranský".
154 Rüstungswerke „W. Pachalski".
160 Korpsbekleidungsmagazin.
161 Metallwarenfabrik „Norblin", Gebr. Buch und T. Werner, Erzgn.: Munition und Gewehre.
162 Laboratorium „Hepner" (Verbandzeug, Gasmasken).
167 Höhere Kriegsschule.
171 Metallwarenfabrik „Norblin" (s. Obj. 161).
172 Blechwarenfabrik mit Walzwerk „Tlocznia".
173 Wasserwerk mit Pumpstation, Filtrierbecken, Wasserturm.
174 Materialien-Magazin.
175 Staatl. Telefon- und Radioapparate-Fabrik.
177 Fliegerpark Okęcie.
178 Flugtechnisches Forschungsinstitut.

83 1940년 — 공포의 지도

바르샤바의 유대인 게토에 대한 SS 계획

1940년 11월, SS• 장교 막스 예주이터(Max Jesuiter, 1897-1972)는 바르샤바의 비밀 도로 계획도를 가져온 뒤, 보라색 연필로 유대인 게토로 바뀔 지역을 표시했다. 이 도면은 독일 총독의 조례에 기반을 두고 있으며, 게토의 불규칙한 경계선은 유대인과 폴란드인 간의 할당된 생활 공간에 대한 갈등에서 비롯되었다. 거의 모든 거리, 작업장, 주택들이 불확실성을 피할 수 없었고, 시간이 지남에 따라 혼란은 가중되었다. 폴란드인들이 유리한 위치를 차지하면서 유대인들 사이에 공포심이 확산되었다. 결국, 약 40만 명의 유대인을 수용하는 게토의 설정은 대부분 SS의 계획에 따른 것이었다. 하임 케플란(Chaim Kaplan, 1880-1942)은 그의 일기에 이렇게 적었다. "우리는 2개의 벽에 갇혀 있다: 우리 몸을 위한 벽돌 벽과 우리 영혼을 위한 침묵의 벽에."

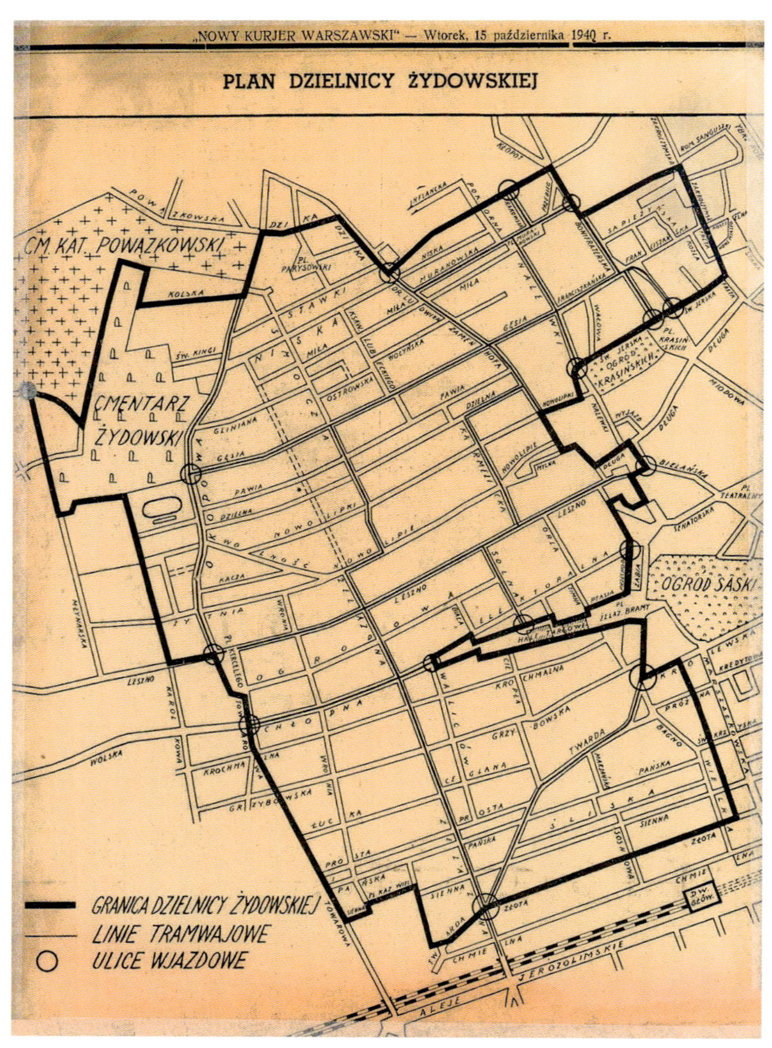

1940년 10월 15일자 《노비 쿠리어 바르샤브스키》 신문에 실린 게토 계획도.

바르샤바의 비밀 거리 지도는 독일군 참모부가 제작한 것으로, 그들의 군사 지리 부서인 '지형 측량 부대'(Topographietruppe)는 항공 사진과 첩보원이 수집한 정보를 활용하여 현지 지도를 수정해 수많은 전쟁 지도를 제작했다. 지도의 빨간색과 보라색 기호는 병영, 무기 창고, 비행장, 탑, 공장, 정부 건물, 우체국, 종이 공장, 기차역, 병원 등을 표시했다. 1939년 9월 바르샤바에 대한 공습 준비 과정에서 이 지도는 목표물 사진과 함께 사용되었다. 가장 강력한 폭격이 9월 25일 유대력 속죄일인 욤 키푸르(Yom Kippur)에 발생했으며, 옛 유대인 지구가 황폐화되었다.

약 한 달 후인 1939년 11월 4일 토요일, SS는 당시 설립된 지 얼마 안 된 유대인위원회의 임시 회의를 소집하여 모든 유대인에게 며칠 내로 옛 유대인 구역에 모이도록 명령했다. SS는 여러 가지 형태로 경계선이 그려진 지도를 가져왔다. 게토 건설 계획에 대한 소문은 삽시간에 퍼져 공포를 일으켰다. 어떤 사람은 "폴란드 사회에 동화된 도시 전역의 사람들이 아무런 공통점도 없는 공동체인 유대인 거주지로 이주

제작자: 독일 육군 참모부(발행), 막스 예주이터(제도)
제목: 군사 지리도-바르샤바 시가지도 **발행지:** 베를린
발행일: 1939-1940년 **기법:** 종이에 컬러 인쇄 **크기:** 90 x 85cm
축척: 1:20,000 **방위:** 북쪽이 위쪽 **소장처:** 스티그 퇴니선 컬렉션

• SS(독일어로 Schutzstaffel)는 1925년 아돌프 히틀러가 만든 소규모 개인 경호대로, 나치 세력이 커짐에 따라 막대한 경찰력과 군사력을 지녀 사실상 국가 안의 국가가 되었다.

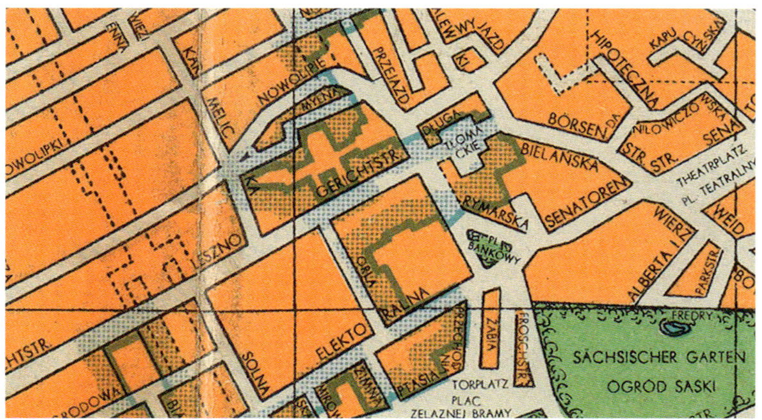

1941년 초 발행된 바르샤바의 도로 계획도.

지도에 게토 지역의 윤곽선이 그려져 있다.

하라는 명령을 받고 있다"고 기록했다. 유대인위원회 의장 아담 체르니아쿠(Adam Czerniakow, 1880-1942)와 군사령관의 협상 끝에 독일군은 자신들의 계획을 철회했다. 이를 통해 점령군과 협상하고 합의에 도달하는 것이 가능하다는 인상을 심어 주었다.

1940년 3월, 유대인위원회는 전염병의 위험에 노출되었을 수도 있다는 이유로 옛 유대인 구역 주변을 봉쇄하라는 명령을 받았다. 하임 케플란은 "유대인들이 나병 환자처럼 취급받고 있다"고 일기에 기록했다. 이 시기에 유대인 상점이 약탈당하고, 유대인들이 구타당하는 등 반유대주의 활동이 강화되었다. 이러한 행동들은 나치의 영향을 받은 것이었지만 실행한 것은 폴란드의 폭력배들이었다. 이는 폴란드인들이 독일인들의 유대인 보호 정책에 동조하도록 만드는 선전의 일환으로, 유대인들이 전염병을 퍼뜨린다는 위협적인 이미지와 동시에 유대인들이 위협받고 있다는 상반된 인식을 조성했다. 결과는 양쪽 모두 유대인 지구의 폐쇄라는 결과로 귀결되었다.

1940년 10월 12일, 욤 키푸르 날에 내려진 칙령은 게토 설립을 필연적인 것으로 만들었다. 10월 15일, 새로운 계획이 독일 통제하의 신문인 《가제타 자이도프스카(Gazeta Żydowska)》와 《노비 쿠리어 바르샤브스키(Nowy Kurier Warszawski)》에 게재되었다. 바르샤바 내 지정된 지역 밖에 사는 유대인들은 모두 몇 주 안에 게토로 이동해야 했다. 게토 자체가 도시에서 가장 가난하고 인구 밀도가 높은 지역에 있었기 때문에 이 결정은 유대인들 사이에 두려움을 일으켰으나, 게토가 폐쇄되는 최악의 결과는 없을 거라는 점을 희망으로 삼았다. 이 암울한 시기에 하임 케플란은 일기에 "미래가 확실하지 않은 시대에 살면서, 기다림보다 더 큰 고문은 없다"고 썼다. 1940년 10월 15일 자 신문 지도는 바르샤바 게토에 대해 최초로 공개한 계획이었다. 다른 곳에 살던 가족들이 필사적으로 재산을 처분하고 게토 내에서 거주지를 찾는 동안, 경계선에 대한 논쟁은 더욱 격화되었다.

다음날, 경계선을 따라 있는 거리의 양쪽 모두가 아리안인들에게 이미 할당되었음이 밝혀졌다. 유대인들은 떠나야만 했다. 결과적으로, 게토의 벽이 넓게 공원의 뒷면을 지나가게 되었다. 그러나 이것이 마지막 변화는 아니었다. 오히려 혼란은 더욱 증가했다. 10월 22일, 케플란은 다음과 같이 썼다. "폴란드 측은 흥정을 시작했다 — 이 지역에는 교회가 있고; 또 다른 블록은 주로 아리아인들이 거주한다; [...] 여기는 수천 명의 아리아인 노동자가 고용된 공장이 있다 [...]. 이렇게 해서 그들은 [...] 유대인 지구와 게토의 경계에서 거리를 계속 잘라내어 게토의 경계는 점점 좁아졌다." 이렇게 끊임없이 경계를 바꾸는 과정은 수천 명의 가족이 여러 번 이사해야 함을 의미했다. 이것은 또한 나치가 인종적 프레임을 얼마나 성공적으로 심어 놓았는지를 보여 주는데, 이는 가톨릭계 폴란드인과 유대계 폴란드인 간의 논쟁이 아닌 아리아인과 유대인 간의 논쟁으로 언급되고 있기 때문이다.

SS 참모국장 막스 예주이터가 이 바르샤바 비밀 지도에 유대인 게토의 윤곽을 그린 것은 대략 11월 12일경으로 추정된다. 11월 14일, 《노비 쿠리어 바르샤브스키》 신문은 게토 동쪽의 경계선이 변경된 계획의 일부를 게재했다. 예주이터 도안과의 차이점은 개신교도들의 거주지가 게토에서 제외되었다는 점이다. 개신교 병원과 교회가 있는 이 작은 지역은 1941년 초 독일-폴란드 거리 계획에 여전히 남아 있다. 11월 16일, 게토는 폐쇄되었다. 사람들은 지정된 기간에만 게토를 떠날 수 있었고, 그렇게 하려면 특별 작업 허가증이 필요했다. 출입문은 독일 헌병대와 폴란드 경찰이 지켰으며, 게토 쪽에서는 유대인 경찰이 지키고 있었다. 불규칙한 게토 경계선의 형태는 폴란드 지도자들이 독일 당국에 압력을 가한 결과였다. 그들은 기독교인을 대신하여 유대인 위원회에 맞서는 로비를 벌였고, 결국 유대인 측은 단지 몇 가지 사소한 변경 사항만 시행하는 데 그쳤다. 138,000명의 유대인 폴란드인과 비교하여 113,000명의 기독교인 폴란드인의 강제 이주는 '유대인 대 폴란드인'의 갈등을 더욱 격렬하게 만들었다. 그러나 이것은 바르샤바 게토의 시작에 불과했다.

New Zone of Destruction

A new Super Fuel will create!

PRESENT RANGE WITH BLOCK-BUSTING LOADS

FLYING HORSEPOWER PUTS NEW TERRITORY WITHIN OUR RANGE

KOLBERG · DANZIG · WARSAW · BERLIN · POSEN · BRESLAU · LODZ · PRAGUE · BUDWEIS · BRUNN · VIENNA · PARIS · FRANKFURT · LINZ · SALZBURG · BRUCK · MUNICH · BRENNER · ZAGREB · UDINE · TRIESTE · MILAN · VERONA · VENICE · TURIN · GENOA · BOLOGNA · FLORENCE · MARSEILLES · TOULON

Censorship prohibits use of actual distance figures—but the zone map above tells part of the biggest gasoline story of the war!...

Just as fast as American refineries can get into production of a sensational new aviation gasoline—*United Nations' bomber fleets will be given a new—far wider cruising range for their deadly blows at Axis Europe!*

So powerful it can't be measured by the present 100 Octane yardstick—this new super fuel was born in a Socony-Vacuum laboratory—the result of two great petroleum advances—Socony-Vacuum's new TCC Process—and a sensational new Bead Catalyst!

Its extra power, which we call *Flying Horsepower*—will not only permit wider bombing range—but will give a new, quick maneuverability, speed, climbing power and carrying capacity to all types of United Nations' war planes.

The new processes which will make this super power possible, have been made available to the United States Government and to the entire petroleum industry—and 7 new Socony-Vacuum refining units are being installed.

Providing *Flying Horsepower* to help speed Victory—is just another Friendly Service to America from the Sign of the Flying Red Horse.

SOCONY-VACUUM OIL CO., INC., and Affiliates: Magnolia Petroleum Co., General Petroleum Corp. of California.

TUNE IN RAYMOND GRAM SWING—Blue Network Coast-to-Coast, 10 P.M., E.W.T., Mon. Tues. Wed. Thurs.

Coming—In Mobilgas *Flying Horsepower!* New Super Power for U. S. Planes

1943년 — 비상하는 마력
더 강한 파괴력을 지닌 고성능 연료

제2차 세계대전 중 공중전의 중요성이 점점 커지면서 각국은 군용 항공기의 대량 생산과 기술 혁신에 집중했다. 모빌가스(Mobilgas) 회사의 전면 광고에 포함된 지도는 연합국 폭격기가 영국을 출발하여 베를린과 뮌헨 그리고 비엔나까지 공격할 수 있다는 것을 명확히 보여 주었다. 이것은 미국산 신형 슈퍼 연료 '비상하는 마력(flying horsepower)' 덕분이었다. 이 지도는 서유럽의 위성 사진을 바탕으로 한 것처럼 보이지만, 당시에는 위성 기술이 없었음에도 불구하고 항공 정치 지도로 큰 인기를 끌었다. 또한 이 광고는 연합군 공군이 독일의 군사 및 산업 목표물, 민간 시설을 폭격하는 것에 대한 전략적, 윤리적 질문을 던졌다.

모빌가스의 광고에서 지도를 디자인한 사람이 누구인지는 알려지지 않았지만, 지도를 의뢰한 회사인 소코니 배큐엄 정유사(Socony-Vacuum Oil Company, 미국의 주요 석유 회사로서, 현재 엑손모빌의 전신이다. 특히 모빌가스와 모빌오일 브랜드로 알려져 있다—옮긴이주)는 결코 무명 기업이 아니었다. 1940년 중대한 독점금지 사건에서, 미국 대법원은 소코니 배큐엄 정유사가 유가를 인위적으로 높게 유지한 카르텔 행위에 대해 유죄 판결을 내렸다. 하지만 그 악명 높은 판결 후 얼마 되지 않아 회사는 우수한 품질의 새로운 휘발유를 대량 생산함으로써 명성을 회복할 수 있었다. 미국 정유소의 기술 혁신을 통해 회사는 옥탄 함량이 더 높은 휘발유를 생산함으로써 연소 효율을 향상하고 압축비를 개선하였다. 그것은 더 큰 엔진 없이도 더 많은 마력을 제공하는 슈퍼 연료의 등장을 의미했다. 슈퍼 연료 덕분에 연합군 공군은 추축국 공격에 더 빠른 속도로, 더 넓은 범위에서, 더 많은 화력을 운반할 수 있게 되었다. 소코니 배큐엄 정유사는 전쟁의 승리를 위해서 제 역할을 하고 있다는 것을 일반 대중이 알기를 원했으며 이와 같은 전면 광고는 그중 한 가지 방법이었다. 슈퍼 연료는 서유럽에 새로운 파괴 지역을 만들었다. 소코니 배큐엄 정유사는 제2차 세계대전에서 연합국 공군이 추축국을 격파하는 데 도움을 주었다.

당시 리처드 에데스 해리슨(Richard Edes Harrison, 1911-1994)은 월간지 《포춘(Fortune)》에서 일하는 가장 성공적인 지도 제작자이자 주간지 《라이프(Life)》의 컨설턴트였다. 또한 그는 미국 전략국(Office of Strategic Services)에서 근무했으며, 광고에 나온 지도와 유사한 저널리즘의 목적으로 많은 지도를 그렸다. 그는 메르카토르 도법과 북쪽을 위쪽에 두는 관례에서 벗어났다. 그가 만든 대형 지도인 '분열된 세계(The World Divided)'에는 중앙에 북극이 표시되어 있고, 극으로부터 등거리에 있는 장소를 원으로 표시하고 있다. 이 지도는 특히 무기대여법(Lend-Lease Act)에 따라 미국이 영국에 자금과 물자를 지원하는 데 사용한 운송 및 항공 경로를 시각화했다. 1941년 8월에 발행된 《포춘》지의 접이식 지도에서 해리슨은 독일의 소련 침공 이후 미국이 제2차 세계대전에 군사적 개입을 지연한 것을 비판했으며, 히틀러가 소련을 압도할 경우 미국이 양측으로부터 위협을 받게 될 것이라고 지적했다. 그는 군사적 관점에서 이러한 충돌이 궁극적으로 미국과 연관되어 있음을 강조했다. 해리슨의 세계지도와 이후에 나온 판들은 미국에서 널리 복제되었으며 가정용 벽걸이 지도로 인기를 끌었다.

제2차 세계대전 기간 동안 항공산업을 위한 신기술 개발은 전 세계적으로 '세계의 축소화'를 가속화하는 데 기여했다. 리처드 에데스 해리슨의 작업은 세계화를 향해 나아가는 미국의 이익을 반영하였는데, 그의 작품은 미국이 초강대국으로 부상하는 과정에서 미국 외교 정책이 직면한 새로운 도전과 기회를 보여 준다. 해리슨은 극지방을 통과하는 경로로 대형 지구본을 사진 촬영한 후 이를 지도로 변환하는 방식으로 많은 지도를 제작했다. 그의 '아시아의 남동부(Southeast to Asia)' 지도는 베르히테스가덴(Berchtesgaden)에 있는 히틀러의 거주지 상공에서 사진을 찍어 중동 방향을 가리키는 방식으로 제작되었다. 해리슨의 항공-정치 지도는 전통적인 조감도나 현대적인 '신의 눈' 관점(god's eye perspective, 지구 표면을 위에서 내려다보는 관점을 의미한다. 이 관점은 모든 지점에 수직으로 내려다보는 방식으로, 마치 신이 하늘에서 지구를 바라보는 것처럼 보인다. 이러한 방식은 지형이나 건축물을 정확하게 평면

제작자: 모빌가스(광고), 라이프 매거진(발행)
제목: 새로운 파괴의 영역, 새로운 슈퍼 연료가 탄생합니다!
발행지: 뉴욕 **발행일:** 1943년 **기법:** 종이에 컬러 인쇄
크기: 25.5 x 35cm **축척:** 해당 없음 **방위:** 북쪽이 위쪽
소장처: 스티그 퇴니선 컬렉션

84

1943년 알코아 알루미늄 회사의 접이식 세계지도에서 보이는 '항공 산업의 발전으로 작아지는 세계' 문구.

Minneapolis Morning Tribune

North African Area Where Allies Battle Axis Forces

찰스 오웬스가 그린 북아프리카 전선의 영화 장면이 담긴 위성 지도. (1942년, 모닝 트리뷴)

34

Southeast to Asia

35

ON the following pages will be found maps of Russia, seen from the south, and of China and Central Asia, seen from the east. The map to the left shows the classic approach by Western conquerors to both lands. It is a gateway through which conquerors have seldom passed. It was at Zile, east of Ankara, that Caesar cried "*Veni, vidi, vici.*" Alexander cut the Gordian knot at a town just west of Ankara. Napoleon arrived at Acre near Beyrouth.

Hitler started impressively, but he did not even get to Istanbul. Here, seen appropriately from a point high above Berchtesgaden, is the scene of the inglorious end of the grandiose plan that followed the earlier German failure to destroy Russia by frontal assault. This plan involved attack on Asia Minor. Here there might not be a continent, but there at least was oil. Besides there was the dream of joining German and Japanese forces in Baluchistan or India. But the great Russian offensive from Stalingrad, the British blasting of the El Alamein line, and the American landing of troops in North Africa turned the Middle East from a Jappo-German meeting ground into a concentration field for Allied offensives.

The British understood the strategic importance of the Middle East long before the Germans began including it in their immediate battle plans. In the summer of 1940, when Britain faced actual invasion, Churchill shipped England's only fully equipped armored division from Liverpool to the Middle East. In the following year the British undertook four highly important moves: in conjunction with the Free French, they drove Vichy out of Syria; they forced out of Iraq pro-German elements who were attempting to stage a rebellion; they undertook in conjunction with Russia the occupation of Iran; finally, they poured strength into Cairo in preparation for a final African campaign. The British made the hardest gamble of the war, but they made it on the basis of an experienced geographical sense.

Richard Edes Harrison 1942

리처드 해리슨이 만든 <베르히테스가덴 상공에서 바라본 히틀러의 중동 인식>, A.A 크노프 편. 세계 전략을 위한 포춘 아틀라스, 뉴욕, 1944년.

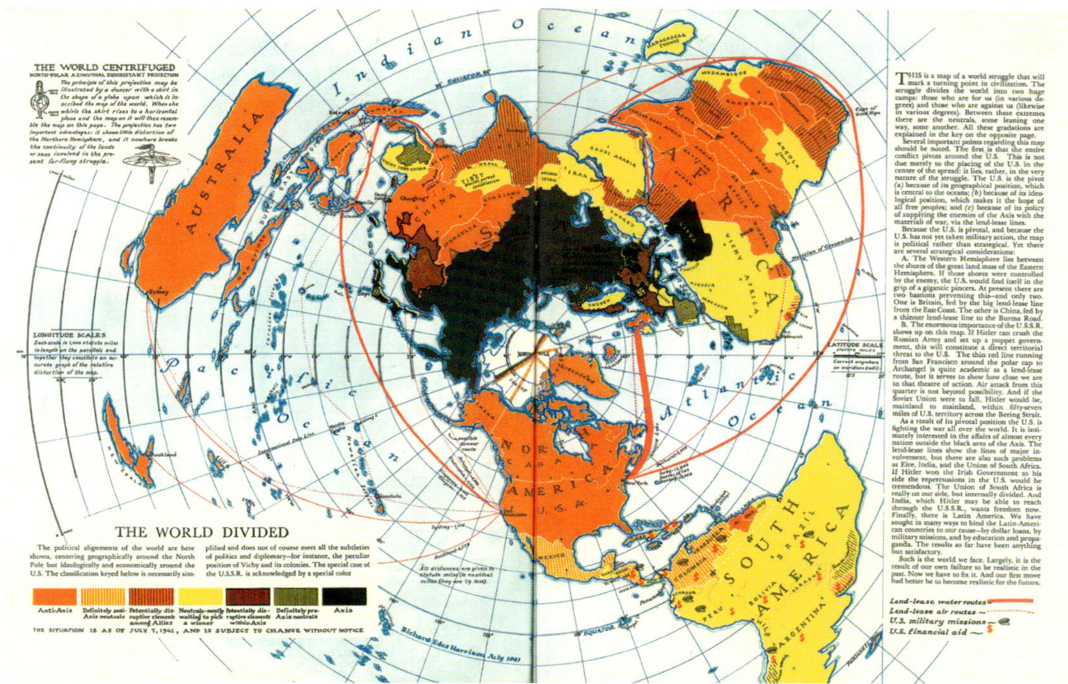

리처드 해리슨이 만든 〈히틀러가 소련 점령에 성공할 경우, 미국이 위협받게 될 지정학적 위치〉, 포춘지, 1941년.

적으로 표현할 수 있어 지리적 분석이나 지도 제작에 자주 사용된다—옮긴이 주)에 기반한 것이 아니라 마치 위성에서 바라보는 듯한 새로운 방식으로 지도를 제작했다.

이러한 '위성 지도 이미지'는 최전선의 군사 전략에 대한 언론인들의 분석에 많이 이용되었다. 찰스 오웬스(Charles Owens, 1881-1958)가 《로스앤젤레스 타임즈(Los Angeles Times)》와 《미니에폴리스 모닝 트리뷴(Minneapolis Morning Tribune)》과 같은 신문에 매주 그린 색채 지도가 그 예이다. 200여 점이 넘는 그의 '위성 지도'의 전형적인 특징은 마치 전쟁 영화를 보듯이 지평선 너머의 전투 장면에 대한 묘사를 담았다는 점이다. 북아프리카 전선을 그린 이 지도에서도 낙하산 병사가 상륙하고 비행기가 전함을 공격하는 장면을 볼 수 있다. 지도에서 드러나 있는 주요한 군사 작전을 가리키는 점선과 화살표는 할리우드에서 영향을 받았음을 보여 준다. 정보 전달을 위한 이러한 기술은 속도와 명확성을 강조했는데, 지리적 맥락에 이야기를 둔 그래픽 시퀀스는 1942년에 개봉된 낭만적인 전쟁 영화, 〈카사블랑카〉의 오프닝 이미지에서도 볼 수 있다. 즉, 오웬스의 그래픽 기법은 당시 미국에서 지배적이던 시각 문화를 반영한다. 그 문화는 모빌가스의 극적인 광고 지도에서도 볼 수 있듯이 전위적이지 않으면서도 현대적이었다.

지도에는 유럽 전역을 비행하는 보잉 B-17 폭격기의 윤곽선이 있다. 미 육군 공군(당시 명칭)은 '플라잉 포트리스(Flying Fortress)'라고도 알려진 B-17을 이용하여 독일의 산업, 군사와 민간 목표물을 대상으로 전략적 폭격을 가했다. 지도상의 연속되는 빨간 선은 이전의 폭격 범위를, 점선은 새로운 슈퍼 연료 덕분에 확장된 비행 가능 거리를 보여 준다. 이는 B-17 폭격기가 파괴를 가할 수 있는 지역이 크게 확장되었음을 의미하며, 단치히(현재의 그단스크), 비엔나, 북부 이탈리아까지 지도 사정권에 들어가게 되었다. 1943년 10월 9일, 미 8공군의 B-17은 단치히 남동쪽의 항공기 공장을 파괴했으며, 이로 인해 공장이 브레멘(Bremen)에서 마리엔부르크(Marienburg)로 이전되었다. 융단 폭격에서 미국의 B-17과 영국의 랭커스터 폭격기는 중요한 역할을 했다. 이러한 폭격은 특정 군사 목표가 아닌 넓은 지역에 대량의 폭탄을 투하하는 전술이었다. 특히, 드레스덴의 융단 폭격은 1945년 2월 13일부터 15일까지 실시되었으며, 대규모 민간 희생자를 낳았다. 이 폭격은 전략적 가치가 낮았음에도 불구하고, 독일 국민의 사기를 꺾기 위한 복수로 실행되었다. 이러한 융단 폭격은 역사적으로는 전쟁 범죄로 분류되지 않았지만, 윈스턴 처칠은 이를 "테러 행위"라고 규정했다.

2. BANDA
6a NZAKARA
NGBANDI
GBAYA
NGBAKA
MABO
NGIRI
NGOMBE
Ntomba
Bongando
Ekonda
Mbole
BOBANGI
BATEKE
21. BASAKATA
22. BAYANSI
BADZING
BAKUBA
BASHILELE
Bambala
AMBUUN
TUPENDE
BAWONGO
Bena Lulua
TUCIOKWE
BAYAKA
BALUNDA
BATETELA
BAKUSU
Bangongo
Bankutsu
Ndengese
Imoma Mbongo
Bojala
BOBANGO
BANGWA
Bajia
Bakunyi
Bayombe
Basembe
Carnot
Bania
Nola
Lopi
Enyele
Yaunde
Ueso
Makuku
Bowe
Franceville
Mbigu
Fort Rousset
Makua
Mosaka
Bangui
Zongo
Libenge
Gemena
Lisala
Basankusu
NOUVELLE ANVERS
COQUILHATVILLE
STANLEYVILLE
Bolomba
Ikela
Inongo
Mobaye
Banzyville
Yakoma
Lwena
Bandem

Belgisch Congo en Ruanda Urundi.
1 : 5000.000
door J. Knappert
Bari
Mongalla
Juba
Yambio
Tamburo
Abasiri
Maridi
Opari
Nimule
LOGO-LUGWARE
Aru
ALUR
Mahagi
MANGBETU
BALESE
Irumu
MABUDU
BALE
Masindi
Hoima
Paulis
Wamba
BANYORO
Ft Portal
Mubende
Kampala
Entebbe
Port Victoria
Beni
Butembo
BAYIRA
Bapere
BARUMBI
LAC EDOUARD
BANYANGA
LAC KIVU
BANYRWANDA
BARUNDI
BAREGA
Bazimba
Bangobango
Babuyu
Bahombo
Bahembwe
Babumbwe
Babwile
Batabwa
Bazela
LAC MOERO
Ba-Sila
BASANGA
Balamba
BANGUEOLO
Bausi
Balala
Balima
Baswaka
L
E3

85 1950년 — 콩고 언어에 대한 논쟁

식민지 언어 지도의 특징

언어 지도는 본질적 한계를 지니고 있다. 왜냐하면 내부적 다양성을 포함하는 언어 현상을 하나의 시각적 순간에 고정시키려는 시도이기 때문이다. 또한 변화하는 언어 상황을 고정하고 단순화하려는 선택 과정은 종종 논쟁을 유발할 수 있다. 벨기에령 콩고의 언어 다양성을 보여 주는 이 지도도 예외는 아니다. 지도 우측 상단의 서명은 얀 크나퍼트(Jan Knappert, 1927-2005)의 것으로, 그는 스와힐리어•와 반투어 전문가였다. 1958년 레이던 대학교에서 스와힐리어로 쓰여진 서사시 헤라클리오스(Heraklios)에 대한 연구로 박사 학위를 받았다. 그러나 사실 크나퍼트의 지도는 벨기에 선교사인 구스타프 헐슈타트(Gustaaf Hulstaert, 1900-1990)가 1950년에 출판한 지도와 상당히 유사하다. 헐슈타트뿐만 아니라 가스통 반 벌크(Gaston Van Bulck, 1903-1966)도 '벨기에령 콩고의 언어학적 연구'라는 제목으로 언어 지도를 출판했으며, 그의 지도는 헐슈타트의 지도와 다소 차이가 있어 논란을 일으켰다.

언어학자들은 때때로 "언어는 육군과 해군을 가진 방언"이라고 말한다. 이는 특정한 언어적 표현 방식이 '언어'로 불리는지 '방언'으로 불리는지가 언어적 특징보다는 사전 편찬, 법적 인정, 국경 등 그 언어를 독립된 언어로 표시할 수 있는 사회적·정치적 요인에 더 많이 의존한다는 것을 의미한다. 유럽에서는 19세기에 국민국가의 부상으로 인해 국가 언어의 표준화가 이루어졌으며, 이는 정치적 실체의 정체성을 나타내는 기준점으로 작용했다. '표준 국가 언어'의 지위를 부여받은 방언 또는 방언들의 조합은 정치적인 결정이었다.

19세기 후반과 20세기 전반에 아프리카로 간 많은 유럽 선교사들과 식민지 관리들은 이러한 유럽의 언어에 대한 생각에 깊은 영향을 받았다. 예를 들어 독일 철학자 요한 고트프리트 헤르더(Gottfried Herder, 1744-1803)는 '국민 정신(Volksgeist)' 개념에 대한 낭만적 해석을 통해, 한 민족이 그들이 사용하는 언어와 차지하는 영토에 의해 문화적으로 정의될 수 있다고 주장했다. 이 생각은 유럽 국가들이 상상하는 방식에 큰 영향을 미쳤을 뿐만 아니라, 식민지 프로젝트에서 하나의 이데올로기로 전파되었다.

제작자: 얀 크나퍼트(화가), 구스타프 헐슈타트(디자인)
제목: 벨기에령 콩고 및 르완다-부룬디 민족 지도 **발행지**: 미상
발행일: 1950년 또는 그 직후 **기법**: 종이에 수기 작성
크기: 50 x 65cm **축척**: 약 1:5,000,000 **방위**: 북쪽이 위쪽
소장처: 레이던 아프리카연구소

• 스와힐리어는 아프리카 동부 해안 및 섬 주민들이 모국어나 제2 언어로 유창하게 구사하는 반투어를 말한다.

아프리카, 특히 콩고에서의 언어 상황은 유럽의 경우보다 뚜렷한 범주로 분류하기가 훨씬 더 어려웠다. 콩고에서는 개인의 다언어 사용 및 언어 간 전환(화자가 두 언어체 사이를 지속적으로 전환)이 일상적인 현상으로, 규칙보다는 예외적인 양상이 일반적이었다. 아울러 유럽인들이 생각했던 것보다 아프리카의 민족 정체성은 더욱 복잡하게 나타났으며, 언어와 민족 간에 일대일 대응 관계가 반드시 존재하는 것은 아니었다. 특히 콩고의 일부 지역에서는 높은 인구 이동성으로 인해 사람들의 지리적 '고향'을 파악하는 것이 어려웠다. 그러나 식민지 시대에는 이러한 사항들을 명확히 규정하고 효과적으로 추적할 필요성이 있었고, 이에 따라 벨기에 당국자들은 콩고의 민족 및 언어적 복잡성을 체계적으로 지도화하기 위해서 끊임없이 노력했다.

선교사 구스타프 헐슈타트는 벨기에 콩고의 언어 문제에 관해 가장 영향력이 높았던 인물 중 하나였다. 그는 자신의 경력 동안 4개의 선교지사를 맡았는데, 지도상의 큰 노란색 지역에 위치했다. 문헌에서 '급진적 토착주의자'로 불리는 헐슈타트는 언어와 인간관계에 대해 고정적인 헤르디안(Herderian)적인 관점(독일의 철학자이자 문화 비평가인 요한 고트프리트 폰 헤르더의 사상과 철학을 나타내는 데 사용되는 용어이다. 헤르더는 특히 각 민족의 독특한 문화와 언어가 중요하다고 보았으며, 이는 나중에 민족주의 이론 발전에 중요한 기여를 했다—옮긴이주)을 가지고 있었으며, 그는 주재했던 지역에서 가장 널리 사용되던 식민지 공용어인 프랑스어와 링갈라어(Lingala, 니제르콩고어족에 속하는 언어로 콩고 민주 공화국의 수도 킨샤샤를 비롯한 북서부 일대와 콩고 공화국의 대부분, 앙골라와 중앙아프리카 공화국 일대에서 사용된다—옮긴이주)를 사용하는 것에 반대했다. 헐슈타트는 프랑스어와 링갈라어가 콩고인의 정체성을 훼손한다고 믿었으며, 이 두 언어가 불필요할 뿐만 아니라 식민지 프로젝

1948년 가스통 반 벌크가 제작한 언어 지도는 이후 벨기에 왕립식민지협회에서 출판된 지도집의 참고 자료가 되었다.

1950년에 발행된 구스타프 헐슈타트의 언어 지도.

트에 별로 도움이 되지 않는다는 것을 증명하고자 했다. 그럼에도 불구하고, 많은 식민주의자들은 링갈라어와 같은 공용어가 필요하다고 확신했다. 왜냐하면 작은 언어들은 식민지 언어 정책을 효과적으로 실행하기에 너무 분열되어 있었기 때문이다.

이런 의견에 반대하는 헐슈타트의 입장은 1950년에 출판한 콩고어의 다양성을 보여 주는 지도를 포함해 여러 결과로 이어졌다. 그는 언어 지역을 지정하기 위해 언어의 이름을 사용하는 대신 민족 집단의 이름(접두사 'ba-'로 표시)을 사용했다. 헤르더식 관점에서 언어와 민족성이 동일하다고 본 헐슈타트에게 이는 논리적인 결론이었다. 이것은 또한 얀 크나퍼트가 자신의 지도를 '민족지학적(volkenkundige)' 지도라고 부르는 이유에 대한 설명이기도 하다. 지도에 있는 작은 글자와 숫자들은 헐슈타트가 지도와 함께 출판한 70페이지 분량의 책에 있는 범례를 가리킨다. 비교적 넓은 면적에 같은 색을 사용했는데 어떤 그룹의 표준어를 설정한 뒤, 선교 학교 등을 통해 해당 지역의 모든 사용자에게 적극적으로 보급함으로써, 소규모 콩고 언어들을 통합('통일')할 수 있음을 보여 주려는 의도였다. 헐슈타트의 지도는 공용어가 필요 없는 미래에 대한 비전을 제시하였다.

가스통 반 벌크가 제작한 언어 지도는 요한 고트프리트 헤르더의 관점을 기반으로 하면서도 추가적인 언어 이데올로기적 요소를 포함했다. 그는 현재를 과거의 흔적이 겹쳐진 다층적인 모자이크로 해석하였으며, 1940년대 후반 지도 제작 당시의 상황보다는 콩고어의 역사적 이상에 더 큰 관심을 가졌다. 이 지도는 실제로 어떤 언어가 어디에서 사용되었는지 보여 주기보다는 이상화된 민족적 관점에서 과거에 사용되었을 언어를 주로 표현했다. 이것은 선교사들이 주도권을 얻는 데 도움이 될 언어를 기반으로 한 헐슈타트의 미래 지향적인 지도와 달리, 상대적으로 단편적인 결과를 보여 주는 것이었다. 선교사들의 이러한 예측과 개입은 콩고인들에게 식민지 시대의 민족에 대한 고정관념을 수용하게 함으로써 더욱 경직된 민족 정체성 개념을 갖게 하는 결과를 초래했다.

얀 크나퍼트가 구스타프 헐슈타트의 지도에서 가져온 빨간색 선은 '반투(Bantu)' 국경을 나타내는데, 대다수의 콩고어는 카메룬에서 남아프리카에 이르기까지 반투어 계열에 속한다. 가스통 반 벌크는 반투어의 경계를 표시했지만, 반투어가 사용되지 않는 지역을 구체적으로 명시하지 않았다. 헐슈타트와 반 벌크는 서신 교환과 출판물을 통해 그들의 지도의 차이점에 대해 장기간 논쟁을 벌였다. 두 사람 간의 논쟁은 복잡한 언어 상황을 기록하려는 시도가 필연적으로 논쟁으로 이어질 수밖에 없음을 보여 준다. 헐슈타트와 달리, 반 벌크는 선교사이면서 여러 대학에서 교수로도 활동했다. 결과적으로 헐슈타트가 가진 콩고에서의 오랜 선교 경험에도 불구하고 반 벌크가 더 높은 명성을 얻었다. 벨기에 왕립식민지협회(Royal Belgian Colonial Institute)는 1954년 출판된 '콩고 일반 지도(Atlas general du Congo)'의 공식 참조 자료로 반 벌크의 언어 지도를 채택했다. 그렇지만 헐슈타트의 지도는 아프리카 연구 전문가들 사이에서 계속 유통되었다.

얀 크나퍼트 덕분에 헐슈타트의 지도 사본이 레이던의 아프리카 연구 센터 도서관에 보존될 수 있었다. 크나퍼트가 이 지도의 사본을 만들기로 결정한 정확한 이유는 알 수 없지만, 그 과정에서 상당한 노력이 필요했을 것이라는 점은 분명하다.

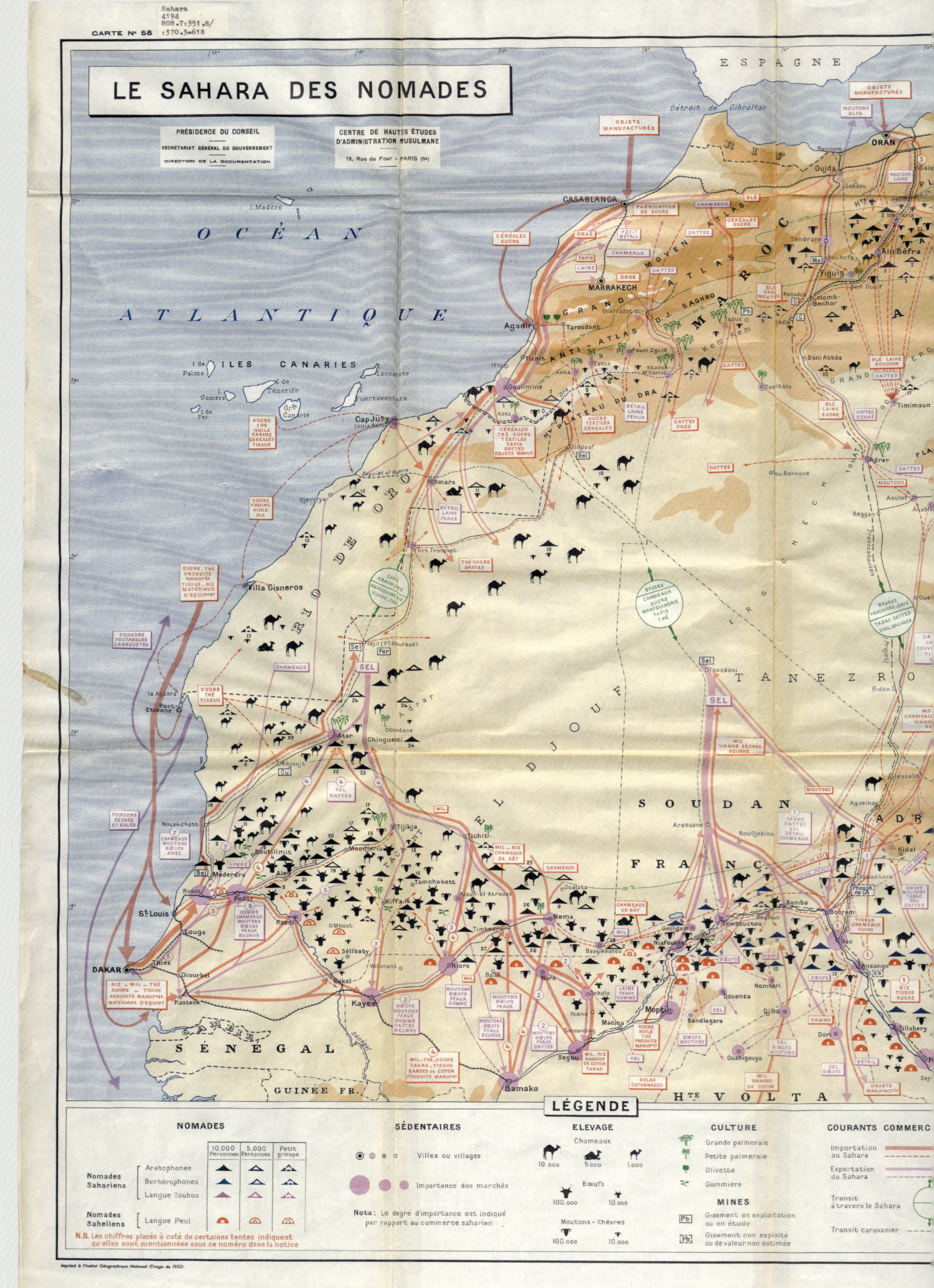

CARTE N° 58
Sahara
4194
808.7:351.8/
:370.3=618
LE SAHARA DES NOMADES
PRÉSIDENCE DU CONSEIL
SECRÉTARIAT GÉNÉRAL DU GOUVERNEMENT
DIRECTION DE LA DOCUMENTATION
CENTRE DE HAUTES ÉTUDES D'ADMINISTRATION MUSULMANE
13, Rue du Four - PARIS (6e)
ESPAGNE
Détroit de Gibraltar
OCÉAN ATLANTIQUE
ILES CANARIES
MAROC
GRAND ATLAS
ANTI-ATLAS
MOYEN ATLAS
CASABLANCA
MARRAKECH
Agadir
ORAN
Oujda
Figuig
Ain Sefra
Goulimine
Cap Juby
Smara
Villa Cisneros
RIO DE ORO
Port Etienne
Atar
Chinguetti
Tidjikja
Tichit
Oualata
Nema
Tombouctou
Bamba
Mopti
Ségou
Bamako
Kayes
Nioro
Kiffa
St Louis
Podor
DAKAR
Thiès
Kaolack
SÉNÉGAL
GUINÉE FR.
Hte VOLTA
SOUDAN FRANÇAIS
EL DJOUF
TANEZROUFT
Taoudéni
Araouane
SEL
OBJETS MANUFACTURÉS
LÉGENDE
NOMADES
10.000 Personnes
5.000 Personnes
Petit groupe
Nomades Sahariens
Arabophones
Berbérophones
Langue Toubou
Nomades Saheliens
Langue Peul
N.B. Les chiffres placés à côté de certaines tentes indiquent qu'elles sont mentionnées sous ce numéro dans la notice
SÉDENTAIRES
Villes ou villages
Importance des marchés
Nota: Le degré d'importance est indiqué par rapport au commerce saharien
ELEVAGE
Chameaux
10.000
5.000
1.000
Bœufs
100.000
10.000
Moutons - Chèvres
100.000
10.000
CULTURE
Grande palmeraie
Petite palmeraie
Olivette
Gommiers
MINES
Gisement en exploitation ou en étude
Gisement non exploité ou de valeur non estimée
COURANTS COMMERC
Importation au Sahara
Exportation du Sahara
Transit à travers le Sahara
Transit caravanier
Imprimé à l'Institut Géographique National (Tirage de 1952)

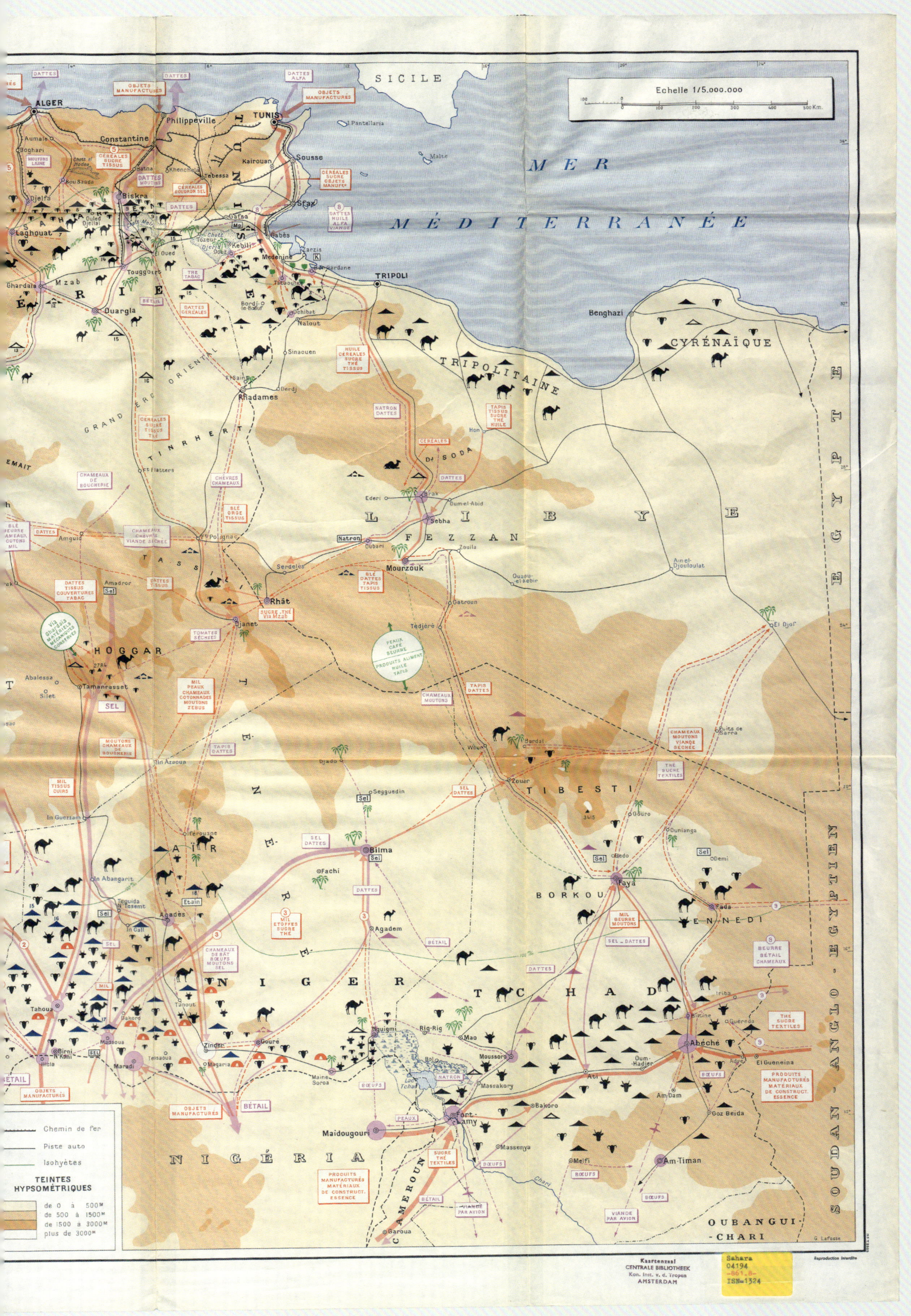
Echelle 1/5.000.000
SICILE
MER
MÉDITERRANÉE
ALGER
Constantine
Philippeville
TUNIS
Sousse
Sfax
Gabès
Kairouan
Tebessa
Biskra
Touggourt
Ouargla
Ghardaïa
Laghouat
TRIPOLI
Benghazi
CYRÉNAÏQUE
TRIPOLITAINE
Rhadamès
GRAND ERG ORIENTAL
TINRHERT
FEZZAN
Sebha
Mourzouk
Rhât
Djanet
HOGGAR
Tamanrasset
TASSILI
LIBYE
ÉGYPTE
TIBESTI
Bardaï
Zouar
Bilma
Agadem
Fachi
Agadès
AÏR
NIGER
TÉNÉRÉ
BORKOU
Faya
ENNEDI
Fada
TCHAD
Abéché
Ati
Mao
Moussoro
Massakory
Bokoro
Fort-Lamy
Maïdougouri
Am-Timan
Zinder
Gouré
Maradi
Madaoua
Birni N'Koni
Tahoua
Maine Soroa
NIGÉRIA
CAMEROUN
OUBANGUI-CHARI
SOUDAN ANGLO-ÉGYPTIEN
DATTES
OBJETS MANUFACTURÉS
SEL
BÉTAIL
BŒUFS
VIANDE PAR AVION
PRODUITS MANUFACTURÉS MATÉRIAUX DE CONSTRUCT. ESSENCE
Chemin de fer
Piste auto
Isohyètes
TEINTES HYPSOMÉTRIQUES
de 0 à 500M
de 500 à 1500M
de 1500 à 3000M
plus de 3000M
G. Lafosse
Reproduction Interdite

86 1952년 — 사하라사막을 바라보는 새로운 시선

연결하는 공간으로의 사막

이 지도는 사하라사막의 지도 제작 과정의 특별한 순간을 보여 준다. 이는 유목민 집단의 존재 및 그들간의 상호 관계가 지도에 처음으로 기록된 역사적인 순간이다. 학계는 사하라사막이 북아프리카와 사하라 이남 아프리카(또한 검은 아프리카라고 하는) 사이의 장벽을 형성했다고 주장해 왔다. 게다가 학자들은 북아프리카에서 사하라사막 이남의 아프리카에 이르는 계층 구조를 도입했다. 중요한 예로는 동양학자 뱅상 몽테유(Vincent Monteil, 1913-2005)가 사하라사막 이남 아프리카에서 이슬람의 도입을 연구한 저서 『검은 이슬람(L'Islam noir)』을 들 수 있다. 하지만 지도는 사하라사막을 가로지르는 연결망이 존재하고 있었음을 보여 주며, 이를 통해 사하라사막 지역 무역의 중심에 있는 유목민들의 활발한 문화를 짐작할 수 있다. 실제로 역사학자 페르낭 브로델(Fernand Braudel, 1902-1985)은 사막이 장벽이 아닌 지중해와 같은 연결 지역이었다고 주장했다.

1952년에 '유목민의 사하라(Le Sahara des nomades)' 지도가 출판됐을 때, 프랑스는 여전히 그 지역의 주요 식민지 권력으로 남아 있었다. 이 지도는 세계에서 가장 큰 사막을 주변 지역 간의 무역을 통해 연결되는 지역으로 묘사한다. 이러한 표현은 사하라를 북쪽과 남쪽의 문화를 분리하는 장벽으로 주로 보았던 식민지 정책과 극명하게 대조된다.

식민지 기간(대략 1900년부터 1960년까지) 동안, 식민지 관리자와 군인들은 학자의 역할을 겸하며 이 지역과 그 주민들에 대한 많은 연구를 수행했다. 이러한 연구들은 오늘날에도 여전히 북아프리카와 사하라 이남 아프리카를 구분 짓는 사고에 영향을 미치고 있다. 1910년경에 발전한 식민지 정책은 북아프리카와 서아프리카를 별개로 지칭하며 '베르베르족을 위한 정책'과 '여러 인종 정책'으로 구분했다. 베르베르-아랍 문화는 검은 아프리카와 별개로 간주되었다.

1952년 북아프리카 상공에서 항공 촬영 임무를 수행한 전투기 레오 455.
(Paris, IGN (Institut Géographique National) (©IGN))

시간이 지나면서 식민 정책의 방향과 식민지에 대한 투자는 실질적인 분할을 초래했으며, 이에 따라 무역 활동은 점차 서아프리카의 연안 국가들과 북부 연안에 집중되었다. 사하라는 점점 북부와 남부를 연결하는 고리보다는 장벽으로 여겨지게 되었다.

하지만 학자 겸 관리자들의 연구는 유목 생활에 대한 매력을 보여 주고 있으며, 이는 때때로 식민지 프로젝트와 충돌하기도 했다. '유목민과 사령관들(Nomades et commandants)'이라는 역사 연구에서 이러한 사실이 잘 드러난다. 예컨대 식민지 권력은 식민지의 안정화에 도움을 줄 유목민을 낙타 기병대로 활용하는 것이 유익하다고 판단했고, 유목민들은 정착민을 위해 설계된 관료제에 적응해야만 했다. 그러나 '유목민의 사하라' 지도는 사하라를 통해 북부와 남부가 이어지는 연결성을 강조했으며, 유목 문화에 대한 매력이 관점의 변화를 불러일으켰다.

이 지도는 프랑스 지도 제작자들에 의해 제작되었다. 제2차 세계대전 후, 프랑스 국립지리학연구소(IGN)는 프랑스 영토의 지도 제작을 의뢰받았는데, 여기에는 북아프리카와 서부 및 중앙아프리카에 위치한 해외 영토가 포함되었다. 이 지도들은 오래전 전투에 사용된 구식 전투기를 이용해 촬영한 항공 사진에 기반을 두고 있었다. 북아프리카 상공을 처음으로 비행한 것은 1952년이었다. 이 항공 사진들이 유목민의 사하라 지도 제작에도 사용된 것으로 보인다. 지도는 확실히 식민지 시대 동안 수행된 많은 연구와 탐험에도 기초를 두고 있다.

지도는 사하라 주변의 유목 지역 간의 연결을 강조하며, 그들 사이의 활발한 교역을 보여 준다. 범례에 사용된 상징들은 사하라 양쪽에

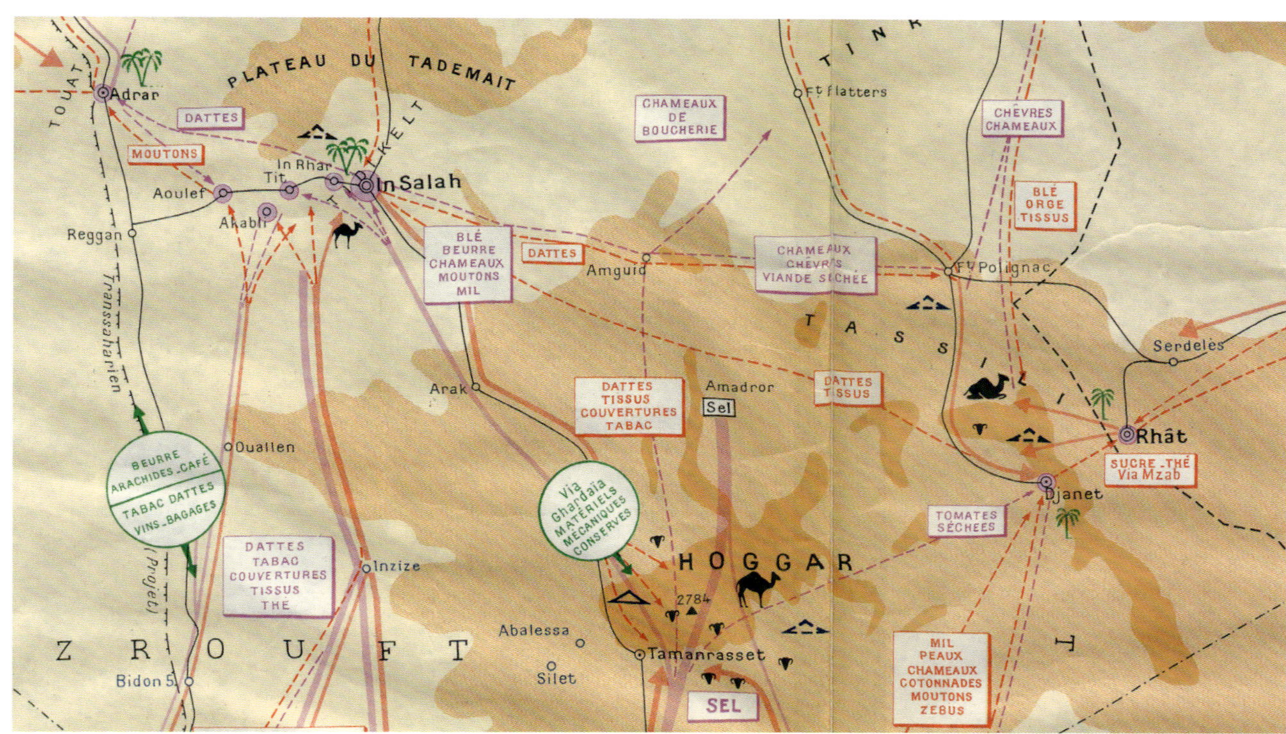

사하라사막은 북부와 남부 지역 간의 교역로가 만나는 번화한 교차로로 보여진다.

위치한 집단들의 통합성을 강조하고 있다. 낙타가 중요한 가축이었고 대상들이 오아시스에서 휴식을 취한 장소들에서 횡단 사하라 연결이 명확하게 표시되어 있다. 당시 아프리카에는 국가가 존재하지 않았지만, 지역 간에는 식민지 경계가 있었다. 그러나 이 지도에서는 해당 경계들이 모호했으며, 사하라를 가로질러 이루어지는 의사소통에 집중되었다. 또한 다양한 유목 집단이 거주하는 지역들이 표시되어 있으며, 사헬 지역과 사하라 지역의 유목민들 사이를 구분하고 있다. 인구 수는 기호를 사용하여 표시되며, 각 그룹들은 사하라의 가장자리에 위치한 생태 구역에 따라 나누어져 있다.

지도에 기록된 무역에는 상당한 다양성이 있다. 횡단 사하라 무역 경로를 따라 이동하는 상품들은 북아프리카, 사하라 이남 아프리카, 사하라 오아시스에서 유래한다. 예를 들어 사하라 이남 아프리카에서 생산된 소금은 북쪽으로 운송되며, 북부에서는 카펫, 설탕, 차가 남쪽으로 이동한다. 사하라의 오아시스는 대추야자, 말린 고기, 담배의 주요 생산지이다. 또한 양과 같은 동물 및 가죽, 버터와 같은 동물성 제품이 운송되며, 기장, 면화, 도축용 낙타 같은 제품들은 사하라 이남 아프리카나 북아프리카의 서로 다른 지역 간에 교역된다.

지도가 유목 생활에 중점을 두는 것은 특히 주목할 만하다. 왜냐하면 당시 식민지 정책은 유목민들이 이동 생활을 포기하고 한곳에 정착하도록 유도했기 때문이다. 프랑스는 유목민들이 특정 지역으로 모이도록 장려하기 위해 우물을 건설하는 등의 조치를 취했다. 이러한 정책은 리비아에서 활동한 이탈리아와 같이, 다른 세력에 의해서도 도입되었다. 또한 이집트와 같은 독립 국가들은 유목민 그룹을 관리하기 어렵다는 이유로 그들을 한 장소에 고정시키려고 했다. 하지만 이 지도는 유목민들이 영구적인 거주지를 갖고 있지 않다는 점을 보여 주며, 실제로 여기에는 우물이 그려져 있지 않다. '유목민의 사하라'는 유목 생활 방식을 높이 평가하는 내용을 담고 있다.

지도는 아프리카 사회 형성에 있어 이동성이 핵심적 역할을 했다는 개념과 연결된다. 이 개념은 최근의 연구들에서 중심적으로 다루어지고 있다. 해당 연구들은 사하라의 이주 및 밀수 네트워크를 이 지역의 초기 역사에 기원을 둔 경로의 연장선으로 본다. 예를 들어 이슬람의 확산이 이 경로를 따라 일어났고, 정치적 연합이 형성되었다. 이는 오늘날까지 사하라의 사회적 및 정치적 구조를 형성하는 데 중요한 역할을 하고 있다.

제작자: 프랑스 국립지리학연구소(발행) **제목:** 유목민의 사하라
발행지: 파리 **발행일:** 1952년 **기법:** 컬러 인쇄 **크기:** 71 x 100cm
축척: 약 1:5,000,000 **방위:** 위쪽이 북쪽
소장처: 왕립 열대연구소 컬렉션

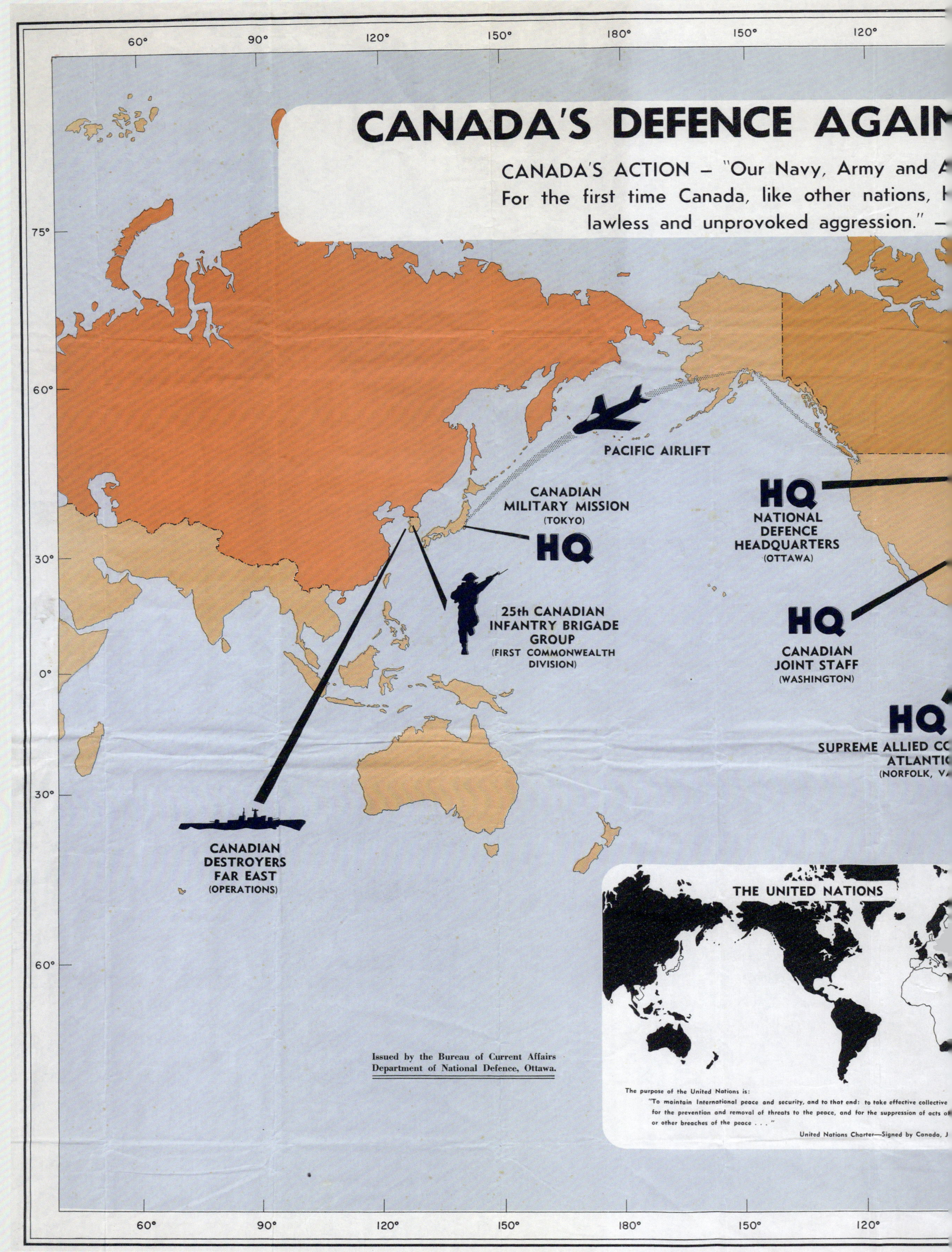
CANADA'S DEFENCE AGAI
CANADA'S ACTION – "Our Navy, Army and
For the first time Canada, like other nations,
lawless and unprovoked aggression." –
PACIFIC AIRLIFT
CANADIAN MILITARY MISSION (TOKYO)
HQ
HQ
NATIONAL DEFENCE HEADQUARTERS (OTTAWA)
25th CANADIAN INFANTRY BRIGADE GROUP (FIRST COMMONWEALTH DIVISION)
HQ
CANADIAN JOINT STAFF (WASHINGTON)
HQ
SUPREME ALLIED
CANADIAN DESTROYERS FAR EAST (OPERATIONS)
THE UNITED NATIONS
The purpose of the United Nations is:
"To maintain International peace and security, and to that end: to take effective collective
for the prevention and removal of threats to the peace, and for the suppression of acts
or other breaches of the peace . . . "
United Nations Charter—Signed by Canada,
Issued by the Bureau of Current Affairs
Department of National Defence, Ottawa.
60° 90° 120° 150° 180° 150° 120°
75° 60° 30° 0° 30° 60°

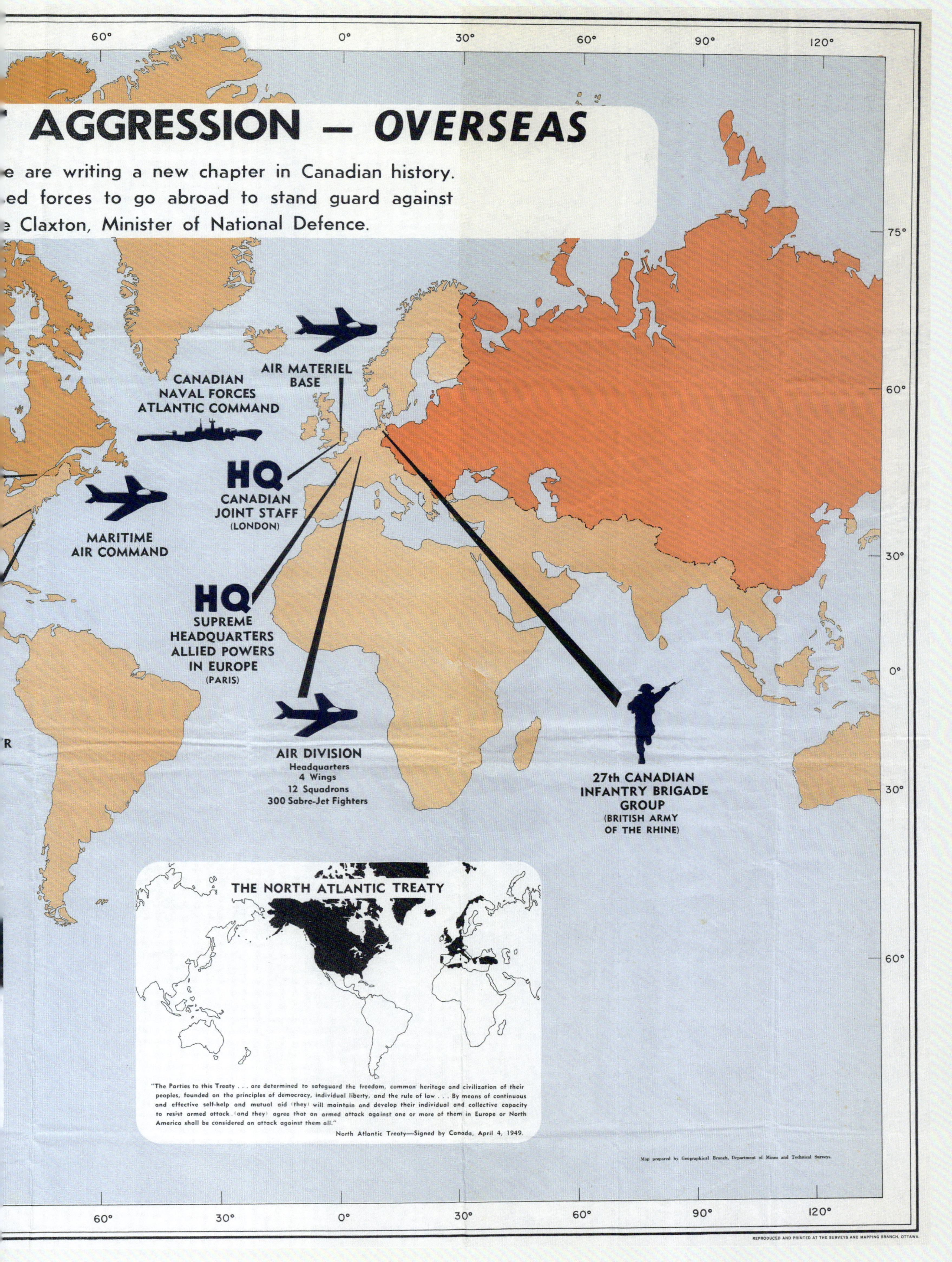

AGGRESSION — OVERSEAS
e are writing a new chapter in Canadian history.
ed forces to go abroad to stand guard against
e Claxton, Minister of National Defence.
AIR MATERIEL BASE
CANADIAN NAVAL FORCES ATLANTIC COMMAND
HQ
CANADIAN JOINT STAFF (LONDON)
MARITIME AIR COMMAND
HQ
SUPREME HEADQUARTERS ALLIED POWERS IN EUROPE (PARIS)
AIR DIVISION
Headquarters
4 Wings
12 Squadrons
300 Sabre-Jet Fighters
27th CANADIAN INFANTRY BRIGADE GROUP (BRITISH ARMY OF THE RHINE)
THE NORTH ATLANTIC TREATY
"The Parties to this Treaty . . . are determined to safeguard the freedom, common heritage and civilization of their peoples, founded on the principles of democracy, individual liberty, and the rule of law . . . By means of continuous and effective self-help and mutual aid (they) will maintain and develop their individual and collective capacity to resist armed attack. (and they) agree that an armed attack against one or more of them in Europe or North America shall be considered an attack against them all."
North Atlantic Treaty—Signed by Canada, April 4, 1949.
Map prepared by Geographical Branch, Department of Mines and Technical Surveys.
REPRODUCED AND PRINTED AT THE SURVEYS AND MAPPING BRANCH, OTTAWA.

87 1952년 — 캐나다의 국제적인 역할

냉전 기간 동안 공산주의 위협에 대한 방어

이 지도는 명확하게 구분된 세계를 나타내고 있다. 주황색으로 표시된 캐나다가 중심에 위치해 있다. 적대적인 붉은색으로 표현된 지역은 소련, 중국, 북한 그리고 소련의 영향 아래 있는 동유럽 국가들로 구성되어 있다. 국경이 표시되지 않은 유라시아 지역은 위협적으로 묘사되고 있다. 그러나 캐나다 육군, 해군, 공군은 하나의 적대적인 블록에 대항하여 대서양과 태평양 전역에 퍼져 작전을 펼칠 준비가 되어 있다. 캐나다는 단독으로 적에 단호히 맞서고 있는 모습으로 묘사된다. 유엔과 나토의 회원국을 묘사한 2개의 작은 흑백 지도는 캐나다를 중심에 배치하여 상징적으로 두드러지게 하고 있다. '침략에 대비한 캐나다의 방어 - 해외에서'라는 제목을 이탤릭체로 표시함으로써, 캐나다의 안보 정책에서 중요한 전환점을 상징하고 있으며, 냉전이라는 현실 속에서 캐나다의 안보가 자국 국경 내에서만 방어될 수 없음을 나타낸다.

지도의 가장 위에는 1946년부터 1954년까지 국방부 장관을 역임한 브룩 클랙스턴(Brooke Claxton, 1898-1960)의 인용문이 있다. 클랙스턴은 캐나다를 나토에 가입시키고 한국 전쟁(1950-1953) 참전을 추진한 인물로, 지도가 "캐나다 역사의 새로운 장"을 선언한다고 강조하고 있다. 캐나다 국립기록보관소는 지도의 연도를 1949년으로 기재하고 있지만, 이는 정확하지 않을 수 있다. 한반도가 38도선을 따라 남북으로 나뉜 것을 보면, 1953년 7월의 휴전협정 이전에 지도가 제작되었음을 시사한다. 또한 제25 캐나다 보병여단은 한국에 주둔하고 있는 것으로 표시되어 있는데, 부대는 1951년 창설되어 1955년 해체됐으며, 한국 전쟁 중에는 유엔군의 일부로만 존재했다. 따라서 지도는 1951년과 1953년 사이의 특정 시점을 표시하며, 국제 안보에 대한 주요 기여자로서 캐나다 역사의 새로운 단계를 제시한다. 지도는 교육 목적으로 제작된 것으로 보이며, 정부 캠페인의 일환으로 한국 전쟁에서의 국가적 역할과 더 넓은 국제적 기여를 알리는 데 활용되었을 것이다.

냉전 시기의 대서양 횡단 관계 연구는 주로 미국과 서부 유럽과의 연계에 초점을 맞추고 있다. 캐나다는 제2차 세계대전 동안 상당히 기여했고, 나토 및 경제 협력 개발 기구의 창립 회원국으로서 활동하였음에도 불구하고 주목을 받지 못했다. 캐나다는 제1차 세계대전에 참여했지만 1918년 전쟁이 종결된 후 유럽에서 군대를 철수했다. 공산주의 세계와의 냉전은 평화 시기에 해외에 장기 배치되는 부대를 포함하여 더 실질적인 약속을 요구했다. 이것은 소련을 위시한 공산주의 블록이 팽창하는 것을 막고자 한 미국 주도의 '억제' 전략에 캐나다가 기여하였음을 보여 준다. 2만 6천명 이상의 캐나다 군인들이 한국 전쟁에 참전했고, 1950년대 중반까지 나토의 일환으로 프랑스와 서독에 육군과 공군 부대의 약 1만 명의 군인들이 주둔했다. 이러한 군사적인 확장으로 인해 1952년 캐나다 국방 예산은 GDP의 8%에 도달했지만, 그 후 1970년 이후로 점차 감소해 약 2%까지 떨어졌다.

캐나다 북극 지역은 소련 항공기와 미사일이 미국 목표물로 향하는 동안 탐지되지 않고 이동할 수 있는 광활한 영역으로 인식되었다. 이

제작자: 캐나다 국방부(발행), 측량 및 지도 제작부(인쇄)
제목: 캐나다의 해외 침략에 대한 방어 **발행지:** 오타와
발행일: 1951년에서 1953년경 **기법:** 컬러 인쇄 **크기:** 76 x 115cm
축척: 약 1:45,000,000 **방위:** 북쪽이 위쪽
소장처: 왕립 열대연구소 컬렉션

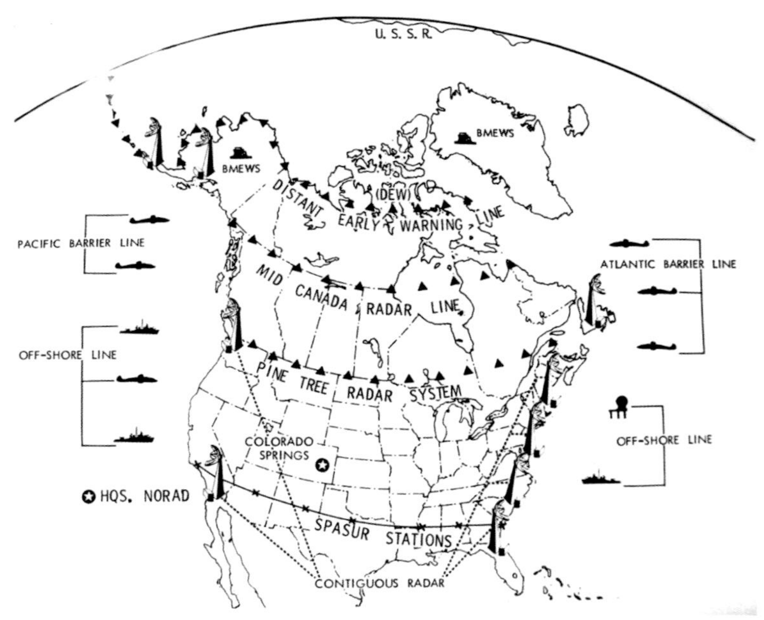

조기 경보 레이더를 보여 주는 3개의 선.

에 따라 캐나다 영토 내에 세 가지 레이더 시스템, '파인트리(Pine Tree)', '미드 캐나다(Mid-Canada)', 그리고 '원거리 조기경보(Distant Early Warning)'를 설치하여 소련의 진입을 감지하고자 했다. 이러한 방공망의 필요성은 1957년 8월 1일 북미 항공방위사령부(NORAD)의 설립으로 이어졌다. 1950년대는 캐나다가 북극 지역 순찰을 목적으로 1953년에 시작된 아브로 애로우(Avro Arrow) 제트 전투기 프로젝트를 포함하여 자체 첨단 군사 장비 개발을 시도한 시기였다. 이 항공기는 1957년에 공개되었으나 기술 문제와 예산 초과로 인해, 존 디펜베이커 정부는 1958년에 애로우 프로젝트를 중단하고 미국제 보마크(Bomarc) 대공 미사일을 구입하기로 결정했다. 디펜베이커는 미사일의 핵탄두 사용을 거부했으며, 이는 무기의 방공 효과를 크게 약화시켰다. 1960년에 캐나다 내 미국 핵 미사일 배치에 대한 논쟁이 표면화되었는데, 이후 3년간 국내 정치의 핵심 쟁점으로 부각되었다. 이는 결국 1963년 선거에서 디펜베이커의 패배로 이어졌다. 애로우 프로젝트의 종료는 캐나다가 독립적인 방위 인프라와 전략을 가진 독립적인 행위자로서의 자리매김을 포기한 것을 의미했다.

캐나다는 나토와 유엔과 같은 다자간 안보 기구에 대한 적극적인 참여와 더불어 서방의 결속을 강화하려는 명확한 비전을 제시했다. 1963년부터 1968년까지 자유당 총리였던 레스터 볼스 피어슨(Lester Bowles Pearson, 1897-1972)은 1953년 소련의 거부권 때문에 유엔 사무총장이 되지 못했다. 그는 1948년부터 1949년까지 북대서양 조약의 초안 작성에서 중요한 역할을 했으며, 특히 비군사 협력에 관한 제2조에 초점을 맞췄다. 많은 캐나다인들은 나토가 미국의 압도적인 군사력에 지배되지 않는 진정으로 평등한 동맹이 되기를 원했고, 피어슨은 공통의 가치와 이익을 통해 충성도를 강화하기 위한 '대서양 공동체'의 증진을 촉구했다. 캐나다의 국익 또한 관련되어 있었는데, 캐나다인들은 미국의 경제적 영향력을 경계하며 워싱턴으로부터 일정 수준의 자율성을 유지하고자 했다. 피어슨은 노르웨이의 할버드 랭(Halvard Lange, 1902-1970), 이탈리아의 가에타노 마르티노(Gaetano Martino, 1900-1967)와 함께 '3명의 현자' 중 1명이었는데, 그는 1956년에 국가들을 더 밀접하게 결속시키기 위해 나토 내에서 정치적 협의와 문화적 협력을 강화하려는 의도를 가진 광범위한 보고서 초안을 작성했다. 하지만 그 보고서는 실현되지 못했다. 1960년대 후반, 피에르 트뤼도(Pierre Trudeau, 1919-2000)의 통치 아래, 캐나다는 핵 비확산과 군축의 선도적인 지지자가 되었다.

나토(NATO)의 '3명의 현자들', 1956년. 할버드 랭, 가에타노 마르티노, 레스터 피어슨. (Brussel, NAVO (© NATO))

따라서 이 지도는 캐나다의 냉전 시기 국제주의의 정점을 드러내며, 국가 지도자들이 국민에게 서방 안보에 대한 캐나다의 기여를 과시하고자 하는 의도를 표현하고 있다.

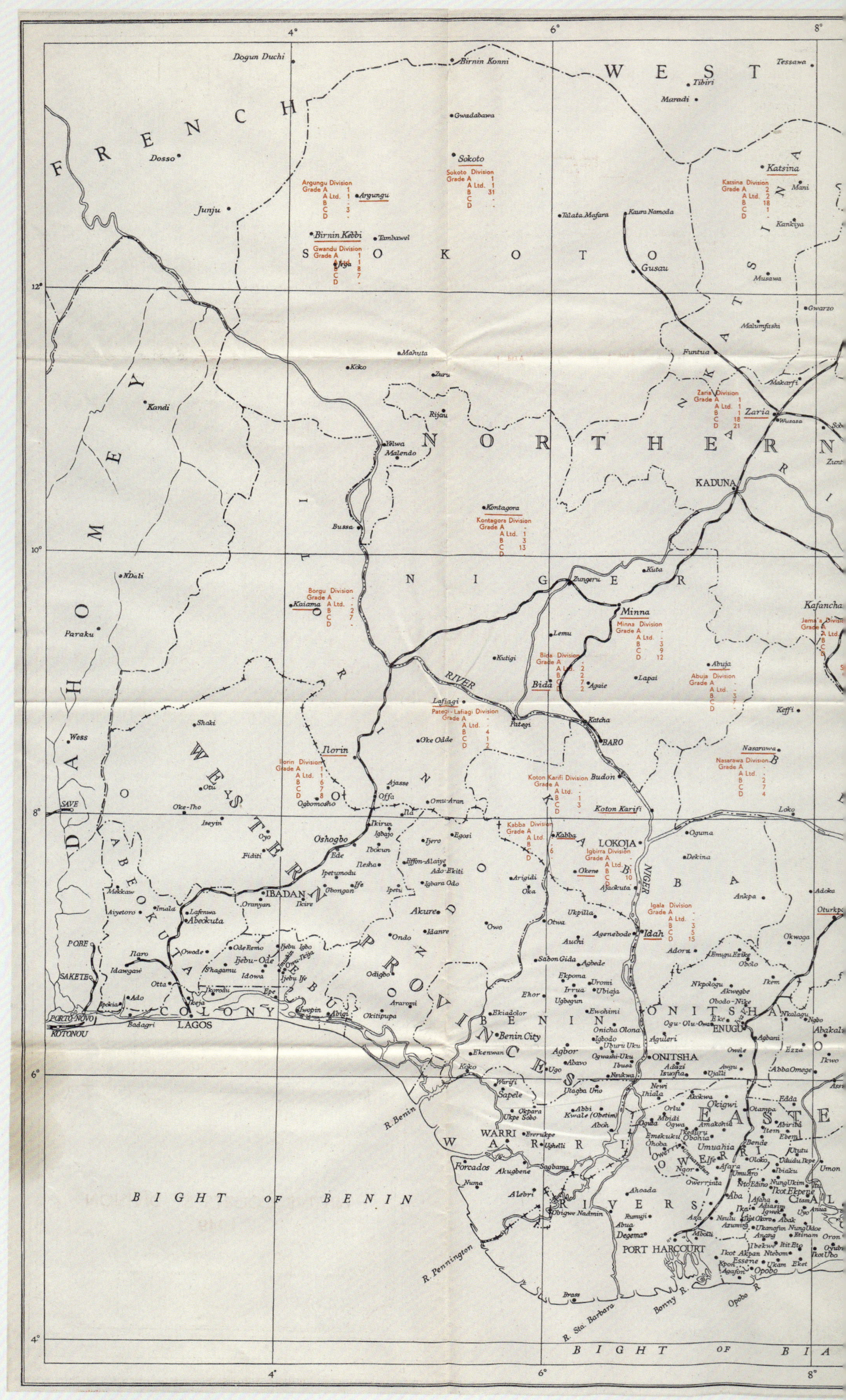
FRENCH WEST
DAHOMEY
SOKOTO
KATSINA
ZARIA
NORTHERN
NIGER
ILORIN
KABBA
BENUE
WESTERN PROVINCES
ABEOKUTA
IJEBU
COLONY
ONDO
OYO
BENIN
ONITSHA
OWERRI
WARRI
RIVERS
EASTERN
RIVER NIGER
BIGHT OF BENIN
BIGHT OF BIAFRA
LAGOS
IBADAN
KADUNA
LOKOJA
ONITSHA
PORT HARCOURT
ENUGU
WARRI
PORTO NOVO
COTONOU
Sokoto
Katsina
Zaria
Minna
Bida
Ilorin
Kontagora
Argungu
Birnin Kebbi
Oshogbo
Abeokuta
Benin City
Sapele
Forcados
Dogun Duchi
Birnin Konni
Tessawa
Maradi
Dosso
Gusau
Kandi
Paraku
Shaki
Offa
Kabba
Idah
Okene
R. Benin
R. Pennington
R. Sta. Barbara
Bonny R.
Opobo R.
4°
6°
8°
10°
12°

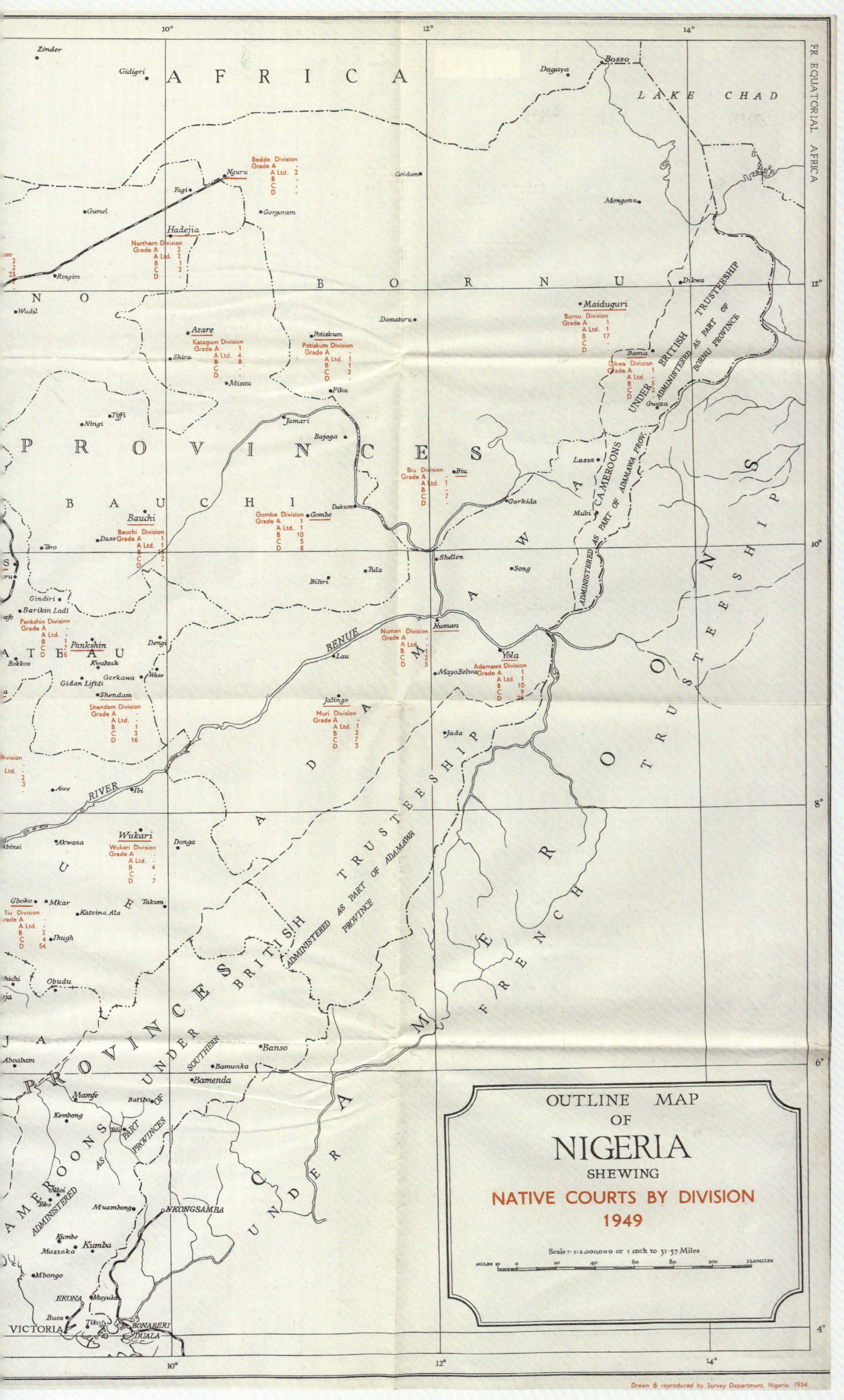

OUTLINE MAP
OF
NIGERIA
SHEWING
NATIVE COURTS BY DIVISION
1949
Scale 1:2,000,000 or 1 inch to 31·57 Miles
Drawn & reproduced by Survey Department, Nigeria. 1954.
FR. EQUATORIAL AFRICA
LAKE CHAD
AFRICA
BORNU
PROVINCES
BAUCHI
PLATEAU
ADAMAWA
BENUE
PROVINCES
CAMEROONS UNDER BRITISH TRUSTEESHIP ADMINISTERED AS PART OF BORNU PROVINCE
CAMEROONS ADMINISTERED AS PART OF ADAMAWA PROV.
BRITISH TRUSTEESHIP ADMINISTERED AS PART OF ADAMAWA PROVINCE
CAMEROONS UNDER FRENCH TRUSTEESHIP
CAMEROONS UNDER BRITISH TRUSTEESHIP ADMINISTERED AS PART OF SOUTHERN PROVINCES
BENUE RIVER
Zinder
Gidigri
Dagaya
Bosso
Nguru
Gumel
Fagi
Gorgoram
Gidam
Mongonu
Hadejia
Ringim
Wudil
Dikwa
Damaturu
Maiduguri
Azare
Shira
Potiskum
Misau
Bama
Fika
Gwoza
Ningi
Tiffi
Jamari
Bajoga
Lassa
Biu
Garkida
Mubi
Dakum
Gombe
Bauchi
Dass
Toro
Shellen
Song
Pela
Biliri
Gindiri
Barikin Ladi
Pankshin
Dengi
Numan
Yola
Lau
Mayo Belwa
Bokkos
Kwalaak
Gerkawa
Wase
Gidan Lifidi
Shendam
Jalingo
Jada
Awe
Ibi
Wukari
Donga
Akwana
Gboko
Mkar
Takum
Katsina Ala
Ihugh
Obudu
Banso
Bamunka
Bamenda
Abonbam
Mamfe
Batibo
Kembong
Muambong
NKONGSAMBA
Kumbe
Kumba
Massaka
Mbongo
EKONA
Muyuka
Buea
VICTORIA
Tiko
BONABERI
DUALA
Bedde Division Grade A - A Ltd. 2 B - C - D -
Northern Division Grade A 2 A Ltd. 2 B 1 C 2 D -
Bornu Division Grade A 1 A Ltd. 1 B 17 C - D -
Katagum Division Grade A 1 A Ltd. 4 B 8 C - D -
Potiskum Division Grade A - A Ltd. 1 B 1 C 2 D -
Dikwa Division Grade A 1
Biu Division Grade A - A Ltd. 1 B - C 7 D -
Gombe Division Grade A 1 A Ltd. 1 B 10 C 5 D 8
Bauchi Division Grade A 1
Pankshin Division Grade A
Numan Division Grade A - A Ltd. -
Adamawa Division Grade A 1 A Ltd. 1 B 10 C 9
Shendam Division Grade A - A Ltd. - B 1 C 3 D 16
Muri Division Grade A - A Ltd. 1 B 2 C 7 D 3
Wukari Division Grade A - A Ltd. - B 4 C - D 7
Tiv Division Grade A - A Ltd. - B 2 C 4 D 54
10°
12°
14°
4°
6°
8°

88 1954년 — 나이지리아의 원주민 법정

영국 식민지에서의 이중적인 법 적용

이 지도들은 19세기 중반부터 1960년까지 영국의 식민 통치하에 있었던 나이지리아의 원주민 법원 구조를 개괄적으로 보여 준다. 비록 원주민 법원이 아프리카 법을 적용했지만, 이는 영국이 만든 제도하에서 이루어진 것이었다. 지도는 거의 모든 아프리카 식민지에서 유럽의 식민 법과 아프리카 또는 이슬람 법의 현지화된 형태가 병행 적용된 법의 이중성을 잘 보여 준다. 식민지 시대에 전통적인 사법 체계를 개편한 영향은 현재 아프리카에서도 여전히 볼 수 있다. 예컨대 현재 나이지리아의 관습 법원은 식민지 시대 원주민 법원의 직접적인 계승자이다.

영국은 나이지리아에 '간접 통치' 정책을 도입하였고, 이는 식민지 이전의 기존 정치 질서가 가능한 한 그대로 유지된다는 것을 의미했다. 이 정책에 따라, 기존의 지역 통치자들은 영국의 통제 아래에서 대리 통치자로 임명되어 식민 행정 체계에 통합되었다. 이들은 영국 법의 집행과 정부 지침의 수행에 대한 일상적인 책임을 부여받았다. 특히 나이지리아 북부 지역은 이러한 간접 통치의 모델이 되었으며, 여기에는 무슬림 풀라니 에미르(Fulani emirs)들이 이끄는 오랜 사회적 및 정치적 전통이 자리했다. 이들 에미르들은 이미 알칼리(alkalis, 판사)를 포함하는 사법 체계, 조세 체계, 그리고 다양한 관직 체계를 갖춘 무슬림 신정(神政) 정치 체제의 통치자였다.

간접 통치 시대에는 영국 법의 점진적 도입이 나이지리아에서 식민지 통치와 조직의 정치적 제어에 중요한 역할을 했다. 영국은 현지 아프리카 및 이슬람 법의 가치를 인정하면서도 특히 형사 사건에 있어 점점 더 많은 관할권을 가지고 있었다. 1876년에 제정된 최고 법원 조례에 따라 고등 법원이 신설되었다. 이를 통해 아프리카인들 사이, 그리고 아프리카인과 유럽인 간의 분쟁에서 현지 법을 적용할 수 있게 되었으나, 이는 '혐오 규칙'을 위반하지 않는 범위에서만 가능했다. 이 규칙은 아프리카 법이 자연법, 형평법, 그리고 명백한 양심과 일치해야 함을 요구했다. 나이지리아 북부의 경우, 칼리프는 샤리아 법을 적용할 수 있었지만, 절도에 상응하는 손가락의 절단, 디야(diya, 살인에 대한 합의금으로서의 피의 돈), 간통에 대한 돌팔매 등 영국인의 눈에 바람직하지 않은 인신 상해 및 사망과 같은 응징은 폐지되어야 한다는 것을 의미했다.

간접 통치 정책은 모든 전통적 아프리카 사회가 한 사람의 족장에 의해 통치된다는 극단적으로 단순화된 가정에 기반하고 있었다. 그러나 영국이 식민지화하기 이전 이미 나이지리아에는 그들만의 법적 시스템이 있었고, 나이지리아 북부와 다른 정치적 실체들로 구성되어 있었다. 예를 들어, 남동부의 주요 민족인 이그보(Igbo)족, 이비비오(Ibibio)족, 에필(Efil)족, 에코이(Ekoi)족, 오고니(Ogoni)족은 큰 왕국을 형성하지 않았고 단일한 통치자를 인정하지 않았다. 1900년부터, 원주민 법원을 설립하고 그들의 관할권과 운영을 정의하는 일련의 법률이 통과되었는데, 이는 정치적 통일성을 보장하고 전통적인 사법부에 더 큰 식민지 지배권을 행사하기 위한 것이었다. 이러한 원주민 법원의 설립은 '지명된 부족 추장들(Warrant Chiefs)' 또는 '위임된 부족장들(mandated tribal chiefs)' 제도의 도입과 밀접한 관련이 있다. 영국인들은 부족장들을 직접 선택하기 위해 그 제도를 사용했고, 이들은 그 후 지역 사회의 지도자로서의 위임을 받았다. 이 위임은 또한 그들에게 원주민 법정에서 판사로서의 권한을 부여했다. 비록 몇몇 경우에는 합법적인 전통 족장이 위임을 받았지만, 대부분의 지정된 족장들은 그들의 지역 사회의 승인을 받지 못한 채 식민 정권과의 충성스러운 협력을 이유로 선발되었다.

원주민 법원은 아프리카인과 아프리카인이 아닌 사람들 사이의 형사 사건과 민사 사건을 모두 심리할 권한을 부여받았다. 새로운 법률은 법원을 등급(A부터 D까지)으로 나누었다. 이 계층에 따라 법원의 관할권과 그들이 집행할 수 있는 처벌 수위가 결정되었다. 3개의 지도는 나이지리아 동부, 북부, 서부 지역의 원주민 법원의 숫자와 그들이 속한 계층에 대한 개요를 제공한다. 이 지도들은 1954년에 토지 조사에 종사하는 식민지 행정부처인 국토조사부에 의해 만들어졌다. 영국이 나이지리아에 진출하기 시작한 이래로, 영국의 관할권과 토지 소유권을 지도로 작성하는 작업은 식민지 통제의 중요한 부분이었다. 영국인

제작자: 나이지리아 토지 측량국
제목: 1949년, 나이지리아 원주민 법정 구분을 나타낸 개요 지도
발행지: 라고스 **발행일:** 1954년 **기법:** 컬러 인쇄 **크기:** 58 x 71cm
축척: 약 1:2,000,000 **방위:** 북쪽이 위쪽
소장처: 레이던 아프리카연구소

들이 원주민의 법원에 끼친 영향은 여전히 강했다. 영장 집행관 제도는 물론 상고 절차를 통해서도 누가 판사 역할을 할 것인지 통제할 수 있었다. '항소, 검토, 이송 및 재심의 절차'라는 제목의 개요도는 원주민 법원의 결정을 식민지 행정부와 법원에서 어떻게 항소할 수 있는지에 대한 명확한 방법을 제공한다.

원주민 법원과 '지명된 부족 추장들' 제도의 도입은 나이지리아 남동부에서 부패와 정치적 불안정을 야기했다. 판사들과 법원 직원들은 원주민 법원이 부과한 사건 수수료와 벌금으로 급여를 받았기 때문에 가능한 한 많은 사건을 처리하여 이익을 얻으려 했다. 판결은 종종 최고 금액을 제시한 입찰자에게 유리하게 내려졌다. 일부 집행관들과 법원 직원들은 체포와 재산 압류를 위해 거짓 소환장을 발부하여 개인적인 이득을 취했다. 영국인 식민지 관리들은 원주민 법정 청문회에 거의 참석하지 않았고 토착 언어를 구사하지 못했기 때문에, 재판 관련 정보를 얻기 위해서는 통역사, 사무원, 메시지 전달자 등에 전적으로 의존할 수밖에 없었다. 1929년, 이그보랜드 남부와 남동부의 이비비오어를 사용하는 지역의 대부분에서 '여성 전쟁'에 참여한 영장 집행관에 대한 대규모 시위가 발생했다. 수천 명의 여성들이 원주민 법원을 공격하고 부족의 추장들을 감금했다.

1929년 이후, 영장 집행관은 권력에서 물러났지만, 그들 중 일부와 그들의 후손들은 여전히 지역의 유력자로 남아 있었다. 1940년대가 되어서야 식민지 정부는 숙련된 아프리카 정치 대표들을 배치하는 정책을 시행했다. 나이지리아의 법 집행 역사에서 원주민 법원의 중요성을 과소평가해서는 안 된다. 지명된 부족 추장들과 원주민 법원의 시스템은 식민주의의 영향으로 아프리카의 정체성을 짓밟았으며, 식민지 정권의 정당성이 결여된 것을 상징적으로 보여 주었다. 게다가 나이지리아의 현재 법률 체계는 여전히 영국이 도입한 이원적 모델을 기반으로 한다. 오늘날 원주민 의회는 항소 법원 역할을 하고, 대법원은 일반법 문제에 대한 최종 관할권을 가진다.

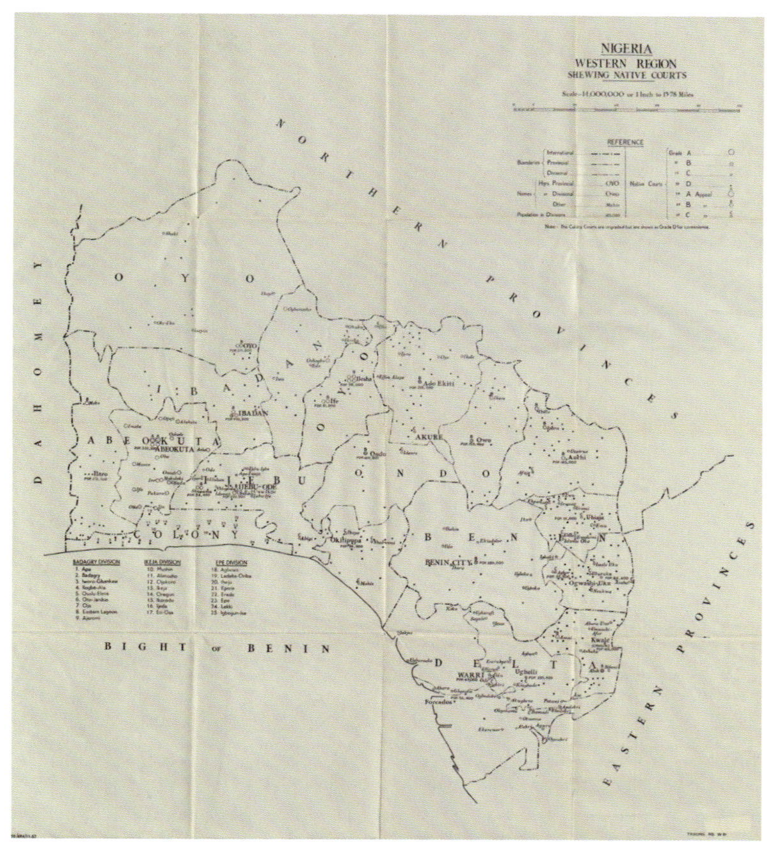

나이지리아 서부 지역의 원주민 법원을 보여 주는 지도. (레이던의 아프리카 연구센터).

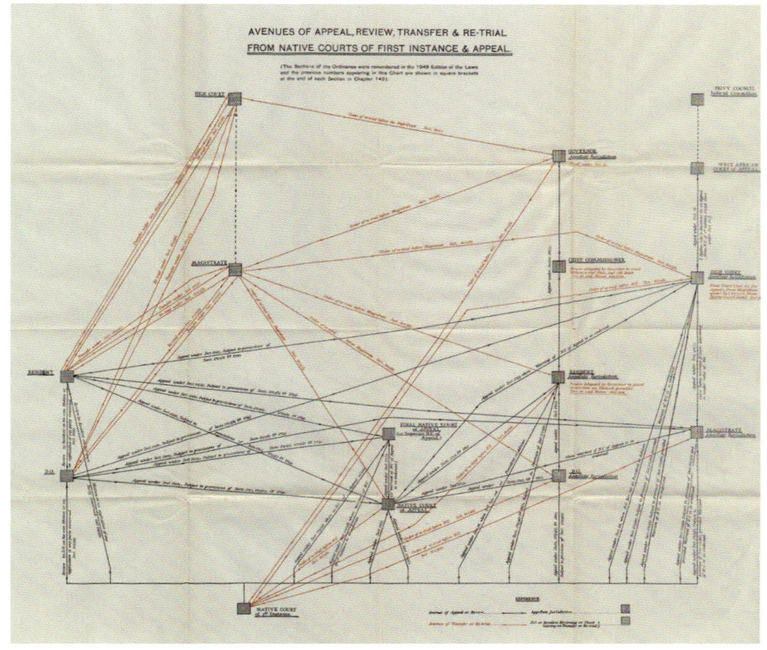

원주민 법원에서의 첫 심급, 항소, 검토, 이송 및 재심의 절차(레이던의 아프리카 연구센터)

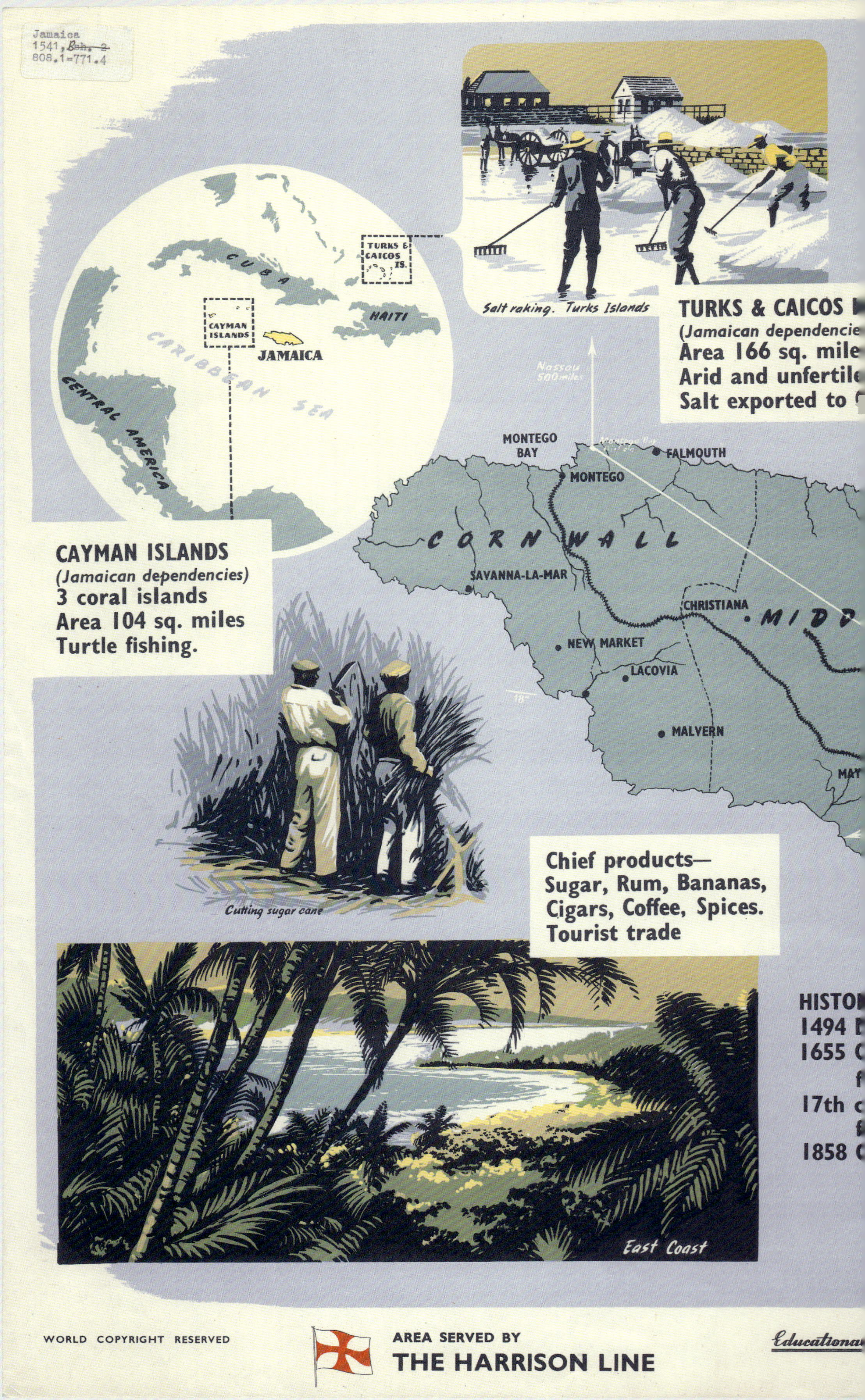

Jamaica
1541, Bah. 2
808.1-771.4
TURKS & CAICOS IS.
CUBA
HAITI
CAYMAN ISLANDS
JAMAICA
CARIBBEAN SEA
CENTRAL AMERICA
Salt raking. Turks Islands
TURKS & CAICOS
(Jamaican dependencie
Area 166 sq. mile
Arid and unfertile
Salt exported to
Nassau 500 miles
MONTEGO BAY
FALMOUTH
MONTEGO
CORNWALL
SAVANNA-LA-MAR
CHRISTIANA
MIDD
NEW MARKET
LACOVIA
MALVERN
MAY
CAYMAN ISLANDS
(Jamaican dependencies)
3 coral islands
Area 104 sq. miles
Turtle fishing.
Cutting sugar cane
Chief products—
Sugar, Rum, Bananas,
Cigars, Coffee, Spices.
Tourist trade
HISTO
1494
1655
17th
1858
East Coast
WORLD COPYRIGHT RESERVED
AREA SERVED BY
THE HARRISON LINE
Educationa

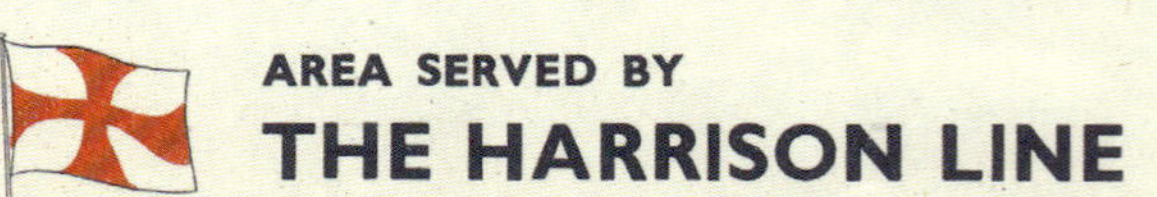

Area 4,450 sq. miles *(including Caymans)*
Largest of British West Indies islands.
Very mountainous
Pop. 1,289,072.
Mainly African descent, only 1°/₀ whites
Capital and chief port—
Kingston (pop. 201,911)
New university college
being built near Kingston

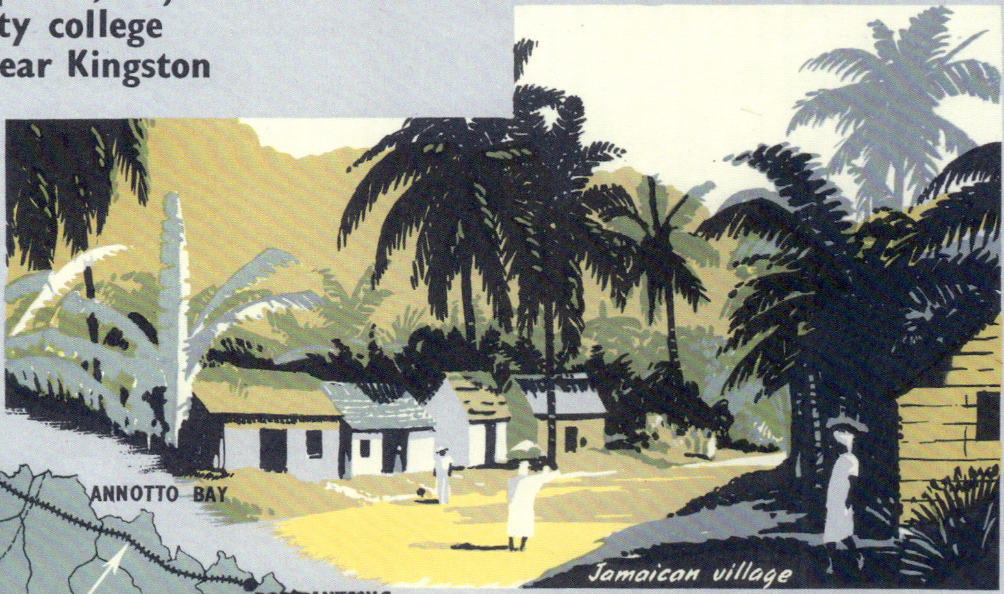

ORACABESSA
PORT MARIA
MONEAGUE
ANNOTTO BAY
PORT ANTONIO
SURREY
SPANISH TOWN
KINGSTON
To Havana
To Bermuda
To Haiti
Palisadoes Airfield
TO BARBADOS 1040 m.
TO PANAMA 550 m.
TO VERA CRUZ 1176 m.

Jamaican village

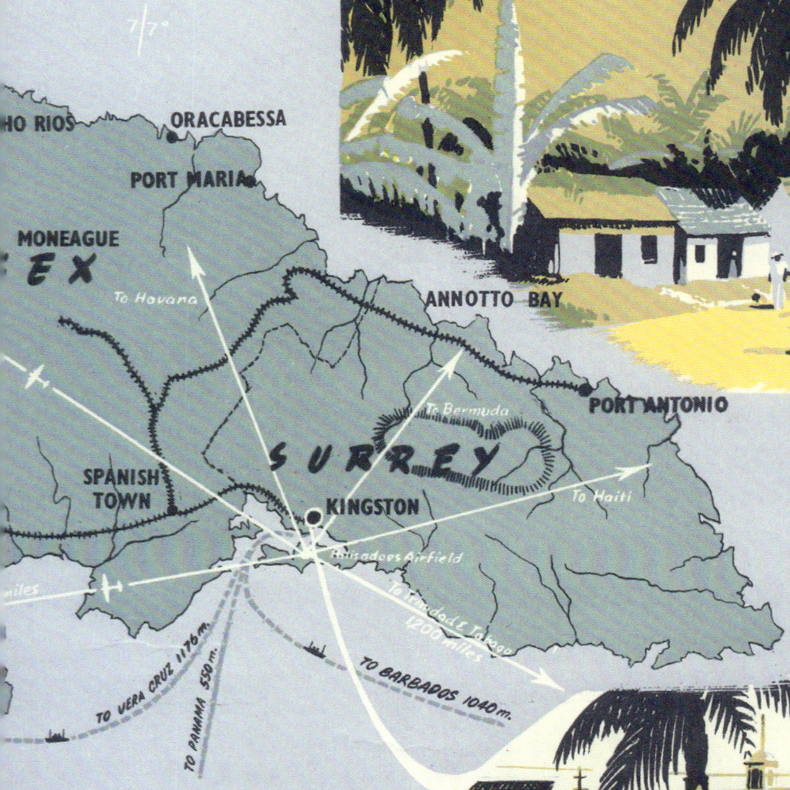

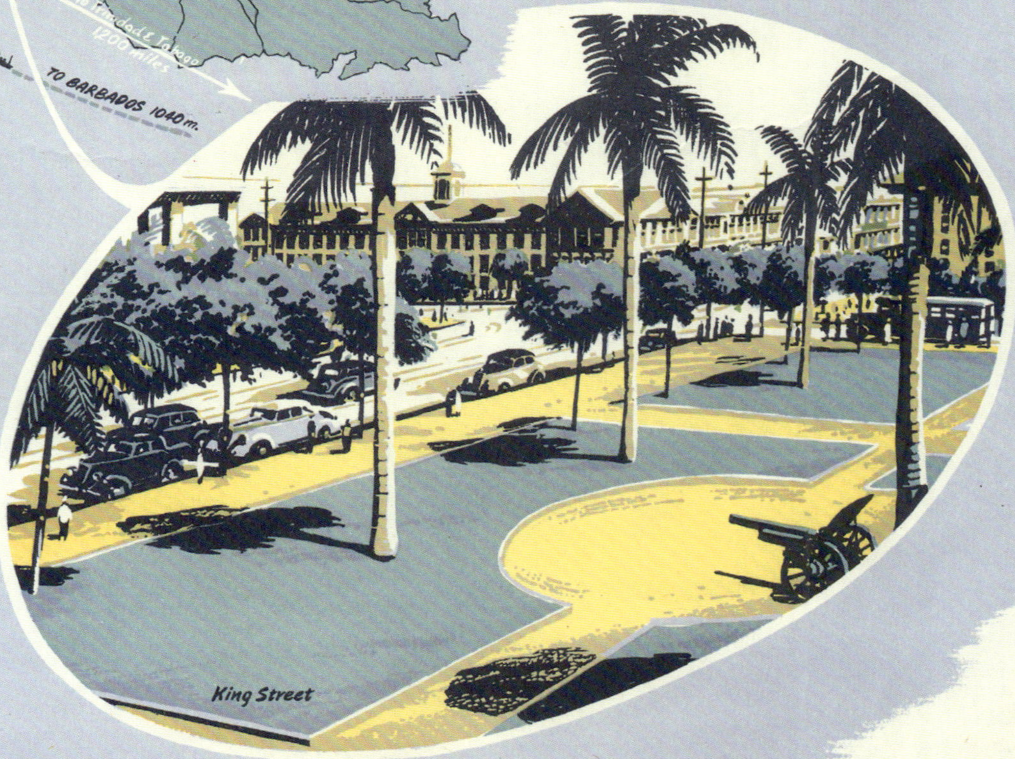

King Street

red by Columbus
ed by British
pain
rendezvous
caneers
colony

oductions Ltd.

89

1954년 — 자메이카 홍보 지도

식민지 카리브해 지역의 기업 지도 제작

제국주의 및 식민지 시대의 지도 제작에 대한 논의는 종종 유럽 국가들의 영토 정복과 착취를 촉진하는 지도의 역할에 집중한다. 그러나 이러한 접근은 식민지 및 제국주의적 프로젝트에서 지도 제작, 발전, 활용에 관여한 상업적 기업들의 중요한 역할을 간과할 위험이 있다. 예를 들어 1950년대 자메이카의 그림지도는 노예해방 후 독립을 앞둔 카리브해를 '잘 연결되고 질서 있는, 생산적인 공간'으로 묘사하는 전통을 따르고 있다. 이는 정치적 및 경제적 폭력을 외면하는 식민주의적 경향을 보여 준다. 이러한 사례는 식민지 지도 제작의 역사 속에서 기업 지도 제작이 차지하는 중요한 위치를 드러내는 흥미로운 사례이다.

지도가 제국 확장과 식민 통치를 가능하게 하고 정당화시킨 것은 잘 알려져 있다. 16세기 이후 해상 루트, 해안선, 강의 새로운 지도 형태는 전문적인 기술 도구로서 해상 항해와 영토 정복을 용이하게 했다. 그러나 지도는 문화적 텍스트로도 해석될 수 있으며, 식민지 지도는 유럽 국가들과 기독교 선교의 확장을 정당화하는 중요한 정치적 역할을 했다. 예를 들어 미개척지의 무인 지역(terra nullius)으로 영토를 묘사하거나, '먼 곳'의 사람들과 장소를 상징적으로 삽입하는 한편, 유럽을 세계의 중심이자 과도하게 크게 그림으로써 이러한 목적을 달성했다.

국가와 선교사뿐만 아니라 상업 기업도 식민지 지도 제작에 깊이 관여했다. 예를 들어 네덜란드 서인도회사와 영국 동인도회사는 군사적이면서 상업적인 기업으로서, 사적 및 국가 주주들로부터 자금을 조달받고 무역 독점권을 부여받아 다른 유럽 강대국에 대한 경제 전쟁을 수행하는 임무를 맡았다. 기업의 지도 제작은 이러한 정치적 및 경제적 목표를 달성하는 데 중심적인 역할을 했다. 예를 들어 17세기 네덜란드 서인도회사는 중요한 지도 출판업자들에게 크게 의존하여 상업 자본주의 체계를 합리화하고 조직화했다. 이러한 지도는 공무원, 상인, 출판업자들의 이해관계를 반영하며, 제국 국가의 형성과 기업의 확장을 동시에 가능하게 했다.

이후 수 세기 동안 제국 및 식민지 프로젝트와 유사하게 얽힌 다른 유형의 기업 지도 제작이 등장했다. 관광 지도는 20세기 초에 카리브해로의 대중 관광 확대를 장려하는 동시에 이 지역에서의 미국 제국주의를 정당화했다. 유나이티드 프루트 컴퍼니(United Fruit Company, 1899년에 설립된 미국 회사로 중앙아메리카를 중심으로 광대한 땅을 소유하고 있었으며, 바나나 산업의 재배부터 유통에 이르기까지 모든 단계에 관여했다. 이러한 영향력은 '바나나 공화국'이라는 용어를 탄생시켰는데, 이는 바나나와 같은 단일 수출 작물에 의존하는 경제를 가진 국가들이 회사의 정치적, 경제적 간섭을 받는 상황을 지칭한다—옮긴이주)의 '위대한 백색 함대(Great White Fleet, 1907년 12월부터 1909년 2월까지 세계 일주를 단행한 미국 해군 함대를 지칭하는 용어. 이 함대는 16척의 전함과 다양한 호위함으로 구성되었으며, 평시 미 해군 함정의 특징적인 흰색 선체로 유명했다—옮긴이주)'를 포함하여 바나나와 같은 열대 과일을 운송하는 증기선들이 여행객들을 운송하기 시작하자, 카리브해 지역으로의 대중 여행 비용이 저렴해졌고, 지도를 포함한 다양한 시각적 요소들이 대중 여행을 활성화하기 위해 만들어지기 시작했다. 카리브해 지역을 레저 목적지로 묘사한 관광 지도는 북미인들이 카리브해를 자유롭게 다닐 수 있고 통제할 수 있는 지역으로 바라보게 해 주었다.

플랜테이션 경제가 대규모 관광으로 전환되고 미국이 유럽 제국들과 카리브해 지역을 두고 경쟁하기 시작한 시기에 작성된 이 자메이카 지도는 특별한 의미를 갖는다. 에듀케이셔널 프로덕션(Educational Productions Ltd)이 제작한 이 지도는 '영국령 캐리비안 식민지들과 버뮤다'를 묘사한 7개의 해도 중 하나로, 단순한 교육 출판을 넘어서 상업적 이익과도 관련되어 있다. 이 7장의 해도 시리즈는 원래 35실링이었지만 해리슨 라인(The Harrison Line) 회사가 학교 교육을 위해 보조금을 지급하기 시작하면서 7실링으로 구매할 수 있었다.

해리슨 라인 회사는 19세기 중반 리버풀에서 설립된 영국의 해운회사로 카리브해의 주요 상품인 설탕과 같은 플랜테이션 작물과 함께, 노예제도 폐지 이후 영국령 동인도(현재 인도와 파키스탄, 방글라데시, 네팔, 스리랑카 등)에서 계약 노동자들인 소위 '쿨리'들을 카리브해의 플랜테이션 농장으로 실어 날랐다. 그러나 20세기에 이르러서는 바나나 운

제작자: 에듀케이셔널 프로덕션 **제목:** 자메이카 **발행지:** 런던
발행일: 1954년 **기법:** 컬러 인쇄 **크기:** 49 x 61cm
축척: 약 1:650,000 **방위:** 북쪽이 위쪽
소장처: 왕립 열대연구소 컬렉션

영국령 카리브해 식민지와 버뮤다의 개요 지도.

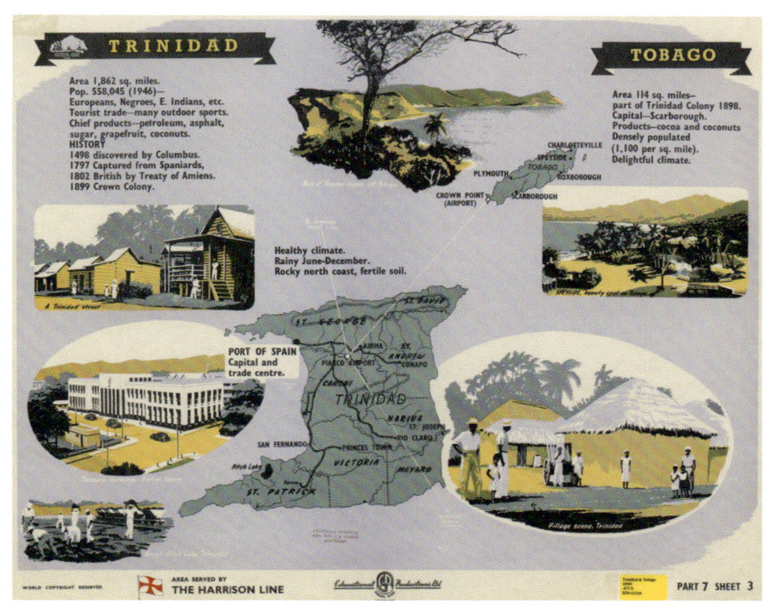

트리니다드 토바고 지도.

송과 여행객 운송으로 사업 영역을 확장하였다.

지도는 자메이카를 독립된 개체로 표현하기보다는 다른 섬 및 대륙과의 관계와 교통 루트에 초점을 맞추어 연결성을 강조한다. 킹스턴은 '수도이자 주요 항구'로서 글로벌 네트워크의 핵심으로 묘사되며, 바베이도스, 파나마, 베라크루스로 향하는 해상 루트를 통해 해리슨 라인의 카리브해 항구 네트워크를 보여 준다. 또한 항공 여행도 중요하게 다루어, 현재 노먼 맨리 국제공항으로 알려진 '팔리사도스 비행장(Palisadoes Airfield)'에서 벨리즈, 버뮤다, 하바나, 아이티, 마이애미, 나소, 트리니다드 토바고까지의 항공 거리가 제시되어 있다. 또한 지도는 영국과의 연결을 배제하고 있으며, 마이애미를 제외한 미국과의 연결도 제외하고 있다. 왼쪽 상단의 삽입 지도는 자메이카를 대영제국의 관점이 아니라 카리브해 지역의 중심으로 보여 주고 있다.

식민지 맥락의 영향은 분명하다. 1954년에 출판된 자메이카 지도는 자메이카가 1962년에 정치적 독립을 이루기 8년 전의 상황을 담고 있으며, 영국 서인도 식민지 지도 시리즈의 일부로 제작되었다. 이 시기에 케이맨(Cayman)제도와 터크스 케이코스(Turks and Caicos)제도는 자메이카의 속령으로서 지도에 작게 표현되었다. 지도 하단에는 유럽 식민주의 이전의 사건들을 배제한 채 자메이카의 역사를 네 가지 주요 사건으로 요약하고 있다. 네 가지 주요 사건은 각각 '콜럼버스에 의한 섬의 발견', '영국에 의한 점령', '17세기에 해적의 집결지로서의 역할', 그리고 '19세기 왕립 식민지 통치'이다. 특히 왕립 식민지 통치가 시작된 연도를 실제로는 1866년임에도 불구하고 1858년으로 잘못 기재하였으며, 지도는 플랜테이션 노예제를 완전히 생략하는 등 편향된 내용을 담고 있다. 또한 상단의 특징 목록에서는 인구를 '주로 아프리카 후손, 백인은 단 1%'로 표현하고 있다. 그러나 이는 자메이카에 살고 있던 적지 않은 아시아 인구를 무시한 백인 중심의 인종주의적 설명이었다.

유럽인들이 제작한 초기 시각 자료들처럼, 지도상에 나타난 이미지들은 노예제도가 종료된 이후의 자메이카를 질서정연하고 생산력이 풍부한 곳으로 묘사하고 있다. 이러한 이미지들은 평화로운 경관을 배경으로 흑인 노동자들이 사탕수수를 수확하고 마을 사람들이 농작물을 운반하는 모습으로 그려져 있다. 또한 아래쪽의 두 그림은 인물이 등장하지 않으며, 하나는 목가적인 분위기의 야자수로 둘러싸인 해변을, 다른 하나는 수도 킹스턴의 가로수 및 식민지 시기 대포가 있는 현대적인 열대 도시 풍경을 묘사한다. 이 두 그림은 모두 관광객들을 맞이할 준비가 된 평화로운 풍경을 연출하며, 정치적 독립과 해방을 앞두고 유럽인들이 카리브해 지역에 대해 가진 두려움을 상쇄하는 역할을 하고 있다.

자메이카의 '주요 생산물'이 나열된 그림 상자는 사탕수수 수확 이미지와 해변 사이에 전략적으로 배치되어 있는데, 이는 농장 노예의 역사를 자연스럽게 재현하는 동시에 섬의 생산성을 강조하고, 설탕 산업에서 관광업으로의 전환을 부각시키고 있다. 또한 플랜테이션 작물과 관광에 초점을 맞춘 설명은 유럽 및 미국과의 연결을 드러내며, 이는 카리브해 지역 중심의 통상적인 시각에서는 볼 수 없는 관점을 드러낸다. 해리슨 라인 회사의 경우, 열대 농산물 운송과 관광객 수송이 수익을 창출하는 주된 원인이 바로 이러한 지역 간 연결 덕분임을 시사한다. 우연히도, 이러한 지역 간의 연결이 해리슨 라인 회사의 열대 농산물 운송, 관광객 수송 사업에서 높은 수익을 가져다 주었다.

이전의 지도들처럼, 1954년 자메이카 지도는 상업적 및 정치적 이해관계의 복잡함을 반영하고 재현했다. 이 지도는 섬을 질서 정연하고 수익성 높으며 연결이 잘된 장소로 묘사한다. 지도에 그려진 지역 중심지는 농산물을 수출하고 청정한 해변에서의 관광을 제공하며, 경제적 생산성을 유지하기 위해 해운 회사와 항공사에 의존하고 있다. 그러나 20세기 무역로를 형성하는 데 기여한 정치적, 경제적 폭력의 역사는 여전히 가려져 있다.

UNIVERSITIES IN INDIA

1956

LOCATION, TYPE, FACULTIES & NUMBER OF COLLEGES

- ▲ RESIDENTIAL AND TEACHING
- ● TEACHING AND AFFILIATING
- ✚ TEACHING AND FEDERAL
- ▦ AFFILIATING
- C NUMBER OF COLLEGES
- D NUMBER OF TEACHING DEPARTMENTS

MINISTRY OF EDUCATION·GOVERNMENT OF INDIA

Printed by the Asian Art Printers Private Ltd., New Delhi.

EDUCATION IN INDIA
1954-55

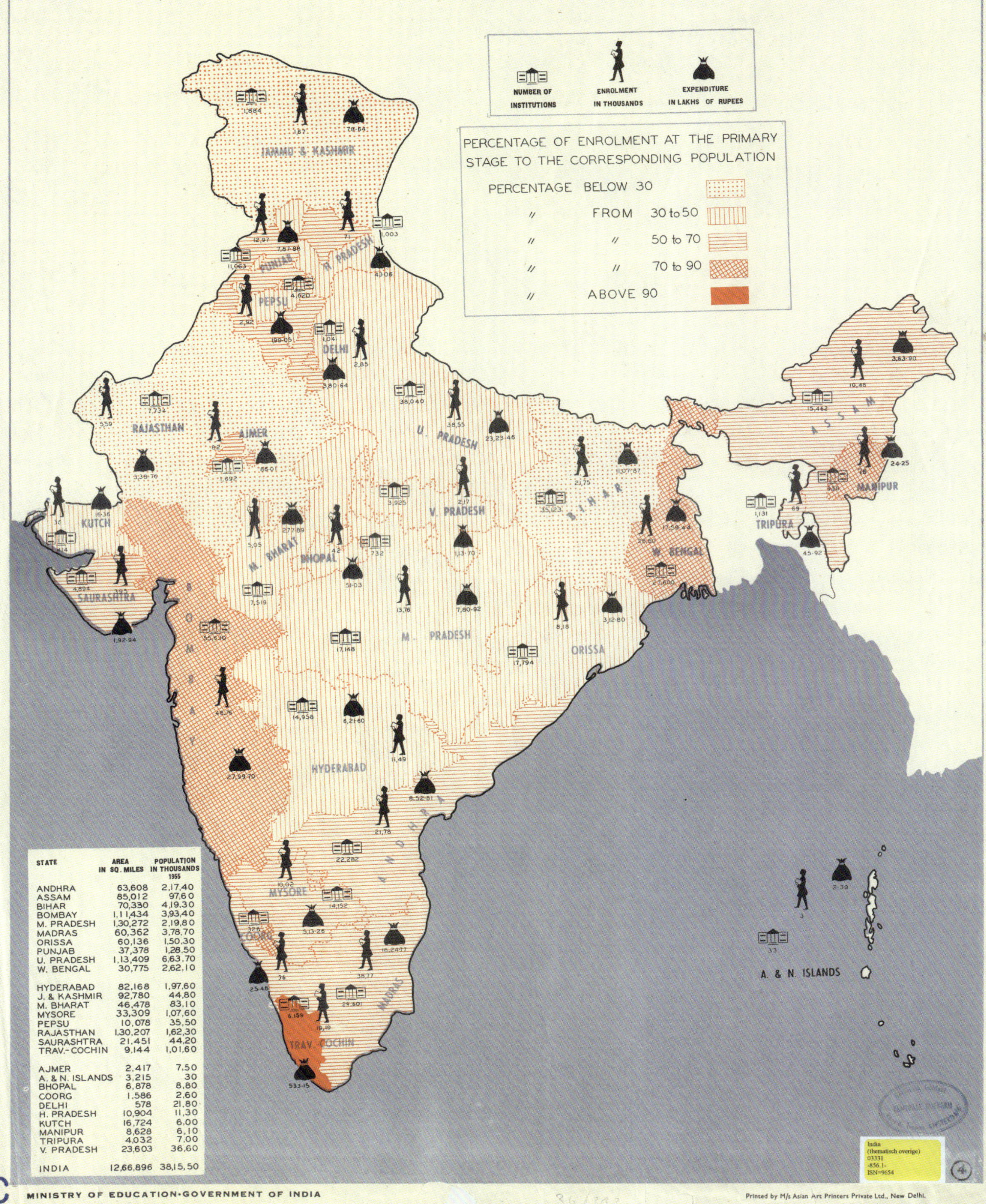

STATE	AREA IN SQ. MILES	POPULATION IN THOUSANDS 1955
ANDHRA	63,608	2,17,40
ASSAM	85,012	97,60
BIHAR	70,330	4,19,30
BOMBAY	1,11,434	3,93,40
M. PRADESH	1,30,272	2,19,80
MADRAS	60,362	3,78,70
ORISSA	60,136	1,50,30
PUNJAB	37,378	1,28,50
U. PRADESH	1,13,409	6,63,70
W. BENGAL	30,775	2,62,10
HYDERABAD	82,168	1,97,60
J. & KASHMIR	92,780	44,80
M. BHARAT	46,478	83,10
MYSORE	33,309	1,07,60
PEPSU	10,078	35,50
RAJASTHAN	1,30,207	1,62,30
SAURASHTRA	21,451	44,20
TRAV.-COCHIN	9,144	1,01,60
AJMER	2,417	7,50
A. & N. ISLANDS	3,215	30
BHOPAL	6,878	8,80
COORG	1,586	2,60
DELHI	578	21,80
H. PRADESH	10,904	11,30
KUTCH	16,724	6,00
MANIPUR	8,628	6,10
TRIPURA	4,032	7,00
V. PRADESH	23,603	36,60
INDIA	12,66,896	38,15,50

C MINISTRY OF EDUCATION-GOVERNMENT OF INDIA

36/202

Printed by M/s Asian Art Printers Private Ltd., New Delhi.

90 1956년 — 국가 비전을 향한 추구

네루의 야망을 시각화하다

1947년 독립을 이룬 후, 인도는 중앙 통제 개발 모델을 채택하였으며, 국가 주도로 경제와 사회 문제를 다루는 5개년 계획을 수립했다. 첫 번째 5개년 계획(1951-1956)은 농업과 산업에 중점을 두었다. 두 번째 5개년 계획(1956-1961)은 과학과 교육 분야에 초점을 두고 공공 부문을 강화하는 것을 목표로 했다. 이러한 계획을 지원하기 위해, 인도 교육부는 새 정책을 설명하는 9개의 포스터 지도 시리즈를 발행했다. 이 지도들은 다양하게 해석될 수 있는데, 미래에 대한 비전을 제시하는지, 국가적 자부심을 표현하는지, 아니면 바로잡아야 할 역사적 상황을 드러내는지 등의 질문을 던진다. 그 어떤 경우든, 이 지도들은 인도와 서구의 교육에 대한 생각 사이에서 균형을 찾고자 했던 인도 역사의 중요한 순간을 현대 독자들에게 알리고 있다.

인도 독립 후 20년 동안, 오늘날 인도의 특징인 지식 사회의 기초가 마련되었다. 이러한 발전의 배경에는 교육의 탈식민화가 무엇을 의미하는지, 인도 대학에서 어떤 과목을 가르쳐야 하는지 등의 근본적인 질문이 있었다. 이러한 질문에 대한 명확한 답은 1956년까지 찾지 못했으며, 이는 '인도의 대학들' 지도가 중요한 역사적 순간을 기록하고 있음을 의미한다. 지도는 많은 대학이 서양 학문뿐만 아니라 동양 학문도 가르쳤다는 것을 보여 준다. 예를 들어 아유르베다(Ayurveda)는 인도 대륙에 뿌리를 둔 대체 의학으로, 일부 학과에서는 공부할 수 있었지만 의학부에서는 그렇지 못했다. 실제로 이 두 의학 분야가 어떻게 연결되어 있는지는 분명하지 않다. 예를 들어 럭나우(Lucknow) 대학은 '서양'과 '토종' 의학을 구별하지 않았지만, '고대'와 '현대' 의학은 구별했다는 점을 이 지도는 보여 준다.

지도에 나타난 것처럼 이 시기의 고등교육에는 인도의 첫 총리인 자와할랄 네루(Jawaharlal Nehru, 1889-1964)의 영향이 컸다. 네루는 서구가 독점하고 있는 과학적 지식에 의문을 제기하며, 현대 학문을 인도의 과학적 전통과 조화롭게 결합할 방안을 모색했다. 그는 과학을 인도가 직면한 주요 문제들을 해결할 수단으로 보았다. 그가 1937년 인도 과학 회의에서 과학자가 아님에도 불구하고 최초로 의장직을 맡게 된 것은 결코 우연이 아니다. 의장 취임사에서 네루는 과학만이 문맹, 미신, 굳어진 관습과 전통, 낭비되는 자원, 그리고 굶주림을 겪는 부유한 나라 같은 문제들을 해결할 수 있다고 강조했다. 네루의 이러한 견해는 현대성과 전통 사이의 긴장을 드러내며, 이는 대학들의 지도에서도 확인할 수 있다. 또한 네루는 인도의 전통을 현대화하려는 목표를 가지고 있었는데, 이는 인도의 오랜 지식과 인문 업적을 기반으로 전통주의와 폐쇄주의를 배제할 수 있다고 믿었기 때문이다.

현대와 전통의 이분법은 고등교육에만 국한된 것이 아니었다. 그것은 인도의 사회 교육에 관한 포스터에서도 드러난다. 이 포스터는 학교를 교육의 모든 측면을 담고 있는 공간으로 묘사한다. 최신 기술 자원은 교실에 배치되고 더 전통적인 과목은 야외에서 가르친다. 그 과목들은 음악과 무용뿐만 아니라 마하트마 간디(Mahatma Gandhi,

제작자: 인도 정부 교육부 **제목:** (좌) 1956년 인도의 대학들: 위치, 유형, 학부 및 대학 수 (우) 1954-55년 인도의 교육 현황
발행지: 뉴델리 **발행일:** 1956년 **기법:** 컬러 인쇄
크기: 총 9매, 각 76 x 51cm **축척:** 약 1:6,000,000
방위: 북쪽이 위쪽 **소장처:** 왕립 열대연구소 컬렉션

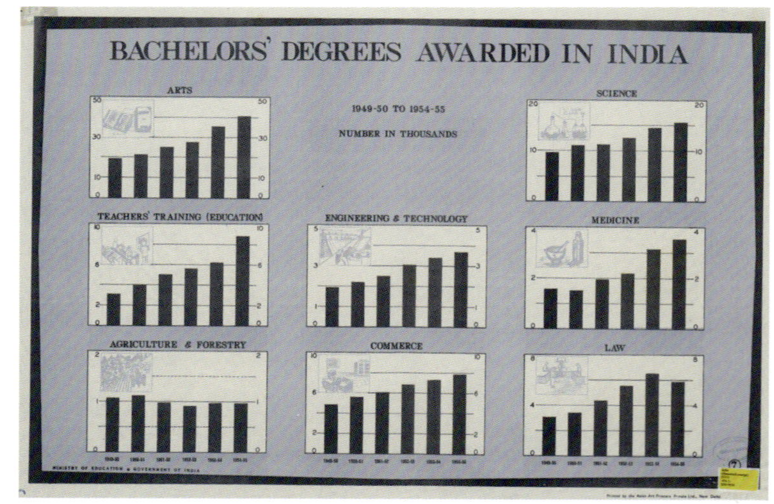

인도의 학사 학위 포스터.

1869-1948)에 의해 규정된 사회사업도 포함된다. '실내'와 '야외' 교육을 결합한 선구자는 인도의 시인 라빈드라나트 타고르(Rabindranath Tagore, 1861-1941)였다. 1920년대에 그는 식민지 교육이 지나치게 편협하다고 느끼며 이 접근법을 학교에 적용했다. 타고르는 자연과 예술이 젊은이들의 교육에서 지식과 기술만큼 중요한 자리를 차지해야 한다고 믿었다. 그의 접근법은 널리 채택되었으며, 1956년 발행된 포스터는 타고르의 사상이 정부의 교육 정책에까지 영향을 미쳤음을 보여 준다.

하지만 타고르의 학교와 같은 선례들은 네루의 교육과 과학에 대한 비전에 딜레마를 안겨 주었다. '탈식민지 과학'은 글자 그대로 '식민지 이후의 과학'을 의미하지만, 이러한 실험들은 이미 오랫동안 이어져 왔으며 네루 정부의 역할은 이러한 움직임들을 원하는 방향으로 유도하는 것이었다. 인도는 수십 년 간 독립을 준비해 왔고, 1930년대까지 인도의 학술 기관들은 많은 존경을 받았다. 초등 및 중등 교육의 기반이 여전히 취약했기 때문에 체계가 상층부 중심으로 운영되었고, 이러한 격차를 해소하는 것이 두 번째 5개년 계획의 목표 중 하나였다. 교육부는 이 목표를 시각적 메시지로 전환하여 교육의 가용성과 접근성에 있어서의 지역적 차이를 공개적으로 드러냈으며, 이 차이는 지도를 통해 명확하게 표현되었다. 5개년 계획의 주요 과제 중 하나는 학교 시스템을 농촌 및 부족 마을로 확장하는 것이었다.

두 번째 5개년 계획이 얼마나 성공적이었는지를 간단히 평가하기는 어렵다. 네루는 과학과 교육을 권위주의에 의존하지 않는 근본적인 변화를 이루는 최선의 수단으로 여겼다. 이 점에서 소비에트 연방의 5개년 계획은 인도의 모델일 뿐만 아니라 경고의 역할도 했다. 인도의 계획은 특히 1960년대에 이루어진 교육의 대대적인 확장으로 성공적이었으나, 네루는 기아 퇴치 등 일부 약속을 이행하지 못해 인기를 잃었다. 그럼에도 불구하고, 1976년에 모든 인도 시민이 '과학적 기질을 발전시키는 것'을 의무화하는 헌법 개정안이 도입되었다. 이는 네루의 교육에 대한 비전이 인도 체제에 지속적인 영향을 미치게 된 것을 의미한다.

1954-55년 인도의 사회 교육 포스터는 전통과 현대 사이의 균형을 추구하는 것에 대해 긍정적인 인상을 준다.

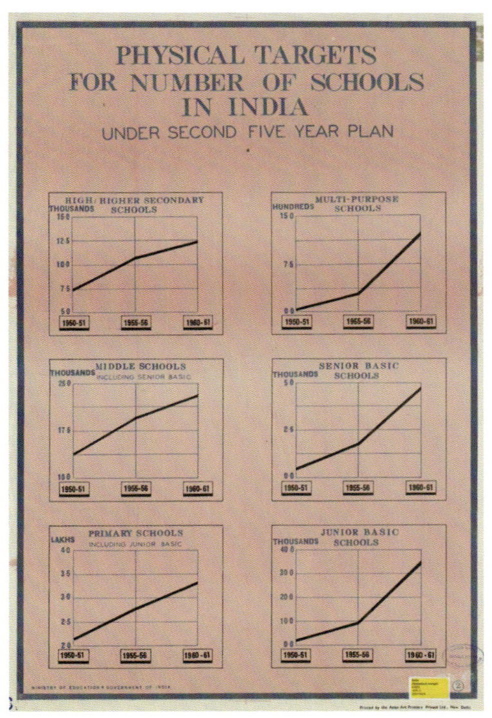

'인도 학교 수에 대한 물리적 목표' 포스터는 두 번째 5개년 계획에 따라 건설될 학교의 숫자를 그래프로 보여 준다.

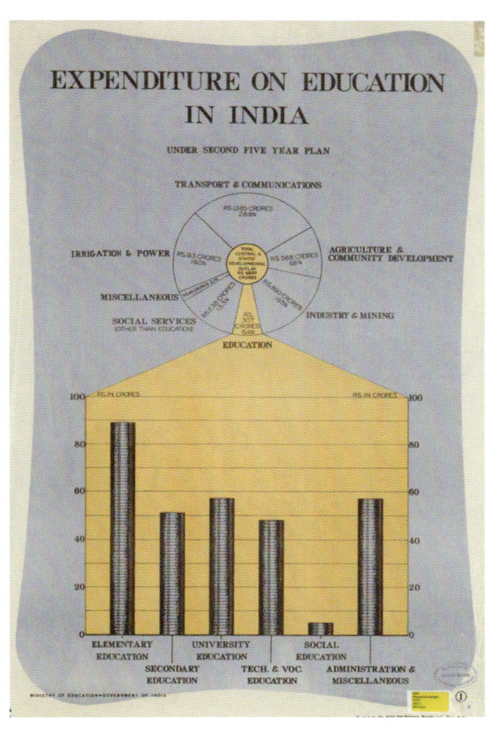

두 번째 5개년 계획의 교육 예산을 알리는 포스터. 초등 교육을 가장 우선순위에 두었다. (1크로어=1,000만 인도 루피)

WEST
पश्चिम
SUN
BRAHMAYONI
GADALOLL
BISHNUPADA TEMPLE
SOUTH
BUDHA GAYA
गदाधर घाट
GADADHAR GHAT
DHARMARAN
धर्मशिला
गयासुर
COPY RIGHT
DESIGNE By NETAI DASS GHOSE.
DESIGNE No 2

कैलाश पुस्तकालय के·पी·रोड - गया

91

1960년 — 인도에서 온 순례자 지도

순례지 가야에서의 상상력

물속에 있는 악마 가야수라(Gayasura)는 하늘을 바라보고 있다. '가야의 악마'라는 이름을 가진 이 악마는 인도 비하르주에 위치한 가야(Gaya)라는 도시의 이름을 따서 명명되었다. 가야는 불교의 중요한 순례지로 알려져 있으며, 붓다가 깨달음을 얻은 부다가야와 인접해 있다. 이곳은 팔구(Phalgu)강에 자리 잡고 있는데, 지도상에는 다양한 사원들, 인근의 언덕, 지는 해, 보름달, 강 위의 철도 다리와 기차들, 그리고 일련의 힌두교 신들이 나타나 있다. 지도는 수 세기 동안 전해진 창세기적 신화를 묘사하고 있으며, 신화가 가야를 중요한 순례지로 만들었음을 보여 준다. 오늘날에도 수백만 명의 순례자들이 이곳을 방문하고 있다. 또한 지도는 가야를 향해 떠나는 순례가 구원을 향한 여정임을 나타내는 동시에 순례자들이 겪는 독특한 체험들을 표현한다.

옛이야기에 따르면, 가야수라라는 악마가 극도로 오랜 시간 동안 수행을 통해 강력한 힘을 얻자, 신들은 그의 힘이 세상을 파괴할까 두려워했다. 이에 비슈누는 가야수라의 수행을 멈추게 하고자 그에게 호의를 베풀기로 결정하고, 그의 몸을 지구상에서 가장 중요한 순례지로 만들었다. 신들은 가야수라를 억제하기 위해 그의 몸 위에 거대한 바위를 놓았는데 이 바위를 '다르마실라(Dharmashila)' 또는 '법의 바위'라고 부른다. 이 지도에는 가야수라의 가슴 위에 신들이 놓은 바위가 비슈누를 중심으로 선명하게 나타나 있다.

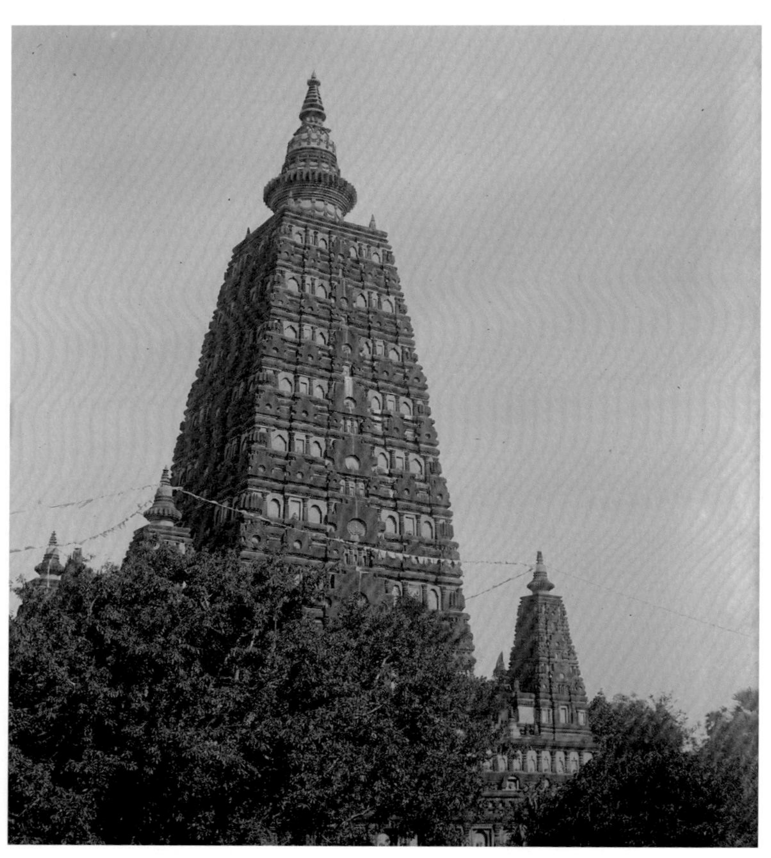

사진작가 J.K. 더 콕이 촬영한 부다가야의 마하보디 사원 사진, 약 1909-1910년.

가야수라의 머리 바로 옆에는 죽은 사람의 시체가 하나 있고, 그 시체의 발치에는 화장(火葬)용 불이 있다. 이는 이야기의 보다 깊은 의미를 드러낸다. 가야는 예로부터 조상 숭배와 화장(火葬) 의식이 행해지는 주요 장소 중 하나였다. 죽은 친척들을 위한 의식을 행하는 것은 순례자들이 멀리서 이 도시로 여행하는 주요한 이유였다. 지도에 표시된 기차, 역, 철도 다리는 순례자들의 여행과 그들이 경험하는 과정을 보여 준다.

가야수라의 거대한 몸체 외에도 다양한 요소들이 성지와 사원을 나타낸다. 지도 맨 왼쪽에 있는 절은 사실 가야 지역 밖에 있다. 그것은 남쪽으로 15km 떨어진 부다가야 마을에 있는 유명한 마하보디(Mahabodhi)사원이다. 이 사원은 붓다가 보리수 아래에서 깨달음(열반)을 얻었다는 전통 때문에 불교의 성지 중 하나로 여겨진다. 지도에는 붓다가 사원 옆에 연꽃 모양의 자세로 앉아 있는 모습으로 묘사되어 있다.

지도 제작자는 마하보디 사원 옆에 '남쪽'이라는 단어를 추가했다. 지도의 오른쪽에는 '북쪽'이라는 표시가 있다. 따라서 이 지도는 상단이 북쪽을 가리키는 유럽의 전통과는 다르다. 전통적으로 인도의 지도는 동쪽을 상단으로 배치하지만, 이 지도에서는 동쪽이 지도 하단에 표시되어 있다. 지도 제작자는 팔구강 서안의 도시 전경을 보여 주기 위해 서쪽을 지도 상단에 배치했다.

가야 지역 경관은 도시 정체성을 드러내는 중요한 요소이다. 이곳에서도 신화적 요소가 지배적인 역할을 한다. 지도 왼쪽 상단에 보이

다람탈라 출판사가 콜카타에서 만든 가야 지도.
(개인 소장)

는 서쪽의 언덕은 '브라흐마의 자궁'이라는 뜻의 '브라흐마요니(Brahmayoni)'라고 불린다. 언덕 위에는 다양한 신들이 묘사되어 있는데, 피리를 든 크리슈나(Krishna), 머리가 4개 달린 브라흐마(Brahma), 왕관을 쓴 비슈누, 삼지창을 든 시바(Shiva), 아들 가네시(Ganesh)를 품에 안고 있는 아내 파르바티(Parvati), 그리고 코끼리 머리를 한 가네시 등 다양한 신들이 묘사되어 있다. 마지막으로, 춤추는 인물은 15세기의 성인이자 신비주의자인 카이타냐(Caitanya)로, 그는 돌아가신 아버지를 위한 슈라다(shraddha)의식을 거행하기 위해 가야에 있을 때 그의 스승을 만났다. 그의 오른쪽에 묘사된 동쪽의 언덕은 '죽은 자의 바위'인 프레타실라(Pretashila)로, 슈라다 의식과 관련이 있다. 언덕 위에는 죽은 사람의 영혼이 떠 있다. 지도의 맨 오른쪽에 있는 북쪽의 더 작은 언덕은 '라마(Rama)의 바위'라는 뜻의 라마실라(Ramashila)가 있다. 라마는 그의 아내 시타(Sita), 이복동생 락슈마나(Lakshmana), 하인 하누만(Hanuman)과 함께 왼쪽 아래에 있다. 비슈누는 지도의 중앙에 다시 나타나는데, 이번에는 가다하라(Gadadhara)의 신전에서 '홀(笏)을 가진 자(왕을 의미함)'로 그려졌다. 비슈누는 도시의 중심 신이며, 가다하라 사원의 왼쪽에 있는 큰 사원 단지는 그의 발자국 비슈누파다(Vishnupada)를 기리기 위해 만들어진 것이다.

이 지도는 지역 출판사들이 제작한 순례자용 가야 지도 시리즈 중 하나이다. 그중에서도 가야의 카일라샤 서적에서 출판한 것으로, 출판 정보는 데바나가리(Devanagari) 문자로 지도 하단에 명시되어 있다. 여러 종류의 가야 지역 순례 지도들은 팔구강에 누워 있는 가야수라의 몸을 중심으로 하는 기본적인 형태를 가지고 있으며, 이러한 지도들은 동일한 출처에서 나온 것으로 보인다.

비록 지도의 기원은 정확히 알 수 없지만, 많은 이미지들이 중세 푸라나(Purana) 문헌에서 가야 지역을 묘사한 내용에서 찾을 수 있다. 기념품 가게들은 매년 가야를 방문하는 많은 순례자들에게 포스터와 같은 이 지도를 판매하고 있다. 가야는 비하르 지방에서 순례자들이 즐겨 찾는 주요 순례지 중 하나로, 약 5만 명의 사람들이 가을에 열리는 차트 축제 동안 모여 차티 마이야(Chhathi Maiya) 여신을 숭배하고 가야의 수라즈 쿤드(Suraj Kund), 즉 '태양의 연못'에서 목욕을 한다. 가야 지역은 또한 인도 전역의 순례 코스 중 한 곳이기도 하다. 지도에는 주요 요소가 영어, 힌디어, 벵골어로 표시되어 있어 다양한 언어를 사용하는 독자층을 위한 것임을 보여 준다.

가야의 순례자 지도는 지형적 요소들을 신성한 존재와 연결된 이상화된 풍경으로 제시한다. 지도는 그 특이함과 다채로움을 통해, 지도가 현실 세계를 그대로 재현하는 것이 아니라, 특정한 시각과 경험을 바탕으로 세계를 구성한다는 사실을 환기시킨다. 지도를 통해 힌두교 순례자는 가야를 단순한 집과 거리의 집합체가 아닌, 신성이 구체화되는 지구상의 독특한 장소로 인식할 수 있다.

제작자: 네타이 다스 고시(디자인), 카일라샤 도서관(발행)
제목: 가야 지도 **발행지:** 가야 **발행일:** 1960년 **기법:** 컬러 인쇄
크기: 38 x 50.5cm **축척:** 약 1:15,000 **방위:** 북쪽이 오른쪽
소장처: 바커 컬렉션

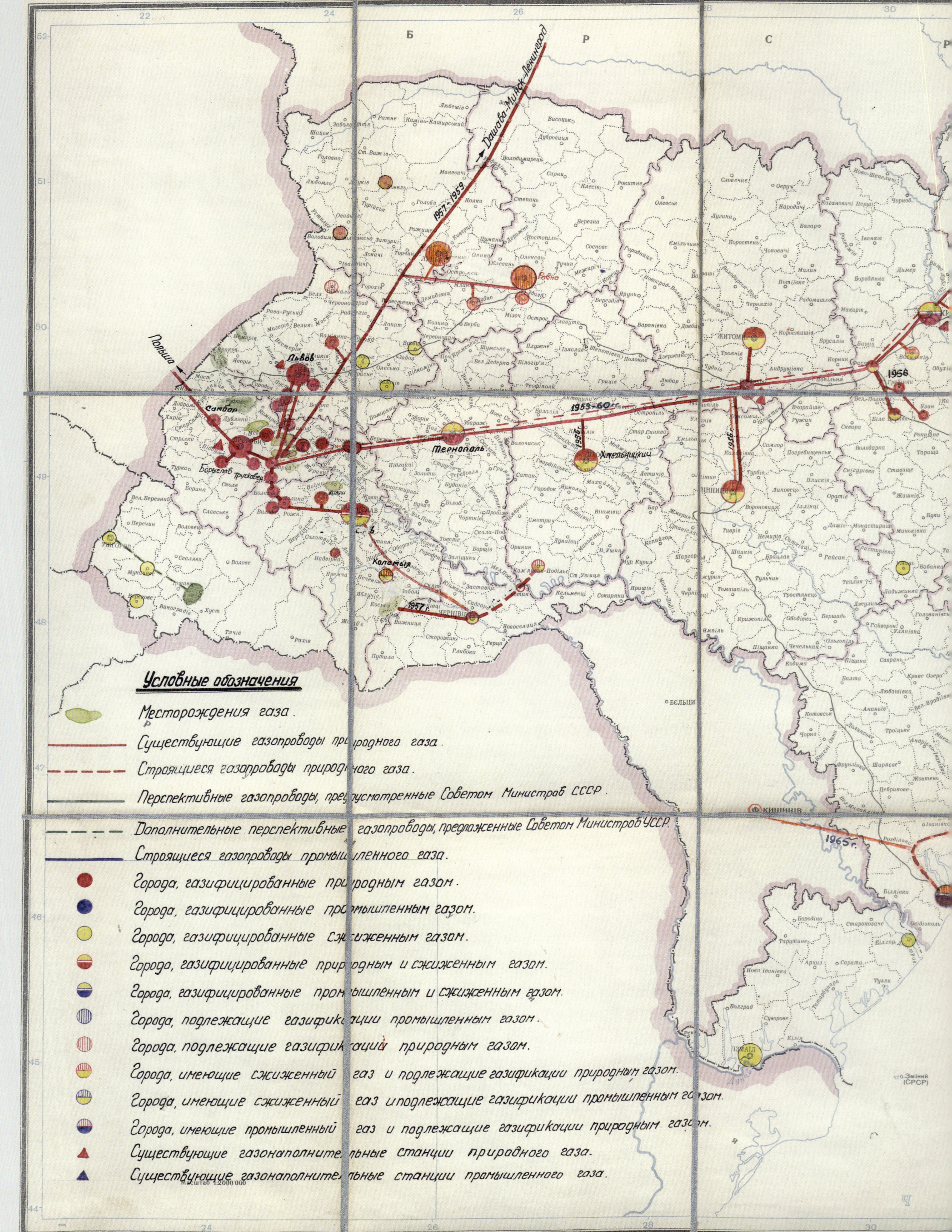
Дашава-Минск-Ленинград
1957-1959
Польша
Львов
Самбор
Тернополь
Хмельницкий
1955-60
1956
Коломыя
1957
Кишинев
1965 г.
Условные обозначения
Месторождения газа.
Существующие газопроводы природного газа.
Строящиеся газопроводы природного газа.
Перспективные газопроводы, предусмотренные Советом Министров СССР.
Дополнительные перспективные газопроводы, предложенные Советом Министров УССР.
Строящиеся газопроводы промышленного газа.
Города, газифицированные природным газом.
Города, газифицированные промышленным газом.
Города, газифицированные сжиженным газом.
Города, газифицированные природным и сжиженным газом.
Города, газифицированные промышленным и сжиженным газом.
Города, подлежащие газификации промышленным газом.
Города, подлежащие газификации природным газом.
Города, имеющие сжиженный газ и подлежащие газификации природным газом.
Города, имеющие сжиженный газ и подлежащие газификации промышленным газом.
Города, имеющие промышленный газ и подлежащие газификации природным газом.
Существующие газонаполнительные станции природного газа.
Существующие газонаполнительные станции промышленного газа.
Масштаб 1:2000 000

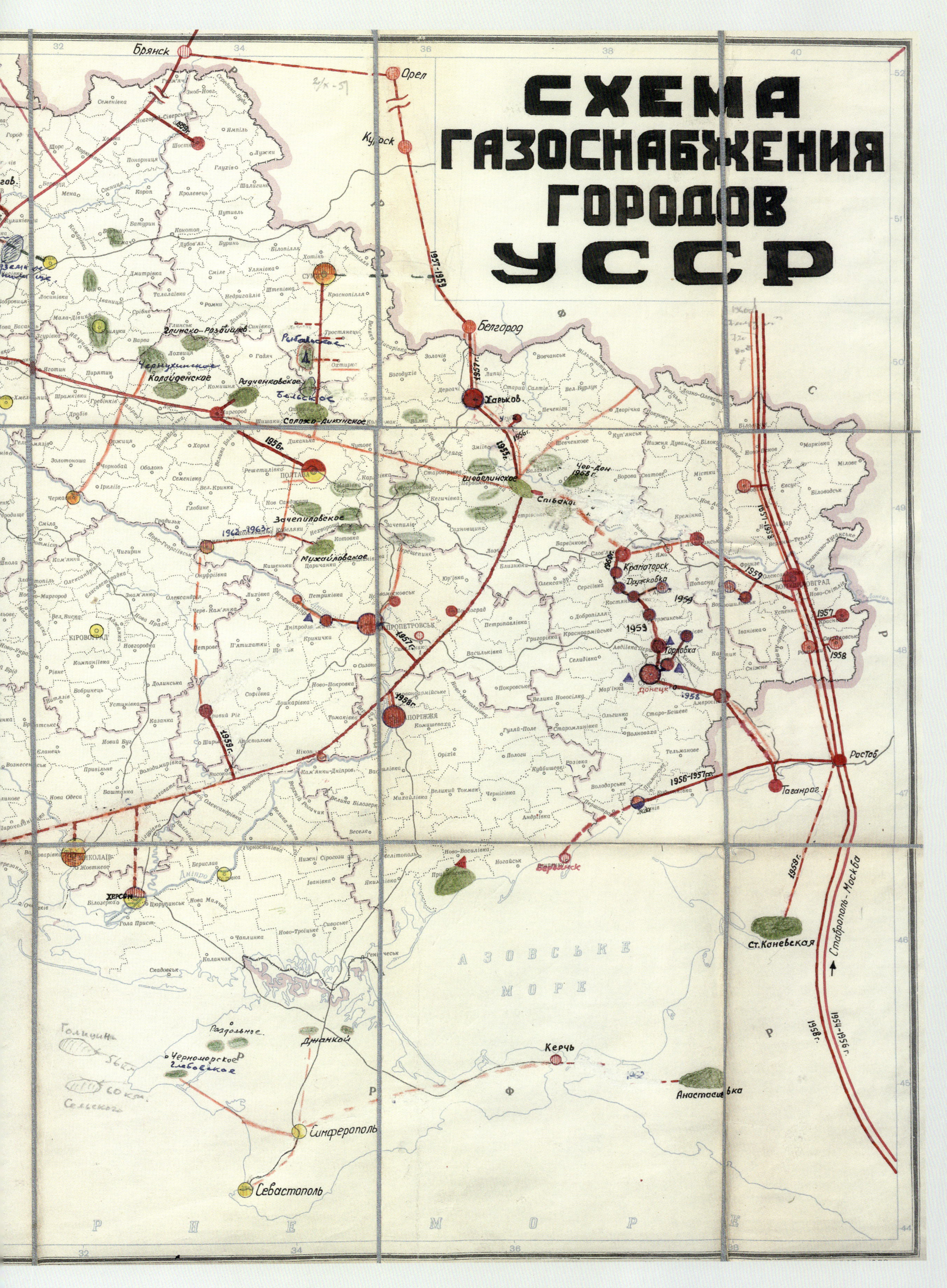
СХЕМА
ГАЗОСНАБЖЕНИЯ
ГОРОДОВ
УССР
Брянск
Орел
Курск
Белгород
Харьков
Полтава
Шебелинское
Спиваки
Краматорск
Дружковка
Горловка
Донецк
Ростов
Таганрог
Запорожье
Днепропетровськ
Херсон
Николаев
Бердянськ
Ст. Каневская
Ставрополь-Москва
Азовське море
Керчь
Анастасиевка
Джанкой
Симферополь
Севастополь
Черноморское
Глебовское
Раздольное
Михайловское
Зачепиловское
Рудченковское
Солохо-Диканьское
Качановское
Глинско-Розбышевское
Бельское
Сумы

92

1967년 — 국경 지역의 천연가스

소비에트 연방을 위한 우크라이나 에너지

2022년 러시아의 우크라이나 침공은 서방의 국가들에게 불편한 사실들을 직면하게 했다. 나토와 유럽 연합 국가들이 우크라이나군을 지원하고 러시아에 경제 제재를 가하자, 러시아가 가스 공급을 중단하겠다고 위협했다. 유럽 연합의 많은 국가들이 가스 공급을 러시아에 의존한다. 하지만 과거 공산주의 시대에는 당시 소련공화국 중 하나였던 우크라이나가 소비에트 연방 및 여러 동구권 국가들의 가스 공급원이었다. 우크라이나의 가스 생산 역사는 천연가스가 주로 석유 시추의 부산물이었던 19세기부터 시작된다. 초기에는 가스를 주로 소각하거나 방출하였지만, 20세기 초부터 유럽 사람들은 이를 활용하기 위해 본격적으로 추출하기 시작했다. 1912년에 처음으로 현재의 우크라이나 서부에서 가스 생산을 위한 시추가 이루어졌으며, 이때 최초의 가스 파이프라인도 설치되었다.

첫 번째 가스 파이프라인은 당시 오스트리아-헝가리 제국의 일부였던 갈리시아(Galicia)의 보리스슬라브(Boryslav)에서 드로호비치(Drohobych)까지 연결되었다. 제1차 세계대전 이후 이 지역은 폴란드의 일부가 되었다가 제2차 세계대전 이후, 가스전이 많은 갈리시아 동부는 우크라이나 사회주의 소비에트 공화국의 일부가 되었다. 1991년 소비에트 연방이 붕괴되었을 때, 우크라이나는 독립을 맞이했다. 지도에서 가장 왼쪽에 있는 큰 빨간 원은 드로호비치이며, 보리스슬라브는 그 남서쪽에 위치한다. 1924년에 다샤바(Dashava) 가스전이 발견되었고, 슈트라이(Stryi)를 통해 드로호비치로 연결되는 파이프라인이 설치되었다. 이후 갈리시아의 수도인 리비우(Lviv)가 가스 수송 네트워크에 연결되었고, 1937년에 폴란드의 타르노프(Tarnow)로 가는 파이프라인이 가동되었다. 갈리시아 동부가 소련에 합병된 후, 이것은 국경을 넘는 최초의 파이프라인이 되었다. 이후 수십 년 동안 갈리시아의 가스는 소련의 주요 가스 분배 시스템에 포함되었다. 다샤바에서 키이우로 가는 당시 유럽에서 가장 긴 파이프라인은 1948년에 완공되었으며, 1951년에는 모스크바까지 연장되었다. 이후 다샤바에서 민스크(Minsk)로 이어지는 파이프라인이 건설되었고, 훗날 빌니우스(Vilnius), 리가(Riga), 레닌그라드(현재의 상트페테르부르크)까지 연장되었다.

1950년에는 우크라이나 동부 하르키우(Kharkiv) 남쪽에서 셰벨린카(Shebelinka) 가스전이 발견되었고, 1956년부터는 가스 생산이 시작되었다. 셰벨린카에서 남부의 오데사(Odessa)까지 이어지는 파이프라인은 1966년에 완공되었다. 지도에는 파이프라인의 마지막 부분이 추가로 연필 점선으로 표시되어 있어, 이 부분들이 지도 작성 시점인 1967년 이후에 건설되었음을 알 수 있다. 이 지선 파이프라인들은 드니프로(Dnipro), 자포리즈히아(Zaporizhzhia), 헤르손(Kherson) 등의 도시들에 가스를 공급했다. 이 가스관은 몰도바까지 연장되었고, 1970년대에는 남동부 유럽까지 이어졌다. 1960년대에는 셰벨린카에서 키이우까지 파이프라인이 부설되어 우크라이나 서쪽의 가스망 중심지인 다샤바와 동쪽의 셰벨린카가 연결되었다.

스타브로폴(Stavropol)-모스크바 파이프라인은 우크라이나의 동쪽 끝 지역을 통과한다. 1946년부터 스타브로폴에서 천연가스가 추출되었다. 1950년대부터 이 파이프라인은 도네츠크와 루한스크를 포함한 돈바스 지역의 도시에 가스를 공급했다. 셰벨린카를 포함하는 북동쪽의 드니프로-도네츠크 가스 분지는 돈바스까지 확장되었다. 지도에 있는 녹색 가스전들은 1960년 이후 연필로 추가 기재된 것이다. 이후 돈바스에서 더 많은 가스전이 발견되었다. 하지만 러시아 대통령 블라디미르 푸틴의 지원을 받는 분리주의자들이 2014년 이후 이 지역을 점령함으로써, 우크라이나는 이 가스를 활용하지 못하고 있으며, 이로 인해 우크라이나는 여전히 러시아 가스에 의존하고 있다. 루한스크와 도네츠크에 매장된 석유와 가스는 러시아가 이 지역을 점령하게 된 원인 중 하나이다. 이 지역을 러시아의 영향권 아래에 두면서 러시아는 이를 통한 경제적 이익을 얻었다.

지도에서는 우크라이나 사회주의 소비에트 공화국의 가스 배급망이 그려져 있다. 이 네트워크의 성장은 1967년경까지 지도상에서 추적할 수 있다. 당시 알려진 우크라이나의 모든 가스전은 녹색 타원형으로 표시되어 있다. 기존 파이프라인은 빨간색 실선으로 그려졌고, 공사 중인 파이프라인은 빨간색 점선으로 표시되었다. 범례에 따르면 녹색 선은 "소련 최고 회의에서 관심 있는 파이프라인"이다. 지도에 그려진

제작자: 미상 **제목:** 우크라이나 소비에트 사회주의 공화국(SSR) 도시들의 가스 공급 계획 **발행지:** 키이우 **발행일:** 1953년경-1967년경
기법: 아마포 위에 컬러 인쇄 및 수기로 추가 **크기:** 48 x 73.5cm
축척: 1:2,000,000 **방위:** 북쪽이 위쪽 **소장처:** 스티그 퇴니선 컬렉션

2개의 녹색 점선은 가장 서부에 위치한 우즈호로드(Uzhhorod) 및 북부의 올리시브카(Olyshivka)로 이어진다. 올리시브카는 1964년에 최초의 지하 가스 저장 시설이 건설된 체르니히프(Chernihiv) 바로 남쪽에 있다. 파란색 실선은 산업용 가스 공급을 위해 건설 중인 파이프라인을 나타낸다. 지도상에 그려진 유일한 파란색 실선은 가장 동쪽 지역인 돈바스에 있는 것으로, 크라마토르스크(Kramatorsk)에서 남부 및 동부 지역으로 이어지는 것이다. 이러한 선들 옆에 파이프라인이 사용되기 시작한 연도가 기재되었다.

원은 마을과 도시를 나타낸다. 빨간 원은 천연가스가 공급되는 도시들이다. 이들 도시는 주로 우크라이나의 서쪽 끝인 드로호비치 및 스타브로폴로부터의 가스를 공급받은 우크라이나 동부에 분포하고 있다. 하르키우 및 체르니히우(Chernihiv)와 같은 북부의 다양한 도시들도 1960년대 중반까지 가스 공급망에 연결되었다. 파란색 원은 산업용 가스가 공급되는 도시를 의미하며, 이 지도에서 오데사와 마리우폴의 남쪽 항구들은 파란색이 다른 색과 함께 나타난다. 노란색 원은 주로 크림반도의 심페로폴(Simferopol), 세바스토폴(Sebastopol)과 같은 가스 공급망에 연결되지 않은 도시를 보여 준다. 수도 키이우는 천연가스와 액화가스를 모두 공급받는 도시 중 하나였다. 빗금이 그려진 원은 가스 공급망이 건설 중인 도시를 나타낸다.

마지막으로 삼각형은 천연가스(빨간색)와 산업 가스(파란색)의 공급소이다. 그것들은 주요 도시 및 가스전 인근에 있다. 흥미롭게도 도네츠크 인근에 산업용 가스를 위한 3개의 공급소가 있다.

지도는 1953년에 작성된 우크라이나 소비에트 공화국의 기본 행정 지도를 기초로 하고 있다. 지도에 따르면 크림반도(가스전이 표시된 곳)는 여전히 러시아에 속해 있었다. 실제로 흐루쇼프 소련 대통령(1894-1971)은 1954년에 크림반도가 러시아보다 우크라이나에 문화적, 경제적으로 더 연관성이 크다는 이유로 우크라이나에 양도하기로 결정했다. 그것은 소비에트 연방 내에서는 큰 변화가 없었지만, 우크라이나가 독립한 후 문제가 되었다. 크림반도의 주민의 대다수는 러시아계이다. 이것은 2014년 러시아의 크림반도 합병으로 이어졌다.

지도의 또 다른 특징은 장소 이름이 우크라이나어로 되어 있다는 것이다. 우크라이나어는 차르가 통치하던 제정 러시아에서 사용이 금지되었다가 소련 시절에는 사용할 수 있게 되었다. 지도상의 가스 공급망은 나중에 기본 지도 위에 그려졌다. 누가 가스 공급망을 그렸는지는 알려지지 않았지만, 지도는 작업 중이었던 문서였던 것으로 보인다. 1960년부터 1967년까지 색연필과 파란색 펜으로 가스 네트워크와 새로운 가스전의 확장이 추가되었다. 몇몇 파이프라인은 계획대로 건설되지 않아 지워졌다. 1970년대부터 우크라이나 네트워크는 유럽으로 가는 주요 통로로 발전했다. 전쟁에도 불구하고 2022년 7월 기준 돈바스 지역의 가스 파이프라인만 차단되었으며, 러시아 가스는 여전히 우크라이나를 통해 유럽으로 흘러가고 있다.

볼로디미르 쿠비요비치(Volodymyr Kubijovyč)의 1937년 『우크라이나 지도집』에 수록된 우크라이나의 민족 분포 지도. 크림 지역에 많은 수의 러시아인이 거주하고 있으며, 크림 동쪽의 쿠반(Kuban) 지역에는 많은 수의 우크라이나인이 거주하고 있다는 것을 나타낸다.

93 1970년 — 억압에서 저항으로

남부 아프리카의 해방을 꿈꾸다

20세기 후반, 남부 아프리카는 국제사회의 주목을 받았다. 1960년 콩고로부터의 카탕가 분리 독립, 1965년 로디지아의 백인 소수 정권에 의한 일방적 독립선언, 1975년 포르투갈의 식민지 제국의 급작스러운 붕괴, 그리고 1960년부터 1994년까지 이어진 세계적인 반인종차별 운동 등은 이 지역의 정치적 구조에 극적인 변화를 초래하였다. 또한 1960년대부터 1990년대까지 이어진 내전과 해방 전쟁은 이 지역에 대한 국제적인 관심을 불러일으켰다. 남부 아프리카는 변화와 도전이 교차하는 장소였고, 희망과 절망, 재앙과 꿈이 공존하는 지역이었다. 그러한 시기에 제작된 이 지도는 정치적 격변을 반영하며, 실제 상황보다는 미래에 대한 낙관적인 전망을 표현한다. 남아프리카의 복잡한 역사적 맥락을 간과하는 경향이 있긴 하지만, 그 자체로 매력적인 이상주의적 성격을 지니고 있다.

제2차 세계대전 이후 두 가지 주요한 정세 변화가 있었다. 하나는 서구의 자본주의와 동구의 공산주의 간의 이데올로기적 투쟁이었던 냉전이었고, 다른 하나는 수많은 국가들이 연이어 독립을 얻은 탈식민화 과정이었다. 특히 아프리카의 많은 나라들이 빠르게 독립을 이루었다. 그러나 대부분의 아프리카 대륙이 1960년대에 자유를 얻었음에도(1960년에만 17개의 서아프리카 국가들이 독립했다), 남부 아프리카는 이러한 흐름에서 뒤처져 있었다. 식민 체제 및 백인 소수 정권이 여전히 그 지역을 견고하게 통제하고 있었는데, 그 이유를 이해하기 위해서는 반 아파르트헤이트 투쟁의 지역적 역학을 고려할 필요가 있다.

1970년에 제작된 지도에 따르면, 해당 지역의 절반 미만이 독립을 달성했으며, 이에 따라 보츠와나, 콩고, 레소토, 스와질란드, 탄자니아, 잠비아 등의 국가들이 새롭게 등장하였다. 나머지 지역은 여전히 소수 백인의 통치 아래 있었다. 특히 1965년에는 남부 로디지아의 이언 스미스(Ian Smith, 1919-2007) 총리가 백인 소수 정부의 지배하에 있던 로디지아의 독립을 일방적으로 선언했으며, 이 지역은 1980년에 짐바브웨라는 새로운 국명으로 공식 독립을 이루었다. 스미스의 독립선언은 포르투갈과 남아프리카공화국이라는 2개의 다른 백인 통치 국가들의 지지를 받았다. 그러나 포르투갈은 1974년 독재자 안토니오 더 올리베이라 살라자르(Antonio de Oliveira Salazar, 1889-1970)의 뒤를 이은 마르첼로 카에타노(Marcello Caetano, 1906-1980)의 권위주의 정권이 카네이션 혁명으로 몰락하면서 1975년 모든 식민지를 잃었다. 당시 남아프리카공화국은 인종차별을 주도한 아파르트헤이트 정권이 여전히 권력을 잡고 있었으며, 남서아프리카(현재의 나미비아)를 비공식적인 제5 지방으로 합병했다. 나미비아는 1990년에 독립을 이루었고, 남아프리

1988년 6월 11일 암스테르담에서 열린 반 아파르트헤이트 시위. (헤이그 국립기록보관소)

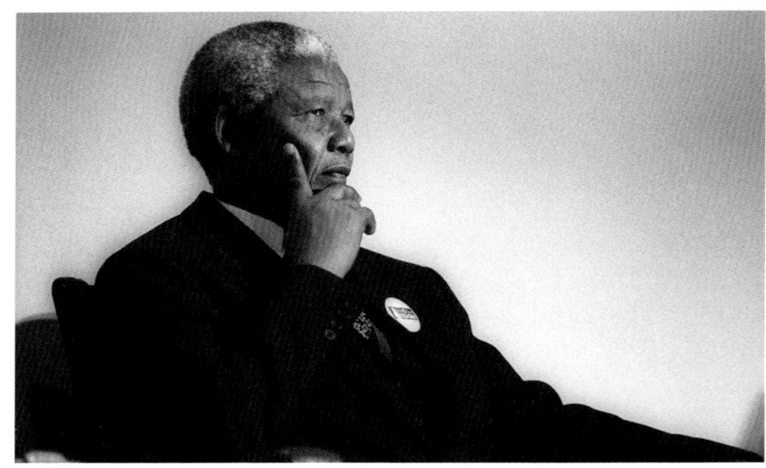

1993년 10월 9일 글래스고에서 넬슨 만델라.

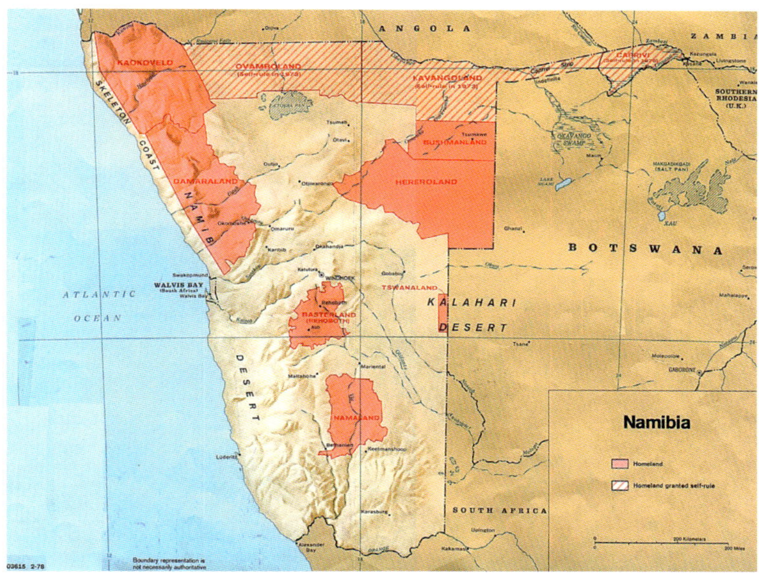

남서아프리카(현재의 나미비아) 내 자치구. 중앙 정보국(CIA), 1978년.

카공화국은 그로부터 4년 후 첫 민주 선거를 실시했다.

남아프리카공화국의 아파르트헤이트 정권이 생존을 위한 투쟁을 벌이면서, 그 영향은 국경을 넘어 광범위한 지역에 걸쳐 확산되었다. 아파르트헤이트 정권은 나미비아, 잠비아, 앙골라와 국경 전쟁을 벌였고, 모잠비크 내전에서 레나모(RENAMO) 반군을 지원했으며, 로디지아 부시 전쟁에서 이언 스미스 정권을 지원했다. 수년 동안, 남아프리카 전역에서 비대칭적인 무력 충돌이 잇따랐다. 남아프리카공화국은 보츠와나와 탄자니아를 포함한 독립적인 이웃 국가들의 연합인 '최전선 국가(the Frontline States)'들을 중심으로 한 민족 해방 운동에 반대했다. 이 나라들의 수도는 저항의 중심이 되었다. 해방 운동가들은 망명한 국가에 본부를 두고, 훈련 캠프를 마련하며, 국제 사회와의 연결망을 유지할 수 있었다.

다양한 서구 국가들에서도 반인종차별 운동이 시작되었다. 이 지도를 발행한 네덜란드 앙골라위원회, 로디지아위원회, 네덜란드의 반인종차별 운동과 같은 다양한 지역 및 국가 캠페인 단체들은 아프리카 야당 단체들을 위한 정치적 지원과 물질적 지원을 조직하고, 여론을 동원했으며, 남아프리카공화국에 대한 보이콧을 촉구했다. 1994년 아파르트헤이트가 폐지된 후 일부 연대 운동은 더욱 다각화되었고 일부는 개발 원조 단체로 지속되었다.

지도의 범례는 식민지 역사의 영향을 반영하며, 특히 광물 자원과 철도 노선에 주목하고 있다. 이 두 요소는 식민화 과정에서 중요했으며, 현지인들에게 불리한 영향을 미쳤다. 지도에는 강제수용소와 같은 식민지 전쟁의 참혹한 유산도 나타난다. 또한 가장 척박한 지역에 위치한 흑인 자치 구역, 즉 반투스탄에 거주하던 흑인 아프리카인들이 민족별로 구분되어 표시되어 있다. 이러한 흑인 자치 구역은 아파르트헤이트 정권의 핵심 요소였다. 넬슨 만델라 등 정치범이 수감된 로벤섬(Robben Island)과 1960년 남아프리카공화국 경찰이 평화 시위 도중 흑인 시위대 수십 명을 사살한 학살 현장인 샤프빌(Sharpeville) 같은, 자유를 위한 투쟁을 상징하는 특정 장소를 명시적으로 표시하고 있다. 이러한 언급을 통해, 지도는 그 지역의 지난했던 역사적 상황을 드러낸다.

동시에, 지도는 미래에 대한 낙관적인 전망을 제공한다. 지난 수십 년 동안 동일하게 유지된 국경선에서는 그 변화를 볼 수 없지만, 각국에 부여된 이름에서 그 희망을 엿볼 수 있다. 이것은 지도의 근본이 되는 이상주의적 의도를 드러낸다. 점령 지역에는 아프리카 해방 운동가들이 사용했지만 공식적으로 인정되지 않은 이름이 붙여져 있고, 식민지 시기에 부여된 이름은 괄호 안에 표시되어 있다. 이는 지도의 매우 상징적인 특징이다. 로디지아는 짐바브웨가 되었고, 남서아프리카는 나미비아가 되었다. 실제로 이 이름들이 공식적으로 채택되기까지 각각 10년과 20년이 걸렸다.

가장 눈에 띄는 명칭 선택은 남부아프리카를 '아자니아(Azania)'라고 부르는 것이었다. 아자니아는 아프리카 여러 지역을 역사적으로 일컫는 말이지만, 아프리카 민족회의(ANC), 민족해방운동, 그리고 후대 정부들이 공식적으로 사용한 이름은 아니었다. 이 이름은 아프리카민족회의에서 분리된 단체인 범아프리카주의자회의(Pan Africanist Congress)로 인해 유명해졌다. 그들의 군대는 아자니아 민족해방군이라고 불렸다. 아프리카민족회의는 남아프리카공화국에 대한 다민족적 비전을 분명히 지지했지만, 범아프리카주의자회의는 흑인 아프리카 민족주의를 중심 이념으로 내세웠다. 그러나 범아프리카주의자회의는 1994년 선거에서 아프리카민족회의에 패배했고, 아자니아라는 이름은 역사속으로 사라졌다.

이는 독립을 취득한 후 국가들이 즉시 아프리카 이름을 채택하지는 않았음을 보여 준다. 나중에 이름이 바뀌는 경우도 있었다. 스와질란드는 2018년 에스와티니(Eswatini)로 국명을 변경하였지만, 지도에서 표시된 것처럼 응와네(Ngwane)라는 이름으로 바뀌지 않았다. 콩고는 1971년부터 1997년까지 자이르(Zaire)로 불렸으나, 다시 콩고로 바뀌었다.

지도는 범례에서 명백하게 드러나는 '식민지 유산'과 아프리카 국가 명칭으로 상징되는 '떠오르는 민족주의' 사이의 긴장을 보여 준다. 이는 논쟁의 여지가 있는 역사를 반영하면서 동시에 부분적으로만 실현된 상상의 미래를 제시하고 있다.

제작자: 앙골라 위원회, 로디지아 위원회, 네덜란드 반아파르트헤이트 위원회 **제목:** 남아프리카, 억압과 저항 **발행지:** 암스테르담 및 고우다 **발행일:** 1970년 **기법:** 컬러 인쇄 **크기:** 57 x 45cm **축척:** 1:7,500,000 **방위:** 북쪽이 위쪽 **소장처:** 왕립 열대연구소 컬렉션

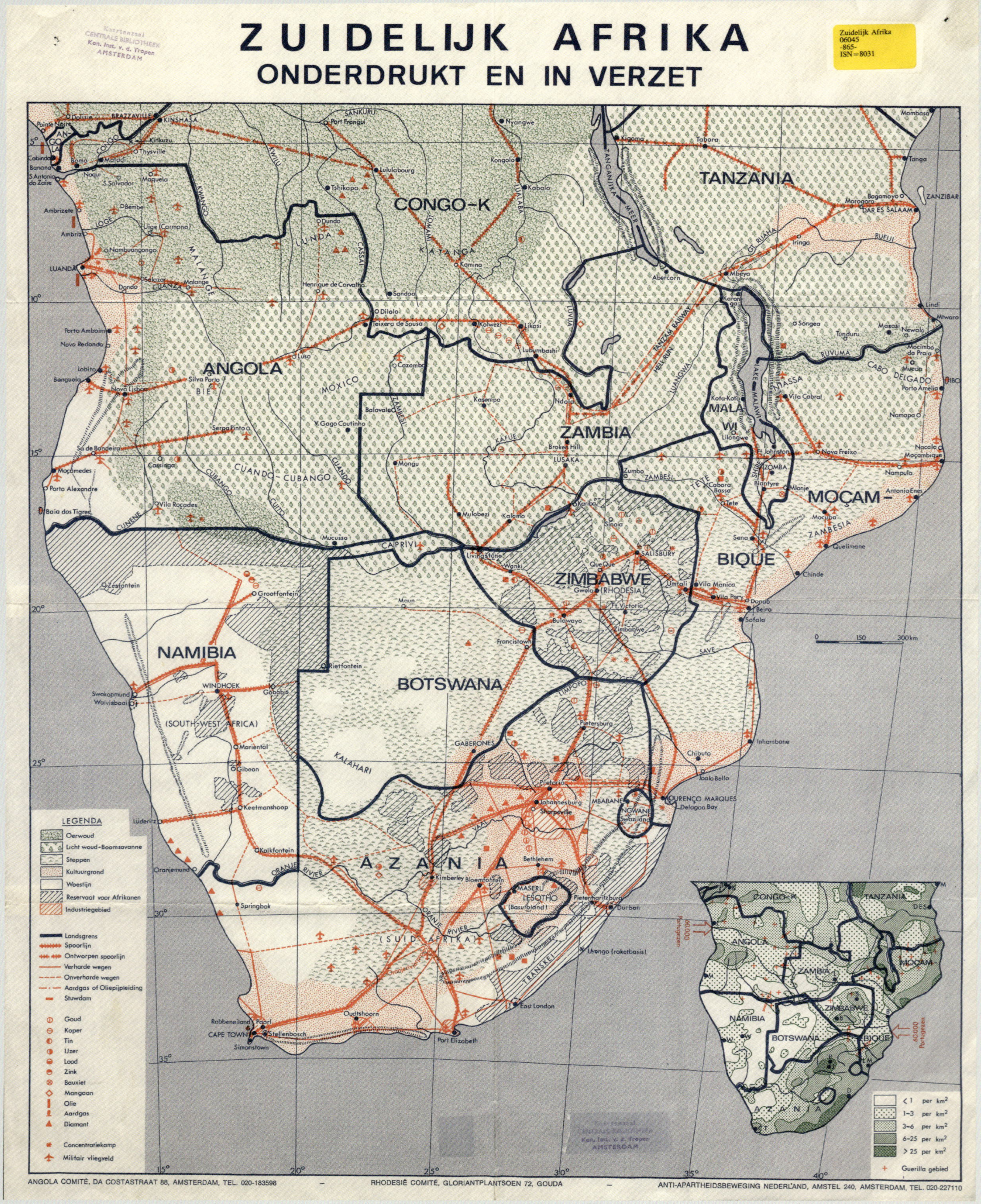

ZUIDELIJK AFRIKA
ONDERDRUKT EN IN VERZET

CONGO-K
TANZANIA
ANGOLA
ZAMBIA
MALAWI
MOÇAMBIQUE
ZIMBABWE (RHODESIA)
NAMIBIA (SOUTH-WEST AFRICA)
BOTSWANA
AZANIA (SUID AFRIKA)
LESOTHO (Basutoland)
SWAZILAND

LEGENDA

- Oerwoud
- Licht woud-Boomsavanne
- Steppen
- Kultuurgrond
- Woestijn
- Reservaat voor Afrikanen
- Industriegebied

- Landsgrens
- Spoorlijn
- Ontworpen spoorlijn
- Verharde wegen
- Onverharde wegen
- Aardgas of Oliepijpleiding
- Stuwdam

- Goud
- Koper
- Tin
- IJzer
- Lood
- Zink
- Bauxiet
- Mangaan
- Olie
- Aardgas
- Diamant

- Concentratiekamp
- Militair vliegveld

0 150 300 km

- < 1 per km²
- 1–3 per km²
- 3–6 per km²
- 6–25 per km²
- > 25 per km²
- Guerilla gebied

ANGOLA COMITÉ, DA COSTASTRAAT 88, AMSTERDAM, TEL. 020-183598 – RHODESIË COMITÉ, GLORIANTPLANTSOEN 72, GOUDA – ANTI-APARTHEIDSBEWEGING NEDERLAND, AMSTEL 240, AMSTERDAM, TEL. 020-227110

중화인민공화국의 행정구역(1975년)

94　1975년 — 중화인민공화국의 행정구역

학교 지도에 나타난 일상적인 민족주의

이 평범해 보이는 지도는 1970년대 후반 중화인민공화국의 학교 교실마다 걸려 있었다. 당시 중국 학생들은 주요 도시, 성, 그리고 성도의 명칭과 위치를 시험에 대비하기 위해 암기하며 숙지했다. 1970년대 중국 학생들에게 이 지도는 오늘날 학생들이 자국의 현대적 지도를 자연스럽게 익히는 것만큼이나 익숙한 것이었다. 수십 년 동안, 베이징의 공산 정권은 자신들이 중국을 대표한다고 주장하며 타이베이의 정권과 대립해 왔다. 두 정권은 남중국해를 둘러싼 해양 경계에 대해 인접 국가들의 강력한 이의 제기에도 불구하고, 이 지도에 그려진 경계선에는 합의했다. 이 지도는 분쟁적인 주장을 은폐하면서 중국 학생들에게 안정적인 영토와 명확한 국가 정체성을 내면화시키는 역할을 했다.

1949년 10월 1일 마오쩌둥(毛澤東) 주석이 중화인민공화국의 건국을 선언했을 때, 공산주의 국가들만 중화인민공화국을 인정했다. 세계의 나머지 국가들과 국제기구들은 장제스(蔣介石, 1887-1975)가 이끄는 중화민국을 합법적인 중국 정부로 인정했다. 이는 2차 국공내전(1946-1950)에서 패배하여 타이완으로 후퇴한 후에도 마찬가지였다. 중화인민공화국의 행정구역 중 대만을 포함하는 이 지도는 중화민국의 존재를 지웠다. 중화민국은 중화인민공화국의 존재를 부인하는 독자적인 행정구역 지도로 대응했다. 1971년, 국제정치의 흐름은 중화인민공화국에 유리하게 바뀌었다. 유엔 총회는 중화인민공화국에 회원국 자격을 부여하는 안건을 승인했다. 유엔에서 중화민국을 대체한 후, 중화인민공화국은 이웃 국가들을 포함하여 더 많은 국가들로부터 인정을 받기 시작했는데, 이는 1974년 말레이시아와 1975년 필리핀의 인정을 통해 분명해졌다. 곧이어 대부분의 인접국들이 중화인민공화국을 공식적으로 인정했으며, 모든 국가들이 외교 관계를 맺고 있지는 않았음에도 불구하고 이러한 인정은 이루어졌다.

이 지도는 1964년에 중국의 행정지도로 처음 출판되었으며, 1974년 6월에 학교 수업을 위해 개정되었고 1975년 12월까지 네 차례에 걸쳐 인쇄되었다. 그러나 1966년 문화대혁명이 일어나면서 학교가 문을 닫았기 때문에, 처음 출판된 1964년부터 개정된 1974년 사이에는 거의 사용되지 않았다. 1976년 초에 교실로 돌아온 지도는 문화대혁명의 종식을 예고했다. 중·고등학교와 대학들은 혁명적인 교리보다는 과학교육, 기본 문해력보다는 기술적인 전문성을 강조했던 이전의 교육과정을 다시 도입했다. 지리 지식은 문화대혁명 이후 교육과정의 필수적인 부분이 되었다.

20세기의 학교 지도는 학생들에게 여러 나라들 사이에서 자신들의 나라를 찾는 방법을 가르쳐 주었다. 이 지도도 마찬가지이다. 지도는 동북아시아와 동남아시아의 다른 국가들 사이에서 중화인민공화국의 위치를 보여 준다. 지도는 독자에게 베이징 중앙 정부의 관점을 취하도록 유도하여, 중국의 영토와 주변국과의 관계를 베이징의 시각에서 바라보게 한다. 베이징의 관점에서 볼 때, 중화인민공화국은 이웃 국가들과 명확히 구분되고 상호 인정된 국경을 공유하고 있다.

지도에는 굵은 띠로 표시된 국경선이 있으며, 이는 점들이 뿌려진 검은색 파선과 점차 옅어지는 적색의 세 줄무늬로 구성되어 있다. 각 파선의 끝에는 소련 지도 제작 방식의 영향을 받은 작은 선들이 붙어 있는데, 이는 1950년대 중국 지도 제작에 큰 영향을 끼쳤다. 이렇게 설정된 경계선은 중화인민공화국의 대부분의 국경을 구분 짓는다. 그러

제작자: 지도출판사(발행) **제목:** 중국 행정 구역 **발행지:** 베이징
발행일: 1975년 **기법:** 컬러 인쇄 **크기:** 148.6 x 143.5cm
축척: 약 1:4,000,000 **방위:** 북쪽이 위쪽
소장처: 왕립 열대연구소 컬렉션

지도의 오른쪽 상단 모서리에 우수리(Ussuri)강을 따라 그려진 중국과 소련 사이의 경계.

나 중국 동북부 소련과의 국경을 자세히 따라가 보면 파선들이 선에서 사라지는데, 이는 설정되지 않은 경계를 나타낸다. 6년 전, 중화인민공화국과 소련의 군대는 우수리강을 따라 설정되지 않은 국경에서 충돌했다. 이는 지도에서 이웃 국가들의 경쟁적 영토 주장을 인정하는 유일한 부분이었다.

지도는 인접 국가들의 상충하는 영유권 주장을 배제하고 있다. 중국 영토의 일부로 표시된 아크사이 친(Aksai Chin)과 아루나찰 프라데시(Arunachal Pradesh)는 인도가 자국 영토라고 주장한 지역이다. 1962년, 두 나라는 이 지역을 두고 전쟁을 벌였으며, 중국군은 아크사이 친을, 인도군은 아루나찰 프라데시를 각각 점령했다. 1972년에 양국은 분쟁 지역을 자국 영토로 편입했다. 이 지도는 또한 중국이 1972년 미국과의 오키나와 반환 협정을 바탕으로 일본이 주장하는 센카쿠열도에 대한 중국의 주장을 포함하고 있다.

가장 논란이 되는 중국의 국경선은 남중국해에 깊숙이 파고드는 'U'자 형태의 10개의 파선이다. 베트남, 필리핀, 말레이시아는 이 U자 선의 유효성을 의심하며 각자 파라셀군도와 스프래틀리 군도에 대한 자국의 영유권을 주장하고 있다. 이러한 국가들의 주장 속에는 프리덤랜드, 휴머니티왕국, 모락-송그라티-미즈(Morac-Songhrati-Meads)공화국 등의 단명한 무국적 국가들의 주장이 묻혔다. 이들은 각각 스프래틀리 군도를 자국 영토라고 주장했으며, 이러한 국가들은 주권 인정을 위해 소외된 지역 공동체들이 자발적으로 세운 국가였다.

U자형 경계선이 이 1975년 지도에서 처음 나온 것은 아니다. 해양 경계를 표시한 것은 1935년 국토수역위원회(the ROC Land and Water Committee)가 중국 지도 출판사들의 요구에 호응하여 발간한 '남중국해 중국 열도 지도'에 소개됐다. 이 출판사들 중 가장 요구의 목소리를 크게 낸 것은 이 1975년 지도를 발행한 출판사에 합병된 아신지학사(亞新地學社)였다. U자형 선을 이루는 십단선(十段线, 대만과 중화인민공화국 간의 해상 경계. 대만 측이 자체적으로 지정한 경계로, 중화인민공화국은 이를 인정하지 않기 때문에, 두 국가 간의 관계에서 중요한 갈등 지점이다—옮긴이주)은 1947년 중화민국 내무부가 인쇄한 남중국해 위치 지도에 처음 등장하였다. 1년 후 중화민국 정부는 대륙과 바다의 중화민국 영토를 보여 주는 '중화민국 행정구 지도'를 발간했다. 1948년 지도에 나타난 U자형 선은 중화민국의 해상 경계를 표시하기 위한 것이다.

U자형 경계선은 20세기 동안 중국 지도 출판업자들에 의해 거의 변함없이 유지되어, 정권 교체에도 불구하고 살아남았다. 이 지도는 현재 중국지도 출판사(中国地图出版社)로 알려진 기관에서 발행하였다. 이

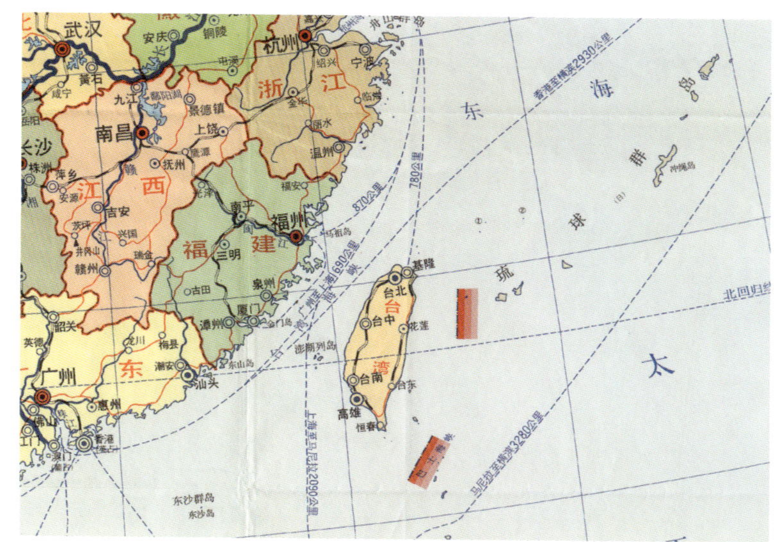

'1'과 '2'의 번호가 표시된 센카쿠열도는 타이완의 북동쪽에 있다.

출판사는 1954년에 14개의 개인 지도 출판사와 국영 신화(新华) 지도 출판사가 합병되어 설립되었다. 설립 이후 1980년대까지 중국지도 출판사는 중국 측량 지도국의 지도 아래 운영되는 유일한 출판사였다. 이 기간 동안 중국지도 출판사는 6,000개 이상의 모든 종류를 아우르는 지도를 출판했으며 현대화 작업을 거쳐 현재까지 중국의 주요 학교 지도 공급업체로 남아 있다.

앞서 언급된 것처럼, 아신지학사는 지도 출판사로 통합된 여러 출판사 중 하나로, 중국에서 가장 오래된 가족 운영 지도 출판사였다. 아신지학사는 중국 현대 지도 제작의 창시자인 저우 다이쥔(鄒代鈞, 1854-1908)까지 거슬러 올라간다. 저우 다이쥔은 중국의 지리학에 혁명을 일으킨 인물 중 하나이다. 그는 현대 지도학의 과학적인 성격과 논쟁의 여지가 없는 특성을 인식하고자 여지학회(輿地學會)를 설립하였다. 이후 그의 조카가 그의 뒤를 이어 아신지학사를 설립하여 그의 업적을 이어 나갔다. 1954년 합병 후 저우 다이쥔의 후손이 중국지도 출판사의 부편집장으로 임명되었다. 중국지도 출판사는 저우 다이쥔 가문을 통해 중국 현대 지도학의 창시와 직접적으로 연결되며, 간접적으로는 U자형 경계선의 생성과도 관련이 있다. 1935년 지도는 아신지학사가 중국의 해상 경계를 구획하는 방안에 대한 문의를 제기한 데 따라 제작되었다. 1975년 U자형 경계선이 있는 학교 지도는 중국의 영토 보전에 대한 지속적인 불안과 연결되며, 이러한 불안은 지도상의 명확한 경계선을 통해서만 해소될 수 있었다.

95 1976년 — 김일성의 신화를 만들다

항일 빨치산 투쟁의 사실과 허구

이 지도는 역사적 사실과 허구가 혼재되어 역사적 왜곡 및 정치적, 이념적 목적으로의 활용 가능성을 시사하는 대표적인 사례로 볼 수 있다. 지도에는 김일성(1912-1994)의 항일 투쟁 기간 중 활동이 나타나 있으며, 동시에 김일성 왕조의 신화를 미화하는 데 기여하고 있다. 제작 당시 김일성의 아들 김정일(1942-2011)은 비중 있게 다루어지지 않았기 때문에, 지도에서도 김정일에 대한 언급이 거의 없다. 북한 혁명의 상징적 중심지인 백두산은 지도에서 주목을 끌지 못하고 김정일의 출생지로 추정되는 장소에 대한 언급도 없다. 김정은(1984-)의 3대 세습 이후, 백두산 인근의 삼지연이 '사회주의 유토피아'로 변모하여 관광특구로 지정될 정도로 백두혈통은 북한 이데올로기의 핵심 요소로 자리 잡았다.

이 지도는 김일성의 절대적인 지위를 강화하고 확립하는 데 기여했다. 1970년대부터 본격화된 우상화 현상 중 가장 특이한 점은 항일 투쟁에서 김일성의 역할이 과장되게 표현되었다는 것이다. 특징적인 것은 김일성의 전기와 역사의 경계가 모호하다는 것인데, 이는 북한이 김일성의 공적에 의해서 세워진 것이라는 것을 선전하기 위해서다. 1972년에 김일성 배지를 집단적으로 착용하는 현상과 주체사상의 이론적 발전이 동시에 일어난 것은 우연이 아니다. 주체사상은 김일성이 구상한 사상으로, 개인과 국가의 절대적 자주성을 강조하는 마르크스-레닌주의의 탈식민지적 변형이다. 이는 북한이 선택한 노선의 정당성을 뒷받침하는 동시에, 어떠한 이견도 용납하지 않는 체제를 더욱 공고히 하는 역할을 했다. 북한의 모든 사람들은 김일성과 그의 업적에 대한 절대적인 복종과 충성을 요구받았다. 이러한 정치적 교리는 1974년 발표된 유일사상 체계 수립의 10대 원칙에서 명시되어 있으며, 이를 통해 김일성에 대한 사회적, 정치적 지침이 확립되었다.

지도의 제목은 명백하게 김일성을 주인공으로 설정하고 있다. 지도에 첨부된 설명은 지도가 중국 동북부 지역의 항일 투쟁 동안의 중요한 유적지와 사건들을 개관하고 있다고 밝힌다. 지도의 내용은 혁명적 성격을 띠며, 그것은 이념과 깊은 연관이 있다. 지도에 있는 글은 모호한 언어를 사용하여 김일성과의 연결성을 강조한다. 지도에 담긴 내용을 분석하면 역사와 신화가 서로 얽혀 있는 것을 확인할 수 있다. 또한 지도는 수사학적 및 시각적 요소를 활용하여 독자에게 강렬한 인상을 주려는 의도가 드러난다.

지도에서 과도하게 사용된 기호들은 독자들에게 깊은 인상을 주고 설득하려는 목적으로 해석될 수 있다. 기호들의 수와 크기는 지도의 해석을 전략적으로 유도하며, 특히 김일성을 역사적 전개의 중심인물로 부각시킨다. 첨부된 본문은 김일성의 역할을 역사적으로 서술하고 있으며, 김일성의 전기와 1950년대 북한의 빨치산 회고록을 바탕으로 그를 역사적 사건의 핵심 인물로 그리는 데 중요한 역할을 한다. 그러나 이러한 묘사는 실제 사실보다 과장된 경향이 있다.

지도에서 범례에 나타난 일부 기호들은 특별한 중요성을 지닌다. 예를 들어, 김일성의 출생지인 만경대를 나타내는 기호는 예외적이지만, 공산 정권 수립의 본거지를 가리키는 기호는 실질적으로 김일성을 상징하는 것으로 해석된다. 최근에는 이러한 기호가 최고사령관을 나타내는 기호로 인식될 수 있다. 깃발은 역사를 초월하는 사건을 나타내는 듯이 세 계단으로 된 받침대 위에 기념비 형태로 등장한다. 이는 북한의 공공 기념물에서 자주 보이는 붉은 깃발의 이미지를 반영한다. 지도속 상징들은 기록된 과거 사건들의 고정점으로, 북한의 이념적 및 군사적 기원을 묘사하는 이야기에서 중요한 날짜들과 연결된다. 특히 1926년 10월 17일 만주 화전(樺甸)현에서 결성된 '제국주의 타도 연합'과 같은 역사적으로 모호하면서도 중요한 사건이 포함된다.

전해지는 이야기에는 김일성이 14세의 나이로 연합을 결성하고 주체사상의 기반을 마련했다는 주장이 있다. 현재 이 날짜는 조선노동당 창건일로 알려져 있다. 1932년 4월 25일, 중국 지린성 안투(安圖)에서의 항일 게릴라 유격대 창설을 기념하는 데도 동일한 기호가 사용되었는데, 이 날짜는 현재 북한 인민군 창설일로 기념된다. 김일성이 실제로 빨치산 군대를 지휘한 것은 분명하지만, 지도는 그가 중국 공산당의 지시를 받았으며, 1936년부터 동북 항일 연합군의 통제하에 있었다는 사실을 언급하지 않는다. 또한 지도는 극도로 지친 동북 항일 연

제작자: 북한 조선외국문출판사(발행) **제목:** 김일성의 지도 아래 전개된 항일혁명투쟁 거점도(1926-1945) **발행지:** 평양 **발행일:** 1976년
기법: 컬러 인쇄 **크기:** 92 x 51.5cm **축척:** 약 1:1,500,000
방위: 북쪽이 위쪽 **소장처:** 왕립 열대연구소 컬렉션

"혁명 전통을 대를 이어 계승발전시키자" 라고 주장하는, 1987년 로의곤이 만든 포스터 디자인. 한 아버지가 김정일의 저서 『주체혁명 위업의 완성을 위하여』(1987)를 팔 아래에 끼고 있다. 배경에는 백두산의 실루엣이, 가운데에는 김정일이 태어난 것으로 알려진 오두막이 있다.

합군의 잔여 부대가 1941년 소련으로 후퇴한 뒤, 일본이 항복할 때까지 김일성이 소련군 캠프에서 고위급 한국군 장교로서 복무했다는 사실을 보여 주지 않는다.

범례에 표시된 두 번째 기호는 원과 별의 형태로 김일성이 주도한 역사적 중요성을 가진 회의가 열린 장소를 나타낸다. 이 기호는 반짝이는 별을 포함하며, 특히 1936년 5월 5일에 개최된 조국광복회의 설립을 상징한다. 조국광복회의 실체적 사실은 명확하지 않지만, 이는 북한의 항일 투쟁사에서 중대한 전환점으로 여겨진다. 김일성은 민족주의 저항운동인 조선혁명인민군의 기반 형성에 기여한 것으로 알려져 있으며, 조선혁명인민군은 한국에서의 군사 활동을 선도했다. 이러한 '연합전선' 조직은 김일성을 민족 저항의 지도자로 부각시키는 것뿐만 아니라, 한반도에서의 모든 빨치산 활동의 중심인물로 자리매김하는 데 중요한 역할을 한다.

지도의 세부적인 부분에서 주목할 점은 김일성이 중국 동북부에서 활동한 흔적에 대한 언급이 전혀 없다는 것이다. 지도는 위치와 날짜에 있어 현저한 모호성과 혼란을 야기해 사건의 전체적인 전개를 이해하기 어렵게 만든다. 이로 인해, 지도는 북한 체제를 창립한 인물에 대한 과도한 숭배의 한 형태를 드러내고 있다. 지도가 확장되고 역사적 사실이 추가됨에 따라, 김일성은 수십 년에 걸쳐 초인적인 지위를 획득했으며 그의 전기는 점점 더 신화적인 형태를 띠게 되었다.

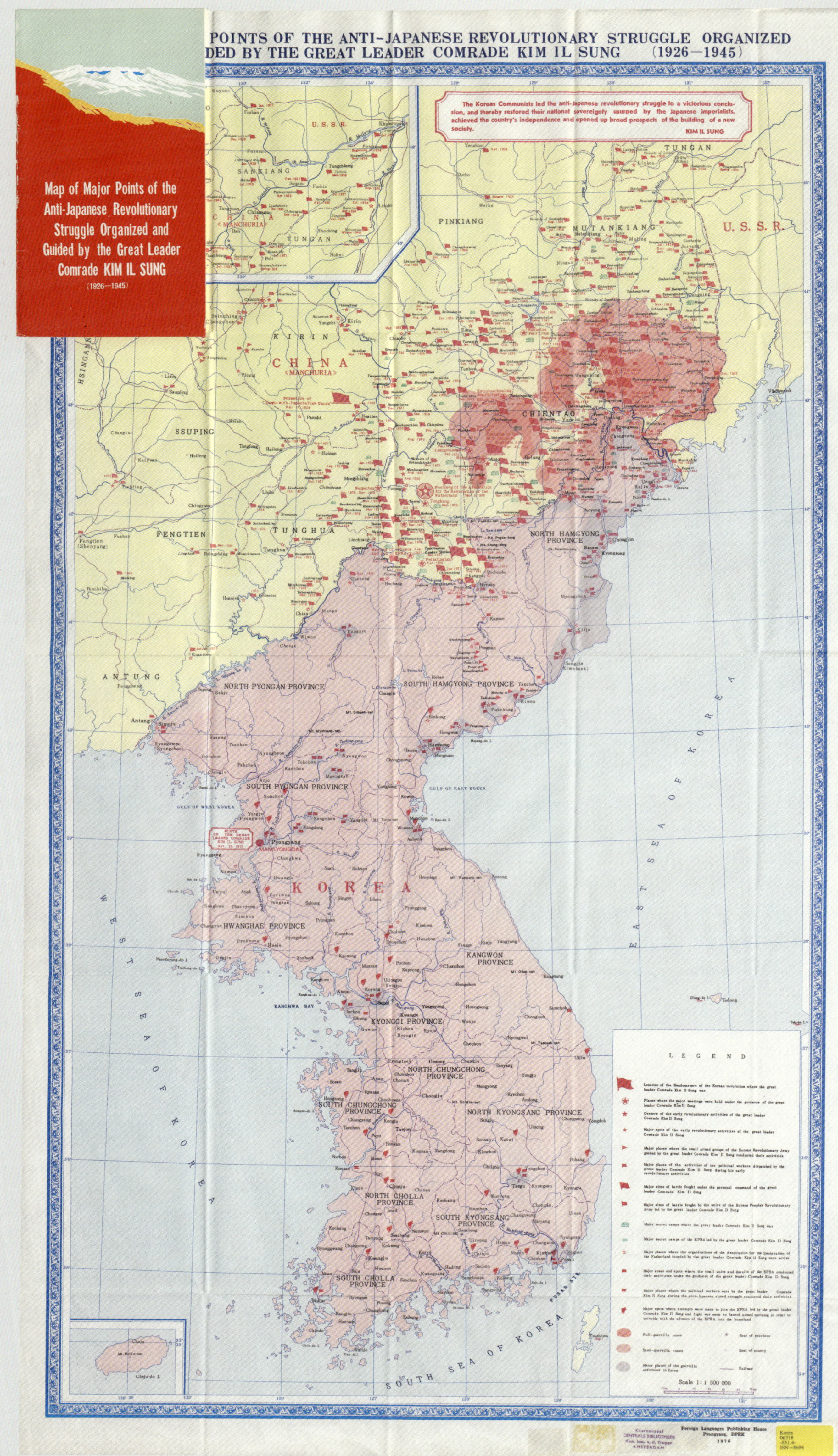
Map of Major Points of the Anti-Japanese Revolutionary Struggle Organized and Guided by the Great Leader Comrade KIM IL SUNG
(1926—1945)
POINTS OF THE ANTI-JAPANESE REVOLUTIONARY STRUGGLE ORGANIZED
DED BY THE GREAT LEADER COMRADE KIM IL SUNG (1926—1945)
The Korean Communists led the anti-japanese revolutionary struggle to a victorious conclusion, and thereby restored their national sovereignty usurped by the Japanese imperialists, achieved the country's independence and opened up broad prospects of the building of a new society.
KIM IL SUNG
U.S.S.R.
SANKIANG
TUNGAN
PINKIANG
MUTANKIANG
KIRIN
CHINA
(MANCHURIA)
CHIENTAO
SSUPING
FENGTIEN
TUNGHUA
ANTUNG
NORTH HAMGYONG PROVINCE
NORTH PYONGAN PROVINCE
SOUTH HAMGYONG PROVINCE
SOUTH PYONGAN PROVINCE
GULF OF EAST KOREA
GULF OF WEST KOREA
Pyongyang
MANGYONGDAE
KOREA
HWANGHAE PROVINCE
KANGWON PROVINCE
KANGHWA BAY
KYONGGI PROVINCE
NORTH CHUNGCHONG PROVINCE
SOUTH CHUNGCHONG PROVINCE
NORTH KYONGSANG PROVINCE
NORTH CHOLLA PROVINCE
SOUTH KYONGSANG PROVINCE
SOUTH CHOLLA PROVINCE
WEST SEA OF KOREA
EAST SEA OF KOREA
SOUTH SEA OF KOREA
LEGEND
Scale 1:1 500 000
Foreign Languages Publishing House
Pyongyang, DPRK
1976

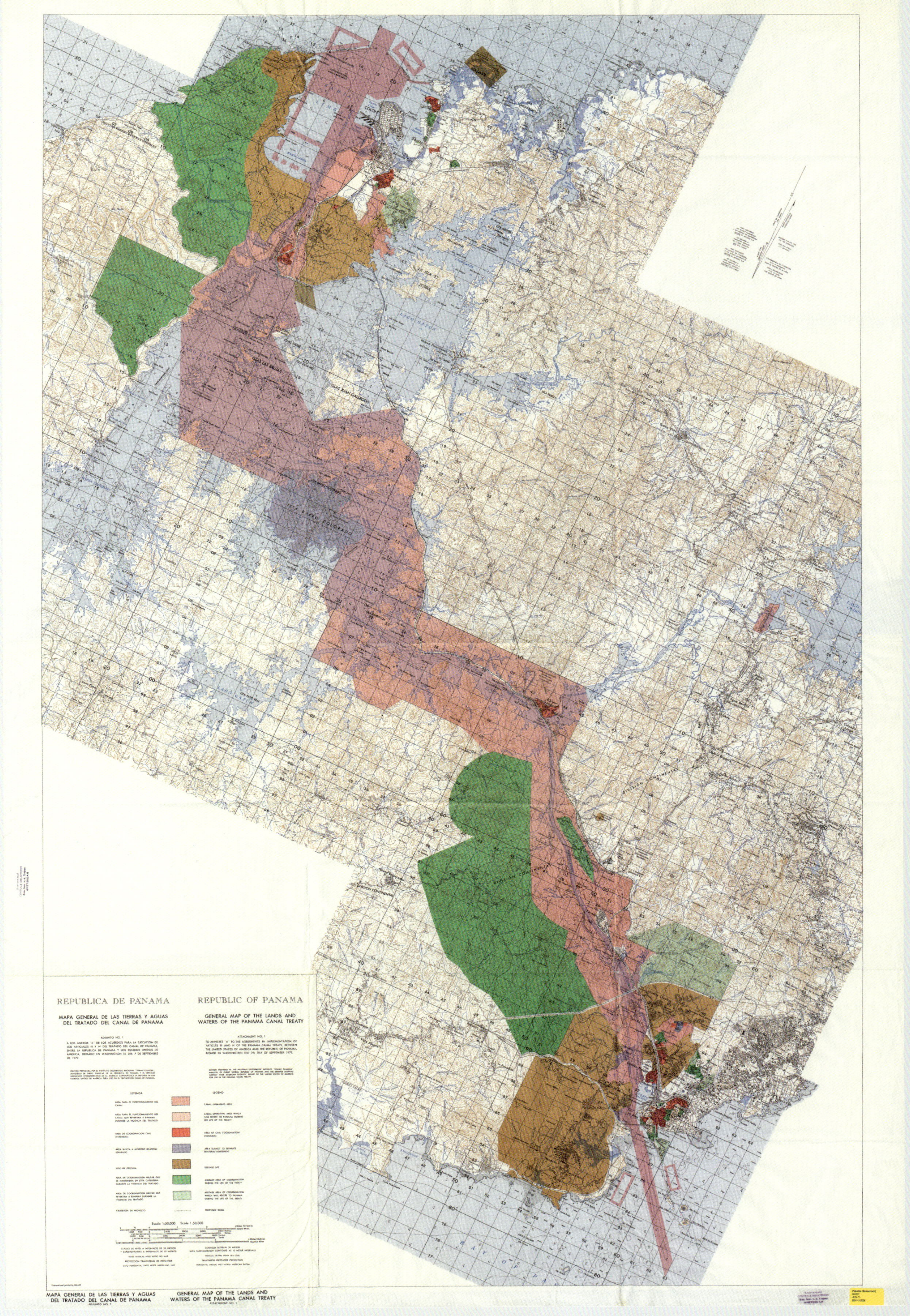

96 | 파나마 운하의 전략적 중요성(1977년)

96 1977년 — 파나마 운하의 전략적 중요성

파나마와 미국의 조약 지도

파나마 운하는 세계적으로 중요한 해상 통로 중 하나로, 1914년 개통 이후 대서양과 태평양 간의 항해 거리를 획기적으로 단축시켰다. 이전에는 선박들이 케이프 혼(Cape Horn, 칠레 최남단의 곶)을 통해 남아메리카를 우회해야 했지만, 파나마 운하의 개통으로 그럴 필요가 없어졌다. 중앙아메리카에 위치한 파나마는 북아메리카와 남아메리카를 연결하는 지정학적 요충지로서, 파나마해협의 가장 좁은 부분은 폭이 약 60km에 불과하다. 이러한 지리적 특성 덕분에 파나마는 국제 교역의 핵심 지점으로 자리 잡았으며, 운하의 건설은 이 지역의 전략적 중요성을 더욱 강화시켰다. 운하의 개통은 육상 운송에 의존하던 상품들을 선박으로 운송될 수 있게 만들었고, 파나마의 전략적 가치를 높였다. 이는 20세기에 미국과 파나마 간의 주기적인 갈등의 원인이 되기도 했다. 1977년에는 미국이 운하 지대를 파나마에 반환하기로 하는 조약에 서명함으로써 중요한 전환점을 맞게 되었다.

파나마 운하의 역사는 1914년 첫 선박이 통과하기 이전부터 시작되었다. 1513년, 스페인 탐험가들이 파나마를 탐험하며 카리브해와 태평양이 좁은 지협에 의해 분리되어 있음을 발견했다. 18세기까지, 무역품은 대상 루트를 통해 카리브해와 태평양 사이의 육로로 운송되었다. 이 길은 페루에서 유럽으로 은을 운반하는 데 있어 스페인인들이 이용한 가장 최단 경로였다. 그러나 18세기 이후 케이프 혼 주변을 운항하는 선박의 통행량이 증가함에 따라 육로를 이용하는 것이 줄어들었고,

1880년 11월에 발행된 파나마 해양운하유니버셜 회사의 지분 증서.

이는 파나마의 경제적 쇠퇴를 초래했다.

16세기부터 파나마를 통과하는 운하 건설 계획이 수립되었으나 실현되지 못했다. 니카라과를 통과하는 대체 운하 계획도 구체화되지 못했다. 파나마 철도는 1855년에 완공되었지만, 파나마(당시 콜롬비아의 한 주)를 가로질러 운하를 건설하기 위한 프랑스 기술자들의 초기 작업은 1881년에야 시작되었다. 처음에는 수문이 없는 해수면 높이의 운하를 구상했으나 운하를 해수면 높이까지 파는 것이 불가능하다는 것이 나중에 밝혀졌다. 또한 운하 건설에 참여한 노동자들 중 약 2만 2천 명이 말라리아와 황열병 등 열대병으로 사망하는 비극이 발생했다. 결국 프랑스의 해양운하유니버셜 회사(Compagnie Universelle du Canal Interocéanique)가 파산하면서 운하 공사는 일시 중단되었다.

1903년 파나마가 미국의 지원을 받아 콜롬비아로부터 독립한 이후, 운하 건설 계획이 다시 재개되었다. 그해, 파나마와 미국은 운하 건설을 위한 헤이-부노우-바릴라(Hay-Bunau-Varilla) 조약(미국에 파나마 운하를 건설하고 관리할 권리를 부여한 조약—옮긴이주)에 서명했다. 이 조약은 미국이 자국의 이익을 위해 파나마에 막대한 압력을 가해 체결되었으며, 조약에 따라 운하 양쪽에 8km 너비의 지역을 미국 행정권 아래에 두는 내용이 포함되었다.

제2차 세계대전 이후, 파나마와 미국 간의 긴장이 고조되었다. 파나마 국민들은 운하 주변의 '미국 행정권 지역'이 파나마의 영토라고 주장했다. 1964년 파나마에서 발생한 학생들의 미국 반대 시위는 미군의 폭력적인 진압으로 인해 22명이 사망하는 사건으로 이어졌다. 이 사건은 양국 간의 외교적 긴장을 증폭시켰고 협상은 중단되었다. 이후 1974년 협상이 재개되어, 1977년 토리요스-카터(Torrijos-Carter) 조약이 체결되었다. 이 조약에는 두 가지 주요 조항이 포함되었다. 첫째,

1914년, 미국의 SS안콘호(SS Ancon)가 파나마 운하를 최초로 통과하는 모습.

파나마는 모든 국가의 선박에 대한 운하 이용을 보장하며, 운하의 중립성이 위협받을 경우 미국이 방어할 권리를 가진다. 둘째, 1999년 12월 31일에 운하 지역(당시 미국 행정 관할)의 주권을 파나마에 이양한다.

이 파나마 운하 지도는 토리요스-카터 조약의 부속 문서로, 파나마와 미국의 지도 제작 기관이 협력하여 제작한 것이다. 운하 지도는 파나마의 지형도를 기반으로 제작되었다. 운하가 북서쪽에서 남동쪽으로 흐르기 때문에, 운하 경로를 지도의 중심에 배치하기 위해 북쪽 방향이 약간 회전되었다. 지도에는 다양한 구역의 용도를 구분하기 위해 여러 색상이 사용되었다. 운하 작업 영역은 분홍색으로 표시되어 있으며, 이 구역은 토리요스-카터 조약 기간 동안 파나마의 관리하에 놓였다. 이 지역은 카리브해에 위치한 콜론(Colón) 항구 남쪽 철도 주변의 비교적 작은 지역을 포함한다. 또한 미국인들이 거주하는 장소는 지도상에서 붉은색으로 표시되어 있다.

해당 장소들은 파나마 관리로 이관된 이후에도 주로 직원 숙소로 계속 사용되었다. 지도에 보라색으로 표시된 두 지역의 구체적인 용도는 지도 발행 당시에 아직 결정되지 않았다. 이 지역들은 스미소니언 열대연구소(Smithsonian Tropical Research Institute)가 운영하는 주요 연구 센터와 자연 보호 구역인 가툰(Gatún)호수에 위치한 바로 콜로라도(Barro Colorado)섬, 그리고 미국 연방 항공국 소속 직원들이 거주하는 카르데나스(Cardenas) 주거 지역을 포함한다.

운하 양쪽 끝에 위치한 갑문과 항구 주변의 경비 지역은 지도상에서 갈색으로 표시된다. 이 지역들은 1999년 말까지 미국의 군사적 통제하에 있었으며, 선박 운항과 관련된 군사적 관리도 이루어졌다. 갈레타(Galeta)섬의 통신 안테나와 세로 세마포르(Cerro Semaphor)의 레이더 기지 주변 역시 갈색으로 표시되었다. 지도의 녹색 부분은 합동 군사 통제 구역을 의미한다. 운하와 파나마 시티 사이의 녹지 구역은 조약 기간인 1999년 말까지 파나마에게 이전되었다는 것을 나타낸다.

파나마는 수 세기에 걸쳐 세계 화물 운송의 핵심 교차로로 기능했다. 여러 세계 강대국들은 육로 및 운하를 통한 무역을 지배하려고 시도했다. 이 지역은 초기에 스페인의 식민지였고, 후에 프랑스 투자자들, 그리고 20세기에는 미국에 의해 통제되었다. 파나마 조약을 통해 운하 구역에 대한 전면적인 주권이 파나마에게 이양되었다는 사실은 강대국들의 통제로부터 벗어난 해방을 의미한다. 그러나 이 조약은 미국이 이 지역에서 자신들의 역할을 포기하지 않으려 했으며, 가능한 한 오랜 기간 그곳에 머물면서 지속적인 영향력을 행사하고자 했던 사례로 여겨진다.

제작자: 파나마공화국 공공사업부 '토미 과르디아' 국립지리연구소, 미국 방위지도청 미주측량국(발행)
제목: 파나마공화국-파나마 운하 조약 지역의 토지 및 수역 지도
발행지: 워싱턴 **발행일:** 1977년 **기법:** 컬러 인쇄 **크기:** 145 x 92cm
축척: 1:50,000 **방위:** 북쪽이 오른쪽 상단
소장처: 왕립 열대연구소 컬렉션

97

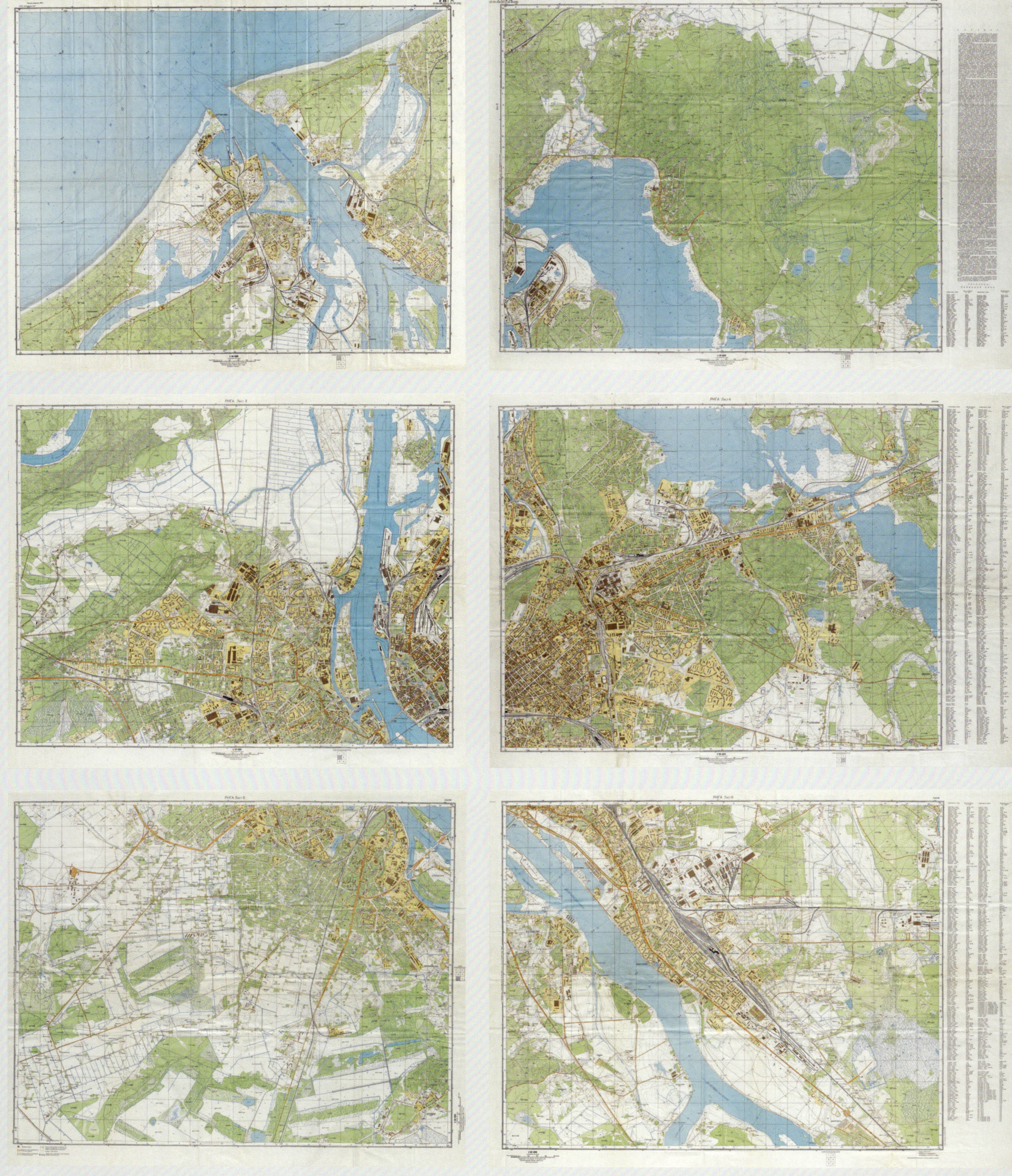

1984년 — 소련의 유토피아 비전을 엿보다
리가의 비밀 군사 도시 계획

1993년, 독일 쾰른에서 열린 국제지도제작회의에서, 신생 독립국가인 라트비아공화국의 한 출판사가 흥미로운 지도를 내놓았다. 이 지도는 라트비아의 수도 리가(Riga)에서 북동쪽으로 90km 떨어진 체시스(Cēsis)의 옛 소련 군사 창고에서 발견된 것으로, 냉전 시대 소련이 세계를 얼마나 정밀하게 지도화했는지를 드러내는 대표적인 사례이다. 소련의 대규모 지도 제작 프로젝트는 자국 내 수천 개 도시는 물론 전 세계의 마을과 도시들을 상세히 지도화했다. 예컨대, 1983년부터 1984년 사이에 레닌그라드(현재의 상트페테르부르크)에서 제작된 리가의 지도는 1:10,000 축척의 6장 지도로 구성되어 있는데, 나무의 종류부터 다리의 건축 재료에 이르기까지 광범위한 지리 정보를 포함하고 있다. 이러한 지도들의 역사적 가치는 그 정확성과 세부 사항에서 구(舊)소련 시대의 일반 대중을 위한 지도들과는 차별화된다.

1941년 6월 22일 시작된 독일의 소련 침공인 바르바로사(Barbarossa) 작전의 실패는 제2차 세계대전의 전환점이 되었다. 붉은 군대(소련군)가 베를린을 향해 서쪽으로 진격함에 따라, 대규모 반격을 지원하기 위한 독일 지형도와 상세한 도시 계획도가 필요했다. 이러한 상황 속에서 소련군은 독일 지역의 지도를 확보하였고, 이동식 인쇄기를 이용한 신속한 지도 업데이트 및 제작을 통해 전선에 필요한 정보를 제공했다. 특히 베를린에 대한 상세한 도시 계획도는 소련군의 전투 전략 수립에 결정적인 역할을 하였으며, 이는 전쟁의 흐름을 바꿀 수 있는 중요한 요소로 작용하였다.

이오시프 스탈린(Joseph Stalin, 1878-1953)은 지도 제작이 국가의 경제적 및 전략적 이익을 증진시키는 중요한 수단임을 인식하고, 소련 전역을 1:100,000 규모로 나누어 체계적인 지도 제작 프로그램을 가동했다. 이 프로젝트는 1954년에 완성되었으며, 그 범위는 소련뿐만 아니라 냉전 시기에 세계적인 범위로 확대되었다. 추정에 따르면, 1946년부터 1991년 사이에 소련의 군사 지도 제작자들은 100만 개 이상의 지도를 제작했다. 이들 지도는 1:25,000(1989년 완료) 축척의 소련 전역 지도, 1:50,000 축척의 서유럽 지도, 그리고 1:1,000,000 이상 축척으로 다른 국가들을 포함하였다. 약 630개의 상세한 기호를 사용한 이 지도들은 소련 이외 지역의 2,000개 이상의 마을과 도시에 대한 거리 수준의 세부 정보를 포함하고 있으며, 전략적 중요성을 지닌 건물의 목록, 도시와 주변 환경에 대한 설명, 그리고 키릴 문자(러시아를 비롯한 정교회권 슬라브계 국가와 중앙아시아 지역 및 몽골 등지에서 사용되는 문자—옮긴이주)로 음역된 지명을 포함하고 있다. 최근 연구에 따르면, 20세기 소련의 글로벌 지도 제작 프로젝트는 그 규모와 세부 사항에서 다른 국가들의 지도 제작 능력을 뛰어넘는 수준이었으며, 이는 소련이 국제적 영향력을 확보하는 데 중요한 역할을 했다.

소련 총참모부의 군사측량국은 소련 영토 밖의 도시와 이들의 세부적인 계획 지도를 작성하는 데 주력했다. 특히 유럽(바르샤바 조약 국가 및 주변 지역), 미국 동부 해안, 중국 동부 및 일본에 위치한 도시들에 특별한 관심을 갖고 제작하였다. 이 지도들은 대도시(런던, 파리, 뉴욕, 도쿄 등)와 주요한 교통 허브, 항구, 산업 중심지는 물론 인구가 수천 명에 불과한 작은 마을과 도시까지 상세하게 포함하고 있다. 그런데 전략적 중요성이 높아 보이지 않는 일부 작은 마을과 도시들까지 포함한 이유는 명확하지 않다. 한편, 앙골라의 루안다, 볼리비아의 라파스, 베트남의 사이공(현재 호치민)과 같은 도시들의 지도화는 소련의 지정학적 이해관계를 분명하게 드러내는 사례로 해석된다.

소련의 군사 도시 계획도는 대체로 1:10,000 축척으로 제작되었으며, 일부는 1:25,000 축척으로 작성되었다. 지도 제작 과정에서는 다양한 기본 자료가 활용되었는데, 여기에는 지역 고유 지도, 관광 및 무역 안내서, 그리고 다리의 운반 능력 정보, 심지어 현장에서 활동하는 스파이들로부터 얻은 정보도 포함되었다. 1960년대 초부터는 이 기본 자료들이 제니트 프로그램(제니트는 우크라이나 드니프로에 위치한 유즈노예 설계국이 설계한 우주발사체이다—옮긴이주)을 통해 발사된 정찰 위성

제작자: 소련 지도제작총국(GUGK) **제목:** 리가
발행지: 상트페테르부르크 **발행일:** 1983-1984년 **기법:** 컬러 인쇄
크기: 총 6매, 각 약 120 x 90cm **축척:** 1:10,000 **방위:** 북쪽이 위쪽
소장처: 스티그 퇴니선 컬렉션

97

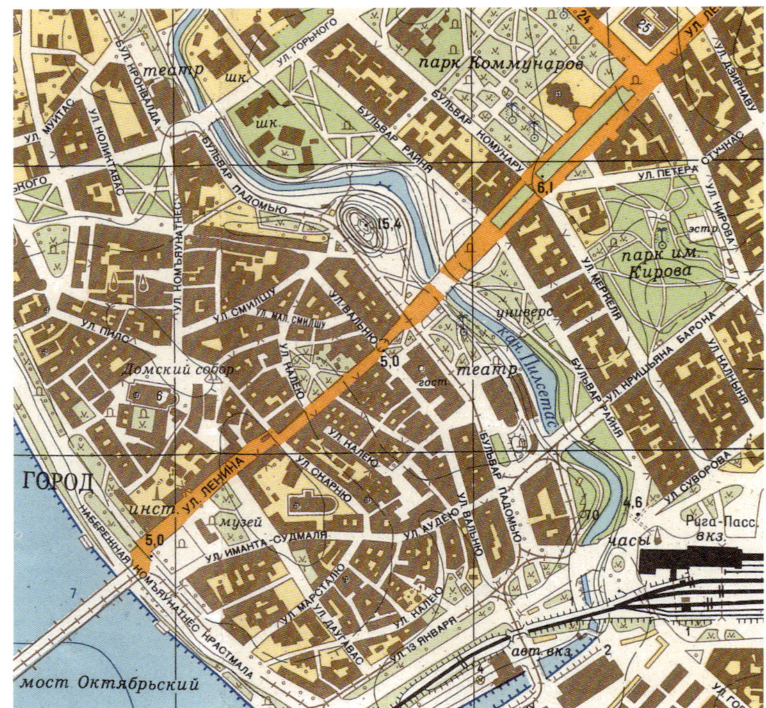

소련의 리가 계획 지도. 1984년 지도제작본부(GUGK)가 민간 행정 또는 국방을 위해 제작한 지도.

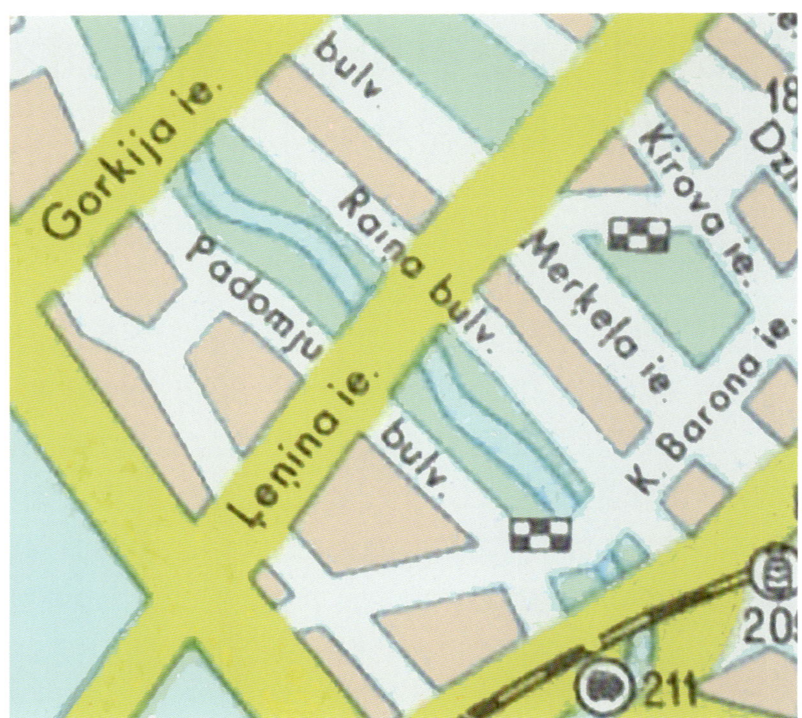

1980년 지도제작본부에서 관광용으로 제작한 지도. (개인 소장)

의 사진으로 보완되었다. 냉전 시기 동안 소련의 군사 지도 제작자들은 위성 사진에 점차 의존하게 되었는데, 이는 원거리 지역은 물론 적대적인 영토까지 원격으로 탐색할 수 있게 하여, 전략적 정보 수집의 핵심 수단으로 자리 잡았다.

1972년 이후 전략무기제한협상(SALT)에서 미국과 소련 간의 첫 합의가 이루어지면서, 도시 계획 지도의 제작이 증가했다. 이 합의는 소련의 미국 및 그 동맹국에 대한 정찰 활동을 강화시키는 결과를 가져왔으며, 이는 지도 제작을 위한 추가적인 이미지 자료 확보에 기여했다. 군사측량국에 의해 130개국 이상의 마을과 도시가 지도화되었으며, 이에 따라 더 많은 도시 계획도가 지속적으로 만들어졌다.

소련의 군사 도시 계획도는 국제적으로 일관된 표준화를 위해 통일된 투영법과 좌표계를 사용하였다. 지도의 기호 체계는 자연 및 건축 환경의 다양성을 더욱 상세하게 반영하기 위해 발전하였으며, 더 향상된 컬러 인쇄 기술을 활용하였다. 1970년대 초부터 이러한 계획도는 최대 10가지 색상으로 인쇄되어, 전략적으로 중요한 대상을 기능별로 구분하는 체계를 도입했다. 예를 들어 정부 및 행정 기관은 보라색으로, 군사 산업 시설은 검은색으로 표현되었다. 이와 같은 도시 계획도는 지리 공간 정보의 디지털화 이전에 방대한 정보의 저장소 역할을 했다고 볼 수 있다. 다만 정보의 오류나 업데이트 되지 않은 정보도 있었으며, 가스 또는 전기 파이프라인이 신규 도로로 잘못 표시되거나 이미 사용되지 않는 트램 라인과 철도가 계속 그려지는 일이 있었다. 그럼에도 불구하고, 해당 지역에 대한 직접적인 경험 없이 작성된 도시 계획도의 정확성과 품질은 주목할 만하다.

소련 내 각 지역의 지도제작본부에서는 유사한 시리즈의 도시 계획도를 제작했고, 이들은 주로 민간 행정이나 방어를 위해 활용되었다. 이와 대조적으로 군사측량국이 제작한 외국 도시의 계획도는 보다 세밀한 식별과 색상 분류를 통해 전략적으로 중요한 건물을 강조했으며, 이러한 정황으로 보아 보안 목적으로 사용되었다고 추측된다.

1984년 제작된 리가의 계획도는 지도제작본부의 작업 결과물 중 하나이다. 리가는 소련의 연방 공화국 내 위치한 도시로 소련 밖의 영토보다 도시에 대한 접근이 어렵지 않았다. 이에 따라, 이 계획도에는 군사측량국이 제작한 외국 도시 계획도와는 달리, 보다 상세한 정보가 추가적으로 주석으로 포함되었다. 예를 들어 다우가바(Daugava)강의 유속과 방향, 주변 소나무의 높이, 둘레 및 간격, 그리고 교량의 길이, 폭, 수면 위 높이, 건설 재료, 하중 용량 등의 정보가 담겨 있다. 특히 다우가바 강을 가로지르는 스톤 브릿지(이전 이름인 'October Bridge'로 표시됨)에는 길이 566m, 폭 21m, 수면 위 높이 7m, 하중 용량이 60톤이며 철근 콘크리트로 만들어졌다는 주석을 달았다. 또한 도시 철도에 대해서는 선로가 단선인지 복선인지, 전철화인지를 알 수 있도록 하였다.

당시 소련에서는 대중 출판 및 이용이 정부의 엄격한 제한 아래에 있었기 때문에, 리가의 비밀 계획도에 담긴 정보 수준은 일반 대중이 접근할 수 있었던 지도와 큰 차이를 보였다. 실제로 모든 지도 제작은 국가의 통제하에 이루어졌으며, 관광 지도조차도 단순화되거나 때로는 왜곡되었다. 이러한 정책은 정확한 지도 정보가 불특정 다수의 손

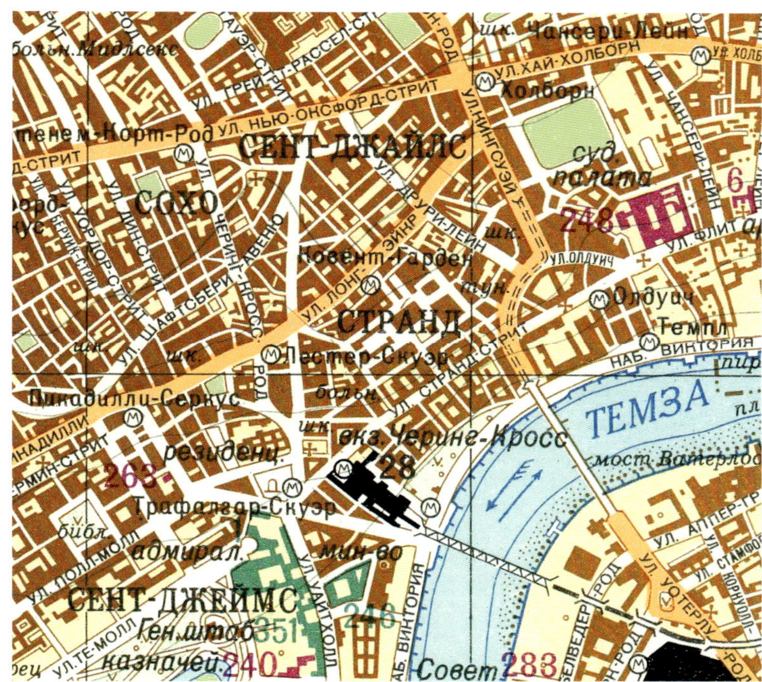

소련의 1:25,000 축척의 군사 도시 계획도는 군사측량국에서 제작하고 1985년 사라토프에서 인쇄되었다. (개인 소장)

에 들어가는 것을 방지하고, 국가가 지리 정보에 대한 대중의 접근을 통제하려는 의도를 반영한다. 리가의 계획도는 이러한 이중적인 접근 방식을 보여 주며, 소련이 지식을 권력의 도구로 활용한 방식을 잘 드러내는 사례가 된다.

안트베르펜과 메헬렌 주변 지역이 포함된 소련의 1:200,000 축척 지도에서의 브뤼셀 부분.

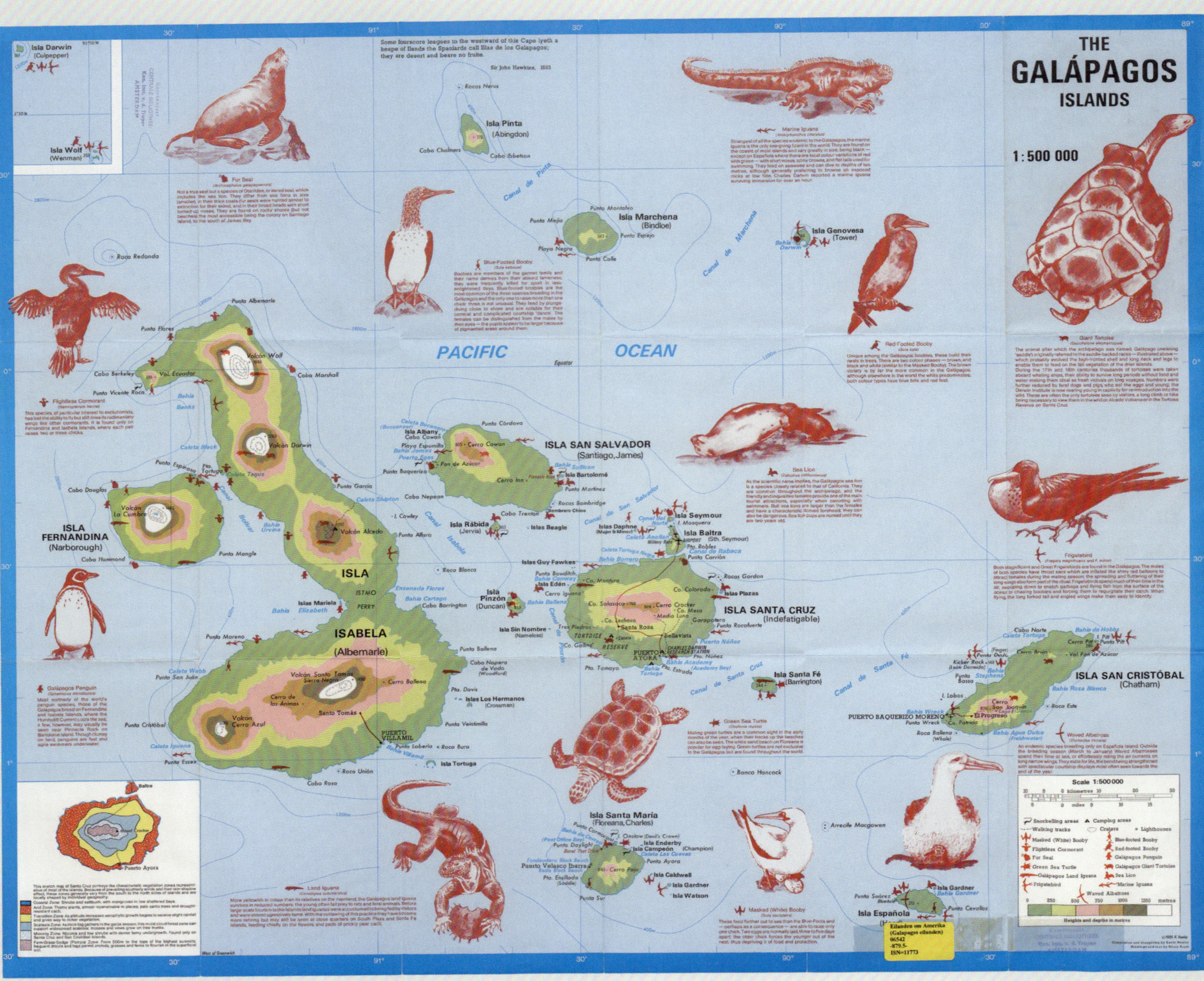
THE
GALÁPAGOS
ISLANDS
1:500 000
PACIFIC
OCEAN
Isla Darwin
Isla Wolf
Isla Pinta
(Abingdon)
Isla Marchena
(Bindloe)
Isla Genovesa
(Tower)
ISLA
FERNANDINA
(Narborough)
ISLA
ISABELA
(Albemarle)
ISLA SAN SALVADOR
(Santiago, James)
Isla Rábida
Isla Seymour
Isla Baltra
ISLA SANTA CRUZ
(Indefatigable)
Isla Pinzón
Isla Santa Fé
(Barrington)
ISLA SAN CRISTÓBAL
(Chatham)
PUERTO BAQUERIZO MORENO
Isla Santa María
(Floreana, Charles)
Isla Española
Isla Tortuga
Canal de Pinta
Canal de Marchena
Canal de Santa Fe
Scale 1:500 000

Darwin and the Galápagos

In the last days of 1831 the survey bark HMS *Beagle* left England on a five-year circumnavigation of the globe. Abroad, in the unpaid position of naturalist, was 22-year-old Charles Robert Darwin, "a man of enlarged curiosity" whose interests spanned natural history from botany to geology. By the time the *Beagle* anchored off San Cristóbal on 17 September 1835, Darwin had already made a voluminous collection of the world's creatures past and present. He marvelled at the diversity of life and the restless forces at work beneath the planet. In South America he had studied some of the richest fossil beds known, and now his mind began to question if Earth were as young as was generally believed.

The Church's teachings still rigorously structured the sciences of the young Darwin's day. Archbishop Ussher of Armagh had calculated from biblical geneologies in 1650 that the world had been created in 4004 BC, and despite mounting geological evidence to the contrary, this was generally accepted as fact. Genesis was accurate: the Earth and all its inhabitants were created - fixed and unchangeable - in an instant of time. Fossils showed that extinct creatures too large to fit into Noah's Ark had perished in the Flood!

Anyone wishing to postulate a theory of evolution - of the slow, gradual changes in the world and its living plants and animals - would first have to find evidence for two conditions: that the earth was far older than 6000 years, and that species could indeed adapt themselves to changing environments, if necessary varying their characteristics to suit the opportunities offered. Darwin's friend, the eminent geologist Sir Charles Lyell, was already convincing others that rocks were the result of natural processes occuring over countless eons of time; after five weeks in the Galápagos, Darwin also began to see persuasive evidence of the changeability and remarkable adaptability of species in isolation. The archipelago was a brave new world in microcosm; naked volcanic rock thrust recently from the depths of the Pacific provided a stage for "that great fact - that mystery of mysteries - the first appearance of new beings on this earth."

Galapagos Tortoises, from *Royal Natural History*, Lydekker (1896)

Tortoises, lizards, birds - all displayed subtle differences from their mainland ancestors, and even on individual islands within sight of each other the species had evolved their own ways of dealing with different surroundings. An amazing iguana had returned to the sea; the shells of tortoises reflected the type of vegetation on their islands; thirteen types of finches - clearly descended from an original species - had evolved different beaks for different jobs: stocky and powerful in the nut-eaters, less robust in the fruit-eaters, and slender in the insect-eaters.

Darwin was astonished at "the amount of creative force displayed on these small, barren and rocky islands", yet it was only after his return to England, in the unpacking and cataloging of his collections and the writing of his journal that the extraordinary differences in related species really sank in. And it was not until a year later that he was able to speculate on the mechanism by which evolution operated.

For 22 years Darwin ordered and analyzed the evidence of his vast collection and amassed a volume of facts to support his revolutionary theory. Modest to a fault, he only reluctantly went into print upon the urging of a fellow naturalist, Alfred Russell Wallace, who had worked independently towards similar conclusions. On 24 November 1859, *The Origin of Species by Means of Natural Selection* was published. Subtitled *The Preservation of Favoured Races in the Struggle for Life*, it sold a thousand copies on the day of publication and triggered one of the most sensational scientific arguments in history. Although bitter in the extreme, the intellectual struggle was surprisingly brief and Darwin's theory soon became largely accepted. And it was the Galápagos Archipelago, with its unique flora and fauna, which more than any other single place finally put Charles Darwin on the path towards what is "arguably the greatest revolution of all time concerning man's view of himself in relation to the world and to God."

Extracts from the journal of Charles Darwin

Seeing every height crowned with its crater, and the boundaries of most of the lava-streams still distinct, we are led to believe that within a recent time the unbroken ocean was here spread out. Hence, both in space and time, we seem to be brought somewhat near to that great fact - that mystery of mysteries - the first appearance of new beings on this earth.

From the regular form of the many craters, they gave to the country an artificial appearance, which vividly reminded me of those parts of Staffordshire where the great iron-foundries are most numerous.

Considering that these islands are placed directly under the Equator the climate is far from being excessively hot; this seems chiefly caused by the singularly low temperature of the surrounding water, brought here by the great southern Polar current.

Although I diligently tried to collect as many plants as possible, I succeeded in getting very few; and such wretched-looking little weeds would have better become an arctic than an equatorial Flora.

I took great pains in collecting the insects, but, excepting Tierra del Fuego, I never saw in this respect so poor a country.

. . . the chief meat is that of tortoises. Their numbers have of course been greatly reduced, but the people yet count on two day's hunting giving them food for the rest of the week. It is said that formerly one single vessel has taken away as many as seven hundred of these tortoises, and that the ship's company of a frigate once brought down in one day two hundred tortoises to the beach.

The flesh of the animal is largely eaten, both fresh and salted; and a beautifully clear oil is made from the fat. When a tortoise is caught the man makes a slit in the skin near its tail, so as to see whether the fat under the shell is thick. If it is not, the animal is set free; and it is said to recover soon from this strange operation.

The tortoise is very fond of water, drinking large quantities, and wallowing in the mud. The larger islands alone possess springs, and these are always situated towards the central parts, and at a considerable height. The tortoises, therefore, which frequent the lower districts, when thirsty are obliged to travel from a long distance. Hence broad and well beaten paths branch off in every direction from the wells down to the sea coast; and the Spaniards by following them up, first discovered the watering-places.

The water lizard is extremely common on all the islands, and lives on the rocky sea-beaches, being never found, at least I never saw one, even ten yards in-shore. It is a hideous-looking creature, of a dirty black colour, stupid, and sluggish in its movements . . . When frightened it will not enter the water. Hence it is easy to drive these lizards down to any little point overhanging the sea, where they will sooner allow a person to catch hold of their tails than jump into the water. They do not seem to have any notion of biting . . .

We will now turn to the land lizards with a round tail, and toes without webs . . . I cannot give a more forcible proof of their numbers than by stating that, when we were left at James Island, we could not for some time find a spot free from their burrows on which to pitch our tent. Like their brothers, the sea-lizards, they are ugly animals, of a yellowish-orange beneath, and of a brownish red colour above: they have a singularly stupid appearance.

Charles Darwin, By George Richmond 1840 *The collection of G.P. Darwin Esq.*

The natural history of these islands is eminently curious, and well deserves attention. Most of the organic productions are aboriginal creations, found nowhere else; there is even a difference between the inhabitants of the different islands . . . the archipelago is a little world within itself, or rather a satellite attached to America, whence it has derived a few stray colonists.

Of land-birds I obtained twenty-six kinds, all peculiar to the group and found nowhere else, with the exception of one lark-like finch from North America.

. . . a most singular group of finches, related to each other in the structure of their beaks, short tails, form of body, and plumage: there are thirteen species, which Mr Gould has divided into four sub-groups . . . The most curious fact is the perfect graduation in the size of the beaks in the different species . . . Seeing this graduation and diversity of structure in one small, intimately related group of birds, one might really fancy that from an original paucity of birds in this archipelago, one species had been taken and modified for different ends.

Of toads and frogs there are none: I was surprised at this, considering how well suited for them the temperate and damp upper woods appeared to be . . . The absence of the frog family in the oceanic islands is the more remarkable, when contrasted with the case of lizards, which swarm on most of the smaller islands. May the difference not be caused, by the greater facility with which the eggs of lizards, protected by calcareous shells, might be transported through salt-water, than could the slimy spawn of frogs?

A Chronicle of Historical Events

1535 Tomás de Berlanga, swept off-course by currents, sights Galápagos Islands (10 March). He writes a descriptive report for King Carlos V.

1546 Diego de Rivadeneira, escaping Pizarro and sailing without chart or compass, reaches Galápagos after 25-day voyage.

1570 Galápagos first appear on a map - Ortelius' *Theatrum Orbis Terrarum* - as the "Insulae de los Galopegos".

1680 First buccaneer voyages into the Pacific: Sharp's ship prevented from landing by unfavourable winds.

1684 Ambrose Cowley (accompanied by Dampier and Davis) visits and produces first chart of the archipelago - considerably more accurate than many later ones!
Islands gradually become a refuge for privateers preying on Spanish ports.

1687 Davis visits for the third time.

1709 Capt Woodes Rogers picks up Selkirk from Juan Fernandez Islands; with Selkirk in command of one ship, they attack Guayaquil then sail to the Galápagos.

1793 Capt James Colnett sent out by Britain to explore whaling grounds in the Pacific, visits the Galápagos in June.
Now much frequented by whalers: Port Rendezvous (Tagus Cove) becomes popular gathering place. Post Office Barrel established on Santa María (Floreana).

1800 Visit by Amasa Delano, Bostonian captain; on 21 August he witnesses violent eruption of Volcán Wolf.

1802? Irishman Patrick Watkins left on Santa María; survives in an intoxicated state until stealing a boat in 1809 and sailing to the mainland - where he is hanged!

1812 Capt David Porter visits in USS *Essex* while successfully hunting British whalers in Galápagos waters. Leaves an excellent log record.

1822 Basil Hall in HMS Conway experiments with an invariable pendulum on the Equator on Isabela.

1823 Visit by Capt Benjamin Morrell.

1825 Morrell in the sealer *Tartar* visits for second season; records a volcanic eruption of La Cumbre, Fernandina, on 25 March.
HMS *Blonde* under 7th Lord Byron passes through Tagus Cove bearing the bodies of dead King and Queen of the Sandwich Islands.

1831 Independence of Ecuador; cessation from Colombian Confederation.

1832 Ignacio Hernández, under President Flores' authority, claims the Islands for Ecuador (12 February) before assembled whaling ships at Post Office Bay.
Villamil starts colony at Asilo de la Paz with 80 freed convicts (Isla San Salvador).

1835 British naturalist Charles Darwin explores the archipelago abroad HMS *Beagle* (16 Sept - 20 Oct). Distinctive flora and fauna of the group leads him to formulate his Theory of Origin of Species. Population of Asilo de la Paz now 300.

1837 La Paz colony turned into a penal settlement; Villamil resigns as Governor. Administration of his successor, Col. Williams, so bad that convicts rise and drive him out in 1842.

1841 Short visit by Herman Melville; he writes "Las Encantadas" in 1854.

1845 Remnants of crumbling penal colony transferred to San Cristóbal.

1851 Ecuadorian proposal to sell the Islands to Britain in settlement of debts vetoed by France, Spain and Peru.

1854 Ecuadorian agreement to allow U.S. exploitation of rumoured guano deposits on the Galápagos rejected by England, Peru, France and Spain.

1869 Manuel Cobos settles on San Cristóbal and founds a colony at Progreso.

1870 Another attempt to colonize Santa María: again successful until government orders change to a penal settlement. Rioting and degenerating conditions force abandonment in 1879, when convicts are transferred to Cobos' settlement.

1880 Raising sugar cane, Cobos' Progreso very successful. Cobos now tyrannical 'king' of his island.

1891 The *Albatross* expedition under Agassiz does much scientific study in the Islands.

1892 Ecuador renames the islands "Archipiélago de Colón" in honour of the 400 anniversary of the discovery of the Americas by Christopher Columbus (Cristobal Colón in Spanish).

1895 Antonio Gil gathers vagrants in Guayaquil and ships them to Isabela on the sloop *Tomasina*. Colony is established on the slopes of Sierra Negra as Puerto Villamil. A second village - Santa Tomás - is founded. By 1900, 200 settlers are successfully established.

1897 Scientific expedition under Harrison (in the *Lily & Mattie*) records eruption of Cerro Cowan, San Salvador.

1902 Garrison established at Puerto Villamil.

1904 Convicts at Progreso rise and kill the autocratic Cobos and the Territorial Jefe: they sail to Guayaquil where their report prompts the government to investigate conditions in the Galápagos.

1905 California Academy of Sciences expedition led by Rollo Beck in the schooner *Academy* spend almost a year in the islands, collecting a vast amount of scientific data.

1923 Expedition of William Beebe.

1924 The Norwegian Zoölogical Expedition under Alf Wollebaek.

1926 Norwegian colonizing expedition arrives and settles on Santa Cruz; many leave, but the remainder are joined by Ecuadorian families and raise vegetables to sell to visiting fleets.
Dr Frederick Ritter and family arrive on Santa María and build a house.

1928 Allan Hancock leads various scientific cruises over the next 7 years.

1932 'Baroness' Eloisa Bosquet de Wagner-Wehrborn and two companions arrive in October and settle in a hacienda near the Ritters; after tension between the groups, almost all the principles died or vanished in 1934. The Baroness's disappearance is still unsolved.

1934 Some of the Islands are set aside as wildlife sanctuaries. Migrant settlement in the region of Puerto Ayora begins.

1942 U.S. permitted to construct an airbase on Baltra to guard the Panama Canal approaches; weather station records begin.

1946 Two airfields on Baltra returned to Ecuadorian administration.

1957 UNESCO fact-finding mission researches site for biological station.

1958 In centenery year of Darwin's theory of evolution, Charles Darwin Foundation for the Galápagos Islands is formed.
Ecuador decrees all land not colonized (90%) a National Park. Construction begins on the Charles Darwin Research Station near Puerto Ayora.

1962 Station begins work under the directorship of Roger Perry.

1964 Station officially inaugurated; work begins on tortoise breeding.

1970 First batch of reared tortoises released to combat the depleted stock on all islands.

1982 The warm current known as El Niño brings torrential rain and severe depletion of marine food supplies. Breeding of all marine species seriously affected, many die.

The Galápagos Islands: Information for visitors

General information. The Galápagos Islands (Archipiélago de Colón) lie 970 km west of Ecuador, which successfully claimed them in 1832. Only San Cristobal, Santa Cruz, Isabela and Santa María (Floreana) are inhabited, with a total population of about 6000. The majority (over 3000) live on Santa Cruz, mainly around Academy Bay which is the tourist centre of the islands, although the administrative capital is Puerto Baquerizo Moreno on San Cristóbal. It is the uninhabited islands, however, which most interest the visitor because of their many unique species of flora and fauna. Man arrived late to the Galápagos, so the animals have little instinctive fear of people and it is this 'tameness' that makes the wildlife so attractive to visitors. The animals illustrated on this map are only a sample of the 56 bird, 24 reptile, and 6 mammal species found here.

Conservation and tourism. This living museum was declared a national park by the Ecuadorian government in 1959 when the Charles Darwin Foundation for the Galápagos Isles was conceived on the centenary of Darwin's first public statement on the theory of evolution. Supported by UNESCO and other interested organisations and individuals, the Darwin Foundation promotes scientific research and conservation programmes. The Charles Darwin Research Station, in Academy Bay, includes the Van Straelen Exhibition Hall (an excellent museum), a tortoise rearing house, and tortoise pens with examples of existing races of Galápagos tortoise. These symbols of the islands were the first animals to benefit from a captive breeding programme to prevent the destruction of eggs and young by the feral dogs and pigs that roam some of the islands.

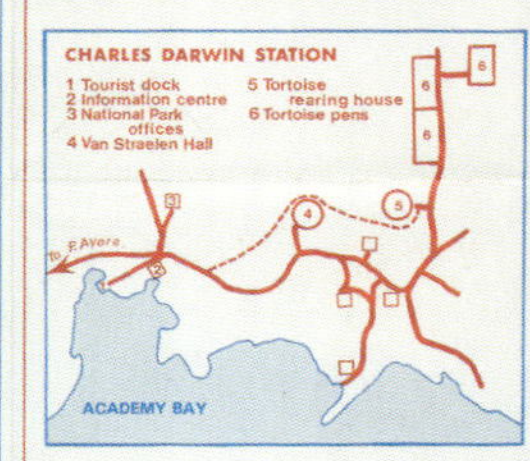

"Here are also abundance of Fowls, viz. Flamingoes and Turtle Doves; the latter whereof were so tame, that they would often alight upon our Hats and Arms, so as that we could take them alive, they not fearing Man, until such a time as some of our Company did fire at them, whereby they were rendered more shy."

Ambrose Cowley, 1684

Tourism is the responsibility of the National Park Service and the effect of tourist groups on the islands' flora and fauna is carefully monitored. When the national park began its activities in 1968 there was only a trickle of visitors and rules were few. Since the establishment of regular flights from Ecuador in the early 1970s, tourism has increased to its present level of over 20,000 visitors a year and some restrictions on their movements have necessarily been imposed. Only certain islands may be visited and within the national park (i.e. outside inhabited/cultivated areas) visitors must stay on a marked trail and be accompannied by a naturalist guide.

Cruising the islands. Most tourists come to the Galápagos in prearranged groups and spend a week touring the islands by boat. The capacity of these boats varies from 4 to 90 passengers and in a week's cruise most of the following islands are visited: Santa Cruz (Academy Bay, tortoise reserve, Turtle Cove – Caleta Tortuga Negra— Seymour, South Plaza, Santa Fé, Española (Punta Suarez, Gardner Bay), Santa María (Punta Cormorant, Post Office Bay), Rábida, Bartolomé, San Salvador (Sullivan Bay, James Bay) and Genovesa. Isabela and Fernandina are normally only visited on longer cruises when the ascent of Volcán Alcedo with its tortoise population is a highlight. (A word about island names: just as the official name for the Galápagos, Archipiélago de Colón, is rarely used, the official names of each island often give way to prefered usage. For consistancy, we have used the official names throughout this map, but visitors should know that Genovesa is usually known as Tower, San Salvador is more often James or Santiago, Española may be called Hood, and Santa María is almost invariably Floreana).

Independent travellers. Although the majority of tourists prefer to join an organised tour (often combined with a visit to mainland Ecuador independent travellers can also include the Galápagos on their itineraries. The Ecuadorian airline TAME has daily flights (Sundays excepted) leaving Guayaquil in the morning and costing $US312 (1985 rate). The flight to Baltra takes 2 hours. On arrival you must pay the National Park fee ($US30 – cash – in 1985), buses meet the plane and take tour passengers to their boats and others to the ferry for Santa Cruz where further rickety transport is available for crossing the island to Puerto Ayora. There are several hotels for budget travellers in town (or a rocky uncomfortable camping area with no facilities). In 1985 the most popular hotels were the Angermeyer and the Gloria. These are also good places for meeting other travellers to get a group together for hiring a boat. *The South American Handbook* (updated annually) will give you specific boat recommendations. At the other end of the hotel range are the first class Galápagos and Delfin hotels.

A certain amount of wildlife can be seen without taking an inter-island cruise. Day tours are available to South Plaza or Santa Fé. There are occasional passenger boats to San Cristóbal, Isabela and Santa María; enquire at the INGALA office.

Climate. Despite the position of the Galápagos on the equator the weather is only uncomfortably hot between January and April, when the sun shines relentlessly, broken by heavy showers. From May to December a cool wind blows, bringing cloud and rough seas. Beware of sunburn and seasickness.

What to Bring. Everything is more expensive in the Galápagos than on the mainland, and the selection of goods is limited. Bring plenty of film, sunscreen, insect repellent (if camping out), mask and snorkel, cash (the rate of exchange for travellers cheques is poor) plus a safe place to keep it, and perhaps tinned food if you plan to hire a boat inexpensively. Cut down on clothes but do bring a sweater and a light wind-breaker for breezy evenings, and long sleeves/trousers and a sun hat for those scorching days.

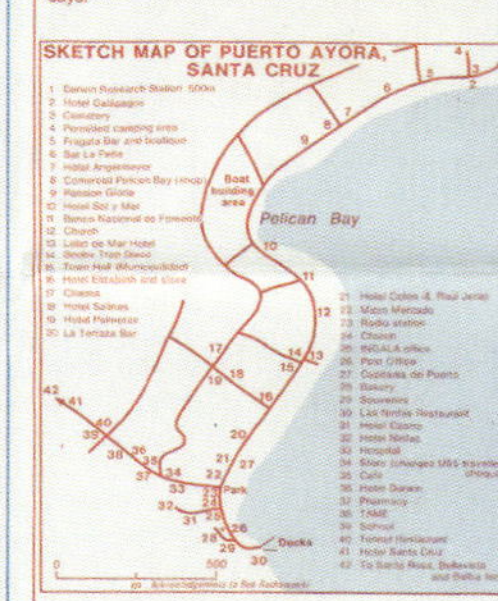

". . . on this whole island, I do not think there is a place where one might sow a bushel of corn, because most of it is very full of big stones, so much so that it seems as though some time God has showered stones; and the earth that there is, is like a dross, worthless, because it has not the power of raising a little grass."

Tomás de Berlanga in his report to the King, dated 26 April 1535.

First published in 1985
by **Bradt Publications**
41 Nortoft Rd, Chalfont St Peter, Bucks SL9 0LA, England

We wish to thank Michael Jackson for his help

ISBN 0 946983 01 1

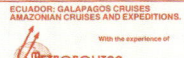

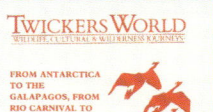

98 1985년 — 찰스 다윈의 발자취를 따라서

갈라파고스제도를 알린 종의 기원

갈라파고스제도는 남아메리카 해안에서 약 1,000km 떨어진 태평양의 화산섬으로, 역사적인 사건을 통해 널리 알려지게 되었다. 찰스 다윈은 1835년 9월 15일부터 10월 20일까지 비글호를 타고 항해하면서 이 섬에 머물렀고, 이곳에서 핀치새의 부리 관찰을 통해 진화론을 발전시키는 데 중요한 영감을 얻었다. 그러나 다윈의 이러한 경험은 20세기에 만들어진 신화라고 할 수 있다. 사실 처음에 다윈은 섬의 지질학에 관심이 더 많았다. 당시 다윈과 함께한 선원들은 갈라파고스제도의 지도를 제작했고, 이 지도는 1940년대까지 사용되었다. 1985년, 영국에서는 다윈의 여정을 따라 갈라파고스제도를 방문하려는 여행자들을 위한 가이드북이 처음 출간되었다. 이 출판사는 다윈의 유명한 탐험과 섬의 지리 및 자연사에 관한 정보를 종합하여 구성하였다.

갈라파고스제도가 지도상에 처음으로 나타난 것은 1570년, 벨기에 안트베르펜 출신의 아브라함 오르텔리우스(Abraham Ortelius, 1527-1598)가 제작한 아메리카 지도에서였다. 이 지도는 오르텔리우스가 그의 동료인 게라르두스 메르카토르가 1569년에 제작한 유명한 세계지도에서 영감을 받아 그린 것이다. 초기의 지도에서 갈라파고스제도는 '인술라에 더 로스 갈로페고스(Insulae de los Galopegos, 태평양에 위치한 화산 행정지도인 갈라파고스제도를 가리키는 용어이다. 이 명칭은 초기 스페인 탐험가들이 섬에 부여한 이름에서 유래하여 역사적 의미를 지닌다—옮긴이주)' 또는 '거북이섬'으로 표시되었다. 이후 갈라파고스제도는 다양한 지도에 등장했으나, 지리적으로 알려진 것은 별로 없었다. 포경선을 제외하고는 이 외딴 지역을 방문하는 사람들이 거의 없었기 때문이다.

17세기 후반, 윌리엄 암브로즈 코울리(William Ambrose Cowley)가 제작한 지도는 갈라파고스제도를 상세하게 나타낸 최초의 지도 중 하나였다. 코울리는 1683년 '독신자의 환희(Bachelor's Delight)'호를 타고 갈라파고스제도에 도착했으며, 스페인인들이 이미 이 지역을 알고 있었음에도 불구하고 자신이 이 섬들을 최초로 발견했다고 주장했다. 그는 자신의 관찰을 바탕으로 갈라파고스제도에 대한 상세한 지도를 그렸다. 이후 1744년, 에마누엘 보웬(Emanuel Bowen, 1694-1767)은 코울리의 그림을 참고하여 갈라파고스제도의 지도를 인쇄했는데, 이 지도는 존 해리스(1667?-1719)가 쓴 『항해와 여행에 관한 책』에 수록되었다. 비록 지도의 정확도가 높지는 않았지만, 1798년 애론 애로우스미스(Aaron Arrowsmith, 1750-1823)가 제임스 콜렛(James Colnett, 1753-1806)이 탐험 중 얻은 새로운 정보를 기반으로 런던에서 새로운 지도를 출판할 때까지, 갈라파고스제도에 대한 가장 신뢰할 수 있는 지리적 정보원으로 여겨졌다.

갈라파고스제도는 찰스 다윈(1809-1882)이 비글호 탐험 중 이곳을 방문한 이후로 유명해졌다. 에콰도르는 1832년 1월 18일에 이 섬을 합병하여 에콰도르 영토로 편입시켰다. 다윈과 그의 선원들은 5주 동안 이 섬에서 식물과 동물을 수집하며 집중적인 연구를 수행했다. 동시에 탐험대장 로버트 피츠로이(Robert FitzRoy, 1805-1865)는 갈라파고스제도를 지도화하는 업무를 수행했다. 피츠로이는 1826년부터 1836년까지 어드벤처호와 비글호를 이용하여 남미의 남쪽 해안을 탐사했으며 이 여정을 기록한 탐험 서적이 1839년 런던에서 출판되었다. 이 중 3권은 갈라파고스제도 방문에 관한 다윈의 보고서였으며, 이 보고서는 『비글호의 항해』라는 제목으로 단독 출판되어 베스트셀러가 되었다. 피츠로이의 지도는 1841년에 출판되었으며, 그 이후 100년 이상에 걸쳐 갈라파고스제도의 지리적인 안내서로 활용되었다.

1859년에 찰스 다윈은 혁명적인 진화 이론을 발표하며 『종의 기원』이라는 책을 저술했다. 그가 관찰한 것과 수집한 연구 자료는 이론을 뒷받침하는 핵심 원천이었다. 예를 들어 그는 섬에 서식하는 핀치(오늘날에는 '다윈의 핀치'로 알려짐)에서 유전적으로 적응한 종의 변화를 설명했다. 다윈의 연구는 외딴 섬의 종들에 대한 연구를 촉발시키며, 나아가 별개의 생물학 분야로 발전하게 되었다.

다윈의 영향으로 상대적으로 알려져 있지 않았던 섬들의 독특한 동식물에 대한 관심이 높아졌다. 이로 인해 갈라파고스섬을 방문하는 여행객 수가 증가했다. 다윈의 작품이 출판된 지 100년 후인 1959년, 갈라파고스섬은 국립공원으로 지정되며 이 지역을 본래의 상태로 보존하기 위해 다윈 재단이 설립되었다. 또한 1978년에는 이 섬들이 유네스코 세계자연유산으로 등재되었다. 이러한 보존 활동에도 불구하고, 1960년대에 연간 약 1,000명이던 갈라파고스섬의 관광객 수는 2014년에 21만 5천 명이 방문할 정도로 지속적으로 증가했다.

이 화려한 색채의 갈라파고스제도의 관광 지도는 1985년에 출판되

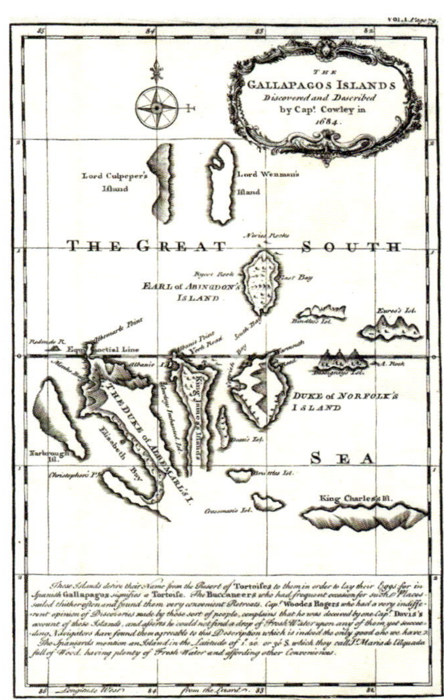

1683년 에마누엘 보웬(Emanuel Bowen)의 갈라파고스제도, 1803년. (위키피디아).

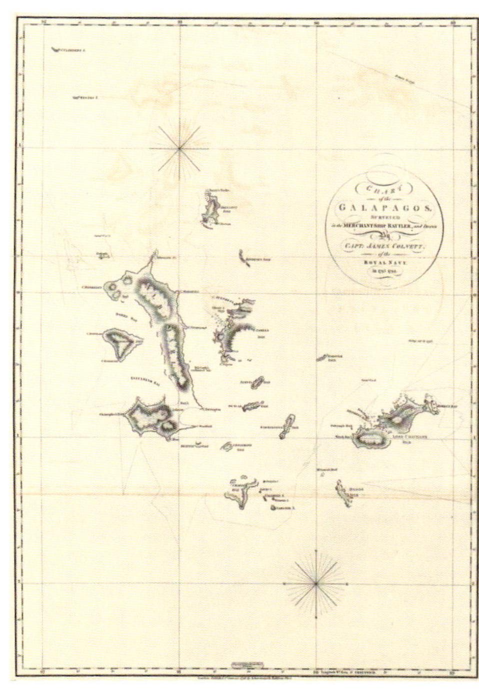
제임스 콜렛(James Colnett)의 갈라파고스 지도, 1798. (의회 도서관)

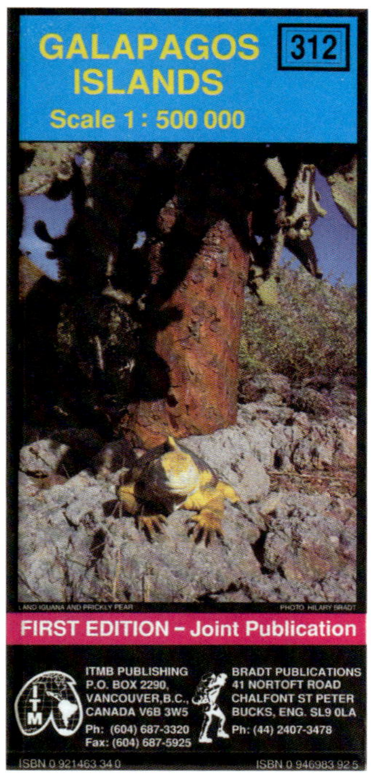

국제 여행 지도와 서적(ITMB) 출판사와 브래드 출판사가 공동으로 제작한 지도의 접힌 전면 부분. 1993-1995.

었다. 이 지도는 호주의 지도 제작자 케빈 힐리(Kevin Healey, 1946-1994)가 영국의 출판업자 힐러리 브래드(Hilary Bradt)와 공동으로 제작했다. 브래드는 영국 출판사 브래드 여행 가이드사를 설립하고 이사로 재직한 인물로, 이 출판사는 잘 알려져 있지 않으면서 접근이 어려운 지역을 다루는 것으로 유명했다. 힐리는 캐나다의 사업가 잭 조이스(Jack Joyce)와 함께 '국제 여행 지도와 서적(ITMB)' 출판사를 설립했다. 이 회사는 특이한 여행지에 관심이 있는 사람들에게 고품질의 지도를 제공하는 것을 목표로 삼았다.

1984년에 영국 출판사인 브래드 여행 가이드사의 지원을 받아 힐리와 브래드는 힐리가 이전에 개인 간행물에 사용한 디자인을 기반으로 남미 지도를 출판하였으며, 1985년에는 갈라파고스제도 지도를 공동 제작하였다. 힐리는 지도 제작을 담당하고 브래드는 본문과 함께 13개의 동물 그림을 그렸다. 여기에 거북이, 이구아나, 물개, 바다사자, 다양한 종류의 새 등을 묘사하였다. 또한 힐리는 다윈의 섬 방문에 관한 글, 다윈의 일기에서 발췌한 내용, 섬에 이름을 지정한 거북이 삽화, 갈라파고스제도의 연혁 및 방문객을 위한 정보를 지도 뒷면에 인쇄하였다.

힐리와 브래드의 지도는 현대 여행자들에게 찰스 다윈의 여정을 따라가는 기회를 제공한다. 모든 주요 장소는 지도에 명시되어 있으며 색상은 해당 지역의 해발 고도를 표현하기 위해 사용되었다. 지도에는 찰스 다윈과 갈라파고스제도의 역사를 보여 주는 '역사적 사건 연대기'도 포함되어 있다. 갈라파고스제도는 다윈의 혁명적인 종의 기원 이론과 밀접한 관련이 있으며, 무엇보다도 생물 다양성 보전의 중요성을 강조한다.

제작자: 케빈 힐리(지도 제작), 힐러리 브래드(도면 제작)
제목: 갈라파고스제도 **발행지:** 영국 샬폰트 세인트 피터르
발행일: 1985년 **기법:** 컬러 인쇄 **크기:** 52 x 64cm **축척:** 1:500,000
방위: 북쪽이 위쪽 **소장처:** 왕립 열대연구소 컬렉션

'더 스테일'의 양식(2007년)

99 2007년 — '더 스테일'의 양식

레이던의 스테인드글라스 지도

20세기 초, 추상주의가 미술계에 큰 영향을 끼칠 당시, 네덜란드의 '더 스테일' 운동은 그중 가장 급진적인 흐름 중 하나였다. 이 운동은 1917년 네덜란드 레이던에서 테오 반 도스부르크(Theo van Doesburg, 1883-1931)가 창간한 동명의 잡지 《더 스테일(De Stijl)》에서 그 명칭을 가져왔다. 피에트 몬드리안(Piet Mondriaan, 1872-1944)과 게릿 리트벨트(Gerrit Rietveld, 1888-1964)와 같은 유명 예술가들이 이 운동에 참여했으며, 그들의 목적은 현실의 본질적인 요소로 회귀하는 것이었다. 더 스테일 예술의 특징은 기본적인 삼원색과 검정, 흰색, 회색의 사용, 그리고 이미지를 수평, 수직, 사선으로만 처리하여 단순화하는 것이었다. 약 100년 후, 레이던 출신의 그래픽 디자이너 조 아가시(Jos Agasi)는 자신이 자란 곳의 지도를 더 스테일 양식으로 디자인하여 이 운동에 경의를 표했다. 이는 현대 미술에서 지도가 널리 사용되며, 지도의 원리가 미술적 구현에 적용된 사례라고 할 수 있다.

1917년 11월에 발행된 더 스테일 잡지 1호는 예술계에 새로운 방향을 제시했다. 1918년 11월, 제1차 세계대전이 막바지에 이르렀을 때, 더 스테일은 참여 예술가들 대부분의 서명이 담긴 첫 번째 선언문을 발표했다. 그러나 더 스테일의 예술가들은 동일한 사상을 가진 일체적 집단이 아니었기 때문에 단순히 예술가 그룹으로 분류하기는 어려웠다. 이 운동은 사회적 및 경제적 어려움을 겪는 시기에 등장하여 현대화, 효율성 및 당시의 예술적 경향에 맞는 형태를 추구했다. 예술가들은 예술이 미적 기능을 넘어 사회적 목적을 가진다고 믿었다. 이러한 이념은 공산주의에 동조하는 많은 예술가들을 더 스테일에 매료시키는 계기가 되었다. 피에트 몬드리안은 엄격한 추상성과 본질에 대한 탐구를 지속적으로 추구하며, 대각선과 회색을 '절대적'이지 않다고 여겨 거부했고, 회화와 건축의 혼합에도 반대했다. 또한 몬드리안을 포함한 예술가들은 종종 자신들이 설정한 규칙을 엄격하게 따르지 않았다. 이 규칙들은 색상과 직선의 사용뿐만 아니라, 명확한 '시각적 요소'와 신중한 비대칭 구성을 통해 디자인을 가장 기본적인 형태로 단순화하는 것을 목표로 했다.

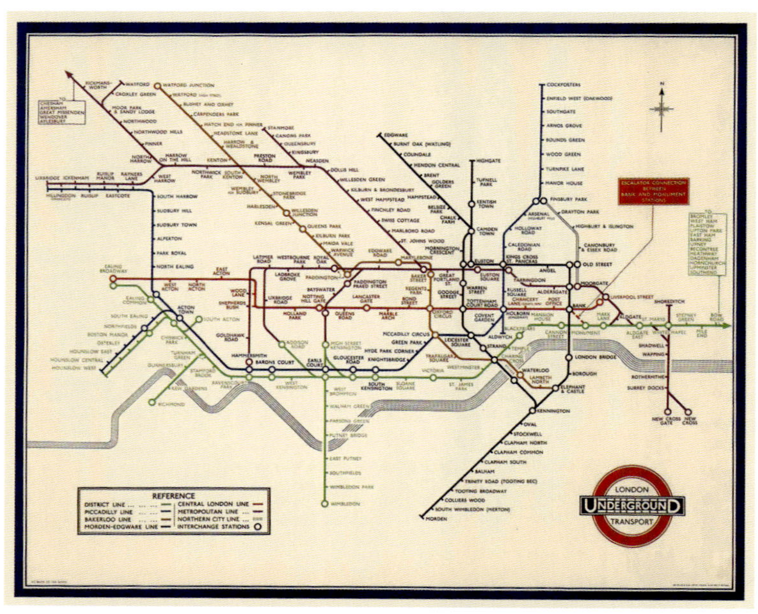

런던 지하철 지도를 만든 해리 벡의 디자인은 현재 전 세계적으로 통용되고 있다. 1933년. (런던 교통박물관)

레이던 중심부, 특히 도시 운하로 둘러싸인 지역은 더 스테일의 원칙에 의해 제시된 틀에 놀랍도록 잘 부합한다. 조 아가시는 이 지역의 거리 계획을 직선과 원색으로 단순화하였지만, 구시가지 중심부의 도로와 운하의 시대별 다양성은 여전히 인식이 가능하다. 도로는 검은색으로, 더 중요한 도로는 굵은 선으로 표현되었다. 광장 또한 검은 색으로 나타나며, 보타니쿠스(Botanicus), 반 데르 베르프(Van der Werf) 공원, 그로네스테크(Groenesteeg) 묘지 등의 특정 건물과 공원은 흰색으로 표현하였다. 물은 회색으로 그려져 라인강의 지류와 운하가 이 색상으로 표시된다. 아가시가 더 스테일의 원칙에서 다소 벗어난 지점은 왼쪽 상단에서 볼 수 있는데, 그는 철도 노선을 밝고 어두운 회색의 체크 모양으로 교차하여 사용하였다. 노란색, 빨간색, 파란색은 특별한 의미를 지니지 않았으며, 시청, 성, 교회, 박물관 등 중요한 건물에 특정 색상이 지정되지 않았다. 이 색상들은 지도 전반에 균등하게 분포되어 몬드리안이나 반 도스부르크의 작품을 연상시킨다.

조 아가시는 처음에 거리 계획 디자인을 개인적인 그래픽 디자인 연습으로 시작했다. 이 지도는 2007년 레이던의 RAP건축 센터에서 열

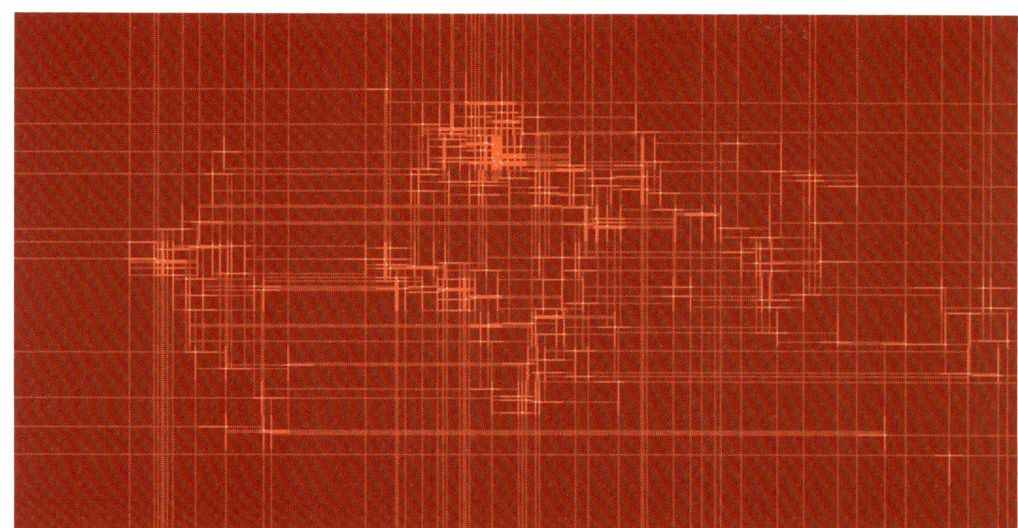

현대 예술가 안네사스 아펠(Annesas Appel)이 그린 세계지도. 2014년.

린 '더 스테일과 레이던의 새로운 건축 접근법' 전시회에서 처음으로 공개되었다. 원래 시청의 스테인드글라스 창문을 위한 디자인으로 기획되었으나 실현되지는 못했다. 2008년에는 'You Are Here' 프로젝트의 일환으로, 레이던 시민들이 자체적으로 도시 지도를 디자인하는 대회가 포함된 행사에서 아가시의 지도가 소개되었다. 이 전시에는 아가시의 다른 세 가지 도시 계획도 포함되었다. '레이던 블루(Leids Blauw)'(2007)에서 아가시는 도심의 모든 도로 표지판을 촬영하여 지도로 도시 패턴을 나타내는 디자인을 제시했는데, 이는 디자인과 타이포그래피의 다양성을 보여 준다. '메트로(Metreau)'(2006)에서는 수로를 통한 대안적인 레이던의 교통 네트워크를 재치 있게 제안하였으며, 이는 1933년 해리 벡의 런던 지하철 지도와 유사한 원칙에 따라 구성되었다. 해리 벡의 지도도 수직, 수평 및 대각선의 단순한 구성으로 표현되었는데, 이는 추상화와 단순화가 미학적으로 재미있고 동시에 기능적일 수 있는지를 보여 주는 훌륭한 사례라고 할 수 있다.

다양한 지도 예술 작품은 더 스테일 운동이 예술계에서 지속적인 인기를 누리고 있으며, 지도 제작과 결합될 때 상업적 잠재력이 있다는 것을 입증한다. 예를 들어 마이클 톰셋(Michael Tompsett)은 2017년 더 스테일 창간 100주년을 기념하는 전시회에 맞춰 헤이그의 여행 서적 판매자를 위해 '피에트 몬드리안 스타일의 세계지도'를 디자인했다. 이 지도는 전 세계 도시를 '몬드리안 색상'으로 표현한 보급형 지도로, 복잡한 선 패턴은 배제하고 단순한 거리 계획에 원색을 사용하였다. 또한 네덜란드 하를렘 출신의 안네사스 아펠(Annesas Appel)과 같은 현대 예술가들은 자신들의 예술 작품에 지도를 통합하고 있다. 아펠은 세계지도 관점 시리즈에서 세계지도를 구성하는 요소들을 해체하고, 자신만의 논리에 따라 새롭게 재구성하였다. 이를 통해 그녀는 지리적 혼란 속에서 새로운 질서를 창출하고자 하였다. 그녀의 작품 '그리드(Grid)'는 미국 도시들의 체계적인 격자형 구조에서 영감을 받아, 수평선과 수직선만을 이용해 세계 118개 수도를 연결하는 방식을 채택했다. 아펠의 추상화와 엄격한 규칙 적용은 어느 정도 더 스테일 원칙으로 되돌아가는 것이다.

과거에는 예술가와 지도 제작자 사이의 구분이 지금처럼 뚜렷하지 않았다. 측량가들은 '지도 화가'라고도 불렸으며, 성 루크(St Luke) 조합의 일원으로 활동했다. 조각가들은 지도의 예술적 판화와 장식을 모두 제작했다. 시간이 지나면서 이들 직업군은 점차 분리되어, 지도 제작은 보다 기술적인 영역으로 발전했다. 그럼에도 불구하고, 미학적 요소를 갖춘 지도들은 계속해서 제작되었다. 최근에는 점점 더 많은 예술가와 그래픽 디자이너들이 지도를 작업에 활용하거나 지리적 및 기타 데이터를 지도 형식으로 표현하면서, 전통적인 '지도 화가'의 개념을 넘어서는 '예술적 지도 제작자'로 변모하고 있다.

제작자: 조 아가시(디자인) **제목:** 더 스테일 지도 **발행지:** 레이던
발행일: 2007년 **기법:** 종이에 UV 인쇄 **크기:** 50 x 60cm
축척: 약 1:3,500 **방위:** 북쪽이 위쪽 **소장처:** 스티그 퇴니선 컬렉션

世界地势图
南极洲最高点位置图
珠穆朗玛峰位置图
图例
主要城市
洲界
运河
常年河
湖泊
珊瑚礁
陆缘冰
沙漠
山峰及高程
喜马拉雅山脉
山脉
海丘、海岭、海盆、海沟
极点
地磁极
长城
广义等差分纬线多圆锥投影
比例尺 1:31 000 000
从另一个角度看世界
竖版《世界地势图》说明
（竖版）《世界地势图》采用中科院专家新设计的"广义等差分纬线多圆锥投影方法"，克服了传统世界地图上南极洲和北冰洋变形极大的缺陷，以不同的视角将世界的地理关系展现在读者面前。
图中的地形地貌采用全数字化高程数据计算生成，用分层设色方法显示出世界地势各高程带的范围以及区域地貌形态的空间分布，不掺杂人为的描绘成分，真实地把全世界陆地和海洋的地势起伏逼真地表现了出来。
高度表(米)
图内南极洲和格陵兰岛冰面高程表达做了特殊处理

2013년 — 중국이 만든 세로로 된 세계지도

중국, 양극화된 지정학적 시각

이 지도에서는 유럽이 아시아의 '부속'처럼 그려져 있다. 북아메리카는 뒤집혀서 왼쪽 아래에 매달려 있는 남아메리카와 분리되어 있다. 아프리카는 꽤 넓지만 중심에서 벗어나 있다. 2013년에 공개된 세로로 된 이 세계지도는 '중국'과 인도양이 중앙 무대를 차지한다. 여기서 중화인민공화국은 스스로를 핵심 주체로 보는 새로운 지정학적 세계관을 제시하고 있다. 실제로 지난 10년간 중국의 활동은 세계의 구석구석까지 확대되었다. 예를 들어 중국 고위 관료인 인주오(尹卓, 1945-)는 2010년에 다음과 같이 말했다. "북극과 그 주변의 해양 지역은 전 세계 모든 사람들의 공동 재산이다. 중국은 세계 인구의 5분의 1을 차지하므로 북극에서 중요한 역할을 해야 한다." 이와 함께 중국 기업들은 심해 채굴을 위한 희귀 금속을 찾기 위해 인도양 바닥을 샅샅이 뒤지고 있으며, 남극 대륙에도 막대한 투자를 하고 있다. 국제 기구에 참여하고 5개의 연구 기지를 운영하면서 향후 남극에서의 주도권을 확보하려는 전략을 펼치고 있다. 이처럼 중국은 다른 강대국들과 마찬가지로 세계 무대에서 자신의 위치를 정당화하고 자국의 새로운 지정학적 역할을 알리기 위해 지도를 배포하고 있다.

중국 우한(武漢) 지방의 지구물리학자 하오 샤오광(郝笑光)은 전통적인 메르카토르 투영법이 사용되는 수평적 세계지도의 한계를 극복하기 위해, 새로운 수직적 세계지도의 개발에 오랫동안 매진했다. 기존의 지도는 서반구와 동반구의 관계를 효과적으로 보여 주지만, 극지방을 과도하게 왜곡하여 확대하는 단점이 있었다. 반면 하오 샤오광의 수직적 세계지도는 북반구와 남반구 간의 지리적 관계를 보다 정확하게 표현하고, 극지방의 왜곡 문제를 보완해 줄 수 있다. 중국 정부와 중국군은 각각 2004년과 2006년부터 이 지도를 북극과 남극 탐험에 활용하기 시작했으며, 2013년에는 이 지도가 일반 대중에게 공개되었다. 하오는 새로운 투영법이 각 국가의 시간대를 유지하면서도 개별 대륙의 형태를 유지한다는 점에서, 많은 국가들에게 수용될 수 있다고 주장했다. 또한 이 지도가 현대 세계의 지리적 현실과 더욱 부합한다고 말했다. 예를 들어 베이징에서 뉴욕까지의 거리가 북극을 통하면 훨씬 단축된다는 점을 보여 준다. 현재 하오의 수직 세계지도는 중국 내에서 교육적 목적부터 군사적 용도에 이르기까지 널리 사용되고 있다.

하오 샤오광의 지도에서 아프리카와 유라시아 대륙은 중요한 위치를 차지한다. 이 '세계의 섬(World Island)'은 2013년 시진핑 국가주석에 의해 시작된 일대일로(一帶一路) 프로젝트('일대'는 여러 지역들이 통합된 '하나의 지대'를 가리킨다. 구체적으로는 중국-중앙아시아-유럽을 연결하는 '실크로드 경제벨트'를 뜻한다. '일로'는 '하나의 길'을 가리킨다. 동남아시아-서남아시아-유럽-아프리카로 이어지는 '21세기 해양 실크로드'를 뜻한다—옮긴이주)의 지리적 중심으로 부상했다. '신 실크로드'로 불리는 이 계획은 단일 국가 차원에서 이루어진 가장 큰 국제 인프라 프로젝트로, 전 세계 인구의 약 3분의 2 이상에게 영향을 미칠 잠재력을 가지고 있다. 현재까지 중국은 이 프로젝트에 약 9,320억 달러를 투자했으며, 이는 제2차 세계대전 이후 서유럽의 경제 재건과 무역 장벽 해소를 지원하는 동시에, 공산주의 확산을 저지하는 것을 목표로 했던 미국의 마샬 플랜 투자액의 약 2배에 해당하는 규모다.

마샬 플랜은 현물 기부와 보조금을 주요 수단으로 사용했던 반면, 일대일로 정책은 주로 중국의 금융기관들이 유리한 조건으로 자금을 대출하는 방식을 취하고 있다. 예를 들어 몰디브의 국제공항 확장 프로젝트에 대한 중국의 대출은 호의적인 도움으로 여겨졌으나, 이러한 대규모 인프라 프로젝트가 환경적 지속 가능성이나 경제적 타당성을 충분히 고려하지 못할 경우, 공공에 큰 피해를 가져올 수 있다. 대부분의 프로젝트 참여국이 개발도상국인 점을 고려할 때, 이들 국가들이 부채를 상환하지 못하는 상황이 발생하면, 부채 재협상을 통해 중국이 지정학적 또는 군사적 영향력을 행사하는 경우가 생긴다. 예컨대 파키스탄의 과다르(Gwadar) 항구에 대한 중국의 8억 달러 투자는 중국의 잠수함 함대에 연료를 공급하는 데에도 목적이 있었다. 현재 신흥 시장의 불안정성 증가로 인해 중국은 국내 신용 문제는 물론 국제 부채 위기에 처해 있으며, 이는 일대일로 정책의 불안정성을 가중시키고 있다.

제작자: 하오 샤오광(지도 제작), 후난 지도출판사(발행)
제목: 세계 지형도 **발행지:** 후난성 창사 **발행일:** 2013년
기법: 종이에 컬러 인쇄 **크기:** 117 x 87cm **축척:** 1:31,000,000
방위: 가변적 **소장처:** 스티그 퇴니선 컬렉션

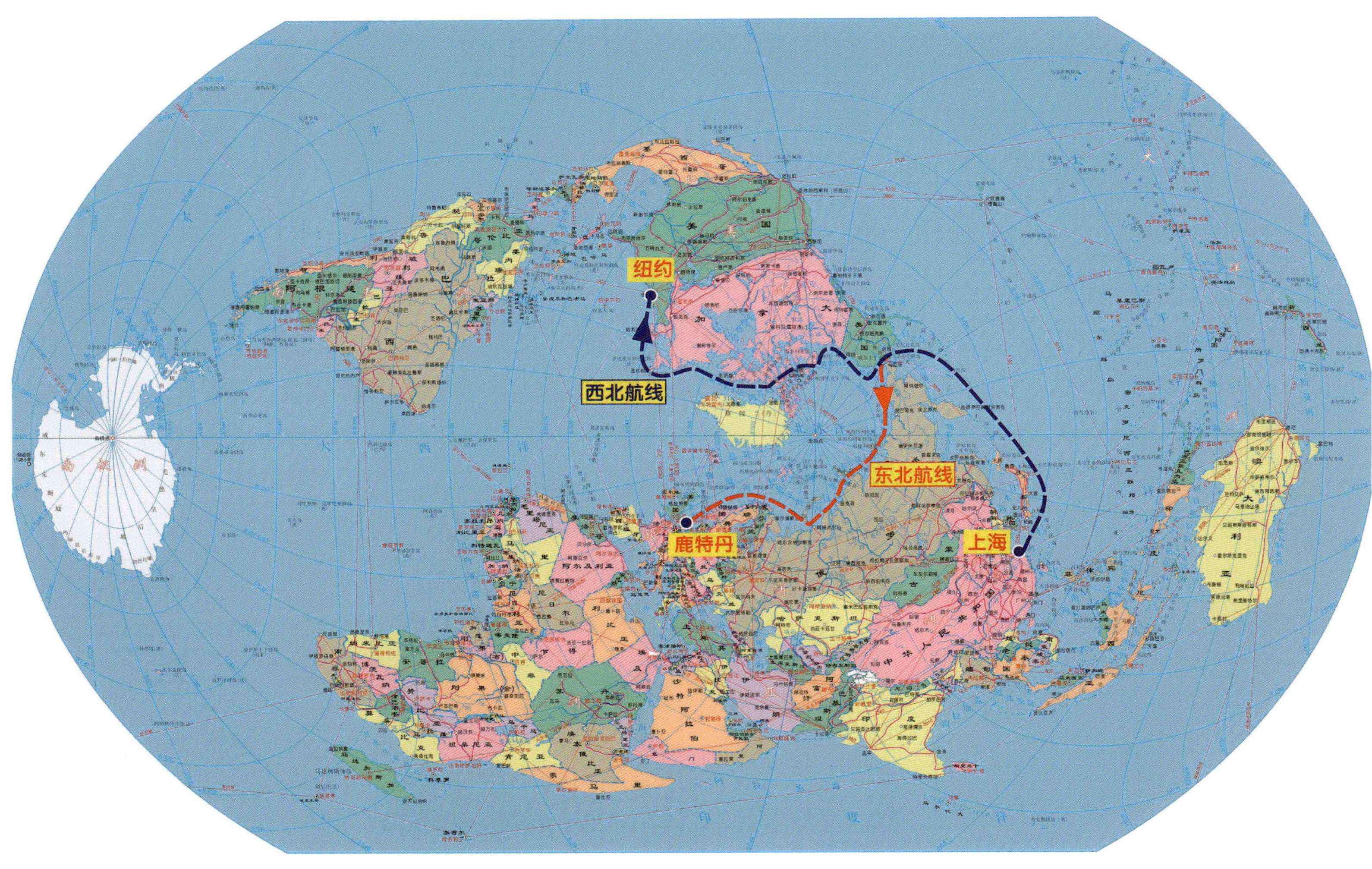

2013년 하오 샤오광이 제작한 세계지도는 상하이에서 뉴욕 및 로테르담까지의 북극 '실크 루트'를 포함한다. (중국 극지방 관리국)

신(新)실크로드 계획의 중요한 부분은 상하이와 뉴욕, 로테르담을 연결하는 것이다. 전문가들은 2050년까지 지구 온난화로 인해 북극의 빙하가 녹아 북극을 통한 해상 운송이 가능해질 것으로 예측하고 있다. 이 경로는 수에즈 운하나 수심이 얕은 말라카해협을 통과하는 기존 유럽-아시아 항로보다 약 3주의 시간을 절약할 수 있다. 북극 항로는 기존의 선박 톤수 제한을 해제할 가능성이 있다. 러시아는 이미 가스 탱커를 포함한 대형 쇄빙선 선단을 보유하고 있고, 중국과 함께 유럽 항로에 초대형 항구 개발을 추진하고 있다. 북극은 국제적 공간으로, 5개 연안국(미국, 캐나다, 덴마크/그린란드, 노르웨이, 러시아 연방)이 200해리(약 370km)의 배타적 경제 수역을 관리하고 있는 지역이다. 그럼에도 중국은 북극해를 '중심 경로'로 명명하며 이를 통한 경제적 기회를 모색하고 있다. 그만큼 중국은 빠르게 북극을 강타하고 있는 지구 온난화의 기후 위험 속에서 더 많은 경제적 기회를 노리고 있다.

인도양 해저는 중국에게 매우 중요한 지역으로, 이 지역은 에너지 자원과 광물이 풍부하게 매장되어 있다. 특히 세계 석유 매장량의 약 3분의 2와 세계 우라늄 매장량의 60%가 인도양 해저에 위치해 있다고 알려져 있다. 인도와 중국은 모두 심해 채굴 분야에서 선도적인 위치에 있으며, 이들 국가는 각기 다른 접근 방식을 취하고 있다. 인도는 자국의 배타적 경제수역(EEZ) 내에서 주로 투자와 프로젝트를 진행하는 반면, 중국은 자국의 배타적 경제수역 밖에서도 탐사 계약을 활발히 추진하고 있다. 이러한 계약을 승인하는 국제해저기구(International Seabed Authority)는 167개 회원국과 유럽 연합의 대표로 구성되어 있다.

국제해저기구는 유엔 해양법 협약에 의해 국제 해저 지역의 모든 광물 관련 활동을 조직, 규제 및 통제하는 임무를 부여받았다. 이에 따라 중국은 인도양에 위치한 대형 금속 광맥에 대한 탐사권을 확보하였으며, 국제해저기구가 제정한 운영 규정을 우선적으로 적용받는다. 한편, 중국은 임대 계약을 통해 인도양 및 주변 지역의 몇몇 상업 항구에 대한 통제권을 강화해 왔다. 이른바 '진주 항로(Pearl Route)'인데, 이는 중국 본토에서 시작하여 남중국해, 말라카해협, 방글라데시, 스리랑카, 몰디브, 파키스탄의 항구를 지나 개발 중인 수단 항구까지 이어질 계획이다. 또한 중국인민해방군은 아프리카 지브티공화국에 물류 센터와 해군항을 건설했다. 이러한 중국의 행보는 역사적인 제국들이 해외에 상업 네트워크와 군사 기지를 구축한 것과 유사한 경로를 따르고 있다. 현재 인구 면에서 중국을 추월할 가능성이 있는 인도에게 이러한 중국의 확장은 분명히 중요한 문제로 부각되고 있다.

북극해가 대륙에 둘러싸인 광대한 바다인 반면, 남극은 바다에 둘러싸인 대륙으로, 중국은 남극에서 과학적, 군사적, 경제적 영향력을 가진 초강대국으로 부상하길 바라고 있다. 중국은 남극 대륙을 원칙적으

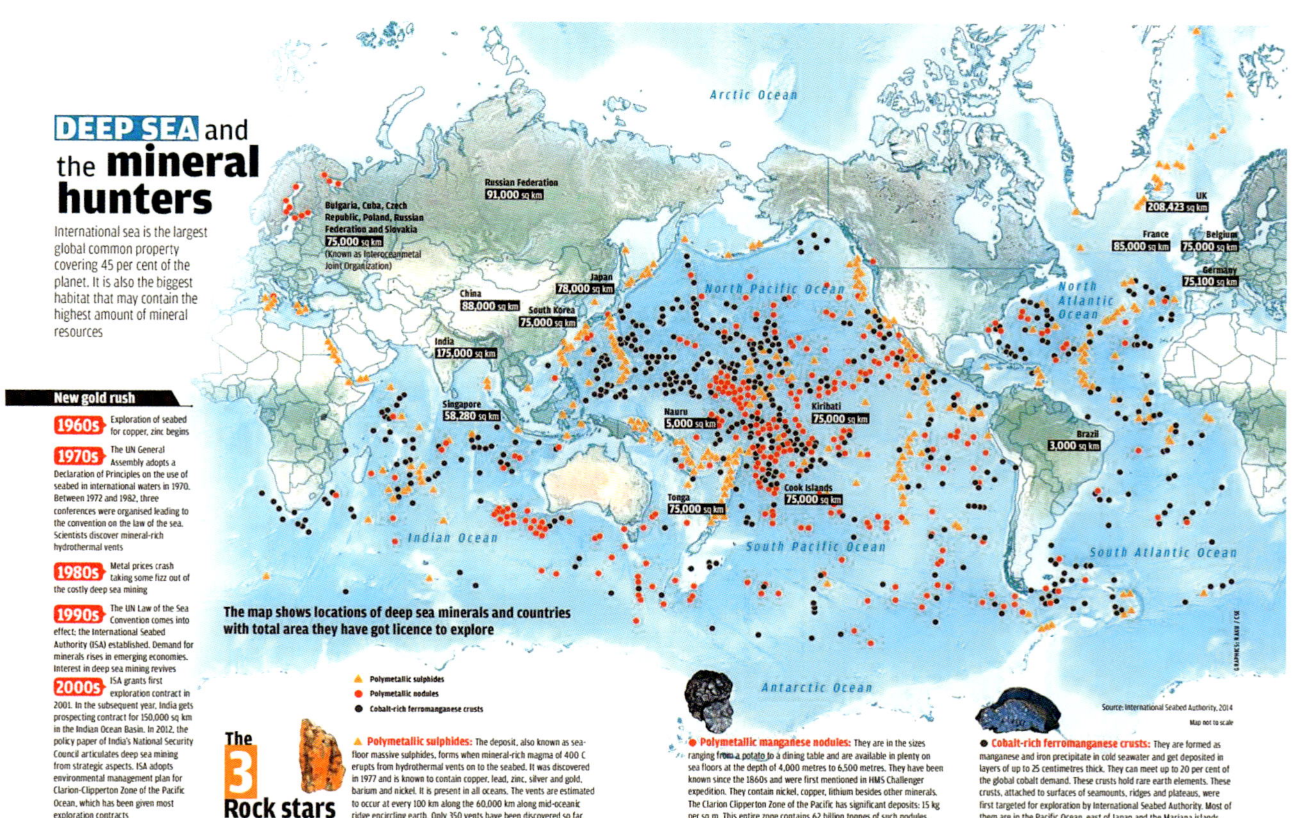

2014년 세계지도는 해저 광물과 해당 국가들을 표시하고 있으며, 각 국가들이 탐사할 수 있는 면적을 보여 준다.

로 모든 국가에 개방된 '무국적 지역'으로 여기고 있으며, 중국 정부는 중요한 광물 자원의 채굴 가능성이 높을 것으로 인식하고 있다. 2014년 호주에서의 연설을 통해, 시진핑 주석은 중국이 북극과 남극에서의 새로운 해양 전략에서 중요한 역할을 수행해야 한다고 강조했다. 미국이 2008년 이후 쇄빙선 투자를 중단한 것과 달리, 중국은 이러한 지정학적 공백을 빠르게 메워 가고 있다. 중국은 남극에 5개의 연구 기지, 공항, 위성 시설을 운영하며 국제적인 영향력을 확대하고 있다.

북극, 남극 및 세계 해양은 여전히 중대한 미해결 주권 문제를 가지고 있다. 중국의 현실 정치는 다분히 국익 수호에 집중한다. 다른 국가들과 협력을 하기도 하지만, 필요하다면 분쟁에 개입할 준비가 되어 있다는 점을 내포하고 있다. 중국의 지정학적 야망은 주로 식량과 에너지 안보를 확보하는 데에 초점을 맞춘다. 이러한 맥락에서 새로운 국제질서가 등장하고 있으며, 극지방과 인도양에서의 변화는 재편되고 있는 지정학적 관계를 반영하는 것이다. 중국은 자국민을 대상으로 세계관의 근본적인 변화를 추진 중이며, 이는 하오 샤오광의 수직 세계지도에 반영되어 있다. 이 지도는 지정학적 전환을 상징할 뿐만 아니라 중국의 새로운 세계관을 형성하는 역할도 수행하고 있다.

THE PACIFIC
UNITED STATES
DOMINION OF CANADA
JAPANESE
JAPANESE MANDATE
AUSTRALIAN MANDATE
NETHERLANDS
BRITISH
FRENCH
NEW ZEALAND
AUSTRALIA
AUSTRALIAN
ECUADOR
HAWAIIAN ISLANDS
CORAL SEA
BERING SEA
ROSS SEA
COMPILED BY
MILITARY INTELLIGENCE DIVISION, G-2.
GENERAL STAFF. U.S. ARMY
M.I.D.G.S. Map Nº 97.
Revised to June 1923
SCALE 1:23,546,157
1 INCH = 372 MILES
Note: Scale true on the Equator and 160th (Central) Meridian.
Geographical Data from U.S. Hydrographic Charts.

지도는 미래를 만든다

이 책에 소개된 100가지 사례는 지도가 단순한 지리적 정보를 넘어 다양한 의미를 담고 있음을 보여 준다. 오랜 세월 동안 지도는 세계를 더욱 깊이 이해하는 도구로 활용되었으며, 종종 교육적인 목적을 위해 제작되었다. 이러한 특성은 책의 서두에 소개된 중세 및 페르시아 세계지도, 회전식 별자리 지도, 그리고 1975년 중국의 학교용 벽 지도에서도 공통적으로 나타난다. '대항해 시대'의 지도는 세계에 대한 지식이 확장되는 과정을 시각적으로 담아내며, 특히 유럽 중심적인 관점이 뚜렷하게 드러난다는 점에서 특징적이다.

유럽의 확장과 식민화는 세계사의 흐름에 깊이 자리 잡았으며, 그 영향은 되돌릴 수 없을 정도로 크다. 그러나 지도 제작은 유럽에서만 이루어진 것이 아니었다. 주변 환경을 기록하려는 욕구는 보편적인 현상이며, 특히 아랍, 중국, 일본은 오랜 역사 속에서 독자적인 지도 제작 전통을 발전시켜 왔다. 지도는 무역로와 여행 경로를 나타내며, 때로는 장식적이고, 때로는 실용적인 목적을 띤다. 수마트라의 담배 재배지, 콩고의 언어 분포, 실론(스리랑카)의 코끼리 서식지, 갈라파고스제도의 거북이 분포 등 다양한 주제를 반영할 수도 있다. 또한 지도는 단순히 길을 안내하거나 항해를 돕는 역할을 넘어, 사람들을 통제하거나 여론을 조작하는 수단으로 활용되기도 했다. 독자는 지도를 통해 올바른 방향을 안내받을 수도 있지만, 때로는 잘못된 정보에 의해 오도될 수도 있다. 지도는 결코 중립적이지 않으며, 항상 특정한 관점에서 제작된다는 점을 인식하는 것이 중요하다. 이러한 독창적인 시각이 반영된 지도 중 하나로, 하오 샤오광이 제작한 북극과 남극을 중심으로 한 수직 세계지도를 들 수 있다.

일부 사람들은 현대에 들어 지도 제작의 종말이 가까워졌다고 주장하며, 그 이유로 이미 지구상의 모든 지역이 지도화되었기 때문이라고 말한다. 그러나 이는 사실과 거리가 멀다.

비록 새롭게 '발견'될 미지의 땅은 더 이상 없을지라도, 세계는 끊임없이 변화하고 있다. 지구온난화로 인해 극지방의 빙하가 녹고 해수면이 상승하면서 섬이 침수되고 있다. 자연재해 또한 지형 변화를 초래한다. 1883년 인도네시아 크라카토아 화산 폭발로 인해 화산섬의 대부분이 사라진 사례가 그 대표적인 예이다. 또한 기후 변화로 인해 새로운 사막 지대가 형성되는 등 환경 변화가 지속되고 있다.

이러한 변화들은 새로운 지도 제작의 필요성을 꾸준히 제기하고 있으며, 지도는 단순한 지리적 기록을 넘어 세계의 변화를 반영하는 중요한 도구로 계속 발전 중이다.

우주는 여전히 무한한 탐사의 영역으로 남아 있으며, 제임스 웹 우주망원경과 같은 첨단 기술을 통해 새로운 발견이 끊임없이 이루어지고 있다. 특히 별과 천체에 대한 지도 제작은 점점 더 정밀해지고 있으며, 이를 통해 우주에 대한 인류의 이해도 지속적으로 깊어지고 있다.

인류는 끊임없이 도시를 확장하고, 새로운 도로를 건설하며, 바다와 호수를 간척하고 있다. 이러한 모든 발전은 지도의 도움이 없이는 체계적으로 이루어질 수 없다.

그리고 안타깝게도 인류는 여전히 전쟁을 멈추지 않고 있다. 이 책이 출판되는 순간에도 우크라이나 전쟁은 실시간으로 보도되고 있으며, 지도는 전선의 변화와 미사일 공격 지점을 시각적으로 보여 주는 도구로도 활용된다. 지도 제작이 수 세기 동안 지정학적 분쟁과 함께 발전해 왔다는 사실은 아이러니한 현실을 반영한다.

뿐만 아니라, 코로나19 팬데믹 또한 새로운 지도 제작의 흐름을 가속화했다. 바이러스 확산 경로, 지역별 백신 접종률 차이 등을 시각화한 다양한 지도들이 언론을 통해 공개되었으며, 이는 지도가 단순한 지리적 도구를 넘어 사회적·역사적 변화를 기록하는 중요한 수단임을 다시 한번 보여 준다.

현대의 지도는 과거처럼 손에 쥘 수 있는 종이 문서가 아니라, 디지털 형식의 지리 정보를 포함한 전자 파일로 변화하고 있다. 인류가 존재하는 한, 인간은 계속해서 주변 세계를 지도화할 것이다. 비록 지도의 형태는 변할지라도, 지도라는 개념 자체는 지속될 것이며, 새로운 디지털 기술과 더불어 혁신적인 시각적 접근 방식이 등장할 것이다.

더욱이, 지도는 단순한 정보 전달 수단을 넘어 심미적 요소를 지니고 있다. 많은 사람들이 지도에 매력을 느끼며, 이는 지도 제작이 앞으로도 오랫동안 지속될 가능성이 높다는 점을 시사한다.

← 〈태평양(The Pacific)〉, 미국 육군 총참모부 군사정보국 발행, 1923년.

BOWLES's NEW PLAN OF LONDON WESTMINSTER AND SOUTHWARK, WITH THEIR ENVIRONS TO THE EXTENT OF THREE MILES ROUND St. PAUL's
MIDDLESEX
ISLINGTON
PANCRAS
PENTONVILLE
DALSTON
HACKNEY
MARY LE BONE
BETHNAL GREEN
STEPNEY
REFERENCE

MOST RESPECTFULLY DEDICATED TO THE Rt. HON. THE LORD MAYOR, THE COURT OF ALDERMEN AND COMMON COUNCIL OF THE CITY OF LONDON.
PRINTED for the Proprietor CARINGTON BOWLES, No. 69, St. PAUL's Church Yard LONDON.
HYDE PARK
RIVER THAMES
SURREY
VAUXHALL
SOUTH LAMBETH
STOCKWELL
CAMBERWELL
PECKHAM
SCALE of ONE MILE
SCALE of YARDS
REFERENCE

참고 문헌

General

- M. Barford, *A is for Atlas. Wonders of Maps and Mapping*. London 2022.
- M. van Delft & R. Storm, *De geschiedenis van Nederland in 100 oude kaarten*. Tielt 2019.
- Ph. De Maeyer, M. Galand, B. Vannieuwenhuyze & G. Vanthemsche, *De geschiedenis van België in 100 oude kaarten*. Tielt 2021.
- M.H. Edney, *Cartography. The Ideal and its History*. Chicago 2019.
- J.B. Harley, *The New Nature of Maps. Essays in the History of Cartography*. Baltimore 2001.
- J.B. Harley & D. Woodward, *The History of Cartography*. Chicago 1987 (6 volumes).
- M. Storms (ed.), *De verzamelingen van Bodel Nijenhuis*. Leiden 2008.
- M. Storms, 'Leiden and the dissemination of Asian cartography', in: M. Altič, I.J. Demhardt & S. Vervust (eds.), *Dissemination of Cartographic Knowledge*. Cham 2017, pp. 347–362.
- M. Storms, M. Cams, I.J. Demhardt & F.J. Ormeling (eds.), *Mapping Asia. Cartographic Encounters between East and West*. Cham 2017.
- D. de Vries, *Kaarten met geschiedenis, 1550–1800*. Utrecht 1989.

800 — Monastic cartography

- S.A. Barney (trans.), *The Etymologies of Isidore of Seville*. Cambridge 2005.
- M. Destombes, *Mappesmondes A.D. 1200–1500. Catalogue préparé par la Commission des Cartes Anciennes de l'Union Géographique Internationale*. Amsterdam 1964.
- C. Mauntel (ed.), *Geography and Religious Knowledge in the Medieval World*. Berlin/Boston 2021.
- J.E. Schnall, 'World Maps', in: A. Classen (ed.) *Handbook of Medieval Studies. Terms – Methods – Trends*. Berlin/Boston 2010, pp. 2136–42.
- A. Vanderjagt, 'Bouw en ordening van aarde en heelal: geografie, fysica, kosmologie', in: M. Stoffers (ed.), *De middeleeuwse ideeënwereld, 1000–1300*. Heerlen/Hilversum 1994, pp. 145–69.

1193 — The world as a bird

- N. Danilenko, *Picturing the Islamicate World. The Story of al-Istakhri's Book of Routes and Realms*. Leiden 2021.
- A.T. Karamustafa, 'Introduction to Islamic Maps', in: J.B. Harley & D. Woodward (eds.), *Cartography in the Traditional Islamic and South Asian Societies (The History of Cartography vol. 2.1)*. Chicago 1992, pp. 3–11.
- K.C. Pinto, *Medieval Islamic Maps. An exploration*. Chicago 2016.
- M. Storms, 'The Islamic Perspective on the World', in: J. Parmentier (ed.), *The World in a Mirror. World Maps from the Middle Ages to the Present Day*. Antwerp 2015, pp. 26–9.
- G.R. Tibbets, 'The beginning of a cartographic tradition; The Balkhi school of geographers', in: J.B. Harley & D. Woodward (eds.), *Cartography in the Traditional Islamic and South Asian Societies (The History of Cartography vol. 2.1)*. Chicago 1992, pp. 90–136.

1490 — Around Africa to Asia

- R. Crowley, *Conquerors. How Portugal Forged the First Global Empire*. New York 2015.
- M. Destombes (ed.), *Mappesmondes, A.D. 1200–1500. Catalogue*. Amsterdam 1964.
- E. Edson, *The World Map 1300–1492*. Baltimore 2007.
- J. Parmentier, *The World in a Mirror. World Maps from the Middle Ages to the Present Day*. Kontich 2015.
- C. Van Duzer, *Henricus Martellus's World Map at Yale (c. 1491)*. Cham 2019.

← *Bowles's New Plan of London, Westminster and Southwark with their Environs to the Extent of Three Miles round St. Paul's*, 1790 (COLLBN Port 152 N 187).

1533 — A map for a nostalgic bishop in exile

- A.C. Balsem, *Een biografie van de Bibliotheca Vossiana*. Leiden 2020.
- U. Ehrensvärd, 'Eine schwedische Karte von 1533 in der Universitätsbibliothek Leiden', in: P. van Gestel-van het Schip & P. van der Krogt (eds.), *Mappae Antiquae. Liber Amicorum Günter Schilder*. 't Goy-Houten 2007, pp. 289–95.
- U. Ehrensvärd, *The History of the Nordic Map. From Myths to Reality*. Helsinki 2006.
- W.R. Mead, 'Scandinavian Renaissance cartography', in: D. Woodward (ed.), *The History of Cartography Volume Three. Cartography in the European Renaissance*. Chicago 2007, pp. 1781–1805.
- D. de Vries, 'Atlases and maps from the library of Isaac Vossius (1618–1689)', in: *International Yearbook of Cartography* 21 (1981), pp. 171–94.

1574 — From a map to a monument

- H. den Heijer, *Holland onder water: de logistiek achter het ontzet van Leiden*. Leiden 2011.
- J. Pollmann, 'Een "blij-eindend" treurspel. Herinneringen aan het Beleg van Leiden, 1574–2011', in: H. van Amersfoort *et al.* (eds.) *Belaagd en belegerd*. Amsterdam 2011, pp. 118–45.
- J. Pollmann, *Memory in Early Modern Europe*. Oxford 2017.
- J. Pollmann, 'The cult and memory of war and violence', in: H. Helmers & G. Janssen (eds.), *Cambridge Companion to the Dutch Golden Age*. Cambridge 2018, pp. 87–104.
- J. Zijlmans, *Leidens ontzet. Vrijheidsstrijd & volksfeest*. Leiden 2011.

1578 — A fortification plan for La Goletta

- J. Akacha & M. Garulli, 'Architetti ed ingegneri militari italiani al presidio della Goletta di Tunisi (1535–1574)', in: M. Viganò (ed.) *Architetti e ingegneri militari italiani all'estero dal XV al XVIII secolo*, Roma/Livorno 1994, pp. 79–101.
- A. Bravo-Nieto, 'City, War and Drawing in the Sixteenth Century: from Tripoli to the Moroccan Atlantic', in: A. Cámara Muñoz (ed.), *Draughtsman engineers serving the Spanish Monarchy in the Sixteenth to Eighteenth Centuries*, Madrid 2016, pp. 221–45.
- P. Davico, 'Fortificazioni della Tunisia contese tra Spagnoli e Turchi a metà del secolo XVI, documentate dall'iconografia coeva. Un'analisi dal territorio all'architettura', in: J. Navarro Palazón & L.J. García-Pulido (eds.), *Defensive Architecture of the Mediterranean. Vol XI*. Valencia 2020, pp. 601–8.
- C.M.J.M. van den Heuvel, 'Een atlas voor Gilles de Berlaymont, baron van Hierges. Belegeringsscenes, stadsplattegronden fortificatie-ontwerpen voor een "soldat-gentilhomme" 1570–78', in: *Caert-Thresoor* 15 (1996) 3, pp. 57–67.
- H.J. Horn, *Jan Cornelisz Vermeyen: Painter of Charles V and His Conquest of Tunis. Paintings, Etchings, Drawings, Cartoons & Tapestries*. Doornspijk 1989.

1593 — A combination of scholarship and piety

- E. Laor & S. Klein, *Maps of the Holy Land: Cartobibliography of Printed Maps, 1475–1900*. New York 1986.
- B.U. Münch, 'Körper und Karte. Historizität, Topographie und Vermessung medialer Wissensräume der Passion in der Frühen Neuzeit bei Christiaan van Adrichem und anderen', in: H. Aurenhammer & D. Bohde, *Räume der Passion. Raumvisionen, Erinnerungsorte und Topographien des Leidens Christi in Mittelalter und Früher Neuzeit*, Bern 2015, pp. 49–79.
- R. Rubin, *Image and Reality: Jerusalem in Maps and Views*. Jerusalem 1999.
- Z. Shalev, 'Early Modern geographia sacra in the Context of Early Modern Scholarship', in: K. Killeen, H. Smith *et al.*, *The Oxford Handbook of the Bible in Early Modern England, c. 1530–1700*. Oxford 2015.
- D. de Vries, 'Atlases and maps from the library of Isaac Vossius (1618–1689)', in: *International Yearbook of Cartography* 21 (1981), pp. 171–94.

1598 — From peace-loving virgin to iron lady
- H. van der Heijden, *De oudste kaarten van Europa*. Alphen aan den Rijn 1992.
- M. McLean, *The Cosmographia of Sebastian Münster: Describing the World in the Reformation*. Aldershot 2007.
- P.H. Meurer, 'Europa Regina. 16th century maps of Europe in the form of a queen', in: *Belgeo. Revue belge de géographie* 3–4 (2008), pp. 355–370.
- S. Wendehorst & S. Westphal, *Lesebuch altes Reich*. Munich 2006.

1600 — The Atlantic Ocean on an animal's back
- K. Hulskemper & J. Doets, *500 jaar Edamse cartografie. Plattegronden, landmeters en kaarttekenaars sinds 1540*. Edam 1993.
- G. Schilder, *Early Dutch Maritime Cartography. The North Holland School of Cartography (c. 1580–c. 1620)*. Leiden 2017.
- G. Schilder & M. van Egmond, 'Maritime Cartography in the Low Countries during the Renaissance', in: D. Woodward (ed.), *The History of Cartography Volume Three. Cartography in the European Renaissance*. Chicago 2007, pp. 1384–1432.
- G. Schilder & H.D. Kok, *Sailing for the East. History & Catalogue of Manuscript Charts on Vellum of the Dutch East India Company (VOC) 1602–1799*. Houten 2010, pp. 248–50.
- M. Storms, 'Confidential or Commercial? The Conflicting Interests within the Blaeu and Van Keulen Mapmaker Families', in: A. Reeuwijk (ed.), *Voyage of Discovery. Exploring the Collections of the Asian Library at Leiden University*. Leiden 2017, pp. 78–89.

1602 — The fluctuating borders of the Low Countries
- A. Duke, 'The elusive Netherlands. The question of national identity in the early modern Low Countries on the eve of the revolt', in: *BMGN – Low Countries Historical Review* 119 (2004), pp. 10–38.
- H.A.M. van der Heijden, *Old Maps of the Netherlands, 1548–1794*. Alphen aan den Rijn 1998.
- G. Schilder, *Monumenta Cartographica Neerlandica VIII. Jodocus Hondius (1563–1612) and Petrus Kaerius (1571–c. 1646)*. Alphen aan den Rijn 2007.
- M. Vreugdenhil, '"Dat dit Nederlant is." The Netherlands described in six world atlases (1571–1664)', in: *Tijdschrift voor Historische Geografie* 5 (2020), pp. 226–36.

1621 — The world in segments
- C. Koeman, G. Schilder, M. van Egmond & P. van der Krogt, 'Commercial cartography and map production in the Low Countries, 1500–c. 1672', in: D. Woodward (ed.), *The History of Cartography, Volume Three. Cartography in the European Renaissance*. Chicago 2007, pp. 1296–1383.
- P. van der Krogt, *Globi Neerlandici. The Production of Globes in the Low Countries*. Utrecht 1993.
- P. van der Krogt, *Koeman's Atlantes Neerlandici Volume I. The Folio Atlases Published by Gerard Mercator, Jodocus Hondius, Henricus Hondius, Johannes Janssonius and Their Successors*. 't Goy-Houten 1997.
- R. Shirley, *The Mapping of the World. Early Printed World Maps 1472–1700*. London 1984.
- D. Wildeman, *De wereld in het klein. Globes in Nederland*. Zutphen 2006.

1621 — A voyage around Tierra del Fuego
- M. Estensen, *Terra Australis Incognita. The Spanish Quest for the Mysterious Great South Land*. Crows Nest 2006.
- P. Kroon (ed.), *Atlas of Cape Horn. The cartography of southern South America 1500–1725*. Bussum 2016.
- M. Martinic, *Cartografia Magallanica 1523–1945*. [Punta Arenas] 1999.
- G. Schilder & H. Kok, *Sailing Across the World's Oceans. History & Catalogue of Dutch Charts Printed on Vellum 1580–1725*. Leiden 2019.

1625 — The siege of Bahia... or was it Sluis?
- M. van Groesen, *Amsterdam's Atlantic: Print Culture and the Making of Dutch Brazil*. Philadelphia 2017.
- M. van Groesen (ed.), *The Legacy of Dutch Brazil*. Cambridge 2014.
- H. den Heijer & B. Teensma, *Nederlands-Brazilië in kaart. Nederlanders in het Atlantisch gebied, 1600–1650*. Zutphen 2011.
- M. Storms, 'Cartografie in camouflage. Sluis (1604) wordt Salvador de Bahia (1625)', in: *De Boekenwereld* 29 (2013) 5, pp. 24–7.
- A. Weststeijn, 'Empire in Fragments. Transatlantic News and Print Media in the Iberian World, ca. 1600–40', in: *Renaissance Quarterly* 74 (2021) 2, pp. 528–70.

1631 — The Atlantic world as prey
- M. van Groesen, *Amsterdam's Atlantic: Print Culture and the Making of Dutch Brazil*. Philadelphia 2017.
- W. Klooster, *The Dutch Moment: War, Trade, and Settlement in the Seventeenth-Century Atlantic World*. Ithaca NY 2016.
- G. Schilder, *Monumenta Cartographica Neerlandica, vol. IX: Hessel Gerritsz (1580–1632)*. Alphen aan den Rijn 2013.
- G. Schilder & H. Kok, *Sailing Across the World's Oceans. History & Catalogue of Dutch Charts Printed on Vellum 1580–1725*. Leiden/Boston 2019.
- K. Zandvliet, *Mapping for Money. Maps, Plans and Topographic Paintings and Their Role in Dutch Overseas Expansion during the 16th and 17th Centuries*. Amsterdam 1998.

1632 — Enrolling for the Brazilian coast
- R. Buve, 'Van Salvador de Bahia tot de Marañon: een selectie van cartografie over Nederlands Brazilië', in: M. Wiesebron, *Brazilië in Nederlandse archieven (1624–1654)* [Mauritiana 3]. Leiden 2008, pp. 112–29.
- B. Brommer & H. den Heijer, *Grote Atlas van de West-Indische Compagnie I. De Oude WIC*. Voorburg 2011.
- D. de Vries & B. Teensma, *Nederlands Brazilië in zicht. De Bahia-documenten en de teksten van Soler en Baro geïllustreerd met kaarten en prenten*. Leiden 2001.
- M. van Wallenburg, 'Het reisverhaal van Gelein van Stapels', in: *Zeeuws Tijdschrift* 45 (1995), 1: pp. 9–14; 2: pp. 6–10.
- M. van Wallenberg *et al.*, 'The voyage of Gelein van Stapels to the Amazon River, the Guianas and the Caribbean, 1629–1630', in: *The Journal of the Hakluyt Society*, January 2015.

1633 — On forgotten voyages
- B. Brommer & H. den Heijer, *Comprehensive atlas of the Dutch West-India Company I: The Old WIC, 1621–1674*. Voorburg 2011.
- C.C. Goslinga, *The Dutch in the Caribbean and on the Wild Coast, 1580–1680*. Assen 1971.
- M. van Groesen, *Amsterdam's Atlantic: Print Culture and the Making of Dutch Brazil*. Philadelphia 2017.
- W. Klooster, *The Dutch Moment: War, Trade, and Settlement in the Seventeenth-Century Atlantic World*. Ithaca NY 2016.

1640 — The struggle against the Water Wolf
- T. Metz & M. van den Heuvel, *Zoet & Zout. Water en de Nederlanders*. Rotterdam 2012.
- M. van Tielhof & P.J.E.M. van Dam, *Waterstaat in stedenland. Het hoogheemraadschap van Rijnland voor 1857*. Utrecht 2006.
- G.P. van de Ven (ed.), *Leefbaar laagland. Geschiedenis van de waterbeheersing en landaanwinning in Nederland*. Utrecht 2003.
- D. de Vries & P.R. de Clercq, *Rijnland in kaart. Een keuze uit de Collectie Bodel Nijenhuis*. Leiden 1996.
- J. Werner, 'Haarlemmermeer, plankaarten van vroeg-17e-eeuwse droogmakingsvoorstellen', in: *Caert-Thresoor* 10 (1991) 1, pp. 1–12.

1645 — Theatre of another world
- T. Haddad, 'Maps of the Moon. Lunar Cartography from the Seventeenth Century to the Space Age', in: *Map History* 1 (2019) 2, pp. 1–95.
- P. van der Krogt, *Globi Neerlandici. The Production of Globes in the Low Countries*. Utrecht 1993.
- P. van der Krogt & F. Ormeling, 'Michiel Florent Van Langren and Lunar Naming', in: *Actes del XXIV Congrès Internacional d'ICOS sobre Ciències Onomàstiques*. Annex. Secció 8, pp. 1851–65.
- N. Pineda de Avila, 'La sélénographie au dix-septième siècle: support des interrogations géographiques et espace de projection des enjeux politiques, intellectuels et institutionnels', in: *Penser les savoir géographique à l'époque moderne (XVe–XIe siècle), Revue de géographie historique*, 17–18 (2020–2021), pp. 1–24.

1658 — Enforced stopover on Saint Helena

- J.T. Bodel Nijenhuis, 'Johan Nieuhof', in: *Bijdragen voor Vaderlandsche Geschiedenis en Oudheidkunde. Nieuwe Reeks* 3 (1862), pp. 32–51.
- B. Brommer, *Grote Atlas van de Verenigde Oost-Indische Compagnie V: Afrika*. Voorburg 2009, pp. 47–51.
- O. Dapper, *Naukeurige beschrijvinge der Afrikaensche gewesten*. Amsterdam 1668.
- J. Nieuhof, *Zee en Lant-reize door verscheide Gewesten van Oostindien*. Amsterdam 1682.

1662 — The world atlas race

- C. Koeman, *Joan Blaeu and his Grand Atlas*. Amsterdam 1970.
- P. van der Krogt, *Joan Blaeu. Atlas Maior of 1665*. Cologne 2005.
- P. van der Krogt, *Koeman's Atlantes Neerlandici I–IV*. 't Goy-Houten 1997–2010.
- M. Storms, 'Confidential or commercial? The conflicting interests within the Blaeu and Van Keulen mapmaker families', in: A. Reeuwijk (ed.), *Voyage of Discovery. Exploring the Collections of the Asian Library at Leiden University*. Leiden 2017.
- K. Zandvliet, *Mapping for Money. Maps, Plans and Topographic Paintings and Their Role in Dutch Overseas Expansion during the 16th and 17th Centuries*. Amsterdam 1998.

1663 — Dead straight through the dunes

- M. van Delft & R. Storm, *De geschiedenis van Nederland in 100 oude kaarten*. Tielt 2019.
- M. van Doorn & K. Stal, *Geschiedenis van Scheveningen. Deel 1 Vroegste tijd tot 1875*. Zutphen 2013.
- C. Huygens, *De zee-straet van 's Graven-hage op Schevening van Constantijn Huygens*. The Hague 1667.
- K. Stal, *Een wonder-werck, door menschen handen. De aanleg van de Scheveningseweg*. Scheveningen 2017.

1663 — Feeding the thirst for knowledge

- W. Cao, *Zhongguo gudai dituji. Mingdai (An atlas of ancient maps in China: Ming Dynasty)*. Beijing 1995.
- R. Smith, *Mapping China and Managing the World. Culture, Cartography and Cosmology in Late Imperial Times*. London 2013.
- C. Wang, 'Qingdai chuzhongqi zuowei chanye de Suzhou banhua yu qi shangye mianxiang' (Suzhou prints as an industry and its commercial dimension in the early and middle Qing dynasty), in: *Zhongyang yanjiuyuan jindaishi yanjiusuo jikan* (Bulletin of the Institute of Modern History Academia Sinica) 92 (2016) 6, pp. 1–54.
- Y. Wei, 'Jianada Ying shu Gelunbiya daxue Yazhou tushuguan cang Jiuzhou fenye yutu gujin renwu shiji' (*The Map of the Field Allocation of the Nine Provinces, and Human Events in the Past and Present*), in: *Mingdai yanjiu* (Ming Studies) 27 (2016), pp. 189–219.
- C. Yee & J. Henderson, 'Cartography in China', in: Cartography in the Traditional East and Southeast Asian Societies, in: *History of Cartography*, Vol. 2, Book 2. Chicago 1987.

1666 — From tragedy to anti-English propaganda

- H. Clout (ed.), *The Times London History Atlas*. London 1991.
- M. Eekhout, *Memorabilia van de Tachtigjarige Oorlog. De rol van voorwerpen in de oorlogsherinnering, 1566–1750*. Hilversum 2020.
- S. Turner, 'A Print of the Great Fire of London', in: *Print Quarterly* 26 (2009) 1, pp. 18–27.
- B. Vannieuwenhuyze, 'Brussel in vuur en vlam. Feiten, preventie, bestrijding en verwerking van historische stadsbranden', in: *Tijd-Schrift. Heemkunde en lokaal-erfgoedpraktijk in Vlaanderen* 6 (2016) 2, pp. 6–25.
- J. Werner, inde Witte Pascaert. *Kaarten en atlassen van Frederick de Wit, uitgever te Amsterdam (ca. 1630–1706)*. Amsterdam/Alphen aan den Rijn 1994.

1684 — A flat globe of the celestial vault

- R. van Gent, Cellarius' Macrocosmica Harmonica. Cologne 2006.
- N. Kanas, Star Maps. History, Artistry and Cartography. Chichester 2007.
- C. Koeman, Atlantes Neerlandici II. Amsterdam 1969.
- D.J. Warner, The Sky Explored. Celestial Cartography 1500–1800. New York 1979.

1695 — Physical nature of the Earth revealed

- J.E. Fletcher, *A Study of the Life and Works of Athanasius Kircher 'Germanus Incredibilis'*. Leiden 2011.
- A. Kircher, *Mundus Subterraneus*. Amsterdam 1668.
- A.H. Munt, *The Impact of Dutch Cartesian Medical Reformers in Early Enlightenment German Culture (1680–1720)*. London 2004.
- T. Schoon, *Waare oefening en ontleding der planten ... als mede een nette ontvouwinge, van alle dat gene dat sig, zo in de lugt, hemels-kring, en aard-kloot vertoond, en 't welk tot groeyinge, en voortteelinge der planten contribueert*. 's-Gravenhage 1692.

1696 — The myth of a clean war

- J. Black, 'A revolution in military cartography 1650–1815', in: *The Journal of Military history* 73 (2009) 1, pp. 49–68.
- J. Childs, *The Nine Years' War and the British Army, 1688–1697: The Operations in the Low Countries*. Manchester 1991.
- J.B. Harley, 'Silences and secrecy. The hidden agenda of cartography in Early Modern Europe', in: *Imago Mundi* 40 (1988), pp. 57–76.
- P. Lenihan, 'Namur citadel: 1695. A case study in Allied siege tactics', in: *War in History* 18 (2011) 3, pp. 282–303.
- F.J.G. ten Raa, *Het Staatsche leger 1568–1795. Deel VII: Van de verheffing van Prins Willem III en zijn gemalin tot Koning en Koningin van Groot-Brittannië tot het overlijden van den koning-stadhouder (1688–1702)*. The Hague 1950.

1698 — Africa on the wall

- R.L. Betz, *The Mapping of Africa*. 't Goy-Houten 2007.
- G.D. Bom, *Bijdragen tot eene geschiedenis van het geslacht Van Keulen als Boekhandelaars, Uitgevers, Kaart- en Instrumentmakers in Nederland*. Amsterdam 1885.
- P. Burden, *The Mapping of North America*. Rickmansworth 1996.
- J. van Tatenhove, 'Philip Tideman (1657–1705)', in: *Delineavit et Sculpsit* 4 (1990), p. 34.
- A.M. van der Wal Rémy, 'Kaart van het rijke en machtige Afrika', in: *De Volkskrant*, 8 July 2022.

1708 — Streams through time

- V. Bauer, 'Denkbild. Stamm, Land, Fluss. Schele, Leibniz und die Kartographie der Geschichte', in: *Zeitschrift für Ideengeschichte* 10 (2016) 3, pp. 69–82.
- L. Brink, *Nederlandse geschiedkundige schoolwandkaarten*. Nijmegen 2014, pp. 11–5.
- D. Buddingh, 'Iets over den zogenoemden Tijdstroom of de Geschiedkundige Kaart van den hoogleeraar Dr. Friedrich Strass', in: *Algemeene Konst- en Letterbode* (1830) 1, pp. 258–63.
- D. Rosenberg & A. Grafton, *Cartographies of Time. A History of the Timeline*. New York 2010.
- R. Storm, 'Tijdstromen. Geschiedenis als "infographic"', in: *De Boekenwereld* 35 (2019) 2, pp. 16–9.

1712 — The island of California

- R.M. Beebe & R.M. Senkewicz (eds.), *Lands of Promise and Despair. Chronicles of Early California, 1535–1846*. Santa Clara 2001.
- J. Clark, *Maps that Changed the World*. London 2015.
- D. de Vries *et al.*, *Van Keulen Cartography. Amsterdam 1680–1885*. Alphen aan den Rijn 2005.
- M. Sukut (ed.), *The Chronicles of California's Queen Calafia*. San Juan Capistrano 2007.
- V. Virga & R. Jones, *California. Mapping the Golden State through History*. Guilford 2010.

1715 — A mysterious Dampierre map

- H. Conscience, *De leeuw van Vlaenderen*. Antwerp, 1838.
- P. De Maeyer, M. Galand, B. Vannieuwenhuyze and G. Vanthemsche, *De geschiedenis van België in 100 oude kaarten*. Tielt 2021.
- A.M.J. de Kraker, 'De Vier Ambachten in vogelvlucht, circa 750 jaar kaartbeeld', in: A.M.J. de Kraker, H. Van Royen & Marc E.E. De Smet (eds.), *"Over den Vier Ambachten." 750 jaar Keure. 500 jaar Graaf Jansdijk*. Kloosterzande 1993, pp. 5–12.

- M. Donkersloot-de Vrij, with additions and amendments by P. van der Krogt, *Repertorium van Nederlandse kaartmakers 1500–1900*. Utrecht 2003 (original publication) and 2021 (latest version).
- P.W. Stuij, 'Is de Ottogracht eindelijk gevonden?', in: *Zeeland. Tijdschrift van het Koninklijk Zeeuwsch Genootschap der Wetenschappen* 28 (2019) 4, pp. 131–3.

1721 — A peaceful image of a harsh city

- B. Brommer & H. den Heijer, *Comprehensive atlas of the Dutch West India company I: The Old WIC*. Voorburg 2011.
- D.B. Domingues da Silva, 'The Atlantic Slave Trade from Angola: A Port-by-Port Estimate of Slaves Embarked, 1701–1867', in: *The International Journal of African Historical Studies*, 46 (2013) 1, pp. 105–22.
- J.C. Miller, *Way of Death: Merchant Capitalism and the Angolan Slave Trade, 1730–1830*. London 1988.
- K. Ratelband, *Nederlanders in West-Afrika 1600–1650. Angola, Kongo en São Tomé*. Zutphen 2000.
- D. de Vries *et al.*, *The Van Keulen Cartography Amsterdam 1680–1885*. Alphen aan den Rijn 2005.

1725 — An aroma worth a fortune

- L. Andaya, *The world of Maluku. Eastern Indonesia in the Early Modern Period*. Honolulu 1993.
- G. Knaap, *Kruidnagelen en Christenen. De Verenigde Oost-Indische Compagnie en de bevolking van Ambon 1656–1696*. Leiden 2004.
- N.G.J. Peeters, *Rumphius' Kruidboek: Verhalen uit de Ambonese flora*. Zeist 2020.
- G.E. Rumphius, *De generale lant-beschrijvinge van het Ambonse gouvernement, behelsende en wat daaronder begrepen zij, mitsgaders een Summarisch verhaal van de Ternataanse en Portugeese regeering en hoe de Nederlanders eerstmaal daerin gecomen zijn, ofwel De Ambonsche lant-beschrijvinge*. The Hague 2001.
- F. Valentijn, *Oud en Nieuw Oost-Indiën*. Dordrecht/Amsterdam 1724–26.

1730 — Farewell to the miserable Southland

- J. Green, 'The Zeewijk Story and the Missing Second Wreck', in: *Journal of Maritime Archaeology* 15 (2020) 4, pp. 333–64.
- R. Paesie, *Zeeuwse kaarten voor de VOC. Het kaartenmakersbedrijf van de Kamer Zeeland in de 17de en 18de eeuw*. Zutphen 2010.
- A.G. de Roever & A.B. Brommer, *Comprehensive Atlas of the Dutch United East India Company III. Malay Archipelago and Oceania*. Voorburg 2008.
- G.G. Schilder, *Australia Unveiled. The Share of the Dutch Navigators in the Discovery of Australia*. Amsterdam 1976.
- W.d. Vlamingh, C. De Heer (trans.), & G. Schilder (ed.), *Voyage to the Great South Land. Willem de Vlamingh, 1696–1697*. Sydney 1985.

1734 — A confluence of knowledge

- M. Altić, 'Jesuit Contribution to the Mapping of the Philippine Islands. A Case of the 1734 Pedro Murillo Velarde's Chart', in: M. Storms *et al.* (eds.), *Mapping Asia. Cartographic Encounters between East and West*. Cham 2019, pp. 73–94.
- J.A. del Barrio Muñoz, *Vientos de Reforma Ilustrada en Filipinas. El Gobernador Fernando Valdés Tamón (1729–1739)*. Sevilla 2012.
- C. Gamalinda, 'A Contribution to the History of the Jesuit Press in Manila through a Study of Graphic Art (1622–1768)', in: *Philippine Studies: Historical and Ethnographic Viewpoints* 69 (2021) 4, pp. 627–54.
- A.R. Ocampo, 'It should be called the Velarde-Bagay-Suarez Map', in: *Philippine Daily Inquirer*, 11 September 2019.
- C. Villoria Prieto, 'La Producción Cartográfica del Jesuita Pedro Murillo Velarde (1696–1753)', in: *El Siglo de las Luces; XVI Jornadas de Historia en Llerena* (2015), pp. 129–46.

1735 — Treasure map leads to salvage operation

- P. Earls, *Treasure Hunt, Shipwreck, Diving and the Quest for Treasure in an age of Heroes*. New York 2007.
- T. Missiaen, I. Demerre & V. Verrijken, 'Integrated assessment of the buried wreck site of the Dutch East Indiaman 't Vliegent Hart', in: *Relicta* 9 (2012), pp. 191–208.
- R. Paesie, *Zeeuwse kaarten voor de VOC. Het kaartenmakersbedrijf van de kamer Zeeland in de 17de en 18de eeuw*. Zutphen 2010.
- A. Pol, *De schat van het Vliegend Hert. Companiesgeld en smokkelgeld uit een VOC-schip*. Leiden 1993.
- G. Schilder, 'How an early sea chart led to a shipwreck and its treasure', in: *The Map Collector* 27 (1984) pp. 2–6.

1741 — Language maps of the Lord's Prayer

- R. Kehrein, A. Lameli & S. Rabanus (eds.), *Language and Space Vol. 2. Language Mapping*. Berlin 2011.
- A.H. Robinson, *Early Thematic Mapping in the History of Cartography*. Chicago 1982.
- N. van der Sijs, 'De ontwikkeling van taal- en cultuurkaarten', in: *Caert-Thresoor* 33 (2014) 4, pp. 111–21.
- Z.G. Török, 'Thematic Mapping in the Enlightenment', in: M.H. Edney & M.S. Pedley (eds.), *The History of Cartography Vol. 4. Cartography in the European Enlightenment*. Chicago 2019, pp. 1359–65.
- M. Wieling & J. Nerbonne, 'Linguistic atlases – traditional and modern', in: J. Schmidt & P. Auer (eds.), *Language and Space Vol. 1. Theories and Methods*, Berlin 2009, pp. 567–92.

1751 — Animals in a human world

- A. Abeydeera, 'Mapping as a Vital Element of Administration in the Dutch Colonial Government of Maritime Sri Lanka, 1658–1796', in: *Imago mundi* 45 (1993), pp. 101–11.
- K.D. Paranavitana & R.K. de Silva, *Maps and Plans of Dutch Ceylon*. Colombo 2002.
- N. Seneviratne (Rupesinghe), 'Globalising Hansken: An elephant in the Netherlands', in: L. Prematilleke *et al.*, *Abhinandanamālā: Nandana Chutiwongs Felicitation Volume*. Bangkok 2010, pp. 260–73.
- A. Schrikker, *Dutch and British Colonial Intervention, Expansion and Reform c. 1780–1815*. Leiden 2007.
- L. Wagenaar, *Kaneel en olifanten. Sri Lanka en Nederland sinds 1600*. Nijmegen 2016.

1752 — Philadelphia merges with its surroundings

- M. Brückner, *The Social Life of Maps in America, 1750–1860*, Williamsburg, Virginia 2017.
- J. Gallery, *The Planning of Center City Philadelphia: From William Penn to the Present*, Philadelphia 2008.
- N. Wainwright, 'Scull and Heap's Map of Philadelphia'. *The Pennsylvania Magazine of History and Biography* 81, pp. 69–75.

1756 — A disastrous project in Bimilipatnam

- J. Bos, 'A Disastrous Project: C.P. Keller and the Fortification (Plans) of Bimilipatnam', in: M. Storms, M. Cams, I. Demhardt, F. Ormeling (eds.), *Mapping Asia: Cartographic Encounters Between East and West. Lecture Notes in Geoinformation and Cartography*. Cham 2019, pp. 265–78.
- P. Brandon *et al.*, *De slavernij in Oost en West. Het Amsterdam onderzoek*. Amsterdam 2020.
- J. Gommans, J. Bos, G. Kruijtzer *et al.*, *Comprehensive Atlas of the Dutch East-India Company VI. India, Persia, Arabian Peninsula*. Voorburg 2010.
- E.M. Jacobs, *Merchant in Asia: the trade of the Dutch East India Company during the eighteenth century*. Leiden 2000.
- E. Odegard, *The Company Fortress: Military engineering and the Dutch East India Company in South Asia, 1638–1795*. Leiden 2020.

1757 — An East India Company map of a divided island

- H. Hägerdal, *Lords of the Land, Lords of the Sea. Conflict and Adaptation in Colonial Timor*. Leiden 2012.
- A. de Roever, *De jacht op sandelhout. De VOC en de tweedeling van Timor in de zeventiende eeuw*. Zutphen 2002.
- A. de Roever & B. Brommer, *Grote Atlas van de Verenigde Oost-Indische Compagnie III. Indische Archipel en Oceanië*. Voorburg 2008.
- P. Vicente, 'Remembering the Portuguese Presence in Timor and its Contribution to the Making of Timor's National and Cultural Identity', in: L. Jarnagin (ed.), *Portuguese and Luso-Asian Legacies in Southeast Asia, 1511–2011. Vol. 2*. Singapore 2012, pp. 88–111.
- M. Storms, 'Grenzen, forten en vlaggen op een VOC-kaart van Timor', in: *De Boekenwereld* 35 (2019) 4, pp. 52–9.

1758 — The seductive fiction of orderliness and victory

- R. Bijlsma, 'Alexander de Lavaux en zijne Generale kaart van Suriname 1737', in: *De West-Indische Gids* 2 (1921), pp. 397–406.
- H. den Heijer & P. Emmer (eds.), *Grote Atlas van de West-Indische Compagnie. De Nieuwe WIC 1674–1791*. Voorburg 2012.
- K. Fatah-Black, *White Lies and Black Markets: Evading metropolitan authority in colonial Suriname, 1650–1800*. Leiden/Boston 2015.
- S. de Groot, 'Marroons of Surinam mapped 1730–1734', in: B.F. Galjart *et al.* (eds.), *Een andere in een ander. Liber Amicorum voor R.A.J. van Lier*. Leiden 1982, pp. 19–45.
- C. Koeman, *Bibliography of Printed Maps of Suriname, 1671–1971*. Amsterdam 1973.

1765 — The circles of Kandy

- W. Geiger & C. M. Rickmers, *Culavamsa: Being the More Recent Part of the Mahavamsa*. Delhi 1996.
- K.D. Paranavitana & R.K. de Silva, *Maps and Plans of Dutch Ceylon*. Colombo 2002.
- R. Raven-Hart, *The Dutch Wars with Kandy, 1764–1766*. Ceylon Historical Manuscripts Commission. Bulletin no. 6, Nugegoda 1964.
- A.F. Schrikker *et al.*, *Provenance Report Regarding Singalees kanon of Lewuke's kanon*. Amsterdam 2022.
- C. Wickremesekera, *Kandy at War: Indigenous Military Resistance to European Expansion in Sri Lanka 1594–1818*. Delhi 2004.

1771 — Hydraulic engineering in Spain

- R.P.A. Dozy, 'Spanje onder Karel III', in: *De Gids* 22 (1858), pp. 66–96 and 189–234.
- F. Muller & K. Zandvliet (eds.), *Admissies als landmeter in Nederland voor 1811*. Alphen aan den Rijn 1987.
- F.C. Spooner, *Risks at Sea. Amsterdam insurance and maritime Europe, 1766–1780*. Cambridge 1983, pp. 60–76.
- W. Uitterhoeve, *Cornelis Kraijenhoff 1758–1840. Een loopbaan onder vijf regeervormen*. Nijmegen 2009, pp. 35–39.

1775 — Visualising a New Dominion

- J. Millward, 'Coming onto the Map: "Western Regions" Geography and Cartographic Nomenclature in the Making of Chinese Empire in Xinjiang', in: *Late Imperial China* 20 (1999) 2, pp. 61–98.
- J. Millward, *Eurasian Crossroads. A History of Xinjiang. Revised and updated*. New York 2022.
- M. Mosca, 'Cišii's Description of Xinjiang: Its Context and Circulation', in: Onuma Takahiro *et al.* (eds.), *Xinjiang in the Context of Central Eurasian Transformations*. Tokyo 2018, pp. 169–200.
- L.J. Newby, 'The Chinese Literary Conquest of Xinjiang', in: *Modern China* 25 (1999) 4, pp. 451–74.
- Y. Wang, *The Story of Xinjiang Revealed through Old Maps (1759–1912)*. Alhambra 2021.

1784 — A route map for the emperor

- M.G. Chang, *A Court on Horseback. Imperial Touring and the Construction of Qing Rule, 1680–1785*. Cambridge (Mass.) 2007.
- M.C. Elliott, 'The Limits of Tartary. Manchuria in Imperial and National Geographies', in: *Journal of Asian Studies* 59 (2000) 3, pp. 603–46.
- K. Kuiper, 'Map and description of Chongjia wan bay (...)', in: A. Reeuwijk (ed.), *Voyage of Discovery. Exploring the Collections of the Asian Library at Leiden University*. Leiden 2017, pp. 310–11.
- R. Pegg, *Cartographic Traditions in East Asian Maps*. Honolulu 2014.
- A.S. Pratte, 'A Qing Dynasty Imperial Route Map [Dated 1778]', 18 May 2022.

1784 — Plantations along the Demerara

- S. ten Caat, *From Swamp to Sugar. Dutch adaptations to the natural environment in Essequibo and Demerara at the end of the eighteenth century [MA thesis]*. Leiden 2020.
- C.C. Goslinga, *The Dutch in the Caribbean and in the Guianas 1680–1791*. Assen 1985.
- H. den Heijer *et al.*, *Comprehensive Atlas of the Dutch West India Company II. The New WIC, 1674–1791*. Voorburg 2012.
- B. Hoonhout, *Borderless Empire. Dutch Guiana in the Atlantic World, 1750–1800*. Athens (Georgia) 2020.
- E. Viotti da Costa, *Crowns of Glory, Tears of Blood. The Demerara Slave Rebellion of 1823*. Oxford 1994.

1785 — Straight roads for Irkutsk

- A.I. Kulakov & A.U. Ree, 'History of Planning Structure Development in Irkutsk', in: *IOP Conference Series. Material Science and Engineering* 262 (2017), 012115.
- G. van Tussenbroek, 'Bouwblok rond Irkoetsk. Een universele bouwwijze aan de oevers van het Baikalmeer', in: *Nieuwsbrief Stichting Bouwhistorie Nederland* 55 (2013), pp. 69–83.
- A.A. Vorsterman van Oyen, *Genealogie van het geslacht van Oyen, Cock van Oyen, van Oyen zu Fürstenstein en Vorsterman van Oyen*. Groningen 1888.

1785 — In search of Atlantis

- R. Castleden, *Atlantis Destroyed*. London 2001.
- U. Eco, *The book of legendary lands*. London 2013.
- P. Jordan, *The Atlantis Syndrome*. Stroud 1994.
- M.H. de Saint-Simon, *Abus d'idees spéculatives. Dissertation sur un passage de Platon*. [Utrecht] 1785.

1786 — A bloodbath on Kodiak Island

- J.R. Gibson, *Feeding the Russian Fur Trade. Provisionment of the Okhotsk Seaboard and the Kamchatka Peninsula*. Madison 1969.
- R.A. Knecht, S. Haakanson & S. Dickson, 'Awa'uq: Discovery and Excavation of an 18th Century Alutiiq Refuge Rock in the Kodiak Archipelago', in: B. Frohlich, A.S. Harper & R. Gilberg (eds.), *To the Aleutians and Beyond*. Copenhagen 2002, pp. 1–191.
- G.A. Miller, *Kodiak Kreol. Communities of Empire in Early Russian America*. Ithaca 2010.

1789 — The dynamics of the delta

- R. Guleij, *Het grote kaartenboek*. Zwolle 2022.
- R.M. Haubourdin, 'De waterstaatskartografie van Jan Blanken 1798–1838', in: *Kartografisch Tijdschrift* 14 (1988), pp. 39–46.
- R.M. Haubourdin & P.C. Jansen, *De physique existentie dezes lands: Jan Blanken, inspecteur-generaal van de waterstaat (1755–1838). Arsenalen, bruggen, dokken, havens, kanalen, molens, sluizen, stoommachines*. Beetsterzwaag 1987.
- C. Koeman, *Geschiedenis van de kartografie van Nederland*. Alphen aan den Rijn 1983.

1799 — Elmina, a city-state in West Africa

- C.R. DeCorse, *An Archaeology of Elmina. Africans and Europeans on the Gold Coast, 1400–1900*. Washington/London 2001.
- I. van Kessel (ed.), *Merchants, Missionaries and Migrants. 300 years of Dutch-Ghanaian Relations*. Amsterdam/Accra 2002.
- J.T. Lever, 'Mulatto Influence on the Gold Coast in the Early Nineteenth Century: Jan Niezer of Elmina', in: *African Historical Studies* 3 (1970) 2, pp. 253–61.
- L. Yarak, 'Creative and Expedient Misunderstandings: Elmina-Dutch Relations in the 19th Century', in: J. Kwadwo Osei-Tutu (ed.), *Forts, Castles and Society in West Africa. Gold Coast and Dahomey, 1450–1960*. Leiden/Boston 2018.

1799 — The narrowest part of Holland

- M. Bruckner, 'The Ambulatory Map', in: *Winterthur Portfolio* 45 (2011) 2–3, pp. 141–60.
- K. Freriks & M. Storms, *Grensverkenningen. Langs oude grenzen in Nederland*. Amsterdam 2022.
- S. Schama, *Patriots and liberators. Revolution in the Netherlands, 1780–1813*. New York 1977.
- W. Uitterhoeve, *Cornelis Kraijenhoff 1758–1840. Een loopbaan onder vijf regeervormen*. Nijmegen 2009.
- D. de Vries (ed.), *Kaarten met geschiedenis 1550–1800. Een selectie van oude getekende kaarten van Nederland uit de Collectie Bodel Nijenhuis*. Utrecht 1989.

1807 — The Leiden gunpowder disaster

- K. Freriks & M. Storms, *Grensverkenningen. Langs oude grenzen in Nederland*. Amsterdam 2022.

- L. Knappert, *De ramp van Leiden, 12 Januari 1807, na honderd jaar herdacht*. Schoonhoven 1906.
- A. Ponsen & E. van der Vlist (eds.), *Het fataal evenement. De buskruitramp van 1807 in Leiden*. Leiden 2007.
- H.J. Reitsma, 'Kaarten en kruit. Rampenkaarten van buskruitontploffingen in Nederland', in: *Caert-Thresoor* 28 (2009) 2, pp. 41–7.
- D. de Vries (ed.), *Historische plattegronden van Nederlandse steden. Deel 7 Leiden*. Lisse 1997.

1815 — Imaginary travel from Edo to Nagasaki

- Y. Brown, 'The von Siebold Collection from Tokugawa, Japan: 2. Certain Features of the Collection', in: *British Library Journal* 2 (1976) 1, pp. 38–55.
- Y. Brown, *Japanese Book Illustration*. London 1988.
- Kobe shiritsu hakubutsukan (ed.), *Kochizu ni miru sekai to nihon*. Kobe 1995.
- J. Traganou, *The Tokaido Road. Travelling and Representation in Edo and Meiji Japan*. New York 2004.
- K. Unno, 'Cartography in Japan', in: J.B. Harley & D. Woodward (eds.), *The History of Cartography II.2*. Chicago 1994, pp. 346–477.

1815 — The glorious Battle of Waterloo

- W.B. Craan, *A Historical Account of the Battle of Waterloo Intended to Elucidate the Topographical Plan, Executed by W.B. Craan. Translated with Explanatory Notes by Captain A. Gore. Embellished with Accurate Views of the Principal Places Mentioned in the Work*. London 2011.
- R. de Jong & M. Storms, 'De kaartenveiling van Krayenhoff', in: *De Boekenwereld* 34 (2018), pp. 32–5.
- P. Nora, *Realms of Memory: Rethinking the French Past*. New York 1998.
- G. Van den Bosch, 'The importance of maps at the Battle of Waterloo', in: *Brussels International Map Collectors Circle Newsletter* 31 (2008), pp. 15–9.
- G. Vanthemsche, '1815 – Napoleon wordt definitief verslagen. Willem Benjamin Craans kaart van de veldslag bij Waterloo', in: *De geschiedenis van België in 100 oude kaarten*. Tielt 2021.

1825 — Inside the walls of Edo Castle

- M. Forrer, 'Een kaart als stok om de hond Siebold te slaan ...', in: M. Yonemoto, M. Forrer & I. Smits (eds.), *Staatsgevaar of Sierobject. Japanse kaarten uit de Siebold-Collectie*. Leiden 2000, pp. 25–32.
- R. Leca, *Japan in kaart / Mapping Japan*. Leiden 2017.
- A. Onodera, M. Oda, M. Nozumi & H. Kawamura (eds.), *Siebold's Maps. A Collection in Japan in the 1820s*. Tokyo 2016.
- P.F. von Siebold, *Nippon. Archiv zur Beschreibung von Japan und dessen Neben- und Schutzländern*. Leiden 1832–1851.
- I. Smits, 'Charting One's Own World: Early Modern Japanese Maps', in: A. Reeuwijk (ed.), *Voyage of Discovery. Exploring the Collections of the Asian Library at Leiden University*. Leiden 2017, pp. 312–23.

1825 — The topography of Ancient Rome

- J.A. Brongers, *Een vroeg begin van de moderne archeologie. Leven en werken van Cas Reuvens (1793–1835). Documentatie van een geleerden-leven*. Amersfoort 2002.
- E.H.P. Cordfunke, M. Eijckhoff, R.B. Halbertsma, P.H.D. Leupen and H. Sarfatij (eds.), *'Loffelijke verdiensten van de archeologie.' C.J.C. Reuvens als grondlegger van de moderne Nederlandse archeologie*. Hilversum 2007.
- M.H.E. Hoijtink, *Caspar J.C. Reuvens en musea van oudheden in Europa (1800–1840)*. Amsterdam 2009.

1832 — The journey of *cholera morbus*

- D. Arnold, 'Cholera and Colonialism in British India', in: *Past and Present* 113 (1986), pp. 118–51.
- P. Baldwin, *Contagion and the State in Europe, 1830–1930*. Cambridge 1999.
- T. Koch, '1831: The map that launched the idea of global health', in: *International Journal of Epidemiology* 43 (2014), pp. 1014–20.
- H.C. Lombard, *Notes historiques sur le cholera-morbus et sur les principales épidémies de cette maladie depuis 1817 jusqu'au mois d'octobre 1831*. Geneva 1832.
- M.A. Osborne, 'The geographical imperative in nineteenth-century French medicine', in: *Medical History Supplement* 20 (2000), pp. 31–50.

1837 — Manuscript, copper plates and printing

- P.W.A. Broeders, *Gijsbert Franco baron von Derfelden van Hinderstein 1783–1857. Leven en werk van 'eene ware specialiteit' in kaart gebracht*. 't Goy-Houten 2006.
- G.F. von Derfelden van Hinderstein, *Mémoire analytique, pour servir d'explication à la carte générale des possessions néerlandaises dans le grand archipel indien*. The Hague/Amsterdam 1841.
- P. Ekkelenkamp, *Indonesië op de kaart. De rol van de Nederlandse aanwezigheid in Indonesië bij de ontwikkeling van de geodesie in Nederland*. Delft 2019.
- W.F.L. Mörzer Bruyns, 'De Nederlandse hydrografische opnemingen aan de zuidwestkust van Nieuw-Guinea en in de Arufarazee, 1826–1835', in: *Caert-Thresoor* 38 (2019) 2, pp. 9–13.
- M. Storms, 'UB Leiden zet Azië op de kaart. Complete kartografische collectie KIT blijft behouden in Leiden', in: *Geo-Info* 11 (2014) 2, pp. 34–7.

1847 — Polders in the Wadden Sea

- F. Klaasen, 'Inpoldering van de Lauwerszee.', in: *De Hogelandster* (2000–2001).
- J.H. Riemersma, *De Lauwerszee*. Groningen 1901.
- T. van Swinderen, *Rapport van de commissie ... over de inpoldering van de Lauwerszee en een gedeelte van den Dollard*. [Groningen] 1849.
- P.J.W. Teding van Berkhout, *De landaanwinning op de Frische Wadden in haare noodzakelijkheid, uitvoerbaarheid en voordeelen*. Zwolle 1867.

1848 — Battles on the Parisian barricades

- A. Corbin & J.-M. Mayeur (eds.), *La barricade*. Paris 1997.
- J. Gaillard, Paris, la Ville 1852–1870. *L'urbanisme parisien à l'heure d'Haussmann*. Paris 1977.
- M. Gribaudi & M. Riot-Sarcey, *1848, la révolution oubliée*. Paris 2008.
- J. Harsin, Barricades. *The War of the Streets in Revolutionary Paris, 1830–1848*. New York 2002.
- M. Traugott, *Armies of the Poor. Determinants of Working-Class Participation in the Parisian Insurrection of June 1848*. New Brunswick-London 2002.

1854 — The theatre of war in Crimea

- P. Barber & T. Harper, *Magnificent Maps. Power, Propaganda and Art*. London 2010.
- R.M. Barron, 'Bringing the Map to Life: European Satirical Maps 1845–1945', in: W. Bracke, J.L. Renteux & W. Bodenstein (eds.), *Formatting Europe – Mapping a Continent*. Brussels 2009.
- R.M. Barron, *1854: Clipping the Russian Bear's Claws – "Rock & Droll" – The Comic Map of Europe is Born*. Sevenoaks 2015.
- M. Smit, 'De weergave van Nederland op negentiende-eeuwse cartoonkaarten van Europa', in: *Caert-Thresoor* 28 (2009) 4, pp. 98–103.
- M. Storms & H. Teunissen, *Borderlands. Ukraine in Historical Maps*. Leiden 2022.

1861 — War reporting *avant la lettre*

- E. Harvey, *The Civil War and American Art*. New York 2012.
- J. McPherson, *Battle Cry of Freedom: The American Civil War*. London 1988.
- F. Mott, *A History of American Magazines, 1850–1865*. Boston 1970.

1861 — Christianising the world

- H.U. Feldmann *et al.* (eds.), 'Missionskartographie', in: *Cartographica Helvetica* 58 (2019), pp. 1–71.
- A. Johnston, 'British Missionary Publishing, Missionary Celebrity, and Empire', in: *Nineteenth-Century Prose* 32 (2005) 2, pp. 20–43.
- D. Onnekink, H. de Korte & M. van Egmond, *Kaarten met een boodschap: zendingscartografie ca 1850–1950*. Utrecht 2020.
- D. Onnekink, 'Kingdom Come. The Eschatology of Missionary Maps', in: *International Bulletin of Mission Research* 45 (2021) 3, pp. 248–56.

1866 — The Europe of peace

- 'Curiosum', in: *Oesterreichische Signale*, 10 August 1866.
- 'Verbote', in: *Oesterreichischer Buchhändler Korrespondenz*, 1 November 1866.
- F. Schütz, *Ph. von Zabern. 200 Jahre einer Mainzer Offizin*. Mainz 1985.
- J. Steinberg, *Bismarck: A Life*. Oxford 2011.
- E. Weller, *Index Pseudonymorum. Woerterbuch der Pseudonymen oder Verzeichnis aller Autoren, die sich falscher Namen bedienten. Nachtraege zu den "Falschen und fingirten Druckorten"*. Glauchau/Leipzig 1868.

1867 — Cannons by the coast
- N. Kreeft & M. Storms, 'Kanonnen bij Nagasaki op Japanse manuscriptkaarten', in: *De Boekenwereld* 35 (2019) 2, pp. 40–5.
- R. Leca, *Japan in kaart / Mapping Japan*. Leiden 2017.
- N. Wilson, *Defensive Positions. The Politics of Maritime Security in Tokugawa Japan*. Cambridge (MA) 2015.

1870 — The earliest map of the eastern Himalayas
- F. Lequin & A. Meijer, *Samuel van de Putte, een mandarijn uit Vlissingen (1690–1745). De onbedoelde publicatie van een restant*. Middelburg 1989.
- C.R. Markham, *Narratives of the Mission of George Bogle to Tibet and the Journey of Thomas Manning to Lhasa*. London 1876.
- F.J. Ormeling Sr., 'De reizen van Samuel van de Putte', in: *Caert-Thresoor* 17 (1998) 1, pp. 11–4.
- M. Storms, 'Leiden and the Dissemination of Asian Cartography', in: M. Altić *et al.* (eds.), *Dissemination of Cartographic Knowledge*. Cham 2017, pp. 347–62.
- P.J. Veth, 'De Nederlandsche reiziger Samuel van de Putte', in: *Tijdschrift van het Aardrijkskundig Genootschap* 2 (1877), pp. 5–19.

1879 — In search of gold
- F. Bubberman & C. Koeman (eds.), *Links with the Past. The History of the Cartography of Suriname 1500–1971 = Eslabones con el pasado. La historia de la cartografía de Suriname, 1500–1971*. Amsterdam 1973.
- M. Griffioen, 'Johan F.A. Cateau van Rosevelt. Portret van de kartograaf van de Surinaamse kolonie', in: *Caert-Thresoor* 40 (2021) 3, pp. 3–11.
- H. Ramsoedh, *Surinaams onbehagen: een sociale en politieke geschiedenis van Suriname, 1865–2015*. Hilversum 2018.
- A. Wentholt (ed.), *In kaart gebracht met kapmes en kompas. Met het Koninklijk Nederlands Aardrijkskundig Genootschap op expeditie tussen 1873 en 1960*. Heerlen/Utrecht 2003.

1883 — A passport to heaven
- J. Hjärpe, 'A Ḥajj certificate from the early 20th century', in: P. Schalk *et al.* (eds.), *'Being religious and living through the eyes.' Studies in religious iconography. A celebratory publication in honour of Professor Jan Bergman* […]. Uppsala 1998, pp. 197–204.
- U. Marzolph, 'From Mecca to Mashhad. The narrative of an illustrated Shiʿi pilgrimage scroll from the Qajar period', in: *Muqarnas* 31 (2014), pp. 207–42.
- L. Mols, 'Souvenir, testimony and device for instruction. Late nineteenth- and early twentieth-century printed Hajj certificates', in: L. Mols *et al.* (eds.), *Hajj. Global interactions through pilgrimage. Mededelingen van het Rijksmuseum voor Volkenkunde Leiden*. Leiden 2015, pp. 185–212.
- A.J. Wensinck *et al.*, 'Ḥadjdj', in: *The Encyclopaedia of Islam*. New ed., 12 vols, suppl., index. Leiden 1960–2009, vol. 4, pp. 31–8.

1886 — An extraordinary explosion on Krakatoa
- M. Dörries, 'Global science: the eruption of Krakatau', in: *Endeavour* 27 (2003) 3, pp. 113–16.
- P. de Ruiter, *Het mijnwezen in Nederlands-Oost-Indië 1850–1950*. Utrecht 2016.
- A. Schrikker, 'Disaster management and colonialism in the Indonesian archipelago, 1840–1920', in: G. Bankoff & J. Christensen (eds.), *Natural hazards and peoples in the Indian Ocean world*. New York 2016.
- T. Simkin & R.S. Fiske, *Krakatau 1883. The volcanic eruption and its effects*. Washington DC 1983.
- R. Verbeek, *Topographische en geologische beschrijving van een gedeelte van Sumatra's Westkust*. Batavia 1883.

1890 — The royal tombs of Kotagede
- M. Bloembergen & M. Eickhoff, *The Politics of Heritage in Indonesia. A Cultural History*. Cambridge 2020.
- P. Carey, *Civilization on Loan. The Making of an Upstart Polity. Mataram and its Successors, 1600–1830*. Cambridge 1997.
- F. Okker, *Rouffaer. De laatste Indische ontdekkingsreiziger. Amsterdam 2015*.
- *G.P. Rouffaer, Catalogus der land- en zeekaarten toebehoorende aan het Koninklijk Intituut voor de taal-, land-, en volkenkunde van Nederlandsch Indië*. The Hague 1898.
- R.B. Santoso, *Kotagede. Life Between Walls*. Jakarta 2007.

1897 — "Of service to the Cyclist"
- J. Bank & M. van Buuren, *1900. Hoogtij van burgerlijke cultuur*. The Hague 2000.
- R. Lesisz, *Honderd jaar fietsen in Nederland 1850–1950. Over het begin van de fietscultuur*. Wrocław 2004.
- S.Y. Tjong Tjin Tai, F. Veraart & M. Davids, 'How the Netherlands became a bicycle nation: Users, firms and intermediaries, 1860–1940', in: *Business History* 57 (2015) 2, pp. 257–89.
- M. van Delft & R. Storm, *De geschiedenis van Nederland in 100 oude kaarten*. Tielt 2019.
- M. Boom, *Everyone a Photographer: The Rise of Amateur Photography in the Netherlands, 1880–1940*. Amsterdam 2019.

1908 — Expansion plan for The Hague
- H. Berlage, *Het Uitbreidingsplan van 's Gravenhage*. The Hague 1909.
- L. Oorschot, *Conflicten over Haagse stadsbeelden. Van Willemspark tot Spuiforum*. Delft 2014.
- S. Polano, *Hendrik Petrus Berlage. Het complete werk*. Alphen aan den Rijn 1988.

1913 — The Santa Barbara phosphate mine, a bonanza
- D. Koren, 'De geheimen van de Tafelberg. Verborgen industrieel landschap op terrein Curaçaose Mijnmaatschappij', in: *Erfgoed magazine* 41 (2020) 1, pp. 6–9.
- D. Koren, 'Een eeuwenlange strijd tegen droogte en teloorgang. Uiteenlopende waarden en betekenissen van het Curaçaose plantagelandschap', in: *Tijdschrift voor Historische Geografie* 5 (2020) 3, pp. 131–51.
- W. Renkema, *Kaarten van de Nederlandse Antillen. Curaçao, Aruba, Bonaire, Saba, Sint-Eustatius en Sint-Maarten tot 1900*. Leiden/Boston 2016.
- J. van Soest, *Olie als water. De Curaçaose economie in de eerste helft van de twintigste eeuw*. Zutphen 1977.
- J.H. Westermann. 'Geologisch onderzoek van de Nederlandse Antillen', in: *Nieuwe Westindische Gids* 46 (1968) 1, pp. 65–72.

1917 — Mapping hell on earth
- J. Beach, *Haig's Intelligence: GHQ and the German Army, 1916–1918*. Cambridge 2013.
- Peter Chasseaud, *Topography of Armageddon. A British Trench Map Atlas of the Western Front, 1914–1918*. Lewes 1991.
- C. Lemoine-Isabeau & J.-M. Duvosquel, 'Toponymie de guerre au sud du saillant d'Ypres: la région de Comines-Warneton', in: P. Lefèvre & P. De Gryse (eds.), *Van Brialmont tot de Westeuropese Unie*. Brussels 1988, pp. 129–54.
- M.S. Neiberg, *Fighting the Great War. A Global History*. Cambridge (Mass.) 2005.
- R. Prior & T. Wilson, *Passchendaele. The Untold Story*. Yale 2016.
- P. Warner, *Passchendaele*. Barnsley 2005.

1918 — The tentacles of the British Empire
- P. Barber & T. Harper, *Magnificent Maps. Power, Propaganda and Art*. London 2010.
- A. Baynton-Williams, *The Curious Map Book*. Chicago 2015.
- F.A. Johnson, *Defence by Committee. The British Committee of Imperial Defence, 1885–1959*. Oxford 1960.
- P.M. Kennedy, *The Rise of the Anglo-German Antagonism, 1860–1914*. London 1980.
- T.R.E. Paddock, *World War I and Propaganda*. Leiden 2014.

1919 — New borders after the First World War
- M. Macmillan, *Peacemakers, The Paris Conference of 1919 and its Attempt to End War*. London 2001.
- S. Pedersen, *The Guardians: the League of Nations and the Crisis of Empire*. Oxford 2015.
- Z. Steiner, *The lights that failed: European international history, 1919–1933*. Oxford 2005.
- N. Wheatley & P. Becker (eds.), *Remaking Central Europe: The League of Nations and the Former Habsburg Lands*. Oxford 2020.

1920 — A colonial El Dorado with a dark side

- J. Breman, *Koelies, planters en koloniale politiek. Het arbeidsregime op de grootlandbouw- ondernemingen aan Sumatra's Oostkust in het begin van de twintigste eeuw*. Dordrecht 1987[1], Leiden 1992[3].
- A. van Kommer, 'De Deli-Maatschappij aan de Oostkust van Sumatra gedurende de jaren 1900–1940', in: A.H.P. Clemens & J.T. Lindblad (eds.), *Het belang van de Buitengewesten. Economische expansie en koloniale staatsvorming in de Buitengewesten van Nederlands-Indië 1870–1942*. Amsterdam 1989, pp. 97–118.
- H.W. Dick *et al.*, *The emergence of a national economy. An economic history of Indonesia, 1800–2000*. Crows Nest 2002; in particular Chapter 5.
- A. Goedhart, *Het wonder van Deli. Uit de geschiedenis van de cultures op Sumatra's Oostkust*. Amsterdam 2002.

1928 — A multi-layered Ottoman-Turkish map

- R. Gingeras, *Fall of the Sultanate. The Great War and the End of the Ottoman Empire, 1908–1922*. Oxford 2016.
- M. Reinkowski, *Geschichte der Türkei von Atatürk bis zur Gegenwart*. Munich 2021.
- C. Schayegh, *The Middle East and the Making of the Modern World*. Cambridge, MA 2017.
- U. Üngör, *The Making of Modern Turkey. Nation and State in Eastern Anatolia, 1913–1950*. Oxford 2011.
- E. J. Zürcher, *The Young Turk Legacy and the National Awakening. From the Ottoman Empire to Atatürk's Turkey*. London 2010.

1931 — 'Mapping' Armenia

- H. Babessian, *Haykakan. Armeniaca*. Fresno 1998.
- V. Matiossian, *The Politics of Naming the Armenian Genocide. Language, History and 'Medz Yeghern'*. New York 2022.
- T. Nalbantian, *Armenians Beyond Diaspora. Making Lebanon Their Own*. Edinburgh 2020.
- R. Panossian, *The Armenians from Kings and Priests to Merchants and Commissars*. New York 2006.
- V. Sahakyan, 'Transnational Politics and Governmental Strategies in the Formative Years of the Post-Genocide Armenian Diaspora (1920s–1930s)', in: T. Chahinian, T. Nalbantian, & S. Kasbarian (eds.), *The Armenian Diaspora and Stateless Power. Collective Identity in the Transnational 20th Century*. New York 2023.

1935 — Propaganda during the interwar years

- G. Chamedes, *A Twentieth-Century Crusade. The Vatican's Battle to Remake Christian Europe*. Cambridge (Mass.) 2019.
- P. Gopal, *Insurgent Empire. Anticolonial Resistance and British Dissent*. London 2019.
- B. Hayes Edwards, *The Practice of Diaspora. Literature, Translation, and the Rise of Black Internationalism*. Cambridge (Mass.) 2003.
- R. Mallett, *Mussolini in Ethiopia, 1919–1935: The Origins of Fascist Italy's African War*. New York 2015.
- L. Simons, *Geschiedenis van de uitgeverij in Vlaanderen*. Tielt/Weesp 1984–1987.

1936 — A zeppelin above Sugarloaf Mountain

- H.G. Dick & D.H. Robinson, *The Golden Age of the Great Passenger Airships: Graf Zeppelin & Hindenburg*. Washington 1985.
- E. Fernandes, *Guilherme Gaelzer Netto (1874–1959). O Kaiser dos Trópicos*. Florianópolis 2015.
- B. Keen & K.A. Haynes, *A History of Latin America*. New York 2004.
- J.L. Love, 'Raúl Prebisch and the origins of the doctrine of unequal exchange', in: *Latin American Research Review* 15 (1980) 3, pp. 45–72.

1940 — Topography of terror

- B. Engelking & J. Leociak, *The Warsaw Ghetto. A Guide to the Perished City*. New Haven/London 2009.
- C. Kaplan, *Scroll of Agony. The Warsaw Diary*. London 1999.
- E. Ringelblum, *Notes from the Warsaw Ghetto: The Journal of Emmanuel Ringelblum*. New York 1972.
- H. Teunissen. *Topography of Terror. Maps of the Warsaw Ghetto*. Moscow and Leiden 2011.

1943 — Flying horsepower

- T. Barney, 'Richard Edes Harrison and the Cartographic Perspective of Modern Internationalism', in: *Rhetoric & Public Affairs*, 15 (2012) 3, pp. 397–434.
- D. Cosgrove, 'Maps, Mapping, Modernity: Art and Cartography in the Twentieth Century', in: *Imago Mundi* 57 (2005) 1, pp. 35–54.
- D. Cosgrove & V. Della Dora, 'Mapping Global War: Los Angeles, the Pacific, and Charles Owens's Pictorial Cartography', in: *Annals of the Association of American Geographers* 95 (2005) 2, pp. 373–90.
- S. McKay, Dresden. *The Fire and the Darkness*. New York 2020.
- D. Süss, *Tod aus der Luft: Kriegsgesellschaft und Luftkrieg in Deutschland und England*. Munich 2011.

1950 — Squabbling about Congolese languages

- G. Hulstaert, *Carte linguistique du Congo belge*. Brussels 1950.
- M. Meeuwis, 'Flemish nationalism in the Belgian Congo versus Zairian anti-imperialism: Continuity and discontinuity in language ideological debates', in: *Mouton Classics: From Syntax to Cognition, From Phonology to Text*. Berlin 2002, pp. 381–423.
- M. Meeuwis, 'Cartographie linguistique dans la colonie: deux cartes linguistiques de 1948', in: *La Mémoire du Congo: Le Temps colonial*. Tervuren 2005, pp. 151–4.
- G. Van Bulck, *Les recherches linguistiques au Congo belge*. Brussels 1948.
- M. Van de Velde, 'The Two Language Maps of the Belgian Congo', in: *Annales Aequatoria* 20 (1999), pp. 475–89.

1952 — A new view of the Sahara

- E. Bernus *et al.*, *Nomades et commandants. Administration et sociétés nomades dans l'ancienne A.O.F.*, Karthala 1993.
- R. Capot-Rey, 'Note sur la sédentarisation des nomades au Sahara', in: *Annales de Géographie* 70 (1961) 377, pp. 82–6.
- B. Lecocq, 'Distant shores: a historiographic view on trans-Saharan space', in: *The Journal of African History* 56 (2015) 1, pp. 23–36.
- V. Monteil, *L'Islam noir*. Paris 1964.
- O. Walther & D. Retaille, 'Le modèle sahélien de la circulation, de la mobilité et de l'incertitude spatiale', in: *Autrepart* 47 (2008) 3, pp. 109–24.

1952 — Canada's global role

- D. Bercuson, *Blood on the Hills. The Canadian Army in the Korean War*. Toronto 2014.
- S. Maloney, *Learning to Love the Bomb. Canada's Nuclear Weapons during the Cold War*. Washington DC 2011.
- G. Marcuse & R. Whitaker, *Cold War Canada. The Making of a National Insecurity State 1945–1957*. Toronto 1996.
- M. Peden, *Fall of an Arrow*. Toronto 2003.
- D. Story & R. Isinger, 'The origins of the cancellation of Canada's Avro CF-105 Arrow fighter program. A failure of strategy', in: *Journal of Strategic Studies* 30 (2007) 6, pp. 1025–50.

1954 — The Native Courts of Nigeria

- E.A. Keay & S.S. Richardson, *The native and customary courts of Nigeria*. London/Lagos 1966.
- K. Mann & R.L. Roberts (eds.), *Law in colonial Africa*. London 1991.
- T. Ranger, 'The invention of tradition in colonial Africa', in: Eric Hobsbawm & Terrence Ranger (eds.), *The invention of tradition*. Cambridge 2014, pp. 211–62.

1954 — Advertising Jamaica

- A. Cobley, 'Harrison's of Liverpool and seafarers from Barbados. A case study of sea-borne colonial labour', in: *Journal of Caribbean History* 29 (1995) 2, pp. 71–92.
- J.W. Martin, 'Mapping an empire. Tourist cartographies of the Caribbean in the early twentieth century', in: *Early Popular Visual Culture* 9 (2011) 1, pp. 1–14.
- E. Mulvaney, 'Reviews of film strips', in: *Irish Geography* 3 (1954) 1, pp. 58.
- A. Sutton & C.W. Yingling, 'Projections of desire and design in early modern Caribbean maps', in: *The Historical Journal* 63 (2020) 3, pp. 789–810.
- E.A. Sutton, *Capitalism and Cartography in the Dutch Golden Age*. Chicago 2015.

1956 — Quest for a national vision

- D. Arnold, 'Nehruvian Science and Postcolonial India', in: *Isis* 104 (2013), pp. 360–70.
- J. Nehru, *The Discovery of India*. London 1946.
- S. Ramaswamy, *The Goddess and the Nation: Mapping Modern India*. Durham, NC 2010.
- T. Sherman, W. Gould and S. Ansari (eds.), *From Subjects to Citizens: Society and the Everyday State in India and Pakistan, 1947–1977*. Cambridge 2014.

1960 — A pilgrim's map from India

- S. Gole, *Indian Maps and Plans. From Earliest Times to the Advent of European Surveys*. New Delhi 1989.
- C. Jacques, *Gayāmāhātmya*. Pondicherry 1962.
- R.P.B. Singh, 'Sacredscape and Manescape: The Sacred Geography of Gaya, India', in: A.K. Dutt *et al.* (eds.), *Facets of Social Geography: International and Indian Perspectives*. Delhi 2012, pp. 502–25.
- H.D. Smith, 'Impact of "God Posters" on Hindus and Their Devotional Traditions', in: L.A. Babb & S.S. Wadley (eds.), *Media and the Transformation of Religion in South Asia*. Philadelphia 1995, pp. 24–50.
- L.P. Vidyarthi, *The Sacred Complex in Hindu Gaya*. Bombay 1961.

1967 — Gas from the borderlands

- J. Craig, F. Gerali, F. Macaulay & R. Sorkhabi, *The history of European oil and gas industry (1600s–2000s)*. London 2018.
- S. Plokhy, *The Gates of Europe. A History of Ukraine*. New York 2021.
- M. Storms & H. Teunissen, *Borderlands. Ukraine in historical maps*. Leiden 2022.

1970 — Oppressed and resisting

- K. Andresen, S. Justke & D. Siegfried (eds.), *Apartheid and Anti-Apartheid in Western Europe*. Cham 2021.
- J.B. Gewald, To *Grahamstown and Back: Towards a Socio-Cultural History of Southern Africa*. Leiden 2014.
- R. Muskens, *Aan de Goede Kant: Biografie van de Nederlandse Anti-Apartheids-beweging, 1960–1990*. Soesterberg 2014.
- S. Onslow (ed.), *Cold War in Southern Africa: White Power, Black Liberation*. London 2009.
- R. Southall, *Liberation Movements in Power: Party and State in Southern Africa*. Woodbridge 2013.

1975 — Administrative districts of China

- W.A. Callahan, 'The Cartography of National Humiliation and the Emergence of China's Geobody', in: *Public Culture* 21 (2009) 2, pp. 141–73.
- C.P.C. Chung, 'Drawing the U-Shaped Line. China's Claim in the South China Sea, 1946–1974', in: *Modern China* 42 (2016) 1, pp. 38–72.
- J. Li & D. Li, 'The Dotted Line on the Chinese Map of the South China Sea: A Note', in: *Ocean Development & International Law* 34 (2003) 3–4, pp. 287–95.
- Y. Lu, *Zhongguo jindai bianjie shi [The History of Borderlands in Modern China]*. Beijing 2013.

1976 — Constructing the Kim Il Sung myth

- C. Armstrong, *The North Korean Revolution, 1945–1950*. Ithaca/London 2003.
- H. Kim, *Dynasty: The Hereditary Succession Politics of North Korea*. Stanford 2015.
- I.S. Kim, *With the Century Volumes 1–8*. Pyongyang 1992–1998.
- B.K. Martin, *Under the Loving Care of the Fatherly Leader. North Korea and the Kim Dynasty*. New York 2004.
- D-S. Suh, *Kim Il Sung. The North Korean Leader*. New York 1988.

1977 — The strategic importance of the Panama Canal

- *Panama Canal Treaty*. United States Treaties and Other International Agreements Vol. 33, part 1, TIAS 10030. Washington 1977.
- *Treaty concerning the permanent neutrality and operation of the Panama Canal, with annexes and protocol*. United States Treaties and Other International Agreements Vol. 33, part 1, TIAS 10029. Washington 1977.

1984 — A glimpse of the Soviet vision of Utopia

- J. Davies & A.J. Kent, *The Red Atlas. How the Soviet Union Mapped the World*. Chicago 2017.
- M. Davis & A.J. Kent, 'An Analysis of the Global Symbology of Soviet Military City Plans', in: *The Cartographic Journal* 58 (2021) 4, pp. 1–24.
- A.J. Kent, M. Davis & J. Davies, 'The Soviet Mapping of Poland. A Brief Overview', in: *Miscellanea Geographica* 23 (2019) 1, pp. 5–15.
- A.V. Postnikov, 'Maps for Ordinary Consumers Versus Maps for the Military: Double Standards of Map Accuracy in Soviet Cartography, 1917–1991', in: *Cartography and Geographic Information Science* 29 (2002) 3, pp. 243–60.
- D. Watt, 'Soviet Military Mapping', in: *Sheetlines* 74 (2005), pp. 1–4.

1985 — In the footsteps of Charles Darwin

- K.T. Grant & G.B. Estes, *Darwin in Galapagos. Footsteps to a New World*. Princeton 2009.
- J. Joyce, *Excursion to our past, present and future*. Richmond 2022.
- P.D. Stewart, *Galápagos. The Islands that Changed the World*. New Haven 2006.
- J. van Wyhe, *Darwin. The Story of the Man and His Theories of Evolution*. London 2008.

2007 — In the style of De Stijl

- J. Agasi & S. Dresmé, *U bevindt zich hier. 57 visies op de kaart van Leiden*. Leiden 2008.
- K. Garland, *Mr. Beck's underground map*. Harrow Weald 2008.
- K. Herzog, *View on the worldmap. Een veelomvattend project van Annesas Appel*. [Haarlem] 2021.
- I. Panneels, 'Mapping in Art', in: A.J. Kent & P. Vujakovic (eds.), *The Routledge Handbook of Mapping and Cartography*. New York 2018.
- M. Storms, *Four Views on Leiden. Jos Agasi's visualisation of the characteristic shape of the Leiden city centre gave surprising results*. Leiden 2010.

2013 — A vertical Chinese world map

- N. Agarwala, 'Advances by China in deep Seabed mining and its security implications for India', in: *Australian Journal of Maritime & Ocean Affairs* 13 (2021) 2, pp. 94–112.
- A.M. Brady, *China as a Polar Great Power*. Cambridge/New York 2017.
- China News Service, 'Looking at the world horizontally and vertically, what's the big difference? Interview with Hao Xiaoguang, the compiler of the vertical world map'. [Press release] Beijing 2021.
- S. Nordquist, 'The Marshall Plan and the Belt and Road Initiative: More Differences than Similarities', in: *Atlantic Council*. Geoeconomics Center, June 2022.
- J. Vriesema, 'Arctic Geopolitics: China's remapping the World', in: *Clingendael Spectator*, April 2021.

찾아보기

ㄱ

가미노시마(Kaminoshima) 274, 275
가바시마(Kabashima) 274
가욕관(Jiayu Pass) 188, 189
교토(Kyoto) 100, 226
규슈(Kyushu) 226, 274

ㄴ

남극(South Pole) 17, 21, 56, 203, 405, 406, 407, 409
남대서양(Atlantic Ocean, Southern) 88
남부 대륙(Southland) 57, 60, 144, 145
남부아프리카(Africa, Southern) 380, 381
남서아프리카(Africa, Southwest) 381
남아메리카(South America) 29, 50, 60, 61, 68, 339, 390, 398, 405
남아시아(Asia, South) 13, 15, 29
남아프리카(South Africa) 380, 381
남중국해(South China Sea) 149, 384, 385, 406
남티롤(Tyrol, South) 270, 319
남홀란트(Holland, South) 210, 298, 299
남홀란트의 섬(Holland islands, South) 210
노르트-베벨란트(Beveland, Noord-) 133

ㄷ

대만(Taiwan) 384, 385
대서양(Atlantic Ocean) 28, 50, 51, 60, 68, 69, 72, 73, 77, 120, 136, 184, 185, 202, 203, 358, 359, 390
대영제국(British Empire) 104, 242, 270, 314, 367
도카이도(Tōkaidō Road) 226
도쿄(Tokyo) 226, 234, 235, 275, 393
동남아시아(Asia, Southeast) 14, 16, 17, 29, 267, 295, 384, 405
동보르네오(Borneo, East) 290
동아프리카(Africa, East) 242
동티모르(Timor, East) 172

ㄹ

라고스(Lagos) 362
라다크(Ladakh) 278
라란투카(Larantuka) 172
라싸(Lhasa) 278, 279
라싸강(Lhasa River) 278
라우베르해(Lauwerszee) 250, 251
라우베르호수(Lauwersmeer) 250, 251
라이프치히(Leipzig) 298
라트비아(Latvia) 393
라틴아메리카(Latin America) 16, 338
람풍(Lampung) 290
랑(Lang) 290
랑카트(Langkat) 322
럭나우(Lucknow) 370
런던(London) 96, 104, 105, 128, 129, 148, 153, 194, 198, 258, 259, 266, 267, 311, 315, 366, 393, 398, 402, 403
레구안(Leguan) 195
레닌그라드(Leningrad) 378, 393
레바논(Lebanon) 319, 331
레반트(Levant) 270
레소토(Lesotho) 380
레이더르프(Leiderdorp) 37
레이던(Leiden) 12, 13, 14, 15, 16, 17, 20, 24, 28, 32, 36, 37, 50, 57, 77, 80, 81, 112, 120, 123, 173, 198, 221, 222, 230, 238, 239, 263, 271, 278, 279, 282, 283, 287, 299, 306, 350, 351, 402, 403
레이드세메이르(Leidsemeer) 80
레이에강(Leie) 310
레이크허스트(Lakehurst) 339
로렌(Lorraine) 318
로스앤젤레스(Los Angeles) 347
로잔(Lausanne) 318, 327
로카르노(Locarno) 318
롱샹(Longchamps) 195
루벤(Leuven) 85
루손(Luzon) 148
루안다(Luanda) 136, 137, 393
루한스크(Luhansk) 378
룩셈부르크(Luxembourg) 54, 270
뤼베크(Lübeck) 33
르 메르 해협(Le Maire Strait) 57, 60, 61
리버풀(Liverpool) 366
리비아(Libya) 202, 334, 355
리비우(Lviv) 378
리워드 앤틸리스(Leeward Islands) 306
리포우(Lifau) 172
린셰핑(Linköping) 33
릴(Lille) 310
링겐(Lingen) 55

ㅁ

마닐라(Manila) 148
마다가스카르(Madagascar) 88, 203
마데이라(Madeira) 120
마드리드(Madrid) 41, 60, 61, 83, 85, 148, 184
마디운(Madiun) 17
마로윈강(Marowijne River) 282
마리안해협(Marianne Strait) 246
마리엔부르크(Marienburg) 347
마리우폴(Mariupol) 379
마술리파트남(Masulipatnam) 168
마이애미(Miami) 367
마인츠(Mainz) 271
마젤란해협(Magellan, Strait of) 57, 60, 61
마카사르(Makassar) 141
마케도니아(Macedonia) 270
마키안(Makian) 141
마타람(Mataram) 294, 295
마탄자스만(Matanzas, Bay of) 69
마탈라(Matala) 181
마탐바(Matamba) 136
마하웰리강(Mahaweli Ganga) 180
만경대(Mangyondae) 386
만주(Manchuria) 192
말라바르(Malabar) 29, 88, 149
말라카해협(Malacca, Strait of) 406
말레이시아(Malaysia) 141, 384, 385
말메디(Malmedy) 318
망쿠네가란(Mangkunegaran) 295
매사추세츠(Massachusetts) 164
먼로 요새(Monroe, Fort) 263
메단(Medan) 322, 323
메디나(Medina) 286, 287
메젠(Mesen) 310
메카(Mecca) 286, 287
메펜(Meppen) 55
멕시코(Mexico) 68, 69, 76, 77, 128, 129
멕시코만(Mexico, Gulf of) 50, 263
멘도시노 곶(Mendocino, Cape) 129
멜라렌(Mälaren) 32
모니켄담(Monnickendam) 218
모든 성인의 만(All Saints, Bay of) 63
모리타니(Mauritania) 203
모카니아(Mocania) 10
몬데구오(Mondeguo) 136
몬터레이만(Monterey Bay) 128
몰도바(Moldova) 258, 378
몰디브(Maldives) 144, 152, 405, 406
몰루카제도(Moluccas) 141, 149, 246
몰타(Malta) 40, 203

몽골(Mongolia) 168, 189, 192, 279
몽메디(Montmédy) 40
몽생장(Mont-Saint-Jean) 230, 231
몽트뢰(Montreux) 327
뫼즈(Meuse) 83, 116, 117, 210
무굴제국(Moghul Empire) 168, 278
미국(United States of America) 121, 123, 164, 165, 207, 262, 263, 266, 274, 275, 286, 298, 299, 314, 319, 323, 330, 331, 334, 339, 345, 347, 358, 359, 366, 367, 390, 391, 393, 394, 403, 405, 406, 407
미나스제라이스(Minas Gerais) 137
미나하사(Minahasa) 267
미니애폴리스(Minneapolis) 347
미델부르흐(Middelburg) 145, 152, 278, 279
미시시피(Mississippi) 263
미야지마(Miyajima) 227
미주리(Missouri) 262
민다나오(Mindanao) 149
민스크(Minsk) 378

ㅂ

바그다드(Baghdad) 287
바다흐샨(Badakhshan) 189
바덴제도(Wadden islands) 250
바덴해(Wadden Sea) 54, 250, 251
바로 콜로라도(Barro Colorado) 391
바르샤바(Warsaw) 242, 342, 343, 393
바르셀로나(Barcelona) 339
바베이도스(Barbados) 367
바세나르(Wassenaar) 303
바이아(Bahia) 63, 64, 65
바이에른(바바리아)(Bavaria) 124, 271, 291
바이커머호수(Wijkermeer) 218
바타비아(Batavia) 88, 140, 144, 145, 152, 168, 169, 173, 279, 290, 291, 322
바타비아 공화국(Batavian Republic) 218, 246
바티칸(Vatican) 335
바하반도(Baja peninsula) 128
반호수(Van, Lake) 330
반니(Vanni) 161
반다제도(Banda Islands) 93, 141
반다리바(Bandariba) 306
반다부(Bandabou) 306
반텐(Banten) 290
발칸반도(Balkans) 270
발켄부르크(Valkenburg) 37
발트 3국(Baltic states) 319
발트해(Baltic Sea) 32
발헤렌(Walcheren) 133, 153
방글라데시(Bangladesh) 366, 406
버뮤다(Bermuda) 314, 367
버지니아(Virginia) 263
베냉(Benin) 137
베네치아(Venice) 32, 33
베네토(Veneto) 270
베라크루스(Veracruz) 69, 367
베르비체(Berbice) 194
베르사유(Versailles) 314, 318, 319
베르히테스가덴(Berchtesgaden) 345, 346
베를린(Berlin) 123, 189, 214, 242, 270, 314, 318, 319, 339, 342, 345, 393
베베르위(Beverwijk) 218, 219
베사라비아(Bessarabia) 319
베수비오 화산(Vesuvius) 112, 113
베이징(북경, Beijing) 100, 192, 193, 278, 279, 384, 405
베트남(Vietnam) 101, 385, 393
벤야(Benya) 214, 215
벤트하임(Bentheim) 88
벨기에(Belgium) 54, 72, 84, 132, 270, 290, 291, 310, 311, 318, 334, 350, 351, 398
벨기에령 콩고(Belgian Congo) 350
벨라루스(Belarus) 319
벨라완(Belawan) 322
벨라텐(Verlaten) 290
벨리즈(Belize) 367
벰스터(Beemster) 80, 218
벵고(Bengo) 136
벵골(Bengal) 161, 242
벵골만(Bay of Bengal) 93
보나이르(Bonaire) 69
보로부두르(Borobudur) 295
보르너(Voorne) 211
보르네오(Borneo) 246, 267
보리스슬라브(Boryslav) 378
보스메르만(Vosmaersbaai) 246
보스턴(Boston) 165, 318
보스포루스해협(Bosphorus) 258, 326
보어쇼텐(Voorschoten) 37
보츠와나(Botswana) 380, 381
보트니아만(Bothnia, Gulf of) 32
보헤미아(Bohemia) 32, 105, 270
볼리비아(Bolivia) 393
볼먼스 록(Bollman's Rock) 263
볼티모어(Baltimore) 263
부다가야(Bodhgaya) 374
부다페스트(Budapest) 270
부룬디(Burundi) 350
부르부르크(Voorburg) 238, 239
부비뉴(Bouvignes) 40
부탄(Bhutan) 278
북극해(Arctic Ocean) 314, 406
북부 몰루카 제도(Moluccas, North) 141
북부 이탈리아(Italy, Northern) 347
북아메리카(North America) 50, 51, 129, 164, 165, 206, 267, 390, 405
북아프리카(Africa, North) 25, 40, 41, 202, 270, 346, 347, 354, 355
북한(Korea, North) 358, 386, 387
북홀란트(Holland, North) 50, 51, 218
불 런(Bull Run) 263
불가리아(Bulgaria) 318, 327
뷰렌(Buren) 40
브라마푸트라강(Brahmaputra) 279
브라반트(Brabant) 83
브라질(Brazil) 63, 65, 68, 72, 73, 76, 77, 88, 120, 136, 137, 338, 339
브라질 남동부(Brazil, Southeast) 137
브라질 북동부(Brazil, Northeast) 136
브라질리아(Brasilia) 338
브라흐마요니(Brahmayoni) 375
브란덴부르크(Brandenburg) 124
브레다(Breda) 105
브레멘(Bremen) 347
브레스트-리토프스크(Brest-Litovsk) 319
브레슬라우(Breslau) 318
브로츠와프(Wrocław) 318
브뤼셀(Brussels) 41, 83, 84, 85, 116, 230, 231, 247, 259, 270, 290, 291, 395
브뤼헤(Bruges) 63
브리튼 제도(British Isles) 157, 203
블라디보스토크(Vladivostok) 314
블레이크 라안(Vlakke Raan) 152
블리싱겐(Vlissingen) 72, 152, 153, 278
블리에트(Vliet) 36, 37
비무니파트남(Bheemunipatnam) 168
비밀리파트남(Bimilipatnam) 168, 169
비보르크(Viborg) 32
비사야제도(Visayas islands) 148, 149
비스케이만(Biscay, Bay of) 184
비엔나(Vienna) 242, 270, 271, 326, 327, 345, 347
비엘테(Wieltje) 311
비텐조르크(Buitenzorg) 291
비하르(Bihar) 374, 375
빈제이(Bindjei) 322
빌니우스(Vilnius) 378
빌링겐 수로(Wielingen channel) 132
빌바오(Bilbao) 185

ㅅ

사라고사(Zaragoza) 184, 185
사하라 이남 아프리카(Africa, Sub-Saharan) 354, 355
서고트왕국(Visigoth kingdom) 20
서부 테르셀링(Terschelling, West-) 105
서아프리카(Africa, West) 136, 137, 195, 214, 354, 380
서인도제도(Indies, West) 50, 68, 69, 306
섬터 요새(Sumter, Fort) 263
성지(Holy Land) 44, 45
세 성자(Tri Sviatitelia) 206, 207
세 성자의 만(Three Saints Bay) 206, 207
소련(Soviet Union) 331, 339, 345, 347, 358, 359, 378, 379, 384, 385, 387, 393, 394, 395
소말리아(Somalia) 334
소순다제도(Lesser Sunds Islands) 173
소앤틸리스제도(Lesser Antilles) 72
솔로르(Solor) 173
수라카르타(Surakarta) 294, 295
수리남(Suriname) 72, 176, 177, 194, 195, 282, 283

수리남 강(Suriname River) 283
수마트라(Sumatra) 93, 246, 290, 322, 409
수마트라 동부 해안(Sumatra's East Coast) 322, 323
수마트라 서부(Sumatra, West) 291
수에즈 운하(Suez Canal) 406
순다해협(Sunda Strait) 290
술라웨시(Sulawesi) 246
숨바(Sumba) 173
슈가로프산(Sugarloaf Mountain) 338, 339
슈트라이(Stryi) 378
스리 파다(Sri Pada) 161
스리랑카(Sri Lanka) 29, 160, 179, 180, 181, 278, 366, 406, 409
스미르나(Smyrna) 319
스와질란드(Swaziland) 380, 381
스완강(Swan River) 145
스웨덴(Sweden) 32, 33, 124
스위스(Switzerland) 124, 156, 270
스타브로폴(Stavropol) 378, 379
스타브룩(Stabroek) 195
스타텐담(Statendam) 210
스텔레고스(Stellegors) 210
스텔렌 제방(Stellendam) 210
스톡홀름(Stockholm) 32, 270
스톤헨지(Stonehenge) 267
스파르네강(Spaarne) 80
스판담(Spaarndam) 198
스페인(Spain) 20, 28, 29, 36, 41, 44, 46, 47, 50, 55, 60, 61, 63, 68, 76, 83, 85, 92, 120, 124, 128, 129, 133, 148, 149, 184, 185, 203, 270, 315, 390, 391, 398
스페인령 네덜란드(Spanish Netherlands) 46, 83
스페인-합스부르크 제국(Spanish-Habsburg Empire) 73
스프래틀리 군도(Spratley Islands) 385
스피어링메이르(Spieringmeer) 80
슬로텐(Sloten) 80, 81
슬루이스(Sluis) 63, 64, 65, 132
시리아(Syria) 25, 242, 278, 319, 327
신성로마제국(Holy Roman Empire) 40, 47, 124
신장(Xinjiang) 188, 189
쑤저우(Suzhou) 100, 101, 193

ㅇ

아누라다푸라(Anuradhapura) 160
아니(Ani) 331
아담의 봉우리(Adam's Peak) 161
아드리아나 간척지(Adriana Polder) 211
아디스아바바(Addis Ababa) 334
아라곤(Aragón) 184
아라곤 제국 운하(Imperial Canal of Aragon) 184
아라라드평원(Ararad Plain) 331
아라비아반도(Arabian Peninsula) 24, 25
아라비아해(Arabian Sea) 24, 25
아라파트평원(Plain of Arafat) 286
아루나찰 프라데시(Arunachal Pradesh) 385
아루바(Aruba) 306
아르긴(Arguin) 120
아르덴(Ardennes) 40
아르덴부르크(Aardenburg) 63
아르메니아(Armenia) 13, 319, 326, 327, 330, 331
아르차흐(Artsakh) 331
아르한겔(Archangel) 314
아르헨티나(Argentina) 17, 338
아른헴(Arnhem) 299
아리아 환초(Aria Atoll) 144
아마시아(Amasya) 330
아마존(Amazon) 50, 72, 176, 194
아메리카(America) 29, 50, 51, 56, 60, 63, 68, 72, 76, 77, 100, 101, 120, 125, 136, 137, 157, 165, 195, 206, 207, 398
아멜란트(Ameland) 250
아멜리스비에르드(Amelisweerd) 202
아비시니아(Abyssinia) 334, 335
아사마(Asama) 226, 227
아산테(Asante) 214
아시리아(Assyria) 124
아시아(Asia) 14, 16, 20, 21, 25, 28, 29, 50, 60, 68, 88, 93, 100, 101, 121, 124, 148, 156, 157, 161, 168, 202, 203, 234, 242, 259, 279, 314, 318, 319, 335, 367, 405, 406
아와우크(Awa'uq) 206
아와지(Awaji) 226
아우크스부르크(Augsburg) 164
아자니아(Azania) 381
아제르바이잔(Azerbaijan) 331
아조레스 제도(Azores) 120, 203
아조프해(Sea of Azov) 20, 198
아칸소(Arkansas) 262
아크사이 친(Aksai Chin) 385
아틀란티스(Atlantis) 202, 203
아포냑크(Afognak) 207
아프가니스탄(Afghanistan) 242
아프리카(Africa) 16, 20, 21, 25, 28, 29, 50, 60, 73, 100, 101, 120, 121, 124, 136, 137, 149, 157, 176, 202, 214, 215, 286, 314, 318, 334, 335, 350, 351, 355, 362, 363, 367, 380, 381, 405
안네마테(Annematte) 172
안드라프라데시(Andhra Pradesh) 168
안시(Anxi) 188
안탈리아(Antalya) 326
안투(Antu) 386
안트베르펜(Antwerp) 37, 40, 44, 50, 54, 63, 85, 92, 133, 334, 395
알래스카(Alaska) 198, 206, 207
알류샨열도(Aleutian Islands) 198, 206
알바니아(Albania) 270
알스미어(Aalsmeer) 80, 81
알자스(Alsace) 318
알제리(Algeria) 270
알크마르(Alkmaar) 218
알타 캘리포니아(Alta California) 128
알타이산맥(Altai Mountains) 188
알펜(Alphen aan den Rijn) 299
암본(Ambon) 140, 141
암스테르담(Amsterdam) 15, 36, 47, 50, 51, 55, 56, 57, 63, 64, 68, 69, 76, 77, 80, 81, 88, 92, 93, 97, 104, 105, 108, 109, 120, 121, 123, 125, 129, 136, 137, 145, 152, 153, 160, 176, 177, 181
앙가라(Angara) 198
앙골라(Angola) 137, 381, 393
앙카라(Ankara) 327
애리조나(Arizona) 128
애플 계곡(Apple Valley) 88
양저우(Yangzhou) 193
양쯔강(Yangtze) 192, 193
양쯔강-황하 대운하(Jing-Hang Da Yunhe) 192
엘 보칼 더 폰텔라스(Bocal de Fontellas, El) 184
영국(United Kingdom) 104, 318, 335, 367, 399
영국령 기아나(British Guyana) 194, 195
영국령 인도(British India) 286, 366
예루살렘(Jerusalem) 44, 45, 270
예카테린부르크(Yekaterinburg) 198
옐레니아 고라(Jelenia Góra) 156
오스트레일리아(호주, Australia) 60, 144, 145, 203, 331, 399, 407
오스트레일리아 서부(Australia, Western) 144, 145
오스트리아(Austria) 46, 83, 116, 202, 258, 270, 271, 318, 334
오스트리아-헝가리 제국(Austro-Hungarian Empire) 270, 318, 319, 326, 378
온두라스(Honduras) 76, 77
와일드 코스트(Wild Coast) 72, 194
왈라키아(Wallachia) 258
왈로니아(Wallonia) 270
욕야카르타(Yogyakarta) 294, 295
우루과이(Uruguay) 330
우루무치(Ürümqi) 189
우바(Uva) 179
우수리강(Ussuri River) 384, 385
우즈호로드(Uzhhorod) 379
우크라이나(Ukraine) 13, 242, 258, 319, 378, 379, 409
우태산(Wutai) 192
울리아세르섬(Uliasser islands) 141
울센(Uelsen) 88
워싱턴(Washington) 359, 391
워털루(Waterloo) 14, 230, 231
웰테브레덴(Weltevreden) 109
위트 뱅크(Witte Bank) 152
위트레흐트(Utrecht) 15, 44, 54, 55, 109, 202, 203, 298, 299
유고슬라비아(Yugoslavia) 319
유카탄(Yucatán) 68, 76, 77
이그보랜드 남부(Igboland, South) 363
이라크(Iraq) 286, 287, 319, 326, 327
이란(Iran) 327
이르쿠츠크(Irkutsk) 198, 199, 207
이르쿠트(Irkut) 198
이모기리(Imogiri) 294, 295

이베리아(Iberian peninsula) 25, 63, 120
이비자(Ibiza) 40
이스라엘(Israel) 45
이스탄불(Istanbul) 242, 326, 327
이쓰쿠시마(Itsukushima) 227
이오지마(Iojima) 275
이제르강(Yser) 310
이제이강(IJ, River) 36, 80, 218
이즈미르(Izmir) 319, 326
이치노타니(Ichinotani) 226
이타마라카(Itamaracá) 73
이탈리아(Italy) 14, 28, 32, 41, 46, 93, 109, 270, 278, 319, 326, 330, 334, 335, 347, 355, 359
이탈리아령 소말릴란트(Italian Somaliland) 334
이프르(Ypres) 310, 311
인도(India) 13, 25, 28, 29, 124, 168, 188, 242, 278, 286, 287, 370, 371, 374, 375, 385, 406
인도네시아(Indonesia) 172, 203, 267, 286, 290, 294, 295, 322, 409
인도네시아 군도(Indonesian archipelago) 172
인도양(Indian Ocean) 25, 51, 93, 144, 179, 405, 406, 407
일리(Ili) 189
일리노이(Illinois) 263
일본(Japan) 13, 15, 16, 93, 100, 149, 226, 234, 235, 259, 274, 275, 314, 326, 334, 385, 386, 387, 393, 409
일하 더 루안다(Luanda, Ilha de) 136
잉카제국(Inca Empire) 125

ㅈ

자메이카(Jamaica) 366, 367
자바(Java) 13, 17, 93, 109, 141, 144, 145, 179, 238, 246, 279, 290, 291, 294, 295, 322, 323
자이더르해(Zuiderzee) 54, 218, 250, 251
자이르(Zaire) 381
자카르타(Jakarta) 88, 140, 152, 169
자포리즈히아(Zaporizhzhia) 378
자프나(Jaffna) 161
자프나파트남(Jaffnapatnam) 161
잔청(Zhancheng) 101
잠발레스(Zambales) 149
잠베스(Jambes) 117
잠비아(Zambia) 380, 381
장안(Jiangnan) 192
저장성(Zhejiang) 192
저지대 국가(Low Countries) 44, 50, 54, 250
저지대 독일(Lower Germany) 54
제다(Jeddah) 287
제브뤼흐게(Zeebrugge) 310
제우스 플란데런(Zeeuws-Vlaanderen) 63
젤란트(Zeeland) 72, 108, 132, 133, 144, 145, 152, 153, 176, 210, 279
조네베크(Zonnebeke) 310
주데텐란트(Sudetenland) 319, 335
주앙 페소아(João Pesoa) 73
주이드-베벨란트(Beveland, Zuid-) 133
주테르메르(Zoetermeer) 299
주테르부데(Zoeterwoude) 37
주테르부제 바르트(Zoeterwoudse Vaart) 36, 37
주트캄프(Zoutkamp) 250
중가리아(Zungharia) 188, 189
중국 대운하(Imperial Canal of China) 192
중동(Middle East) 16, 24, 25, 242, 318, 326, 345, 346
중부 자바(Java, Central) 294, 323
중앙아메리카(Central America) 50, 72, 390
즈볼레(Zwolle) 55
지중해(Mediterranean) 20, 25, 40, 41, 184, 185, 203, 319, 334, 354
짐바브웨(Zimbabwe) 380, 381

ㅊ

첸라(Zhenla) 101

ㅋ

카디스(Cádiz) 69
카렐리야(Karelia) 270
카르스(Kars) 327
카메룬(Cameroon) 351
카브라스제도(Cabras, Ilhas das) 136
카슈가르(Kashgar) 189
카슈미르(Kashmir) 189, 279
카이로(Cairo) 287
카이로 시티(Cairo City, USA) 263
카자흐스탄(Kazakhstan) 188, 189
카잔(Kazan) 198
카타라가마(Kataragama) 161
카탕가(Katanga) 380
카투가스토타(Katugastota) 180
카트위크(Katwijk) 80
카호키아(Cahokia) 165
칸디(Kandy) 161, 179, 180, 181
칼란트소그(Callantsoog) 218, 219
칼피티야(Kalpitiya) 161
캄(Kham) 278
캄보디아(Cambodia) 101
캄차카(Kamchatka) 206, 207
캘리포니아(California) 128, 129
케냐(Kenya) 335
케임브리지(Cambridge) 148
켄다리(Kendari) 246
켄터키(Kentucky) 262
코디악섬(Kodiak Island) 199, 206, 207
코멘다(Komenda) 214
코에그라스(Koegras) 218
코일란(Kollam) 88
코지코드(Kozhikode) 29
코코 노르(Koko Nor) 279
코타게데(Kotagede) 294, 295
콜리안스크(Kolyansk) 199
콜카타(Kolkata) 375
쿠르드인(Kurdistan) 326
쿠릴열도(Kuril Islands) 206
쿠반(Kuban) 379
쿠팡(Kupang) 172
크노커 요새(Knokke, Fort) 113
크라마토르스크(Kramatorsk) 379
크라카토아(Krakatoa) 290, 291, 409
크론슈타트(Kronstadt) 314
크림프너와드(Krimpenerwaard) 113
클라인-퀴라소(Klein-Curaçao) 306
키렌스크(Kirensk) 198
키르기스스탄(Kyrgyzstan) 188, 189
키이우(Kyiv) 378, 379
킹스턴(Kingston) 367

ㅌ

타르노프(Tarnow) 378
타림분지(Tarim basin) 188, 189
타마리카(Tamarica) 72
타이베이(Taipei) 384
타펠베르크(Tafelberg, Curaçao) 306, 307
타프로바나(Taprobana) 29
탄자니아(Tanzania) 380, 381
탄중 푸라(Tanjung Pura) 322
탈린(Tallinn) 32
탐보라산(Tambora, Mount) 290
태산(Tai, Mount) 192
터크스 케이코스 제도(Turks and Caicos Islands) 367
테네시(Tennessee) 262
테노치티틀란(Tenochtitlan) 124
테르나테(Ternate) 141
테르셸링(Terschelling) 105
텍셀(Texel) 60
템스강(Thames) 104
템파티계곡(Tempati creek) 283
톈산산맥(Tianshan mountains) 188
토르데시야스(Tordesillas) 60
토리노(Turin) 41
토바(Toba) 290
토바고(Tobago) 69, 367
토볼스크(Tobolsk) 199
톨로니칸(Tolonican) 172
톨런(Tholen) 108
투델라(Tudela) 184, 185
투르네(Tournai) 133
튀니스(Tunis) 40, 41
튀니스호수(Tunis, Lake of) 40
튀르키예(Turkey) 258, 270, 318, 319, 326, 327, 330, 331
트루히요(Trujillo) 76, 77
트리니다드 토바고(Trinidad and Tobago) 367
트리에스테(Trieste) 319
트리폴리(Tripoli) 334

티그리스강(Tigris) 25
티도레(Tidore) 141
티모르(Timor) 172, 173
티미쇼아라(Timişara) 133
티베트(Tibet) 25, 192, 278, 279
티베트고원(Tibetan plateau) 279
티에라 델 푸에고(Tierra del Fuego) 57, 60, 61

ㅎ

하르키우(Kharkiv) 242, 378, 379
하퍼트(Kharpert) 330
한국(Korea) 93, 274, 358, 387
할리우드(Hollywood) 347
할하(Khalkha) 189
헝가리(Hungary) 258, 318, 319
헤르손(Kherson) 378
호니모아(Honimoa) 141
호른(Hoorn) 57, 218
호른곶(Horn, Cape) 57, 60, 390
호아모알(Hoamoal) 141
혼슈(Honshū) 226
혼테(Honte) 132, 133
홀란드세 바르트(Hollandse Waard) 15
홀란트(Holland) 36, 47, 50, 51, 80, 145, 210, 218, 221, 298, 299
홀란트 왕국(Holland, Kingdom of) 230
홋카이도(Hokkaido) 206, 234
홍콩(Hong Kong) 255, 275
화이양 운하(Huaiyang Canal) 193
화이허(Huai) 193
화전(Huatien) 386
황하(Huang He, Yellow River) 100, 188, 189, 192
후트만 아브롤호스 제도(Houtman Abrolhos Islands) 144
흑해(Black Sea) 258, 259, 319, 327
히라도(Hirado) 274
히스파니올라(Hispaniola) 50
힌더(Hinder) 211
힌두스탄(Hindustan) 189

인명 색인

A.A. 크노프(Knopff, A.A.) 346
J. 리고(Rigo, J.) 255
J.L. 가이야르(Guyard, J.L.) 181
J.P. 클레네(Klenée, J.P.) 195

ㄱ

가르시 로드리게스 더 몬탈보(Rodríguez de Montalvo, Garci) 128
가브리오 세르벨로니(Serbelloni, Gabrio) 41
가브릴 사리체프(Sarychev, Gavriil) 206
가스통 반 벌크(Van Bulck, Gaston) 350, 351
가에타노 마르티노(Martino, Gaetano) 359
강희제(Kangxi Emperor) 192
건륭제(Qianlong Emperor) 192, 193
게라르두스 메르카토르(Mercator, Gerard) 57, 92, 345, 398
게렛 피터르 루페르(Rouffaer, Gerret Pieter) 295
게릿 리트벨트(Rietveld, Gerrit) 402
게오르크 마르크그라프(Marcgraf, Georg) 73, 137
게툴리오 바르가스(Vargas, Gétulio) 338
겔라인 반 스타펠스(Stapels, Gelein van) 72, 73
고트프리트 빌헬름 폰 라이프니츠(Leibniz, Gottfried Wilhelm von) 123, 156
고트프리트 헨젤(Hensel, Gottfried) 156, 157
고틀립 트로스트(Trost, Gottlieb) 116, 117
곤살로 가르시아 더 노달(García de Nodal, Gonzalo) 61
구스타브 1세 바사(Gustav I Vasa) 32
구스타프 헐슈타트(Hulstaert, Gustaaf) 350, 351
귄터 실더(Schilder, Günter) 51, 144, 152, 153
그레고리 셸리코프(Shelikhov, Grigory) 206, 207
그로트(Groet, F.) 250, 251
기예르메 갤저 네토(Gaelzer-Netto, Guilherme) 339
길리엄 반 데르 구웬(Gouwen, Gilliam van der) 120, 121
김일성(Kim Il Sung) 386, 387
김정은(Kim Jong Un) 386
김정일(Kim Jong Il) 386, 387

ㄴ

나베시마 나오마사(Nabeshima Naomasa) 274, 275
나폴레옹 3세 (Napoleon III, Emperor) 254, 255
나폴레옹 보나파르트(Napoleon Bonaparte) 230, 231
네타이 다스 고시(Ghose, Netai Dass) 375
넬슨 만델라(Mandela, Nelson) 380, 381
니콜라 상송 다브빌(Sanson d'Abbeville, Nicolas) 129
니콜라스 2세 비셔(Visscher, Nicolaas II) 117, 121
니콜라스 겔빈크(Geelvinck, Nicolaas) 195
니콜라스 베르콜리(Verkolje, Nicolaas) 144
니콜라스 비첸(Witsen, Nicolaes) 88
니콜라스 스컬(Scull, Nicholas) 164, 165
니콜라이 1세(Nicholas I, Czar) 258

ㄷ

다니엘 로젠버그(Rosenberg, Daniel) 123
다니엘 하바트(Havart, Daniel) 168
다이라노 아쓰모리(Taira no Atsumori) 226
다카하시 카게야스(Takahashi Kageyasu) 234, 235
더 파우(Pauw, J.S de) 132
더글러스 헤이그(Haig, Douglas) 310
돈 가르시아 더 톨레도(Toledo, Don Garcia de) 41
돈 파드리케 더 톨레도(Toledo, Don Fadrique de) 63
듀스(Duys, J.H.) 322, 323
드미트리 폴루토프(Polutov, Dimitri) 207
디릭 하르토그(Hartog, Dirck) 144, 145
디릭 할스(Hals, Dirck) 54, 55
디에고 라미레스 더 아렐라노(Ramirez de Arellano, Diego) 60, 61

ㄹ

라빈드라나트 타고르(Tagore, Rabindranath) 371
라울 프레비쉬(Prebisch, Raúl) 338
라자 싱하 2세(Raja Sinha II, King) 160
람베르트 텐 케이트(Kate, Lambert ten) 156, 157
레빈 반 다이크(Dijck, Levijn van) 97
레스터 볼스 피어슨(Pearson, Lester Bowles) 359
레오폴드 3세 (Leopold III, King) 334
레이프 에릭손(Eriksson, Leif) 29
로기에르 베르베크(Verbeek, Rogier) 290, 291
로렌티우스 페트리 네리시우스(Nericius, Laurentius Petri) 32
로메인 더 후게(Hooghe, Romeyn de) 97
로버트 반 굴릭(Gulik, Robert van) 100
로버트 피츠로이(FitzRoy, Robert) 398
로베르 더 보공디(Robert de Vaugondy, Gilles) 203
로비인(Robijn, Johannes) 108, 109
루돌프 테오도로스 크라옌호프(Krayenhoff, Rudolphus Theodorus) 184, 210, 218, 219, 230, 231
루베르트 얀 반 에크(Eck, Lubbert-Jan van) 179, 180, 181
루이 14세 (Louis XIV, King) 116
루이 2세(Male, Louis of) 133
루이 나폴레옹 보나파르트(Napoléon-Bonaparte, Louis) 254
루이 더 프레시네(Freycinet, Louis de) 145
루이 프랑수아 더 부르봉(Prince of Conti) 202
루이 필리프 국왕(Louis-Philippe, King) 254
루이스 모리츠(Moritz, Louis) 238
루카스 얀스 바게네르(Waghenaer, Lucas Jansz.) 50
리벤 반 투이네(Thuyne, Lieven van) 132, 133
리처드 에데스 해리슨(Harrison, Richard Edes) 345, 346, 347

ㅁ

마가렛 폰 파르마(Parma, Margaret of) 55
마르가레타(Margareta of Constantinople) 132, 133
마르코 폴로(Marco Polo) 29
마르티노 마르티니(Martini, Martino) 93
마르틴 발트제뮐러(Waldseemüller, Martin) 56
마리 오르탕스 구종(Goujon, Marie Hortense) 255
마리안 (Marianne, Princess) 246
마미야 린조(Mamiya Rinzo) 234
마오쩌둥(Mao Zedong) 384
마이클 톰셋(Tompsett, Michael) 403
마테오 리치(Ricci, Matteo) 100
마티아스 쿼드(Quad, Matthias) 47
마하트마 간디(Gandhi, Mahatma) 370
막스 예주이터(Jesuiter, Max) 342, 343
막시밀리앙 앙리 더 생시몽(Saint-Simon, Maximilien Henri de) 202, 203
만코 카팍(Manco Capác) 124
매튜 앨버트 로터(Lotter, Matthew Albert) 164
매튜 페리(Perry, Matthew) 275
맹자(Mencius) 100
메흐메트 6세 (Mehmed VI, Sultan) 326
멜키어 트레브(Treub, Melchior) 290, 291
멜키오르 로르크(Lorck, Melchior) 14, 15
모가미 도쿠나이(Mogami Tokunai) 234
모리츠(Orange, prince Maurice of) 55
무함마드 (Muhammad, Prophet) 286
무함마드 알 이드리시(Idrisi, Muhammad al-) 25
미첼 랑게베르그 쿨(Langeberg Kool, Michiel) 246
미카엘 플로렌트 반 랑그렌(Langren, Michael Florent van) 83, 84, 85

미하일 이즈마일로프(Izmailov, Mikhail) 206, 207

ㅂ

바르톨로메 가르시아 더 노달(García de Nodal, Bartholomé) 60
바스코 다 가마(Vasco da Gama) 28, 29
반 소멜스디크(Sommelsdijck, Cornelis van Aerssen van) 176, 177
반 헤를릭스(Geerligs, H. van) 250, 251
발투스 야콥스 반 리어(Lier, Baltus Jacobsz van) 160, 161
뱅상 몽테유(Monteil, Vincent) 354
베니토 무솔리니(Mussolini, Benito) 334, 335
베드로(Peter) 124
베르나르 와포스키(Wapowski, Bernard) 33
벤자민 프랭클린(Franklin, Benjamin) 164
벤체슬라우스 홀라(Hollar, Wenceslaus) 105
보나벤투라 엘제비어(Elsevier, Bonaventura) 77
볼로디미르 쿠비요비치(Kubijovič, Volodymir) 379
브라이언 할리(Harley, John Brian) 117
블라디미르 레닌(Lenin, Vladimir) 314
비시아 라마라스(Ramarasu, Visia) 168
비오 11세(Pius XI, Pope) 334, 335
빅터 빅터존(Victorszoon, Victor) 145
빅토르 폰 자베른(Zabern, Victor von) 271
빌렴 1세(Wlliam I, King) 218, 230, 246
빌렴 5세(William V, stadtholder) 194
빌렴 더 블라밍흐(Vlamingh, Willem de) 144, 145
빌렴 더 판메이커(Pannemaker, Willem de) 40, 41
빌렴 로데베이크 로트(Loth, Willem Lodewijk) 283
빌렴 반 더 폴(Poll, Willem van de) 307
빌렴 오라녜(Orange, prince William of) 46
빌렴 코르넬리스 쇼텐(Schouten, Willem Cornelisz.) 57, 60, 61
빌렴 코엔라즈(Lin, Willem Coenraadsz. van) 113
빌렴 프레더릭 라이너 슈링거(Suringar, Willem Frederik Reinier) 283
빌렴 혼디우스(Hondius, Willem) 73
빌헬미나(Wilhelmina, Queen) 334

ㅅ

사무엘 반 더 푸테(Putte, Samuel van de) 278, 279
사이먼 빌렴 비셔(Visser, Simon Willem) 109
사이먼 스테빈(Stevin, Simon) 250
살로몬 반 쉬(Schie, Salomon van) 221
살바도르 코레이아 더 사(Sá, Salvador Correia de) 136
생오메르의 람베르(Lambert of Saint-Omer) 21
샤를 더 몽테스키외(Montesquieu, Charles de) 203
샤를 에마누엘레 필리베르토 1세(Philibert I, Charles Emmanuel) 41
성 프란치스코 하비에르(Xavier, St. Francis) 149
성모 마리아(Maria, Holy Virgin) 124
세바스티안 뮌스터(Münster, Sebastian) 47
세바스티안 비스카이노(Vizcaíno, Sebastían) 128
세바스티앙 르 프레스트 더 보반(Sébastien Le Prestre, heer van Vauban) 116
세비야의 이시도르(Isidore of Seville) 20, 21
소노기(Sonogi) 235
스테파누스 반 데르 로에프(Loeff, Stephanus van der) 153
시진핑(Xi Jinping) 405, 407
쑤 양(Xu Yang) 193

ㅇ

아놀드 노이만(Neumann, Arnold) 259
아담 고글리브 헨크(Henck, Adam Godlieb) 169
아담 반 쉬 주니어(Schie junior, Adam van) 221
아담 반 쉬(Schie, Adam van) 221
아돌프 얀 헤슈이센(Heshuysen, Adolf Jan) 184, 185
아돌프 히틀러(Hitler, Adolf) 318, 319, 334, 335
아드리아엔 얀스 파테르(Pater, Adriaen Jansz.) 68
아렌트 로게베인(Roggeveen, Arent) 77
아벨 태즈먼(Tasman, Abel) 144
아부 알카심 무함마드 이븐 하우칼(Hawqal, Abu al-Qasim Muhammad ibn) 25
아브라함 구스(Goos, Abraham) 57
아브라함 베르호벤(Verhoeven, Abraham) 63, 64
아브라함 보스터만 반 오옌(Vorsterman van Oyen, Abraham) 198, 199, 207
아브라함 엘스비어(Elsevier, Abraham) 77
아브라함 오르텔리우스(Ortelius, Abraham) 84, 92, 398
아이메 멜리넷(Mellinet, François Aimé) 230
아이작 더 그라프(Graaf, Isaak de) 51, 145
아이작 르 메르(Le Maire, Isaac) 60
아이작 린도(Lindo, Isaac) 302, 303
아이작 반 스와넨버그(Swanenburg, Isaac van) 37
아이작 보시우스(Vossius, Isaac) 32, 44
아이작 티싱(Titsingh, Isaac) 226, 227
아타나시우스 키르허(Kircher, Athanasius) 112, 113, 202, 203
아흐메드 이산(İhsan, Ahmed) 326, 327
안드레아스 반 루흐텐부르크(Luchtenburg, Andreas van) 108, 109
안토니오 간디아(Ghandia, Antonio) 148
안토니오 더 올리베이라 살라자르(Salazar, António de Oliveira) 381
안톤 라인하르트 팔크(Falck, Anton Reinhard) 238
안회(Yan Hui) 100
알 이스타크리(Istakhri, Abu Ishaq Ibrahim ibn Muhammad al-) 24, 25
알렉산더 더 라보(Alexander de Lavaux) 176, 177
암브로시우스 테오도시우스 마크로비우스(Macrobius, Ambrosius Theodosius) 20, 21
앙리 클레르몽 롬바르드(Lombard, Henri-Clermont) 242, 243
앤서니 그래프턴(Grafton, Anthony) 123
야코바 코르넬리아(Efferen, Jacoba Cornelia) 202
야콥 니엔후이스(Nienhuijs, Jacob) 322
야콥 로게베인(Roggeveen, Jacob) 152
야콥 뤼엘(Rühle, Jacob) 214, 215
야콥 르 메르(Le Maire, Jacob) 57, 60
야콥 모셀(Mossel, Jacob) 172, 173
야콥 바텔즈 베리스(Veris, Jacob Bartelsz.) 80, 81
야콥 아놀드 반 랑그렌(Langren, Jacob Arnold van) 56, 136
야콥 플로리스 반 랑그렌(Langren, Jacob Floris van) 56
야콥 헨드릭 반 랑그렌(Langren, Jacob Hendrik van) 56
야콥 호렌바우트(Horenbaut, Jacob) 133
얀 니제르(Niezer, Jan) 215
얀 레이켄(Luyken, Jan) 210
얀 마티즈(Mathijsz, Jan) 120, 121
얀 반 바렐 피터르스(Varel Pietersz., Jan van) 184, 185
얀 반 엥겔렌(Engelen, Jan van) 221
얀 베르콜리(Verkolje, Jan) 144
얀 빌렴 피네만(Pieneman, Jan Willem) 223
얀 슈타인스(Steijns, Jan) 144
얀 아돌프 그루테링크(Grutterink, Jan Adolf) 307
얀 아드리아츠 리흐워터(Leeghwater, Jan Adriaansz.) 80, 81
얀 얀스(Jansz., Jan) 56
얀 얀스 반 호른(Hoorn, Jan Jansz. van) 69, 76
얀 얀스 시니어(Jansz. Sr., Jan) 56
얀 코르넬리스 베르메옌(Vermeyen, Jan Cornelisz.) 40
얀 크나퍼트(Knappert, Jan) 350, 351
얀 펠릭스 아드리안 유겐 반 란스베르게(Lansberge, Jan Felix Adriaan Eugeen van) 282, 283
에드먼드 에반스(Evans, Edmund) 266, 267
에드워드 F. 로이드(Lloyd, Edward F.) 262, 263
에리키우스 푸테아누스(Puteanus, Erycius) 85
에마누엘레 필리베르토(Philibert, Emmanuel) 41
에밀 벨러(Weller, Emil) 270
에버하르트 럼피우스(Rumphius, Everhard) 140, 141
에우세비오 프란시스코 키노(Kino, Eusebio Francisco) 129
에이브러햄 링컨(Lincoln, Abraham) 262
에티엔 모리스 제라르(Gérard, Étienne Maurice) 230
엑셀만(Exelmans, Rémi Joseph Isidore) 230
엔니우스(Ennius, Quintus) 10
엔리케 에르난(Hernan, Enrique) 148
엘레르트 더 비어(Veer, Ellert de) 46, 47
엘리자베스 더 용(Jong, Elisabeth de) 112, 113
엘리자베스 혼디우스(Hondius, Elisabeth) 57
엘리자베스 1세(Elizabeth I of England) 46
엥겔베르트 캠퍼(Kaempfer, Engelbert) 227
예수 그리스도(Jesus Christ) 44, 45, 124
오마르 토리요스(Torrijos, Omar) 391
오토 2세 (Otto II, Emperor) 132, 133
올라우스 마그누스(Magnus, Olaus) 33
올리바레스(Olivares) 76
왕 준푸(Wang Junfu) 100, 101
외젠 티보(Thibault, Eugène) 254

요도쿠스 혼디우스(Hondius, Jodocus) 54, 55, 56, 57, 92, 140
요리스 반 스필베르겐(Spilbergen, Joris van) 61
요셉 더 하로(Haro, Joseph de) 132, 133
요제프 1세(Joseph I, Emperor) 124
요제프 괴벨스(Goebbels, Joseph) 334
요제프 멀더(Mulder, Joseph) 123
요하네스 1세 반 퀼렌(Keulen, Johannes I van) 73, 121
요하네스 2세 반 퀼렌(Keulen, Johannes II van) 14, 153
요하네스 도우(Dou, Johannes) 218, 221
요하네스 루츠(Loots, Johannes) 109
요하네스 마그누스(Magnus, Johannes) 33
요하네스 마쇼른(Marshoorn, Johannes) 123
요하네스 반 발베크(Walbeeck, Johannes van) 72
요하네스 빙분(Vingboons, Johannes) 72
요하네스 얀소니우스(Janssonius, Johannes) 56, 57, 92, 141
요하네스 푸치(Putsch, Johannes) 46, 47
요하네스 헤벨리우스(Hevelius, Johannes) 85
요한 고트프리트 헤르더(Herder, Johann Gottfried) 350, 351
요한 기셀링(Gijsselingh, Johan) 76, 77
요한 니우호프(Nieuhof, Johan) 88, 89
요한 레이니에시 잉겔스(Ingels [Ingelius], Johan Reyniersz.) 81
요한 로게베인(Roggeveen, Johan) 152
요한 반 스위튼(Swieten, Johan van) 96, 97
요한 본 크루젠슈테른(Krusenstern, Johann von) 234
요한 빌럼 셸레(Scheele, Johan Willem) 123, 124, 125
요한 안드레아스 파라비치니(Paravicini, Johan Andreas) 173
요한 카를 루트비히 마르틴(Martin, Johann Karl Ludwig) 306
요한 크리스티안 빌럼 사프(Safft, Johan Christiaan Willem) 214
우드로 윌슨(Wilson, Woodrow) 314, 319, 326
우메무라 야하쿠(Umemura Yahaku) 100
울라 에렌스베르드(Ehrensvärd, Ulla) 33
웰링턴(Wellington, Duke of) 230, 231
위트(Wijt, M.) 267
윈슬로우 호머(Homer, Winslow) 262
윌리엄 3세(William III, King of England) 116
윌리엄 에반스(Evans, William) 153
윌리엄 펜(Penn, William) 164, 165
유스트 얀스 란커트(Lanckaert, Joost Jansz.) 37
유스티누스 립시우스(Lipsius, Justus) 84
율리우스 클라프로트(Klaproth, Julius) 157
이만 빌럼 팔크(Falck, Iman Willem) 181
이사벨라 클라라 에우제니아(Isabella Clara Eugenia) 46, 83, 84
이스마엘(Isma'il) 286
이오시프 스탈린(Stalin, Joseph) 334, 393
인주오(Yin Zhuo) 405
일랴 레오나르트 페이퍼(Pfeijffer, Ilja Leonard) 10, 11

ㅈ

자와할랄 네루(Nehru, Jawaharlal) 370, 371
자코윅(Jacowick, G.) 231
자크 니콜라스 보스메르(Vosmaer, Jacques Nicolaas) 246
장 샤를 델라 페일(Faille, Jean-Charles della) 85
잭 조이스(Joyce, Jack) 399
저스틴 마두라(Madura, Justin) 246
저우 다이쥔(Zou Daijun) 385
제라르 더뤼예스(Duijfjes, Gerard) 306, 307
제라르 반 퀼렌(Keulen, Gerard van) 128, 129, 136, 137
제라르 요안 브릴렌드(Vreeland, Gerard Joan) 160
제임스 니스벳(Nisbet, James) 266, 267
제임스 웹(Webb, James) 409
조르주 무통(Mouton, George) 230
조르주 외젠 오스만(Haussmann, Georges-Eugène) 255
조모 케냐타(Kenyatta, Jomo) 335
조지 매클렐런(McClellan, George) 263
조지 힙(Heap, George) 164
존 고든(Godden, John) 306, 307
존 길버트(Gilbert, John) 266, 267
존 로즈(Rose, John) 153
존 모리스 반 나사우-시겐(Nassau-Siegen, John Maurice Prince of) 137
존 미첼(Mitchel, John) 153
존 스티그(Steegh, John) 16
존 트럼불(Trumbull, John) 165
주스트 반 덴 본델(Vondel, Joost van den) 81
지밍타이(Ji Mingtai) 100
지오반니 바티스타 피라네시(Piranesi, Giovanni Battista) 238

ㅊ

찰스 오웬스(Owens, Charles) 346, 347
찰스 해링턴(Harington, Charles) 310, 311

ㅋ

카렐 프레데리크 라이머(Reimer, Carel Frederik) 181
카를 페르디난드 바일란트(Weiland, Carl Ferdinand) 243
카를로스 더 이바라(Ibarra, Carlos de) 69
카스파르 루벤스(Reuvens, Caspar) 238, 239
칼리프 알마운(Ma'mum, caliph al-) 25
케빈 힐리(Healey, Kevin) 399
케이트 그린어웨이(Greenaway, Kate) 266
코르넬리스 고르시라(Gorsira, Cornelis) 306
코르넬리스 렐리(Lely, Cornelis) 251
코르넬리스 미켈스 소에텐스(Soetens, Cornelis Michielsz.) 96
코르넬리스 얀 비첸(Witsen, Cornelis Jan) 88
코르넬리스 졸(Jol, Cornelis 'Houtebeen') 69, 77
코르넬리스 코만(Koeman, Cornelis) 15
코엔라드 피터르 켈러(Keller, Coenraad Pieter) 168, 169
코엔스(Koenes) 88, 89
코피우스(Koppius, P.A.) 266
콘라드 게스너(Gesner, Conrad) 156
콘스탄틴 휘겐스(Huygens, Constantijn) 96, 97
콰메 은크루메(Nkrumah, Kwame) 335
크리스토퍼 렌(Wren, Christopher) 104
크리스티안 스누크 허그론예(Snouck Hurgronje, Christiaan) 287
크리스티안 하겐(Hagen, Christiaan) 221, 222
클라스 얀스 비셔(Visscher, Claes Jansz.) 63, 64, 76, 77
클라우디우스 프톨레마이오스(Ptolemy, Claudius) 20, 24, 28, 29, 60
클레멘츠 마크햄(Markham, Clements) 279
키르티 스리 라자싱하(Rajasinha, King Kirti Sri) 179

ㅌ

테오도로스 스쿤(Schoon, Theodorus) 112, 113
테오도르 이사크 안드레아스 누옌스(Nuyens, Theodoor Isaak Andreas) 307
토머스 나스트(Nast, Thomas) 262
토머스 더 키저(Keyser, Thomas de) 96
토머스 마사릭(Masaryk, Tomáš) 319
토머스 온웨인(Onwhyn, Thomas) 258, 259
토머스 홀름(Holme, Thomas) 164
티그란(Tigran the Great) 331

ㅍ

파르마(Duke of Parma) 46
파넴바한 세나파티(Senapati, Panembahan) 294
페드로 무리요 벨라르데(Velarde, Pedro Murillo) 148, 149
페르디난드 마젤란(Magellan, Ferdinand) 60
페르디난드 폰 제플린(Zeppelin, Ferdinand von) 339
페르디난트 1세(Ferdinand I) 46
펠리페 2세(Philip II, King) 36, 41, 46, 55
펠리페 3세(Philip III, King) 60
펠리페 4세(Philip IV, King) 68, 76, 83, 84
폰티우스 필라투스(Pontius Pilate) 45
폴 하돌(Hadol, Paul) 259
프란시스코 더 발데스(Valdés, Francisco de) 36
프란시스코 수아레스(Suarez, Francisco) 148
프란체스코 로셀리(Roselli, Francesco) 28
프란체스코 파치오토(Paciotto, Francesco) 41
프란츠 융훈(Junghuhn, Franz) 290
프랑수아 발렌틴(Valentijn, François) 168, 169
프랜시스 드레이크(Drake, Francis) 128

저자 소개

수닐 암리스(Sunil Amrith) 남아시아 및 동남아시아 역사 연구자인 수닐 암리스는 예일 대학교에서 역사학과 석좌 교수직을 맡고 있다.

에두아르트 반 더 빌트(Eduard van de Bilt) 에두아르트 반 더 빌트는 레이던 대학교와 암스테르담 대학교에서 미국사를 강의하였으며, 미국의 문화사 및 정치사 분야를 전문적으로 연구하고 있다.

피터르 비숍(Peter Bisschop) 피터르 비숍은 레이던 대학교에서 산스크리트어 및 남아시아 고대 문화를 연구하는 교수로 재직 중이며, 문헌 생산의 역동성, 산스크리트 문학, 브라만 힌두교를 주요 연구 분야로 삼고 있다.

예룬 보스(Jeroen Bos) 예룬 보스는 네덜란드 동인도 회사의 역사, 특히 18세기 지도 제작을 중점적으로 연구하는 역사학자로, 라드바우드 대학교에서 연구 지원을 담당하며, 흐로닝언 대학교에서 근대 초기 역사학 강의를 진행하고 있다.

안드레 바우만(André Bouwman) 안드레 바우만은 네덜란드 문학 분야의 권위자이자 레이던 대학교 도서관의 서양 필사본 담당 큐레이터로 활동하고 있다. 그는 서적 및 학문의 역사와 관련된 연구를 지속적으로 발표하며, 『책의 도시: 레이던의 필사본과 인쇄, 1260-2000(*Stad van boeken: Handschrift en druk in Leiden*, 1260-2000)』의 공동 저자로 참여하였다.

미리암 더 브루인(Mirjam de Bruijn) 미리암 더 브루인은 레이던 대학교에서 현대 아프리카사 및 인류학을 연구하는 교수로 재직 중이며, 서아프리카 및 중앙아프리카 사회의 이주, 커뮤니케이션, 분쟁을 주요 연구 분야로 삼고 있다.

마르코 카보아라(Marco Caboara) 마르코 카보아라는 홍콩과학기술대학교 도서관의 특수 자료 담당 책임자이며, 1584년부터 1735년까지 제작된 서양의 중국 지도에 대한 최초의 종합적인 지도-서지학 연구서를 저술하였다.

조세프 크리스텐슨(Joseph Christensen) 조세프 크리스텐슨은 서호주 대학교에서 역사학 강의를 맡고 있으며, 머독 대학교 아시아연구센터에서 연구원으로 활동하고 있다.

코엔 더 퀴스터(Koen De Ceuster) 코엔 더 퀴스터는 레이던 대학교에서 한국 근현대사를 강의하며, 북한의 예술과 문화가 역사적 정체성 형성에 미친 영향을 연구하고 있다.

레이먼드 파헬(Raymond R.P. Fagel) 레이먼드 파헬은 레이던 대학교 역사학 연구소에서 근대 초기 역사를 연구하는 조교수로 재직 중이며, 16세기 스페인과 네덜란드 간의 교류를 주요 연구 분야로 삼고 있다.

카르완 파타흐-블랙(Karwan Fatah-Black) 카르완 파타흐-블랙은 레이던 대학교에서 사회경제사를 강의하며, 수리남의 근대 초기 무역 관계를 연구하여 박사 학위를 취득하였다. 현재 노예제도와 노예해방의 역사를 연구하고 있다.

미코 플로르(Miko Flohr) 미코 플로르는 레이던 대학교에서 고대사 조교수로 활동하며, 로마 이탈리아의 고고학을 전문적으로 연구하고 있다.

캐리 깁슨(Carrie Gibson) 캐리 깁슨은 케임브리지 대학교에서 역사학 박사 학위를 취득하였으며, 『엘 노르테: 잊혀진 히스패닉 북아메리카의 대서사(*El Norte: The Epic and Forgotten Story of Hispanic North America*)』의 저자이다.

마리사 그리피언(Marissa Griffioen) 마리사 그리피언은 역사지도학 연구재단의 학술 연구자로 활동하며, 암스테르담 대학교의 역사지도학 프로젝트 그룹의 일원이다.

미힐 반 흐로에센(Michiel van Groesen) 미힐 반 흐로에센은 레이던 대학교에서 해양사 교수로 재직 중이다. 대서양 세계의 근대 초기 문화사를 연구하며, 현재 대서양 횡단 뉴스의 유통 과정을 탐구하고 있다.

헨크 덴 헤이어(Henk den Heijer) 헨크 덴 헤이어는 레이던 대학교 해양사 명예교수로, 대서양 역사 전문가이며 최근 『네덜란드 노예제 역사: 역사적 통찰과 현재의 논쟁(*Nederlands slavernijverleden: Historische inzichten en het debat nu*)』을 출간하였다.

샤를 반 덴 호이펠(Charles van den Heuvel) 샤를 반 덴 호이펠은 미술사학자로, 호이겐스 연구소의 '지식 및 예술 실천' 연구 그룹 책임자이며, 암스테르담 대학교에서 디지털 방법론 및 역사학 교수로 재직 중이다.

티코 반 데르 호흐(Tycho van der Hoog) 티코 반 데르 호흐는 레이던 아프리카연구소에서 박사 과정을 밟으며, 북한과 남부아프리카 해방운동 간의 관계를 연구하고 있다.

리브케 야페(Rivke Jaffe) 리브케 야페는 암스테르담 대학교 도시지리학 교수로, 지리학, 인류학, 문화연구를 융합하여 연구하며, 도시와 정치의 교차점을 주요 연구 주제로 삼고 있다. 특히 카리브해 도시의 지리와 역사에 전문성을 갖추고 있으며, 현재 자메이카 킹스턴의 보안 시스템에 관한 연구를 진행하고 있다.

알렉산더 J. 켄트(Alexander J. Kent) 알렉산더 J. 켄트는 영국 캔터베리 크라이스트처치 대학교에서 지도학 및 지리정보과학을 연구하는 교수이다. 《지도 제작 저널》의 편집장이자, 영국 지도학회의 회장을 역임하였다.

데이비드 코렌(David Koren) 데이비드 코렌은 사회지리학 및 문화유산 연구를 전공하였으며, 현재 레이던 대학교에서 외부 박사 과정 연구자로 활동하고 있다. 또한 네덜란드 문화유산 기관에서 지정 문화재 자문 역할을 수행하며, 국제기념물유적협의회(ICOMOS) 네덜란드 지부의 이사회 임원으로 활동하고 있다.

라두 레카(Radu Leca) 라두 레카는 홍콩침례대학교 시각예술학원에서 미술사 및 이론 조교수로 재직하며, 일본 미술과 지도 제작사의 역사 연구를 수행하고 있다.

린 판(Lin Fan) 린 판은 레이던 대학교 지역연구소에서 활동하는 미술사학자로, 중세 중국의 지도 제작 및 물질문화를 주요 연구 분야로 삼고 있다.

J. 토마스 린드블라드(J. Thomas Lindblad) J. 토마스 린드블라드는 1975년부터 2014년까지 레이던 대학교에서 경제사 부교수로 근무하였으며, 1999년부터는 인도네시아 역사 연구를 병행하였다.

아리엘 로페즈(Ariel Lopez) 아리엘 로페즈는 필리핀 대학교 아시아센터에서 동남아시아 역사와 문화를 강의하며, 특히 필리핀의 근대 초기 역사에 관심을 두고 연구하고 있다.

마르고 루이크파셀(Margot Luyckfasseel) 마르고 루이크파셀은 아프리카 언어 및 문화 전공으로 박사 학위를 취득하였으며, 현재 벨기에 겐트 대학교 역사학과에서 박사 후 연구원으로 활동하고 있다. 그녀의 박사 논문은 콩고민주공화국 킨샤사의 식민 및 탈식민 시대 언어 이데올로기와 정체성에 관한 연구이다.

초린 날반티안(Tsolin Nalbantian) 초린 날반티안은 레이던 대학교에서 현대 중동사를 연구하는 부교수로, 『디아스포라를 넘어선 아르메니아인: 레바논을 그들의 터전으로 만들다(*Armenians Beyond Diaspora: Making Lebanon Their Own*)』의 저자이며, 『분파주의 실천: 레바논에 대한 기록자료 및 민족지학적 개입(*Practicing Sectarianism: Archival and Ethnographic Interventions on Lebanon*)』의 공동 편집자이자, 〈*Critical, Connected Histories*〉 시리즈의 공동 편집을 맡고 있다.

요케 반 네튼(Djoeke van Netten) 요케 반 네튼은 암스테르담 대학교에서 근대 초기 역사 조교수로 재직하며, 16~17세기 지식사, 해양사, 출판 문화 연구를 전문으로 하고 있다.

데이비드 오네킹(David Onnekink) 데이비드 오네킹은 위트레흐트 대학교에서 근대 초기 국제 관계를 연구하는 조교수이자 연구자로, 윌리엄 3세의 전쟁에 관한 연구를 발표하였으며, 현재 선교 지도학에 관심을 두고 연구하고 있다.

루드 파이지에(Ruud Paesie) 루드 파이지에는 2008년 레이던 대학교에서 서아프리카의 불법 무역 및 노예무역에 관한 연구로 박사 학위를 취득하였으며, 다수의 논문과 저서를 출간하였다. 2009년에는 암스테르담 국제사회사연구소의 명예 연구원으로 임명되었다.

니크 파스(Niek Pas) 니크 파스는 암스테르담 대학교에서 현대 프랑스사를 연구하는 조교수로 재직 중이다.

노르베르트 페터스(Norbert Peeters) 노르베르트 페터스는 식물 철학자로서 『야생의 겉모습: 폰델파르크의 철학자(*Wildernis-vernis: een filosoof in het Vondelpark*)』 등 여러 저서를 집필하였으며, 레이던 대학교 철학 연구소에서 외부 박사 과정 연구자로 활동하고 있다.

일랴 레오나르트 페이퍼(Ilja Leonard Pfeijffer) 일랴 레오나르트 페이퍼는 소설, 단편, 시, 칼럼, 수필, 연극 대본 등을 집필하는 작가로, 2004년까지 레이던 대학교에서 고전학자로 활동하였다. 2014년 소설 『장엄한 도시(*La Superba*)』로 리브리스 문학상을 수상하였다. 이후 『그랜드 호텔 유럽(*Grand Hotel Europe*)』을 통해 국제적인 명성을 얻었으며, 이 작품은 20개 이상의 국가에서 출판되었다.

니디아 피네다 더 아빌라(Nydia Pineda de Ávila) 니디아 피네다 더 아빌라(Nydia Pineda de Ávila)는 캘리포니아 대학교 샌디에이고캠퍼스(UCSD) 역사학과 및 과학사 프로그램의 조교수로, 근대 초기 유럽과 아메리카에서 과학사, 지도 제작, 미술, 서적사를 융합하여 연구하고 있다. 현재 『종이 달: 17세기 월면 지도학의 시학(*Paper Moons: The Poetics of Selenography in the Seventeenth Century*)』에 관한 단행본을 집필 중이다.

유디트 폴만(Judith Pollmann) 유디트 폴만은 레이던 대학교에서 네덜란드 근대 초기 역사를 연구하는 교수로, 기억 문화 및 80년 전쟁 연구 분야에서 전문가로 활동하고 있다.

안 이자벨 리처드(Anne-Isabelle Richard) 안 이자벨 리처드는 레이던 대학교 역사 연구소의 조교수로, 20세기 역사, 특히 양 세계대전 간 시기를 전문적으로 연구하고 있으며 《제국과 글로벌 상호작용 저널(*Itinerario: Journal of Imperial and Global Interactions*)》의 주요 편집자 중 한 명이다.

마리안 리체마 반 에크(Marianne Ritsema van Eck) 마리안 리체마 반 에크는 오슬로 대학교 산하 노르웨이 연구소에서 박사 후 연구원으로 활동하며, 후기 중세 및 근대 초기 종교 문화를 연구하고 있다.

시루스 샤예그(Cyrus Schayegh) 시루스 샤예그는 제네바 국제대학원에서 국제사를 연구하는 교수로 재직 중이며, 이전에는 프린스턴 대학교 부교수 및 베이루트 미국 대학교 조교수로 활동하였다. 그의 최신 저서는 『중동과 근대 세계의 형성(*The Middle East and the Making of the Modern World*)』이다.

알리시아 슈리커(Alicia Schrikker) 알리시아 슈리커는 레이던 대학교에서 식민사 및 세계사를 연구하는 부교수로, 18~19세기 인도네시아와 스리랑카의 식민지 역사를 중점적으로 연구하고 있다.

자일스 스콧-스미스(Giles Scott-Smith) 자일스 스콧-스미스는 레이던 대학교에서 초국가적 관계 및 신외교사 교수이자, 레이던 대학교 칼리지 학장을 맡고 있다. 그는 브릴 출판사의 학술지 《외교와 사회 저널(*Diplomatica: A Journal of Diplomacy and Society*)》의 창립 편집자이자, 신외교사 네트워크의 주요 연구자로, 국제 관계(특히 대서양 횡단 관계)에서 비국가 행위자의 역할을 연구하고 있다.

캐롤리엔 스톨테(Carolien Stolte) 캐롤리엔 스톨테는 레이던 대학교 역사학 조교수로, 인도의 근현대사를 연구하고 있다.

마르틴 스톰스(Martijn Storms) 마르틴 스톰스는 레이던 대학교 도서관에서 지도 및 지도첩 큐레이터로 활동하고 있다. 위트레흐트 대학교에서 사회지리학 및 도시계획을 전공했으며, 지리정보시스템(GIS)과 지도학을 전문적으로 연구하였다. 그는 지도 제작사의 다양한 측면에 대한 논문을 다수 발표하였으며, 2022년 케스터 프레릭스(Kester Freriks)와 함께 『경계 탐방: 네덜란드의 옛 국경을 따라(*Grensverkenningen: Langs oude grenzen in Nederland*)』를 출판하였다.

리민 테(Limin The) 리민 테는 레이던 대학교에서 중국 근현대사를 강의하며, 시카고 대학교에서 박사 학위를 취득하였다. 그녀는 광산업사,

글로벌 노동사, 중국 노동사 분야에서 연구 및 출판을 진행하고 있다.

해리 퇴니선(Harrie Teunissen) 해리 퇴니선(1949년생)은 역사가이자 지도 수집가로, '지도 속 발칸(2003, 레이던 대학교 도서관)', '예술로서의 지도(2009, 레이던 라켄할)', '아우슈비츠의 동쪽(2015, 리가 게토 박물관)', '지도 속 근대성(2023, 덴 보스 디자인 박물관)' 등의 전시를 기획하였다.

잉게 반 휠레(Inge Van Hulle) 잉게 반 휠레는 법제사학자로서 독일 프랑크푸르트 막스 플랑크 법사학·법이론연구소에서 연구팀을 이끌었다. 2022년 10월부터 루벤 대학교에서 근대 법제사 연구 교수직을 맡고 있다.

브람 반니우엔하위제(Bram Vannieuwenhuyze) 브람 반니우엔하위제는 암스테르담 대학교에서 역사지도학 석좌 교수직을 맡고 있으며, 칼덴베르그가에서 독립역사학자로도 활동하고 있다.

가이 반텀셰(Guy Vanthemsche) 가이 반텀셰는 브뤼셀 자유대학교의 현대사 명예교수로, 19~20세기 벨기에의 사회사를 연구하며 다수의 저서를 집필하였다. 또한 『100장의 고지도로 보는 벨기에 역사(*De Geschiedenis van België in 100 oude kaarten*)』의 공동 저자로 참여하였다.

하를트 베르후번(Garrelt Verhoeven) 하를트 베르후번은 서적사 연구자로서, 다양한 전시 및 출판 프로젝트를 통해 도서와 문화사의 연구에 기여해 왔다. 현재 레이던 대학교 도서관의 특수 컬렉션에서 문화 기업 및 기금 모금 담당자로 활동하고 있다.

아르나우트 브롤리크(Arnoud Vrolijk) 아르나우트 브롤리크는 레이던 대학교 도서관에서 아시아학 필사본 및 희귀 도서 큐레이터로 재직 중이며, 네덜란드의 아시아학 역사 및 레이던 컬렉션에 관한 연구를 다수 발표하였다.

로버트 얀 빌레(Robert-Jan Wille) 로버트 얀 빌레는 위트레흐트 대학교에서 활동하는 역사학자로, 자연과학 및 식민 정치 분야를 전문적으로 연구하고 있다. 네덜란드 및 동인도 생물학에 대한 박사 학위를 취득했으며, 현재 20세기 초 독일의 대기 물리학을 연구 중이다.

옮긴이 소개

김종근

동북아역사재단 독도체험관장 겸 선임연구위원이다. 고려대학교 사범대학 지리교육과를 졸업한 후 동 대학원 지리학과에서 인문지리학 전공으로 석사학위를 취득하였고, 영국 케임브리지대학교(University of Cambridge) 지리학과에서 박사학위를 받았다. 동서양 고지도 및 동해 표기, 독도 등에 대해 역사지리학적 연구를 수행하고 있다. 저서로는 《지도 위의 세계사》, 《한국 중소도시 경관사(공저)》 등이 있다.

(번역 참여 20~93쪽, 142~153쪽, 352~385쪽)

이우평

전국지리교사연합회 회장으로 활동하며 인천바이오과학고등학교에서 교장으로 재직중이다. 공주사범대학교 지리교육과를 졸업하고 서울대학교 대학원 지리교육과에서 석사학위를 취득하였다. 지형분야에 대한 활발한 연구를 수행하고 있으며 지리학의 대중화에 힘쓰고 있다. 2022 개정교육과정에서 고등학교 《통합사회》와 《여행지리》 교과서 집필에 참여하였다.

(번역 참여 212~271쪽, 332~351쪽)

엄주환

경기화성고등학교에서 지리교사로 재직하고 있다. 고려대학교 지리교육과를 졸업한 후 한국교원대학교 교육대학원 지리교육과를 수료하였다. 교육현장에서 답사를 통해 지리 교육의 이론과 실제를 접목하는데 힘쓰고 있다. 2022 개정교육과정에서 고등학교 《한국지리탐구》와 《여행지리》 교과서 집필에 참여하였다. (번역 참여 134~141쪽, 154~211쪽, 312~331쪽, 386~408쪽)

김차곤

서울문영여자고등학교에서 지리교사로 재직하고 있다. 상명대학교에서 지리학과를 졸업하고 상명대 교육대학원 지리교육 석사학위를 취득하였다. 고등학교에서 주로 입시 및 진학 관련 업무를 맡아왔다. 2022 개정교육과정에서 고등학교 《세계시민과 지리》와 《지리부도》 교과서 집필에 참여하였다.

(번역 참여 272~311쪽)

이두현

수원영생고등학교에서 지리교사로 재직하고 있다. 서원대학교와 경희대학교에서 학사 및 석사학위를 취득하였고, 공주사범대학교 지리교육과에서 도시지리 전공으로 문학박사 학위를 취득하였다. 고등학교에서 교무 학사 및 진학 관련 업무를 맡아왔다. 2022 개정교육과정에서 고등학교 《여행지리》 교과서 집필에 참여하였다. (번역 참여 94~133쪽)

100개의 지도로 보는 천년의 세계사

초판 1쇄 인쇄 | 2025년 11월 5일
초판 1쇄 발행 | 2025년 11월 10일

지은이 | 마르틴 스톰스
옮긴이 | 김종근, 이우평, 엄주환, 김차곤, 이두현
펴낸이 | 조승식
펴낸곳 | (주)도서출판 북스힐
등록 | 1998년 7월 28일 제22-457호
주소 | 서울시 강북구 한천로 153길 17
전화 | 02-994-0071
팩스 | 02-994-0073
인스타그램 | @bookshill_official
블로그 | blog.naver.com/booksgogo
이메일 | bookshill@bookshill.com

정가 68,000원
ISBN 979-11-5971-690-4

نصف کرهٔ شمالی
اقلیم افریقای شمالی
بحر محیط غربی